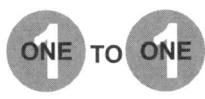

Bilingual Dictionary

English-Japanese
Japanese-English
Dictionary

Compiled by
Miruka Arai & Hiroko Nishimura

STAR Foreign Language BOOKS

© Publishers

ISBN : 978 1 912826 23 0

All rights reserved with the Publishers. No part of this publication may be reproduced or transmitted in any form or by any means, electronic, mechanical, photocopying, recording or otherwise, without the prior written permission of the Publishers.

This Edition : 2024

Published by
STAR Foreign Language BOOKS
a unit of
Star Books
56, Langland Crescent
Stanmore HA7 1NG, U.K.
info@starbooksuk.com
www.bilingualbooks.co.uk

Printed in India at
Star Print-O-Bind, New Delhi-110 020

About this Dictionary

Developments in science and technology today have narrowed down distances between countries, and have made the world a small place. A person living thousands of miles away can learn and understand the culture and lifestyle of another country with ease and without travelling to that country. Languages play an important role as facilitators of communication in this respect.

To promote such an understanding, **STAR Foreign Language BOOKS** has planned to bring out a series of bilingual dictionaries in which important English words have been translated into other languages, with Roman transliteration in case of languages that have different scripts. This is a humble attempt to bring people of the word closer through the medium of language, thus making communication easy and convenient.

Under this series of *one-to-one dictionaries*, we have published almost 59 languages, the list of which has been given in the opening pages. These have all been compiled and edited by teachers and scholars of the relative languages.

Publishers

Bilingual Dictionaries in this Series

English-Afrikaans / Afrikaans-English	Abraham Venter
English-Albanian / Albanian-English	Theodhora Blushi
English-Amharic / Amharic-English	Girun Asanke
English-Arabic / Arabic-English	Rania-al-Qass
English-Bengali / Bengali-English	Amit Majumdar
English-Bosnian / Bosnian-English	Boris Kazanegra
English-Bulgarian / Bulgarian-English	Vladka Kocheshkova
English-Burmese (Myanmar) / Burmese (Myanmar)-English	Kyaw Swar Aung
English-Cambodian / Cambodian-English	Engly Sok
English-Cantonese / Cantonese-English	Nisa Yang
English-Chinese (Mandarin) / Chinese (Mandarin)-Eng	Y. Shang & R. Yao
English-Croatian / Croatain-English	Vesna Kazanegra
English-Czech / Czech-English	Jindriska Poulova
English-Danish / Danish-English	Rikke Wend Hartung
English-Dari / Dari-English	Amir Khan
English-Dutch / Dutch-English	Lisanne Vogel
English-Estonian / Estonian-English	Lana Haleta
English-Farsi / Farsi-English	Maryam Zaman Khani
English-French / French-English	Aurélie Colin
English-Georgian / Georgina-English	Eka Goderdzishvili
English-Gujarati / Gujarati-English	Sujata Basaria
English-German / German-English	Bicskei Hedwig
English-Greek / Greek-English	Lina Stergiou
English-Hindi / Hindi-English	Sudhakar Chaturvedi
English-Hungarian / Hungarian-English	Lucy Mallows
English-Italian / Italian-English	Eni Lamllari
English-Japanese / Japanese-English	Miruka Arai & Hiroko Nishimura
English-Korean / Korean-English	Mihee Song
English-Latvian / Latvian-English	Julija Baranovska
English-Levantine Arabic / Levantine Arabic-English	Ayman Khalaf
English-Lithuanian / Lithuanian-English	Regina Kazakeviciute
English-Malay / Malay-English	Azimah Husna
English-Malayalam - Malayalam-English	Anjumol Babu
English-Nepali / Nepali-English	Anil Mandal
English-Norwegian / Norwegian-English	Samuele Narcisi
English-Pashto / Pashto-English	Amir Khan
English-Polish / Polish-English	Magdalena Herok
English-Portuguese / Portuguese-English	Dina Teresa
English-Punjabi / Punjabi-English	Teja Singh Chatwal
English-Romanian / Romanian-English	Georgeta Laura Dutulescu
English-Russian / Russian-English	Katerina Volobuyeva
English-Serbian / Serbian-English	Vesna Kazanegra
English-Sinhalese / Sinhalese-English	Naseer Salahudeen
English-Slovak / Slovak-English	Zuzana Horvathova
English-Slovenian / Slovenian-English	Tanja Turk
English-Somali / Somali-English	Ali Mohamud Omer
English-Spanish / Spanish-English	Cristina Rodriguez
English-Swahili / Swahili-English	Abdul Rauf Hassan Kinga
English-Swedish / Swedish-English	Madelene Axelsson
English-Tagalog / Tagalog-English	Jefferson Bantayan
English-Tamil / Tamil-English	Sandhya Mahadevan
English-Thai / Thai-English	Suwan Kaewkongpan
English-Tigrigna / Tigrigna-English	Tsegazeab Hailegebriel
English-Turkish / Turkish-English	Nagme Yazgin
English-Twi / Twi-English	Nathaniel Alonsi Apadu
English-Ukrainian / Ukrainian-English	Katerina Volobuyeva
English-Urdu / Urdu-English	S. A. Rahman
English-Vietnamese / Vietnamese-English	Hoa Hoang
English-Yoruba / Yoruba-English	O. A. Temitope

STAR Foreign Language BOOKS

English - Japanese

a *(art.)* 一つの *hitotsu no*
aback *(adv.)* 不意を打たれる *fui o utareru*
abacus *(n.)* 算盤 *soroban*
abandon *(v.)* 見捨てる *misuteru*
abandoned *(adj.)* 見捨てられた *misuterareta*
abase *(v.)* 自己を卑下する *jiko o hige suru*
abashed *(adj.)* 恥じる *hajiru*
abate *(v.)* 弱まる *yowamaru*
abatement *(n.)* 軽減 *keigen*
abbot *(n.)* 修道院長 *shūdōinchō*
abbreviate *(v.)* 省略する *shōryaku suru*
abbreviation *(n.)* 省略 *shōryaku*
abdicate *(v.)* 退位する *taī suru*
abdication *(n.)* 退位 *taī*
abdomen *(n.)* 腹部 *fukubu*
abdominal *(adj.)* 腹部の *fukubu no*
abduct *(v.)* 拉致する *rachi suru*
abductee *(n.)* 拉致被害者 *rachi higaisha*
abduction *(n.)* 拉致 *rachi*
abductor *(n.)* 誘拐者 *yūkaisha*
abet *(v.)* 幇助する *hōjo suru*
abhor *(v.)* 忌み嫌う *imikirau*
abhorrent *(adj.)* 忌まわしい *imawashī*
abide *(v.)* 順守する *junshu suru*
ability *(n.)* 能力 *nōryoku*
abiotic *(adj.)* 非生物的 *hi seibutsu teki*
abject *(adj.)* 極度の *kyokudo no*
abjure *(v.)* 忠誠を捨てると宣言する *chūsei o suteru to sengen suru*
ablactation *(n.)* 離乳 *rinyū*
ablation *(n.)* 切除 *setsujo*
ablative *(adj.)* 切除を含む *setsujo o fukumu*
ablaze *(adv.)* 激しく燃える *hageshiku moeru*
able *(adj.)* できる *dekiru*
abled *(adj.)* 健常な *kenjōna*
ablution *(n.)* 沐浴 *mokuyoku*
ably *(adv.)* 上手に *jōzu ni*
abnegation *(n.)* 放棄すること *hōki suru koto*
abnormal *(adj.)* 異常な *ijōna*
abnormality *(n.)* 異常 *ijō*
abnormally *(adv.)* 異常に *ijō ni*
aboard *(adv.)* 乗ってる *notteru*
abode *(n.)* 住宅 *jūtaku*
abolish *(v.)* 廃止する *haishi suru*
abolition *(n.)* 廃止 *haishi*
abominable *(adj.)* 憎むべき *nikumubeki*
abomination *(n.)* 憎むべきもの *nikumubeki mono*
aboriginal *(adj.)* 先住民の *senjūmin no*
aborigine *(n.)* 先住民 *senjūmin*
abort *(v.)* 中止する *chūshi suru*
abortion *(n.)* 中絶 *chūzetsu*
abortionist *(n.)* 堕胎医 *dataī*
abortive *(adv.)* 不成功の *fu seikō no*
abound *(v. & prep.)* とても多い *totemo ōi*
abrasion *(n.)* 擦り傷 *surikizu*
abrasive *(adj.)* 研磨する *kenma suru*
abreast *(adv.)* 並行して *heikō shite*
abridge *(v.)* 文章を要約する *bunshō o yōyaku suru*
abridgement *(n.)* 文章の要約 *bunshō no yōyaku*
abroad *(adv.)* 外国で *gaikoku de*
abruptly *(adv.)* 突然に *totsuzen ni*
abscess *(n.)* 膿瘍 *nōyō*

abscond *(v.)* 逃亡する *tōbō suru*
abseil *(v.)* 懸垂下降 *kensui kakō*
absence *(n.)* 不在 *fuzai*
absent *(adj.)* 不在の *fuzai no*
absentee *(n.)* 不在者 *fuzaisha*
absolute *(adj.)* 絶対的な *zettai tekina*
absolutely *(adv.)* 絶対に *zettai ni*
absolutism *(n.)* 絶対主義 *zettai shugi*
absorb *(v.)* 吸収する *kyūshū suru*
absorbable *(adj.)* 吸収されやすい *kyūshū sare yasui*
absorbent *(adj.)* 吸収力のある *kyūshūryoku no aru*
absorption *(n.)* 吸収 *kyūshū*
abstain *(v.)* 自制する *jisei suru*
abstinence *(n.)* 禁欲 *kinyoku*
abstract *(adj.)* 抽象的な *chūshō tekina*
abstraction *(n.)* 抽象化 *chūshō ka*
abstruse *(adj.)* 難解 *nankai*
absurdity *(n.)* 不合理 *fu gōri*
absurdly *(adv.)* ばかみたいに *baka mitai ni*
abundance *(n.)* 豊富 *hōfu*
abundant *(adj.)* 豊か *yutaka*
abundantly *(adv.)* 豊かに *yutaka ni*
abuse *(v.)* 乱用する *ranyō suru*
abusive *(adj.)* 虐待的 *gyakutai teki*
abusively *(adv.)* 虐待的に *gyakutai teki ni*
abut *(v.)* 隣接する *rinsetsu suru*
abyss *(n.)* 深淵 *shinen*
acacia *(n.)* アカシア *akashia*
academia *(n.)* 学界 *gakkai*
academic *(adj.)* 学問的 *gakumon teki*
academically *(adv.)* 学問的に *gakumon teki ni*
academician *(n.)* アカデミー会員 *akademī kaīn*

academy *(n.)* アカデミー *akademī*
acausal *(adj.)* 非因果的 *hi inga teki*
accede *(v.)* 聞き入れる *kikīreru*
accelerate *(v.)* 早める *hayameru*
acceleration *(n.)* 加速度 *kasokudo*
accelerator *(n.)* 加速者 *kasokusha*
accent *(n.)* なまり *namari*
accentor *(n.)* イワヒバリ *iwahibari*
accept *(v.)* 受け入れる *ukeireru*
acceptability *(n.)* 受容性 *juyōsei*
acceptable *(adj.)* 容認できる *yōnin dekiru*
accepted *(adj.)* 容認された *yōnin sareta*
access *(n.)* アクセス *akusesu*
accessibility *(n.)* 近づきやすさ *chikazuki yasu sa*
accessible *(adj.)* 近づきやすい *chikazuki yasui*
accession *(n.)* 即位 *sokui*
accessory *(n.)* アクセサリー *akusesarī*
accident *(n.)* 事故 *jiko*
accidental *(adj.)* 偶然の *gūzen no*
accidentally *(adv.)* 謝って *ayamatte*
acclamation *(n.)* 歓呼 *kanko*
acclimatise *(v.)* 気候に慣れる *kikō ni nareru*
accommodate *(v.)* 宿泊させる *shukuhaku saseru*
accommodating *(adj.)* 親切な *shinsetsuna*
accommodation *(n.)* 宿泊設備 *shukuhaku setsubi*
accompaniment *(n.)* 伴奏 *bansō*
accompanist *(n.)* 伴奏者 *bansōsha*
accompany *(v.)* 同行する *dōkō suru*
accomplice *(n.)* 共犯者 *kyōhansha*
accomplish *(v.)* 成し遂げる *nashitogeru*
accomplished *(adj.)* 熟練した *jukuren shita*

accomplishment *(n.)* 完成 *kansei*
accordance *(n.)* 従って *shitagatte*
according *(adv.)* によると *ni yoruto*
accordingly *(adv.)* それに応じて *sore ni ōjite*
accost *(v.)* 大胆に呼びかける *daitan ni yobikakeru*
account *(n.)* 記述 *kijutsu*
accountability *(n.)* 説明義務 *setsumei gimu*
accountable *(adj.)* 説明義務がある *setsumei gimu ga aru*
accountancy *(n.)* 会計学 *kaikeigaku*
accountant *(n.)* 会計士 *kaikeishi*
accounting *(n.)* 経理 *keiri*
accoutre *(v.)* 着用させる *chakuyō saseru*
accredited *(adj.)* 公認の *kōnin no*
accrete *(v.)* 蓄積により増加する *chikuseki niyori zōka suru*
accretion *(n.)* 蓄積による増加 *chikuseki niyoru zōka*
accrue *(v.)* 利益が生じる *rieki ga shōjiru*
accumulate *(v.)* 蓄積する *chikuseki suru*
accumulation *(n.)* 蓄積 *chikuseki*
accumulator *(n.)* 蓄積するもの *chikuseki suru mono*
accuracy *(n.)* 正確さ *seikaku sa*
accurate *(adj.)* 正確 *seikaku*
accurately *(adv.)* 正確に *seikaku ni*
accusation *(n.)* 告発 *kokuhatsu*
accuse *(v.)* 責める *semeru*
accuser *(n.)* 告訴人 *kokusojin*
accusing *(adj.)* 責めるような *semeru yōna*
accustom *(v.)* 慣らす *narasu*
ace *(n.)* エース *ēsu*
acellular *(adj.)* 無細胞 *mu saibō*
acentric *(adj.)* 中心を外れた *chūshin o hazureta*
acetate *(n.)* 酢酸塩 *sakusan en*
acetic *(adj.)* 酢酸の *sakusan no*
acetic acid *(n.)* 酢酸 *sakusan*
acetone *(n.)* アセトン *aseton*
acetylene *(n.)* アセチレン *asechiren*
ache *(v.)* 痛む *itamu*
achieve *(v.)* 達成する *tassei suru*
achievement *(n.)* 成果 *seika*
achiever *(n.)* 達成者 *tasseisha*
achromat *(n.)* アクロマート *akuromāto*
achromatic *(adj.)* 無色 *mushoku*
acid *(n.)* 酸 *san*
acid rain *(n.)* 酸性雨 *sanseiu*
acid test *(n.)* 酸性テスト *sansei tesuto*
acidic *(adj.)* 酸性 *sansei*
acknowledge *(v.)* 認める *mitomeru*
acne *(n.)* にきび *にきび*
acolyte *(n.)* 侍者 *jisha*
acorn *(n.)* ドングリ *donguri*
acoustic *(adj.)* 音響の *onkyō no*
acoustics *(n.)* 音響 *onkyō*
acquaint *(v.)* 知らせる *shiraseru*
acquaintance *(n.)* 知り合い *shiriai*
acquiesce *(v.)* 黙従する *mokujū suru*
acquire *(v.)* 取得する *shutoku suru*
acquisition *(n.)* 取得 *shutoku*
acquisitive *(adj.)* 欲張り *yokubari*
acquit *(v.)* 無罪を宣言する *muzai o sengen suru*
acquittal *(n.)* 無罪放免 *muzai hōmen*
acre *(n.)* エーカー *ēkā*
acreage *(n.)* 作付面積 *sakuzuke menseki*
acrid *(adj.)* 鼻を突く *hana o tsuku*
acrimonious *(adj.)* とげとげしい *togetogeshī*

acrimony *(n.)* とげとげしさ *togetogeshisa*
acritical *(adj.)* 危機のない *kiki no nai*
acrobat *(n.)* 曲芸師 *kyokugeishi*
acrobatic *(adj.)* 曲芸的な *kyokugei tekina*
acrobatics *(n.)* 曲芸 *kyokugei*
acronym *(n.)* 頭字語 *tōjigo*
acrophobia *(n.)* 高所恐怖症 *kōsho kyōfushō*
across *(prep.)* 向こう側に *mukōgawa ni*
acrostic *(n.)* 折句 *oriku*
acrylate *(n.)* アクリレート *akurirēto*
acrylic *(adj.)* アクリル *akuriru*
act *(v.)* 行動する *kōdō suru*
acting *(n.)* 演技 *engi*
actionable *(adj.)* 起訴できる *kiso dekiru*
activate *(v.)* 活性化する *kassei ka suru*
activation *(n.)* 活性化 *kassei ka*
active *(adj.)* 活発な *kappatsuna*
actively *(adv.)* 積極的に *sekkyoku teki ni*
activist *(n.)* 活動家 *katsudōka*
activity *(n.)* 活動 *katsudō*
actor *(n.)* 俳優 *haiyū*
actress *(n.)* 女優 *joyū*
actual *(adj.)* 実際の *jissai no*
actually *(adv.)* 実際に *jissai ni*
acumen *(n.)* 洞察力 *dōsatsuryoku*
acupressure *(n.)* 指圧 *shiatsu*
acupuncture *(n.)* 鍼 *hari*
acupuncturist *(n.)* 鍼師 *harishi*
acute *(adj.)* 急性 *kyūsei*
ad hoc *(adj.)* その場かぎりの *sono ba kagiri no*
adage *(n.)* ことわざ *kotowaza*
adamant *(adj.)* 頑固とした *ganko to shita*
adapt *(v.)* 適応する *tekiō suru*

adaptable *(adj.)* 適応性のある *tekiōsei no aru*
adaptation *(n.)* 適応 *tekiō*
adaptor *(n.)* アダプター *adaputā*
add *(v.)* 追加する *tsuika suru*
adder *(n.)* 加算器 *kasanki*
addict *(n.)* 中毒者 *chūdokusha*
addicted *(adj.)* 中毒になっている *chūdoku ni natteiru*
addiction *(n.)* 依存 *izon*
addictive *(adj.)* 中毒性の *chūdokusei no*
add-in *(n.)* アドイン *ado in*
addition *(n.)* 追加 *tsuika*
additional *(adj.)* 追加の *tsuika no*
additive *(n.)* 添加物 *tenkabutsu*
addled *(adj.)* 混乱した *konran shita*
address *(n.)* 住所 *jūsho*
addressee *(n.)* 受取人 *uketorinin*
addresser *(n.)* 差出人 *sashidashinin*
adduce *(v.)* 引証する *inshō suru*
adequacy *(n.)* 適切性 *tekisetsusei*
adequately *(adv.)* 適切に *tekisetsu ni*
adhere *(v.)* 厳守する *genshu suru*
adherence *(n.)* 順守 *junshu*
adherent *(n.)* 支持者 *shijisha*
adhesion *(n.)* 付着 *fuchaku*
adhesive *(n.)* 接着剤 *secchakuzai*
adipose *(adj.)* 脂肪の *shibō no*
adjacent *(adj.)* 隣接した *rinsetsu shita*
adjective *(n.)* 形容詞 *keiyōshi*
adjoin *(v.)* 隣接する *rinsetsu suru*
adjudge *(v.)* 宣言する *sengen suru*
adjustment *(n.)* 調整 *chōsei*
administer *(v.)* 運営する *unei suru*
administration *(n.)* 行政 *gyōsei*

administrative *(adj.)* 行政上の *gyōsei jō no*
administrator *(n.)* 管理者 *kanrisha*
admirable *(adj.)* 立派な *rippana*
admiral *(n.)* 提督 *teitoku*
admiralty *(n.)* 海事裁判所 *kaiji saibansho*
admiration *(n.)* 関心 *kanshin*
admire *(v.)* 関心する *kanshin suru*
admissible *(adj.)* 許容できる *kyoyō dekiru*
admittedly *(adv.)* 確かに *tashika ni*
admonish *(v.)* 戒める *imashimeru*
admonition *(n.)* 戒め *imashime*
adobe *(n.)* 日干しれんが *hiboshi renga*
adolescence *(n.)* 思春期 *shishunki*
adolescent *(adj.)* 思春期の若者 *shishunki no wakamono*
adopt *(v.)* 養子にする *yōshi ni suru*
adoption *(n.)* 養子縁組 *yōshi engumi*
adoptive *(adj.)* 養子縁組した *yōshi engumi shita*
adorable *(adj.)* 愛らしい *airashī*
adoration *(n.)* 敬愛 *keiai*
adore *(v.)* 敬愛する *keiai suru*
adorn *(v.)* 飾る *kazaru*
adrenal *(adj.)* 副腎の *fukujin no*
adrift *(adj.)* 漂流している *hyōryū shiteiru*
adroit *(adj.)* 器用 *kiyō*
adulate *(v.)* 過度に褒める *kado ni homeru*
adult *(n.)* 大人 *otona*
adulterate *(v.)* 不純物を混ぜる *fujunbutsu o mazeru*
adulteration *(n.)* 不純物の混入 *fujunbutsu no konnyū*
adulterer *(n.)* 姦通者 *kantsūsha*
adultery *(n.)* 姦淫 *kan in*
advance *(v.)* 前進させる *zenshin saseru*
advanced *(adj.)* 先端的な *sentan tekina*

advantage *(n.)* 優位 *yūi*
advantageous *(adj.)* 有利な *yūrina*
advent *(n.)* 到来 *tōrai*
adventure *(n.)* 冒険 *bōken*
adventurous *(adj.)* 冒険好きな *bōken zukina*
adverb *(n.)* 副詞 *fukushi*
adverbial *(adj.)* 副詞の *fukushi no*
adverse *(adj.)* 不利な *furina*
adversity *(n.)* 逆境 *gyakkyō*
advertise *(v.)* 宣伝する *senden suru*
advertisement *(n.)* 広告 *kōkoku*
advice *(n.)* 助言 *jogen*
advise *(v.)* 助言する *jogen suru*
advisory *(adj.)* 顧問の *komon no*
advocacy *(n.)* 権利擁護 *kenri yōgo*
aeon *(n.)* 無限に長い期間 *mugen ni nagai kikan*
aerate *(v.)* 空気にさらす *kūki ni sarasu*
aerial *(n.)* 空中の *kūchū no*
aerobatics *(n.)* 曲芸飛行 *kyokugei hikō*
aerobics *(n.)* エアロビクス *earobikusu*
aerodynamics *(n.)* 空気力学 *kūki rikigaku*
aerofoil *(n.)* 翼型 *yokugata*
aeronautics *(n.)* 航空学 *kōkūgaku*
aeroplane *(n.)* 飛行機 *hikōki*
aerosol *(n.)* エアロゾル *earozoru*
aerospace *(n.)* 航空宇宙 *kōkū uchū*
aerostatics *(n.)* 空気静力学 *kūki sei rikigaku*
aesthete *(n.)* 唯美主義者 *yuibi shugisha*
aesthetic *(adj.)* 審美的な *shinbi tekina*
afar *(adv.)* 遠くに *tōku ni*
affair *(n.)* 出来事 *dekigoto*
affectation *(n.)* 気取り *kidori*
affected *(adj.)* 影響を受けている *eikyō o uketeiru*

affection *(n.)* 愛情 *aijō*
affectionate *(adj.)* 愛情深い *aijō bukai*
affidavit *(n.)* 宣誓供述書 *sensei kyōjutsusho*
affiliate *(v.)* 所属する *shozoku suru*
affiliation *(n.)* 所属 *shozoku*
affinity *(n.)* 親しみ *shitashimi*
affirm *(v.)* 肯定する *kōtei suru*
affirmation *(n.)* 肯定 *kōtei*
affirmative *(adj.)* 肯定の *kōtei no*
affix *(v.)* 添付する *tenpu suru*
affliction *(n.)* 苦悩 *kunō*
affluence *(n.)* 裕福 *yūfuku*
affluent *(adj.)* 裕福な *yūfukuna*
affluential *(n.)* 富豪家 *fugōka*
afford *(v.)* 買うことができる *kau koto ga dekiru*
affordability *(n.)* 手ごろさ *tegoro sa*
afforest *(v.)* 植林する *shokurin suru*
afield *(adv.)* 遠くで *tōku de*
aflame *(adv.)* 燃えたって *moetatte*
afloat *(adv.)* 浮かんでいる *ukandeiru*
afoot *(adv.)* 進行中で *shinkō chū de*
aforementioned *(adj.)* 前述の *zenjutsu no*
afraid *(adj.)* 恐れて *osorete*
after *(prep.)* 後に *ato ni*
afterbirth *(n.)* 後産 *atozan*
aftercare *(n.)* アフターケア *afutākea*
after-effect *(n.)* 後遺症 *kōishō*
aftermath *(n.)* 余波 *yoha*
afternoon *(n.)* 午後 *gogo*
after-party *(n.)* 二次会 *nijikai*
aftersales *(adj.)* 販売後の *hanbai go no*
aftershave *(n.)* アフターシェーブローション *afutāshēburōshon*
afterthought *(n.)* 後から思いついたこと *ato kara omoitsuita koto*
afterwards *(adv.)* その後 *sonoato*
again *(adv.)* また *mata*
against *(prep.)* 対して *taishite*
agar *(n.)* 寒天 *kanten*
agate *(n.)* 瑪瑙 *menō*
age *(n.)* 年齢 *nenrei*
aged *(adj.)* 老人 *rōjin*
ageing *(n.)* 年をとること *toshi o toru koto*
ageism *(n.)* 年齢差別 *nenrei sabetsu*
ageless *(adj.)* 永遠の *eien no*
agency *(n.)* 代理店 *dairiten*
agenda *(n.)* 議題 *gidai*
agent *(n.)* 代理人 *dairinin*
agglomerate *(v.)* 塊にする *katamari ni suru*
agglomerate *(n.)* 集塊 *shūkai*
aggradation *(n.)* 埋積作用 *mai seki sayō*
aggravate *(v.)* 悪化させる *akka saseru*
aggravation *(n.)* 悪化させるもの *akka saseru mono*
aggregate *(v.)* 集計する *shūkei suru*
aggressive *(adj.)* 攻撃的な *kōgeki tekina*
aggressor *(n.)* 攻撃者 *kōgekisha*
aghast *(adj.)* 愕然とする *gakuzen to suru*
agile *(adj.)* 機敏な *kibinna*
agility *(n.)* 機敏性 *kibinsei*
agitate *(v.)* 心をかき乱す *kokoro o kakimidasu*
agitation *(n.)* 動揺 *dōyō*
aglow *(adv.)* 輝いて *kagayaite*
agnostic *(n.)* 不可知論者 *fukachironsha*
agnosticsm *(n.)* 不可知論 *fukachiron*
ago *(adv.)* 前に *mae ni*
agog *(adj.)* 好奇心でワクワクする *kōkishin de wakuwaku suru*

agonize (v.) 苦悩する kunō suru
agony (n.) 苦しみ kurushimi
agoraphobia (n.) 広場恐怖症 hiroba kyōfushō
agrarian (adj.) 農地の nōchi no
agree (v.) 同意する dōi suru
agreeable (adj.) 快い kokoroyoi
agreement (n.) 契約 keiyaku
agricultural (adj.) 農業の nōgyō no
agriculture (n.) 農業 nōgyō
agriculturist (n.) 農学者 nōgakusha
agrochemical (n.) 農薬 nōyaku
agro-industry (n.) 農産業 nōsangyō
agrology (n.) 土壌学 dojōgaku
agronomy (n.) 農学 nōgaku
ahead (adv.) 先に saki ni
aid (n.& v.) 援助 enjo
aide (n.) 助手 joshu
AIDS (n.) エイズ eizu
ailing (adj.) 病んでいる yandeiru
ailment (n.) 疾患 shikkan
aim (v.) 狙いをつける nerai o tsukeru
aimless (adj.) 目的のない mokuteki no nai
air (n.) 空気 kūki
air conditioning (n.) 空調 kūchō
air freight (n.) 航空貨物便 kōkū kamotsubin
air freshner (n.) 消臭剤 shō shū izai
air hostess (n.) キャビンアテンダント kyabin atendanto
airbag (n.) エアバッグ eabaggu
airband (n.) エアバンド ea bando
airbase (n.) 空軍基地 kūgun kichi
airbed (n.) エアベッド ea beddo
airborne (adj.) 空挺部隊 kūtei butai
airbrake (n.) 空気ブレーキ kūki burēki

airbus (n.) エアバス eabasu
aircraft (n.) 航空機 kōkūki
aircrew (n.) 乗組員 norikumīn
airdrop (n.) 物資の空中投下 busshi no kūchū tōka
airfare (n.) 航空運賃 kōkū unchin
airfield (n.) 飛行場 hikōjō
airgun (n.) 空気銃 kūki jū
airlift (n.) 空輸 kūyu
airy (adj.) 風通しの良い kazetōshi no yoi
ajar (adv.) 半開き hanbiraki
akin (adj.) 類似の ruiji no
akinesia (n.) 無動症 mu dōshō
alabaster (n.) アラバスター arabasutā
alacrity (n.) 進んで susunde
alarm (n.) 警報 keihō
alarming (adj.) 大変な taihenna
alarmist (n.) 人騒がせ hitosawagase
albatross (n.) アホウドリ ahōdori
albino (n.) アルビノ arubino
album (n.) アルバム arubamu
albumen (n.) 卵白 ranpaku
alchemist (n.) 錬金術師 renkinjutsushi
alchemy (n.) 錬金術 renkinjutsu
alcohol (n.) アルコール arukōru
alcoholic (n.) アルコール性の arukōrusei no
alcoholism (n.) アルコール依存症 arukōru izonshō
alcove (n.) アルコーブ arukōbu
alder (n.) ハンノキ hannoki
ale (n.) エール ēru
alegar (n.) 麦芽酢 bakuga su
alert (adj.) 油断のない yudan no nai
alertness (n.) 油断のないこと yudan no nai koto
algae (n.) 藻類 sōrui

algebra *(n.)* 代数 *daisū*
algorithm *(n.)* アルゴリズム *arugorizumu*
alias *(adv.)* 別名 *betsumei*
alibi *(n.)* アリバイ *aribai*
alien *(adj.)* 異質な *ishitsuna*
alienate *(v.)* 遠ざける *tōzakeru*
alight *(v.)* 降りる *oriru*
align *(v.)* 一列に並べる *ichi retsu ni naraberu*
alignment *(n.)* 一列に並んだもの *ichi retsu ni naranda mono*
alike *(adj.)* 共に *tomoni*
alimony *(n.)* 扶養料 *fuyōryō*
alive *(adj.)* 生きている *ikiteiru*
alkali *(n.)* アルカリ *arukari*
alkaline *(adj.)* アルカリ性 *arukarisei*
all *(adj.)* 全て *subete*
allegation *(n.)* 申し立て *mōshitate*
allege *(v.)* 申し立てる *mōshitateru*
allegiance *(n.)* 忠誠 *chūsei*
allegory *(n.)* 寓喩 *gūyu*
allergic *(adj.)* アレルギーを引き起こす *arerugī o hikiokosu*
allergy *(n.)* アレルギー *arerugī*
alleviate *(v.)* 和らげる *yawarageru*
alleviation *(n.)* 和らげること *yawarageru koto*
alley *(n.)* 路地 *roji*
alliance *(n.)* 同盟 *dōmei*
allied *(adj.)* 同盟している *dōmei shiteiru*
alligator *(n.)* アリゲーター *arigētā*
alliterate *(v.)* 頭韻を踏む *tōin o fumu*
alliteration *(n.)* 頭韻 *tōin*
allocation *(n.)* 割り当て *wariate*
allotment *(n.)* 分配 *bunpai*
allow *(v.)* 許す *yurusu*
allowance *(n.)* 手当 *teate*

alloy *(n.)* 合金 *gōkin*
allude *(v.)* 仄めかす *honomekasu*
allusion *(n.)* 仄めかし *honomekashi*
allusive *(adj.)* 仄めかした *honomekashita*
ally *(n.)* 味方 *mikata*
almanac *(n.)* 年鑑 *nenkan*
almirah *(n.)* 戸棚 *todana*
almond *(n.)* アーモンド *āmondo*
almost *(adv.)* ほとんど *hotondo*
alms *(n.)* 施し物 *hodokoshimono*
aloe *(n.)* アロエ *aroe*
aloft *(adv.)* 空中に *kūchū ni*
alone *(adj.)* 一人で *hitoride*
along *(prep. adv.)* 沿って *sotte*
alongside *(prep.)* 側に *sobani*
aloof *(adv.)* よそよそしい *yosoyososhī*
aloud *(adv.)* 声を出して *koe o dashite*
alp *(n.)* 高山 *kōzan*
alpha *(n.)* アルファ *arufa*
alphabet *(n.)* アルファベット *arufabetto*
alphabetical *(adj.)* アルファベット順の *arufabettojun no*
alpine *(adj.)* 高山の *kōzan no*
already *(adv.)* 既に *sudeni*
also *(adv.)* さらに *sarani*
altar *(n.)* 祭壇 *saidan*
alteration *(n.)* 変更 *henkō*
altercation *(n.)* 口論 *kōron*
alternate *(v.)* 交互にする *kōgo ni suru*
alternative *(adj.)* 別の選択肢 *betsu no sentakushi*
alternatively *(adv.)* 或いは *aruiha*
although *(conj.)* であるが *dearuga*
altimeter *(n.)* 高度計 *kōdokei*
altitude *(n.)* 高度 *kōdo*
alto *(n.)* アルト *aruto*

altruism *(n.)* 利他主義 *rita shugi*
altruist *(n.)* 利他主義者 *rita shugisha*
altruistic *(adj.)* 利他的な *rita tekina*
aluminium *(n.)* アルミニウム *aruminiumu*
always *(adv.)* 常に *tsuneni*
Alzheimer's disease *(n.)* アルツハイマー病 *arutsuhaimābyō*
am *(abbr.)* 午前 *gozen*
amalgam *(n.)* 混合 *kongō*
amalgamate *(v.)* 合併する *gappei suru*
amalgamation *(n.)* 合併すること *gappei suru koto*
amass *(v.)* 寄せ集める *yose atsumeru*
amateur *(n.)* 素人 *shirōto*
amatory *(adj.)* 恋愛の *ren ai no*
amaze *(v.)* 驚嘆させる *kyōtan saseru*
amazement *(n.)* 驚嘆 *kyōtan*
ambassador *(n.)* 大使 *taishi*
amber *(n.)* 琥珀 *kohaku*
amberite *(n.)* アンバーライト *anbā raito*
ambidexter *(n.)* 両手利きの人 *ryō tekiki no hito*
ambient *(adj.)* 周囲の *shūi no*
ambiguity *(n.)* 曖昧さ *aimai sa*
ambiguous *(adj.)* 曖昧な *aimaina*
ambition *(n.)* 野心 *yashin*
ambitious *(adj.)* 野心的な *yashin tekina*
ambivalence *(n.)* 相反する感情 *sōhan suru kanjō*
ambivalent *(adj.)* 相反する感情を持った *sōhan suru kanjō o motta*
amble *(v.)* のんびり歩く *nonbiri aruku*
ambulance *(n.)* 救急車 *kyūkyūsha*
ambulant *(adj.)* 歩くことができる *aruku koto ga dekiru*
ambush *(n.)* 待ち伏せ *machibuse*
amen *(interj.)* アーメン *āmen*

amend *(v.)* 改正する *kaisei suru*
amendment *(n.)* 改正 *kaisei*
amenity *(n.)* アメニティー *amenitī*
amiability *(n.)* 愛想の良さ *aiso no yo sa*
amiable *(adj.)* 愛想のいい *aiso no ī*
amicable *(adj.)* 友好的な *yūkō tekina*
amid *(prep.)* 真っ最中に *massaichū ni*
amiss *(adj.)* おかしい *okashī*
amity *(n.)* 友好 *yūkō*
ammonia *(n.)* アンモニア *anmonia*
ammunition *(n.)* 銃弾 *jūdan*
amnesia *(n.)* 健忘症 *kenbōshō*
amnesty *(n.)* 恩赦 *onsha*
amoral *(adj.)* 非道徳的 *hi dōtoku teki*
amorous *(adj.)* なまめかしい *namamekashī*
amorphous *(adj.)* 不定形の *fu teikei no*
amount *(n.)* 量 *ryō*
amour *(n.)* 情事 *jōji*
ampere *(n.)* アンペア *anpea*
amphibian *(n.)* 両生類 *ryōseirui*
amphibious *(adj.)* 水陸両生の *suiriku ryōsei no*
amphitheatre *(n.)* 円形劇場 *enkei gekijō*
ample *(adj.)* 十分な *jūbunna*
amplification *(n.)* 増幅 *zōfuku*
amplifier *(n.)* アンプ *anpu*
amplify *(v.)* 増幅する *zōfuku suru*
amplitude *(n.)* 広大さ *kōdai sa*
amputate *(v.)* 切断する *setsudan suru*
amputation *(n.)* 切断 *setsudan*
amputee *(n.)* 切断患者 *setsudan kanja*
amuck *(adv.)* 荒れ狂った *arekurutta*
amuse *(v.)* 楽しませる *tanoshimaseru*
anabolic *(n.)* 同化作用の *dōka sayō no*
anachronism *(n.)* 時代錯誤 *jidai sakugo*

anaemia *(n.)* 貧血 *hinketsu*
anaesthesia *(n.)* 麻酔 *masui*
anaesthetic *(n.)* 麻酔薬 *masuiyaku*
anal *(adj.)* 肛門の *kōmon no*
analgesic *(n.)* 鎮痛剤 *chintsūzai*
analogous *(adj.)* 類似した *ruiji shita*
analogy *(n.)* 比喩 *hiyu*
analyse *(v.)* 分析する *bunseki suru*
analysis *(n.)* 分析 *bunseki*
analyst *(n.)* アナリスト *anarisuto*
analytic *(adj.)* 分析的な *bunseki tekina*
anamnesis *(n.)* 既往歴 *kiōreki*
anamorphosis *(adj.)* アナモルフォーシス *anamorufōshisu*
anarchism *(n.)* 無政府主義 *mu seifu shugi*
anarchist *(n.)* 無政府主義者 *mu seifu shugisha*
anarchy *(n.)* 無政府状態 *mu seifu jōtai*
anatomy *(n.)* 解剖学 *kaibōgaku*
ancestor *(n.)* 先祖 *senzo*
ancestral *(adj.)* 先祖の *senzo no*
ancestry *(n.)* 系統 *keitō*
anchor *(n.)* 錨 *ikari*
anchorage *(n.)* 船の停泊地 *fune no teihakuchi*
ancient *(adj.)* 古代の *kodai*
ancillary *(adj.)* 付属的 *fuzoku teki*
and *(conj.)* そして *soshite*
android *(n.)* アンドロイド *andoroido*
anecdote *(n.)* 逸話 *itsuwa*
anemometer *(n.)* 風速計 *fūsokukei*
anew *(adv.)* 新たに *arata ni*
angel *(n.)* 天使 *tenshi*
anger *(n.)* 怒り *ikari*
angina *(n.)* 扁桃炎 *hentō en*
angiogram *(n.)* 血管造影図 *kekkan zōeizu*

angle *(n.)* 角度 *kakudo*
angry *(adj.)* 怒ってる *okotteru*
angular *(adj.)* 角のある *kado no aru*
animal *(n.)* 動物 *dōbutsu*
animal husbandry *(n.)* 畜産 *chikusan*
animate *(v.)* 活発にさせる *kappatsu ni saseru*
animation *(n.)* アニメーション *animēshon*
animosity *(n.)* 敵意 *tekī*
aniseed *(n.)* アニシード *anishīdo*
ankle *(n.)* 足首 *ashikubi*
anklet *(n.)* アンクレット *ankuretto*
annalist *(n.)* 年代記編者 *nendaiki hensha*
annals *(n. pl.)* 年代記 *nendaiki*
annex *(v.)* 併合する *heigō suru*
annexation *(n.)* 併合 *heigō*
annihilate *(v.)* 消滅させる *shōmetsu saseru*
annihilation *(n.)* 消滅 *shōmetsu*
anniversary *(n.)* 記念日 *kinenbi*
annotate *(v.)* 注釈をつける *chūshaku o tsukeru*
announce *(v.)* 発表する *happyō suru*
announcement *(n.)* 発表 *happyō*
announcer *(n.)* アナウンサー *anaunsā*
annoy *(v.)* イライラさせる *iraira saseru*
annoying *(adj.)* 迷惑な *meiwakuna*
annual *(adj.)* 毎年の *maitoshi no*
annuity *(n.)* 年金 *nenkin*
annul *(v.)* 無効にする *mukō ni suru*
anoint *(v.)* 聖油を塗る *seiyu o nuru*
anomalous *(adj.)* 異例な *ireina*
anomaly *(n.)* 異例 *irei*
anonymity *(n.)* 匿名 *tokumei*
anonymous *(adj.)* 匿名の *tokumei no*
anorak *(n.)* アノラック *anorakku*

anorexia (n.) 拒食症 kyoshoku shō
anorexic (adj.) 拒食症の kyoshoku shō no
another (adj.) 別の betsu no
answer (n.) 回答 kaitō
answerable (adj.) 答えられる kotaerareru
answering machine (n.) 留守番電話 rusuban denwa
ant (n.) 蟻 ari
antacid (adj.) 制酸効果がある sei san kōka ga aru
antagonism (n.) 敵対 tekitai
antagonist (n.) 敵対者 tekitaisha
antagonize (v.) 反感を買う hankan o kau
antarctic (adj.) 南極の nankyoku no
antecardium (n.) 心臓前部 shinzō zenbu
antecede (v.) 先行する senkō suru
antecedent (n.) 以前の出来事 izen no dekigoto
antedate (n.) 前日付 zenjitsuzuke
antelope (n.) 羚羊 reiyou
antenatal (adj.) 出産前の shussan mae no
antenna (n.) アンテナ antena
anthem (n.) 国歌 kokka
anthology (n.) 選集 senshū
anthrax (n.) 炭疽 tanso
anthropoid (adj.) 類人の ruijin no
anthropology (n.) 人類学 jinruigaku
anti (pref.) 反 han
anti-ageing (adj.) アンチエイジング anchieijingu
anti-aircraft (adj.) 防空用の bōkūyō no
antibacterial (adj.) 抗菌効果のある kōkin kōka no aru
antibiotic (n.) 抗生物質 kōsei busshitsu
antibody (n.) 抗体 kōtai
anticipate (v.) 予想する yosō suru

anticlimax (n.) 期待外れの結果 kitai hazure no kekka
anticlockwise (adv.) 反時計回りの han tokei mawari no
antics (n.) ふざけた行動 fuzaketa kōdō
antidote (n.) 解毒剤 gedokuzai
antifreeze (n.) 不凍液 futōeki
antigen (n.) 抗原 kōgen
antinomy (n.) 二律背反 niritsuhaihan
antioxidant (n.) 抗酸化物質 kō sanka busshitsu
antipathy (n.) 反感 hankan
antiphony (n.) 交唱歌 kōshōka
antipodes (n.) 対蹠地 taishochi
antiquarian (adj.) 古物研究の kobutsu kenkyū no
antiquary (n.) 古物商 kobutsushō
antique (adj.) アンティーク antīku
antiquity (n.) 古代 kodai
antiseptic (adj.) 殺菌の sakkin no
antiseptic (n.) 消毒剤 shōdokuzai
antisocial (adj.) 反社会的 han shakai teki
antithesis (n.) 正反対 sei hantai
antler (n.) 枝角 eda zuno
antonym (n.) 対義語 taigigo
anus (n.) 肛門 kōmon
anvil (n.) 鉄床 kanatoko
anxiety (n.) 不安 fuan
anxious (adj.) 不安な fuanna
anxiously (adv.) 不安に fuan ni
any (adj.) どんな donna
anybody (pron.) 誰でも dare demo
anything (pron.) 何でも nandemo
anytime (adv.) どんな時も donna toki mo
anyway (adv.) とにかく tonikaku
anywhere (adv.) どこでも doko demo
aorta (n.) 大動脈 daidōmyaku

apace *(adv.)* 速やかに *sumiyaka ni*
apartheid *(n.)* アパルトヘイト *aparutoheito*
apartment *(n.)* アパート *apāto*
ape *(n.)* 類人猿 *ruijin en*
aperture *(n.)* 隙間 *sukima*
apex *(n.)* 絶頂 *zecchō*
aphasia *(n.)* 失語症 *shitsugoshō*
aphorism *(n.)* 格言 *kakugen*
apiary *(n.)* 養蜂場 *yōhōjō*
apiculture *(n.)* 養蜂 *yōhō*
aplenty *(adj.)* 豊富な *hōfuna*
apnoea *(n.)* 無呼吸 *mu kokyū*
apologetic *(adj.)* 謝罪の *shazai no*
apologize *(v.)* 謝る *ayamaru*
apology *(n.)* 謝罪 *shazai*
apostle *(n.)* 使徒 *shito*
apostrophe *(n.)* アポストロフィー *aposutorofī*
apotheosis *(n.)* 神格化 *shinkaku ka*
app *(n.)* アプリ *apuri*
apparent *(adj.)* 明白な *meihakuna*
appear *(v.)* 現れる *arawareru*
appearance *(n.)* 外観 *gaikan*
appease *(v.)* 宥める *nadameru*
append *(v.)* 付け足す *tsuketasu*
appendage *(n.)* 付属物 *fuzokubutsu*
appendicitis *(n.)* 虫垂炎 *chūsuien*
appendix *(n.)* 付録 *furoku*
appetite *(n.)* 食欲 *shokuyoku*
appetizer *(n.)* 前菜 *zensai*
applaud *(v.)* 拍手する *hakushu suru*
applause *(n.)* 拍手 *hakushu*
apple *(n.)* りんご *ringo*
appliance *(n.)* 器具 *kigu*
applicable *(adj.)* 適用できる *tekiyō dekiru*

applicant *(n.)* 申請者 *shinseisha*
application *(n.)* 申請 *shinsei*
applied *(adj.)* 適用された *tekiyō sareta*
apply *(v.)* 適用する *tekiyō suru*
appoint *(v.)* 任命する *ninmei suru*
appointment *(n.)* 任命 *ninmei*
apposite *(adj.)* とても適切な *totemo tekisetsuna*
appraise *(v.)* 評価する *hyōka suru*
appreciable *(adj.)* 感知できるほどの *kanchi dekiru hodo no*
appreciate *(v.)* 感謝する *kansha suru*
apprehensive *(adj.)* 心配する *shinpai suru*
apprentice *(n.)* 見習い *minarai*
approach *(v.)* 近く *chikaku*
approachable *(adj.)* 親しみやすい *shitashimi yasui*
appropriate *(adj.)* 適切な *tekisetsuna*
appropriation *(n.)* 盗用 *tōyō*
approval *(n.)* 承認 *shōnin*
approve *(v.)* 承認する *shōnin suru*
approximate *(adj.)* 大凡の *ōyoso no*
approximately *(adv.)* 約 *yaku*
apricot *(n.)* アプリコット *apurikotto*
April *(n.)* 四月 *shigatsu*
apron *(n.)* エプロン *epuron*
apt *(adj.)* 傾向がある *keikō ga aru*
aptitude *(n.)* 適性 *tekisei*
aptitude test *(n.)* 適性テスト *tekisei tesuto*
aquarium *(n.)* 水族館 *suizokukan*
aquarius *(n.)* 水瓶座 *mizugameza*
aquatic *(adj.)* 水生の *suisei no*
aquatint *(n.)* アクアチント *akuachinto*
aqueduct *(n.)* 水路 *suiro*
Arab *(n.)* アラビア人 *arabiajin*
arable *(adj.)* 耕作に適した *kōsaku ni tekishita*

arbitrate *(v.)* 調停に持ち込む *chōtei ni mochikomu*
arbitration *(n.)* 仲裁 *chūsai*
arbitrator *(n.)* 調停者 *chōteisha*
arbour *(n.)* 東屋 *azumaya*
arc *(n.)* 円弧 *enko*
arcade *(n.)* 拱廊 *kyōrō*
arch *(n.)* アーチ *āchi*
archaeologist *(n.)* 考古学者 *kōko gakusha*
archaeology *(n.)* 考古学 *kōkogaku*
archaic *(adj.)* 古めかしい *furumekashī*
archbishop *(n.)* 大司教 *daishikyō*
archery *(n.)* アーチェリー *ācherī*
architect *(n.)* 建築家 *kenchikuka*
architecture *(n.)* 建築 *kenchiku*
archive *(n.)* 記録保管所 *kiroku hokanjo*
Arctic *(adj.)* 北極の *hokkyoku no*
area *(n.)* 地域 *chīki*
arena *(n.)* 競技場 *kyōgijō*
arguable *(adj.)* 議論の余地がある *giron no yochi ga aru*
argue *(v.)* 議論する *giron suru*
argument *(n.)* 議論 *giron*
aries *(n.)* 牡羊座 *ohitsujiza*
arise *(v.)* 生じる *shōjiru*
aristocracy *(n.)* 貴族制 *kizokusei*
aristocrat *(n.)* 貴族 *kizoku*
arithmetic *(n.)* 算術 *sanjutsu*
ark *(n.)* 箱舟 *hako bune*
arm *(n.)* 腕 *ude*
armament *(n.)* 武装 *busō*
armature *(n.)* 電機子 *denkiko*
armchair *(n.)* 肘掛け椅子 *hijikake isu*
armed *(adj.)* 武装した *busō shita*
armed forces *(n.)* 国軍 *kokugun*
armhole *(n.)* 袖刳り *sode guri*
armistice *(n.)* 休戦 *kyūsen*
armlet *(n.)* 腕輪 *udewa*
armour *(n.)* 防護服 *bōgofuku*
armoury *(n.)* 武器庫 *bukiko*
armpit *(n.)* 脇の下 *wakinoshita*
armrest *(n.)* 肘掛 *hijikake*
army *(n.)* 軍隊 *guntai*
aromatherapy *(n.)* アロマテラピー *aromaterapī*
around *(adv. & prep.)* 周りに *mawari ni*
arouse *(v.)* 刺激する *shigeki suru*
arrabbiata *(n.)* アラビアータ *arabiāta*
arraign *(v.)* 法廷に召喚する *hōtei ni shōkan suru*
arrange *(v.)* 手配する *tehai suru*
arrangement *(n.)* 配置 *haichi*
array *(n.)* 整列 *seiretsu*
arrears *(n. pl.)* 延滞 *entai*
arrest *(v.)* 逮捕する *taiho suru*
arrival *(n.)* 到着 *tōchaku*
arrive *(v.)* 到着する *tōchaku suru*
arrogance *(n.)* 傲慢 *gōman*
arrogant *(adj.)* 傲慢な *gōmanna*
arrow *(n.)* 矢印 *yajirushi*
arrowroot *(n.)* クズウコン *kuzu ukon*
arsenal *(n.)* 兵器庫 *heikiko*
arsenic *(n.)* 砒素 *hiso*
arson *(n.)* 放火 *hōka*
art *(n.)* 芸術 *geijutsu*
art direction *(n.)* アートディレクション *ātodirekushon*
art form *(n.)* 芸術形式 *geijutsu keishiki*
artefact *(n.)* 人工物 *jinkōbutsu*
artesian *(adj.)* 被圧の *hiatsu no*
artful *(adj.)* 巧妙な *kōmyōna*
arthritis *(n.)* 関節炎 *kansetsuen*

artichoke (n.) アーティチョーク ātichōku
article (n.) 記事 kiji
articulate (adj.) 理路整然 riro seizen
artificial (adj.) 人工的な jinkō tekina
artificial intelligence (n.) 人工知能 jinkō chinō
artillery (n.) 砲兵 hōhei
artisan (n.) 職人 shokunin
artist (n.) 芸術家 geijutsuka
artistic (adj.) 芸術的 geijutsu teki
artless (adj.) 素朴な sobokuna
as (adv.) ように yō ni
asafoetida (n.) 阿魏 agi
asbestos (n.) アスベスト asubesuto
ascend (v.) 上昇する jōshō suru
ascendancy (n.) 制圧 seiatsu
ascent (n.) 上昇 jōshō
ascertain (v.) 確かめる tashikameru
ascetic (n.) 禁欲主義者 kin yoku shugisha
ascetic (adj.) 禁欲主義の kin yoku shugi no
ascribe (v.) せいにする sei ni suru
aseptic (adj.) 無菌の mukin no
asexual (adj.) 無性の musei no
ash (n.) 灰 hai
ashen (adj.) 青白い aojiroi
ashore (adv.) 岸に kishi ni
aside (adv.) さておき sateoki
asleep (adv.) 眠っている nemutteiru
asparagus (n.) アスパラガス asuparagasu
aspect (n.) 側面 sokumen
asphyxia (n.) 窒息 chissoku
aspirant (n.) 大望を抱く人 taibō o idaku hito
aspiration (n.) 大望 taibō
aspire (v.) 目指す mezasu
assail (v.) 襲撃する shūgeki suru

assassin (n.) 暗殺者 ansatsusha
assassinate (v.) 暗殺する ansatsu suru
assassination (n.) 暗殺 ansatsu
assault (n.) 暴行する bōkō suru
assemble (v.) 集合する shūgō suru
assembly (n.) 集会 shūkai
assert (v.) 断定する dantei suru
assertive (adj.) 断定的 dantei teki
assessment (n.) 評価 hyōka
asset (n.) 資産 shisan
assign (v.) 割り当てる wariateru
assignee (n.) 譲受人 yuzuriukenin
assignment (n.) 宿題 shukudai
assimilate (v.) 同化する dōka suru
assimilation (n.) 同化 dōka
assist (v.) 支援する shien suru
assistance (n.) 支援 shien
assistant (n.) 助手 joshu
associate (v.) 結び付ける musubitsukeru
association (n.) 協会 kyōkai
assort (v.) 仕分ける shiwakeru
assorted (adj.) 種々雑多の shuju zatta no
assortment (n.) 詰め合わせ tsumeawase
assuage (v.) 緩和させる kanwa saseru
assume (v.) 前提とする zentei to suru
assumption (n.) 仮定 katei
astatic (adj.) 無定位の mu teī no
asterisk (n.) 星印 hoshi jirushi
asterism (n.) 星群 hoshigun
asteroid (v.) 小惑星 shōwakusei
asthma (n.) 喘息 zensoku
astigmatism (n.) 乱視 ranshi
astound (v.) 仰天させる gyōten saseru
astral (adj.) 星のような hoshi no yōna
astride (prep. & adv.) またがって matagatte

astringent *(adj.)* 渋い *shibui*
astrolabe *(n.)* アストロラーベ *asutororābe*
astrologer *(n.)* 占星術師 *senseijutsushi*
astrology *(n.)* 占星術 *senseijutsu*
astronaut *(n.)* 宇宙飛行士 *uchū hikōshi*
astronomer *(n.)* 天文学者 *tenmongakusha*
astronomy *(n.)* 天文学 *tenmongaku*
astute *(adj.)* 鋭敏な *eibinna*
asylum *(n.)* 保護施設 *hogo shisetsu*
asymmetrical *(adj.)* 非対称の *hitaishō no*
asymmetry *(n.)* 非対称 *hitaishō*
at *(prep.)* に *ni*
atheism *(n.)* 無神論 *mushinron*
atheist *(n.)* 無神論者 *mushinronsha*
athlete *(n.)* 運動選手 *undō senshu*
athletic *(adj.)* 運動神経の良い *undō shinkei no yoi*
atlas *(n.)* 地図帳 *chizuchō*
atmosphere *(n.)* 雰囲気 *fun iki*
atmospheric *(adj.)* 大気の *taiki no*
atoll *(n.)* 環礁 *kanshō*
atom *(n.)* 原子 *genshi*
atomic *(adj.)* 原子の *genshi no*
atone *(v.)* 償う *tsugunau*
atonement *(n.)* 償い *tsugunai*
atopic *(adj.)* アトピー性の *atopīsei no*
atrium *(n.)* アトリウム *atoriumu*
atrocious *(adj.)* 残虐な *zangyakuna*
atrocity *(n.)* 残虐行為 *zangyaku kōi*
atrophy *(v.)* 萎縮する *ishuku suru*
attach *(v.)* 取り付ける *toritsukeru*
attache *(n.)* 大使館員 *taishikan in*
attachment *(n.)* 添付書類 *tenpu shorui*
attack *(v.)* 攻撃する *kōgeki suru*
attainment *(n.)* 達成 *tassei*
attempt *(v.)* 試みる *kokoromiru*

attend *(v.)* 出席する *shusseki suru*
attendance *(n.)* 出席 *shusseki*
attendant *(n.)* 係員 *kakarīn*
attention *(n.)* 注意 *chūi*
attentive *(adj.)* 注意深い *chūibukai*
attenuance *(n.)* 減衰度 *gensuido*
attic *(n.)* 屋根裏 *yaneura*
attitude *(n.)* 態度 *taido*
attract *(v.)* 引き付ける *hikitsukeru*
attraction *(n.)* 引き付けること *hikitsukeru koto*
attractive *(adj.)* 魅力的 *miryoku teki*
attribute *(v.)* せいにする *sei ni suru*
atypic *(adj.)* 普通でない *futsūdenai*
aubergine *(n.)* ナス *nasu*
auburn *(adj.)* 赤褐色 *sekikasshoku*
auction *(n.)* 競売 *kyōbai*
audible *(adj.)* 聞こえる *kikoeru*
audience *(n.)* 観客 *kankyaku*
audio *(n.)* 音声 *onsei*
audiovisual *(adj.)* 視聴覚の *shichōkaku no*
audit *(n.)* 監査 *kansa*
audition *(n.)* オーディション *ōdishon*
auditor *(n.)* 監査役 *kansayaku*
auditorium *(n.)* 講堂 *kōdō*
auditory *(adj.)* 聴覚の *chōkaku no*
augment *(v.)* 増大させる *zōdai saseru*
augmentation *(n.)* 増大 *zōdai*
august *(adj.)* 威厳がある *igen ga aru*
August *(n.)* 八月 *hachigatsu*
aunt *(n.)* 叔母 *oba*
aura *(n.)* オーラ *ōra*
auriform *(adj.)* 耳状の *mimijō no*
aurora *(n.)* オーロラ *ōrora*
auspicious *(adj.)* 縁起の良い *engi no yoi*
authentic *(adj.)* 本物の *honmono no*

authenticate *(v.)* 認証する *ninshō suru*
authentication *(n.)* 認証 *ninshō*
author *(n.)* 著者 *chosha*
authoritative *(adj.)* 権威ある *ken i aru*
authority *(n.)* 権力 *kenryoku*
authorize *(v.)* 許可する *kyoka suru*
autism *(n.)* 自閉症 *jiheishō*
autistic *(adj.)* 自閉症の *jiheishō no*
autobiography *(n.)* 自伝 *jiden*
autocorrect *(n.)* オートコレクト機能 *ōto korekuto kinō*
autocracy *(n.)* 独裁政治 *dokusai seiji*
autocrat *(n.)* 独裁者 *dokusaisha*
autocratic *(adj.)* 独裁政治の *dokusai seiji no*
autofocus *(n.)* オートフォーカス *ōto fōkasu*
autograph *(n.)* サイン *sain*
automate *(v.)* 自動化する *jidō ka suru*
automatic *(adj.)* 自動的 *jidōteki*
automatically *(adv.)* 自動的に *jidōteki ni*
automation *(n.)* 自動化 *jidō ka*
automobile *(n.)* 自動車 *jidōsha*
autonomous *(adj.)* 自立した *jiritsu shita*
autopilot *(n.)* オートパイロット *ōto pairotto*
autopsy *(n.)* 剖検 *bōken*
autumn *(n.)* 秋 *aki*
auxiliary *(adj.)* 補助的な *hojo tekina*
avail *(v.)* 役立つ *yakudatsu*
available *(adj.)* 利用できる *riyō dekiru*
avalanche *(n.)* 雪崩 *nadare*
avenge *(v.)* 仇を討つ *ada o utsu*
avenue *(n.)* 大通り *ōdōri*
average *(n.)* 平均 *heikin*
averse *(adj.)* 嫌って *kiratte*
avert *(v.)* 回避する *kaihi suru*

aviary *(n.)* 鳥小屋 *torigoya*
aviation *(n.)* 飛行 *hikō*
avidly *(adv.)* 熱心に *nesshin ni*
avocado *(n.)* アボカド *abokado*
avoid *(v.)* 避ける *sakeru*
avoidance *(n.)* 回避 *kaihi*
avow *(v.)* 明言する *meigen suru*
awake *(v.)* 目が覚めている *me ga sameteiru*
awakening *(n.)* 目ざめ *mezame*
award *(n.)* 賞 *shō*
award *(v.)* 賞を授与する *shō o juyo suru*
aware *(adj.)* 分かっている *wakatteiru*
awareness *(n.)* 意識 *ishiki*
away *(adv.)* 離れて *hanarete*
awesome *(adj.)* 素晴らしい *subarashī*
awhile *(adv.)* しばらく *shibaraku*
awkward *(adj.)* 気まずい *kimazui*
axe *(n.)* 斧 *ono*
axial *(adj.)* 軸に関する *jiku nikansuru*
axillary *(adj.)* 腋窩の *ekika no*
axis *(n.)* 軸 *jiku*
axle *(n.)* 車軸 *shajiku*
Ayurveda *(n.)* アーユルヴェーダ *āyuruvēda*
azote *(n.)* 窒素 *chisso*
azure *(n.)* 紺碧 *konpeki*

babble *(n.)* がやがや *gayagaya*
baboon *(n.)* ヒヒ *hihi*
baby *(n.)* 赤ん坊 *akanbō*
baby corn *(n.)* ベビーコーン *bebī kōn*
baby food *(n.)* 幼児食 *yōjishoku*

babyface *(n.)* 童顔 *dōgan*
babyproof *(adj.)* 赤ん坊にとって安全な *akanbō nitotte anzenna*
babysit *(v.)* 子守をする *komori o suru*
babysitting *(n.)* 子守 *komori*
baccalaureate *(n.)* 学士号 *gakushigō*
bacchanal *(n.)* 酔ったお祭り騒ぎ *yotta omatsurisawagi*
bachelor *(n.)* 独身男性 *dokushin dansei*
bachelor party *(n.)* バチェラー・パーティー *bacherā pātī*
bachelorette *(n.)* 独身女性 *dokushin josei*
back *(n.)* 背中 *senaka*
backbencher *(n.)* 陣笠議員 *jingasa gi in*
backbiting *(n.)* 陰口 *kageguchi*
backdate *(v.)* 実際よりも前の日付を書く *jissai yori mo mae no hizuke o kaku*
backdrop *(n.)* 背景 *haikei*
backfire *(v.)* 逆効果になる *gyaku kōka ni naru*
backhand *(n.)* バックハンド *bakku hando*
backlash *(n.)* 過激な反動 *kagekina handō*
backlight *(n.)* バックライト *bakkuraito*
backlog *(n.)* 残務 *zanmu*
backpack *(n.)* バックパック *bakku pakku*
backpacker *(n.)* バックパッカー *bakkupakkā*
backslide *(v.)* 堕落する *daraku suru*
backstage *(adv.)* 舞台裏 *butaiura*
backstairs *(n.)* 裏階段 *ura kaidan*
backtrack *(v.)* 後戻りする *atomodori suru*
backup *(n.)* バックアップ *bakkuappu*
backward *(adv.)* 後方に *kōhō ni*
backward *(adj.)* 後方の *kōhō no*
backwash *(n.)* 逆洗 *gyakusen*
bacon *(n.)* ベーコン *bēkon*
bad *(adj.)* 悪い *warui*

badge *(n.)* バッジ *bajji*
badger *(n.)* アナグマ *anaguma*
badly *(adv.)* ひどく *hidoku*
badminton *(n.)* バドミントン *badominton*
baffle *(v.)* 当惑させる *tōwaku saseru*
bag *(n.)* カバン *kaban*
bag *(v.)* 袋に入れる *fukuro ni ireru*
bagel *(n.)* ベーグル *bēguru*
baggage *(n.)* 荷物 *nimotsu*
bagpiper *(n.)* バグパイプ奏者 *bagu paipu sōsha*
baguette *(n.)* バゲット *bagetto*
bail *(n.)* 保釈金 *hoshakukin*
bailable *(adj.)* 保釈できる *hoshaku dekiru*
bailey *(n.)* 外壁 *gaiheki*
bailiff *(n.)* 廷吏 *teiri*
bait *(n.)* 餌 *esa*
bake *(v.)* 焼く *yaku*
baker *(n.)* パン職人 *pan shokunin*
bakery *(n.)* パン屋 *pan ya*
balaclava *(n.)* 目出し帽 *medashibō*
balafon *(n.)* バラフォン *bara fon*
balance *(n.)* 残高 *zandaka*
balance *(v.)* 釣り合いをとる *tsuriai o toru*
balance sheet *(n.)* 貸借対照表 *taishaku taishōhyō*
balcony *(n.)* バルコニー *barukonī*
bald *(adj.)* 禿げてる *hageteru*
bale *(n.)* 梱 *kori*
baleen *(n.)* 鯨ひげ *kujira hige*
ball *(n.)* ボール *bōru*
ball bearing *(n.)* 玉軸受 *tamajiku uke*
ballad *(n.)* バラッド *baraddo*
ballerina *(n.)* バレリーナ *barerīna*
ballet *(n.)* バレエ *barē*
ballistics *(n.)* 弾道学 *dandōgaku*

balloon (n.) 風船 fūsen	**barbarism** (n.) 野蛮 yaban
ballot paper (n.) 投票用紙 tōhyō yōshi	**barbarity** (n.) 残酷 zankoku
ballroom (n.) 宴会場 enkaijō	**barbecue** (n.) バーベキュー bābekyū
balm (n.) 香油 kōyu	**barbed** (adj.) とげのある toge no aru
balsam (n.) バルサム barusamu	**barbed wire** (n.) 有刺鉄線 yūshitessen
bamboo (n.) 竹 take	**barber** (n.) 床屋 tokoya
ban (v.) 禁止する kinshi suru	**barcode** (n.) バーコード bākōdo
banal (adj.) 陳腐な chinpuna	**bare** (adj.) 露出した roshutsu shita
banana (n.) バナナ banana	**barefoot** (adj.) 裸足 hadashi
band (n.) バンド bando	**barely** (adv.) かろうじて karōjite
bandage (n.) 包帯 hōtai	**bargain** (n.) 売買契約 baibai keiyaku
bandana (n.) バンダナ bandana	**barge** (n.) 艀 hashike
bandit (n.) 山賊 sanzoku	**barge** (n.) 平底の荷船 hirazoko no nibune
bandwagon (n.) 楽隊車 gakutaisha	**baritone** (n.) バリトン bariton
bandwidth (n.) 帯域幅 taīki haba	**barium** (n.) バリウム bariumu
bane (n.) 破滅の元 hametsu no moto	**bark** (n.) 吠える hoeru
bang (n.) 強打 kyōda	**barley** (n.) 大麦 ōmugi
banish (v.) 追放する tsuihō suru	**barn** (n.) 納屋 naya
banishment (n.) 追放 tsuihō	**barnacle** (n.) フジツボ fuji tsubo
banjo (n.) バンジョー banjō	**barometer** (n.) バロメーター barometā
bank (v.) 積み上げる tsumiageru	**baron** (n.) 男爵 danshaku
bank holiday (n.) 公休日 kōkyūbi	**baroness** (n.) 男爵夫人 danshaku fujin
banker (n.) 銀行員 ginkōin	**baroque** (adj.) バロック式の barokkushiki no
banknote (n.) 紙幣 shihei	**barrack** (n.) 兵舎 heisha
bankrupt (adj.) 破産する hasan suru	**barrage** (n.) 弾幕 danmaku
bankruptcy (n.) 破産 hasan	**barrel** (n.) たる taru
banner (n.) 横断幕 ōdanmaku	**barren** (adj.) 不毛な fumōna
banquet (n.) 宴会 enkai	**barricade** (n.) 防塞 bōsai
banter (n.) からかい karakai	**barrier** (n.) 障壁 shōheki
banyan (n.) ガジュマル gajumaru	**barrister** (n.) 法廷弁護士 hōtei bengoshi
baptism (n.) 洗礼 senrei	**bartender** (n.) バーテンダー bātendā
baptize (v.) 洗礼を施す senrei o hodokosu	**barter** (v.) 物々交換する butsubutsukōkan suru
bar (n.) バー bā	**basal** (adj.) 基底の kitei no
barb (n.) とげ toge	**base** (n.) 土台 dodai
barbarian (n.) 野蛮人 yabanjin	

base camp *(n.)* 基地 *kichi*
baseless *(adj.)* 根拠のない *konkyo no nai*
basement *(n.)* 地下室 *chikashitsu*
bash *(v.)* 殴る *naguru*
bash *(n.)* 殴ること *nagurukoto*
basic *(adj.)* 基本的な *kihon tekina*
basically *(adv.)* 基本的に *kihon teki ni*
basil *(n.)* バジル *bajiru*
basin *(n.)* たらい *tarai*
basis *(n.)* 根拠 *konkyo*
bask *(v.)* 暖まる *atatamaru*
basket *(n.)* カゴ *kago*
basketball *(n.)* バスケットボール *basukettobōru*
bass *(n.)* ベース *bēsu*
bat *(n.)* バット *batto*
batch *(n.)* 一回分 *ikkaibun*
bath *(n.)* お風呂 *o furo*
bathe *(v.)* 入浴する *nyūyoku suru*
bathrobe *(n.)* バスローブ *basurōbu*
baton *(n.)* バトン *baton*
batsman *(n.)* 打者 *dasha*
battalion *(n.)* 大隊 *daitai*
batter *(n.)* バッター *battā*
battery *(n.)* 電池 *denchi*
battle *(n.)* 戦い *tatakai*
battlefield *(n.)* 戦場 *senjō*
battlefront *(n.)* 前線 *zensen*
baulk *(n.)* 躊躇する *chūcho suru*
bawl *(v.)* 喚く *wameku*
bay *(n.)* 湾 *wan*
bayonet *(n.)* 銃剣 *jūken*
bayside *(adj.)* 湾岸近くの *wangan chikaku no*
bazaar *(n.)* 市場 *ichiba*
bazooka *(n.)* バズーカ *bazūka*

be *(v.)* である *dearu*
beach *(n.)* ビーチ *bīchi*
beach ball *(n.)* ビーチボール *bīchi bōru*
beachfront *(adj.)* ビーチに沿った *bīchi ni sotta*
beachside *(adj.)* ビーチ側の *bīchigawa no*
beacon *(n.)* 灯台 *tōdai*
bead *(n.)* ビーズ *bīzu*
beadle *(n.)* 典礼係 *tenreigakari*
beady *(adj.)* 小さく丸く輝く *chīsaku maruku kagayaku*
beak *(n.)* 嘴 *kuchibashi*
beaker *(n.)* ビーカー *bīkā*
beam *(n.)* 光線 *kōsen*
bean *(n.)* 豆 *mame*
bear *(n.)* 熊 *kuma*
bear *(v.)* 運ぶ *hakobu*
beard *(n.)* 髭 *hige*
bearing *(n.)* ふるまい *furumai*
beast *(n.)* 獣 *kemono*
beastly *(adj.)* 獣のような *kemono no yōna*
beat *(v.)* 連打する *renda suru*
beatific *(adj.)* 幸福に輝いた *kōfuku ni kagayaita*
beatification *(n.)* 列福 *reppuku*
beautiful *(adj.)* 綺麗な *kireina*
beautify *(v.)* 美しく *utsukushiku*
beauty *(n.)* 美しさ *utsukushi sa*
beaver *(n.)* ビーバー *bībā*
beaverskin *(n.)* ビーバーの毛皮 *bībā no kegawa*
because *(conj.)* なぜなら *nazenara*
beck *(n.)* 差し招く *sashimaneku*
beckon *(v.)* 招く *maneku*
become *(v.)* なる *naru*
bed *(n.)* ベッド *beddo*
bed sheet *(n.)* シーツ *shītsu*

bedcover *(n.)* ベッドカバー *beddo kabā*
bedding *(n.)* 寝具 *shingu*
bedridden *(adj.)* 寝たきりの *netakiri no*
bedroom *(n.)* 寝室 *shinshitsu*
bedsore *(n.)* 褥瘡 *jokusō*
bee *(n.)* 蜂 *hachi*
beech *(n.)* ブナ *buna*
beef *(n.)* 牛肉 *gyūniku*
beefy *(adj.)* がっしりした *gasshiri shita*
beehive *(n.)* 蜂の巣 *hachinosu*
beekeeper *(n.)* 養蜂家 *yōhōka*
beep *(n.)* ビーっという音 *bī ttoiu oto*
beer *(n.)* ビール *bīru*
beet *(n.)* ビート *bīto*
beetle *(n.)* 甲虫 *kabutomushi*
beetroot *(n.)* ビートの根 *bīto no ne*
befall *(v.)* 降りかかる *furikakaru*
befit *(v.)* ふさわしい *fusawashī*
before *(prep. & adv.)* 前 *mae*
beforehand *(adv.)* 予め *arakajime*
befriend *(v.)* 友となる *tomo to naru*
beggar *(n.)* 乞食 *kojiki*
begin *(v.)* 始める *hajimeru*
beginner *(n.)* 初心者 *shoshinsha*
beginning *(n.)* 初め *hajime*
begrudge *(v.)* 妬む *netamu*
behalf *(n.)* 代理として *dairi toshite*
behave *(v.)* 振る舞う *furumau*
behead *(v.)* 首を切る *kubi o kiru*
behind *(prep. & adv.)* 後ろに *ushiro ni*
behold *(v.)* 見よ *miyo*
beleaguered *(adj.)* 包囲された *hōi sareta*
belie *(v.)* 矛盾する *mujun suru*
believe *(v.)* 信じる *shinjiru*
belittle *(v.)* 貶す *kenasu*

bell *(n.)* 鈴 *suzu*
belle *(n.)* 美人 *bijin*
belligerent *(adj.)* 交戦国の *kōsenkoku no*
bellow *(v.)* 呻く *umeku*
bellows *(n.)* ふいご *fui go*
belly *(n.)* 腹 *hara*
belong *(v.)* 属する *zokusuru*
belongings *(n.)* 持ち物 *mochimono*
belt *(n.)* ベルト *beruto*
bemused *(adj.)* 困惑した *konwaku shita*
bench *(n.)* ベンチ *benchi*
bend *(v.)* 曲げる *mageru*
benediction *(n.)* 祝祷 *shukutō*
benefaction *(n.)* 寄贈 *kizō*
benefactor *(n.)* 恩人 *onjin*
beneficial *(adj.)* 有益な *yūekina*
beneficiary *(n.)* 受益者 *juekisha*
benefit *(v.)* 得する *tokusuru*
benevolence *(n.)* 博愛 *hakuai*
benevolent *(adj.)* 博愛な *hakuaina*
benign *(adj.)* 良性の *ryōsei no*
benzene *(n.)* ベンゼン *benzen*
bequeath *(v.)* 遺言で譲る *yuigon de yuzuru*
bequest *(n.)* 遺贈 *izō*
bereaved *(adj.)* 遺族の *izoku no*
bereavement *(n.)* 死別 *shibetsu*
bereft *(adj.)* 失った *ushinatta*
beside *(prep.)* 横 *yoko*
besiege *(v.)* 包囲する *hōi suru*
besmirch *(v.)* 泥を塗る *doro o nuru*
besotted *(adj.)* 夢中になった *muchū ni natta*
bespeak *(v.)* 証拠となる *shōko to naru*
bespoke *(adj.)* オーダーメイドの *ōdā meido no*

best *(adj.)* 最高の *saikō no*
bestial *(adj.)* 獣的な *jūtekina*
bestride *(v.)* またがる *matagaru*
bestseller *(n.)* ベストセラー *besutoserā*
bet *(v.)* 賭ける *kakeru*
beta *(adj.)* ベータの *bēta no*
betray *(v.)* 裏切る *uragiru*
betrayal *(n.)* 裏切り *uragiri*
better *(adj.)* より良い *yori yoi*
bettor *(n.)* 賭け手 *kakete*
between *(prep.)* 間に *aida ni*
beware *(v.)* 用心する *yōjin suru*
bewilder *(v.)* 惑わす *madowasu*
bewilderment *(n.)* 当惑 *tōwaku*
bewitch *(v.)* 魅する *misuru*
beyond *(prep. & adj.)* 超えて *koete*
biangular *(adj.)* 二角の *ni kaku no*
biannual *(adj.)* 半年ごとの *hantoshigoto no*
biannually *(adv.)* 半年ごとに *hantoshigoto ni*
biantennary *(adj.)* 二分岐の *ni bunki no*
bias *(n.)* 先入観 *sennyūkan*
biased *(adj.)* 偏った *katayotta*
biaxial *(adj.)* 双軸の *sō jiku no*
bib *(n.)* ヨダレかけ *yodare kake*
bible *(n.)* 聖書 *seisho*
bibliographer *(n.)* 書誌学者 *shoshi gakusha*
bibliophile *(n.)* 愛書家 *aishoka*
bicentenary *(adj.)* 二百周年記念 *ni hyaku shūnen kinen*
biceps *(n.)* 二頭筋 *ni tōkin*
bicker *(v.)* 口論する *kōron suru*
bicycle *(n.)* 自転車 *jitensha*
bid *(n.)* 入札 *nyūsatsu*
bid *(v.)* 入札する *nyūsatsu suru*

bidder *(n.)* 入札者 *nyūsatsusha*
bidet *(n.)* ビデ *bide*
bidimensional *(adj.)* 二次元の *ni jigen no*
biennial *(adj.)* 二年ごとの *ni nengoto no*
bifacial *(adj.)* 二面性の *nimenseino*
bifocal *(adj.)* 二重焦点の *ni jū shōten no*
bifurcate *(v.)* 二またに分かれる *futamata ni wakareru*
bifurcation *(n.)* 分岐 *bunki*
big *(adj.)* 大きい *ōkī*
bigamist *(n.)* 重婚者 *jūkonsha*
bigamous *(adj.)* 重婚の *jūkon no*
bigamy *(n.)* 重婚 *jūkon*
bighead *(n.)* うぬぼれ屋 *unuboreya*
bight *(n.)* 湾曲部 *wankyokubu*
bigot *(n.)* 偏屈者 *henkutsusha*
bigotry *(n.)* 偏屈 *henkutsu*
bike *(n.)* 自転車 *jitensha*
biker *(n.)* 暴走族 *bōsōzoku*
bikini *(n.)* ビキニ *bikini*
bilateral *(adj.)* 双務的な *sōmu tekina*
bile *(n.)* 胆汁 *tanjū*
bilingual *(adj.)* バイリンガル *bairingaru*
billable *(adj.)* 請求可能な *seikyū kanōna*
billboard *(n.)* 看板 *kanban*
billiard table *(n.)* ビリヤード台 *biriyādodai*
billiards *(n.)* ビリヤード *biriyādo*
billion *(n.)* 十億 *jū oku*
billionaire *(n.)* 億万長者 *oku man chōja*
billow *(v.)* 渦巻く *uzumaku*
bimonthly *(adj.)* 隔月の *kakugetsu no*
bin *(n.)* ゴミ箱 *gomibako*
binary *(adj.)* 二元の *nigen no*
bind *(v.)* 縛る *shibaru*

binge *(n.)* 度を過ぎた楽しみ *do o sugita tanoshimi*
bingo *(n.)* ビンゴ *bingo*
binocular *(adj.)* 両眼の *ryō me no*
binoculars *(n.)* 双眼鏡 *sōgankyō*
bioactivity *(n.)* 生物活性 *seibutsu kassei*
bioagent *(n.)* 病原体 *byōgentai*
biochemical *(adj.)* 生化学の *seikagaku no*
biochemistry *(n.)* 生化学 *seikagaku*
bioclimate *(n.)* 生気候 *seikikō*
biodegradation *(n.)* 生分解 *sei bunkai*
bioengineering *(n.)* 生体工学 *seitai kōgaku*
biofuel *(n.)* バイオ燃料 *baio nenryō*
biogas *(n.)* 生体ガス *seitai gasu*
biographer *(n.)* 伝記作者 *denki sakusha*
biography *(n.)* 伝記 *denki*
biohazardous *(adj.)* 生物に危害を加える *seibutsu ni kigai o kuwaeru*
biological *(adj.)* 生物学の *seibutsugaku no*
biologically *(adv.)* 生物学的に *seibutsugaku teki ni*
biologist *(n.)* 生物学者 *seibutsu gakusha*
biology *(n.)* 生物学 *seibutsugaku*
biomass *(n.)* バイオマス *baio masu*
biometric *(adj.)* 生物測定の *seibutsu sokutei no*
bionic *(adj.)* 生物工学の *seibutsu kōgaku no*
biopic *(n.)* 伝記映画 *denki eiga*
biopsy *(n.)* 生検 *seiken*
biorhythm *(n.)* 生体リズム *seitai rizumu*
bipartisan *(adj.)* 超党派の *chōtōha no*
bipolar *(adj.)* 二極の *ni kyoku no*
biracial *(adj.)* 二人種の *ni jinshu no*
birch *(n.)* カバノキ *kabanoki*
bird *(n.)* 鳥 *tori*

birdlime *(n.)* 鳥黐 *torimochi*
birth *(n.)* 出生 *shusshō*
birthdate *(n.)* 生年月日 *seinengappi*
birthday *(n.)* 誕生日 *tanjōbi*
birthmark *(n.)* 母斑 *bohan*
biscuit *(n.)* ビスケット *bisuketto*
bisect *(v.)* 二分する *nibun suru*
bisexual *(adj.)* 両性愛の *ryō seiai no*
bishop *(n.)* 司教 *shikyō*
bison *(n.)* 野牛 *yagyū*
bisque *(n.)* ビスク *bisuku*
bistro *(n.)* ビストロ *bisu toro*
bit *(n.)* 少しばかりの *sukoshi bakari no*
bitch *(n.)* 雌犬 *mesu inu*
bitcoin *(n.)* ビットコイン *bitto koin*
bite *(v.)* 噛む *kamu*
biting *(adj.)* 噛んでいる *kandeiru*
bitter *(adj.)* 苦い *nigai*
bitterness *(n.)* 苦み *nigami*
bi-weekly *(adj.)* 隔週の *kakushū no*
blab *(v.)* ベラベラ喋る *bera bera shaberu*
blabber *(n.)* 口の軽い人 *kuchi no karui hito*
black *(adj.)* 黒い *kuroi*
blackbird *(n.)* クロウタドリ *kurōtadori*
blackboard *(n.)* 黒板 *kokuban*
blacken *(v.)* 黒くする *kuroku suru*
blacklist *(n.)* ブラックリスト *burakkurisuto*
blackmail *(n.)* 恐喝 *kyōkatsu*
blackmailer *(n.)* 脅迫者 *kyōhakusha*
blackout *(n.)* 停電 *teiden*
blacksmith *(n.)* 鍛冶屋 *kajiya*
bladder *(n.)* 膀胱 *bōkō*
blade *(n.)* 刃 *ha*
bland *(adj.)* つまらない *tsumaranai*

blank *(adj.)* 空白の *kūhaku no*
blanket *(n.)* 毛布 *mōfu*
blare *(v.)* うるさく鳴らす *urusaku narasu*
blaspheme *(v.)* 不敬なことを言う *fukeina koto o iu*
blasphemy *(n.)* 冒涜 *bōtoku*
blast *(n.)* 爆風 *bakufū*
blatant *(adj.)* 露骨な *rokotsuna*
blaze *(n.)* 炎 *honō*
blazer *(n.)* ブレザー *burezā*
blazing *(adj.)* 燃える *moeru*
bleach *(v.)* 漂白する *hyōhaku suru*
bleat *(v.)* メーと鳴く *mē to naku*
bleb *(n.)* 水疱 *suihō*
bleed *(v.)* 出血する *shukketsu suru*
blemish *(n.)* 汚点 *oten*
blend *(v.)* 混ぜ合わせる *mazeawaseru*
blender *(n.)* ミキサー *mikisā*
bless *(v.)* 祝福する *shukufuku suru*
blessed *(adj.)* 祝福された *shukufuku sareta*
blessing *(n.)* 祝福 *shukufuku*
blight *(n.)* 虫害 *chūgai*
blind *(adj.)* 目の不自由な *me no fujiyūna*
blindfold *(n.)* 目隠し *mekakushi*
blindness *(n.)* 盲目 *mōmoku*
bling *(n.)* 派手な宝石 *hadena hōseki*
blink *(v.)* 瞬きする *mabataki suru*
blip *(n.)* 一時的な異常 *ichiji tekina ijō*
blister *(n.)* 水ぶくれ *mizu bukure*
blithe *(adj.)* 不真面目な *fu majimena*
blitz *(n.)* 電撃 *dengeki*
blizzard *(n.)* 猛吹雪 *mō fubuki*
bloat *(v.)* むくませる *mukumaseru*
bloc *(n.)* ブロック *burokku*
block *(n.)* 塊 *katamari*
blockbuster *(n.)* 大ヒット作 *dai hittosaku*

blockhead *(n.)* まぬけ *ma nuke*
blog *(n.)* ブログ *burogu*
blogger *(n.)* ブロガー *burogā*
blogging *(v.)* ブログを書く *burogu o kaku*
blood *(n.)* 血 *chi*
bloodshed *(n.)* 流血 *ryūketsu*
bloody *(adj.)* 血まみれの *chimamire no*
bloom *(v.)* 咲く *saku*
blot *(n.)* しみ *shimi*
blotted *(adj.)* しみがついた *shimi ga tsuita*
blouse *(n.)* ブラウス *burausu*
blow *(v.)* 吹く *fuku*
blowout *(n.)* 吹き消す *fuki kesu*
blue *(n.)* 青 *ao*
bluetooth *(n.)* ブルートゥース *burūtūsu*
bluff *(v.)* はったりで騙す *hattari de damasu*
blundering *(adj.)* 不精巧な *fu seikōna*
blunt *(adj.)* 鈍い *nibui*
bluntly *(adv.)* ぶっきらぼうに *bukkirabō ni*
blur *(v.)* ぼかす *bokasu*
blurb *(n.)* 宣伝文句 *senden monku*
blurt *(v.)* 口走る *kuchibashiru*
blusher *(n.)* ブラッシャー *burasshā*
bluster *(v.)* 恫喝 *dōkatsu*
boa *(n.)* ボア *boa*
boar *(n.)* 猪 *inoshishi*
board game *(n.)* ボードゲーム *bōdo gēmu*
boarding *(n.)* 搭乗 *tōjō*
boarding school *(n.)* 寮制の学校 *ryōsei no gakkō*
boast *(v.)* 自慢する *jiman suru*
boat *(n.)* 船 *fune*
boathouse *(n.)* 艇庫 *teiko*
boatman *(n.)* 船頭 *sendō*

bob *(v.)* 上下に動く *jōge ni ugoku*
bobbin *(n.)* 糸巻き *itomaki*
bobble *(n.)* 毛糸玉 *keitodama*
bodice *(n.)* ボディス *bodisu*
bodily *(adv.)* 身体の *shintai no*
body *(n.)* 体 *karada*
bodyguard *(n.)* ボディーガード *bodīgādo*
bog *(n.)* 湿原 *shitsugen*
bohemian *(adj.)* 放浪的な *hōrō tekina*
boil *(v.)* 煮る *niru*
boiler *(n.)* ボイラー *boirā*
boisterous *(adj.)* 騒々しい *sōzōshī*
bold *(adj.)* 大胆な *daitanna*
boldly *(adv.)* 大胆に *daitan ni*
boldness *(n.)* 大胆さ *daitan sa*
bolero *(n.)* ボレロ *borero*
bollard *(n.)* ボラード *borādo*
bolt *(n.)* 閂 *kannuki*
bomb *(n.)* 爆弾 *bakudan*
bombard *(v.)* 砲撃する *hōgeki suru*
bombardier *(n.)* 爆撃手 *bakugekishu*
bombardment *(n.)* 砲撃 *hōgeki*
bomber *(n.)* 爆撃機 *bakugekiki*
bonanza *(n.)* 大当たり *ōatari*
bond *(n.)* 縛るもの *shibaru mono*
bondage *(n.)* 束縛 *sokubaku*
bonds *(n. pl.)* 絆 *kizuna*
bone *(n.)* 骨 *hone*
boneless *(adj.)* 骨なしの *hone nashino*
bonfire *(n.)* たき火 *takibi*
bonnet *(n.)* ボンネット *bonnetto*
bonus *(n.)* ボーナス *bōnasu*
book *(n.)* 本 *hon*
bookish *(adj.)* 書物に凝った *shomotsu ni kotta*
book-keeper *(n.)* 簿記係 *bokigakari*

booklet *(n.)* 冊子 *sasshi*
bookmaker *(n.)* 賭け屋 *kakeya*
bookmark *(n.)* しおり *shiori*
bookshop *(n.)* 本屋 *hon ya*
bookstall *(n.)* 本の露店 *hon no roten*
bookworm *(n.)* 本の虫 *hon no mushi*
boom *(n.)* ブーム *būmu*
boor *(n.)* 粗野な人 *soyana hito*
boost *(v.)* 後押しする *ato oshi suru*
boost *(n.)* 励まし *hagemashi*
booster *(n.)* 昇圧機 *shōatsuki*
boot *(n.)* ブーツ *būtsu*
booth *(n.)* 屋台店 *yataimise*
booze *(n.)* 酒 *sake*
bore *(v.)* 穴を開ける *ana o akeru*
born *(adj.)* 生まれた *umareta*
borough *(n.)* 自治区 *jichi ku*
borrow *(v.)* 借りる *kariru*
boss *(n.)* ボス *bosu*
bossy *(adj.)* 威張り散らす *ibari chirasu*
botanical *(adj.)* 植物の *shokubutsu no*
botany *(n.)* 植物学 *shokubutsugaku*
botch *(v.)* 下手にやる *heta ni yaru*
both *(adj. & pron.)* どちらも *dochira mo*
bother *(v.)* 迷惑をかける *meiwaku o kakeru*
bottle *(n.)* ボトル *botoru*
bottom *(n.)* 底 *soko*
bough *(n.)* 大枝 *ōeda*
boulder *(n.)* 丸石 *maruishi*
bounce *(v.)* 弾む *hazumu*
bouncer *(n.)* 用心棒 *yōjinbō*
boundary *(n.)* 境界 *kyōkai*
bountiful *(adj.)* 豊かな *yutakana*
bounty *(n.)* 報奨金 *hōshōkin*
bouquet *(n.)* 花束 *hanataba*

bourgeois *(adj.)* ブルジョワな *burujowa na*
bourgeoise *(n.)* ブルジョワジー *burujowajī*
bout *(n.)* 発作 *hossa*
boutique *(n.)* ブティック *butikku*
bow *(n.)* 弓 *yumi*
bower *(n.)* 木陰 *kokage*
bowl *(n.)* お椀 *o wan*
bowler *(n.)* 投手 *tōshu*
box *(n.)* 箱 *hako*
boxer *(n.)* ボクサー *bokusā*
boxing *(n.)* ボクシング *bokushingu*
boy *(n.)* 男の子 *otokonoko*
boycott *(v.)* ボイコットする *boikotto suru*
boyish *(adj.)* 少年のような *shōnen no yōna*
bra *(n.)* ブラジャー *burajā*
brace *(n.)* 装具 *sōgu*
bracelet *(n.)* ブレスレット *buresuretto*
braces *(n.)* 歯列矯正器 *shi retsu kyōseiki*
bracing *(adj.)* すがすがしい *sugasugashī*
bracken *(n.)* ワラビ *warabi*
bracket *(n.)* 括弧 *kakko*
brackish *(adj.)* 塩気のある *shioke no aru*
braggart *(n.)* 自慢屋 *jiman ya*
braid *(n.)* 編んだ髪 *anda kami*
braille *(n.)* 点字 *tenji*
brain *(n.)* 脳 *nō*
brainchild *(n.)* 新案 *shin an*
brainstorm *(n.)* ブレインストーミング *bureinsutōmingu*
brainy *(adj.)* 聡明な *sōmeina*
braise *(v.)* 蒸し煮する *mushi ni suru*
brake *(n.)* ブレーキ *burēki*
brake *(v.)* ブレーキを掛ける *burēki o kakeru*

bran *(n.)* ぬか *nuka*
branch *(n.)* 枝 *eda*
brand *(n.)* ブランド *burando*
branding *(n.)* ブランディング *burandingu*
brandish *(v.)* 振り回す *furimawasu*
brandy *(n.)* ブランデー *burandē*
brash *(adj.)* 厚かましい *atsukamashī*
brass *(n.)* 真鍮 *shinchū*
brasserie *(n.)* ブラッスリー *burassurī*
brat *(n.)* ガキ *gaki*
bravado *(n.)* 虚勢 *kyosei*
brave *(adj.)* 勇者 *yūsha*
brawl *(n.)* 喧嘩 *kenka*
brawn *(n.)* 腕力 *wanryoku*
bray *(n.)* ロバの鳴き声 *roba no nakigoe*
braze *(v.)* 鑞接する *rōsetsu suru*
bread *(n.)* パン *pan*
breadcrumb *(n.)* パン粉 *panko*
breaded *(adj.)* パン粉をまぶした *panko o mabushita*
breadwinner *(n.)* 稼ぎ手 *kasegite*
break *(v.)* 壊す *kowasu*
break point *(n.)* 区切り点 *kugiriten*
breakage *(n.)* 破損 *hason*
breakfast *(n.)* 朝食 *chōshoku*
break-off *(n.)* 断つこと *tatsu koto*
breakout *(n.)* 脱獄 *datsugoku*
breakup *(n.)* 別れる *wakareru*
breast *(v.)* 切って進む *kitte susumu*
breast *(n.)* 胸 *mune*
breastfeed *(v.)* 母乳で育てる *bonyū de sodateru*
breath *(n.)* 息 *iki*
breathe *(v.)* 呼吸する *kokyū suru*
breathtaking *(adj.)* 息をのむような *iki o nomu yōna*

breech *(n.)* 砲尾 hō o
breed *(v.)* 繁殖させる hanshoku saseru
breeze *(n.)* そよ風 soyokaze
breviary *(n.)* 聖務日課 seimunikka
brevity *(n.)* 簡潔さ kanketsu sa
brew *(v.)* 醸造する jōzō suru
brewery *(n.)* 醸造所 jōzōsho
bribe *(v.)* 賄賂 wairo
brick *(n.)* 煉瓦 renga
bridal *(adj.)* 新婦の shinpu no
bride *(n.)* 新婦 shinpu
bridegroom *(n.)* 新郎 shinrō
bridesmaid *(n.)* ブライズメイド buraizumeido
bridge *(n.)* 橋 hashi
bridle *(n.)* 馬勒 baroku
brief *(adj.)* 短時間の tanjikan no
briefcase *(n.)* ブリーフケース burīfu kēsu
briefing *(n.)* ブリーフィング burīfingu
brigade *(n.)* 隊 tai
brigadier *(n.)* 准将 jun shō
bright *(adj.)* 明るい akarui
brighten *(v.)* 明るくする akaruku suru
brightness *(n.)* 明るさ akaru sa
brilliance *(n.)* 光輝 kōki
brilliant *(adj.)* 見事な migotona
brim *(n.)* 縁 fuchi
brine *(n.)* 塩水 shiomizu
bring *(v.)* 持っていく motteiku
brink *(n.)* 瀬戸際 setogiwa
briquet *(n.)* ブリケット buri ketto
bristle *(n.)* 剛毛 gōmō
british *(adj.)* 英国人 eikokujin
brittle *(adj.)* 砕けやすい kudake yasui
broad *(adj.)* 幅広い habahiroi

broadband *(n.)* ブロードバンド burōdo bando
broadcast *(v.)* 放送する hōsō suru
broadway *(n.)* ブロードウェイ burōdowei
brocade *(n.)* 錦 nishiki
broccoli *(n.)* ブロッコリ burokkori
broke *(adj.)* 一文無し ichimonnashi
broken *(v.)* 壊した kowashita
broker *(n.)* ブローカー burōkā
brokerage *(n.)* 仲買 nakagai
bromide *(n.)* 臭化物 shūkabutsu
bronchial *(adj.)* 気管支 kikanshi
bronchitis *(n.)* 気管支炎 kikanshien
bronze *(n.)* 青銅 seidō
brooch *(n.)* ブローチ burōchi
brood *(n.)* 考え込む kangaekomu
broom *(n.)* ホウキ hōki
broth *(n.)* 煮汁 nijiru
brothel *(n.)* 売春宿 baishun yado
brotherhood *(n.)* 兄弟の縁 kyōdai no en
brown *(adj.)* 茶色 chairo
browse *(v.)* 閲覧する etsuran suru
browser *(n.)* ブラウザ burauza
bruise *(n.)* アザ aza
brunch *(n.)* ブランチ buranchi
brunette *(n.)* ブルネット burunetto
brunt *(n.)* ほこ先 hokosaki
brush *(n.)* 筆 fude
brusque *(adj.)* ぶっきらぼう bukkirabō
brutal *(adj.)* 残忍な zanninna
brutalize *(v.)* 残忍にする zannin ni suru
brute *(n.)* 人でなし hitodenashi
brutify *(v.)* 暴力化する bōryoku ka suru
bubble *(n.)* シャボン玉 shabondama
bubble wrap *(n.)* 気泡緩衝材 kihō kanshōzai

bubblegum *(n.)* 風船ガム *fūsen gamu*
buck *(n.)* 雄鹿 *o jika*
bucket *(n.)* バケツ *baketsu*
bucket list *(n.)* バケットリスト *baketto risuto*
buckle *(n.)* バックル *bakkuru*
bud *(n.)* 蕾 *tsubomi*
budding *(adj.)* 芽を出しかけた *me o dashikaketa*
buddy *(n.)* 友人 *yūjin*
budge *(v.)* 微動だにする *bidō dani suru*
budget *(n.)* 予算 *yosan*
buff *(n.)* 淡黄色 *tan kō shoku*
buffalo *(n.)* 水牛 *suigyū*
buffer *(n.)* 緩衝物 *kanshōbutsu*
buffer zone *(n.)* 緩衝地帯 *kanshō chitai*
buffet *(n.)* ビュッフェ *byuffe*
buffoon *(n.)* 道化師 *dōkeshi*
bug *(n.)* 虫 *mushi*
buggy *(n.)* ベビーカー *bebīkā*
bugle *(n.)* らっぱ *rappa*
build *(v.)* 建てる *tateru*
builder *(n.)* 建築業者 *kenchiku gyōsha*
building *(n.)* 建物 *tatemono*
bulb *(n.)* 球根 *kyūkon*
bulbous *(adj.)* 球根状の *kyūkonjō no*
bulge *(n.)* 膨らみ *fukurami*
bulimia *(n.)* 過食症 *kashokushō*
bulk *(n.)* 嵩 *kasa*
bulky *(adj.)* かさばる *kasabaru*
bull *(n.)* 雄牛 *o ushi*
bull's eye *(n.)* 命中点 *meichūten*
bulldog *(n.)* ブルドッグ *burudoggu*
bulldozer *(n.)* ブルドーザー *burudōzā*
bullet *(n.)* 弾丸 *dangan*
bullet train *(n.)* 新幹線 *shinkansen*
bulletin *(n.)* 公報 *kōhō*
bulletproof *(adj.)* 防弾の *bōdan no*
bullion *(n.)* 地金 *jigane*
bullock *(n.)* 去勢牛 *kyoseigyū*
bully *(n.)* いじめっ子 *ijimekko*
bulwark *(n.)* 防壁 *bōheki*
bumble *(v.)* ブンブンいう *bunbun iu*
bumper *(n.)* バンパー *banpā*
bumpkin *(n.)* 田舎者 *inakasha*
bun *(n.)* 丸いパン *marui pan*
bunch *(n.)* 束 *taba*
bungalow *(n.)* バンガロー *bangarō*
bungee jumping *(n.)* バンジージャンプ *banjījanpu*
bungle *(v.)* しくじる *shikujiru*
bungle *(n.)* へま *hema*
bunk *(n.)* 寝棚 *nedana*
bunk bed *(n.)* 二段ベット *ni dan betto*
bunker *(n.)* 燃料庫 *nenryōko*
buoy *(n.)* ブイ *bui*
buoyant *(adj.)* 浮力のある *furyoku no aru*
burble *(v.)* 低くざわめく *hikuku zawameku*
burden *(n.)* 重荷 *omoni*
burdensome *(adj.)* 負担となる *futan to naru*
bureau *(n.)* 事務局 *jimukyoku*
bureaucracy *(n.)* 官僚 *kanryō*
burgeon *(v.)* 急発展する *kyū hatten suru*
burger *(n.)* バーガー *bāgā*
burglar *(n.)* 泥棒 *dorobō*
burglar alarm *(n.)* 盗難警報器 *tōnan keihōki*
burglary *(n.)* 強盗 *gōtō*
burial *(n.)* 埋葬 *maisō*
burlesque *(n.)* 戯画 *giga*
burn *(v.)* 燃やす *moyasu*

burner (n.) バーナー bānā
burning (adj.) 燃えている moeteiru
burp (v.) げっぷをする geppu o suru
burst (v.) 破裂する haretsu suru
bury (v.) 埋める umeru
bus (n.) バス basu
bus shelter (n.) バス待合所 basu machiaijo
bus stop (n.) バス停 basutei
bush (n.) 林 hayashi
bushy (adj.) ふさふさした fusafusa shita
business (n.) ビジネス bijinesu
business card (n.) 名刺 meishi
business class (n.) ビジネスクラス bijinesu kurasu
business plan (n.) 事業計画 jigyō keikaku
businessman (n.) ビジネスマン bijinesuman
bustle (v.) 忙しそうに動く isogashi sō ni ugoku
busy (adj.) 忙しい isogashī
but (conj.) だが daga
butcher (n.) 肉屋 nikuya
butler (n.) 執事 shitsuji
butt (v.) 尻 shiri
butter (n.) バター batā
butterfly (n.) 蝶々 chōchō
buttermilk (n.) バターミルク batā miruku
buttock (n.) 臀部 denbu
button (n.) ボタン botan
buy (v.) 買う kau
buyer (n.) 買い手 kaite
buzz (n.) ブンブンという音 bunbun toiu oto
buzzer (n.) ブザー buzā
by (prep.) 沿って sotte
bye (interj.) さようなら sayōnara

by-election (n.) 補欠選挙 hoketsu senkyo
bygone (adj.) 過ぎ去った sugisatta
bylaw, bye-law (n.) 内規 naiki
bypass (n.) バイパス baipasu
by-product (n.) 副産物 fukusanbutsu
byre (n.) 牛の納屋 ushi no naya
byte (n.) バイト baito
byway (n.) ところで tokorode

cabana (n.) 海の家 umi no ie
cabaret (n.) キャバレー kyabarē
cabbage (n.) キャベツ kyabetsu
cabby (n.) タクシーの運転手 takushī no untenshu
cabin (n.) 小屋 koya
cable (n.) ケーブル kēburu
cable car (n.) ケーブルカー kēburukā
cable television (n.) ケーブルテレビ kēburu terebi
cache (n.) 貯蔵所 chozōjo
cackle (v.) ゲラゲラ笑う geragera warau
cactus (n.) サボテン saboten
cadaverous (adj.) 死体のような shitai no yōna
cadence (n.) 抑揚 yokuyō
cadet (n.) 幹部候補生 kanbu kōhosei
cadmium (n.) カドミウム kadomiumu
cafe (n.) カフェ kafe
cafeteria (n.) カフェテリア kafeteria
caffeine (n.) カフェイン kafein
cage (n.) おり ori
cajole (v.) おだてて説得する odatete settoku suru
cake (n.) ケーキ kēki

cakewalk *(v.)* ケークウォーク *kēkuwōku*
calcium *(n.)* カルシウム *karushiumu*
calculate *(v.)* 計算する *keisan suru*
calculation *(n.)* 計算 *keisan*
calculator *(n.)* 電卓 *dentaku*
calendar *(n.)* カレンダー *karendā*
calf *(n.)* 子牛 *ko ushi*
calibrate *(v.)* 目盛りを調節する *memori o chōsetsu suru*
calibration *(n.)* 目盛り *memori*
calibre *(n.)* 口径 *kōkei*
call *(v.)* 呼ぶ *yobu*
call *(n.)* 通話 *tsūwa*
call centre *(n.)* コールセンター *kōru sentā*
caller *(n.)* 電話をかける人 *denwa o kakeru hito*
calligraphy *(n.)* 書道 *shodō*
calling *(n.)* 転職 *tenshoku*
callous *(adj.)* 冷淡な *reitanna*
callow *(adj.)* 未経験の *mi keiken no*
calm *(adj.)* 穏やか *odayaka*
calmative *(adj.)* 鎮静効果の *chinsei kōka no*
calmness *(n.)* 静けさ *shizukesa*
calorie *(n.)* カロリー *karorī*
calorific *(adj.)* カロリーの高い *karorī no takai*
camel *(n.)* らくだ *rakuda*
cameo *(n.)* カメオ *kameo*
camera *(n.)* カメラ *kamera*
camlet *(n.)* キャムレット *kyamuretto*
camouflage *(n.)* カムフラージュ *kamufurāju*
camp *(n.)* 野営地 *yaeichi*
campaign *(n.)* 社会運動 *shakai undō*
camper *(n.)* キャンピングカー *kyanpingu kā*

campfire *(n.)* キャンプファイヤー *kyanpufaiyā*
camphor *(n.)* 樟脳 *shōnō*
campsite *(n.)* キャンプ場 *kyanpujō*
campus *(n.)* キャンパス *kyanpasu*
can *(v.)* できる *dekiru*
can *(n.)* 缶 *kan*
canal *(n.)* 運河 *unga*
canard *(n.)* 虚報 *kyohō*
canary *(n.)* カナリア *kanaria*
cancel *(v.)* 中止する *chūshi suru*
cancellation *(n.)* 取り消し *torikeshi*
cancer *(n.)* 癌 *gan*
candidacy *(n.)* 候補 *kōho*
candidate *(n.)* 候補者 *kōhosha*
candle *(n.)* ろうそく *rōsoku*
candlelight *(n.)* ろうそくの明かり *rōsoku no akari*
candour *(n.)* 率直さ *socchoku sa*
candy *(n.)* あめ *ame*
cane *(n.)* 杖 *tsue*
canine *(adj.)* イヌ科の *inuka no*
canister *(n.)* 小さな缶 *chīsana kan*
cannabis ( ) 大麻 *taima*
cannibalise *(v.)* 共食いする *tomogui suru*
cannibalism *(n.)* カニバリズム *kanibarizumu*
cannon *(n.)* 大砲 *taihō*
cannonade *(v.)* 連続砲撃 *renzoku hōgeki*
canon *(n.)* 基準 *kijun*
canonize *(v.)* 列聖する *ressei suru*
canopy *(n.)* 天蓋 *tengai*
canteen *(n.)* 食堂 *shokudō*
cantonment *(n.)* 宿営地 *shukueichi*
canvas *(n.)* キャンバス *kyanbasu*
canvass *(v.)* 投票依頼する *tōhyō irai suru*

canyon *(n.)* 峡谷 *kyōkoku*
cap *(v.)* 蓋をつける *futa o tsukeru*
cap *(n.)* キャップ *kyappu*
capacious *(adj.)* 容量の大きい *yōryō no ōkī*
capacity *(n.)* 容量 *yōryō*
cape *(n.)* 岬 *misaki*
capillary *(n.)* 毛細血管 *mōsaikekkan*
capital *(n.)* 資本 *shihon*
capitalism *(n.)* 資本主義 *shihon shugi*
capitalist *(n.)* 資本家 *shihonka*
capitation *(n.)* 頭割り料金 *atamawari ryōkin*
cappuccino *(n.)* カプチーノ *kapuchīno*
caprice *(n.)* 変わりやすさ *kawari yasu sa*
capricious *(adj.)* 移り気な *utsurigina*
capricorn *(n.)* 山羊座 *yagiza*
capsicum *(n.)* トウガラシ *tōgarashi*
capsize *(v.)* 転覆する *tenpuku suru*
capsular *(adj.)* カプセルのような *kapuseru no yōna*
capsule *(n.)* カプセル *kapuseru*
captain *(n.)* 指揮官 *shikikan*
captaincy *(n.)* 指揮官の職 *shikikan no shoku*
captcha *(n.)* キャプチャ *kyapucha*
caption *(n.)* 説明文 *setsumei bun*
captive *(adj.)* 捕虜になる *horyo ni naru*
captive *(n.)* 捕虜 *horyo*
capture *(n.)* 捕獲 *hokaku*
car *(n.)* 車 *kuruma*
caramel *(n.)* カラメル *karameru*
carat *(n.)* カラット *karatto*
caravan *(n.)* 移動住宅 *idō jūtaku*
carbide *(n.)* 炭化物 *tankabutsu*
carbon *(n.)* 炭素 *tanso*

carbon copy *(n.)* カーボンコピー *kābon kopī*
carbonate *(n.)* 炭酸塩 *tansan en*
carbonization *(n.)* 炭化 *tanka*
carbonize *(v.)* 炭化する *tanka suru*
card *(n.)* カード *kādo*
card reader *(n.)* カード読み取り装置 *kādo yomitori sōchi*
cardamom *(n.)* カルダモン *karudamon*
cardboard *(n.)* 厚紙 *atsugami*
cardholder *(n.)* カード保有者 *kādo hoyūsha*
cardiac *(adj.)* 心臓の *shinzōno*
cardiac arrest *(n.)* 心停止 *shinteishi*
cardigan *(n.)* カーディガン *kādigan*
cardinal *(n.)* 枢機卿 *sūkikyō*
cardiograph *(n.)* 心電図 *shindenzu*
cardiology *(n.)* 循環器学 *junkankigaku*
care *(v.)* 気にかける *ki ni kakeru*
care *(n.)* 気配り *kikubari*
career *(n.)* キャリア *kyaria*
carefree *(adj.)* のびのびと *nobinobi to*
careful *(adj.)* 注意深く *chūibukaku*
careless *(adj.)* 雑な *zatsuna*
carer *(n.)* 介護者 *kaigosha*
caress *(v.)* 愛撫する *aibu suru*
caretaker *(n.)* 世話人 *sewanin*
cargo *(n.)* 貨物 *kamotsu*
carious *(adj.)* カリエスにかかった *kariesu ni kakatta*
carlock *(n.)* 車止め *kurumadome*
carnal *(adj.)* 肉体の *nikutai no*
carnival *(n.)* カーニバル *kānibaru*
carnivore *(n.)* 肉食動物 *nikushoku dōbutsu*
carol *(n.)* キャロル *kyaroru*
carouse *(v.)* 飲み騒ぐ *nomi sawagu*

carousel *(n.)* メリーゴーラウンド merīgōraundo
carp *(n.)* 鯉 koi
carpel *(n.)* 心皮 shinpi
carpenter *(n.)* 大工 daiku
carpentry *(n.)* 大工職 daikushoku
carpet *(n.)* カーペット kāpetto
carpool *(n.)* 相乗り ainori
carrack *(n.)* キャラック船 kyarakkusen
carriage *(n.)* 車両 sharyō
carrier *(n.)* 運送人 unsounin
carrot *(n.)* 人参 ninjin
carsick *(adj.)* 車に酔った kuruma ni yotta
cart *(n.)* カート kāto
cartage *(n.)* 荷車運搬 niguruma unpan
cartel *(n.)* カルテル karuteru
cartilage *(n.)* 軟骨 nankotsu
cartographer *(n.)* 製図家 seizuka
carton *(n.)* カートン kāton
cartoon *(n.)* アニメ anime
cartoonist *(n.)* 漫画家 mangaka
cartridge *(n.)* カートリッジ kātorijji
carve *(v.)* 彫る horu
cascade *(n.)* 小滝 kodaki
case *(n.)* 事例 jirei
cash *(n.)* 現金 genkin
cashback *(n.)* キャッシュバック kyasshu bakku
cashew *(n.)* カシュー kashū
cashier *(n.)* レジ reji
cashmere *(n.)* カシミヤ kashimiya
casing *(n.)* 包装 hōsō
casino *(n.)* カジノ kajino
cask *(n.)* 樽 taru
casket *(n.)* 小箱 kobako
casserole *(n.)* キャセロール kyaserōru

cassette *(n.)* カセット kasetto
cast *(n.)* 配役 haiyaku
cast *(v.)* 光を照らす hikari o terasu
caste *(n.)* カースト制度 kāsuto seido
caster *(n.)* キャスター kyasutā
casting *(n.)* 鋳造 chūzō
castle *(n.)* 城 shiro
castor *(n.)* ヒマシ hima shi
castor oil *(n.)* ヒマシ油 himashi abura
casual *(adj.)* さりげない sarigenai
casualty *(n.)* 死傷者 shishōsha
cat *(n.)* 猫 neko
cataclysm *(n.)* 一大異変 ichidai ihen
catacomb *(n.)* 地下墓地 chika bochi
catalogue *(n.)* カタログ katarogu
catalyse *(v.)* 触媒する shokubaisuru
catalyst *(n.)* 触媒 shokubai
catapult *(n.)* ぱちんこ pachinko
cataract *(n.)* 白内障 hakunaishō
catastrophe *(n.)* 大惨事 dai sanji
catastrophic *(adj.)* 壊滅的な hametsutekina
catch *(v.)* 受け止める uketomeru
categorical *(adj.)* 断定的な dantei tekina
caterer *(n.)* 仕出し屋 shidashiya
caterpillar *(n.)* 毛虫 kemushi
catfight *(n.)* いがみ合い igamiai
catfish *(n.)* ナマズ namazu
catharsis *(n.)* カタルシス katarushisu
cathedral *(n.)* 大聖堂 dai seidō
catholic *(adj.)* カトリック katorikku
catholicism *(n.)* カトリック教 katorikkukyō
cattle *(n.)* 畜牛 chikugyū
catwalk *(n.)* ランウェイ ran wei
caudal *(adj.)* 尾部の bibuno

cauldron *(n.)* 大釜 *ōkama*
cauliflower *(n.)* カリフラワー *karifurawā*
causal *(adj.)* 因果関係の *inga kankei no*
causation *(n.)* 因果関係 *inga kankei*
cause *(v.)* 引き起こす *hikiokosu*
cause *(n.)* 原因 *gen in*
cautionary *(adj.)* 注意の *chūi no*
cautious *(adj.)* 慎重 *shinchō*
cavalry *(n.)* 騎兵隊 *kiheitai*
cave *(n.)* 洞窟 *dōkutsu*
cavern *(n.)* 岩屋 *iwaya*
caviar *(n.)* キャビア *kyabia*
cavil *(v.)* あらを捜す *ara o sagasu*
cavity *(n.)* 空洞 *kūdō*
cavort *(v.)* はしゃぐ *hashagu*
cavorting *(n.)* はしゃぐこと *hashagu koto*
caw *(v.)* カーカーと鳴く *kā kā to naku*
cease *(v.)* 止める *tomeru*
ceasefire *(n.)* 停戦 *teisen*
ceaseless *(adj.)* 絶え間なく *taema naku*
cedar *(n.)* 杉材 *sugizai*
cede *(v.)* 譲る *yuzuru*
ceiling *(n.)* 天井 *tenjō*
celebrate *(v.)* 祝う *iwau*
celebration *(n.)* お祝い *oiwai*
celebrity *(n.)* 有名人 *yūmeijin*
celery *(n.)* セロリ *serori*
celestial *(adj.)* 天の *ten no*
celibacy *(n.)* 独身主義 *dokushin shugi*
celibate *(adj.)* 独身 *dokushin*
cell *(n.)* 細胞 *saibō*
cell phone *(n.)* 携帯電話 *keitai denwa*
cello *(n.)* チェロ *chero*
cellophane *(n.)* セロハン *serohan*
cellular *(adj.)* 細胞の *saibō no*

cellulite *(n.)* セリュライト *seryuraito*
celluloid *(n.)* セルロイド *seruroido*
Celsius *(adj.)* 摂氏 *sesshi*
cement *(n.)* セメント *semento*
cemetery *(n.)* お墓 *o haka*
censer *(n.)* 香炉 *kōro*
censor *(n.)* 検閲官 *ken etsukan*
censorious *(adj.)* 批判的な *hihan tekina*
censorship *(n.)* 検閲 *ken etsu*
census *(n.)* 人口調査 *jinkō chōsa*
cent *(n.)* セント *sento*
centaur *(n.)* ケンタウロス *kentaurosu*
centenarian *(n.)* 百歳以上の人 *hyaku sai ijō no hito*
centenary *(n.)* 百年祭 *hyaku nensai*
centigrade *(adj.)* 摂氏の *sesshi no*
centimetre *(n.)* センチメートル *senchimētoru*
centipede *(n.)* ムカデ *mukade*
central *(adj.)* 中心的な *chūshin tekina*
central locking *(n.)* 集中ロック式ドア *shūchū rokkushiki doa*
centralize *(v.)* 一点に集める *itten ni atsumeru*
centre *(n.)* 中心 *chūshin*
centrical *(adj.)* 中心の近く *chūshin no chikaku*
centrifugal *(adj.)* 遠心性の *enshinsei no*
centuple *(adj.)* 百倍の *hyaku bai no*
century *(n.)* 世紀 *seiki*
ceramics *(n.)* 陶芸 *tōgei*
cereal *(n.)* 穀物 *kokumotsu*
cerebellum *(n.)* 小脳 *shōnō*
cerebral *(adj.)* 脳の *nō no*
ceremonial *(adj.)* 儀式の *gishiki no*
ceremonious *(adj.)* 堅苦しい *katakurushī*
ceremony *(n.)* 儀式 *gishiki*

certain *(adj.)* 確かな *tashikana*
certainly *(adv.)* もちろん *mochiron*
certainty *(n.)* 確信 *kakushin*
certificate *(n.)* 証明書 *shōmeisho*
certitude *(n.)* 確実性 *kakujitsusei*
cerumen *(n.)* 耳垢 *mimi aka*
cervical *(adj.)* 子宮頸管の *shikyū keikan no*
cesarean *(n.)* 帝王切開 *teiōsekkai*
cesarean *(adj.)* 帝王切開の *teiōsekkai no*
cessation *(n.)* 休止 *kyūshi*
cesspool *(n.)* 汚水だめ *osui dame*
chain *(n.)* 鎖 *kusari*
chair *(n.)* 椅子 *isu*
chairman *(n.)* 委員長 *īnchō*
chalet *(n.)* シャレー *sharē*
chalice *(n.)* 聖杯 *seihai*
chalk *(n.)* チョーク *chōku*
chalk *(v.)* チョークで書く *chōku de kaku*
chalkdust *(n.)* チョークの粉 *chōku no kona*
challenge *(n.)* 挑戦 *chōsen*
chamberlain *(n.)* 家令 *karei*
champagne *(n.)* シャンパン *shanpan*
champion *(n.)* 優勝者 *yūshōsha*
chandelier *(n.)* シャンデリア *shanderia*
chant *(n.)* 聖歌 *seika*
chaos *(n.)* 混乱 *konran*
chaotic *(adv.)* 混沌とした *konton to shita*
chapel *(n.)* 礼拝堂 *reihaidō*
chaperone *(n.)* 付添人 *tsukisoinin*
chapter *(n.)* 章 *shō*
character *(n.)* キャラクター *kyarakutā*
charade *(n.)* ジェスチャー *jesuchā*
charcoal *(n.)* 炭 *sumi*
charge *(n.)* 料金 *ryōkin*

charge *(v.)* 請求する *seikyū suru*
charger *(n.)* 充電器 *jūdenki*
chariot *(n.)* チャリオット *chariotto*
charisma *(n.)* カリスマ *karisuma*
charismatic *(adj.)* カリスマ的な *karisuma tekina*
charitable *(adj.)* 慈善の *jizen no*
charity *(n.)* 慈善心 *jizenshin*
charm *(n.)* 魅力 *miryoku*
charming *(adj.)* 魅力的な *miryoku tekina*
chart *(v.)* 図表をつくる *zuhyō o tsukuru*
charter *(n.)* チャーター *chātā*
chartered *(adj.)* チャーターした *chātā shita*
chase *(v.)* 追う *ou*
chaser *(n.)* 追っ手 *otte*
chasis *(n.)* シャーシ *shā shi*
chaste *(adj.)* 貞節な *teisetsuna*
chasten *(v.)* 懲らしめる *korashimeru*
chastity *(n.)* 貞操 *teisō*
chat *(v.)* 雑談する *zatsudan suru*
chat room *(n.)* チャットルーム *chatto rūmu*
chat show *(n.)* トークショー *tōku shō*
chateau *(n.)* フランスの城 *furansu no shiro*
chatter *(v.)* ぺちゃくちゃ喋る *pechakucha shaberu*
chauffeur *(n.)* おかかえ運転手 *okaka e untenshu*
cheap *(adj.)* 安い *yasui*
cheapen *(v.)* 安くする *yasuku suru*
cheat *(n.)* ずる *zuru*
cheater *(n.)* 浮気者 *uwakimono*
checker *(n.)* 照合する人 *shōgō suru hito*
check-in *(n.)* チェックイン *chekku in*
checklist *(n.)* チェックリスト *chekku risuto*

checkmate *(n.)* チェックメイト *chekku meito*
checkout *(n.)* チェックアウト *chekku auto*
checkpoint *(n.)* 検問所 *kenmonsho*
cheddar *(n.)* チェダー・チーズ *chedā chīzu*
cheek *(n.)* 頬 *hoho*
cheep *(v.)* ピヨピヨ鳴く *piyopiyo naku*
cheer *(v.)* 声援する *seien suru*
cheerful *(adj.)* 陽気な *yōkina*
cheerleader *(n.)* チアリーダー *chiarīdā*
cheerless *(adj.)* 陰気な *inkina*
cheese *(n.)* チーズ *chīzu*
cheesecake *(n.)* チーズケーキ *chīzu kēki*
cheesy *(adj.)* 安っぽい *yasuppoi*
cheetah *(n.)* チーター *chītā*
chef *(n.)* シェフ *shefu*
chemical *(n.)* 薬品 *yakuhin*
chemical *(adj.)* 化学の *kagaku no*
chemise *(n.)* シュミーズ *shumīzu*
chemist *(n.)* 化学者 *kagakusha*
chemistry *(n.)* 化学 *kagaku*
chemotherapy *(n.)* 化学療法 *kagaku ryōhō*
cheque *(n.)* 小切手 *kogitte*
cherish *(v.)* 大事にする *daiji ni suru*
cheroot *(n.)* 両切り葉巻きたばこ *ryōgiri ha makitabako*
cherry *(n.)* さくらんぼ *sakuranbo*
chess *(n.)* チェス *chesu*
chessboard *(n.)* チェス盤 *chesuban*
chest *(n.)* 胸 *mune*
chestnut *(n.)* 栗 *kuri*
chic *(adj.)* シックな *shikkuna*
chick *(n.)* ひよこ *hiyoko*
chicken *(n.)* 鶏肉 *tori niku*
chickpea *(n.)* ヒヨコマメ *hiyoko mame*

chide *(v.)* しかる *shikaru*
chieftain *(n.)* 族長 *zokuchō*
child *(n.)* 子 *ko*
childbirth *(n.)* 出産 *shussan*
childcare *(n.)* 育児 *ikuji*
childhood *(n.)* 幼少期 *yōshōki*
childish *(adj.)* 子供っぽい *kodomo ppoi*
chill *(n.)* 寒気 *kanki*
chilli *(n.)* チリペッパー *chiri peppā*
chilly *(adj.)* 肌寒い *hadazamui*
chime *(n.)* チャイム *chaimu*
chimera *(n.)* キメラ *kimera*
chimney *(n.)* 煙突 *entotsu*
chimpanzee *(n.)* チンパンジー *chinpanjī*
china *(n.)* 中国 *chūgoku*
chip *(n.)* かけら *kakera*
chirp *(v.)* チーチー鳴く *chī chī naku*
chirpy *(adj.)* 元気な *genkina*
chisel *(n.)* 彫刻刀 *chōkokutō*
chit *(n.)* 伝票 *denpyō*
chivalrous *(adj.)* 紳士的な *shinshi tekina*
chivalry *(n.)* 騎士道 *kishidō*
chlorine *(n.)* 塩素 *enso*
chloroform *(n.)* クロロホルム *kurorohorumu*
chocolate *(n.)* チョコレート *chokorēto*
choice *(n.)* 選択 *sentaku*
choir *(n.)* 合唱団 *gasshōdan*
cholera *(n.)* コレラ *korera*
cholesterol *(n.)* コレステロール *koresuterōru*
choose *(v.)* 選ぶ *erabu*
choosy *(adj.)* 好き嫌いが多い *sukikirai ga ōi*
chop *(v.)* 切り刻む *kirikizamu*
chopper *(n.)* ヘリコプター *herikoputā*

chopstick (n.) 箸 hashi
chord (n.) 弦 gen
choreograph (v.) 振り付ける furi tsukeru
choreography (n.) 振り付け furitsuke
chorus (n.) サビ sabi
Christ (n.) キリスト kirisuto
Christendom (n.) キリスト教界 kirisuto kyōkai
Christian (adj.) キリスト教徒 kirisutokyōto
Christianity (n.) キリスト教 kirisuto kyō
Christmas (n.) クリスマス kurisumasu
chrome (n.) クロム合金 kuromu gōkin
chromosome (n.) 染色体 senshokutai
chronic (adj.) 慢性的な mansei tekina
chronicle (n.) 年代記 nendaiki
chronological (adj.) 時系列 jikeiretsuno
chronology (n.) 年表 nenpyō
chrysalis (n.) 蛹 sanagi
chuckle (v.) くすくす笑う kusukusu warau
chum (n.) 仲良し nakayoshi
chunk (n.) 大きい塊 ōkī katamari
church (n.) 教会 kyōkai
churchyard (n.) 教会の中庭 kyōkai no nakaniwa
churlish (adj.) 失礼な shitsureina
churn (v.) かき回す kakimawasu
cicada (n.) セミ semi
cider (n.) サイダー saidā
cigar (n.) 葉巻 hamaki
cigarette (n.) タバコ tabako
cinema (n.) 映画館 eigakan
cinematic (adj.) 映画の eiga no
cinematography (n.) 映画撮影 eiga satsuei
cineplex (n.) シネプレックス shinepurekkusu

cinnamon (n.) シナモン shinamon
cipher(or cypher) (n.) 暗号 angō
circle (n.) 円 en
circuit (n.) 回路 kairo
circular (adj.) 円形の enkei no
circulate (v.) 循環する junkan suru
circulation (n.) 循環 junkan
circumcise (v.) 割礼を行なう katsurei o okonau
circumference (n.) 円周 enshū
circumstance (n.) 事情 jijō
circumstantial (adj.) 状況的な jōkyō tekina
circus (n.) サーカス sākasu
cirrhosis (n.) 硬変 kōhen
cirrus (n.) 絹雲 ken un
cisco (n.) コクチマス kokuchimasu
cistern (n.) 水槽 suisō
citation (n.) 引用 inyō
citizen (n.) 市民 shimin
citizenship (n.) 市民権 shiminken
citric (adj.) クエン酸の kuen san no
citrine (n.) シトリン shitorin
citrus (n.) 柑橘類 kankitsurui
city (n.) 都市 toshi
civic (adj.) 市民の shimin no
civics (n.) 公民科 kōminka
civil (adj.) 民事上 minji jō
civilian (n.) 一般人 ippanjin
civilization (n.) 文明 bunmei
civilize (v.) 文明化する bunmei ka suru
clack (v.) カチカチと鳴る kachikachi to naru
clad (adj.) 着た kita
cladding (n.) 金属被覆 kinzoku hifuku
claim (v.) 主張する shuchō suru

claimant *(n.)* 主張者 *shuchōsha*
clam *(n.)* 蛤 *hamaguri*
clammy *(adj.)* ねっとりした *nettori shita*
clamp *(n.)* 締め金 *shimegane*
clan *(n.)* 一族 *ichizoku*
clapper *(n.)* 鐘の舌 *kane no shita*
claque *(n.)* 掛け声屋 *kakegoeya*
clarify *(v.)* 明らかにする *akiraka ni suru*
clarinet *(n.)* クラリネット *kurarinetto*
clarity *(n.)* 明瞭さ *meiryō sa*
class *(n.)* 授業 *jugyō*
classic *(adj.)* 伝統的な *dentō tekina*
classical *(adj.)* 古典の *koten no*
classification *(n.)* 分類 *bunrui*
classify *(v.)* 分類する *bunrui suru*
classmate *(n.)* クラスメイト *kurasumeito*
classroom *(n.)* 教室 *kyōshitsu*
clatter *(v.)* カタカタ鳴る *katakata naru*
clatter *(n.)* 騒々しさ *sōzōshi sa*
clause *(n.)* 条項 *jōkō*
claustrophobia *(n.)* 閉所恐怖症 *heisho kyōfushō*
claw *(n.)* 鉤爪 *kagizume*
clay *(n.)* 粘土 *nendo*
clean *(v.)* 掃除する *sōji suru*
clean *(adj.)* きれい *kirei*
cleaner *(n.)* 清掃作業員 *seisō sagyōin*
cleanliness *(n.)* 清潔 *seiketsu*
clear *(adj.)* 晴れ *hare*
clearance *(n.)* 排除 *haijo*
clearly *(adv.)* はっきりと *hakkiri to*
cleat *(n.)* すべり止め *suberi dome*
cleavage *(n.)* 劈開 *hekikai*
cleave *(v.)* 裂く *saku*
clement *(adj.)* 温和な *onwana*

clementine *(n.)* クレメンタイン *kurementain*
clench *(v.)* 拳を握る *kobushi o nigiru*
clerical *(adj.)* 事務員の *jimuin no*
clerk *(n.)* 店員 *ten in*
clew *(n.)* 帆耳 *ho mimi*
cliché *(n.)* 決まり文句 *kimari monku*
click *(n.)* カチッという音 *kachitto iu oto*
client *(n.)* クライアント *kuraianto*
cliff *(n.)* 崖 *gake*
climate *(n.)* 気候 *kikō*
climate change *(n.)* 気候変動 *kikō hendō*
climate control *(n.)* 気候制御 *kikō seigyo*
climax *(n.)* クライマックス *kuraimakkusu*
climb *(v.)* 登る *noboru*
climber *(n.)* 登山者 *tozansha*
clinch *(v.)* 確定する *kakutei suru*
cling *(v.)* しがみつく *shigamitsuku*
clingy *(adj.)* べったりした *bettari shita*
clinic *(n.)* 診療所 *shinryōjo*
clinical *(adj.)* 臨床の *rinshō no*
clink *(n.)* カチンと鳴る音 *kachin to naru oto*
clip *(n.)* クリップ *kurippu*
clipper *(n.)* 木ばさみ *kiba sa mi*
clipping *(n.)* 切り抜き *kirinuki*
cloakroom *(n.)* クローク *kurōku*
clobber *(n.)* 殴り倒す *naguri taosu*
clock *(n.)* 時計 *tokei*
clockwise *(adv.)* 時計回り *tokei mawari*
clod *(n.)* 土塊 *tsuchikure*
cloister *(n.)* 回廊 *kairō*
clone *(n.)* クローン *kurōn*
close *(adj.)* 閉じる *tojiru*
closet *(n.)* クローゼット *kurōzetto*
closure *(n.)* 閉鎖 *heisa*

clot (n.) 血塊 kekkai
clothes (n.) 服 fuku
clothing (n.) 衣類 irui
cloud (n.) 雲 kumo
cloudburst (n.) 豪雨 gou
cloudy (adj.) 曇ってる kumotteru
clove (n.) クローブ kurōbu
clown (n.) ピエロ piero
club (n.) クラブ kurabu
clue (n.) 手がかり tegakari
clumsy (adj.) 不器用な bukiyōna
cluster (n.) 集団 shūdan
clutch (n.) クラッチ kuracchi
clutch (v.) しっかり握る shikkari nigiru
clutter (v.) 散らかす chirakasu
coach (n.) コーチ kōchi
coal (n.) 石炭 sekitan
coalition (n.) 連合 rengō
coarse (adj.) 粗い arai
coast (n.) 海岸 kaigan
coastal (adj.) 海岸の kaigan no
coaster (n.) コースター kōsutā
coastguard (n.) 沿岸警備隊 engan keibitai
coastline (n.) 海岸線 kaigansen
coat (n.) コート kōto
coating (n.) 上塗り uwanuri
coax (v.) 言いくるめる īkurumeru
coaxial (n.) 同軸の dōjiku no
cobalt (n.) コバルト kobaruto
cobbler (n.) 靴修理屋 kutsu shūriya
cobblestone (n.) 玉石 gyokuseki
cobra (n.) コブラ kobura
cobweb (n.) 蜘蛛の巣 kumo no su
cocaine (n.) コカイン kokain
cock (n.) おんどり ondori

cockade (n.) 円形章 enkeishō
cockle (v.) しわになる shiwa ni naru
cockpit (n.) コックピット kokkupitto
cockroach (n.) ゴキブリ gokiburi
cocktail (n.) カクテル kakuteru
cocoa (n.) ココア kokoa
coconut (n.) ココナッツ kokonattsu
cocoon (n.) 繭 mayu
cod (n.) 鱈 tara
code (n.) 符号 fugō
coding (n.) 符号化 fugō ka
co-education (n.) 共学 kyōgaku
coefficient (n.) 係数 keisū
coerce (v.) 矯正する kyōsei suru
coexist (v.) 共存する kyōzon suru
coexistence (n.) 共存 kyōzon
coffee (n.) コーヒー kōhī
coffee bean (n.) コーヒー豆 kōhī mame
coffee break (n.) コーヒーブレーク kōhī burēku
coffee maker (n.) コーヒーメーカー kōhī mēkā
coffer (n.) 貴重品箱 kichōhinbako
coffin (n.) 棺 kan
cog (n.) 歯車 haguruma
cogent (adj.) 納得できる nattoku dekiru
cognate (adj.) 同語族の dō gozoku no
cognition (n.) 認識 ninshiki
cognitive (adj.) 認識の ninshiki no
cohabit (v.) 同棲する dōsei suru
cohere (v.) 連合する rengō suru
coherent (adj.) 筋の通った suji no tōtta
cohesion (n.) 結合 ketsugō
coiffure (n.) 髪型 kamigata
coil (n.) グルグル巻かれた物 guruguru makareta mono

coin *(n.)* 硬貨 *kōka*
coinage *(n.)* 貨幣 *kahei*
coincide *(v.)* 同時に起こる *dōjini okoru*
coincidence *(n.)* 偶然 *gūzen*
coir *(n.)* ココナッツの皮の繊維 *kokonattsu no kawa no seni*
coke *(v.)* コークスにする *kōkusu ni suru*
cold *(adj.)* 寒い *samui*
coleslaw *(n.)* コールスロー *kōru surō*
colic *(n.)* 疝痛 *sentsū*
collaboration *(n.)* 共同作業 *kyōdō sagyō*
collagen *(n.)* コラーゲン *korāgen*
collapse *(v.)* 崩壊 *hōkai*
collar *(n.)* 襟 *eri*
collate *(v.)* 照合する *shōgō suru*
collateral *(n.)* 担保 *tanpo*
colleague *(n.)* 同僚 *dōryō*
collect *(v.)* 集める *atsumeru*
collection *(n.)* コレクション *korekushon*
collective *(adj.)* 集合的な *shūgō tekina*
collector *(n.)* 収集家 *shūshūka*
college *(n.)* カレッジ *karejji*
collide *(v.)* 衝突する *shōtotsu suru*
collision *(n.)* 衝突 *shōtotsu*
colloquial *(adj.)* 口語の *kōgo no*
colloquialism *(n.)* 俗語 *zokugo*
collusion *(n.)* 共謀 *kyōbō*
cologne *(n.)* コロン *koron*
colon *(n.)* 結腸 *kecchō*
colonel *(n.)* 大佐 *taisa*
colonial *(adj.)* 植民地の *shokuminchi no*
colony *(n.)* 植民地 *shokuminchi*
colossal *(adj.)* 巨大な *kyodaina*
colour *(n.)* 色 *iro*
colour-blind *(adj.)* 色覚異常の *shikikaku ijō no*
colourful *(adj.)* 色鮮やかな *iro azayakana*
column *(n.)* 桁 *keta*
columnist *(n.)* コラムニスト *koramunisuto*
coma *(n.)* 昏睡状態 *konsui jōtai*
comatose *(adj.)* 昏睡状態の *konsui jōtai no*
comb *(n.)* クシ *kushi*
combat *(n.)* 戦闘 *sentō*
combatant *(n.)* 戦士 *senshi*
combative *(adj.)* 闘争的な *tōsō tekina*
combination *(n.)* 組み合わせ *kumiawase*
combine *(v.)* 組み合わせる *kumiawaseru*
combust *(v.)* 燃焼する *nenshō suru*
combustible *(adj.)* 可燃性の *kanensei no*
combustion *(n.)* 燃焼 *nenshō*
come *(v.)* 来る *kuru*
comedian *(n.)* お笑い芸人 *owarai geinin*
comedy *(n.)* コメディ *komedi*
comet *(n.)* 彗星 *suisei*
comfort *(n.)* 快適さ *kaiteki sa*
comfortable *(adj.)* 快適な *kaitekina*
comic *(n.)* 漫画 *manga*
comma *(n.)* コンマ *konma*
command *(v.)* 命令する *meirei suru*
commandant *(n.)* 司令官 *shireikan*
commandment *(n.)* 戒律 *kairitsu*
commando *(n.)* 奇襲隊 *kishūtai*
commemorate *(v.)* 記念する *kinen suru*
commemoration *(n.)* 記念 *kinen*
commencement *(n.)* 開始 *kaishi*
commend *(v.)* 褒める *homeru*
commendation *(n.)* 表彰 *hyōshō*
comment *(n.)* コメント *komento*
commentary *(n.)* 解説 *kaisetsu*
commentator *(n.)* 解説者 *kaisetsusha*
commerce *(n.)* 商業 *shōgyō*

commercial *(adj.)* 商業の *shōgyō no*
commission *(n.)* 委任 *inin*
commissioner *(n.)* 局長 *kyokuchō*
commissure *(n.)* 交連 *kōren*
commit *(v.)* 責任を持つ *sekinin o motsu*
committee *(n.)* 委員会 *īnkai*
common *(adj.)* 共通の *kyōtsū no*
commoner *(n.)* 庶民 *shomin*
commonplace *(adj.)* ありふれた *arifureta*
commonwealth *(n.)* イギリス連邦 *igirisu renpō*
commotion *(n.)* 騒ぎ *sawagi*
communal *(adj.)* 共有の *kyōyū no*
communicate *(v.)* 伝える *tsutaeru*
communication *(n.)* コミュニケーション *komyunikēshon*
communion *(n.)* 交わり *majiwari*
communique *(n.)* 公式声明 *kōshiki seimei*
communism *(n.)* 共産主義 *kyōsan shugi*
communist *(n.)* 共産主義者 *kyōsan shugisha*
community *(n.)* 地域社会 *chīki shakai*
commute *(v.)* 通う *kayō*
compact *(adj.)* コンパクトな *konpakutona*
companion *(n.)* 仲間 *nakama*
company *(n.)* 会社 *kaisha*
comparative *(adj.)* 比較の *hikaku no*
compare *(v.)* 比較する *hikaku suru*
comparison *(n.)* 比較 *hikaku*
compartment *(n.)* 仕切り *shikiri*
compass *(n.)* 羅針盤 *rashinban*
compassion *(n.)* 同情 *dōjō*
compatible *(adj.)* 矛盾なく *mujun naku*
compel *(v.)* 強いる *shīru*
compensate *(v.)* 補償する *hoshō suru*
compensation *(n.)* 補償 *hoshō*

compete *(v.)* 競合する *kyōgō suru*
competence *(n.)* 技量 *giryō*
competent *(adj.)* 有能な *yūnōna*
competition *(n.)* 競争 *kyōsō*
competitive *(adj.)* 負けず嫌い *makezugirai*
competitor *(n.)* 競合他社選手 *kyōgō tasha*
compilation *(n.)* 編集 *henshū*
complacent *(adj.)* 自己満足の *jiko manzoku no*
complain *(v.)* 文句を言う *monku o iu*
complaint *(n.)* 苦情文句 *kujō monku*
complement *(n.)* 補足物 *hosokubutsu*
complementary *(adj.)* 補足的な *hosoku tekina*
complete *(adj.)* 完成された *kansei sareta*
completion *(n.)* 完了 *kanryō*
complex *(adj.)* 複雑な *fukuzatsuna*
complexion *(n.)* 顔色 *kaoiro*
compliance *(n.)* 法に従う *hō ni shitagau*
compliant *(adj.)* 従順な *jūjunna*
complicate *(v.)* 複雑にする *fukuzatsu ni suru*
complication *(n.)* 複雑な問題 *fukuzatsuna mondai*
complicity *(n.)* 加担 *katan*
compliment *(n.)* お世辞 *o seji*
complimentary *(adj.)* 無料の *muryō no*
comply *(v.)* 応じる *ōjiru*
component *(adj.)* 要素 *yōso*
compose *(v.)* 作曲する *sakkyoku suru*
composite *(adj.)* 複合的な *fukugō tekina*
composition *(n.)* 構成物 *kōseibutsu*
compositor *(n.)* 植字工 *shokujikō*
compost *(n.)* 堆肥 *taihi*
composure *(n.)* 平静 *heisei*
comprehend *(v.)* 理解する *rikai suru*
comprehension *(n.)* 理解 *rikai*

comprehensive *(adj.)* 包括的な *hōkatsu tekina*
compress *(v.)* 圧縮する *asshuku suru*
compressor *(n.)* 圧縮機 *asshukuki*
comprise *(v.)* 含む *fukumu*
compromise *(n.)* 妥協 *dakyō*
compulsion *(n.)* 強制 *kyōsei*
compulsory *(adj.)* 必須の *hissu no*
compunction *(n.)* 罪悪感 *zaiakukan*
computer *(n.)* コンピューター *konpyūtā*
computerize *(v.)* 電算化する *densanka suru*
comrade *(n.)* 同志 *dōshi*
concave *(adj.)* 凹面の *ōmen no*
concealer *(n.)* コンシーラー *konshīrā*
conceit *(n.)* うぬぼれ *unubore*
conceive *(v.)* 思いつく *omoitsuku*
concentration *(n.)* 集中 *shūchū*
concentric *(adj.)* 同心の *dōshin no*
concept *(n.)* 概念 *gainen*
conception *(n.)* 創案 *sōan*
concerned *(adj.)* 心配している *shinpai shiteiru*
concerning *(prep.)* について *nitsuite*
concert *(n.)* コンサート *konsāto*
concerted *(adj.)* 協調した *kyōchō shita*
concession *(n.)* 譲歩 *jōho*
conch *(n.)* 巻き貝 *makigai*
concise *(adj.)* 簡潔な *kanketsuna*
conclude *(v.)* 完結する *kanketsu suru*
conclusion *(n.)* 結論 *ketsuron*
conclusive *(adj.)* 決定的な *ketteitekina*
concoct *(v.)* 仕組む *shikumu*
concoction *(n.)* 調合 *chōgō*
concordance *(n.)* 用語索引 *yōgo sakuin*
concourse *(n.)* 中央広場 *chūō hiroba*

concrete *(n.)* コンクリート *konkurīto*
concubine *(n.)* 妾 *sobame*
concurrent *(adj.)* 同時の *dōji no*
concussion *(n.)* 脳震盪 *nōshintō*
condemnation *(n.)* 非難 *hinan*
condensate *(n.)* 凝縮液 *gyōshukueki*
condense *(v.)* 濃縮する *nōshuku suru*
condition *(n.)* 状態 *jōtai*
conditional *(adj.)* 条件付きの *jōkentsuki no*
condole *(v.)* 弔慰する *chōi suru*
condolence *(n.)* 弔慰 *chōi*
condonation *(n.)* 宥恕 *yūjo*
condone *(v.)* 容赦する *yōsha suru*
condor *(n.)* コンドル *kondoru*
conduce *(v.)* 導く *michibiku*
conduct *(n.)* 行動 *kōdō*
conduction *(n.)* 伝導 *dendō*
conductor *(n.)* 指揮者 *shikisha*
cone *(n.)* 円錐 *ensui*
confection *(n.)* お菓子 *okashi*
confectionery *(n.)* 菓子類 *kashirui*
confer *(v.)* 授与する *juyo suru*
conference *(n.)* 会議 *kaigi*
confess *(v.)* 告白する *kokuhaku suru*
confession *(n.)* 告白 *kokuhaku*
confidant *(n.)* 親しい友人 *shitashī yūjin*
confide *(v.)* 秘密を打ち明ける *himitsu o uchiakeru*
confidence *(n.)* 自信 *jishin*
confident *(adj.)* 自信に満ちた *jishin ni michita*
confidential *(adj.)* 機密の *kimitsu no*
configure *(v.)* 設定する *settei suru*
confine *(v.)* 閉じ込める *tojikomeru*
confinement *(n.)* 監禁 *kankin*

confirm (v.) 確認する kakunin suru
confirmation (n.) 確認 kakunin
confiscate (v.) 取り上げる toriageru
conflict (n.) 争い arasoi
confluence (n.) 合流 gōryū
confluent (adj.) 合流する gōryū suru
conformist (n.) 従う人 shitagau hito
conformity (n.) 同調 dōchō
confront (v.) 直面する chokumen suru
confuse (v.) 混乱させる konran saseru
confute (v.) 誤りを立証する ayamari o risshō suru
congeal (v.) 凝結させる gyōketsu saseru
congenial (adj.) しっくり来る shikkuri kuru
congested (adj.) 混雑した konzatsu shita
congestion (n.) 混雑 konzatsu
conglomerate (n.) 複合企業 fukugō kigyō
congratulations (n.) お祝いの言葉 oiwai no kotoba
congregate (v.) 集まる atsumaru
congregation (n.) 会衆 kaishū
congruent (adj.) 適合する tekigō suru
conical (adj.) 円錐の ensui no
conjecture (n. & v.) 推測 suisoku
conjoin (v.) 結合する ketsugō suru
conjugal (adj.) 夫婦の fūfu no
conjugate (v.) 動詞を活用させる dōshi o katsuyō saseru
conjunct (adj.) 結合した ketsugō shita
conjunction (n.) 接続詞 setsuzokushi
conjunctivitis (n.) 結膜炎 ketsumakuen
conjure (v.) 素早く出す subayaku dasu
connect (v.) 接続する setsuzoku suru
connection (n.) 接続 setsuzoku
connivance (n.) 黙認 mokunin
connive (v.) 黙認する mokunin suru

conniving (adj.) 狡猾な kōkatsuna
connoisseur (n.) 目利き mekiki
connote (v.) 暗示する anji suru
conquer (v.) 統治する tōchi suru
conquerer (n.) 征服する人 seifuku suru hito
conquest (n.) 征服 seifuku
conscience (n.) 良心 ryōshin
conscious (adj.) 気づいてる kizuiteru
consecrate (v.) 聖別する seibetsu suru
consecutive (adj.) 連続的な renzoku tekina
consensual (adj.) 合意の gōi no
consensus (n.) 合意 gōi
consent (n.) 同意 dōi
consequent (adj.) 結果として生じる kekka toshite shōjiru
conservation (n.) 維持 iji
conservative (adj.) 保守的な hoshu tekina
conservator (n.) 管理委員 kanri i in
conservatory (n.) 温室 onshitsu
conserve (v.) 節約する setsuyaku suru
consider (v.) 検討する kentō suru
considerable (adj.) かなりの kanari no
considerate (adj.) 思いやりのある omoiyari no aru
consideration (n.) 考慮 kōryo
considering (prep.) 踏まえると fumaeruto
consign (v.) 委託する itaku suru
consignment (n.) 委託 itaku
consist (v.) 成る naru
consistency (n.) 一貫性 ikkansei
consistent (adj.) 一貫した ikkan shita
consolation (n.) 慰め nagusame
console (v.) 慰める nagusameru
consonance (n.) 調和 chōwa
consonant (n.) 子音 shīn

consort (n.) 王族の配偶者 ōzoku no haigūsha
conspectus (n.) 概観 gaikan
conspiracy (n.) 陰謀 inbō
conspirator (n.) 共謀者 kyōbōsha
conspire (v.) 共謀する kyōbō suru
constable (n.) 巡査 junsa
constant (adj.) 不変の fuhen no
constellation (n.) 星座 seiza
consternation (n.) 仰天 gyōten
constipation (n.) 便秘 benpi
constituency (n.) 選挙民 senkyomin
constituent (adj.) 構成の kōsei no
constitute (v.) 構成する kōsei suru
constitution (n.) 憲法 kenpō
constrain (v.) 強いてさせる shīte saseru
constraint (n.) 強要する kyōyōsuru
constrict (v.) 収縮させる shūshuku saseru
construct (v.) 組み立てる kumitateru
construction (n.) 建設 kensetsu
constructive (adj.) 建設的 kensetsu teki
construe (v.) 解釈 kaishaku
consul (n.) 領事 ryōji
consular (adj.) 領事の ryōji no
consulate (n.) 領事館 ryōjikan
consult (v.) 相談する sōdan suru
consultant (n.) コンサルタント konsarutanto
consultation (n.) 相談 sōdan
consume (v.) 消費する shōhi suru
consumer (n.) 消費者 shōhisha
consumption (n.) 消費 shōhi
contact (n.) 連絡先 renrakusaki
contact (v.) 接触する sesshoku suru
contact lens (n.) コンタクトレンズ kontakutorenzu

contagion (n.) 伝染 densen
contagious (adj.) 伝染する densen suru
container (n.) 容器 yōki
containment (n.) 抑制する yokusei suru
contemplate (v.) じっくり考える jikkuri kangaeru
contemplation (n.) 沈思 chinshi
contemporary (adj.) その当時の sono tōji no
contempt (n.) 軽蔑 keibetsu
contend (v.) 競う kisou
contender (n.) 競争者 kyōsōsha
content (adj.) 内容 naiyō
contention (n.) 論点 ronten
contest (n.) コンテスト kontesuto
contestant (n.) 競技者 kyōgisha
context (n.) 文脈 bunmyaku
contiguous (adj.) 隣接する rinsetsu suru
continent (n.) 大陸 tairiku
continental (adj.) 大陸の tairiku no
contingency (n.) 不慮の出来事 furyo no dekigoto
contingent (n.) 次第で shidai de
continual (adj.) 継続的な keizoku tekina
continuation (n.) 継続 keizoku
continue (v.) 続ける tsuzukeru
continuous (adj.) 連続した renzoku shita
continuum (n.) 連続したもの renzoku shita mono
contour (n.) 輪郭 rinkaku
contraband (n.) 密売品 mitsubaihin
contraception (n.) 避妊 hinin
contraceptive (n.) 避妊用具 hinin yōgu
contract (n.) 契約 keiyaku
contraction (n.) 収縮 shūshuku
contractor (n.) 土建業者 doken gyōsha
contradiction (n.) 矛盾 mujun

contrary (adj.) 反対の hantai no
contrast (n.) 差 sa
contribute (v.) 貢献する kōken suru
contribution (n.) 貢献 kōken
contributor (n.) 寄付者 kifusha
control (n.) 制御 seigyo
controversial (adj.) 論議を呼ぶ rongi o yobu
controversy (n.) 論議 rongi
contuse (v.) 打撲傷を与える dabokushō o ataeru
contusion (n.) 打撲傷 dabokushō
conundrum (n.) 難問 nanmon
convalesce (v.) 療養する ryōyō suru
convalescence (n.) 療養 ryōyō
convalescent (adj.) 病後の byōgo no
convection (n.) 対流 tairyū
convene (v.) 召集する shōshū suru
convener (n.) 召集者 shōshūsha
convenience (n.) 便利 benri
convenient (adj.) 便利な benrina
convent (n.) 修道院 shūdōin
convention (n.) しきたり shiki tari
conventional (adj.) 従来の jūrai no
converge (v.) 同じ方向に向かう onaji hōkō ni mukau
convergence (n.) 一点に集まる itten ni atsumaru
convergent (adj.) 一点に集まること itten ni atsumaru koto
conversant (adj.) 精通して seitsū shite
conversation (n.) 会話 kaiwa
converse (v.) 会話をする kaiwa o suru
conversion (n.) 変換 henkan
convert (v.) 変換する henkan suru
convertible (adj.) 改造できる kaizō dekiru

convertible (n.) コンバーチブル konbāchiburu
conveyance (n.) 搬送 hansō
convict (v.) 有罪と宣告する yūzai to senkoku suru
conviction (n.) 信念 shinnen
convince (v.) 納得させる nattoku saseru
convivial (adj.) 楽しい tanoshī
convocation (n.) 招集 shōshū
convoke (v.) 招集する shōshū suru
convoy (v.) 護送する gosō suru
convulse (v.) 痙攣させる keiren saseru
convulsion (n.) 痙攣 keiren
cook (v.) 料理する ryōri suru
cook (n.) 料理人 ryōrinin
cooker (n.) 炊事道具 suiji dōgu
cookie (n.) クッキー kukkī
cool (adj.) 涼しい suzushī
coolant (n.) 冷却剤 reikyakuzai
cooler (n.) アイス・ボックス aisu bokkusu
cooperate (v.) 協力する kyōryoku suru
cooperation (n.) 協力 kyōryoku
cooperative (adj.) 協同組合 kyōdō kumiai
coordination (n.) 整合 seigō
coot (n.) オオバン ōban
copier (n.) 複写器 fukushaki
coping (n.) 笠石 kasaishi
copious (adj.) 莫大な bakudaina
copper (n.) 銅 dō
coppice (n.) 雑木林 zōkibayashi
copulate (v.) 交尾する kōbi suru
copy (n.) コピー kopī
copy (v.) 写す utsusu
copyright (n.) 著作権 chosakuken
coquette (n.) 男たらし otoko tarashi
coral (n.) サンゴ sango

corbel *(n.)* 持ち送り *mochi okuri*
cordless *(adj.)* コードレスの *kōdoresu no*
cordon *(n.)* 非常線 *hijōsen*
corduroy *(n.)* コーデュロイ *kōduroi*
core *(n.)* 核心 *kakushin*
coriander *(n.)* コリアンダー *koriandā*
cork *(n.)* コルク *koruku*
cormorant *(n.)* 鵜 *u*
corn *(n.)* トウモロコシ *tōmorokoshi*
cornea *(n.)* 角膜 *kakumaku*
corner *(n.)* 角 *kado*
cornet *(n.)* コルネット *korunetto*
corollary *(n.)* 当然の結果 *tōzen no kekka*
coronation *(n.)* 戴冠式 *taikanshiki*
coronet *(n.)* 小冠 *kokan*
corporal *(adj.)* 伍長 *gochō*
corporate *(adj.)* 会社の *kaisha no*
corporation *(n.)* 株式会社 *kabushikigaisha*
corps *(n.)* 軍団 *gundan*
corpse *(n.)* 死体 *shitai*
correct *(adj.)* 正しい *tadashī*
correct *(v.)* 正す *tadasu*
correction *(n.)* 補正 *hosei*
correlate *(v.)* 関係を比較する *kankei o hikaku suru*
correlation *(n.)* 相関性 *sōkansei*
correspond *(v.)* 対応する *taiō suru*
correspondence *(n.)* 対応 *taiō*
correspondent *(n.)* 文通者 *buntsūsha*
corridor *(n.)* 廊下 *rōka*
corroborate *(v.)* 裏付ける *urazukeru*
corroborative *(adj.)* 裏付ける *urazukeru*
corrosive *(adj.)* 腐食性の *fushokusei no*
corrugated *(adj.)* 波型の *namigata no*
corrupt *(adj.)* 堕落した *daraku shita*
corruption *(n.)* 汚職 *oshoku*

cortege *(n.)* 葬列 *sōretsu*
cortisone *(n.)* コルチゾン *koruchizon*
cosmetic *(n.)* 化粧 *keshō*
cosmetic *(adj.)* 美容の *biyō no*
cosmic *(adj.)* 宇宙の *uchū no*
cosmopolitan *(adj.)* 国際的な *kokusai tekina*
cost *(v.)* 費用 *hiyō*
costal *(adj.)* 胸式の *kyōshiki no*
costly *(adj.)* 金のかかる *kane no kakaru*
costume *(n.)* 衣装 *ishō*
cottage *(n.)* コテージ *kotēji*
cotton *(n.)* 綿 *men*
cough *(v.)* 咳 *seki*
could *(v.)* できた *dekita*
council *(n.)* 協議会 *kyōgikai*
councillor *(n.)* 評議員 *hyōgīn*
counsellor *(n.)* カウンセラー *kaunserā*
count *(v.)* 数える *kazoeru*
countable *(adj.)* 数えられる *kazoerareru*
countdown *(n.)* 秒読み *byōyomi*
countenance *(n.)* 表情 *hyōjō*
counter *(n.)* カウンター *kauntā*
counter *(v.)* 対抗する *taikō suru*
counteract *(v.)* 打ち消す *uchikesu*
counter-attack *(n.)* 反撃 *hangeki*
counterfeit *(adj.)* 偽造の *gizō no*
counterfeiter *(n.)* 偽造者 *gizōsha*
counterfoil *(n.)* 控え *hikae*
counterpart *(n.)* 対照物 *taishōbutsu*
countersign *(v.)* 副署する *fukush suru*
countess *(n.)* 伯爵夫人 *hakushaku fujin*
countless *(adj.)* 数え切れないほど *kazoekirenai hodo*
country *(n.)* 国 *kuni*
county *(n.)* 郡 *gun*

coup *(n.)* クーデター *kūdetā*
couple *(n.)* 二つの *futatsu no*
couple *(v.)* 連結する *renketsu suru*
couplet *(n.)* 連句 *renku*
coupon *(n.)* クーポン *kūpon*
courage *(n.)* 勇気 *yūki*
courageous *(adj.)* 勇気のある *yūki no aru*
courier *(n.)* 宅配便 *takuhaibin*
course *(n.)* 進路 *shinro*
court *(n.)* 裁判所 *saibansho*
courtesan *(n.)* 娼婦 *shōfu*
courtesy *(n.)* 礼儀 *reigi*
courtier *(n.)* 廷臣 *teishin*
courtship *(n.)* 求愛期間 *kyūai kikan*
courtyard *(n.)* 中庭 *nakaniwa*
cousin *(n.)* いとこ *itoko*
couture *(n.)* クチュール *kuchūru*
cove *(n.)* 入り江 *irie*
cover *(n.)* 覆い *ōi*
cover *(v.)* 覆う *ōu*
coverage *(n.)* 対応範囲 *taiō hani*
coverlet *(n.)* 掛け布団 *kakebuton*
covert *(adj.)* 密かに *hisoka ni*
covet *(v.)* 他人の物を欲しがる *tanin no mono o hoshigaru*
cow *(n.)* 牛 *ushi*
coward *(n.)* 臆病者 *okubyōmono*
cowardice *(n.)* 臆病 *okubyō*
cower *(v.)* うずくまる *uzukumaru*
co-worker *(n.)* 同僚 *dōryō*
coy *(adj.)* 恥ずかしそうなふりをする *hazukashi sōna furi o suru*
cozy *(adj.)* 居心地の良い *igokochi no yoi*
crab *(n.)* カニ *kani*
crack *(n.)* 割れ目 *wareme*
crack *(v.)* 割る *wareru*

crackdown *(n.)* 取り締まり *torishimari*
cracker *(n.)* クラッカー *kurakkā*
crackle *(v.)* パチパチ音を立てる *pachi pachi oto o tateru*
cradle *(n.)* 揺りかご *yurikago*
crafty *(adj.)* 悪賢い *warugashikoi*
cram *(v.)* 詰め込む *tsumekomu*
crane *(n.)* クレーン *kurēn*
crate *(n.)* 木箱 *kibako*
crater *(n.)* クレーター *kurētā*
crave *(v.)* 欲する *hossuru*
craving *(n.)* 渇望 *katsubō*
crawl *(v.)* 這う *hau*
crayfish *(n.)* ザリガニ *zarigani*
crayon *(n.)* クレヨン *kureyon*
crazy *(adj.)* 狂った *kurutta*
creak *(v.)* 軋む *kishimu*
cream *(n.)* クリーム *kurīmu*
crease *(n.)* 折り目 *orime*
creation *(n.)* 創造 *sōzō*
creative *(adj.)* 創造的 *sōzō teki*
creator *(n.)* 創造者 *sōzōsha*
creature *(n.)* 生物 *seibutsu*
credential *(n.)* 信任状 *shinninjō*
credible *(adj.)* 信用できる *shinyō dekiru*
credit *(n.)* 信用 *shinyō*
credit card *(n.)* クレジットカード *kurejittokādo*
creditor *(n.)* 債権者 *saikensha*
credulity *(n.)* 盲信 *mōshin*
credulous *(adj.)* 騙されやすい *damasare yasui*
creed *(n.)* 信条 *shinjō*
creep *(v.)* 忍び寄る *shinobiyoru*
creeper *(n.)* つる植物 *tsuru shokubutsu*
creepy *(adj.)* 不気味な *bukimina*

cremate (v.) 火葬にする kasō ni suru
cremation (n.) 火葬 kasō
crematorium (n.) 火葬場 kasōjō
creole (n.) クリオール kuri ōru
crepe (n.) クレープ kurēpu
crepitate (v.) パチパチいう pachipachi iu
crepitation (n.) パチパチという音 pachi pachi toiu oto
crescent (n.) 三日月 mikazuki
crest (n.) とさか tosaka
cretin (n.) ばか baka
crew (n.) 全乗務員 zen jōmuin
crib (n.) ベビーベッド bebībeddo
cricket (n.) クリケット kuriketto
crime (n.) 犯罪 hanzai
criminal (n.) 犯罪の hanzai no
crimp (n.) 圧着 acchaku
crimple (v.) ひだを作る hida o tsukuru
crimson (n.) 茜色 akaneiro
cringe (v.) すくむ sukumu
crinkle (v.) しわを寄せる shiwa o yoseru
crisis (n.) 危機 kiki
crisp (adj.) さわやかな sawayakana
criterion (n.) 基準 kijun
critic (n.) 評論家 hyōronka
critical (adj.) 批判的 hihan teki
criticism (n.) 批判 hihan
criticize (v.) 批判する hihan suru
critique (n.) 評論 hyōron
croak (n.) しゃがれ声 shagaregoe
crochet (n.) かぎ針編み kagibari ami
crockery (n.) 陶磁器 tōjiki
crocodile (n.) ワニ wani
croft (n.) 小農場 shō nōjō
croissant (n.) クロワッサン kurowassan
crone (n.) 醜い老婆 minikui rōba

crooked (adj.) 歪んだ yuganda
croon (v.) センチメンタルに歌う senchimentaru ni utau
cross (v.) 横断する ōdan suru
cross (n.) 十字 jūji
crossbar (n.) クロスバー kurosubā
crossfire (n.) 十字砲火 jūjihōka
crossing (n.) 横断歩道 ōdan hodō
crossroads (n.) 十字路 jūjiro
crotch (n.) 股 mata
crotchet (n.) 四分音符 shibu onpu
crouch (v.) しゃがむ shagamu
crow (n.) カラス karasu
crowbar (n.) 鉄梃 kana teko
crowd (n.) 群集 gunshū
crowded (adj.) 混んでる konderu
crowfunding (n.) クラウドファンディング kuraudofandingu
crown (n.) 王冠 ōkan
crowned (adj.) 王冠を頂いた ōkan o itadaita
crucified (adj.) 十字架につけられた jūjika ni tsukerareta
crucifix (n.) 十字架像 jūjikazō
crucify (v.) はりつけにする haritsuke ni suru
cruelty (n.) 残酷さ zankoku sa
cruise (v.) 巡航する junkō suru
cruiser (n.) クルーザー kurūzā
crumb (n.) パンくず pankuzu
crumble (v.) 粉にする kona ni suru
crump (v.) バリバリと音を立てる baribari to oto o tateru
crumple (v.) くしゃくしゃにする kushakusha ni suru
crunch (v.) 噛み砕く kamikudaku
crusade (n.) 聖戦 seisen
crusader (n.) 十字軍騎士 jūjigun kishi

crush *(v.)* 押しつぶす *oshitsubusu*
crust *(n.)* パンの皮 *pan no kawa*
crutch *(n.)* 松葉杖 *matsubazue*
cry *(v.)* 泣く *naku*
cryogenics *(n.)* 低温学 *teiongaku*
cryptic *(adj.)* なぞめいた *nazomeita*
cryptography *(n.)* 暗号手法 *angō shuhō*
crystal *(n.)* 結晶 *kesshō*
crystallize *(v.)* 結晶化する *kesshō ka suru*
cub *(n.)* 小熊 *koguma*
cube *(n.)* 立方体 *rippōtai*
cubical *(adj.)* 立方体の *rippōtai no*
cubicle *(n.)* 小個室 *shō koshitsu*
cubit *(n.)* 腕尺 *wanshaku*
cuckoo *(n.)* カッコウ *kakkō*
cucumber *(n.)* きゅうり *kyūri*
cuddle *(v.)* 抱き締める *dakishimeru*
cudgel *(n.)* こん棒 *konbō*
cue *(n.)* 合図 *aizu*
cuff *(n.)* カフス *kafusu*
cuisine *(n.)* 料理 *ryōri*
culinary *(adj.)* 料理の *ryōri no*
cullet *(n.)* カレット *karetto*
culminate *(v.)* 最高点に達する *saikōten ni tassuru*
culprit *(n.)* 犯罪者 *hanzaisha*
cult *(n.)* カルト *karuto*
cultivate *(v.)* 耕す *tagayasu*
cultivation *(n.)* 栽培 *saibai*
cultural *(adj.)* 文化的な *bunka tekina*
culture *(n.)* 文化 *bunka*
culvert *(n.)* 排水渠 *haisuikyo*
cumulative *(adj.)* 累積的な *ruiseki tekina*
cunning *(adj.)* ずる賢い *zuru kashikoi*
cup *(n.)* コップ *koppu*
cupboard *(n.)* 食器棚 *shokki dana*

cupid *(n.)* キューピッド *kyūpiddo*
curable *(adj.)* 治せる *naoseru*
curator *(n.)* 学芸員 *gakugeīn*
curb *(v.)* 縁石 *enseki*
curcumin *(n.)* クルクミン *kurukumin*
curd *(n.)* 凝乳 *gyounyū*
curdle *(v.)* 凝乳になる *gyounyū ni naru*
cure *(v.)* 治す *naosu*
curfew *(n.)* 門限 *mongen*
curiosity *(n.)* 好奇心 *kōkishin*
curious *(adj.)* 好奇心の強い *kōkishin no tsuyoi*
curl *(v.)* カールさせる *kāru saseru*
curly *(adj.)* 巻き毛の *makige no*
currant *(n.)* スグリの実 *suguri no mi*
currency *(n.)* 通貨 *tsūka*
current *(n.)* 流れ *nagare*
current *(adj.)* 現在の *genzai no*
current account *(n.)* 当座預金 *tōza yokin*
curriculum *(n.)* カリキュラム *karikyuramu*
curse *(n.)* 呪い *noroi*
cursive *(adj.)* 筆記体の *hikkitai no*
cursor *(n.)* カーソル *kāsoru*
curt *(adj.)* そっけない *sokkenai*
curtail *(v.)* 省く *habuku*
curtain *(n.)* カーテン *kāten*
curvature *(n.)* 曲率 *kyokuritsu*
curve *(n.)* 曲線 *kyokusen*
curve *(v.)* 曲がる *magaru*
cushion *(n.)* クッション *kusshon*
custard *(n.)* カスタード *kasutādo*
custodian *(n.)* 管理人 *kanrinin*
custody *(n.)* 親権 *shinken*
custom *(n.)* カスタム *kasutamu*
customary *(adj.)* 風習 *fūshū*

customer *(n.)* 客 kyaku
cut *(n.)* 切る kiru
cute *(adj.)* 可愛い kawaī
cutlery *(n.)* カトラリー katorarī
cutlet *(n.)* カツレツ katsuretsu
cutter *(n.)* カッター kattā
cutting *(n.)* 切ること kiru koto
cuvette *(n.)* キュベット kyubetto
cyan *(n.)* 青緑色 aomidori iro
cyanide *(n.)* 青酸カリ seisankari
cyber *(adj.)* サイバー saibā
cyberbullying *(n.)* ネットいじめ netto ijime
cybercafé *(n.)* ネットカフェ netto kafe
cyberchat *(n.)* チャット chatto
cybercrime *(n.)* ネット犯罪 netto hanzai
cyclic *(adj.)* 周期的な shūki tekina
cyclist *(n.)* 自転車乗り jitenshanori
cyclone *(n.)* サイクロン saikuron
cyclops *(n.)* キュクロプス kyukuropusu
cylinder *(n.)* 円筒 entō
cylindrical *(adj.)* 円筒の entō no
cynic *(n.)* 皮肉屋 hinikuya
cypher *(n.)* 暗証 anshō
cypress *(n.)* イトスギ itosugi
cyst *(n.)* 嚢胞 nōhō

dabble *(v.)* ちょっかいを出す chokkai o dasu
dacoit *(n.)* 武装強盗団員 busō gōtōdan in
dacoity *(n.)* 武装強盗団による強奪 busō gōtōdan niyoru gōdatsu
dad (or daddy) *(n.)* お父さん otōsan

daffodil *(n.)* 水仙 suisen
daft *(adj.)* まぬけな ma nukena
dagger *(n.)* 短剣 tanken
daily *(adj. & adv.)* 日々 hibi
dainty *(adj.)* きゃしゃな kyashana
dairy *(n.)* 乳製品 nyūseihin
dais *(n.)* 高座 kōza
daisy *(n.)* ヒナギク hinagiku
dally *(v.)* ぐずぐずする guzuguzu suru
dam *(n.)* ダム damu
damage *(n.)* ダメージ damēji
damage control *(n.)* 被害対策 higai taisaku
damask *(n.)* ダマスク織 damasuku ori
dame *(n.)* 貴婦人 kifujin
damn *(v.)* 地獄に落とす jigoku ni otosu
damnable *(adj.)* 地獄に落ちるべき jigoku ni ochirubeki
damnation *(n.)* 天罰 tenbatsu
damned *(adj.)* 呪われた norowareta
damp *(adj.)* 湿った shimetta
dampen *(v.)* 湿らせる shimeraseru
damsel *(n.)* 乙女 otome
dance *(n.)* 踊り odori
dancer *(n.)* 踊り子 odoriko
dancing *(adj.)* 踊っている odotteiru
dandelion *(n.)* タンポポ tanpopo
dandle *(v.)* あやす ayasu
dandruff *(n.)* フケ fuke
dandy *(n.)* ダンディーな男 dandīna otoko
danger *(n.)* 危険 kiken
dangerous *(adj.)* 危険な kikenna
dangle *(v.)* ぶら下げる burasageru
dangling *(adj.)* ぶら下がった burasagatta
dank *(adj.)* ジメジメした jimejime shita
dapper *(adj.)* 粋な ikina

dapple (v.) まだらにする madara ni suru
dare (v.) 挑戦する chōsen suru
daredevil (n.) 無鉄砲な人 muteppōna hito
dark (adj.) 暗い kurai
darken (v.) 暗くする kuraku suru
darkness (n.) 暗闇 kurayami
darling (n.) 最愛の人 saiai no hito
dart (n.) ダーツ dātsu
dartboard (n.) ダーツボード dātsu bōdo
dashboard (n.) 計器盤 keikiban
dashing (adj.) 威勢の良い isei no yoi
data (n.) データ dēta
databank (n.) データバンク dētabanku
database (n.) データベース dētabēsu
date (n.) 日付 hizuke
date (v.) 日付をつける hizuke o tsukeru
dated (adj.) 時代遅れの jidaiokure no
daughter (n.) 娘 musume
daunt (v.) 威圧する iatsu suru
daunting (adj.) 困難な konnanna
dawn (n.) 夜明け yoake
dawn (v.) わかり始める wakarihajimeru
day (n.) 日 hi
daze (v.) 呆然とさせる bōzen to saseru
dazed (adj.) 呆然とした bōzen to shita
dazzle (v.) 目をくらます me o kuramasu
dazzling (adj.) 眩しい mabushī
dazzlingly (adv.) 目もくらむほど me mo kuramu hodo
deacon (n.) 助祭 josai
deactivate (v.) 非活性化する hi kassei ka suru
deactivation (n.) 非活性化 hi kassei ka
deactivator (n.) 不活性化剤 fu kassei kazai
dead (n.) 死者 shisha
dead (adj.) 死んだ shinda

deadbolt (n.) 戸締用ボルト tojimariyō boruto
deadline (n.) 締め切り shimekiri
deadlock (n.) 行き詰まり ikizumari
deaf (adj.) 耳の不自由な mimi no fujiyūna
deafen (v.) 耳を聞こえなくする mimi o kikoenaku suru
deafening (adj.) 耳を聞こえなくするような mimi o kikoenaku suru yōna
deal (v.) 対処する taisho suru
dealer (n.) ディーラー dīrā
dealership (n.) 販売権 hanbaiken
dealmaker (n.) ディールメーカー dīrumēkā
dean (n.) 学部長 gakubuchō
dear (adj.) 親愛な shin aina
dearest (adj.) 最愛の saiai no
death (n.) 死 shi
debacle (n.) 大失敗 dai shippai
debar (v.) 禁ずる kinzuru
debase (v.) 品位を下げる hin i o sageru
debate (n.) 論争 ronsō
debauch (n.) 堕落 daraku
debauchery (n.) 淫乱 inran
debenture (n.) 社債券 shasaiken
debilitate (v.) 衰弱させる suijaku saseru
debilitating (adj.) 衰弱させるような suijaku saseru yōna
debilitation (n.) 衰弱 suijaku
debit (n.) 借方 karikata
debit card (n.) デビットカード debitto kādo
debrief (v.) 報告を受ける hōkoku o ukeru
debris (n.) 瓦礫 gareki
debt (n.) 債務 saimu
debt-free (adj.) 借金のない shakkin no nai
debtor (n.) 債務者 saimusha

debuff *(n.)* 敵を弱くする *teki o yowaku suru*
debug *(v.)* バグを修正する *bagu o shūsei suru*
debut *(n.)* デビュー *debyū*
decade *(n.)* 十年 *jū nen*
decadent *(adj.)* 退廃的な *taihai tekina*
decalcification *(n.)* 脱灰 *dakkai*
decalcify *(v.)* 脱灰する *dakkai suru*
decamp *(v.)* 密かに移動する *hisoka ni idō suru*
decapitate *(v.)* 首を切る *kubi o kiru*
decay *(v.)* 腐敗する *fuhai suru*
decay *(n.)* 腐敗 *fuhai*
deceased *(adj.)* 亡くなった *nakunatta*
deceit *(n.)* 虚偽 *kyogi*
deceitful *(adj.)* 嘘つきの *usotsuki no*
deceive *(v.)* 欺く *azamuku*
decelerate *(v.)* 減速する *gensoku suru*
deceleration *(n.)* 減速 *gensoku*
december *(n.)* 十二月 *jūnigatsu*
decent *(adj.)* まともな *matomona*
decentralize *(v.)* 分散させる *bunsan saseru*
decentre *(v.)* 中心から外す *chūshin kara hazusu*
deception *(n.)* 欺くこと *azamuku koto*
deceptive *(adj.)* 当てにならない *ate ni naranai*
decibel *(n.)* デシベル *deshiberu*
decide *(v.)* 決める *kimeru*
decided *(adj.)* 決まった *kimatta*
decidedly *(adv.)* 決定的に *ketteiteki ni*
decimal *(adj.)* 少数の *shōsū no*
decimal point *(n.)* 小数点 *shōsūten*
decimate *(v.)* 多数を殺害する *tasū o satsugai suru*

decimation *(v.)* 多数の殺害 *tasū no satsugai*
decipher *(v.)* 解読 *kaidoku*
decision *(n.)* 決定 *kettei*
deck *(n.)* デッキ *dekki*
declaration *(n.)* 宣言 *sengen*
declare *(v.)* 宣言する *sengen suru*
declassify *(v.)* 公開する *kōkai suru*
decline *(v.)* 低下する *teika suru*
declivity *(n.)* 下り勾配 *kudari kōbai*
declutter *(v.)* 片付ける *katazukeru*
decoction *(n.)* せんじ汁 *senjijiru*
decode *(v.)* 暗号を解く *angō o toku*
decoder *(n.)* 解読者 *kaidokusha*
decolonization *(n.)* 非植民地化 *hi shokuminchi ka*
decolonize *(v.)* 非植民地化する *hi shokuminchi ka suru*
decommission *(v.)* 退役させる *taieki saseru*
decompose *(v.)* 腐敗させる *fuhai saseru*
decompress *(v.)* 減圧する *gen atsu suru*
decompression *(n.)* 減圧 *gen atsu*
decongest *(v.)* 混雑を緩和する *konzatsu o kanwa suru*
deconstruction *(n.)* 脱構築 *datsu kōchiku*
decontrol *(v.)* 統制を解除する *tōsei o kaijo suru*
decorate *(v.)* 飾る *kazaru*
decoration *(n.)* 飾り *kazari*
decorative *(adj.)* 装飾の *sōshoku no*
decorum *(n.)* 礼儀正しさ *reigi tadashi sa*
decoy *(n.)* おとり *otori*
decrease *(v.)* 減少する *genshōsuru*
decreasingly *(adv.)* 次第に減少して *shidaini genshō shite*
decree *(v.)* 布告する *fukoku suru*
decrement *(n.)* 漸減 *zengen*

decriminalization *(n.)* 非刑罰化 hi keibatsu ka
decriminalize *(v.)* 非刑罰化する hi keibatsu ka suru
decrypt *(v.)* 暗号を解読する angō o kaidoku suru
decrypt *(v.)* 解読する kaidoku suru
decryption *(n.)* 暗号解読 angō kaidoku
dedicate *(v.)* 捧げる sasageru
dedication *(n.)* 献身 kenshin
deduce *(v.)* 推測する suisoku suru
deduct *(v.)* 控除する kōjo suru
deduction *(n.)* 控除 kōjo
deed *(n.)* 証書 shōsho
deep *(adj.)* 深い fukai
deepen *(v.)* 深める fukameru
deeply *(adv.)* 深く fukaku
deer *(n.)* 鹿 shika
deface *(v.)* 外見を損なう gaiken o sokonau
defamation *(n.)* 中傷 chūshō
defamatory *(adj.)* 中傷的な chūshō tekina
default *(n.)* 既定値 kiteichi
defeat *(v.)* 敗北 haiboku
defecate *(v.)* 排便 haiben
defect *(n.)* 欠陥 kekkan
defective *(adj.)* 欠陥のある kekkan no aru
defence *(n.)* 防衛 bōei
defenceless *(adj.)* 無防備の mu bōbi no
defendant *(n.)* 被告 hikoku
defensive *(adj.)* ムキになる mukininaru
deference *(n.)* 服従 fukujū
defiance *(n.)* 反抗 hankō
defiant *(adj.)* 挑戦的な chōsen tekina
deficiency *(n.)* 欠乏 ketsubō
deficit *(n.)* 赤字 akaji
defile *(v.)* 汚す kegasu

define *(v.)* 定義する teigi suru
definition *(n.)* 定義 teigi
deflate *(v.)* 空気を抜く kūki o nuku
deflation *(n.)* デフレ defure
deflect *(v.)* 偏向させる henkō saseru
deflection *(n.)* 偏向 henkō
deflesh *(v.)* 肉を外す niku o hazusu
defoliant *(n.)* 枯葉剤 karehazai
defoliate *(v.)* 枯葉剤をまく karehazai o maku
deforest *(v.)* 森を切り払う mori o kiriharau
deforestation *(n.)* 森林伐採 shinrin bassai
deform *(v.)* 変形する henkei suru
deformity *(n.)* 変形 henkei
defragment *(v.)* フラグメンテーションを解消する furagumentēshon o kaishō suru
defragmentation *(n.)* デフラグメンテーション defuragumentēshon
defrost *(v.)* 霜を取る shimo o toru
deft *(adj.)* 器用な kiyōna
defunct *(adj.)* 現存しない genson shinai
defuse *(v.)* 爆弾処理をする bakudan shori o suru
defy *(v.)* 公然と反抗する kōzen to hankō suru
degrading *(adj.)* 屈辱的な kutsujoku tekina
dehumidify *(v.)* 除湿する joshitsusuru
dehydrate *(v.)* 乾燥させる kansō saseru
dehydration *(n.)* 乾燥 kansō
deify *(v.)* 神とする kami to suru
deism *(n.)* 理神論 rishinron
deist *(n.)* 理神論者 rishinronsha
deity *(n.)* 神位 shin i
dejection *(n.)* 落胆 rakutan

delay *(v.)* 遅らせる *okuraseru*
delay *(n.)* 遅れ *okure*
delegate *(v.)* 代表に立てる *daihyō ni tateru*
delegate *(n.)* 派遣団員 *hakendan in*
delegation *(n.)* 代表団 *daihyōdan*
delegator *(n.)* 委任者 *ininsha*
deletable *(adj.)* 削除可能な *sakujo kanōna*
delete *(v.)* 削除する *sakujo suru*
deliberate *(adj.)* 意図的な *ito tekina*
deliberation *(n.)* 審議 *shingi*
delicacy *(n.)* 珍味 *chinmi*
delicate *(adj.)* 繊細な *sensaina*
delicatessen *(n.)* デリカテッセン *derika tessen*
delicious *(adj.)* 美味しい *oishī*
delight *(v.)* 喜ぶ *yorokobu*
delightful *(adj.)* 嬉しくする *ureshiku suru*
delimit *(v.)* 範囲を定める *han i o sadameru*
delimitation *(n.)* 区切り *kugiri*
delinquency *(n.)* 非行 *hikō*
delinquent *(adj.)* 非行の *hikō no*
delinquent *(n.)* 不良 *furyō*
deliriant *(n.)* せん妄発生薬 *senmō hasseiyaku*
deliver *(v.)* 届ける *todokeru*
deliverance *(n.)* 救出 *kyūshutsu*
delivery *(n.)* 配達 *haitatsu*
delta *(n.)* デルタ *deruta*
deltoid *(n.)* 三角筋 *sankakukin*
deluge *(n.)* 大洪水 *dai kōzui*
delusion *(n.)* 妄想 *mōsō*
delusional *(adj.)* 妄想的な *mōsō tekina*
delve *(v.)* 掘り下げる *horisageru*
demagnetize *(v.)* 磁気を消す *jiki o kesu*
demagogue *(n.)* 扇動家 *sendōka*

demagogy *(n.)* 民衆扇動 *minshū sendō*
demand *(n.)* 要求する *yōkyū suru*
demarcate *(v.)* 限界を定める *genkai o sadameru*
demasculinization *(n.)* 男性性徴消失 *dansei seichō shōshitsu*
dematerialisation *(n.)* 非物質化 *hi busshitsu ka*
dematerialize *(v.)* 非物質化する *hi busshitsu ka suru*
demean *(v.)* 面目をつぶす *menboku o tsubusu*
demeaning *(adj.)* 屈辱的な *kutsujoku tekina*
demented *(adj.)* 認知症の *ninchishō no*
dementia *(n.)* 認知症 *ninchishō*
demilitarized *(adj.)* 非武装化した *hi busō ka shita*
demise *(n.)* 終焉 *shūen*
demobilization *(n.)* 復員 *fukuin*
demobilize *(v.)* 復員させる *fukuin saseru*
democracy *(n.)* 民主主義 *minshu shugi*
democrat *(n.)* 民主党員 *minshutōin*
democratic *(adj.)* 民主的な *minshu tekina*
demographic *(adj.)* 人口統計学の *jinkō tōkeigaku no*
demolish *(v.)* 取り壊す *torikowasu*
demolition *(n.)* 取り壊し *torikowashi*
demonetize *(v.)* 廃貨にする *haika ni suru*
demonize *(v.)* 悪者扱いする *warumono atsukai suru*
demonstrate *(v.)* 論証する *ronshō suru*
demonstration *(n.)* 論証 *ronshō*
demoralize *(v.)* 士気をくじく *shiki o kujiku*
demote *(v.)* 降職する *kōshoku suru*
demurrage *(n.)* 滞船料 *taisenryō*
den *(n.)* ねぐら *negura*

denationalize *(v.)* 民営化する *min ei ka suru*
dengue *(n.)* デング熱 *dengunetsu*
denominate *(v.)* 命名する *meimei suru*
denomination *(n.)* 宗派 *shūha*
denounce *(v.)* 非難する *hinan suru*
dense *(adj.)* 密度が高い *mitsudo ga takai*
density *(n.)* 密度 *mitsudo*
dentist *(n.)* 歯科医 *shikai*
denude *(v.)* はぎ取る *hagitoru*
denunciation *(n.)* 弁難 *bennan*
deny *(v.)* 否定する *hitei suru*
deodorant *(n.)* デオドラント *deodoranto*
deodorize *(v.)* 消臭する *shō shū suru*
deontology *(n.)* 義務論 *gimuron*
deoxidation *(n.)* 脱酸素 *datsu sanso*
depart *(v.)* 出発する *shuppatsu suru*
department *(n.)* 部門 *bumon*
departmentalization *(n.)* 部門化 *bumon ka*
departure *(n.)* 出発 *shuppatsu*
depauperate *(v.)* 発育不全にする *hatsuiku fuzen ni suru*
depend *(v.)* 頼る *tayoru*
dependence *(n.)* 依存 *izon*
dependent *(n.)* 扶養家族 *fuyō kazoku*
dependent *(adj.)* 頼っている *tayotteiru*
depict *(v.)* 描く *egaku*
depiction *(n.)* 描写 *byōsha*
depilatory *(adj.)* 脱毛効果のある *datsumō kōka no aru*
deplete *(v.)* 枯渇した *kokatsu shita*
depleted *(adj.)* 使い切った *tsukaikitta*
depletion *(n.)* 枯渇 *kokatsu*
deplorable *(adj.)* 嘆かわしい *nagekawashī*
deploy *(v.)* 展開する *tenkai suru*
depolarize *(v.)* 脱分極 *datsu bunkyoku*

deponent *(n.)* 宣誓証人 *sensei shōnin*
depose *(v.)* 退位させる *tai i saseru*
deposit *(n.)* 保証金 *hoshōkin*
deposition *(n.)* 廃位 *hai i*
depository *(n.)* 保管所 *hokansho*
depot *(n.)* 停車場 *teishajō*
depravation *(n.)* 堕落 *daraku*
deprave *(v.)* 堕落させる *daraku saseru*
deprecate *(v.)* とがめる *togameru*
depreciate *(v.)* 減価する *genka suru*
depress *(v.)* 落ち込ませる *ochikomaseru*
depression *(n.)* うつ病 *utsubyō*
deprive *(v.)* 奪う *ubau*
depth *(n.)* 深さ *fuka sa*
depute *(v.)* 代理を命じる *dairi o meijiru*
deputy *(n.)* 代理役 *dairiyaku*
derail *(v.)* 脱線する *dassen suru*
derailment *(n.)* 脱線 *dassen*
deranged *(adj.)* 錯乱した *sakuran shita*
deregulate *(v.)* 規制を柔和する *kisei o nyūwa suru*
deride *(v.)* ばかにする *baka ni suru*
derivative *(adj.)* 派生物 *haseibutsu*
dermabrasion *(n.)* 皮膚剥離 *hifu hakuri*
dermatology *(n.)* 皮膚科 *hifuka*
derogatory *(adj.)* 軽蔑的な *keibetsu tekina*
derrick *(n.)* 起重機 *kijūki*
desalt *(v.)* 塩出しする *shiodashi suru*
descale *(v.)* 湯垢を取る *yuaka o toru*
descend *(v.)* 下りる *oriru*
descendant *(n.)* 子孫 *shison*
descent *(n.)* 降下 *kōka*
desert *(n.)* 砂漠 *sabaku*
deserve *(v.)* 値する *ataisuru*
design *(n.)* 設計 *sekkei*
designate *(v.)* 指名する *shimei suru*

designated *(adj.)* 専用の *senyō no*
designer *(n.)* デザイナー *dezainā*
designing *(adj.)* 腹黒い *haraguroi*
desirable *(adj.)* 望ましい *nozomashī*
desire *(n.)* 欲望 *yokubō*
desirous *(adj.)* 望んで *nozonde*
desist *(v.)* 思いとどまる *omoitodomaru*
desk *(n.)* 机 *tsukue*
desktop *(n.)* デスクトップ *desuku toppu*
desolate *(adj.)* 荒れ果てた *arehateta*
despair *(n.)* 絶望 *zetsubō*
desperate *(adj.)* 必死な *hisshina*
despicable *(adj.)* 浅ましい *asamashī*
despise *(v.)* 軽蔑する *keibetsu suru*
despondent *(adj.)* 落胆した *rakutan shita*
dessert *(n.)* デザート *dezāto*
destabilization *(n.)* 不安定化 *fuantei ka*
destabilize *(v.)* 不安定にする *fuantei ni suru*
destination *(n.)* 目的地 *mokutekichi*
destiny *(n.)* 運命 *unmei*
destitute *(adj.)* 貧しい *mazushī*
destress *(v.)* ストレスを発散する *sutoresu o hassan suru*
destroy *(v.)* 破壊する *hakai suru*
destroyer *(n.)* 駆逐艦 *kuchikukan*
destruction *(n.)* 破壊 *hakai*
detach *(v.)* 切り離す *kirihanasu*
detachment *(n.)* 分離 *bunri*
detail *(n.)* 詳細 *shōsai*
detain *(v.)* 引き留める *hikitomeru*
detect *(v.)* 検出する *kenshutsu suru*
detective *(n.)* 探偵 *tantei*
detention *(n.)* 拘留 *kōryū*
detergent *(n.)* 洗剤 *senzai*
deteriorate *(v.)* 悪化する *akka suru*

determination *(n.)* 決心 *kesshin*
determine *(v.)* 定める *sadameru*
detonate *(v.)* 爆発させる *bakuhatsu saseru*
detoxication *(n.)* 解毒 *gedoku*
detractor *(n.)* 中傷する人 *chūshō suru hito*
detriment *(n.)* 被害 *higai*
devalue *(v.)* 価値を下げる *kachi o sageru*
devastate *(v.)* 途方に暮れさせる *tohō ni kuresaseru*
develop *(v.)* 開発する *kaihatsu suru*
developer *(n.)* 開発者 *kaihatsusha*
development *(n.)* 発展 *hatten*
deviate *(v.)* それる *soreru*
deviation *(n.)* 偏差 *hensa*
devil *(n.)* 悪魔 *akuma*
devilry *(n.)* 悪作 *akusaku*
devise *(v.)* 工夫する *kufū suru*
devoid *(adj.)* ない *nai*
devour *(v.)* むさぼり食う *musabori kū*
devout *(adj.)* 敬虔な *keikenna*
dew *(n.)* 露 *tsuyu*
diabetes *(n.)* 糖尿病 *tōnyōbyō*
diagnose *(v.)* 診断する *shindan suru*
diagnosis *(n.)* 診断 *shindan*
diagonal *(adj.)* 斜めの *naname no*
diagram *(n.)* 図形 *zukei*
dial *(n.)* 文字盤 *mojiban*
dialect *(n.)* 方言 *hōgen*
dialogue *(n.)* 対話 *taiwa*
dialysis *(n.)* 透析 *tōseki*
diameter *(n.)* 直径 *chokkei*
diamond *(n.)* ダイヤモンド *daiyamondo*
diaper *(n.)* おむつ *omutsu*
diarrhea *(n.)* 下痢 *geri*
diaspora *(n.)* ディアスポラ *diasupora*
dibble *(n.)* 穴掘り具 *anahorigu*

dibble (v.) 地面に穴を掘る jimen ni ana o horu
dice (n.) サイコロ saikoro
dicey (adj.) 不確かな futashikana
dictate (v.) 書き取らせる kakitoraseru
dictation (n.) 書き取り kakitori
diction (n.) 言葉遣い kotobazukai
dictionary (n.) 辞書 jisho
dictum (n.) 言明 genmei
didactic (adj.) 説教的な sekkyō tekina
die (v.) 死ぬ shinu
diehard (n.) 頑固者 gankomono
diesel (n.) ディーゼルエンジン dīzeruenjin
diet (n.) ダイエット daietto
diet (v.) ダイエットする daietto suru
dietician (n.) 栄養士 eiyōshi
differ (v. & adj.) 異なる kotonaru
difficult (adj.) 難しい muzukashī
difficulty (n.) 困難 konnan
diffident (adj.) 自信のない jishin no nai
diffuse (v.) 発散する hassan suru
dig (v.) 掘る horu
digest (v.) 消化する shōka suru
digestion (n.) 消化 shōka
digit (n.) 桁 keta
digital (adj.) デジタル dejitaru
digitalize (v.) デジタル化 dejitaru ka
dignify (v.) 威厳をつける igen o tsukeru
dignitary (n.) 要人 yōjin
dignity (n.) 尊厳 songen
digress (v.) 脱線する dassen suru
digression (n.) 余談 yodan
dilapidate (v.) 荒廃する kōhai suru
dilapidation (n.) 荒廃 kōhai
dilate (v.) 拡張させる kakuchō saseru
dilemma (n.) ジレンマ jirenma

diligence (n.) 拡張する kakuchō suru
diligent (adj.) 勤勉な kinbenna
dilute (v.) 希釈する kishaku suru
dilution (n.) 希釈 kishaku
dim (adj.) 薄暗い usugurai
dimension (n.) 寸法 sunpō
diminish (v.) 減る heru
diminution (n.) 減少 genshō
diminutive (adj.) とても小さい totemo chīsai
dimly (adv.) ぼんやりと bon yari to
dimness (n.) 薄暗さ usugura sa
dine (v.) 食事をとる shokuji o toru
diner (n.) ダイナー dainā
dingy (adj.) 薄汚い usugitanai
dinner (n.) 夕食 yūshoku
dioxide (n.) 二酸化 nisanka
dip (v.) 浸す hitasu
diploma (n.) ディプロマ dipuroma
diplomacy (n.) 外交 gaikō
diplomat (n.) 外交官 gaikōkan
diplomatic (adj.) 外交的な gaikō tekina
direct (adj.) 直接な chokusetsuna
direction (n.) 方向 hōkō
directive (n.) 指令 shirei
director (n.) 取締役 torishimariyaku
directory (n.) 住所氏名録 jūsho shimeiroku
dirt (n.) 泥 doro
dirty (adj.) 汚れた yogoreta
disability (n.) 身体障害 shintai shōgai
disadvantage (n.) 不利益 furieki
disagree (v.) 一致しない icchi shinai
disagreeable (adj.) 無愛想な buaisōna
disappear (v.) 姿を消す sugata o kesu
disappearance (n.) 失踪 shissō

disappoint *(v.)* 失望させる *shitsubō saseru*
disapprove *(v.)* 許さない *yurusanai*
disarm *(v.)* 武装を解除する *busō o kaijo suru*
disarmament *(n.)* 武装解除 *busō kaijo*
disaster *(n.)* 災害 *saigai*
disastrous *(adj.)* 悲惨な *hisanna*
disband *(v.)* 解散する *kaisan suru*
disburse *(v.)* 支出する *shishutsu suru*
disc *(n.)* ディスク *disuku*
discard *(v.)* 捨てる *suteru*
discharge *(v.)* 解雇する *kaiko suru*
disciple *(n.)* 弟子 *deshi*
discipline *(n.)* 懲戒 *chōkai*
disclaim *(v.)* 否認する *hinin suru*
disclose *(v.)* 開示する *kaiji suru*
discolour *(v.)* 変色させる *henshoku saseru*
discomfort *(n.)* 不快 *fukai*
discontinue *(v.)* 中止する *chūshi suru*
discord *(n.)* 不和 *fuwa*
discotheque *(n.)* ディスコ *disuko*
discount *(n.)* 割引 *waribiki*
discourage *(v.)* 落胆させる *rakutan saseru*
discourse *(n.)* 講話 *kōwa*
discourteous *(adj.)* 無作法な *busahōna*
discover *(v.)* 発見する *hakken suru*
discovery *(n.)* 発見 *hakken*
discredit *(v.)* 評判を落とす *hyōban o otosu*
discreet *(adj.)* 目立たない *medatanai*
discrepancy *(n.)* 不一致 *fuicchi*
discretion *(n.)* 思慮分別 *shiryo funbetsu*
discriminate *(v.)* 差別する *sabetsu suru*
discrimination *(n.)* 差別 *sabetsu*
discuss *(v.)* 話し合う *hanashiau*
disembody *(v.)* 肉体から離脱させる *nikutai kara ridatsu saseru*

disengage *(v.)* 外れる *hazureru*
disfigure *(v.)* 外観を損じる *gaikan o sonjiru*
disgruntled *(adj.)* 不満な *fumanna*
disguise *(v.)* 変装する *hensō suru*
disgust *(n.)* 嫌悪 *ken o*
dish *(n.)* 皿 *sara*
dishearten *(v.)* がっかりさせる *gakkari saseru*
dishonest *(adj.)* 不正直な *fushōjikina*
dishonesty *(n.)* 不正直 *fushōjiki*
dishonour *(n.)* 不名誉 *fumeiyo*
disillusion *(v.)* 迷夢を覚ます *meimu o samasu*
disinfect *(v.)* 消毒する *shōdoku suru*
dislike *(n.)* 嫌う事 *kirau koto*
dislocate *(v.)* 脱臼させる *dakkyū saseru*
disloyal *(adj.)* 不忠実な *fu chūjitsuna*
dismal *(adj.)* 陰気な *inkina*
dismantle *(v.)* 解体する *kaitai suru*
dismiss *(v.)* 解任する *kainin suru*
dismissal *(n.)* 解任 *kainin*
disobey *(v.)* 背く *somuku*
disorder *(n.)* 無秩序 *muchitsujo*
disorganize *(v.)* 乱す *midasu*
disown *(v.)* 勘当する *kandō suru*
disparate *(adj.)* 完全に異なる *kanzen ni kotonaru*
disparity *(n.)* 格差 *kakusa*
dispatch *(v.)* 派遣する *haken suru*
dispensary *(n.)* 病院の薬局 *byōin no yakkyoku*
disperse *(v.)* 分散する *bunsan suru*
displace *(v.)* 取り換える *torikaeru*
display *(n.)* 表示 *hyōji*
displease *(v.)* 不機嫌にする *fu kigen ni suru*

displeasure *(n.)* 不愉快 *fuyukai*
disposal *(n.)* 廃棄 *haiki*
dispose *(v.)* 廃棄する *haiki suru*
disprove *(v.)* 反証する *hanshō suru*
dispute *(v.)* 論争する *ronsō suru*
disqualification *(n.)* 失格 *shikkaku*
disqualify *(v.)* 失格とする *shikkaku to suru*
disrespect *(n.)* 失礼 *shitsurei*
dissatisfaction *(n.)* 不満 *fuman*
dissatisfy *(v.)* 不満にさせる *fuman ni saseru*
dissect *(v.)* 解剖する *kaibō suru*
dissection *(n.)* 解剖 *kaibō*
dissipate *(v.)* 放散する *hōsan suru*
dissolve *(v.)* 溶かす *tokasu*
dissuade *(v.)* 思いとどまらせる *omoitodomaraseru*
distance *(n.)* 距離 *kyori*
distant *(adj.)* 遠くの *tōku no*
distil *(v.)* 蒸留する *jōryū suru*
distillery *(n.)* 蒸留所 *jōryūjo*
distinction *(n.)* 区別 *kubetsu*
distinctive *(adj.)* 独特な *dokutoku na*
distinguish *(v.)* 見分ける *miwakeru*
distort *(v.)* 歪める *yugameru*
distraction *(n.)* 気が散ること *ki ga chiru koto*
distribute *(v.)* 分配する *bunpai suru*
distribution *(n.)* 分配 *bunpai*
district *(n.)* 地区 *chiku*
distrust *(v.)* 信じない *shinjinai*
distrust *(n.)* 不信 *fushin*
disturb *(v.)* 邪魔する *jama suru*
ditch *(n.)* 溝 *mizo*
ditto *(n.)* 同上 *dōjō*
dive *(v.)* 潜る *moguru*

dive *(n.)* 潜水 *sensui*
diverse *(adj.)* 多様な *tayōna*
diversify *(v.)* 多様化する *tayō ka suru*
divert *(v.)* そらす *sorasu*
dividend *(n.)* 配当 *haitō*
divine *(adj.)* 神聖な *shinseina*
divinity *(n.)* 神性 *shinsei*
division *(n.)* 分けること *wakeru koto*
divorce *(n.)* 離婚 *rikon*
divorce *(v.)* 離婚する *rikon suru*
divulge *(v.)* 漏らす *morasu*
do *(v.)* 行う *okonau*
doable *(adj.)* することのできる *suru koto no dekiru*
doc *(n.)* 書類 *shorui*
docent *(n.)* 大学の講師 *daigaku no kōshi*
docile *(adj.)* 素直な *sunaona*
dock *(n.)* ドック *dokku*
dock *(v.)* ドックに入れる *dokku ni ireru*
docket *(n.)* 内容摘要 *naiyō tekiyō*
dockworker *(n.)* 港湾労働者 *kōwan rōdōsha*
doctor *(n.)* 医師 *ishi*
doctor *(v.)* 改ざんする *kaizan suru*
doctorate *(n.)* 博士 *hakase*
doctored *(adj.)* 改ざんされた *kaizan sareta*
doctrine *(n.)* 教義 *kyōgi*
document *(n.)* 資料 *shiryō*
documentary *(adj.)* 記録による *kiroku niyoru*
documentary *(n.)* ドキュメンタリー *dokyumentarī*
dodge *(n.)* 身をかわす事 *mi o kawasu koto*
dodo *(n.)* ドードー *dōdō*
doe *(n.)* 雌ジカ *mesu jika*
doer *(n.)* 実行する人 *jikkō suru hito*

doeskin *(n.)* 雌ジカの皮 *mesu jika no kawa*
dog *(n.)* 犬 *inu*
dogfight *(n.)* 乱闘 *rantō*
dogmatic *(adj.)* 独断的な *dokudan tekina*
dole *(n.)* 失業手当 *shitsugyō teate*
dole *(v.)* 分配する *bunpai suru*
doll *(n.)* 人形 *ningyō*
dollar *(n.)* ドル *doru*
dolman *(n.)* ドルマン *doru man*
dolmen *(n.)* 支石墓 *shisekibo*
dolorous *(adj.)* 痛ましい *itamashī*
dolphin *(n.)* イルカ *iruka*
dome *(n.)* ドーム *dōmu*
domestic *(adj.)* 国内の *kokunai no*
domestic *(n.)* 召し使い *meshi tsukai*
domesticate *(v.)* 飼い慣らす *kainarasu*
domicile *(n.)* 住まい *sumai*
domiciled *(adj.)* 定住している *teijū shiteiru*
domiciliary *(adj.)* 家宅の *kataku no*
dominant *(adj.)* 支配的な *shihai tekina*
dominate *(v.)* 支配する *shihai suru*
domination *(n.)* 支配 *shihai*
dominion *(n.)* 領地 *ryōchi*
domino *(n.)* ドミノ *domino*
donate *(v.)* 寄付する *kifu suru*
donation *(n.)* 寄付 *kifu*
donkey *(n.)* ロバ *roba*
donor *(n.)* 提供者 *teikyōsha*
doodle *(v.)* いたずら書き *itazuragaki*
doom *(v.)* 運命づける *unmei zukeru*
doom *(n.)* 破滅 *hametsu*
doomsday *(n.)* 世の終わり *yo no owari*
door *(n.)* ドア *doa*
doorbell *(n.)* ドアベル *doa beru*

doorknob *(n.)* ドアノブ *doa nobu*
doormat *(n.)* ドアマット *doa matto*
dope *(v.)* 麻薬を飲ませる *mayaku o nomaseru*
doped *(adj.)* 麻薬を飲まされた *mayaku o nomasareta*
dopey *(adj.)* 意識がぼんやりした *ishiki ga bonyari shita*
dormant *(adj.)* 睡眠状態の *suimin jōtai no*
dormitory *(n.)* 寮 *ryō*
dorsal *(adj.)* 背の *se no*
dosage *(n.)* 投与量 *tōyoryō*
dose *(n.)* 用量 *yōryō*
dot *(n.)* 小点 *shōten*
dot *(v.)* 点を打つ *ten o utsu*
double *(n.)* 二倍 *ni bai*
double *(adj.)* 二倍の *ni bai no*
double *(v.)* 二倍にする *ni bai ni suru*
doubt *(n.)* 疑念 *ginen*
doubt *(v.)* 疑問に思う *gimon ni omō*
doubtless *(adj.)* 疑いもなく *utagai monaku*
dough *(n.)* 生地 *kiji*
doughnut *(n.)* ドーナツ *dōnatsu*
dour *(adj.)* 気難しい *kimuzukashī*
douse *(v.)* 液体をかける *ekitai wo kakeru*
dowery *(n.)* 花嫁持参金 *hanayome jisankin*
down *(v.)* 打ち倒す *uchitaosu*
down *(adv.)* 下りの *kudari no*
down and out *(adj.)* 落ちぶれ果てた *ochibure hateta*
downfall *(n.)* 没落 *botsuraku*
download *(v.)* ダウンロードする *daunrōdo suru*
downpour *(n.)* 土砂降り *doshaburi*
downright *(adj.)* 実に *jitsuni*
downstairs *(adj.)* 階下 *kaika*

downward *(adj.)* 下向きの *shitamuki no*
downwards *(adv.)* 下向きに *shitamuki ni*
doze *(n.)* 居眠り *inemuri*
doze *(v.)* 居眠りする *inemuri suru*
dozen *(n.)* ダース *dāsu*
drab *(n.)* くすんだ色の布 *kusunda iro no nuno*
drab *(adj.)* 短調の *tanchō no*
draft *(n.)* 下書き *shitagaki*
draft *(v.)* 下書きを作る *shitagaki o tsukuru*
draftsman *(adj.)* 製図者 *seizusha*
drafty *(adj.)* すき間風の入る *sukimakaze no hairu*
drag *(n.)* 引きずるもの *hikizuru mono*
drag *(v.)* 引きずる *hikizuru*
dragon *(n.)* 竜 *ryū*
dragonfly *(n.)* トンボ *tonbo*
drain *(v.)* 排出させる *haishutsu saseru*
drain *(n.)* 放水路 *hōsuiro*
drainage *(n.)* 排水 *haisui*
drainpipe *(n.)* 排水管 *haisuikan*
dram *(n.)* ドラム *doramu*
drama *(n.)* 戯曲 *gikyoku*
dramatic *(adj.)* 劇的な *gekitekina*
dramatist *(n.)* 劇作家 *geki sakka*
drape *(v.)* かける *kakeru*
drape *(n.)* 長いカーテン *nagai kāten*
draper *(n.)* 生地屋 *kijiya*
drapery *(n.)* カーテン生地 *kāten kiji*
drastic *(adj.)* 思い切った *omoikitta*
draught *(n.)* 通風 *tsūfū*
draw *(n.)* くじ引き *kujibiki*
drawbridge *(n.)* 跳ね橋 *hanebashi*
drawer *(n.)* 引き出し *hikidashi*
drawing *(n.)* お絵かき *o ekaki*
drawing-room *(n.)* 客間 *kyakuma*

dread *(v.)* 怖がる *kowagaru*
dreadful *(adj.)* 恐ろしい *osoroshī*
dreadfully *(adv.)* ものすごく *monosugoku*
dreadlock *(n.)* ドレッドロックス *doreddorokkusu*
dream *(n.)* 夢 *yume*
dream *(v.)* 夢を見る *yume o miru*
dreamcatcher *(n.)* ドリームキャッチャー *dorīmu kyacchā*
dreamer *(n.)* 夢想家 *musōka*
dreamily *(adv.)* うとうとと *uto uto to*
dreamworld *(n.)* 夢の世界 *yume no sekai*
dreamy *(adj.)* 夢のような *yume no yōna*
drench *(v.)* びしょ濡れにする *bishonure ni suru*
dress *(n.)* ドレス *doresu*
dress *(v.)* 着せる *kiseru*
dressing *(n.)* ドレッシング *doresshingu*
dressing table *(n.)* 鏡台 *kyōdai*
dressmaker *(n.)* 裁縫師 *saihōshi*
drib *(n.)* 雫 *shizuku*
dribble *(n.)* 滴り *shitatari*
dribble *(v.)* 垂らす *tarasu*
dried *(adj.)* 乾燥した *kansō shita*
drift *(v.)* 漂流する *hyōryū suru*
drill *(n.)* ドリル *doriru*
drill *(v.)* ドリルで穴を開ける *ana o akeru*
drink *(n.)* 飲み物 *nomimono*
drink *(v.)* 飲む *nomu*
drinking water *(n.)* 飲料水 *inryōsui*
drip *(v.)* 滴る *shitataru*
drip *(n.)* 点滴 *tenteki*
drive *(n.)* ドライブ *doraibu*
drive *(v.)* 運転する *unten suru*
driver *(n.)* 運転者 *untensha*
drizzle *(n.)* 小雨 *kosame*

drizzle *(v.)* 小雨が降る *kosame ga furu*
drone *(n.)* ドローン *do rōn*
drool *(n.)* ヨダレ *yodare*
drool *(v.)* ヨダレを垂らす *yodare o tarasu*
droop *(n.)* うなだれ *unadare*
droop *(v.)* しおれる *shioreru*
droopy *(adj.)* たれた *tareta*
drop *(v.)* 落とす *otosu*
drop *(n.)* 一滴 *itteki*
drop box *(n.)* ドロップボックス *doroppu bokkusu*
drop-in *(adj.)* 予約の要らない *yoyaku no iranai*
dropout *(n.)* 中退者 *chūtaisha*
dropzone *(n.)* 降着場 *kōchakuba*
drought *(n.)* 干ばつ *kanbatsu*
drown *(v.)* 溺れる *oboreru*
drug *(n.)* 薬 *kusuri*
drug addict *(n.)* 麻薬中毒者 *mayaku chūdokusha*
druggist *(n.)* 薬剤師 *yakuzaishi*
druid *(n.)* ドルイド僧 *doruido sō*
drum *(n.)* 太鼓 *taiko*
drum *(v.)* ドンドン叩く *dondon tataku*
drum kit *(n.)* ドラムキット *doramu kitto*
drumbeat *(n.)* 太鼓の音 *taiko no oto*
drumfish *(n.)* ニベ *nibe*
drunk *(adj.)* 酔っ払った *yopparatta*
drunkard *(n.)* 酔っ払い *yopparai*
dry *(adj.)* 乾いた *kawaita*
dry *(v.)* 乾かす *kawakasu*
dry-clean *(v.)* ドライクリーニング *doraikurīningu*
dryer *(n.)* 乾燥機 *kansōki*
dual *(adj.)* 二重の *ni jū no*
duality *(n.)* 二重性 *ni jūsei*
dual-purpose *(adj.)* 兼用の *kenyō no*

dub *(v.)* 称する *shōsuru*
dub *(n.)* 不器用な人 *bukiyōna hito*
dubious *(adj.)* 疑わしい *utagawashī*
ducat *(n.)* ダカット金貨 *dakatto kinka*
duchess *(n.)* 公爵夫人 *kōshaku fujin*
duck *(n.)* アヒル *ahiru*
duck *(v.)* 屈む *kagamu*
duct *(n.)* 導管 *dōkan*
duct *(v.)* 導管に通す *dōkan ni tōsu*
duct tape *(n.)* ガムテープ *gamu tēpu*
dude *(n.)* あいつ *aitsu*
due *(adv.)* ちょうど *chōdo*
due *(adj.)* 当然与えられるべきの *tōzen shiharawarerubeki no*
due *(n.)* 当然与えられるべきもの *tōzen ataerarerubeki mono*
duel *(n.)* 決闘 *kettō*
duel *(v.)* 決闘する *kettō suru*
duet *(n.)* デュエット *duetto*
duet *(v.)* デュエットする *duetto suru*
duffel bag *(n.)* ダッフルバッグ *daffurubaggu*
duke *(n.)* 公爵 *kōshaku*
dull *(adj.)* さえない *saenai*
dumbell *(n.)* ダンベル *danberu*
dumbfound *(v.)* 唖然とさせる *azen to saseru*
dumbfounded *(adj.)* 唖然とした *azen to shita*
dumbo *(n.)* 間ぬけ *manuke*
dummy *(n.)* ダミーパス *damī pasu*
dummy *(v.)* ダミーパスをする *damī pasu o suru*
dump *(n.)* ごみ捨て場 *gomisuteba*
dump *(v.)* 投げ捨てる *nagesuteru*
dumpster *(n.)* ゴミ箱 *gomibako*
dunce *(n.)* 劣等生 *rettōsei*

dune *(n.)* 砂丘 *sakyū*
dungeon *(n.)* 地下ろう *chika rō*
dunk *(v.)* 漬ける *tsukeru*
duo *(n.)* デュオ *duo*
dupe *(n.)* 騙された人 *damasareta hito*
duplex *(n.)* 二世帯家屋 *ni setai kaoku*
duplicate *(n.)* 重複 *jūfuku*
duplicate *(adj.)* 重複の *jūfuku no*
duplicate *(v.)* 二重にする *ni jū ni suru*
duplicity *(n.)* 二枚舌 *nimaijita*
durability *(n.)* 耐久性 *taikyūsei*
durable *(adj.)* 丈夫な *jōbuna*
duration *(n.)* 期間 *kikan*
dusk *(n.)* 夕暮れ *yūgure*
dust *(n.)* ほこり *hokori*
dust *(v.)* ほこりを払う *hokori o harau*
duster *(n.)* はたき *hataki*
duty *(n.)* 義務 *gimu*
duty-free *(adj.)* 免税の *menzei no*
duvet *(n.)* 羽毛布団 *umō futon*
dwarf *(n.)* 小人 *kobito*
dwarf *(v.)* 小さく見せる *chīsaku miseru*
dwindle *(v.)* 弱り衰える *yowari otoroeru*
dye *(n.)* 染料 *senryō*
dye *(v.)* 染める *someru*
dynamics *(n.)* 力学 *rikigaku*
dynamite *(n.)* ダイナマイト *dainamaito*
dynamo *(n.)* ダイナモ *dainamo*
dynasty *(n.)* 王朝 *ōchō*
dystopia *(n.)* ディストピア *disutopia*

each *(pron.)* 各自 *kakuji*
each *(adj.)* 各自の *kakuji no*
each *(adv.)* 一つにつき *hitotsu nitsuki*
eagle *(n.)* 鷲 *washi*
ear *(n.)* 耳 *mimi*
earbud *(n.)* インナーイヤー *innāiyā*
early *(adj.)* 早い *hayai*
early *(adv.)* 早く *hayaku*
earnest *(adj.)* まじめな *majimena*
earth *(n.)* 地球 *chikyū*
earthen *(adj.)* 土製の *dosei no*
earthenware *(n.)* 土器 *doki*
earthly *(adj.)* 地上の *chijō no*
earthquake *(n.)* 地震 *jishin*
ease *(v.)* 緩和する *kanwa suru*
ease *(n.)* 気楽 *kiraku*
east *(adv.)* 東に *higashi ni*
east *(n.)* 東 *higashi*
east *(adj.)* 東の *higashi no*
easter *(n.)* イースター *īsutā*
easy *(adj.)* 簡単 *kantan*
easy-to-use *(adj.)* 使いやすい *tsukai yasui*
eat *(v.)* 食べる *taberu*
eatable *(n.)* 食べ物 *tabemono*
eave *(n.)* 軒天 *noki ten*
eavesdrop *(n.)* 盗み聞き *nusumigiki*
eavesdrop *(v.)* 盗み聞する *nusumi gikisuru*
ebb *(n.)* 引き潮 *hikishio*
ebb *(v.)* 潮が引く *shio ga hiku*
ebony *(n.)* 黒檀 *kokutan*
e-book *(n.)* 電子書籍 *denshi shoseki*

ebullience *(n.)* 元気横溢 *genki ōitsu*
ebullient *(adj.)* 元気 *genki*
eccentric *(adj.)* 風変わりな *fūgawarina*
ecclesiastical *(adj.)* 教会の *kyōkai no*
echo *(n.)* こだま *kodama*
echo *(v.)* 反響する *hankyō suru*
echocardiogram *(n.)* 心エコー図 *shin ekōzu*
eclampsia *(n.)* 子癇 *shikan*
eclectic *(adj.)* 取捨選択による *shushasentaku ni yoru*
eclectic *(n.)* 折衷学派 *secchū gakuha*
eclipse *(n.)* 日食 *nisshoku*
ecological *(adj.)* 生態学の *seitaigaku no*
ecologist *(n.)* 生態学者 *seitai gakusha*
ecology *(n.)* 生態学 *seitaigaku*
e-commerce *(n.)* 電子商取引 *denshi shō torihiki*
economic *(adj.)* 経済の *keizai no*
economical *(adj.)* 節約的な *setsuyaku tekina*
economics *(n.)* 経済学 *keizaigaku*
economy *(n.)* 景気 *keiki*
ecosystem *(n.)* 生態系 *seitaikei*
ecoterrorism *(n.)* エコテロリズム *eko terorizumu*
ecstasy *(n.)* 狂喜 *kyōki*
ecstatic *(adj.)* 有頂天の *uchōten no*
ecumenical *(adj.)* 無宗派の *mu shūha no*
eczema *(n.)* 湿疹 *shisshin*
edema *(n.)* 浮腫 *fushu*
edible *(adj.)* 食べられる *tabereru*
edict *(n.)* 布告 *fukoku*
edify *(v.)* 啓発する *keihatsu suru*
edit *(v.)* 編集する *henshū suru*
edition *(n.)* 版 *ban*
editor *(n.)* 編集者 *henshūsha*

editorial *(adj.)* 社説の *shasetsu no*
editorial *(n.)* 社説 *shasetsu*
educate *(v.)* 教育する *kyōiku suru*
education *(n.)* 教育 *kyōiku*
eel *(n.)* ウナギ *unagi*
effect *(n.)* 効果 *kōka*
effective *(adj.)* 効果的な *kōka tekina*
effeminate *(adj.)* 女々しい *memeshī*
efficacy *(n.)* 効能 *kōnō*
efficiency *(n.)* 効率 *kōritsu*
efficient *(adj.)* 効率的 *kōritsu teki*
effigy *(n.)* 彫像 *chōzō*
effort *(n.)* 努力 *doryoku*
effortless *(adj.)* 楽な *rakuna*
effusive *(adj.)* 溢れるばかりの *afureru bakari no*
egg *(n.)* 卵 *tamago*
ego *(n.)* じが *jiga*
egocentric *(adj.)* 自己中心的な *jiko chūshin tekina*
egotism *(n.)* エゴイズム *egoizumu*
eight *(n.)* 八 *hachi*
eighteen *(n.)* 十八 *jū hachi*
eighty *(n.)* 八十 *hachijū*
either *(pron. & adv.)* どちらか *dochira ka*
ejaculate *(v.)* 射精する *shasei suru*
ejaculation *(n.)* 射精 *shasei*
eject *(v.)* 追い出す *oidasu*
elaborate *(v.)* 詳しく述べる *kuwashiku noberu*
elaborate *(adj.)* 手の込んだ *te no konda*
elapse *(v.)* 経過する *keika suru*
elastic *(adj.)* 伸縮する *shinshuku suru*
elasticity *(n.)* 弾力 *danryoku*
elate *(v.)* 喜ばせる *yorokobaseru*
elation *(n.)* 意気揚々 *ikiyōyō*

elbow *(n.)* 肘 *hiji*
elder *(adj.)* 年上の *toshiue no*
elder *(n.)* 年長者 *nenchōsha*
elderly *(adj.)* 年配の *nenpai no*
elect *(v.)* 選挙する *senkyo suru*
election *(n.)* 選挙 *senkyo*
electric *(adj.)* 電気の *denki no*
electricity *(n.)* 電気 *denki*
electrify *(v.)* 電気をかける *denki o kakeru*
electrocute *(v.)* 感電死させる *kanden shi saseru*
electrocution *(n.)* 感電死 *kanden shi*
electrolyte *(n.)* 電解物 *denkaibutsu*
electron *(n.)* 電子 *denshi*
electronic *(adj.)* 電子の *denshi no*
elegance *(n.)* 優雅 *yūga*
elegant *(adj.)* 優雅な *yūgana*
elegy *(n.)* エレジー *erejī*
element *(n.)* 素子 *soshi*
elementary *(adj.)* 初歩の *shoho no*
elephant *(n.)* 象 *zō*
elephantine *(adj.)* 象のような *zō no yōna*
elevate *(v.)* 高める *takameru*
elevation *(n.)* 高めること *takameru koto*
elevator *(n.)* エレベーター *erebētā*
eleven *(n.)* 十一 *jū ichi*
elf *(n.)* 妖精 *yōsei*
eligible *(adj.)* 的確な *tekikakuna*
eliminate *(v.)* 除去する *jokyo suru*
elimination *(n.)* 除去 *jokyo*
elite *(adj.)* エリートの *erīto no*
elite *(n.)* エリート層 *erītosō*
elitism *(n.)* エリート主義 *erīto shugi*
elitist *(n.)* エリート主義者 *erīto shugisha*
elixir *(n.)* 万能薬 *bannōyaku*
elk *(n.)* ヘラジカ *herajika*

ellipse *(n.)* 楕円 *daen*
elocution *(n.)* 演説法 *enzetsuhō*
elope *(v.)* 駆け落ちする *kakeochi suru*
eloquence *(n.)* 雄弁 *yūben*
eloquent *(adj.)* 雄弁な *yūbenna*
else *(adj.)* その他の *sonota no*
else *(adv.)* その他に *sono ta ni*
elusive *(adj.)* 理解しにくい *rikai shi nikui*
emaciate *(v.)* やつれさせる *yatsuresaseru*
emaciated *(adj.)* やつれた *yatsureta*
email *(n.)* Eメール *ī mēru*
emanate *(v.)* 発出する *hasshutsu suru*
emanation *(n.)* 発出 *hasshutsu*
emancipate *(v.)* 解放する *kaihō suru*
emancipation *(n.)* 解放 *kaihō*
emasculate *(v.)* 弱くする *yowaku suru*
embalm *(v.)* 防腐処置を施す *bōfu shochi o hodokosu*
embalming *(n.)* 防腐 *bōfu*
embank *(v.)* 築堤で囲む *chikutei de kakomu*
embankment *(n.)* 土手 *dote*
embargo *(n.)* 貿易禁止 *bōeki kinshi*
embark *(v.)* 乗船する *jōsen suru*
embarrass *(v.)* 恥ずかしい思いをさせる *hazukashī omoi o saseru*
embarrassing *(adj.)* 恥ずかしい *hazukashī*
embassy *(n.)* 大使館 *taishikan*
embodiment *(n.)* 化身 *keshin*
embody *(v.)* 体現する *taigen suru*
embolden *(v.)* 大胆にする *daitan ni suru*
embrace *(v.)* 抱きしめる *dakishimeru*
embrace *(n.)* 抱擁 *hōyō*
embroidery *(n.)* 刺繍 *shishū*
embryo *(n.)* 胎芽 *taiga*
embryonic *(adj.)* 胎芽の *taiga no*

emend *(v.)* 校訂する *kōtei suru*
emerald *(n.)* エメラルド *emerarudo*
emerge *(v.)* 現われる *arawareru*
emergency *(n.)* 緊急事態 *kinkyū jitai*
eminence *(n.)* 高名 *kōmyō*
eminent *(adj.)* 高名な *kōmyōna*
emissary *(n.)* 密使 *misshi*
emission *(n.)* 放射 *hōsha*
emit *(v.)* 発する *hassuru*
emmet *(n.)* アリ *ari*
emoji *(n.)* 絵文字 *emoji*
emote *(v.)* 大げさに振る舞う *ōgesa ni furumau*
emotion *(n.)* 感情 *kanjō*
emotional *(adj.)* 感情的な *kanjō tekina*
emotive *(adj.)* 感情に訴える *kanjō ni uttaeru*
empath *(n.)* エンパス *en pasu*
empathic *(adj.)* 共感的な *kyōkan tekina*
empathy *(n.)* 共感 *kyōkan*
emperor *(n.)* 天皇 *tennō*
emphasis *(n.)* 重点 *jūten*
emphasize *(v.)* 強調する *kyōchō suru*
emphatic *(adj.)* 断固とした *danko to shita*
empire *(n.)* 帝国 *teikoku*
empirical *(adj.)* 実証的な *jisshō tekina*
empiricism *(n.)* 経験主義 *keiken shugi*
empiricist *(n.)* 経験主義者 *keiken shugisha*
employee *(n.)* 被雇用者 *hi koyōsha*
employer *(n.)* 雇用者 *koyōsha*
employment *(n.)* 雇用 *koyō*
empower *(v.)* 権限を与える *kengen o ataeru*
empress *(n.)* 皇后 *kōgō*
empty *(v.)* 空にする *kara ni suru*
empty *(adj.)* 空の *kara no*

empty-handed *(adj.)* 手ぶらで *tebura de*
emulate *(v.)* 見習う *minarau*
emulation *(n.)* 競争心 *kyōsōshin*
emulsifier *(n.)* 乳化剤 *nyūkazai*
emulsify *(v.)* 乳化する *nyūka suru*
en route *(adv.)* 途中 *tochū*
enable *(v.)* 有効にする *yūkō ni suru*
enact *(v.)* 規定する *kitei suru*
enamel *(n.)* エナメル *enameru*
enamoured *(adj.)* 夢中になっている *muchū ni natteiru*
enchant *(v.)* 心を奪う *kokoro o ubau*
encircle *(v.)* 取り囲む *torikakomu*
enclose *(v.)* 同封する *dōfū suru*
enclosure *(n.)* 囲い地 *kakoichi*
encounter *(n.)* 出会い *deai*
encounter *(v.)* 出会う *deau*
encourage *(v.)* 励ます *hagemasu*
encouragement *(n.)* 励まし *hagemashi*
encrust *(v.)* ちりばめる *chiribameru*
encrusted *(adj.)* 覆われた *ōwareta*
encrypt *(v.)* 暗号化する *angō ka suru*
encrypted *(adj.)* 暗号化された *angō ka sareta*
encyclopedia *(n.)* 百科事典 *hyakka jiten*
end *(v.)* 終わらせる *owaraseru*
end *(n.)* 終わり *owari*
endanger *(v.)* 危険にさらす *kiken ni sarasu*
endangered *(adj.)* 絶滅寸前の *zetsumetsu sunzen no*
endear *(v.)* 慕わせる *shitawaseru*
endearment *(n.)* 愛情を込めた言葉 *aijō o kometa kotoba*
endeavour *(v.)* 努力する *doryoku suru*
endemic *(n.)* 地域に特有の *chīki ni tokuyū no*

endemic *(adj.)* 風土性の *fūdosei no*
endless *(adj.)* 終わりのない *owari no nai*
endorse *(v.)* 支持する *shiji suru*
endorsement *(n.)* 支持 *shiji*
endorser *(n.)* 譲渡人 *jōtonin*
endoscopic *(adj.)* 内視鏡の *nai shikyō*
endoscopy *(n.)* 内視鏡検査 *nai shikyō kensa*
endowed *(adj.)* 授かった *sazukatta*
endowment *(n.)* 寄付 *kifu*
endurable *(adj.)* 耐えられる *taerareru*
endurance *(n.)* 持久力 *jikyūryoku*
endure *(v.)* 耐える *taeru*
enemy *(n.)* 敵 *teki*
energetic *(adj.)* 活気に満ちた *kakki ni michita*
energize *(v.)* 精力を与える *seiryoku o ataeru*
energy *(n.)* エネルギー *enerugī*
enervate *(v.)* 力を奪う *chikara o ubau*
enforce *(v.)* 実施する *jisshi suru*
enfranchise *(v.)* 選挙権を与える *senkyoken o ataeru*
engage *(v.)* 携わる *tazusawaru*
engagement *(n.)* 婚約 *konyaku*
engaging *(adj.)* 興味をそそる *kyōmi o sosoru*
engine *(n.)* エンジン *enjin*
engineer *(n.)* エンジニア *enjinia*
engineering *(n.)* 工学 *kōgaku*
English *(n.)* 英語 *eigo*
engorge *(v.)* 充血する *jūketsu suru*
engrave *(v.)* 刻む *kizamu*
enigma *(n.)* 不可解なもの *fukaina mono*
enigmatic *(adj.)* 謎めいた *nazomeita*
enjoy *(v.)* 楽しむ *tanoshimu*
enjoyability *(n.)* 楽しさ *tanoshi sa*
enjoyable *(adj.)* 楽しい *tanoshii*
enjoyment *(n.)* 楽しみ *tanoshimi*
enlarge *(v.)* 大きくする *ōkiku suru*
enlist *(v.)* 徴募する *chōbo suru*
enliven *(v.)* 活気づける *kakki zukeru*
enmity *(n.)* 仇 *ada*
ennoble *(v.)* 高尚にする *kōshō ni suru*
enough *(adv.)* 十分に *jūbun ni*
enough *(adj.)* 足りる *tariru*
enrage *(v.)* 激怒させる *gekido saseru*
enrapture *(v.)* 狂喜させる *kyōki saseru*
enrichment *(n.)* 改良すること *kairyō suru koto*
enrol *(v.)* 入学する *nyūgaku suru*
ensemble *(n.)* アンサンブル *ansanburu*
enshrine *(v.)* 安置する *anchi suru*
enslave *(v.)* 奴隷にする *dorei ni suru*
ensue *(v.)* 後に続いて起きる *ato ni tsuzuite okiru*
ensure *(v.)* 確実にする *kakujitsu ni suru*
entangle *(v.)* もつれる *motsureru*
enter *(v.)* 入る *hairu*
enterprise *(n.)* 企業 *kigyō*
entertain *(v.)* 楽しませる *tanoshimaseru*
entertainment *(n.)* 娯楽 *goraku*
enthral *(v.)* 心を奪う *kokoro o ubau*
enthrone *(v.)* 王位につかせる *ōi ni tsukaseru*
enthusiasm *(n.)* 熱意 *netsui*
enthusiastic *(adj.)* 熱心な *nesshinna*
entire *(adj.)* 全体の *zentai no*
entirely *(adv.)* 完全に *kanzen ni*
entitle *(v.)* 権利を与える *kenri o ataeru*
entity *(n.)* 実体 *jittai*
entomb *(v.)* 葬る *hōmuru*
entomology *(n.)* 昆虫学 *konchūgaku*

entrails *(n.)* 内臓 *naizō*
entrance *(n.)* 入り口 *irikuchi*
entrapment *(n.)* 罠にかかること *wana ni kakaru koto*
entreaty *(n.)* 懇願 *kongan*
entrench *(v.)* 定着させる *teichaku saseru*
entrepreneur *(n.)* 企業家 *kigyōka*
entropy *(n.)* エントロピー *entoropī*
entrust *(v.)* 委ねる *yudaneru*
entry *(n.)* 入場 *nyūjō*
entry form *(n.)* 参加用紙 *sanka yōshi*
entry-level *(adj.)* 入門レベル *nyūmon reberu*
enumerable *(adj.)* 可算の *kasan no*
enumerate *(v.)* 数え上げる *kazoeageru*
enumerative *(adj.)* 計数の *keisū no*
enunciate *(v.)* 明瞭に発音する *meiryō ni hatsuon suru*
envelope *(n.)* 封筒 *fūtō*
envelopment *(n.)* 包囲 *hōi*
envious *(adj.)* 羨ましい *urayamashī*
environment *(n.)* 環境 *kankyō*
environmental *(adj.)* 環境の *kankyō no*
environmentalism *(n.)* 環境保護 *kankyō hogo*
environmentalist *(n.)* 環境保護主義者 *kankyō hogo shugisha*
envision *(v.)* 心に描く *kokoro ni egaku*
envoy *(n.)* 使節 *shisetsu*
envy *(v.)* 妬み *netami*
enzyme *(n.)* 酵素 *kōso*
enzymic *(adj.)* 酵素的な *kōso tekina*
ephemera *(n.)* エフェメラ *efemera*
ephemeral *(adj.)* 儚い *hakanai*
epic *(n.)* 大作 *taisaku*
epicene *(adj.)* 両性具有の *ryōsei guyū no*
epicentre *(n.)* 震源 *shingen*

epicure *(n.)* 美食家 *bishokuka*
epicurean *(n.)* 快楽主義者 *kairaku shugisha*
epicurean *(adj.)* 快楽主義の *kairaku shugi no*
epidemic *(n.)* 伝染病 *densenbyō*
epidural *(n.)* 硬膜外麻酔 *kōmakugai masui*
epiglottis *(n.)* 喉頭蓋 *kōtōgai*
epigram *(n.)* エピグラム *epiguramu*
epilate *(v.)* 脱毛する *datsumō suru*
epilepsy *(n.)* 癲癇 *tenkan*
epileptic *(n.)* 癲癇患者 *tenkan kanja*
epileptic *(adj.)* 癲癇の *tenkan no*
epilogue *(n.)* エピローグ *epirōgu*
epiphany *(n.)* ひらめき *hirameki*
episode *(n.)* エピソード *episōdo*
epitaph *(n.)* 碑文 *hibun*
epitome *(n.)* 典型 *tenkei*
epoch *(n.)* 新時代 *shin jidai*
epoxy *(n.)* エポキシ *epokishi*
equal *(n.)* 同等のもの *dōtō no mono*
equal *(v. & adj.)* 等しい *hitoshī*
equality *(n.)* 平等 *byōdō*
equate *(v.)* 同等とする *dōtō to suru*
equation *(n.)* 方程式 *hōteishiki*
equilateral *(adj.)* 等辺の *tōhen no*
equinox *(n.)* 分点 *bunten*
equip *(v.)* 装備する *sōbi suru*
equipment *(n.)* 装置 *sōchi*
equivocal *(adj.)* 両意に取れる *ryō i ni toreru*
era *(n.)* 時代 *jidai*
eradicate *(v.)* 撲滅する *bokumetsu suru*
eradication *(n.)* 撲滅 *bokumetsu*
eradicator *(n.)* 害虫駆除業者 *gaichū kujo gyōsha*
erase *(v.)* 消す *kesu*

eraser *(n.)* 消しゴム *keshigomu*
erect *(v.)* 立てる *tateru*
erect *(adj.)* 直立の *chokuritsu no*
erectile *(adj.)* 勃起性の *bokkisei no*
erection *(n.)* 勃起 *bokki*
erode *(v.)* 浸食する *shinshoku suru*
erosion *(n.)* 浸食 *shinshoku*
erotic *(adj.)* 性愛の *seiai no*
erotica *(n.)* 好色本 *kōshokubon*
eroticism *(n.)* エロチシズム *erochishizumu*
eroticize *(v.)* エロチックにする *erochikku ni suru*
err *(v.)* 誤る *ayamaru*
error *(n.)* 間違い *machigai*
erupt *(v.)* 噴火する *funka suru*
eruption *(n.)* 噴火 *funka*
escalate *(v.)* エスカレートする *esukarēto suru*
escalator *(n.)* エスカレーター *esukarētā*
escapable *(adj.)* 逃げられる *nigerareru*
escape *(n.)* 脱出 *dasshutsu*
escape *(v.)* 逃れる *nogareru*
escapee *(n.)* 脱走者 *dassōsha*
escapism *(n.)* 現実逃避 *genjitsu tōhi*
escapist *(n.)* 逃避主義の人 *tōhi shugi no hito*
escapology *(n.)* 脱出術 *dasshutsujutsu*
escargot *(n.)* エスカルゴ *esukarugo*
escort *(n.)* 護衛 *goei*
escort *(v.)* 護衛する *goei suru*
escorted *(adj.)* 護衛された *goei sareta*
escrow *(n.)* 第三者預託 *daisansha yotaku*
escrow *(v.)* 預託する *yotaku suru*
esophageal *(adj.)* 食道の *shokudō no*
esoteric *(adj.)* 難解な *nankaina*
esotericism *(n.)* 秘教 *hikyō*

especially *(adv.)* 特に *tokuni*
essay *(n.)* 小論 *shōron*
essayist *(n.)* 随筆家 *zuihitsuka*
essence *(n.)* 本質 *honshitsu*
essential *(adj.)* 不可欠な *fukaketsuna*
establish *(v.)* 確立する *kakuritsu suru*
establishment *(n.)* 設立 *setsuritsu*
estate *(n.)* 財産 *zaisan*
estate agent *(n.)* 不動産業者 *fudōsan gyōsha*
estimate *(n.)* 見積もり *mitsumori*
estimate *(v.)* 見積もる *mitsumoru*
estimation *(n.)* 推定 *suitei*
estimative *(adj.)* 見積もりの *mitsumori no*
estragon *(n.)* タラゴン *taragon*
estranged *(adj.)* 疎遠になった *soen ni natta*
estrogen *(n.)* エストロゲン *esutorogen*
estuary *(n.)* 河口 *kakō*
etcetera *(adv.)* など *nado*
etch *(v.)* エッチングで描く *ecchingu de egaku*
etched *(adj.)* エッチングされた *ecchingu sareta*
etching *(adj.)* エッチング *ecchingu*
eternal *(adj.)* 永遠の *eien no*
eternalize *(v.)* 有名にする *yūmei ni suru*
eternally *(adv.)* 永遠に *eien ni*
eternity *(n.)* 永遠 *eien*
ether *(n.)* エーテル *ēteru*
ethical *(adj.)* 倫理的な *rinri tekina*
ethics *(n.)* 倫理 *rinri*
ethnic *(adj.)* エスニックの *esunikku no*
ethnicity *(n.)* 民族性 *minzokusei*
ethos *(n.)* 気風 *kifū*
etiquette *(n.)* 礼儀作法 *reigi sahō*
etymology *(n.)* 語源 *gogen*

eucalypt *(n.)* ユーカリ *yūkari*
eunuch *(n.)* 宦官 *kangan*
euphemistic *(adj.)* 婉曲な *enkyokuna*
euphoria *(n.)* 幸福感 *kōfukukan*
eureka *(int.)* わかった！ *wakatta*
euthanize *(v.)* 安楽死させる *anraku shi saseru*
evacuate *(v.)* 避難する *hinan suru*
evacuation *(n.)* 避難 *hinan*
evangelical *(adj.)* 福音派の *fukuinha no*
evaporate *(v.)* 蒸発する *jōhatsu suru*
evasive *(adj.)* 回避的な *kaihi tekina*
even *(v.)* いっそう *issō*
even *(adv.)* さえ *sae*
even *(adj.)* でさえ *de sae*
evening *(n.)* 夕方 *yūgata*
evenly *(adv.)* 均等に *kintō ni*
event *(n.)* イベント *ibento*
eventually *(adv.)* ついに *tsuini*
ever *(adv.)* 決して *kesshite*
everglade *(n.)* 湿地 *shicchi*
evergreen *(adj.)* 常緑の *jōryoku no*
evergreen *(n.)* 常緑植物 *jōryoku shokubutsu*
everlasting *(adj.)* 永久に続く *eikyū ni tsuzuku*
ever-ready *(adj.)* 常に準備されている *tsuneni junbi sareteiru*
evert *(v.)* 外にめくる返す *soto ni mekuri kaesu*
every *(adj.)* 全ての *subete no*
everybody *(pron.)* 皆 *minna*
everyday *(adj.)* 毎日 *mainichi*
everyone *(pron.)* 全員 *zen in*
everything *(pron.)* 全て *subete*
everywhere *(pron.)* どこでも *doko demo*
eve-teasing *(n.)* セクハラ *sekuhara*

evict *(v.)* 立ち退かせる *tachinokaseru*
eviction *(n.)* 立ち退き *tachinoki*
evidence *(n.)* 証拠 *shōko*
evil *(adj.)* 悪の *aku no*
evil *(n.)* 悪 *aku*
eviscerate *(v.)* 内臓を取り出す *naizō o toridasu*
evisceration *(n.)* 内臓摘出 *naizō tekishutsu*
evocation *(n.)* 喚起 *kanki*
evocative *(adj.)* 刺激的な *shigeki tekina*
evoke *(v.)* 呼び起こす *yobiokosu*
evolution *(n.)* 進化 *shinka*
evolutionary *(adv.)* 進化による *shinka niyoru*
evolve *(v.)* 進化する *shinka suru*
ewe *(n.)* 雌羊 *mehitsuji*
exact *(adj.)* 正確な *seikakuna*
exactly *(adv.)* 丁度 *chōdo*
exaggerate *(v.)* 大げさに言う *ōgesa ni iu*
exaggeration *(n.)* 過言 *kagon*
exalt *(v.)* 讃える *tataeru*
examination *(n.)* 検査 *kensa*
examinee *(n.)* 受験者 *jukensha*
examiner *(n.)* 試験委員 *shiken īn*
example *(n.)* 例 *rei*
excavate *(v.)* 発掘する *hakkutsu suru*
excavation *(n.)* 発掘 *hakkutsu*
exceed *(v.)* 上回る *uwamawaru*
excel *(v.)* 優れる *sugureru*
excellence *(n.)* 優秀 *yūshū*
excellency *(n.)* 閣下 *kakka*
excellent *(adj.)* 優秀な *yūshūna*
except *(prep.)* 除いては *nozoite wa*
exception *(n.)* 例外 *reigai*
exceptional *(adj.)* 例外的な *reigai tekina*
excerpt *(n.)* 抜粋 *bassui*

excess *(n.)* 過剰 *kajō*
excess *(adj.)* 余分の *yobun no*
excess baggage *(n.)* 制限外手荷物 *seigengai tenimotsu*
excessive *(adj.)* 過度の *kado no*
exchange *(n.)* 交換 *kōkan*
exchange *(v.)* 交換する *kōkan suru*
exchange rate *(n.)* 為替相場 *kawase sōba*
excise *(n.)* 物品税 *buppin zei*
excite *(v.)* 興奮させる *kōfun saseru*
exclamation *(n.)* 絶叫 *zekkyō*
exclude *(v.)* 除外する *jogai suru*
exclusive *(adj.)* 排他的 *haita teki*
excommunicate *(v.)* 破門する *hamon suru*
excursion *(n.)* 小旅行 *shō ryokō*
excuse *(n.)* 言い訳 *īwake*
execute *(v.)* 実行する *jikkō suru*
execution *(n.)* 実行 *jikkō*
executioner *(n.)* 死刑執行人 *shikei shikkōnin*
executive *(adj.)* 実行力のある *jikkōryoku no aru*
executive *(n.)* 役員 *yakuin*
exemplar *(n.)* 模範 *mohan*
exempt *(adj.)* 免除されている *menjo sareteiru*
exempt *(v.)* 免除する *menjo suru*
exercise *(v.)* 運動する *undō suru*
exercise *(n.)* 運動 *undō*
exfoliate *(v.)* 角質を取る *kakushitsu o toru*
exhaust *(v.)* 使い尽くす *tsukaitsukusu*
exhibit *(v.)* 展示する *tenji suru*
exhibit *(n.)* 展示品 *tenjihin*
exhibition *(n.)* 展示会 *tenjikai*
exile *(v.)* 国外に追放する *kokugai ni tsuihō suru*
exile *(n.)* 亡命 *bōmei*

exist *(v.)* 存在する *sonzai suru*
existence *(n.)* 存在 *sonzai*
existential *(adj.)* 存在に関する *sonzai nikansuru*
existentialism *(n.)* 実存主義 *jitsuzon shugi*
exit *(n.)* 出口 *deguchi*
exit *(v.)* 出て行く *deteiku*
exotic *(adj.)* エキゾチックな *ekizochikkuna*
expand *(v.)* 広げる *hirogeru*
expansion *(n.)* 拡張 *kakuchō*
ex-parte *(adv.)* 一方的に *ippō teki ni*
expect *(v.)* 期待する *kitai suru*
expectation *(n.)* 期待 *kitai*
expedient *(adj.)* 好都合 *kōtsugō*
expedition *(n.)* 遠征 *ensei*
expenditure *(n.)* 支出 *shishutsu*
expensive *(adj.)* 高価な *kōkana*
experience *(n.)* 経験 *keiken*
experience *(v.)* 経験する *keiken suru*
experiment *(n.)* 実験 *jikken*
expert *(adj.)* 専門の *senmon no*
expert *(n.)* 専門家 *senmonka*
expire *(v.)* 有効期限が切れる *yūkō kigen ga kireru*
expiry *(n.)* 有効期限 *yūkō kigen*
explain *(v.)* 説明する *setsumei suru*
explanation *(n.)* 説明 *setsumei*
explicit *(adj.)* 明示的な *meiji tekina*
explode *(v.)* 爆発する *bakuhatsu suru*
exploit *(n.)* 功績 *kōseki*
exploit *(v.)* 搾取する *sakushu suru*
exploration *(n.)* 探検 *tanken*
explore *(v.)* 探検する *tanken suru*
explosion *(n.)* 爆発 *bakuhatsu*
explosive *(adj.)* 爆発的な *bakuhatsu tekina*

explosive (n.) 爆発物 bakuhatsubutsu
exponent (n.) 指数 shisū
export (v.) 輸出する yushutsu suru
export (n.) 輸出 yushutsu
expose (v.) 暴露する bakuro suru
express (adj.) 急行 kyūkō
express (n.) 急行列車 kyūkō ressha
express (v.) 表現する hyōgen suru
expression (n.) 表現 hyōgen
expressive (adj.) 表情が豊かな hyōjō ga yutakana
exquisite (adj.) 絶妙 zetsumyō
extend (v.) 延ばす nobasu
extent (n.) 程度 teido
external (adj.) 外部の gaibu no
extinct (adj.) 絶滅した zetsumetsu shita
extinguish (v.) 消火する shōka suru
extol (v.) 激賞する gekishō suru
extortion (n.) ゆすり yusuri
extra (adv.) 余分に yobun ni
extract (n.) エキス ekisu
extract (v.) 抜き取る nukitoru
extrajudicial (adj.) 裁判外の saibangai no
extramarital (adj.) 婚外の kongai no
extranet (n.) エクストラネット ekusutoranetto
extraordinary (adj.) 並はずれた namihazureta
extraterrestrial (n.) 地球外の生物 chikyūgai no seibutsu
extraterrestrial (adj.) 地球圏外の chikyū kengai no
extravagance (n.) 浪費 rōhi
extravagant (adj.) 贅沢な zeitakuna
extreme (adj.) 極端な kyokutanna
extremist (n.) 過激派 kagekiha
extremity (n.) 端 haji

extricate (v.) 救出する kyūshutsu suru
extrinsic (adj.) 外来的な gairai tekina
extrinsically (adv.) 外来的に gairai teki ni
extrovert (n.) 外向性の人 gaikōsei no hito
exult (v.) 大喜びする ōyorokobi suru
exultant (adj.) 大得意の dai tokui no
eye (n.) 目 me
eyeball (n.) 眼球 gankyū
eyebrow (n.) 眉毛 mayuge
eye-catching (adj.) 人目を引く hitome o hiku
eyeglasses (n.) メガネ megane
eyelash (n.) まつ毛 matsuge
eyelet (n.) 小穴 koana
eyelid (n.) まぶた mabuta
eyeliner (n.) アイライナー airainā
eye-opener (n.) 意外なこと igaina koto
eyespot (n.) 眼点 ganten
eyewash (n.) 洗眼薬 senganyaku

fable (n.) 寓話 gūwa
fabric (n.) 布 nuno
fabricate (v.) でっちあげる decchiageru
fabrication (n.) でっち上げ decchiage
facade (n.) 見かけ mikake
face (n.) 顔 kao
face cream (n.) 乳液 nyūeki
face mask (n.) パック pakku
facelift (n.) 顔のしわ取り kao no shiwatori
facet (n.) 小面 kozura
facial (adj.) 顔の kao no
facile (adj.) 深みのない fukami no nai
facilitate (v.) 手助けする tedasuke suru

facilitation (n.) 促進 sokushin
facility (n.) 施設 shisetsu
fact (n.) 事実 jijitsu
faction (n.) 党派 tōha
factious (adj.) 分離した bunri shita
factor (n.) 要因 yōin
factory (n.) 工場 kōjō
faculty (n.) 学部 gakubu
fade (v.) 次第に消える shidaini kieru
Fahrenheit (adj.) 華氏 kashi
fail (v.) 失敗する shippai suru
fail (n.) 不合格 fu gōkaku
failure (n.) 失敗 shippai
faint (v.) 気絶する kizetsu suru
faint (adj.) ほのかな honokana
fair (n.) フェア fea
fair game (n.) 恰好の的 kakkō no teki
fair trade (n.) 公正取引 kōsei torihiki
fairground (n.) 見本市会場 mihon ichi kaijō
fairy (n.) 妖精 yōsei
faith (n.) 信仰 shinkō
faithful (adj.) 忠実な chūjitsuna
fake (adj.) 偽の nise no
fake (n.) 偽物 nisemono
falcon (n.) ハヤブサ hayabusa
fall (v.) 落ちる ochiru
fallacy (n.) 誤信 goshin
fallen (adj.) 陥落した kanraku shita
fallen (n.) 戦死者 senshisha
fallout (n.) 放射性降下物 hōshasei kōkabutsu
fallow (n.) 休閑地 kyūkanchi
fallow (v.) 休ませる yasumaseru
falls (n.) 滝 taki
false (adj.) 偽りの itsuwari no

falsetto (n.) 裏声 uragoe
falsification (n.) 改ざん kaizan
familiar (adj.) なじんだ najinda
family (n.) 家族 kazoku
famine (n.) 飢饉 kikin
famous (adj.) 有名な yūmeina
fan (n.) 扇風機 senpūki
fanatic (adj.) 狂信的な kyōshin tekina
fanatic (n.) 狂信者 kyōshinsha
fanciful (adj.) 非現実的な hi genjitsu tekina
fancy (n.) 空想 kūsō
fantastic (adj.) すばらしい subarashī
fantasy (n.) ファンタジー fantajī
far (adj.) 遠い tōi
far (adv.) 遠く tōku
farce (n.) 茶番 chaban
fare (n.) 運賃 unchin
farewell (n.) お別れ o wakare
farm (n.) 農場 nōjō
farmer (n.) 農家 nōka
farmhouse (n.) 母屋 omoya
fascinate (v.) 魅惑する miwaku suru
fascination (n.) 魅惑 miwaku
fashion (n.) ファッション fasshon
fast (n.) 断食 danjiki
fast (v.) 断食する danjiki suru
fast (adj.) 速い hayai
fast food (n.) ファストフード fasutofūdo
fasten (v.) 留める tomeru
fat (n.) 脂肪 shibō
fat (adj.) 太ってる futotteru
fatal (adj.) 致命的な chimei tekina
fatalism (n.) 運命論 unmeiron
fatality (n.) 死亡者数 shibōshasū
father (n.) 父親 chichioya

father (v.) 父親になる chichioya ni naru
fathom (n.) 尋 hiro
fatigue (n.) 疲れ tsukare
fatigue (v.) 疲労させる hirō saseru
faulty (adj.) 欠点のある ketten no aru
fauna (n.) 動物相 dōbutsusō
favour (n.) 好意 kōi
favour (v.) えり好みする erigonomi suru
favourable (adj.) 好ましい konomashī
favourite (n.) お気に入り okiniri
favourite (adj.) お気に入りの okiniri no
fax (n.) ファックス fakkusu
fax (v.) ファックスを送る fakkusu o okuru
fear (n.) 恐れ osore
fear (v.) 恐れる osoreru
feast (n.) ごちそう gochisō
feat (n.) 手柄 tegara
feather (n.) 羽 hane
feature (v.) 特集する tokushū suru
feature (n.) 特徴 tokuchō
February (n.) 二月 nigatsu
fecal (adj.) 糞の fun no
feces (n.) 糞 fun
fecund (adj.) 肥沃な hiyokuna
fecundation (n.) 受精 jusei
federal (adj.) 連邦の renpō no
federation (n.) 連邦 renpō
feeble (adj.) 弱々しい yowayowashī
feed (n.) 餌 esa
feed (v.) 食べさせる tabesaseru
feel (v.) 感じる kanjiru
feeling (n.) 気持ち kimochi
feign (v.) 見せかける misekakeru
felicity (n.) 至福 shifuku
feline (adj.) 猫のような neko no yōna
felinity (n.) 猫らしさ nekorashi sa
fell (v.) 落ちた ochita
fellowship (n.) 仲間同士 nakama dōshi
felony (n.) 重罪 jūzai
female (n.) 雌 mesu
female (adj.) 雌の mesu no
feminine (adj.) 女性らしい joseirashī
feminism (n.) フェミニズム feminizumu
feminist (n.) フェミニスト feminisuto
feminist (adj.) フェミニストの feminisuto no
femur (n.) 大腿 daitai
fence (n.) 塀 hei
fence (v.) 塀で囲う hei de kakō
fencer (n.) フェンサー fensā
fencing (n.) フェンシング fenshingu
fend (v.) かわす kawasu
fengshui (n.) 風水 fūsui
fennel (n.) フェンネル fenneru
ferment (v.) 発酵する hakkō suru
fermentation (n.) 発酵 hakkō
fern (n.) シダ shida
ferret (n.) フェレット fe retto
ferry (n.) フェリー ferī
fertile (adj.) 肥えた koeta
fertility (n.) 受胎能力 jutai nōryoku
fertilize (v.) 肥料をやる hiryō o yaru
fertilizer (n.) 肥料 hiryō
fervent (adj.) 熱烈な netsuretsuna
fester (v.) 膿ませる umaseru
festival (n.) お祭り o matsuri
festivity (n.) 祭騒ぎ matsuri sawagi
festoon (n.) 花綱 hana tsuna
fetal (adj.) 胎児の taiji no
fetch (v.) 連れてくる tsuretekuru
fetish (n.) フェチ fechi

fetter *(n.)* 足かせ *ashikase*
fetter *(v.)* 足かせをはめる *ashikase o hameru*
feud *(v.)* 争う *arasō*
feud *(n.)* 確執 *kakushitsu*
feudal *(adj.)* 封建の *hōken no*
feudalism *(n.)* 封建制度 *hōken seido*
fever *(n.)* 熱 *netsu*
feverish *(adj.)* 熱っぽい *netsuppoi*
few *(adj.)* 少数の *shōsū no*
fiancé *(n.)* 婚約者 *konyakusha*
fiasco *(n.)* 失態 *shittai*
fibre *(n.)* 繊維 *sen i*
fibreglass *(n.)* ガラス繊維 *garasu sen i*
fibre-optic *(adj.)* 光ファイバーの *hikarifaibā no*
fibrillate *(v.)* 分解される *bunkai sareru*
fibroid *(adj.)* 繊維性の *sen isei no*
fibromuscular *(adj.)* 線維性の *sen isei no*
fibrosis *(n.)* 線維症 *sen ishō*
fibrous *(adj.)* 線維の *sen i no*
fiction *(n.)* フィクション *fikushon*
fictional *(adj.)* 架空の *kakū no*
fiddle *(v.)* いじる *ijiru*
fidelity *(n.)* 忠実 *chūjitsu*
fidget *(n.)* そわそわ *sowasowa*
fidget *(v.)* そわそわする *sowasowa suru*
field *(n.)* 野原 *nohara*
fiend *(n.)* 残忍な人 *zanninna hito*
fierce *(adj.)* 猛烈な *mōretsuna*
fiery *(adj.)* 火の *hi no*
fifteen *(n.)* 十五 *jū go*
fifty *(n.)* 五十 *go jū*
fig *(n.)* イチジク *ichijiku*
fight *(v.)* 戦う *tatakau*
figment *(n.)* 作り事 *tsukurigoto*

figurative *(adj.)* 比喩的な *hiyu tekina*
figure *(n.)* 図 *zu*
filament *(n.)* 繊維状のもの *sen ijō no mono*
filamentation *(n.)* フィラメンテーション *firamentēshon*
filamented *(adj.)* 細い糸状の *hosoi itojō no*
file *(n.)* ファイル *fairu*
fillet *(n.)* 切り身 *kirimi*
fillet *(v.)* 切り身にする *kirimi ni suru*
film *(n.)* 映画 *eiga*
film *(v.)* 撮影する *satsuei suru*
filmmaker *(n.)* 映画監督 *eiga kantoku*
filter *(v.)* 濾す *kosu*
filter *(n.)* フィルター *firutā*
filth *(n.)* 汚れ *yogore*
filthy *(adj.)* 汚い *kitanai*
fin *(n.)* ひれ *hire*
final *(adj.)* 最後の *saigo no*
finale *(n.)* フィナーレ *fināre*
finance *(n.)* 財務 *zaimu*
finance *(v.)* 融資する *yūshi suru*
financial *(adj.)* 財務の *zaimu no*
financier *(n.)* 投資家 *tōshika*
find *(v.)* 見つける *mitsukeru*
fine *(adj.)* 良い *ii*
fine *(n.)* 罰金 *bakkin*
fine *(v.)* 罰金を科する *bakkin o kasuru*
finger *(n.)* 指 *yubi*
finger *(v.)* 指で触れる *yubi de fureru*
fingerpaint *(n.)* フィンガーペイント *fingā peinto*
fingerprint *(n.)* 指紋 *shimon*
fingerstick *(n.)* 指先穿刺 *yubisaki senshi*
finish *(n.)* 仕上がり *shiagari*
finish *(v.)* 終える *oeru*

finite *(adj.)* 有限の *yūgen no*
fir *(n.)* モミ *momi*
fire *(v.)* 発砲する *happō suru*
fire *(n.)* 火 *hi*
fire exit *(n.)* 非常口 *hijōguchi*
fire extinguisher *(n.)* 消火器 *shōkaki*
fire station *(n.)* 消防署 *shōbōsho*
fireball *(n.)* 火球 *hidama*
firefight *(n.)* 銃撃戦 *jūgekisen*
firefighter *(n.)* 消防士 *shōbōshi*
firehose *(n.)* 消防ホース *shōbō hōsu*
firepit *(n.)* 炉 *ro*
fireproof *(v.)* 耐火性にする *taikasei ni suru*
fireproof *(adj.)* 耐火性の *taikasei no*
fire-resistant *(adj.)* 耐火性 *taikasei*
firesuit *(n.)* 防火服 *bōkafuku*
firetruck *(n.)* 消防車 *shōbōsha*
fireworks *(n.)* 花火 *hanabi*
firm *(n.)* 会社 *kaisha*
firm *(adj.)* 身が締まった *mi ga shimatta*
firmament *(n.)* 大空 *ōzora*
firmness *(n.)* はり *hari*
first *(n.)* 一番 *ichiban*
first *(adv.)* 最初に *saisho ni*
first *(adj.)* 最初の *saisho no*
first aid *(n.)* 応急処置 *ōkyū shochi*
fiscal *(adj.)* 財政上の *zaisei jō no*
fish *(n.)* 魚 *sakana*
fish *(v.)* 魚を釣る *sakana o tsuru*
fisherman *(n.)* 漁師 *ryōshi*
fissure *(n.)* 亀裂 *kiretsu*
fist *(v.)* 拳骨で殴る *genkotsu de naguru*
fist *(n.)* 拳 *kobushi*
fistula *(n.)* 瘻孔 *rōkō*
fit *(adj.)* 適合した *tekigō shita*

fit *(v.)* 合う *au*
fitness test *(n.)* 体力テスト *tairyoku tesuto*
fitness tracker *(n.)* フィットネストラッカー *fittonesutorakkā*
fitness training *(n.)* フィットネス・トレーニング *fittonesu torēningu*
fitter *(n.)* 整備士 *seibishi*
fitting room *(n.)* 試着室 *shichaku shitsu*
five *(n.)* 五 *go*
fix *(n.)* 修正 *shūsei*
fix *(v.)* 直す *naosu*
fixture *(n.)* 取り付け具 *toritsukegu*
fizz *(v.)* 泡を出す *awa o dasu*
fizz *(n.)* 泡立つこと *awadatsu koto*
fizzy *(adj.)* 炭酸の *tansan no*
flabbergasted *(adj.)* 仰天する *gyōten suru*
flabby *(adj.)* たるんだ *tarunda*
flag *(n.)* 国旗 *kokki*
flagrant *(adj.)* 目に余る *me ni amaru*
flake *(v.)* 薄片をはがす *hakuhen o hagasu*
flake *(n.)* フレーク *furēku*
flaking *(adj.)* 剥がれている *hagareteiru*
flambé *(n.)* フランベ *furanbe*
flambé *(v.)* フランベする *furanbe suru*
flamboyance *(n.)* 華麗さ *karei sa*
flamboyant *(adj.)* 華やかな *hanayakana*
flame *(v.)* 燃え上がる *moeagaru*
flamenco *(n.)* フラメンコ *furamenko*
flank *(v.)* 側面に位置する *sokumen ni ichi suru*
flank *(n.)* 脇腹 *wakibara*
flannel *(n.)* フランネル *furanneru*
flap *(n.)* 折り込み部 *orikomibu*
flap *(v.)* 上下に振る *jōge ni furu*
flapper *(n.)* フラッパー *furappā*

flapping *(v.)* 羽ばたく *habataku*
flash *(n.)* 閃光 *senkō*
flash *(v.)* ぴかっと光る *pikatto hikaru*
flashback *(n.)* 回想 *kaisō*
flashbulb *(n.)* 閃光電球 *senkō denkyū*
flashcard *(n.)* 暗記カード *anki kādo*
flasher *(n.)* 自動点滅装置 *jidō tenmetsu sōchi*
flashing *(n.)* 点滅 *tenmetsu*
flashlight *(n.)* 懐中電灯 *kaichū dentō*
flask *(n.)* フラスコ *furasuko*
flat *(adj.)* 平らな *tairana*
flat screen *(n.)* フラットスクリーン *furatto sukurīn*
flatbed *(n.)* 平台 *hiradai*
flatbed *(adj.)* 平面のある *heimen no aru*
flatbread *(n.)* フラットブレッド *furattobureddo*
flatfoot *(n.)* 扁平足 *henpeisoku*
flatland *(n.)* 平坦地 *heitanchi*
flatter *(v.)* おべっかを使う *obekka o tsukau*
flattery *(n.)* おべっか *obekka*
flatulence *(n.)* 鼓腸 *kochō*
flatulent *(adj.)* 鼓腸の *kochō no*
flaunt *(v.)* 見せびらかす *misebirakasu*
flavour *(n.)* 味 *aji*
flaw *(n.)* 欠点 *ketten*
flawless *(adj.)* 完璧な *kanpekina*
flea *(n.)* 蚤 *nomi*
flea market *(n.)* 蚤の市 *nominoichi*
flee *(v.)* 逃げる *nigeru*
fleece *(v.)* 毛を刈る *ke o karu*
fleece *(n.)* フリース *furīsu*
fleet *(n.)* 艦隊 *kantai*
flexible *(adj.)* 柔軟な *jūnanna*
flicker *(n.)* 揺らめく光 *yurameku hikari*
flicker *(v.)* 明滅する炎 *meimetsu suru honō*
flight *(n.)* フライト *furaito*
fling *(v.)* 投げ飛ばす *nagetobasu*
flip *(adj.)* 軽薄な *keihakuna*
flip *(n.)* 素早く動くこと *subayaku ugoku koto*
flip *(v.)* 反転させる *hanten saseru*
flippancy *(n.)* 軽薄 *keihaku*
flirt *(n.)* いちゃつく *ichatsuku*
float *(v.)* 浮く *uku*
flock *(v.)* 群がる *muragaru*
flock *(n.)* 群れ *mure*
flood *(n.)* 洪水 *kōzui*
flood *(v.)* 氾濫させる *hanran saseru*
flood gate *(n.)* 水門 *suimon*
floodlight *(n.)* 投光器 *tōkōki*
floodlight *(v.)* 投光器で照らす *tōkōki de terasu*
floor *(n.)* 床 *yuka*
floor *(v.)* 床を張る *yuka o haru*
flop *(v.)* バタバタ動く *batabata ugoku*
flora *(n.)* 植物相 *shokubutsusō*
florist *(n.)* 花屋 *hanaya*
floss *(v.)* デンタルフロスを使う *dentarufurosu o tsukau*
flour *(n.)* 小麦粉 *komugiko*
flourish *(v.)* 栄える *sakaeru*
flow *(v.)* 流れる *nagareru*
flow chart *(n.)* フローチャート *furōchāto*
flower *(n.)* 花 *hana*
flowery *(adj.)* 花柄の *hanagara no*
fluctuate *(v.)* 変動する *hendō suru*
fluent *(adj.)* 流暢な *ryūchōna*
fluid *(adj.)* 流動的な *ryūdōtekina*
fluorescent *(adj.)* 蛍光の *keikō no*
flush *(v.)* 流す *nagasu*

flute *(v.)* 歌うように話す *utau yō ni hanasu*
flute *(n.)* フルート *furūto*
flutter *(n.)* 羽ばたき *habataki*
flutter *(v.)* はためく *hatameku*
fly *(v.)* 飛ぶ *tobu*
fly *(n.)* ハエ *hae*
flyer *(n.)* チラシ *chirashi*
foal *(n.)* 子馬 *kouma*
foal *(v.)* 子馬を産む *kouma wo umu*
foam *(n.)* 泡 *awa*
foam *(v.)* 泡を作る *awa o tsukuru*
foamy *(adj.)* 泡状の *awajō no*
focal *(adj.)* 焦点の *shōten no*
focalization *(n.)* 焦点化 *shōten ka*
focalize *(v.)* 局地化する *kyokuchi ka suru*
focus *(n.)* 焦点 *shōten*
focus *(v.)* 集中する *shūchū suru*
focused *(adj.)* 集中した *shūchū shita*
fodder *(n.)* 飼料 *shiryō*
foetus *(n.)* 胎児 *taiji*
fog *(n.)* 霧 *kiri*
fogbank *(n.)* 霧堤 *mutei*
foggy *(adj.)* 霧でぼんやりした *kiri de bonyari shita*
fold *(v.)* 折る *oru*
folder *(n.)* フォルダー *forudā*
folding *(adj.)* 折りたたみの *oritatami no*
foliage *(n.)* 枝葉 *edaha*
foliate *(adj.)* 葉形飾りの *yōkeikazari no*
foliate *(v.)* 葉状にする *yōjō ni suru*
foliation *(n.)* 葉状構造 *yōjō kōzō*
folic *(adj.)* 葉状の *yōjō no*
folio *(n.)* 二つ折り *futatsuori*
folk *(adj.)* 民俗の *minzoku no*
folklore *(n.)* 民族の *minzoku no*

folkloric *(adj.)* 民話の *minwa no*
follow *(v.)* ついていく *tsuiteiku*
follower *(n.)* 信者 *shinja*
follow-up *(n.)* 追跡 *tsuiseki*
folly *(n.)* 愚行 *gukō*
foment *(v.)* 助長する *jochō suru*
fond *(adj.)* 好きな *sukina*
fondant *(n.)* フォンダン *fon dan*
fondling *(n.)* 愛撫 *aibu*
font *(n.)* 書体 *shotai*
food *(n.)* 食物 *tabemono*
fool *(n.)* 愚か者 *orokamono*
fool *(v.)* 騙す *damasu*
foolscap *(n.)* フールスキャップ *fūrusukyappu*
foot *(n.)* 足 *ashi*
footage *(n.)* 映像 *eizō*
football *(n.)* フットボール *futtobōru*
foothold *(n.)* 足場 *ashiba*
footloose *(adj.)* 気ままな *kimamana*
footman *(n.)* 従僕 *jūboku*
footnote *(n.)* 脚注 *kyakuchū*
footnote *(v.)* 脚注をつける *kyakuchū o tsukeru*
footprint *(n.)* 足跡 *ashiato*
footsore *(adj.)* 足を痛めた *ashi o itameta*
footwork *(n.)* フットワーク *futtowāku*
for *(conj.)* だから *dakara*
for *(prep.)* ために *tame ni*
forage *(n.)* かいば *kaiba*
forage *(v.)* 食べ物を探す *tabemono o sagasu*
forager *(n.)* 採餌者 *saijisha*
foraging *(n.)* 採餌 *saiji*
foray *(v.)* 侵略する *shinryaku suru*
forbear *(v.)* 堪える *kotaeru*

forbid (v.) 禁じる kinjiru
forbidden (adj.) 禁じられた kinjirareta
force (v.) 強制する kyōsei suru
forceful (adj.) 強引な gōinna
forceps (n.) 鉗子 kanshi
forcible (adj.) 強引な gōinna
forearm (n.) 前腕部 zenwanbu
forecast (n.) 予報 yohō
forecast (v.) 予報する yohō suru
forecourt (n.) 前庭 zentei
forefinger (n.) 人差し指 hitosashiyubi
forehead (n.) 額 hitai
foreign (adj.) 外国の gaikoku no
foreigner (n.) 外国人 gaikokujin
foreknowledge (n.) 予知 yochi
foreleg (n.) 前脚 zenkyaku
forelock (n.) 前髪 maegami
foreman (n.) 監督 kantoku
foremost (adj.) 陪審員長 baishin inchō
forensic (n.) 科学捜査 kagaku sōsa
forensic (adj.) 犯罪科学の hanzai kagaku no
foresee (v.) 予知する yochi suru
foresight (n.) 先見の明 senken no mei
forest (n.) 森 mori
forestall (v.) 未然に防ぐ mizen ni fusegu
forester (n.) 森林官 shinrinkan
forestry (n.) 林業 ringyō
foretell (v.) 占う uranau
forever (adv.) 永久に eikyū ni
forewarn (v.) 警戒する keikai suru
foreword (n.) 序文 jobun
forfeit (n.) 罰金 bakkin
forfeit (v.) 没収される bosshū sareru
forfeiture (n.) 没収 bosshū
forge (n.) 鍛冶場 kajiba

forge (v.) 偽造する gizō suru
forgery (n.) 偽造 gizō
forget (v.) 忘れる wasureru
forgetful (adj.) 忘れっぽい wasureppoi
forgive (v.) 赦す yurusu
forgo (v.) 諦める akirameru
form (n.) 形 katachi
form (v.) 形づくる katachizukuru
format (n.) 形式 keishiki
formation (n.) 形成 keisei
former (pron.) 前者 zensha
formidable (adj.) 恐るべき osorubeki
formula (n.) 式 shiki
formulate (v.) 考案する kōan suru
forte (n.) 長所 chōsho
forth (adv.) 前方へ zenpō e
forthcoming (adj.) 積極的な sekkyoku tekina
forthwith (adv.) 即座に sokuza ni
fortitude (n.) 精神力 seishinryoku
fortnight (n.) 二週間 ni shūkan
fortress (n.) 砦 toride
fortune (n.) 大金 taikin
forty (n.) 四十 yon jū
forum (n.) フォーラム fōramu
forward (adj.) 前方の zenpō no
forward (v.) 転送する tensō suru
forward (adv.) 前へ mae e
fossil (n.) 化石 kaseki
foster care (n.) 養護施設 yōgo shisetsu
foul (n.) 反則 hansoku
found (v.) 創立する sōritsu suru
foundation (n.) 財団 zaidan
founder (n.) 創業者 sōgyōsha
foundry (n.) 鋳物工場 imono kōjō
fountain (n.) 噴水 funsui

four *(n.)* 四 yon	**fret** *(n.)* いら立ち iradachi
fourteen *(n.)* 十四 jū yon	**friction** *(n.)* 摩擦 masatsu
fowl *(n.)* 家禽 kakin	**Friday** *(n.)* 金曜日 kinyōbi
fowler *(n.)* 鳥撃ち toriuchi	**friend** *(n.)* 友人 yūjin
fox *(n.)* 狐 kitsune	**frigid** *(adj.)* 極寒の gokkan no
fraction *(n.)* 分数 bunsū	**frill** *(n.)* フリル furiru
fracture *(v.)* 砕ける kudakeru	**fringe** *(v.)* 縁取る fuchidoru
fracture *(n.)* 骨折 kossetsu	**frivolous** *(adj.)* 軽率な keisotsuna
fragile *(adj.)* 脆い moroi	**frock** *(n.)* 仕事着 shigotogi
fragment *(n.)* 断片 danpen	**frog** *(n.)* カエル kaeru
fragrant *(adj.)* 香ばしい kōbashī	**frolic** *(n.)* 戯れ tawamure
frame *(v.)* 陥れる otoshi ireru	**frolic** *(v.)* 戯れる zareru
frame *(n.)* 枠 waku	**from** *(prep.)* から kara
framework *(n.)* 枠組み wakugumi	**front** *(n.)* 正面 shōmen
franchise *(n.)* フランチャイズ furanchaizu	**front** *(adj.)* 正面の shōmen no
frank *(adj.)* 率直な socchokuna	**front** *(v.)* 面する ni mensuru
frankly *(adv.)* 率直に socchoku ni	**front page** *(n.)* 表紙 hyōshi
fraternal *(adj.)* 兄弟の kyōdai no	**frontier** *(n.)* 未開拓分野 mi kaitaku bunya
fraternity *(n.)* 協同団体 kyōdō dantai	**frontside** *(adj.)* 前側 maegawa
fraud *(n.)* 詐欺 sagi	**frost** *(n.)* 霜 shimo
fraudulent *(adj.)* 詐欺の sagi no	**frosting** *(n.)* フロスティング furosutingu
fraught *(adj.)* はらんだ haranda	**frown** *(v.)* 顔をしかめる kao o shikameru
freak *(v.)* 動揺する dōyō suru	**frown** *(n.)* 不機嫌な表情 fukigenna hyōjō
free *(v.)* 自由にする jiyū ni suru	**frozen** *(adj.)* 凍った kōtta
free *(adj.)* 自由な jiyūna	**frugal** *(adj.)* 質素な shissona
freedom *(n.)* 自由 jiyū	**fruit** *(n.)* 果物 kudamono
freelancer *(n.)* フリーランサー furīransā	**frustration** *(n.)* イライラ iraira
freewheel *(v.)* 惰性走行する dasei sōkō suru	**fry** *(v.)* 炒める itameru
freeze *(v.)* 凍る kōru	**fry** *(n.)* 稚魚 chigyo
freight *(n.)* 貨物運送 kamotsu unsō	**fuel** *(n.)* 燃料 nenryō
French *(adj.)* フランスの furansu no	**fugitive** *(n.)* 逃亡者 tōbōsha
French *(n.)* フランス語 furansugo	**fugitive** *(adj.)* 逃亡中の tōbō chū no
frenzy *(n.)* 逆上 gyakujō	**fulfil** *(v.)* 満たす mitasu
frequency *(n.)* 周波数 shūhasū	**full** *(adj.)* いっぱいの ippai no
fresh *(adj.)* 新鮮な shinsenna	**full moon** *(n.)* 満月 mangetsu

full name *(n.)* 氏名 *shimei*
fullness *(n.)* 満腹感 *manpukukan*
fully *(adv.)* 十分に *jūbun ni*
fumble *(v.)* いじくり回す *ijikuri mawasu*
function *(n.)* 機能 *kinō*
function *(v.)* 機能する *kinō suru*
functionary *(n.)* 職員 *shokuin*
fund *(n.)* 資金 *shikin*
fundraise *(v.)* 資金集め *shikin atsume*
funeral *(n.)* 葬儀 *sōgi*
fungus *(n.)* 真菌 *shinkin*
funny *(adj.)* 面白い *omoshiroi*
fur *(n.)* 毛皮 *kegawa*
furious *(adj.)* 激怒した *gekido shita*
furl *(v.)* 巻く *maku*
furnace *(n.)* 窯 *kama*
furnish *(v.)* 備え付ける *sonaetsukeru*
furniture *(n.)* 家具 *kagu*
furrow *(n.)* 畝間 *unema*
further *(adj.)* さらに遠い *sarani tōi*
further *(v.)* 促進する *sokushin suru*
fury *(n.)* 激怒 *gekido*
fuse *(v.)* 結合させる *ketsugō saseru*
fuse *(n.)* ヒューズ *hyūzu*
fusion *(n.)* 融合 *yūgō*
fuss *(v.)* 悩む *nayamu*
futile *(adj.)* 不易な *fuekina*
futility *(n.)* 無駄 *muda*
future *(adj.)* 今後の *kongo no*
future *(n.)* 未来 *mirai*
futuristic *(adj.)* 未来型 *miraigata*
futurology *(n.)* 未来学 *miraigaku*
fuzz *(n.)* けば *keba*
fuzz *(v.)* けば立たせる *keba tataseru*

gabble *(v.)* 早口にしゃべる *hayakuchi ni shaberu*
gadfly *(n.)* あぶ *abu*
gag *(v.)* 息が詰まる *iki ga tsumaru*
gag *(n.)* ギャグ *gyagu*
gaiety *(n.)* 陽気 *yōki*
gain *(n.)* 利得 *ritoku*
gain *(v.)* 得る *eru*
gainly *(adj.)* 上品な *jōhinna*
gait *(n.)* 歩き方 *aruki kata*
gala *(adj.)* お祭りの *o matsuri no*
galactic *(adj.)* 銀河の *ginga no*
galaxy *(n.)* 銀河 *ginga*
gale *(n.)* 強風 *kyōfū*
gallery *(n.)* 画廊 *garō*
gallon *(n.)* ガロン *garon*
gallop *(n.)* ギャロップ *gyaroppu*
gallop *(v.)* ギャロップで駆ける *gyaroppu de kakeru*
gallows *(n.)* 絞首台 *kōshudai*
galvanize *(v.)* 多くの *ōku no*
galvanometer *(n.)* 検流計 *kenryūkei*
galvanoscope *(n.)* 検電器 *ken denki*
gamble *(n.)* 賭け *kake*
gambler *(n.)* ばくち打ち *ba kuchi uchi*
game *(n.)* ゲーム *gēmu*
game *(v.)* ゲームをする *gēmu o suru*
game changer *(n.)* ゲームチェンジャー *gēmuchenjā*
game point *(n.)* 決勝点 *kesshōten*
gamemaster *(v.)* ゲームマスター *gēmu masutā*
gamepad *(n.)* ゲームパッド *gēmu paddo*

gameplayer *(n.)* プレイヤー *pureiyā*
gamespace *(n.)* ゲームスペース *gēmu supēsu*
gamma *(n.)* ガンマ *ganma*
gander *(n.)* 雄ガチョウ *osu gachō*
gang *(n.)* ギャング *gyangu*
gangrene *(n.)* 壊疽 *eso*
gangster *(n.)* 暴力団員 *bōryokudanin*
gap *(n.)* すき間 *sukima*
gap *(v.)* すき間を作る *sukima o tsukuru*
gape *(v.)* 大きく開く *ōkiku hiraku*
garage *(n.)* ガレージ *garēji*
garb *(v.)* 身に着ける *mi ni tsukeru*
garden *(n.)* 庭 *niwa*
gardener *(n.)* 庭師 *niwashi*
gargle *(v.)* うがいをする *u gai o suru*
garland *(n.)* 花輪 *hanawa*
garland *(v.)* 花輪で飾る *hanawa de kazaru*
garlic *(n.)* ニンニク *ninniku*
garlicky *(adj.)* ニンニクの味が強い *ninniku no aji ga tsuyoi*
garment *(n.)* 衣服 *ifuku*
garnish *(n.)* 付け合わせ *tsukeawase*
garnish *(v.)* 付け合わせをする *tsukeawase o suru*
garrison *(n.)* 守備隊 *shubitai*
garrison *(v.)* 守備隊を置く *shubitai o oku*
garrotte *(v.)* 絞殺に使われた凶器 *kōsatsu ni tsukawareta kyōki*
garter *(n.)* ガーター *gātā*
gas *(n.)* ガス *gasu*
gaseous *(adj.)* 気体の *kitai no*
gash *(n.)* 切り傷 *kirikizu*
gash *(v.)* 深く切る *fukaku kiru*
gasification *(n.)* ガス化 *gasu ka*
gasified *(adj.)* ガス化された *gasu ka sareta*
gasify *(v.)* ガス化する *gasu ka suru*
gasket *(n.)* ガスケット *gasu ketto*
gasmask *(n.)* ガスマスク *gasumasuku*
gasoline *(n.)* ガソリン *gasorin*
gasp *(v.)* 息をのむ *iki o nomu*
gasp *(n.)* 息をのむこと *iki o nomu koto*
gassy *(adj.)* ガスのような *gasu no yōna*
gastric *(adj.)* 胃の *i no*
gastronomy *(n.)* ガストロノミー *gasutoronomī*
gate *(n.)* 門 *mon*
gatehouse *(n.)* 門番小屋 *monban goya*
gatekeeper *(n.)* 門番 *monban*
gatepost *(n.)* 門柱 *monchū*
gaudy *(adj.)* 派手な *hadena*
gauge *(n.)* ゲージ *gēji*
gaunt *(adj.)* 痩せこけた *yasekoketa*
gauntlet *(n.)* 長手袋 *nagatebukuro*
gawk *(n.)* のろま *noroma*
gawk *(v.)* 見とれる *mitoreru*
gawky *(adj.)* 不格好な *bukakkōna*
gay *(adj.)* 同性愛の *dōseiai no*
gaze *(n.)* 視線 *shisen*
gaze *(v.)* 見つめる *mitsumeru*
gazelle *(n.)* ガゼル *gazeru*
gazillion *(n.)* 無数 *musū*
gear *(n.)* 装備 *sōbi*
gearbox *(n.)* ギアボックス *gia bokkusu*
geek *(n.)* オタク *otaku*
geek *(v.)* 夢中になる *muchū ni naru*
geeksville *(n.)* オタクっぽい場所 *otaku ppoi basho*
geekwear *(n.)* オタクっぽい服 *otaku ppoi fuku*
geeky *(adj.)* オタクっぽい *otaku ppoi*
geisha *(n.)* 芸者 *geisha*

gel (v.) 具体化する gutai ka suru
gel (n.) ゲル geru
gelatin (n.) ゼラチン zerachin
gelatinize (v.) ゼラチン状にする zerachinjō ni suru
gelatinous (adj.) ゼラチン状の zerachinjō no
geld (v.) 去勢する kyosei suru
gelded (adj.) 去勢した kyosei shita
gelding (n.) せん馬 senba
geminal (adj.) 双生児の sōseiji no
geminate (adj.) 双生の sōsei no
Gemini (n.) 双子座 futagoza
gemmology (n.) 宝石学 hōsekigaku
gender (n.) 性別 seibetsu
gene (n.) 遺伝子 idenshi
genealogical (adj.) 系図の keizu no
genealogy (n.) 系図 keizu
generable (adj.) 生成可能な seisei kanōna
general (adj.) 一般的な ippan tekina
generally (adv.) 一般的に ippan teki ni
generate (v.) 生む umu
generation (n.) 世代 sedai
generator (n.) 発電機 hatsudenki
genetic (adj.) 遺伝子の idenshi no
geneticist (n.) 遺伝学者 iden gakusha
genie (n.) 精霊 seirei
genius (n.) 天才 tensai
genome (n.) ゲノム genomu
genre (n.) ジャンル janru
genteel (adj.) 気取った kidotta
gentility (n.) 上流階級 jōryū kaikyū
gentle (adj.) 穏やかな odayakana
gentleman (n.) 紳士 shinshi
genuine (adj.) 純正な junseina
geographer (n.) 地理学者 chiri gakusha

geographical (adj.) 地理的な chiri tekina
geography (n.) 地理 chiri
geological (adj.) 地質学の chishitsugaku no
geologist (n.) 地質学者 chishitsu gakusha
geology (n.) 地質学 chishitsugaku
geometrical (adj.) 幾何学的な kikagaku tekina
geometry (n.) 幾何学 kikagaku
geopolitical (adj.) 地政学の chiseigaku no
geothermal (adj.) 地熱の chinetsu no
geranium (n.) ゼラニウム zeraniumu
germ (n.) 細菌 saikin
germicide (n.) 殺菌剤 sakkinzai
germinate (v.) 芽を出す me o dasu
germination (n.) 出芽 shutsuga
gerund (n.) 動名詞 dō meishi
gesture (n.) 手ぶり teburi
get (v.) もらう morau
geyser (n.) 間欠泉 kanketsusen
ghastly (adj.) ぞっとする zotto suru
ghetto (n.) ゲットー gettō
ghost (n.) 幽霊 yūrei
ghost town (n.) ゴーストタウン gōsuto taun
ghostwriter (n.) ゴーストライター gōsuto raitā
ghoul (n.) 悪霊 akuryō
ghoulish (adj.) 悪霊のような akuryō no yōna
giant (n.) 巨人 kyojin
giantess (n.) 大女 ō onna
gib (n.) ジブ jibu
gib (v.) ジブで留める jibu de tomeru
gibber (n.) つまらないおしゃべり tsumaranai oshaberi
gibber (v.) 訳の分からないことを言う wake no wakaranai koto o iu

gibberish *(n.)* 無意味な言葉 *muimina kotoba*
gibbon *(n.)* テナガザル *tenagazaru*
giddy *(adj.)* 目まいがする *memai ga suru*
gift *(n.)* 贈り物 *okurimono*
gift *(v.)* 贈呈する *zōtei suru*
gifted *(adj.)* 才能のある *sainō no aru*
giftwrap *(v.)* ギフトラップ *gifuto rappu*
gig *(v.)* コンサートを開く *konsāto o hiraku*
gigabit *(n.)* ギガビット *giga bitto*
gigabyte *(n.)* ギガバイト *giga baito*
gild *(v.)* 金箔をかぶせる *kinpaku o kabuseru*
gilt *(adj.)* 金めっきした *kin mekki shita*
gimmick *(n.)* からくり *karakuri*
gimmickry *(n.)* からくりを使うこと *karakuri o tsukau koto*
gimp *(n.)* 組みひも *kumi himo*
gin *(n.)* ジン *jin*
ginger *(n.)* ショウガ *shōga*
ginger *(adj.)* ショウガ味の *shōga aji no*
ginger ale *(n.)* ジンジャーエール *jinjā ēru*
gingerbread *(n.)* ジンジャーブレッド *jinjābureddo*
giraffe *(n.)* キリン *kirin*
girdle *(n.)* 腰帯 *koshiobi*
girdle *(v.)* 腰帯を巻く *koshiobi o maku*
girl *(n.)* 少女 *shōjo*
girlish *(adj.)* 少女らしい *shōjorashī*
gist *(n.)* 主旨 *shushi*
give *(v.)* あげる *ageru*
glacier *(n.)* 氷河 *hyōga*
glad *(adj.)* 嬉しい *ureshī*
glade *(n.)* 低湿地 *teishitsuchi*
gladiator *(n.)* 剣闘士 *ken tōshi*
gladiatorial *(adj.)* 剣闘の *ken tō no*
gladly *(adv.)* 喜んで *yorokonde*

glamour *(n.)* 華やかさ *hanayakasa*
glance *(n.)* 一目 *ichimoku*
glance *(v.)* ちらっと見る *chiratto miru*
gland *(n.)* 腺 *sen*
glare *(v.)* 睨む *niramu*
glare *(n.)* まぶしい光 *mabushī hikari*
glass *(n.)* ガラス *garasu*
glasses *(n.)* 眼鏡 *megane*
glassify *(v.)* ガラスのようにする *garasu no yō ni suru*
glassmaker *(n.)* ガラス製造業者 *garasu seizō gyōsha*
glaucoma *(n.)* 緑内障 *ryokunaishō*
glaze *(n.)* 釉薬 *yūyaku*
glaze *(v.)* 釉薬をかける *yūyaku o kakeru*
glazier *(n.)* ガラス工 *garasukō*
gleam *(n.)* かすかな光 *kasukana hikari*
gleaming *(adj.)* ピカピカの *pika pika no*
glee *(n.)* 大喜び *ōyorokobi*
gleefully *(adv.)* 大喜びで *ōyorokobi de*
glide *(n.)* 滑空 *kakkū*
glider *(n.)* グライダー *guraidā*
glimmer *(n.)* 薄い光 *usui hikari*
glimmer *(v.)* かすかに光る *kasuka ni hikaru*
glimpse *(n.)* 一見 *ikken*
glitch *(n.)* 故障 *koshō*
glitch *(v.)* 突然故障する *totsuzen koshō suru*
glitter *(v.)* キラキラ光る *kirakira hikaru*
glitter *(n.)* ラメ *rame*
gloat *(v.)* 満足げに眺める *manzokuge ni nagameru*
gloat *(n.)* 満足げに眺めること *manzokuge ni nagameru koto*
gloatingly *(adv.)* 満足げに *manzokuge ni*
global *(adj.)* グローバルな *gurōbaruna*

global warming *(n.)* 地球温暖化 *chikyū ondan ka*
globally *(adv.)* グローバルに *gurōbaru ni*
globe *(n.)* 地球儀 *chikyūgi*
globetrotter *(n.)* 世界を旅する人 *sekai o tabi suru hito*
gloom *(n.)* 憂鬱 *yūutsu*
gloomy *(adj.)* 憂鬱な *yūutsuna*
glorification *(n.)* 賛美 *sanbi*
glorify *(v.)* 賛美する *sanbi suru*
glorious *(adj.)* 栄光ある *eikō aru*
glory *(n.)* 栄光 *eikō*
glossary *(n.)* 用語集 *yōgoshū*
glossy *(adj.)* 艶やかな *tsuyaya kana*
glove *(n.)* 手袋 *tebukuro*
glovebox *(n.)* グローブボックス *gurōbu bokkusu*
glucose *(n.)* ブドウ糖 *budōtō*
glue *(v.)* 接着する *secchaku suru*
glue *(n.)* のり *nori*
glue stick *(n.)* スティックのり *sutikku nori*
glut *(v.)* 過剰供給する *kajō kyōkyū suru*
glut *(n.)* 供給過剰 *kyōkyū kajō*
gluten-free *(adj.)* グルテンフリーの *guruten furī no*
glutton *(n.)* 食いしん坊 *kuishinbō*
gluttony *(n.)* 暴飲暴食 *bōin bōshoku*
glycerine *(n.)* グリセリン *guriserin*
gnarl *(v.)* うなる *unaru*
gnarl *(n.)* 木の節 *ki no fushi*
gnome *(n.)* ノーム *nōmu*
go *(v.)* 行く *iku*
goal *(n.)* ゴール *gōru*
goalkeeper *(n.)* ゴールキーパー *gōrukīpā*
goalpost *(n.)* ゴールポスト *gōru posuto*
goalscoring *(n.)* 点を取ること *ten o toru koto*
goanna *(n.)* オオトカゲ *ōtokage*
goat *(n.)* 山羊 *yagi*
gobble *(n.)* ガツガツ食べる *gatsugatsu taberu*
goblet *(n.)* ゴブレット *goburetto*
god *(n.)* 神 *kami*
goddess *(n.)* 女神 *megami*
godfather *(n.)* 教父 *kyōfu*
godly *(adj.)* 信心深い *shinjin bukai*
godsend *(n.)* 天の賜物 *ten no tamamono*
goggles *(n.)* ゴーグル *gōguru*
gold *(n.)* 金 *kin*
golden *(adj.)* 金の *kin no*
goldsmith *(n.)* 金細工 *kin zaiku*
golf *(n.)* ゴルフ *gorufu*
golf cart *(n.)* ゴルフカート *gorufu kāto*
golf course *(n.)* ゴルフ場 *gorufujō*
gondola *(n.)* ゴンドラ *gondora*
gong *(n.)* ゴング *gongu*
goo *(n.)* ベトベトしたもの *betobeto shita mono*
good *(adj.)* 良い *ii*
good *(n.)* 善 *zen*
goodwill *(n.)* 善意 *zen i*
goof *(v.)* ふざける *fuzakeru*
goofy *(adj.)* 間抜けな *manukena*
google *(v.)* ググる *guguru*
goose *(n.)* ガチョウ *gachō*
gooseberry *(n.)* グーズベリー *gūzuberī*
gore *(n.)* スプラッター映画 *supurattā eiga*
gorge *(n.)* 山峡 *sankyō*
gorge *(v.)* たらふく食べる *tarafuku taberu*
gorgeous *(adj.)* とても美しい *totemo utsukushī*
gorilla *(n.)* ゴリラ *gorira*
gospel *(n.)* 福音 *fukuin*

gossip *(n.)* うわさ話 *uwasa banashi*
gossip *(v.)* うわさ話をする *uwasa banashi o suru*
gothic *(n.)* ゴシック様式 *goshikku yōshiki*
gothic *(adj.)* ゴシック様式の *goshikku yōshiki no*
gouda *(n.)* ゴーダ・チーズ *gōda chīzu*
gourd *(n.)* ひょうたん *hyōtan*
gout *(n.)* 痛風 *tsūfū*
govern *(v.)* 治める *osameru*
governance *(n.)* 統治 *tōchi*
governess *(n.)* 女性家庭教師 *josei katei kyōshi*
government *(n.)* 政府 *seifu*
governor *(n.)* 知事 *chiji*
gown *(n.)* ガウン *gaun*
grab *(v.)* つかむ *tsukamu*
grace *(v.)* 名誉を与える *meiyo o ataeru*
grace *(n.)* 優雅さ *yūga sa*
gradation *(n.)* グラデーション *guradēshon*
grade *(n.)* 学年 *gakunen*
grade *(v.)* 採点する *saiten suru*
gradual *(adj.)* 緩やかな *yuruyakana*
graduate *(v.)* 卒業する *sotsugyō suru*
graduate *(n.)* 卒業生 *sotsugyōsei*
graduation ceremony *(n.)* 卒業式 *sotsugyōshiki*
graffiti *(v.)* 落書き *rakugaki*
graft *(n.)* 移植片 *ishokuhen*
grain *(n.)* 粒 *tsubu*
grammar *(n.)* 文法 *bunpō*
grammarian *(n.)* 文法学者 *bunpō gakusha*
gramme *(n.)* グラム *guramu*
gramophone *(n.)* 蓄音機 *chikuonki*
granary *(n.)* 穀倉 *kokusō*
grand *(adj.)* 壮大な *sōdaina*

grand finale *(n.)* グランド・フィナーレ *gurando fināre*
grandeur *(n.)* 雄大さ *yūdai sa*
grant *(n.)* 付与 *fuyo*
grant *(v.)* 付与する *fuyo suru*
grape *(n.)* 葡萄 *budō*
graph *(n.)* グラフ *gurafu*
graphic *(adj.)* 図形の *zukei no*
grapple *(n.)* 取っ組み合い *tokkumiai*
grapple *(v.)* 取っ組み合う *tokkumiau*
grasp *(n.)* 把握 *hāku*
grasp *(v.)* 把握する *hāku suru*
grass *(n.)* 草 *kusa*
grassland *(n.)* 草原 *sōgen*
grate *(v.)* おろす *orosu*
grate *(n.)* 鉄格子 *tetsugōshi*
grateful *(adj.)* 感謝している *kansha shiteiru*
grater *(n.)* おろし器 *oroshiki*
gratis *(adv.)* 無料で *muryō de*
gratitude *(n.)* 感謝 *kansha*
gratuity *(n.)* チップ *chippu*
grave *(adj.)* 深刻な *shinkokuna*
grave *(n.)* 墓 *haka*
gravitate *(v.)* 引き付けられる *hikitsukerareru*
gravity *(n.)* 重力 *jūryoku*
graze *(v.)* 草を食べる *kusa o taberu*
graze *(n.)* 擦りむき *surimuki*
grease *(n.)* グリース *gurīsu*
grease *(v.)* グリースを塗る *gurīsu o nuru*
great *(adj.)* 大きな *ōkina*
greed *(n.)* 貪欲 *don yoku*
greedy *(adj.)* 貪欲な *don yokuna*
Greek *(n.)* ギリシャ語 *girishago*
Greek *(adj.)* ギリシャの *girisha no*

green *(adj.)* 緑の *midori no*
green *(n.)* 緑 *midori*
greenery *(n.)* 草木 *kusaki*
greenhouse *(n.)* 温室 *onshitsu*
greet *(v.)* 挨拶する *aisatsu suru*
grenade *(n.)* 手投げ弾 *te nagedan*
grey *(adj.)* 灰色 *haīro*
grey market *(n.)* グレーマーケット *gurē māketto*
greyhound *(n.)* グレーハウンド *gurēhaundo*
grief *(n.)* 嘆き *nageki*
grievance *(n.)* 不平 *fuhei*
grieve *(v.)* 嘆く *nageku*
grievous *(adj.)* 悲痛な *hitsūna*
grim *(adj.)* 気味の悪い *kimi no warui*
grind *(v.)* 磨り潰す *suritsubusu*
grinder *(n.)* とぎ師 *togishi*
grip *(n.)* つかみ部 *tsukamibu*
grip *(v.)* 握る *nigiru*
groan *(n.)* 唸り *unari*
groan *(v.)* 唸る *unaru*
grocery *(n.)* 食料品店 *shokuryōhinten*
groom *(v.)* 手入れする *teire suru*
groove *(v.)* 溝を彫る *mizo o horu*
grope *(v.)* 手探りする *tesaguri suru*
gross *(adj.)* 気持ち悪い *kimochi warui*
gross *(n.)* 総額 *sōgaku*
grotesque *(adj.)* グロテスクな *gurotesukuna*
ground *(n.)* 地面 *jimen*
ground *(v.)* 離陸させない *ririku sasenai*
ground attack *(n.)* 対地攻撃 *taichi kōgeki*
ground clearance *(n.)* 着陸許可 *chakuriku kyoka*
group *(n.)* グループ *gurūpu*

group *(v.)* グループ分けする *gurūpu wake suru*
grow *(v.)* 育つ *sodatsu*
grower *(n.)* 栽培者 *saibaisha*
growl *(n.)* うなり声 *unarigoe*
growth *(n.)* 成長 *seichō*
grudge *(n.)* 恨み *urami*
grudge *(v.)* 惜しむ *oshimu*
grumble *(v.)* 愚痴を言う *guchi o iu*
grunt *(n.)* 低いうめき声 *hikui umekigoe*
grunt *(v.)* 低くうなる *hikuku unaru*
guarantee *(n.)* 保証 *hoshō*
guarantee *(v.)* 保証する *hoshō suru*
guard *(n.)* 護衛 *goei*
guardian *(n.)* 保護者 *hogosha*
guava *(n.)* グアバ *guaba*
guerilla *(n.)* ゲリラ兵 *gerirahei*
guest list *(n.)* ゲストリスト *gesuto risuto*
guest room *(n.)* ゲストルーム *gesutorūmu*
guidance *(n.)* 指導 *shidō*
guide *(v.)* 案内する *annai suru*
guide *(n.)* 案内人 *annaijin*
guideline *(n.)* ガイドライン *gaidorain*
guild *(n.)* 組合 *kumiai*
guile *(n.)* ずるさ *zuru sa*
guilt *(n.)* 有罪 *yūzai*
guilt-free *(adj.)* 罪悪感のない *zaiakukan no nai*
guilty *(adj.)* 有罪の *yūzai no*
guise *(n.)* ふり *furi*
guitar *(n.)* ギター *gitā*
gulf *(n.)* 湾 *wan*
gull *(n.)* カモメ *kamome*
gulp *(n.)* がぶ飲み *gabunomi*
gum *(n.)* ガム *gamu*
gumboot *(n.)* ゴム長靴 *gomu nagagutsu*

gun *(n.)* 銃 *jū*
gunpoint *(n.)* 銃口 *jūkō*
gust *(n.)* 突風 *toppū*
gutter *(n.)* 排水路 *haisuiro*
guttural *(adj.)* 喉の *nodo no*
gymnasium *(n.)* 体育館 *taīkukan*
gymnast *(n.)* 体操選手 *taisō senshu*
gymnastic *(adj.)* 体操の *taisō no*
gymnastics *(n.)* 体操 *taisō*

habeas corpus *(n.)* 人身保護令状 *jinshin hogo reijō*
habit *(n.)* 習慣 *shūkan*
habitable *(adj.)* 居住可能な *kyojū kanōna*
habitat *(n.)* 生息地 *seisokuchi*
habitation *(n.)* 居住 *kyojū*
hack *(v.)* 不正侵入する *fusei shinnyū suru*
hacker *(n.)* ハッカー *hakkā*
haemoglobin *(n.)* ヘモグロビン *hemogurobin*
hag *(n.)* 鬼婆 *onibaba*
haggard *(adj.)* 憔悴の *shōsui no*
haggle *(v.)* 値切る *negiru*
hail *(n.)* 霰 *arare*
hail *(v.)* 霰が降る *arare ga furu*
hailstorm *(n.)* 霰を伴う *arare wo tomonau*
hair *(n.)* 髪 *kami*
hairbrush *(n.)* ヘアブラシ *hea burashi*
hairdryer *(n.)* ドライヤー *doraiyā*
half *(n.)* 半分 *hanbun*
half *(adj.)* 半分の *hanbun no*
half-day *(n.)* 半休日 *hankyūbi*
half-hearted *(adj.)* いいかげんな *īkagenna*

hallmark *(n.)* 品質証明 *hinshitsu shōmei*
hallucination *(n.)* 幻覚 *genkaku*
halt *(v.)* 停止する *teishi suru*
halve *(v.)* 半分に切る *hanbun ni kiru*
hamlet *(n.)* 集落 *shūraku*
hammer *(n.)* 金づち *kanazuchi*
hammer *(v.)* 打ちつける *uchitsukeru*
hand *(n.)* 手 *te*
hand *(v.)* 手渡す *tewatasu*
hand baggage *(n.)* 手荷物 *tenimotsu*
hand lotion *(n.)* ハンドローション *hando rōshon*
handbill *(n.)* ビラ *bira*
handbook *(n.)* 手引き *tebiki*
handbrake *(n.)* サイドブレーキ *saidoburēki*
handcuff *(n.)* 手錠 *tejō*
handcuff *(v.)* 手錠をかける *tejō o kakeru*
handful *(n.)* 一握り *hitonigiri*
handicap *(n.)* 障害 *shōgai*
handicap *(v.)* ハンディキャップをつける *handikyappu o tsukeru*
handicraft *(n.)* 手芸 *shugei*
handiwork *(n.)* 手仕事 *teshigoto*
handkerchief *(n.)* ハンカチ *hankachi*
handle *(v.)* 扱う *atsukau*
handle *(n.)* 取っ手 *totte*
handsome *(adj.)* ハンサムな *hansamuna*
hang *(v.)* 吊るす *tsurusu*
haphazard *(adj.)* 無計画の *mu keikaku no*
happen *(v.)* 起こる *okoru*
happiness *(n.)* 幸福 *kōfuku*
happy *(adj.)* 幸福な *kōfukuna*
harass *(v.)* 困らせる *komaraseru*
harassment *(n.)* 嫌がらせ *iyagarase*
harbour *(v.)* 匿う *kakumau*

harbour *(n.)* 港 minato	hazard *(n.)* 危険 kiken
hard *(adj.)* 硬い katai	haze *(n.)* もや moya
harden *(v.)* 固める katameru	hazy *(adj.)* かすんだ kasunda
hardship *(n.)* 苦しみ kurushimi	he *(pron.)* 彼 kare
hardware *(n.)* ハードウェア hādowea	head *(n.)* 頭 atama
hardy *(adj.)* 我慢強い gamanzuyoi	head *(v.)* 率いる hikīru
hare *(n.)* 野ウサギ no usagi	headache *(n.)* 頭痛 zutsū
harm *(v.)* 害する gaisuru	headband *(n.)* 鉢巻き hachimaki
harm *(n.)* 危害 kigai	heading *(n.)* 表題 hyōdai
harmful *(adj.)* 有害な yūgaina	headlight *(n.)* ヘッドライト heddoraito
harmless *(adj.)* 無害な mugaina	headline *(n.)* 見出し midashi
harmonious *(adj.)* 調和した chōwa shita	headlong *(adv.)* 頭から先に atama kara saki ni
harmonium *(n.)* ハーモニウム hāmoniumu	headquarters *(n.)* 本部 honbu
harmony *(n.)* 調和 chōwa	headstrong *(adj.)* 頑固な gankona
harness *(n.)* 馬具 bagu	heal *(v.)* 癒す iyasu
harp *(n.)* ハープ hāpu	health *(n.)* 健康 kenkō
harsh *(adj.)* 厳しい kibishī	healthy *(adj.)* 健康的な kenkō tekina
harvest *(n.)* 収穫 shūkaku	heap *(v.)* 積む tsumu
harvest *(v.)* 収穫する shūkaku suru	heap *(n.)* 山積み yamazumi
harvester *(n.)* 収穫機 shūkakuki	hear *(v.)* 聞く kiku
hat *(n.)* 帽子 bōshi	hearsay *(n.)* 伝聞証拠 denbun shōko
hatch *(n.)* ハッチ hacchi	heart *(n.)* 心臓 shinzō
hatch *(v.)* 孵化する fuka suru	heartbeat *(n.)* 心臓の鼓動 shinzō no kodō
hatchet *(n.)* 手おの te ono	heartbreak *(n.)* 悲痛 hitsū
hate *(v.)* 嫌い kirai	hearth *(n.)* 暖炉前 danro mae
hat-trick *(n.)* ハットトリック hattotorikku	heartily *(adv.)* 一生懸命 isshōkenmei
haunt *(v.)* 出没する shutsubotsu suru	heat *(v.)* 暖める atatameru
haunt *(n.)* たまり場 tamariba	heat *(n.)* 熱 netsu
have *(v.)* 持つ motsu	heat-resistant *(adj.)* 断熱性の dannetsusei no
haven *(n.)* 保護区 hogo ku	heatstroke *(n.)* 日射病 nisshabyō
havoc *(n.)* 大混乱 dai konran	heaven *(n.)* 天国 tengoku
hawk *(n.)* 鷹 taka	heavenly *(adj.)* 空の sora no
hawker *(n.)* タカ使い takazukai	heavily *(adv.)* 重く omoku
hawthorn *(n.)* サンザシ sanzashi	heavy *(adj.)* 重い omoi
hay *(n.)* 干し草 hoshikusa	

hedge (n.) 垣根 kakine
heed (v.) 心に留める kokoro ni tomeru
heel (n.) ヒール hīru
hefty (adj.) 多額の tagaku no
height (n.) 高さ taka sa
heighten (v.) 高くする takaku suru
heinous (adj.) 凶悪な kyōakuna
heiress (n.) 女相続人 onna sōzokujin
hell (n.) 地獄 jigoku
helm (n.) 舵の柄 kaji no e
helmet (n.) ヘルメット herumetto
help (n.) 助け tasuke
help (v.) 助ける tasukeru
helpful (adj.) 役立つ yakudatsu
helpless (adj.) 無力な muryokuna
helpmate (n.) 伴侶 hanryo
hemisphere (n.) 半球 hankyū
hemp (n.) 麻 asa
hen (n.) めんどり mendori
hence (adv.) それゆえに soreyue ni
henceforth (adv.) ただ今より tada ima yori
henceforward (adv.) 今後 kongo
henchman (n.) 子分 kobun
henpeck (v.) 尻に敷く shiri ni shiku
her (pron.) 彼女 kanojo
her (adj.) 彼女の kanojo no
herald (v.) 前触れをする maebure o suru
herb (n.) ハーブ hābu
herculean (adj.) ヘラクレスのような herakuresu no yōna
herdsman (n.) 牧夫 bokufu
here (adv.) ここに koko ni
hereabouts (adv.) このあたりに kono atari ni
hereafter (n.) 以後 igo

hereafter (adv.) これから先 korekara saki
hereditary (adj.) 遺伝的な iden tekina
heredity (n.) 遺伝 iden
heritable (adj.) 遺伝性の idensei no
hermit (n.) 世捨て人 yosutebito
hernia (n.) ヘルニア herunia
hero (n.) 英雄 eiyū
heroic (adj.) 勇敢な yūkanna
heroine (n.) ヒロイン hiroin
heroism (n.) 勇敢さ yūkan sa
herring (n.) ニシン nishin
hesitant (adj.) ためらって tameratte
hesitate (v.) ためらう tamerau
hesitation (n.) 躊躇 chūcho
hew (v.) 切り倒す kiritaosu
heyday (n.) 全盛期 zenseiki
hibernation (n.) 冬眠 tōmin
hiccup (n.) しゃっくり shakkuri
hide (v.) 隠す kakusu
hide (n.) 皮革 hikaku
hideous (adj.) おぞましい ozomashī
hierarchy (n.) 階層 kaisō
high (adj.) 高い takai
higher education (n.) 高等教育 kōtō kyōiku
highlight (n.) ハイライト hairaito
highly (adv.) 非常に hijō ni
Highness (n.) 殿下 denka
highway (n.) 高速道路 kōsoku dōro
hilarity (n.) 浮かれ騒ぎ ukare sawagi
hill (n.) 丘 oka
hillock (n.) 小さい丘 chīsai oka
him (pron.) 彼 kare
hinder (v.) 妨げる samatageru
hindrance (n.) 妨げ samatage
hint (n.) ヒント hinto

hip *(n.)* 腰 *koshi*
hire *(v.)* 雇う *yatou*
his *(pron.)* 彼の *kare no*
hiss *(v.)* シューと音を立てる *shū to oto o tateru*
hiss *(n.)* シューという音 *shū toiu oto*
historian *(n.)* 歴史家 *rekishika*
historic *(adj.)* 歴史的な *rekishi tekina*
historical *(adj.)* 歴史の *rekishi no*
history *(n.)* 歴史 *rekishi*
hit *(n.)* 打撃 *dageki*
hit *(v.)* 打つ *utsu*
hive *(n.)* 巣箱 *subako*
hoarse *(adj.)* ハスキーな *hasu kīna*
hoax *(n.)* でっち上げ *decchiage*
hobby *(n.)* 趣味 *shumi*
hobbyhorse *(n.)* 回転木馬 *kaiten mokuba*
hobnob *(v.)* 親しく交際する *shitashiku kōsai suru*
hockey *(n.)* ホッケー *hokkē*
hoist *(v.)* 揚げる *ageru*
hold *(n.)* 握ること *nigiru koto*
holdback *(n.)* 止め金 *tomegane*
hole *(n.)* 穴 *ana*
holiday *(n.)* 休日 *kyūjitsu*
hollow *(adj.)* 空洞な *kūdōna*
hollow *(v.)* くりぬく *kurinuku*
holocaust *(n.)* ホロコースト *horokōsuto*
holograph *(n.)* 自筆の書類 *jihitsu no shorui*
holy *(adj.)* 聖なる *seinaru*
homage *(n.)* オマージュ *omāju*
home *(n.)* 家 *ie*
home-made *(adj.)* 自家製の *jikasei no*
homeopath *(n.)* ホメオパシー医 *homeopashīi*
homeopathy *(n.)* ホメオパシー *homeopashī*
homesick *(adj.)* ホームシックの *hōmushikku no*
homogeneous *(adj.)* 同種の *dōshu no*
honest *(adj.)* 正直な *shōjikina*
honesty *(n.)* 正直さ *shōjiki sa*
honey *(n.)* はちみつ *hachimitsu*
honeymoon *(n.)* ハネムーン *hanemūn*
honorarium *(n.)* 謝礼金 *shareikin*
honorary *(adj.)* 名誉上の *meiyo jō no*
honour *(n.)* 名誉 *meiyo*
honour *(v.)* 栄誉を授ける *eiyo o sazukeru*
honourable *(adj.)* 尊敬すべき *sonkei subeki*
hood *(n.)* フード *fūdo*
hoof *(n.)* 蹄 *hizume*
hook *(n.)* フック *fukku*
hoot *(n.)* 面白い人 *omoshiroi hito*
hop *(n.)* 片足跳び *katāshi tobi*
hop *(v.)* 片足で跳ぶ *katāshi de tobu*
hope *(n.)* 希望 *kibō*
hope *(v.)* 望む *nozomu*
hopeful *(adj.)* 希望に満ちた *kibō ni michita*
hopeless *(adj.)* 絶望的な *zetsubō tekina*
horde *(n.)* 大群 *taigun*
horizon *(n.)* 地平線 *chiheisen*
horn *(n.)* 角 *tsuno*
hornet *(n.)* 雀蜂 *suzumebachi*
horrify *(v.)* ゾッとさせる *zotto saseru*
horse *(n.)* 馬 *uma*
horseshoe *(n.)* 馬蹄 *batei*
horticulture *(n.)* 園芸 *engei*
hose *(n.)* ホース *hōsu*
hospital *(n.)* 病院 *byōin*
hospitality *(n.)* おもてなし *omotenashi*

host *(n.)* 主催者 *shusaisha*
hostage *(n.)* 人質 *hitojichi*
hostel *(n.)* ホステル *hosuteru*
hostile *(adj.)* 敵の *teki no*
hot *(adj.)* 暑い *atsui*
hotchpotch *(n.)* ごった煮 *gottani*
hotel *(n.)* ホテル *hoteru*
hound *(n.)* 猟犬 *ryōken*
hour *(n.)* 時間 *jikan*
house *(v.)* 家を提供する *ie o teikyō suru*
household *(n.)* 家庭 *katei*
how *(adv.)* どうやって *dō yatte*
however *(adv.)* しかし *shikashi*
however *(conj.)* どんなふうにでも *donna fū ni demo*
howl *(n.)* 遠吠え *tōboe*
howl *(v.)* 遠吠えする *tōboe suru*
hub *(n.)* ハブ *habu*
hum *(n.)* 鼻歌 *hanauta*
hum *(v.)* 鼻歌を歌う *hanauta o utau*
human *(adj.)* 人間らしい *ningenrashī*
humane *(adj.)* 人道的な *jindōtekina*
humanitarian *(adj.)* 人道主義の *jindō shugi no*
humanity *(n.)* 人類 *jinrui*
humanize *(v.)* 人間らしくする *ningenrashiku suru*
humble *(adj.)* 謙虚な *kenkyona*
humid *(adj.)* 蒸し暑い *mushiatsui*
humidity *(n.)* 湿度 *shitsudo*
humiliate *(v.)* 恥をかかせる *haji o kakaseru*
humiliation *(n.)* 屈辱 *kutsujoku*
humility *(n.)* 謙虚 *kenkyo*
humorist *(n.)* ユーモア作家 *yūmoa sakka*
humorous *(adj.)* 滑稽な *kokkeina*
humour *(n.)* ユーモア *yūmoa*

hunch *(n.)* 勘 *kan*
hundred *(n.)* 百 *hyaku*
hunger *(n.)* 飢え *ue*
hungry *(adj.)* 空腹の *kūfuku no*
hunt *(n.)* 狩り *kari*
hunt *(v.)* 狩る *karu*
hunter *(n.)* 猟師 *ryōshi*
huntsman *(n.)* 猟師 *ryōshi*
hurdle *(n.)* 障害物 *shōgaibutsu*
hurdle *(v.)* 飛び越える *tobikoeru*
hurrah *(interj.)* 万歳 *banzai*
hurricane *(n.)* ハリケーン *harikēn*
hurry *(v.)* 急ぐ *isogu*
hurry *(n.)* 急ぐこと *isogu koto*
hurt *(n.)* 傷 *kizu*
hurt *(v.)* 傷つける *kizutsukeru*
husband *(n.)* 夫 *otto*
hush *(v.)* 黙る *damaru*
husk *(n.)* 殻 *kara*
husky *(adj.)* ハスキーな *hasu kīna*
hustle *(v.)* 急がせる *isogaseru*
hyaena, hyena *(n.)* ハイエナ *haiena*
hybrid *(n.)* 合成物 *gōseibutsu*
hybrid *(adj.)* 雑種の *zasshu no*
hydrogen *(n.)* 水素 *suiso*
hygiene *(n.)* 衛生 *eisei*
hygienic *(adj.)* 衛生的な *eisei tekina*
hymn *(n.)* 賛美歌 *sanbika*
hyperbole *(n.)* 誇張 *kochō*
hypnotism *(n.)* 催眠術 *saiminjutsu*
hypnotize *(v.)* 催眠術をかける *saiminjutsu o kakeru*
hypocrisy *(n.)* 偽善 *gizen*
hypocrite *(n.)* 偽善者 *gizensha*
hypocritical *(adj.)* 偽善的な *gizen tekina*
hypothesis *(n.)* 仮説 *kasetsu*

hypothetical *(adj.)* 仮定の *katei no*
hysteria *(n.)* ヒステリー *hisuterī*
hysterical *(adj.)* ヒステリックな *hisuterikkuna*

I

I *(pron.)* 私 *watashi*
iambic *(adj.)* 弱強格の *jakkyōkaku no*
ice *(v.)* 氷で冷やす *kōri de hiyasu*
ice *(n.)* 氷 *kōri*
ice bucket *(n.)* アイスバケット *aisu baketto*
ice cream *(n.)* アイスクリーム *aisukurīmu*
iceberg *(n.)* 氷山 *hyōzan*
iceblock *(n.)* アイスキャンデー *aisukyandē*
icebreaker *(n.)* アイスブレーカー *aisuburēkā*
icecap *(n.)* 氷冠 *hyōkan*
iced *(adj.)* 氷で冷やした *kōri de hiyashita*
icicle *(n.)* つらら *tsurara*
icon *(n.)* 聖像 *seizō*
iconoclastic *(adj.)* 偶像破壊の *gūzō hakai no*
icy *(adj.)* 氷で覆われた *kōri de ōwareta*
idea *(n.)* 考え *kangae*
ideal *(n.)* 理想 *risō*
ideal *(adj.)* 理想的な *risō tekina*
idealism *(n.)* 理想主義 *risō shugi*
idealist *(n.)* 理想主義者 *risō shugisha*
idealistic *(adj.)* 理想主義的な *risō shugi tekina*
idealize *(v.)* 美化する *bika suru*
identification *(n.)* 識別 *shikibetsu*
identity *(n.)* 身元 *mimoto*
identity card *(n.)* 身分証明書 *mibun shōmeisho*
idiom *(n.)* 熟語 *jukugo*
idiomatic *(adj.)* 慣用的な *kanyō tekina*
idiot *(n.)* バカ *baka*
idiotic *(adj.)* バカバカしい *bakabakashī*
idle *(adj.)* 怠けている *namaketeiru*
idler *(n.)* 役立たず *yakutatazu*
idol *(n.)* 偶像 *gūzō*
idolater *(n.)* 偶像礼拝者 *gūzō reihaisha*
if *(conj.)* もし *moshi*
igloo *(n.)* イグルー *igurū*
ignite *(v.)* 点火する *tenka suru*
ignition *(n.)* 点火 *tenka*
ignorance *(n.)* 無知 *muchi*
ignorant *(adj.)* 無知の *muchi no*
ignore *(v.)* 無視する *mushi suru*
ill *(adj.)* 病気の *byōki no*
ill *(adv.)* 不適切に *futekisetsu ni*
illegal *(adj.)* 違法な *ihōna*
illegibility *(n.)* 読みにくさ *yomi niku sa*
illegible *(adj.)* 読みにくい *yomi nikui*
illicit *(adj.)* 不法の *fuhō no*
illiteracy *(n.)* 非識字 *hi shikiji*
illiterate *(adj.)* 読み書きのできない *yomikaki no dekinai*
illogical *(adj.)* 非論理的 *hi ronri teki*
illuminate *(v.)* 光を当てる *hikari o ateru*
illumination *(n.)* イルミネーション *iruminēshon*
illusion *(n.)* 幻想 *gensō*
image *(n.)* 画像 *gazō*
imaginary *(adj.)* 想像上の *sōzō jō no*
imagination *(n.)* 想像力 *sōzōryoku*
imagine *(v.)* 想像する *sōzō suru*
imbalance *(n.)* 不均衡 *fu kinkō*

imitate *(v.)* 物まねをする *monomane o suru*
imitation *(n.)* 模造品 *mozōhin*
imitator *(n.)* 模倣者 *mohōsha*
immature *(adj.)* 未熟な *mijukuna*
immaturity *(n.)* 未熟さ *mijuku sa*
immeasurable *(adj.)* 計り知れない *hakari shirenai*
immediate *(adj.)* 即刻の *sokkoku no*
immemorial *(adj.)* 遠い昔の *tōi mukashi no*
immensity *(n.)* 莫大 *bakudai*
immerse *(v.)* 浸す *hitasu*
immersion *(n.)* 浸水 *shinsui*
immigrant *(n.)* 移民 *imin*
immigrate *(v.)* 移住する *ijū suru*
immigration *(n.)* 移住 *ijū*
imminent *(adj.)* 差し迫った *sashisematta*
immodest *(adj.)* 下品な *gehinna*
immodesty *(n.)* 不謹慎 *fukinshin*
immoral *(adj.)* 不道徳な *fudōtokuna*
immorality *(n.)* 不道徳 *fudōtoku*
immortal *(adj.)* 不滅の *fumetsu no*
immortality *(n.)* 不死 *fushi*
immortalize *(v.)* 永遠に伝える *eien ni tsutaeru*
immovable *(adj.)* 不動の *fudō no*
immune *(adj.)* 免疫性の *men ekisei no*
immunity *(n.)* 免疫 *men eki*
impact *(n.)* 影響 *eikyō*
impart *(v.)* 授ける *sazukeru*
impartial *(adj.)* 公平な *kōheina*
impartiality *(n.)* 公平 *kōhei*
impassable *(adj.)* 通行できない *tsūkō dekinai*
impasse *(n.)* 行き止まり *ikidomari*
impatience *(n.)* 焦り *aseri*

impatient *(adj.)* せっかちな *sekkachina*
impeach *(v.)* 弾劾する *dangai suru*
impeachment *(n.)* 弾劾 *dangai*
impeccable *(adj.)* 非の打ち所がない *hino uchidokoro ga nai*
impediment *(n.)* 障害 *shōgai*
imperative *(adj.)* 必要不可欠の *hitsuyō fukaketsu no*
imperfect *(adj.)* 不完全な *fukanzenna*
imperfection *(n.)* 不完全 *fukanzen*
imperial *(adj.)* 帝国の *teikoku no*
imperialism *(n.)* 帝国主義 *teikoku shugi*
impersonate *(v.)* なりすます *narisumasu*
impersonation *(n.)* なりすますこと *narisumasu koto*
impertinence *(n.)* ずうずうしさ *zūzūshi sa*
impertinent *(adj.)* ずうずうしい *zūzūshī*
impetuosity *(n.)* 衝動で動くこと *shōdō de ugoku koto*
implement *(v.)* 実行する *jikkō suru*
implication *(n.)* 暗示 *anji*
implicit *(adj.)* 暗黙の *anmoku no*
implore *(v.)* 懇願する *kongan suru*
imply *(v.)* ほのめかす *honomekasu*
impolite *(adj.)* 無礼な *bureina*
import *(v.)* 輸入する *yunyū suru*
import *(n.)* 輸入品 *yunyūhin*
importance *(n.)* 重要性 *jūyōsei*
important *(adj.)* 重要な *jūyōna*
impose *(v.)* 課す *kasu*
imposing *(adj.)* 堂々とした *dōdō to shita*
imposition *(n.)* 押し付け *oshitsuke*
impossibility *(n.)* 不可能 *fukanō*
impossible *(adj.)* 不可能な *fukanōna*
imposture *(n.)* 詐欺行為 *sagi kōi*
impoverish *(v.)* 貧しくする *mazushiku suru*

impracticability *(n.)* 実行困難性 *jikkō konnansei*
impracticable *(adj.)* 実用的でない *jitsuyō tekidenai*
impress *(v.)* 感心させる *kanshin saseru*
impression *(n.)* 印象 *inshō*
impressive *(adj.)* 印象的な *inshō tekina*
imprint *(v.)* 刻みこむ *kizamikomu*
imprison *(v.)* 監禁する *kankin suru*
improper *(adj.)* 不適切な *futekisetsuna*
impropriety *(n.)* 不正 *fusei*
improve *(v.)* 改善する *kaizen suru*
improvement *(n.)* 改善 *kaizen*
imprudence *(n.)* 軽率 *keisotsu*
impulse *(n.)* 衝動 *shōdō*
impulsive *(adj.)* 衝動的な *shōdō tekina*
impunity *(n.)* 刑罰を受けないこと *keibatsu o ukenai koto*
impure *(adj.)* 不純な *fujunna*
impurity *(n.)* 不純 *fujun*
impute *(v.)* 転嫁する *tenka suru*
in *(prep.)* に *ni*
inability *(n.)* 無力 *muryoku*
inaccessible *(adj.)* 手の届かない *te no todokanai*
inaccurate *(adj.)* 不正確な *fu seikakuna*
inaction *(n.)* 不履行 *furikō*
inactive *(adj.)* 非活性 *hi kassei*
inadmissible *(adj.)* 許容できない *kyoyō dekinai*
inanimate *(adj.)* 無生物の *mu seibutsu no*
inapplicable *(adj.)* 適用できない *tekiyō dekinai*
inattentive *(adj.)* 不注意な *fuchūina*
inaudible *(adj.)* 聞こえない *kikoenai*
inaugural *(adj.)* 就任式の *shūninshiki no*
inauguration *(n.)* 就任式 *shūninshiki*
inbound *(adj.)* 本国行きの *hongoku iki no*
inbox *(n.)* 受信トレイ *jushin torei*
incalculable *(adj.)* 数え切れない *kazoekirenai*
incarnate *(adj.)* 人間の姿をした *ningen no sugata o shita*
incarnation *(n.)* 生まれ変わり *umarekawari*
incense *(n.)* 香 *kō*
incentive *(n.)* 動機 *dōki*
inception *(n.)* 始まり *hajimari*
inch *(n.)* インチ *inchi*
incharge *(adj.)* 担当している *tantō shiteiru*
incharge *(n.)* 担当者 *tantōsha*
incident *(n.)* 事件 *jiken*
incidental *(adj.)* 偶発的な *gūhatsu tekina*
incite *(v.)* 駆り立てる *karitateru*
inclination *(n.)* 傾き *katamuki*
incline *(v.)* 傾ける *katamukeru*
include *(v.)* 含める *fukumeru*
inclusion *(n.)* 算入 *sannyū*
inclusive *(adj.)* 包含的な *hōgan tekina*
incoherent *(adj.)* 一貫しない *ikkan shinai*
income *(n.)* 所得 *shotoku*
incomparable *(adj.)* 比較できない *hikaku dekinai*
incompetent *(adj.)* 無能な *munōna*
inconsiderate *(adj.)* 配慮に欠ける *hairyo ni kakeru*
inconvenient *(adj.)* 不便な *fubenna*
incorporate *(v.)* 組み込む *kumikomu*
incorporate *(adj.)* 法人化された *hōjin ka sareta*
incorrigible *(adj.)* 救い難い *sukui gatai*
incorruptible *(adj.)* 清廉潔白な *seiren keppakuna*
increase *(n.)* 増加 *zōka*

increase *(v.)* 増加する *zōka suru*
incredible *(adj.)* 信じ難い *shinji gatai*
increment *(n.)* 増分 *zōbun*
incriminate *(v.)* 有罪にする *yūzai ni suru*
incubate *(v.)* 孵化する *fuka suru*
inculcate *(v.)* 植えつける *uetsukeru*
incumbent *(adj.)* 現職の *genshoku no*
incumbent *(n.)* 現職者 *genshokusha*
incur *(v.)* 招く *maneku*
incurable *(adj.)* 不治の *fuchi no*
indebted *(adj.)* 借金がある *shakkin ga aru*
indecency *(n.)* わいせつ *waisetsu*
indecent *(adj.)* みだらな *midarana*
indecision *(n.)* 優柔不断 *yūjūfudan*
indeed *(adv.)* 実に *jitsuni*
indefensible *(adj.)* 弁解の余地のない *benkai no yochi no nai*
indefinite *(adj.)* 不確定の *fu kakutei no*
indemnity *(n.)* 損害保障 *songai hoshō*
independence *(n.)* 独立心 *dokuritsushin*
independent *(adj.)* 独立している *dokuritsu shiteiru*
indescribable *(adj.)* 言葉では言い表せない *kotoba de wa īarawasenai*
index *(n.)* 索引 *sakuin*
Indian *(adj.)* インドの *indo no*
indicate *(v.)* 示す *shimesu*
indication *(n.)* しるし *shirushi*
indicative *(adj.)* 示す *shimesu*
indicator *(n.)* 測定器 *sokuteiki*
indifference *(n.)* 無関心 *mu kanshin*
indifferent *(adj.)* 無関心な *mukanshinna*
indigenous *(adj.)* 先住の *senjū no*
indigestible *(adj.)* 消化が悪い *shōka ga warui*
indigestion *(n.)* 消化不良 *shōka furyō*
indignant *(adj.)* 腹を立てた *hara o tateta*

indignation *(n.)* 憤り *ikidōri*
indigo *(n.)* 藍色の *aīro no*
indirect *(adj.)* 間接の *kansetsu no*
indiscipline *(n.)* 無規律 *mu kiritsu*
indiscretion *(n.)* 無分別 *mu funbetsu*
indiscriminate *(adj.)* 無差別の *mu sabetsu no*
indispensable *(adj.)* 不可欠な *fukaketsuna*
indisposed *(adj.)* 気が向かない *ki ga mukanai*
indisputable *(adj.)* 議論の余地がない *giron no yochi ga nai*
individual *(adj.)* 個人の *kojin no*
individualism *(n.)* 個人主義 *kojin shugi*
individuality *(n.)* 個性 *kosei*
indivisible *(adj.)* 分割できない *bunkatsu dekinai*
indomitable *(adj.)* 不屈の *fukutsu no*
indoor *(adj.)* 屋内の *okunai no*
indoors *(adv.)* 屋内に *okunai ni*
induce *(v.)* し向ける *shi mukeru*
inducement *(n.)* 誘導 *yūdō*
induct *(v.)* 就任させる *shūnin saseru*
indulge *(v.)* 熱中する *necchū suru*
indulge *(v.)* ふける *fukeru*
indulgent *(adj.)* 甘い *amai*
industrial *(adj.)* 産業の *sangyō no*
industry *(n.)* 業界 *gyōkai*
ineffective *(adj.)* 無効の *mukō no*
inert *(adj.)* 不活性の *fu kassei no*
inertia *(n.)* 慣性 *kansei*
inevitable *(adj.)* 避けられない *sakerarenai*
inexperience *(n.)* 未経験 *mi keiken*
inexplicable *(adj.)* 不可解な *fukakaina*
infallible *(adj.)* 絶対確実な *zettai kakujitsuna*
infamous *(adj.)* 悪名高い *akumyō dakai*

infamy *(n.)* 悪名 *akumyō*
infancy *(n.)* 幼年期 *yōnenki*
infant *(n.)* 幼児 *yōji*
infanticide *(n.)* 幼児殺害 *yōji satsugai*
infantile *(adj.)* 幼児の *yōji no*
infantry *(n.)* 歩兵 *hohei*
infatuate *(v.)* 夢中にさせる *muchū ni saseru*
infatuation *(n.)* 夢中 *muchū*
infect *(v.)* 感染させる *kansen saseru*
infection *(n.)* 感染症 *kansenshō*
infectious *(adj.)* 感染性の *kansensei no*
inference *(n.)* 推論 *suiron*
inferior *(adj.)* 劣っている *ototteiru*
inferiority *(n.)* 劣等感 *rettōkan*
infernal *(adj.)* 地獄のような *jigoku no yōna*
infertile *(adj.)* 不妊の *funin no*
infest *(v.)* はびこる *habikoru*
infinite *(adj.)* 無限の *mugen no*
infinity *(n.)* 無限大 *mugendai*
infirmity *(n.)* 虚弱 *kyojaku*
inflammable *(adj.)* 燃えやすい *moe yasui*
inflammation *(n.)* 炎症 *enshō*
inflammatory *(adj.)* 炎症の *enshō no*
inflation *(n.)* インフレ *infure*
inflexible *(adj.)* 柔軟性のない *jūnansei no nai*
inflict *(v.)* 与える *ataeru*
influence *(v.)* 影響する *eikyō suru*
influential *(adj.)* 影響力のある *eikyōryoku no aru*
influenza *(n.)* インフルエンザ *infuruenza*
influx *(n.)* 流入 *ryūnyū*
inform *(v.)* 教える *oshieru*
informal *(adj.)* くだけた *kudaketa*
information *(n.)* 情報 *jōhō*

informer *(n.)* 密告者 *mikkokusha*
infringe *(v.)* 侵害する *shingai suru*
infuse *(v.)* 染み込ませる *shimikomaseru*
infusion *(n.)* 注入 *chūnyū*
ingrained *(adj.)* 染み付いた *shimitsuita*
ingratitude *(n.)* 恩知らず *onshirazu*
ingredient *(n.)* 材料 *zairyō*
inhabit *(v.)* 生息する *seisoku suru*
inhabitable *(adj.)* 住める *sumeru*
inhabitant *(n.)* 住人 *jūnin*
inhale *(v.)* 吸い込む *suikomu*
inherent *(adj.)* 先天的な *sententekina*
inherit *(v.)* 受け継ぐ *uketsugu*
inheritance *(n.)* 遺産 *isan*
inhibition *(n.)* 抑止 *yokushi*
inhuman *(adj.)* 冷酷な *reikokuna*
inimical *(adj.)* 敵意のある *tekī no aru*
inimitable *(adj.)* まねできない *manedekinai*
initial *(n.)* イニシャル *inisharu*
initial *(adj.)* 初期の *shoki no*
initial *(v.)* 頭文字を記す *kashiramoji o shirusu*
initiative *(n.)* 主導権 *shudōken*
inject *(v.)* 注入する *chūnyū suru*
injection *(n.)* 注射 *chūsha*
injunction *(n.)* 禁止命令 *kinshi meirei*
injure *(v.)* 怪我をさせる *kega o saseru*
injury *(n.)* 怪我 *kega*
ink *(n.)* インク *inku*
inkling *(n.)* 感づくこと *kanzuku koto*
inland *(adv.)* 内陸の *nairiku no*
inland *(adj.)* 内陸に *nairiku ni*
in-laws *(n.)* 義理の両親 *giri no ryōshin*
inn *(n.)* 宿 *yado*
inner *(adj.)* 内部の *naibu no*

innermost *(adj.)* 最も奥の *mottomo oku no*	insignificance *(n.)* 無意味 *mu imi*
innings *(n.)* イニング *iningu*	insignificant *(adj.)* 無意味な *muimina*
innocence *(n.)* 無罪 *muzai*	insincere *(adj.)* 不誠実な *fuseijitsuna*
innocent *(adj.)* 無実の *mujitsu no*	insincerity *(n.)* 不誠実 *fuseijitsu*
innovate *(v.)* 革新する *kakushin suru*	insinuation *(n.)* 嫌み *iyami*
innovation *(n.)* イノベーション *inobēshon*	insipid *(adj.)* 退屈な *taikutsuna*
innovator *(n.)* 革新者 *kakushinsha*	insipidity *(n.)* 退屈 *taikutsu*
innumerable *(adj.)* 無数の *musū no*	insist *(v.)* 言い張る *īharu*
inoculate *(v.)* 接種する *sesshu suru*	insistence *(n.)* 主張 *shuchō*
inoperative *(adj.)* 動作不能 *dōsa funō*	insistent *(adj.)* しつこい *shitsukoi*
inopportune *(adj.)* 都合の悪い *tsugō no warui*	insolence *(n.)* 横柄 *ōhei*
input *(n.)* 入力 *nyūryoku*	insolent *(adj.)* 横柄な *ōheina*
inquest *(n.)* 審問 *shinmon*	insoluble *(n.)* 溶けない *tokenai*
inquire *(v.)* 問い合わせる *toiawaseru*	insolvency *(n.)* 破産 *hasan*
inquiry *(n.)* 問い合わせ *toiawase*	insolvent *(adj.)* 破産した *hasan shita*
inquisition *(n.)* 審理 *shinri*	inspect *(v.)* 検査する *kensa suru*
inquisitive *(adj.)* 探求的な *tankyū tekina*	inspector *(n.)* 刑事 *keiji*
insane *(adj.)* 非常識な *hijōshikina*	inspiration *(n.)* インスピレーション *insupirēshon*
inscribe *(v.)* 記す *shirusu*	inspire *(v.)* インスピレーションを与える *insupirēshon o ataeru*
insect *(n.)* 昆虫 *konchū*	instability *(n.)* 不安定 *fuantei*
insecticide *(n.)* 殺虫剤 *sacchūzai*	install *(v.)* 導入する *dōnyū suru*
insecure *(adj.)* 自尊心が低い *jisonshin ga hikui*	installation *(n.)* 取り付け *toritsuke*
insensibility *(n.)* 無感覚 *mukankaku*	instalment *(n.)* 一回分 *ikkaibun*
insensible *(adj.)* 無意識の *muishiki no*	instance *(n.)* 実例 *jitsurei*
insensitive *(adj.)* 無神経な *mushinkeina*	instant *(n.)* 瞬間 *shunkan*
inseparable *(adj.)* 切っても切れない *kitte mo kirenai*	instant *(adj.)* すぐの *sugu no*
insert *(v.)* 挿入する *sōnyū suru*	instantly *(adv.)* 瞬時に *shunji ni*
insertion *(n.)* 挿入 *sōnyū*	instigate *(v.)* 扇動する *sendō suru*
inside *(adv.)* 内側で *uchigawa de*	instigation *(n.)* 扇動 *sendō*
inside *(adj.)* 内側の *uchigawa no*	instil *(v.)* 吹き込む *fukikomu*
inside *(prep.)* 内部に *naibu ni*	instinct *(n.)* 本能 *honnō*
inside *(n.)* 中 *naka*	instinctive *(adj.)* 本能的な *honnō tekina*
insight *(n.)* 洞察力 *dōsatsuryoku*	institute *(n.)* 研究所 *kenkyūjo*
	instruct *(v.)* 指示する *shiji suru*

instruction *(n.)* 指示 *shiji*	intensive *(adj.)* 集中的な *shūchū tekina*
instructor *(n.)* 講師 *kōshi*	intention *(n.)* 意図 *ito*
instrument *(n.)* 楽器 *gakki*	interactive *(adj.)* 対話型の *taiwagata no*
instrumentalist *(n.)* 奏楽者 *sōgakusha*	intercept *(v.)* 傍受する *bōju suru*
insubordination *(n.)* 不服従 *fu fukujū*	interception *(n.)* 傍受 *bōju*
insufficient *(adj.)* 不十分な *fujūbunna*	interchange *(n.)* やり取り *yaritori*
insular *(adj.)* 視野の狭い *shiya no semai*	intercourse *(n.)* 性交 *seikō*
insularity *(n.)* 偏狭 *henkyō*	interdependence *(n.)* 相互依存 *sōgo izon*
insulate *(v.)* 遮断する *shadan suru*	interdependent *(adj.)* 相互依存の *sōgo izon no*
insulation *(n.)* 断熱 *dannetsu*	interest *(n.)* 興味 *kyōmi*
insulator *(n.)* 断熱材 *dannetsuzai*	interested *(adj.)* 興味がある *kyōmi ga aru*
insult *(n.)* 侮辱 *bujoku*	interesting *(adj.)* 興味深い *kyōmibukai*
insult *(v.)* 侮辱する *bujoku suru*	interfere *(v.)* 干渉する *kanshō suru*
insurance *(n.)* 保険 *hoken*	interference *(n.)* 干渉 *kanshō*
insure *(v.)* 保険を掛ける *hoken o kakeru*	interim *(n.)* 合間 *aima*
insurgent *(n.)* 反乱者 *hanransha*	interior *(n.)* 内部 *naibu*
insurgent *(adj.)* 反乱の *hanran no*	interjection *(n.)* 間投詞 *kantōshi*
insurmountable *(adj.)* 乗り越えられない *norikoerarenai*	interlude *(n.)* 間奏 *kansō*
intact *(adj.)* 傷がない *kizu ga nai*	intermediary *(n.)* 仲介人 *chūkainin*
intangible *(adj.)* 無形の *mukei no*	intermediate *(adj.)* 中級の *chūkyū no*
integral *(adj.)* 不可欠の *fukaketsu no*	intermingle *(v.)* 交じり合う *majiriau*
integrate *(v.)* 統一する *tōitsu suru*	intern *(n.)* インターン *intān*
integrity *(n.)* 誠実 *seijitsu*	international *(adj.)* 国際的な *kokusai tekina*
intellect *(n.)* 知性 *chisei*	internet *(n.)* インターネット *intānetto*
intellectual *(adj.)* 知的な *chitekina*	interplay *(n.)* 相互作用 *sōgo sayō*
intellectual *(n.)* 知識人 *chishikijin*	interpret *(v.)* 解釈する *kaishaku suru*
intelligence *(n.)* 知能 *chinō*	interpreter *(n.)* 通訳者 *tsūyakusha*
intelligent *(adj.)* 賢い *kashikoi*	interrogate *(v.)* 尋問する *jinmon suru*
intelligentsia *(n.)* インテリ *interi*	interrogation *(n.)* 尋問 *jinmon*
intelligible *(adj.)* 理解しやすい *rikai shi yasui*	interrogative *(adj.)* いぶかしげな *ibu kashigena*
intend *(v.)* するつもり *suru tsumori*	interrogative *(n.)* 疑問文 *gimon bun*
intense *(adj.)* 激しい *hageshī*	interrupt *(v.)* 割り込む *warikomu*
intensify *(v.)* 激化する *gekika suru*	interruption *(n.)* 中断 *chūdan*
intensity *(n.)* 激しさ *hageshi sa*	

intersect *(v.)* 交差する *kōsa suru*
intersection *(n.)* 交差点 *kōsaten*
interval *(n.)* 間隔 *kankaku*
intervene *(v.)* 介入する *kainyū suru*
intervention *(n.)* 介入 *kainyū*
interview *(n.)* 面接 *mensetsu*
interview *(v.)* 面接する *mensetsu suru*
intestinal *(adj.)* 腸の *chō no*
intestine *(n.)* 腸 *chō*
intimacy *(n.)* 親密さ *shinmitsu sa*
intimate *(adj.)* 親しい *shitashī*
intimidate *(v.)* 脅迫する *kyōhaku suru*
intimidation *(n.)* 脅迫 *kyōhaku*
into *(prep.)* に *ni*
intolerable *(adj.)* 耐え難い *tae gatai*
intolerance *(n.)* 不寛容 *fu kan yō*
intolerant *(adj.)* 不寛容な *fu kan yōna*
intoxicant *(n.)* 酔わせるもの *yowaseru mono*
intoxicate *(v.)* 酔わせる *yowaseru*
intoxication *(n.)* 中毒 *chūdoku*
intransitive *(adj. (verb))* 自動詞の *jidōshi no*
intrepidity *(n.)* 大胆 *daitan*
intrigue *(n.)* 興味深さ *kyōmibuka sa*
intrigue *(v.)* 好奇心をそそる *kōkishin o sosoru*
intrinsic *(adj.)* 本質的な *honshitsu tekina*
introduce *(v.)* 紹介する *shōkai suru*
introduction *(n.)* 前書き *maegaki*
introductory *(adj.)* 入門の *nyūmon no*
introspect *(v.)* 内省する *naisei suru*
introspection *(n.)* 内省 *naisei*
introvert *(n.)* 内向的な人 *naikō tekina hito*
intrude *(v.)* 押し入る *oshīru*
intrusion *(n.)* 侵入 *shinnyū*

intuition *(n.)* 直感 *chokkan*
intuitive *(adj.)* 直感的な *chokkan tekina*
invade *(v.)* 侵攻する *shinkō suru*
invalid *(adj.)* 無効 *mukō*
invalid *(n.)* 病人にする *byōnin ni suru*
invaluable *(adj.)* 貴重な *kichōna*
invasion *(n.)* 侵略 *shinryaku*
invective *(n.)* 毒舌 *dokuzetsu*
invent *(v.)* 発明する *hatsumei suru*
invention *(n.)* 発明 *hatsumei*
inventive *(adj.)* 独創的な *dokusō tekina*
inventor *(n.)* 発明家 *hatsumeika*
invert *(v.)* 逆さにする *sakasa ni suru*
invest *(v.)* 投資する *tōshi suru*
investigate *(v.)* 調査する *chōsa suru*
investigation *(n.)* 調査 *chōsa*
investment *(n.)* 投資 *tōshi*
invigilate *(v.)* 試験監督をする *shiken kantoku o suru*
invigilation *(n.)* 試験監督 *shiken kantoku*
invigilator *(n.)* 試験監督 *shiken kantoku*
invincible *(adj.)* 無敵の *muteki no*
inviolable *(adj.)* 犯すことのできない *okasukotono dekinai*
invisible *(adj.)* 目に見えない *me ni mienai*
invitation *(n.)* 招待 *shōtai*
invite *(v.)* 招待する *shōtai suru*
invocation *(n.)* 訴え *uttae*
invoice *(n.)* 請求書 *seikyūsho*
invoke *(v.)* 呼び出す *yobidasu*
involve *(v.)* 巻き込む *makikomu*
inward *(adj.)* 内側への *uchigawa e no*
inwards *(adv.)* 内側へ *uchigawa e*
irate *(adj.)* 激怒してる *gekido shiteru*
Irish *(n.)* アイルランド語 *airurandogo*
Irish *(adj.)* アイルランドの *airurando no*

irksome *(adj.)* 厄介な *yakkaina*
iron *(v.)* アイロンをかける *airon o kakeru*
iron *(n.)* 鉄 *tetsu*
ironic *(adj.)* 皮肉な *hinikuna*
irony *(n.)* 皮肉 *hiniku*
irradiate *(v.)* 放射線を当てる *hōshasen o ateru*
irrational *(adj.)* 筋の通らない *suji no tōranai*
irreconcilable *(adj.)* 和解できない *wakai dekinai*
irrecoverable *(adj.)* 取り戻せない *torimodosenai*
irrefutable *(adj.)* 反論の余地のない *hanron no yochi no nai*
irregular *(adj.)* 不定期な *futeikina*
irregularity *(n.)* 不規則 *fukisoku*
irrelevant *(adj.)* 無関係な *mukankeina*
irresistible *(adj.)* 抵抗できない *teikō dekinai*
irrespective *(adj.)* 関係なく *kankei naku*
irresponsible *(adj.)* 無責任な *musekininna*
irrigate *(v.)* 水を引く *mizu o hiku*
irrigation *(n.)* 灌漑 *kangai*
irritable *(adj.)* 怒りっぽい *okori ppoi*
irritant *(adj.)* 刺激性の *shigekisei no*
irritant *(n.)* 刺激物 *shigekibutsu*
irritation *(n.)* 苛立ち *iradachi*
island *(n.)* 島 *shima*
isle *(n.)* 小島 *kojima*
isobar *(n.)* 等圧線 *tōatsusen*
isolate *(v.)* 孤立させる *koritsu saseru*
isolation *(n.)* 孤立 *koritsu*
issue *(v.)* 発行する *hakkō suru*
it *(pron.)* それ *sore*
Italian *(adj.)* イタリアの *itaria no*
Italian *(n.)* イタリア語 *itariago*

italic *(adj.)* イタリック体の *itarikkutai no*
italics *(n.)* イタリック体 *itarikkutai*
itch *(v.)* かゆい *kayui*
itch *(n.)* かゆみ *kayumi*
item *(n.)* 項目 *kōmoku*
itinerary *(n.)* 旅程 *ryotei*
ivory *(n.)* 象牙 *zōge*
ivy *(n.)* ツタ *tsuta*

J

jack *(n.)* ジャッキ *jakki*
jackal *(n.)* ジャッカル *jakkaru*
jacket *(n.)* ジャケット *jaketto*
jackpot *(n.)* 賞金 *shōkin*
jade *(n.)* 翡翠 *hisui*
jail *(n.)* 拘置所 *kōchisho*
jail *(v.)* 投獄する *tōgoku suru*
jailer *(n.)* 看守 *kanshu*
jam *(n.)* ジャム *jamu*
jam-packed *(adj.)* 満員の *man in no*
janitor *(n.)* 管理人 *kanrinin*
January *(n.)* 一月 *ichigatsu*
jar *(n.)* 瓶 *bin*
jargon *(n.)* 専門用語 *senmon yōgo*
jasmine, jessamine *(n.)* ジャスミン *jasumin*
jaundice *(n.)* 黄疸 *ōdan*
javelin *(n.)* 槍投げ *yarinage*
jaw *(n.)* 顎 *ago*
jay *(n.)* かけす *kakesu*
jealous *(adj.)* 嫉妬深い *shitto bukai*
jealousy *(n.)* 嫉妬 *shitto*
jean *(n.)* デニム *denimu*
jelly *(n.)* ゼリー *zerī*

jeopardy *(n.)* 危険 *kiken*
jerk *(n.)* 急に引っ張ること *kyū ni hipparu koto*
jerkin *(n.)* ジャーキン *jā kin*
jerky *(adj.)* ぎくしゃくした *gikushaku shita*
jersey *(n.)* ジャージー *jājī*
jest *(v.)* ちゃかす *chakasu*
jet *(n.)* ジェット機 *jettoki*
jet engine *(n.)* ジェットエンジン *jetto enjin*
jew *(n.)* ユダヤ人 *yudayajin*
jewel *(n.)* 宝石 *hōseki*
jewel *(v.)* 宝石で飾る *hōseki de kazaru*
jeweller *(n.)* 宝石商 *hōsekishō*
jewellery *(n.)* ジュエリー *juerī*
jiggle *(v.)* 軽く揺れる *karuku yureru*
jigsaw *(n.)* ジグソーパズル *jigusōpazuru*
jingle *(n.)* コマーシャルソング *komāsharu songu*
jingle *(v.)* リンリンと鳴る *rinrin to naru*
job *(n.)* 仕事 *shigoto*
jobless *(adj.)* 無職の *mushoku no*
jockey *(n.)* 騎手 *kishu*
jog *(v.)* ジョギングをする *jogingu o suru*
join *(v.)* 加わる *kuwawaru*
joiner *(n.)* 指物師 *sashimonoshi*
joint *(n.)* 関節 *kansetsu*
joint *(adj.)* 共同の *kyōdō no*
jointly *(adv.)* 合同で *gōdō de*
joke *(n.)* 冗談 *jōdan*
joke *(v.)* 冗談を言う *jōdan o iu*
joker *(n.)* ジョーカー *jōkā*
jollity *(n.)* お祭り騒ぎ *omatsurisawagi*
jolt *(n.)* ガタガタ揺れる *gatagata yureru*
jolt *(v.)* 衝撃を与える *shōgeki o ataeru*
jostle *(n.)* 押し合うこと *oshiau koto*

jostle *(v.)* ぶつかる *butsukaru*
jot *(n.)* 少し *sukoshi*
jot *(v.)* メモする *memo suru*
journal *(n.)* 日記 *nikki*
journalism *(n.)* ジャーナリズム *jānarizumu*
journalist *(n.)* ジャーナリスト *jānarisuto*
journey *(n.)* 旅 *tabi*
journey *(v.)* 旅する *tabi suru*
joy *(n.)* 喜び *yorokobi*
joyful *(adj.)* 嬉しそうな *ureshi sōna*
joyous *(n.)* 楽しい *tanoshī*
jubilant *(adj.)* 大喜びの *ōyorokobi no*
jubilation *(n.)* 歓喜 *kanki*
jubilee *(n.)* 記年祭 *kinensai*
judge *(n.)* 裁判官 *saibankan*
judge *(v.)* 裁く *sabaku*
judgement *(n.)* 判定 *hantei*
judicature *(n.)* 司法行政 *shihō gyōsei*
judicial *(adj.)* 司法の *shihō no*
judiciary *(n.)* 司法制度 *shihō seido*
judicious *(adj.)* 思慮深い *shiryo bukai*
jug *(n.)* 水入れ *mizuire*
juggle *(v.)* ジャグリングする *jaguringu suru*
juggler *(n.)* 手品師 *tejinashi*
juice *(n.)* ジュース *jūsu*
juicy *(adj.)* ジューシーな *jūshīna*
jukebox *(n.)* ジュークボックス *jūkubokkusu*
jumble *(n.)* ゴチャゴチャ *gochagocha*
jumble *(v.)* ゴチャゴチャにする *gochagocha ni suru*
jump *(n.)* ジャンプ *janpu*
jump *(v.)* 跳ぶ *tobu*
junction *(n.)* 分岐合流点 *bunki gōryūten*
juncture *(n.)* 岐路 *kiro*

jungle *(n.)* 密林 *mitsurin*
junior *(n.)* 後輩 *kōhai*
junior *(adj.)* 年下の *toshishita no*
junk *(n.)* 廃品 *haihin*
jupiter *(n.)* 木星 *mokusei*
jurisdiction *(n.)* 管轄 *kankatsu*
jurisprudence *(n.)* 法学 *hōgaku*
jurist *(n.)* 法学者 *hōgakusha*
juror *(n.)* 陪審員 *baishin in*
jury *(n.)* 陪審員団 *baishin in dan*
just *(adj.)* 公正な *kōseina*
justice *(n.)* 正義 *seigi*
justifiable *(adj.)* 正当化できる *seitō ka dekiru*
justification *(n.)* 正当化 *seitō ka*
justified *(adj.)* 理にかなった *ri ni kanatta*
justify *(v.)* 正当化する *seitō ka suru*
justly *(adv.)* 公正に *kōsei ni*
jute *(n.)* ジュート *jūto*
juvenile *(adj.)* 少年 *shōnen*
juxtapose *(v.)* 並列する *heiretsu suru*
juxtaposed *(adj.)* 並列された *heiretsu sareta*
juxtaposition *(n.)* 並列 *heiretsu*

kaki *(n.)* 柿 *kaki*
kaleidoscope *(n.)* 万華鏡 *mangekyō*
kamikaze *(n.)* 神風 *kamikaze*
kangaroo *(n.)* カンガルー *kangarū*
keenness *(n.)* 鋭さ *surudosa*
keep *(v.)* 保つ *tamotsu*
keepsake *(n.)* 形見 *katami*
kennel *(n.)* 犬小屋 *inugoya*

kernel *(n.)* 仁 *jin*
kerosene *(n.)* 灯油 *tōyu*
ketchup *(n.)* ケチャップ *kechappu*
kettle *(n.)* やかん *yakan*
key *(n.)* 鍵 *kagi*
key *(adj.)* 肝要な *kanyōna*
key *(v.)* 入力する *nyūryoku suru*
keyboard *(n.)* キーボード *kībōdo*
keyhole *(n.)* 鍵穴 *kagiana*
keypad *(n.)* キー操作部 *kī sōsabu*
keysmith *(n.)* 鍵屋 *kagiya*
keystone *(n.)* 要石 *kaname ishi*
keyword *(n.)* キーワード *kīwādo*
kick *(n.)* 蹴り *keri*
kick *(v.)* 蹴る *keru*
kick-start *(v.)* 始動させる *shidō saseru*
kid *(n.)* 子ども *kodomo*
kidnap *(v.)* 誘拐犯 *yūkaihan*
kidney *(n.)* 腎臓 *jinzō*
kill *(n.)* 殺し *koroshi*
kill *(v.)* 殺す *korosu*
kiln *(n.)* 窯 *kama*
kilo *(n.)* キロ *kiro*
kilogram *(n.)* キログラム *kiroguramu*
kilt *(n.)* キルト *kiruto*
kilt *(v.)* たくし上げる *takushiageru*
kin *(n.)* 親類 *shinrui*
kind *(adj.)* 優しい *yasashī*
kindergarten *(n.)* 幼稚園 *yōchien*
kind-hearted *(adj.)* 心優しい *kokoro yasashī*
kindle *(v.)* 火を付ける *hi o tsukeru*
kindly *(adv.)* 親切に *shinsetsu ni*
kindness *(n.)* 親切 *shinsetsu*
kinetic *(adj.)* 動的な *dōtekina*
king *(n.)* 王様 *ōsama*

kingdom (n.) 王国 ōkoku
kinship (n.) 親族 shinzoku
kiosk (n.) 売店 baiten
kiss (n.) キス kisu
kiss (v.) キスする kisu suru
kit (n.) セット setto
kitchen (n.) キッチン kicchin
kite (n.) 凧 tako
kitten (n.) 子猫 koneko
knead (v.) こねる koneru
knee (n.) 膝 hiza
kneel (v.) 跪く hizamazuku
knife (n.) ナイフ naifu
knight (n.) 騎士 kishi
knight (v.) ナイト爵に叙する naito shaku ni josuru
knit (v.) 編む amu
knock (v.) ノックする nokku suru
knockout (n.) ノックアウト nokkuauto
knot (n.) 結び目 musubime
knot (v.) からまる karamaru
know (v.) 知る shiru
knowledge (n.) 知識 chishiki
knowledgeable (adj.) 博識な hakushikina
knuckle (n.) 指関節 yubi kansetsu
knuckle (v.) 指のふしでこする yubi no fushi de kosuru
koala (n.) コアラ koara
krill (n.) オキアミ okiami

label (n.) ラベル raberu
label (v.) ラベルを付ける raberu o tsukeru
labial (adj.) 唇の kuchibiru no

laboratory (n.) 研究室 kenkyūshitsu
laborious (adj.) 骨の折れる hone no oreru
labour (v.) 労働する rōdō suru
labour (n.) 労働 rōdō
laboured (adj.) 苦しい kurushī
labourer (n.) 労働者 rōdōsha
lac, lakh (n.) 十万 jū man
lace (v.) 通す tōsu
lace (n.) レース rēsu
lacerate (v.) 引き裂く hikisaku
lachrymose (adj.) 涙もろい namida moroi
lack (n.) 不足 fusoku
lack (v.) 不足している fusoku shiteiru
lackey (n.) 召使い meshitsukai
lacklustre (adj.) パッとしない patto shinai
lactic (adj.) 乳酸の nyūsan no
lactometer (n.) 乳脂計 nyūshikei
lactose (n.) 乳糖 nyūtō
lacuna (n.) 裂孔 rekkō
lacy (adj.) レースで作った rēsu de tsukutta
ladder (n.) はしご hashigo
ladle (n.) おたま o tama
ladle (v.) おたまですくう o tama de sukū
lady (n.) レディ redi
lag (v.) 遅れる okureru
laggard (n.) のろま noroma
lagoon (n.) ラグーン ragūn
laid-back (adj.) のんびりした nonbiri shita
lair (n.) 巣穴 su ana
lake (n.) 湖 mizūmi
lakefront (n.) 湖岸 kogan
lama (n.) ラマ rama
lamb (n.) 子羊 kohitsuji
lambaste (v.) こき下ろす kokiorosu
lambkin (n.) 小さい子羊 chīsai kohitsuji

lame *(v.)* 足を不自由にする *ashi o fujiyū ni suru*
lame *(adj.)* ダサい *dasai*
laminate *(v.)* ラミネートする *raminēto suru*
lamp *(n.)* ランプ *ranpu*
lampoon *(n.)* 風刺作品 *fūshi sakuhin*
lampoon *(v.)* 風刺で攻撃する *fūshi de kōgeki suru*
lance *(v.)* 槍で突く *yari de tsuku*
lancer *(n.)* 槍騎兵 *sō ki hei*
land *(v.)* 着陸する *chakuriku suru*
land *(n.)* 土地 *tochi*
landing *(n.)* 着陸 *chakuriku*
landline *(n.)* 固定電話 *kotei denwa*
landlord *(n.)* 大家 *ōya*
landmark *(n.)* ランドマーク *rando māku*
lane *(n.)* 車線 *shasen*
language *(n.)* 言語 *gengo*
languish *(v.)* やつれる *yatsureru*
languor *(n.)* 脱力感 *datsuryokukan*
lank *(adj.)* 痩せ細った *yase hosotta*
lantern *(n.)* 灯籠 *tōrō*
lanugo *(n.)* 産毛 *ubuge*
lapse *(n.)* ささいな過ち *sasaina ayamachi*
lapse *(v.)* 失効する *shikkō suru*
laptop *(n.)* ノートパソコン *nōto pasokon*
lard *(n.)* ラード *rādo*
largesse *(n.)* 気前の良さ *kimae no yo sa*
lark *(n.)* ひばり *hibari*
lascivious *(adj.)* いやらしい *iyarashī*
lash *(n.)* むち打ち *muchiuchi*
lash *(v.)* むち打つ *muchiutsu*
lass *(n.)* 小娘 *komusume*
last *(v.)* 持続する *jizoku suru*
lasting *(adj.)* 長持ちする *nagamochi suru*

lastly *(adv.)* 最後に *saigo ni*
latch *(n.)* 掛け金 *kakekin*
late *(adj.)* 遅れた *okureta*
late *(adv.)* 遅く *osoku*
lately *(adv.)* 近頃 *chikagoro*
latent *(adj.)* 潜在的な *senzai tekina*
lath *(n.)* 木摺 *kizuri*
lathe *(n.)* 旋盤 *senban*
latitude *(n.)* 緯度 *ido*
latrine *(n.)* 仮設トイレ *kasetsu toire*
latter *(adj.)* 後者の *kōsha no*
lattice *(n.)* 格子 *kōshi*
laugh *(n.)* 笑い *warai*
laugh *(v.)* 笑う *warau*
laughter *(n.)* 笑い声 *waraigoe*
launch *(n.)* 打ち上げ *uchiage*
launch *(v.)* 打ち上げる *uchiageru*
launder *(v.)* 洗濯する *sentaku suru*
laundress *(n.)* 洗濯屋 *sentakuya*
laundry *(n.)* 洗濯物 *sentakumono*
laureate *(adj.)* 栄誉ある *eiyo aru*
laurel *(n.)* 月桂樹 *gekkeiju*
lava *(n.)* 溶岩 *yōgan*
lavatory *(n.)* トイレ *toire*
lavender *(n.)* ラベンダー *rabendā*
lavish *(v.)* 惜しみなく与える *oshiminaku ataeru*
law *(n.)* 法律 *hōritsu*
lawful *(adj.)* 合法的な *gōhō tekina*
lawn *(n.)* 芝生 *shibafu*
lawyer *(n.)* 弁護士 *bengoshi*
lax *(adj.)* 緩い *yurui*
laxative *(n.)* 下剤 *gezai*
laxative *(adj.)* 便通を促進する *bentsū o sokushin suru*
laxity *(n.)* 弛緩 *shikan*

lay *(adj.)* 素人の *shirōto no*
lay *(v.)* 寝かせる *nekaseru*
layer *(n.)* 層 *sō*
lay-off *(n.)* 一時解雇する *ichiji kaiko suru*
layout *(n.)* 設計図 *sekkeizu*
laze *(v.)* 怠ける *namakeru*
laziness *(n.)* 怠惰 *taida*
lazy *(adj.)* 怠惰な *taidana*
lead *(n.)* 先頭 *sentō*
lead *(v.)* 先頭を行く *sentō o iku*
leaden *(adj.)* 鉛製の *namarisei no*
leader *(n.)* 指導者 *shidōsha*
leadership *(n.)* リーダーシップ *rīdāshippu*
leaf *(n.)* 葉っぱ *happa*
leaflet *(n.)* ちらし *chirashi*
leafy *(adj.)* 緑豊かな *midori yutakana*
leak *(v.)* 漏れる *moreru*
leak *(n.)* 漏出 *rōshutsu*
leakage *(n.)* 漏れ *more*
lean *(v.)* 寄り掛かる *yorikakaru*
leap *(n.)* 跳躍 *chōyaku*
leap *(v.)* 飛び跳ねる *tobihaneru*
learn *(v.)* 学ぶ *manabu*
learned *(adj.)* 博学な *hakugakuna*
learner *(n.)* 学習者 *gakushūsha*
learning *(n.)* 学習すること *gakushū suru koto*
lease *(v.)* 賃貸する *chintai suru*
lease *(n.)* 賃貸借 *chintaishaku*
least *(adj.)* 最小の *saishō no*
least *(adv.)* 最も少なく *mottomo sukunaku*
leather *(n.)* 革 *kawa*
leave *(v.)* 離れる *hanareru*
lecture *(n.)* 講義 *kōgi*
lecture *(v.)* 講義をする *kōgi o suru*
ledger *(n.)* 台帳 *daichō*

lee *(n.)* 風下 *kazashimo*
leech *(n.)* 蛭 *hiru*
leek *(n.)* ニラネギ *nira negi*
left *(n.)* 左 *hidari*
left *(adj.)* 左の *hidari no*
leftist *(n.)* 左翼 *sayoku*
leftover *(n.)* 残り物 *nokorimono*
leg *(n.)* 脚 *ashi*
legal *(adj.)* 法的な *hōtekina*
legal action *(n.)* 法的措置 *hōteki sochi*
legality *(n.)* 合法性 *gōhōsei*
legalize *(v.)* 合法化する *gōhō ka suru*
legend *(n.)* 伝説 *densetsu*
legendary *(adj.)* 伝説の *densetsu no*
leghorn *(n.)* 漂白した麦わら *hyōhaku shita mugiwara*
legible *(adj.)* 読みやすい *yomi yasui*
legibly *(adv.)* 読みやすく *yomi yasuku*
legionary *(n.)* 軍団の *gundan no*
legislate *(v.)* 法律を制定する *hōritsu o seitei suru*
legislation *(n.)* 立法 *rippō*
legislative *(adj.)* 立法の *rippō no*
legislator *(n.)* 立法者 *rippōsha*
legitimacy *(n.)* 正当性 *seitōsei*
legitimate *(adj.)* 正当な *seitōna*
leisurely *(adj.)* くつろいだ *kutsuroida*
leisurely *(adv.)* ゆったりと *yuttari to*
lemon *(n.)* レモン *remon*
lemonade *(n.)* レモネード *remonēdo*
lend *(v.)* 貸す *kasu*
length *(n.)* 長さ *naga sa*
lengthen *(v.)* 伸ばす *nobasu*
lengthy *(adj.)* 長すぎる *nagasugiru*
leniency *(n.)* 寛大さ *kandai sa*
lenient *(adj.)* 寛大な *kandaina*

lens *(n.)* レンズ *renzu*
lentil *(n.)* レンズ豆 *renzu mame*
Leo *(n.)* 獅子座 *shishiza*
leonine *(adj.)* ライオンのような *raion no yōna*
leopard *(n.)* ヒョウ *hyō*
leper *(n.)* ハンセン病患者 *hansenbyō kanja*
leprosy *(n.)* ハンセン病 *hansenbyō*
leprous *(adj.)* ハンセン病の *hansenbyō no*
less *(prep.)* 差し引いて *sashihīte*
less *(n.)* より少数 *yori shōsū*
less *(adj.)* より少ない *yori sukunai*
less *(adv.)* より少なく *yori sukunaku*
lessee *(n.)* 賃借人 *chinshakunin*
lessen *(v.)* 少なくする *sukunaku suru*
lesser *(adj.)* より小さい *yori chīsai*
lest *(conj.)* しないように *shinai yō ni*
let *(v.)* させる *saseru*
lethal *(adj.)* 致死の *chishi no*
lethargic *(adj.)* 気だるい *kedarui*
lethargy *(n.)* 倦怠感 *kentaikan*
let-out *(n.)* 逃げ道 *nigemichi*
letter *(n.)* 文字 *moji*
letterhead *(n.)* レターヘッド *retā heddo*
level *(adj.)* 水平な *suiheina*
level *(v.)* 等しくする *hitoshiku suru*
level *(n.)* レベル *reberu*
lever *(n.)* てこ *teko*
lever *(v.)* てこを使う *teko o tsukau*
leverage *(n.)* てこの作用 *teko no sayō*
levy *(n.)* 徴収 *chōshū*
levy *(v.)* 取り立てる *toritateru*
lewd *(adj.)* みだらな *midarana*
lexicography *(n.)* 辞書編集 *jisho henshū*
liability *(n.)* 負債 *fusai*

liaison *(n.)* 連絡係 *renrakugakari*
liar *(n.)* 嘘つき *usotsuki*
libel *(n.)* 文書誹毀罪 *bunsho hikizai*
liberal *(adj.)* リベラルな *riberaruna*
liberalism *(n.)* 自由主義 *jiyū shugi*
liberality *(n.)* 公平無私 *kōhei mushi*
liberator *(n.)* 解放者 *kaihōsha*
librarian *(n.)* 図書館員 *toshokan in*
library *(n.)* 図書館 *toshokan*
licence *(n.)* 免許 *menkyo*
license *(v.)* 認可する *ninka suru*
licensee *(n.)* 実施権者 *jisshikensha*
licentious *(adj.)* わいせつな *waisetsuna*
lick *(v.)* 舐める *nameru*
lick *(n.)* 舐めること *nameru koto*
lid *(n.)* 蓋 *futa*
lie *(n.)* 嘘 *uso*
lie *(v.)* 嘘をつく *uso o tsuku*
lien *(n.)* 先取特権 *senshu tokken*
lieu *(n.)* 代わり *kawari*
lieutenant *(n.)* 中尉 *chūi*
life *(n.)* 命 *inochi*
life jacket *(n.)* 救命胴衣 *kyūmeidōi*
life support *(n.)* 生命維持 *seimei iji*
lifeless *(adj.)* 活気のない *kakki no nai*
lifelong *(adj.)* 生涯にわたる *shōgai niwataru*
lifestyle *(n.)* ライフスタイル *raifusutairu*
lift *(n.)* エレベーター *erebētā*
lift *(v.)* 持ち上げる *mochiageru*
ligament *(n.)* 靭帯 *jintai*
light *(adj.)* 軽い *karui*
light *(v.)* 点灯する *tentō suru*
light *(n.)* 光 *hikari*
lighten *(v.)* 軽くする *karuku suru*
lighter *(n.)* ライター *raitā*

lightly *(adv.)* 軽く *karuku*
lignite *(n.)* 褐炭 *kattan*
like *(v.)* 好む *konomu*
like *(prep.)* 似た *nita*
like *(adj.)* 似ている *niteiru*
likely *(adj.)* 恐らく *osoraku*
liken *(v.)* 例える *tatoeru*
likeness *(n.)* 似顔絵 *nigaoe*
likewise *(adv.)* 同様に *dōyō ni*
lilac *(n.)* ライラック *rairakku*
lily *(n.)* ユリ *yuri*
limb *(n.)* 肢体 *shitai*
limber *(v.)* 準備運動をする *junbi undō o suru*
limber *(n.)* 前車 *zensha*
lime *(n.)* 石灰 *sekkai*
lime *(v.)* 石灰をまく *sekkai o maku*
limelight *(n.)* 脚光 *kyakkō*
limit *(n.)* 限度 *gendo*
limited *(adj.)* 限られた *kagirareta*
limitless *(adj.)* 無制限の *mu seigen no*
line *(n.)* 線 *sen*
line *(v.)* 沿って並ぶ *sotte narabu*
lineage *(n.)* 血筋 *chisuji*
linen *(n.)* リンネル *rinneru*
linger *(v.)* 長居する *nagai suru*
lingual *(adj.)* 舌の *shita no*
linguist *(n.)* 言語学者 *gengo gakusha*
linguistic *(adj.)* 言語の *gengo no*
linguistics *(n.)* 言語学 *gengogaku*
lining *(n.)* 裏地 *uraji*
link *(n.)* 繋がり *tsunagari*
link *(v.)* 繋ぐ *tsunagu*
linseed *(n.)* 亜麻仁 *amani*
lintel *(n.)* まぐさ *ma gusa*
lion *(n.)* ライオン *raion*

lioness *(n.)* 雌ライオン *mesu raion*
lip *(n.)* 唇 *kuchibiru*
liquefy *(v.)* 液化する *ekika suru*
liquid *(n.)* 液体 *ekitai*
liquid *(adj.)* 液体の *ekitai no*
liquidate *(v.)* 清算する *seisan suru*
liquidation *(n.)* 清算 *seisan*
liquor *(n.)* 蒸留酒 *jōryūshu*
lisp *(n.)* 舌もつれ *shita motsure*
lisp *(v.)* 舌もつれで話す *shita motsure de hanasu*
list *(n.)* リスト *risuto*
list *(v.)* リストアップする *risutoappu suru*
listen *(v.)* 聴く *kiku*
listener *(n.)* 聞き手 *kikite*
listless *(adj.)* 物憂げな *monōgena*
literacy *(n.)* 識字 *shikiji*
literal *(adj.)* 文字どおりの *mojidōri no*
literary *(adj.)* 文語の *bungo no*
literate *(adj.)* 読み書きができる *yomikaki ga dekiru*
literature *(n.)* 文学 *bungaku*
litigant *(n.)* 訴訟当事者 *soshō tōjisha*
litigate *(v.)* 訴訟を起こす *soshō o okosu*
litigation *(n.)* 訴訟 *soshō*
litre *(n.)* リットル *rittoru*
litter *(v.)* ゴミを投げる *gomi o nageru*
litterateur *(n.)* 文人 *bunjin*
little *(adv.)* 少し *sukoshi*
little *(adj.)* 小さい *chīsai*
littoral *(adj.)* 沿岸の *engan no*
liturgical *(adj.)* 典礼の *tenrei no*
live *(adj.)* 生きた *ikita*
live *(v.)* 生きる *ikiru*
live *(adv.)* 生で *namade*
livelihood *(n.)* 暮らし *kurashi*

lively *(adj.)* 賑やかな *nigiyakana*
liver *(n.)* 肝 *kimo*
livery *(n.)* お仕着せ *oshikise*
living *(n.)* 生活 *seikatsu*
lizard *(n.)* トカゲ *tokage*
load *(n.)* 荷重 *kajū*
load *(v.)* 積み込む *tsumikomu*
loadstar *(n.)* 北極星 *hokkyokusei*
loadstone *(n.)* 磁鉄鉱 *jitekkō*
loan *(v.)* 貸し付ける *kashitsukeru*
loan *(n.)* ローン *rōn*
loathe *(v.)* 嫌悪する *ken o suru*
lobby *(n.)* ロビー *robī*
lobe *(n.)* 耳たぶ *mimitabu*
lobster *(n.)* ロブスター *robusutā*
local *(adj.)* 地元の *jimoto no*
locality *(n.)* 現場 *genba*
localize *(v.)* 現地語化する *genchigo ka suru*
location *(n.)* 所在地 *shozaichi*
lock *(v.)* 錠を掛ける *jō o kakeru*
lock *(n.)* ロック *rokku*
locker *(n.)* ロッカー *rokkā*
locomotive *(n.)* 機関車 *kikansha*
locus *(n.)* 軌跡 *kiseki*
locust *(n.)* バッタ *batta*
locution *(n.)* 言い回し *īmawashi*
lodge *(n.)* 山小屋 *yamagoya*
lodge *(v.)* 宿泊する *shukuhaku suru*
lodging *(n.)* 宿泊施設 *shukuhaku shisetsu*
loft *(n.)* ロフト *rofuto*
lofty *(adj.)* そびえるほどの *sobieru hodo no*
log *(v.)* 記録を出す *kiroku o dasu*
log *(n.)* 丸太 *maruta*
logarithm *(n.)* 対数 *taisū*

loggerhead *(n.)* アカウミガメ *aka umigame*
logic *(n.)* 論理 *ronri*
logical *(adj.)* 論理的な *ronri tekina*
logician *(n.)* 論理学者 *ronri gakusha*
logout *(n.)* ログアウト *roguauto*
loin *(n.)* 腰肉 *koshi niku*
loiter *(v.)* ぶらつく *buratsuku*
loll *(v.)* ダラダラと過ごす *daradara to sugosu*
lollipop *(n.)* 棒付きキャンディー *bōtsuki kyandī*
lone *(adj.)* 孤独な *kodokuna*
loneliness *(n.)* 孤独 *kodoku*
lonely *(adj.)* 寂しい *sabishī*
lonesome *(adj.)* 心細い *kokorobosoi*
long *(adv.)* 長く *nagaku*
long *(v.)* 待ちこがれる *machikogareru*
long *(adj.)* 長い *nagai*
longevity *(n.)* 長寿 *chōju*
longing *(n.)* 切望 *setsubō*
longitude *(n.)* 経度 *keido*
long-term *(adj.)* 長期の *chōki no*
look *(v.)* 見る *miru*
look *(n.)* 容姿 *yōshi*
loom *(n.)* 織機 *shokki*
loom *(v.)* そびえ立つ *sobietatsu*
loop *(n.)* 輪 *wa*
loop-hole *(n.)* 抜け穴 *nukeana*
loose *(adj.)* 緩い *yurui*
loose end *(n.)* 未解決な問題 *mikaiketsuna mondai*
loosen *(v.)* 緩む *yurumu*
loot *(n.)* 盗品 *tōhin*
lop *(n.)* 切り枝 *kiri eda*
lop *(v.)* 切り取る *kiritoru*
lord *(n.)* 主 *shu*

lordly *(adj.)* 君主にふさわしい *kunshu ni fusawashī*
lordship *(n.)* 君主の地位 *kunshu no chī*
lore *(n.)* 言い伝え *ītsutae*
lorry *(n.)* 大型トラック *ōgata torakku*
lose *(v.)* 失う *ushinau*
loss *(n.)* 損失 *sonshitsu*
lost *(adj.)* 道に迷った *michi ni mayotta*
lot *(n.)* くじ引き *kujibiki*
lotion *(n.)* ローション *rō shon*
lottery *(n.)* 抽選 *chūsen*
lotus *(n.)* ハス *hasu*
loud *(adj.)* 大きい *ōkī*
lounge *(v.)* ゴロゴロする *gorogoro suru*
lounge *(n.)* ラウンジ *raunji*
louse *(n.)* シラミ *shirami*
love *(n.)* 愛 *ai*
love *(v.)* 愛する *aisuru*
lover *(n.)* 恋人 *koibito*
low *(adv.)* 低く *hikuku*
low *(adj.)* 低い *hikui*
low *(n.)* 低い位置 *hikui ichi*
low *(v.)* モーと鳴く *mō to naku*
lower *(v.)* 下げる *sageru*
low-fat *(adj.)* 低脂肪の *tei shibō no*
lowliness *(n.)* 低さ *hiku sa*
lowly *(adj.)* 卑しい *iyashī*
loyalist *(n.)* 政府支持者 *seifu shijisha*
loyalty *(n.)* 忠義 *chūgi*
lubricant *(n.)* 潤滑剤 *junkatsuzai*
lubricate *(v.)* 潤滑剤を差す *junkatsuzai o sasu*
lubrication *(n.)* 潤滑 *junkatsu*
lucerne *(n.)* ムラサキウマゴヤシ *murasaki umagoyashi*
lucidity *(n.)* 明快 *meikai*

luck *(n.)* 幸運 *koūn*
luckily *(adv.)* 運よく *un yoku*
lucky *(adj.)* 幸運な *koūnna*
lucrative *(adj.)* 儲かる *mōkaru*
lucre *(n.)* 悪銭 *akusen*
lukewarm *(adj.)* ぬるい *nurui*
lull *(n.)* 一時的な休止 *ichiji tekina kyūshi*
lullaby *(n.)* 子守唄 *komoriuta*
luminary *(n.)* 啓発者 *keihatsusha*
luminous *(adj.)* 発光する *hakkō suru*
lump *(v.)* まとめる *matomeru*
lump sum *(n.)* 一括払い額 *ikkatsubaraigaku*
lunacy *(n.)* 暴挙 *bōkyo*
lunar *(adj.)* 月の *tsuki no*
lunatic *(n.)* 狂人 *kyōjin*
lunch *(v.)* 昼食を取る *chūshoku o toru*
lunch *(n.)* 昼食 *chūshoku*
lung *(n.)* 肺 *hai*
lunge *(v.)* 突進する *tosshin suru*
lurch *(n.)* 急な揺れ *kyūna yure*
lurch *(v.)* 急に揺れる *kyū ni yureru*
lure *(v.)* おびき寄せる *obikiyoseru*
lure *(n.)* ルアー *ruā*
lurk *(v.)* 潜む *hisomu*
luscious *(adj.)* 甘くて美味しい *amakute oishī*
lush *(adj.)* 繁茂した *hanmo shita*
lust *(n.)* 強い性欲 *tsuyoi seiyoku*
lustful *(adj.)* 好色な *kōshokuna*
lustrous *(adj.)* 光沢のある *kōtaku no aru*
lusty *(adj.)* 元気溢れる *genki afureru*
lute *(n.)* リュート *ryūto*
luxuriance *(n.)* 豊かさ *yutaka sa*
luxurious *(adj.)* 豪華な *gōkana*
luxury *(n.)* 贅沢 *zeitaku*

lynch *(n.)* 私刑 *shikei*
lyre *(n.)* リラ *rira*
lyric *(adj.)* 叙情的な *jojō tekina*
lyricist *(n.)* 作詞家 *sakushika*
lyrics *(n.)* 歌詞 *kashi*

M

macadamia *(n.)* マカダミア *makadamia*
macaroon *(n.)* マカロン *makaron*
mace *(v.)* 催涙ガスをかける *sairui gasu o kakeru*
mace *(n.)* メイス *meisu*
machination *(n.)* 謀略 *bōryaku*
machine *(n.)* 機械 *kikai*
machinery *(n.)* 機械類 *kikairui*
mack *(v.)* 口説く *kudoku*
macro *(n.)* マクロ *makuro*
macro *(adj.)* マクロな *makurona*
macrobiotic *(adj.)* マクロビオティックの *makurobiotikku no*
macrocephaly *(n.)* 巨大頭蓋症 *kyodai tōgaishō*
mad *(adv.)* めちゃくちゃ *mechakucha*
madam *(n.)* 奥様 *okusama*
madden *(v.)* カンカンに怒らせる *kankan ni okoraseru*
maddening *(adj.)* しゃくに障る *shaku ni sawaru*
madness *(n.)* 狂気 *kyōki*
mafia *(n.)* マフィア *mafia*
magazine *(n.)* 雑誌 *zasshi*
maggot *(n.)* 蛆 *uji*
magic *(n.)* 魔法 *mahō*
magical *(adj.)* 魔法のような *mahō no yōna*
magician *(n.)* 魔法使い *mahōtsukai*

magisterial *(adj.)* 行政長官の *gyōsei chōkan no*
magistracy *(n.)* 長官 *chōkan*
magistrate *(n.)* 行政長官 *gyōsei chōkan*
magistrature *(n.)* 行政官の地位 *gyōseikan no chī*
magma *(n.)* 岩漿 *panshō*
magnanimity *(n.)* 度量の大きいこと *doryō no ōkī koto*
magnanimous *(adj.)* 度量の大きい *doryō no ōkī*
magnate *(n.)* 有力者 *yūryokusha*
magnet *(n.)* 磁石 *jishaku*
magnetic *(adj.)* 磁気の *jiki no*
magnetism *(n.)* 磁性 *jisei*
magnify *(v.)* 拡大する *kakudai suru*
magnitude *(n.)* 重大さ *jūdai sa*
magpie *(n.)* カササギ *kasasagi*
mahogany *(n.)* マホガニー *mahoganī*
mahout *(n.)* 象使い *zōzukai*
maid *(n.)* メイド *meido*
maiden *(n.)* 乙女 *otome*
maiden *(adj.)* 未婚の *mikon no*
mail *(v.)* 郵送する *yūsō suru*
mail *(n.)* 郵便物 *yūbinbutsu*
main *(adj.)* 主要な *shuyōna*
main *(n.)* 本管 *honkan*
mainly *(adv.)* 主に *omo ni*
mainstay *(n.)* 頼みの綱 *tanomi no tsuna*
maintain *(v.)* 維持する *iji suru*
maintenance *(n.)* メンテナンス *mentenansu*
maize *(n.)* トウモロコシの実 *tōmorokoshi no mi*
majestic *(adj.)* 威厳のある *igen no aru*
major *(n.)* 少佐 *shōsa*
majority *(n.)* 大多数 *dai tasū*

make *(v.)* 作る *tsukuru*
makeover *(n.)* イメージチェンジ *imējichenji*
maker *(n.)* 制作者 *seisakusha*
make-up *(n.)* メイク *meiku*
maladjustment *(n.)* 調整不良 *chōsei furyō*
maladministration *(n.)* 悪政 *akusei*
maladroit *(adj.)* 機転の利かない *kiten no kikanai*
malady *(n.)* 病弊 *byōhei*
malaise *(n.)* 不快感 *fukaikan*
malaria *(n.)* マラリア *mararia*
male *(n.)* 男性 *dansei*
male *(adj.)* 雄の *yū no*
malediction *(n.)* 呪いの言葉 *noroi no kotoba*
maleficent *(adj.)* 悪事を働く *akuji o hataraku*
malfunction *(v.)* 故障する *koshō suru*
malice *(n.)* 悪意 *akui*
malicious *(adj.)* 悪意のある *akui no aru*
malign *(v.)* 悪口を言う *waruguchi o iu*
malignant *(adj.)* 悪性の *akusei no*
malleable *(adj.)* 影響されやすい *eikyō sare yasui*
malmsey *(n.)* マルムジー *marumujī*
malnourished *(adj.)* 栄養失調の *eiyōshicchō no*
malnutrition *(n.)* 栄養失調 *eiyōshicchō*
malpractice *(n.)* 背任 *hainin*
malt *(n.)* 麦芽 *bakuga*
maltreatment *(n.)* ひどい扱い *hidoi atsukai*
mamma *(n.)* ママ *mama*
mammal *(n.)* 哺乳類 *honyūrui*
mammary *(adj.)* 乳房の *chibusa no*
mammon *(n.)* 邪悪な富 *jākuna tomi*

mammoth *(adj.)* とてつもなく大きい *totetsumonaku ōkī*
mammoth *(n.)* マンモス *manmosu*
man *(v.)* 要員を配置する *yōin o haichi suru*
man *(n.)* 男 *otoko*
manage *(v.)* 管理する *kanri suru*
manageable *(adj.)* 扱いやすい *atsukai yasui*
management *(n.)* 管理 *kanri*
manager *(n.)* マネージャー *manējā*
managerial *(adj.)* 経営上の *keiei jō no*
mane *(n.)* たてがみ *tategami*
manganese *(n.)* マンガン *mangan*
manger *(n.)* 飼い葉おけ *kaiba oke*
mangle *(v.)* ズタズタにする *zutazuta ni suru*
mango *(n.)* マンゴー *mangō*
manhandle *(v.)* 乱暴に扱う *ranbō ni atsukau*
manhole *(n.)* マンホール *manhōru*
mania *(n.)* 熱狂 *nekkyō*
maniac *(n.)* マニア *mania*
manicure *(n.)* マニキュア *manikyua*
manifest *(adj.)* 一目瞭然の *ichimokuryōzen no*
manifest *(v.)* 明示する *meiji suru*
manifestation *(n.)* 現れ *araware*
manifesto *(n.)* 声明 *seimei*
manifold *(adj.)* 多面的な *tamen tekina*
manipulate *(v.)* 操る *ayatsuru*
manipulation *(n.)* 巧みな操作 *takumina sōsa*
manlike *(adj.)* 人のような *hito no yōna*
manliness *(n.)* 男らしさ *otokorashi sa*
manly *(adj.)* 男らしい *otokorashī*
manna *(n.)* マナ *mana*
mannequin *(n.)* マネキン *manekin*

manner (n.) 立ち居振る舞い tachī furumai
mannerism (n.) 癖 kuse
manoeuvre (n.) 巧みな操縦 takumina sōjū
manoeuvre (v.) 巧みに操縦する takumi ni sōjū suru
manor (n.) 荘園 shōen
manorial (adj.) 荘園の shōen no
mansion (n.) 屋敷 yashiki
mantel (n.) 炉棚 rodana
mantle (n.) マント manto
manual (adj.) 手動の shudō no
manual (n.) マニュアル manyuaru
manufacture (n.) 製造 seizō
manufacture (v.) 製造する seizō suru
manufacturer (n.) メーカー mēkā
manure (v.) 肥料をやる hiryō o yaru
manuscript (n.) 原稿 genkō
many (adj.) 沢山の takusan no
map (v.) 地図を作る chizu o tsukuru
map (n.) 地図 chizu
marathon (n.) マラソン marason
maraud (v.) うろつき回る urotsukimawaru
marauder (n.) 略奪者 ryakudatsusha
marble (n.) 大理石 dairiseki
march (n.) 行進 kōshin
march (v.) 行進する kōshin suru
March (n.) 三月 sangatsu
mare (n.) 雌馬 meuma
margarine (n.) マーガリン māgarin
margin (n.) 余白 yohaku
marginal (adj.) 取るに足りない toru ni tarinai
marigold (n.) マリーゴールド marīgōrudo
marine (adj.) 海の umi no
marionette (n.) マリオネット marionetto

marital (adj.) 結婚の kekkon no
maritime (adj.) 海事の kaiji no
mark (n.) 印 shirushi
mark (v.) 印を付ける shirushi o tsukeru
marker (n.) マーカー mākā
market (v.) 売り込む urikomu
market (n.) 市場 shijō
market research (n.) 市場調査 shijō chōsa
market share (n.) 市場占有率 shijō senyūritsu
marketable (adj.) 需要がある juyō ga aru
marksman (n.) 射手 shashu
marl (n.) 泥灰土 deikaido
marmalade (n.) マーマレード māmarēdo
maroon (n.) くり色 kuri iro
maroon (adj.) くり色の kuri iro no
maroon (v.) 島流しにする shimanagashi ni suru
marriage (n.) 結婚 kekkon
marriageable (adj.) 年頃の toshigoro no
marrow (n.) 骨髄 kotsuzui
marry (v.) 結婚する kekkon suru
Mars (n.) 火星 kasei
marsh (n.) 沼地 numachi
marshal (n.) 元帥 gensui
marshal (v.) 集結させる shūketsu saseru
marshy (adj.) ぬかるんだ nukarunda
marsupial (n.) 有袋類 yūtairui
mart (n.) 販売店 hanbaiten
marten (n.) テン ten
martial (adj.) 軍の gun no
martinet (n.) 厳格な人 genkakuna hito
martyr (n.) 殉教者 junkyōsha
martyrdom (n.) 殉教 junkyō
marvel (n.) 驚異 kyōi
marvel (v.) 驚嘆する kyōtan suru

marvellous *(adj.)* すごくいい *sugoku ī*
mascot *(n.)* マスコット *masukotto*
masculine *(adj.)* 男性の *dansei no*
mash *(n.)* 磨り潰したもの *suritsubushita mono*
mask *(v.)* 紛らす *magirasu*
mask *(n.)* マスク *masuku*
mason *(n.)* 石工 *sekkō*
masonry *(n.)* 石工職 *sekkōshoku*
mass *(n.)* 質量 *shitsuryō*
massacre *(v.)* 虐殺する *gyakusatsu suru*
massacre *(n.)* 大虐殺 *dai gyakusatsu*
massage *(n.)* マッサージ *massāji*
massage *(v.)* マッサージする *massāji suru*
masseur *(n.)* マッサージ師 *massājishi*
mast *(n.)* マスト *masuto*
master *(v.)* 極める *kiwameru*
master *(n.)* 主人 *shujin*
master class *(n.)* 上級特別クラス *jōkyū tokubetsu kurasu*
master copy *(n.)* 原本 *genpon*
masterpiece *(n.)* 傑作 *kessaku*
mastery *(n.)* 熟達 *jukutatsu*
masticate *(v.)* 食物をかむ *tabemono o kamu*
masturbate *(v.)* 自慰行為をする *jī kōi o suru*
mat *(n.)* マット *matto*
matador *(n.)* マタドール *matadōru*
match *(v.)* 一致する *icchi suru*
match *(n.)* マッチ *macchi*
matchless *(adj.)* 無比の *muhi no*
matchmaker *(n.)* 仲人 *nakōdo*
mate *(v.)* 交尾する *kōbi suru*
material *(n.)* 材料 *zairyō*
material *(adj.)* 物質的な *busshitsu tekina*
materialism *(n.)* 唯物論 *yuibutsuron*

materialize *(v.)* 物質化する *busshitsu ka suru*
maternal *(adj.)* 母親の *hahaoya no*
maternity *(n.)* 母性 *bosei*
mathematical *(adj.)* 数学の *sūgaku no*
mathematician *(n.)* 数学者 *sūgakusha*
mathematics *(n.)* 数学 *sūgaku*
matinee *(n.)* マチネー *machinē*
matriarch *(n.)* 女家長 *onna kachō*
matricide *(n.)* 母親殺し *hahaoyagoroshi*
matriculation *(n.)* 入学許可 *nyūgaku kyoka*
matrimony *(n.)* 結婚生活 *kekkon seikatsu*
matrix *(n.)* 土台 *dodai*
matron *(n.)* 寮母 *ryōbo*
matter *(n.)* 事柄 *kotogara*
matter *(v.)* 重要である *jūyōdearu*
mattock *(n.)* 根掘りくわ *ne horikuwa*
mattress *(n.)* マットレス *mattoresu*
mature *(v.)* 熟成する *jukusei suru*
mature *(adj.)* 成熟した *seijuku shita*
maturity *(n.)* 成熟 *seijuku*
maudlin *(adj.)* 感傷的な *kanshō tekina*
maul *(v.)* 襲う *osou*
maul *(n.)* 木槌 *kizuchi*
maulstick *(n.)* 腕づえ *ude zue*
maunder *(v.)* ダラダラ話す *daradara hanasu*
mausoleum *(n.)* 霊廟 *reibyō*
mawkish *(adj.)* いやに感傷的な *iya ni kanshō tekina*
maxilla *(n.)* 上顎 *jōgaku*
maximize *(v.)* 最大限に生かす *saidaigen ni ikasu*
maximum *(n.)* 最大限 *saidaigen*
maximum *(adj.)* 最大限の *saidaigen no*
may *(v.)* かもしれない *kamo shirenai*

May *(n.)* 五月 gogatsu
mayor *(n.)* 市長 shichō
maze *(n.)* 迷路 meiro
me *(pron.)* 私に watashi ni
mead *(n.)* 蜂蜜酒 hachimitsushu
meadow *(n.)* 草原 sōgen
meagre *(adj.)* ちっぽけな chippokena
meal *(n.)* 食事 shokuji
mealy *(adj.)* 粉状の konajō no
mean *(v.)* 意味する imi suru
mean *(adj.)* 意地悪な ijiwaruna
meander *(v.)* 曲がりくねる magarikuneru
meaning *(n.)* 意味 imi
meaningful *(adj.)* 有意義な yūigina
meaningless *(adj.)* むなしい munashī
meanness *(n.)* 意地の悪さ iji no waru sa
means *(n.)* 手段 shudan
meanwhile *(adv.)* その間に sono aida ni
measles *(n.)* 麻疹 hashika
measurable *(adj.)* 測定可能な sokutei kanōna
measure *(v.)* 測る hakaru
measure *(n.)* 対策 taisaku
measureless *(adj.)* 果てしない hate shinai
measurement *(n.)* 測定 sokutei
meat *(n.)* 肉 niku
mechanic *(n.)* 機械工 kikaikō
mechanical *(adj.)* 機械製の kikaisei no
mechanics *(n.)* 力学 rikigaku
mechanism *(n.)* 機構 kikō
medal *(n.)* メダル medaru
medallist *(n.)* メダリスト medarisuto
meddle *(v.)* おせっかいを焼く osekkai o yaku
median *(n.)* 中央値 chūōchi
mediate *(v.)* 仲裁する chūsai suru

mediation *(n.)* 調停 chōtei
mediator *(n.)* 仲介者 chūkaisha
medic *(n.)* 医学生 igakusei
medical *(adj.)* 医療の iryō no
medicament *(n.)* 薬剤 yakuzai
medicinal *(adj.)* 薬効のある yakkō no aru
medicine *(n.)* 薬 kusuri
medieval *(adj.)* 中世の chūsei no
mediocre *(adj.)* 平凡な heibonna
mediocrity *(n.)* 凡庸 bonyō
meditate *(v.)* 瞑想する meisō suru
meditation *(n.)* 瞑想 meisō
meditative *(adj.)* 瞑想的な meisō tekina
medium *(n.)* 中位 chūi
meek *(adj.)* 柔和な nyūwana
meet *(v.)* 会う au
meet *(n.)* 大会 taikai
meeting *(n.)* 会議 kaigi
megalith *(n.)* 巨石 kyoseki
megalithic *(adj.)* 巨石の kyoseki no
megaphone *(n.)* メガホン megahon
megastore *(n.)* 超大型店 chō ōgataten
meliorate *(v.)* 改良する kairyō suru
mellow *(adj.)* 円熟した enjuku shita
melodious *(adj.)* 耳に心地良い mimi ni kokochi yoi
melodrama *(n.)* メロドラマ merodorama
melodramatic *(adj.)* 芝居がかった shibaigakatta
melody *(n.)* メロディー merodī
melon *(n.)* メロン meron
melt *(v.)* 溶ける tokeru
member *(n.)* メンバー menbā
membership *(n.)* メンバーシップ menbāshippu
membrane *(n.)* 膜 maku

memento *(n.)* 思い出の品 *omoide no shina*
memorable *(adj.)* 記憶に残る *kioku ni nokoru*
memorandum *(n.)* 覚書 *oboegaki*
memorial *(adj.)* 記念の *kinen no*
memorial *(n.)* 記念碑 *kinenhi*
memory *(n.)* 記憶 *kioku*
mend *(v.)* 修繕する *shūzen suru*
mendacious *(adj.)* 嘘の *uso no*
menial *(n.)* 単純労働者 *tanjun rōdōsha*
meningitis *(n.)* 髄膜炎 *zui makuen*
menopause *(n.)* 更年期 *kōnenki*
menses *(n.)* 月経 *gekkei*
menstrual *(adj.)* 生理の *seiri no*
menstruation *(n.)* 生理 *seiri*
mental *(adj.)* 心の *kokoro no*
mentality *(n.)* 物の考え方 *mono no kangaekata*
mention *(n.)* 言及 *genkyū*
mention *(v.)* 言及する *genkyū suru*
mentor *(n.)* メンター *mentā*
menu *(n.)* メニュー *menyū*
mercenary *(adj.)* 金目当ての *kane meate no*
mercerise *(v.)* マーセル加工する *māseru kakō suru*
merchandise *(n.)* 商品 *shōhin*
merchant *(n.)* 商人 *shōnin*
merciful *(adj.)* 慈悲深い *jihi bukai*
mercury *(n.)* 水星 *suisei*
mercy *(n.)* 慈悲 *jihi*
mere *(adj.)* たったの *tattano*
merge *(v.)* 合併させる *gappei saseru*
merger *(n.)* 合併 *gappei*
meridian *(n.)* 子午線 *shigosen*
mermaid *(n.)* 人魚 *ningyo*
merman *(n.)* 男の人魚 *otoko no ningyo*

merriment *(n.)* 陽気さ *yōki sa*
mesh *(v.)* かみ合う *kamiau*
mesh *(n.)* メッシュ *messhu*
mesmerism *(n.)* メスメリズム *mesumerizumu*
mesmerize *(v.)* 魅了する *miryō suru*
mess *(n.)* ゴタゴタ *gotagota*
message *(n.)* メッセージ *messēji*
messenger *(n.)* 使者 *shisha*
metabolism *(n.)* 代謝 *taisha*
metal *(n.)* 金属 *kinzoku*
metallic *(adj.)* 金属製の *kinzokusei no*
metallurgy *(n.)* 冶金 *yakin*
metamorphosis *(n.)* 変態 *hentai*
metaphysical *(adj.)* 形而上学の *keijijōgaku no*
metaphysics *(n.)* 形而上学 *keijijōgaku*
mete *(v.)* 分け与える *wakeataeru*
meteor *(n.)* 流星 *ryūsei*
meteoric *(adj.)* 流星の *ryūsei no*
meteorologist *(n.)* 気象学者 *kishō gakusha*
meteorology *(n.)* 気象学 *kishōgaku*
method *(n.)* 方法 *hōhō*
methodical *(adj.)* 順序だった *junjodatta*
meticulous *(adj.)* 几帳面な *kichōmenna*
metre *(n.)* メートル *mētoru*
metric *(adj.)* メートル法の *mētoruhō no*
metrical *(adj.)* 韻律の *inritsu no*
metro *(n.)* 地下鉄 *chikatetsu*
metropolis *(n.)* 大都市 *daitoshi*
metropolitan *(adj.)* 大都市の *daitoshi no*
metropolitan *(n.)* 都会人 *tokaijin*
mettle *(n.)* 気迫 *kihaku*
mettlesome *(adj.)* 元気いっぱいの *genki ippai no*
mew *(n.)* 猫の鳴き声 *neko no nakigoe*

mew *(v.)* ニャーと鳴く *nyā to naku*
mezzanine *(n.)* 中二階 *chūnikai*
mica *(n.)* 雲母 *unmo*
microbrewery *(n.)* 地ビールメーカー *jibīru mēkā*
microfilm *(n.)* マイクロフィルム *maikurofirumu*
micrology *(n.)* 微細科学 *bisai kagaku*
micrometer *(n.)* マイクロメートル *maikurometoru*
microphone *(n.)* マイク *maiku*
microprint *(n.)* マイクロプリント *maikuro purinto*
microprocessor *(n.)* マイクロプロセッサ *maikuropurosessa*
microscope *(n.)* 顕微鏡 *kenbikyō*
microscopic *(adj.)* 微細な *bisaina*
microwave *(n.)* マイクロ波 *maikuroha*
mid *(adj.)* 中間の *chūkan no*
middle *(n.)* 中央 *chūō*
middle *(adj.)* 中央の *chūō no*
middleman *(n.)* 仲買人 *nakagainin*
middling *(adj.)* まあまあの *mā mā no*
midland *(n.)* 内陸部 *nairikubu*
midnight *(n.)* 真夜中 *mayonaka*
mid-off *(n.)* ミッドオフ *middōfu*
mid-on *(n.)* ミッドオン *middo on*
midriff *(n.)* 上腹部 *jō fukubu*
midst *(n.)* 真ん中 *mannaka*
midsummer *(n.)* 真夏 *manatsu*
midwife *(n.)* 助産師 *josanshi*
miffed *(adj.)* むっとして *mutto shite*
might *(n.)* 威勢 *isei*
mighty *(adj.)* 強力な *kyōryokuna*
migraine *(n.)* 偏頭痛 *henzutsū*
mildew *(n.)* うどん粉菌 *udonko kin*
mile *(n.)* マイル *mairu*

mileage *(n.)* マイレージ *mairēji*
milestone *(n.)* 道しるべ *michishirube*
milieu *(n.)* 境遇 *kyōgū*
militant *(adj.)* 好戦的な *kōsen tekina*
militant *(n.)* 武闘派 *butōha*
military *(n.)* 軍隊 *guntai*
military *(adj.)* 軍隊の *guntai no*
militate *(v.)* 阻止する *soshi suru*
militia *(n.)* 市民軍 *shimingun*
milk *(v.)* 乳を搾る *chichi o shiboru*
milk *(n.)* 牛乳 *gyūnyū*
milk powder *(n.)* 粉ミルク *konamiruku*
milky *(adj.)* 乳状の *nyūjō no*
mill *(v.)* 製粉する *seifun suru*
mill *(n.)* 製粉所 *seifunjo*
millennium *(n.)* 千年 *sen nen*
miller *(n.)* 製粉業者 *seifun gyōsha*
millet *(n.)* 雑穀 *zakkoku*
milliner *(n.)* 婦人用帽子屋 *fujinyō bōshiya*
millinery *(n.)* 婦人帽子類 *fujin bōshirui*
million *(n.)* 百万 *hyaku man*
millionaire *(n.)* 百万長者 *hyakumanchōja*
millipede *(n.)* ヤスデ *yasude*
mime *(n.)* マイム *maimu*
mime *(v.)* マイムで演じる *maimu de enjiru*
mimesis *(n.)* 擬態 *gitai*
mimic *(v.)* まねしてばかにする *mane shite baka ni suru*
mimic *(n.)* まねをする人 *mane o suru hito*
mimic *(adj.)* 模造の *mozō no*
mimicry *(n.)* ものまね *mono mane*
minaret *(n.)* 尖塔 *sentō*
mince *(v.)* ミンチにする *minchi ni suru*
mind *(v.)* 気に障る *ki ni sawaru*
mind *(n.)* 心 *kokoro*

mind-blowing *(adj.)* ショッキングな shokkinguna
mindful *(adj.)* 心に留める kokoro ni tomeru
mindless *(adj.)* 思慮のない shiryo no nai
mindset *(n.)* 物の見方 mono no mikata
mine *(n.)* 鉱山 kōzan
mine *(pron.)* 私のもの watashi no mono
miner *(n.)* 鉱夫 kōfu
mineral *(adj.)* ミネラル入りの mineraru iri no
mineral *(n.)* ミネラル mineraru
mineralogist *(n.)* 鉱物学者 kōbutsu gakusha
mineralogy *(n.)* 鉱物学 kōbutsugaku
mingle *(v.)* 交わる majiwaru
miniature *(adj.)* 小型の kogata no
miniature *(n.)* ミニチュア minichua
minim *(n.)* 二分音符 nibun onpu
minimize *(v.)* 最小にする saishō ni suru
minimum *(adj.)* 最小限の saishōgen no
minimum *(n.)* 最小限 saishōgen
minion *(n.)* 子分 kobun
ministrant *(adj.)* 奉仕する hōshi suru
ministry *(n.)* 省 shō
mink *(n.)* ミンク minku
minor *(n.)* 未成年 miseinen
minor *(adj.)* 大したことのない taishita koto no nai
minority *(n.)* 少数 shōsū
minster *(n.)* 大聖堂 dai seidō
mint *(v.)* 鋳造する chūzō suru
mint *(n.)* ミント minto
minus *(n.)* マイナス mainasu
minus *(adj.)* マイナスの mainasu no
minus *(prep.)* 引いた hīta
minuscule *(adj.)* 極小の kyokushō no

minute *(n.)* 分 fun
minutely *(adv.)* 細かく komakaku
minx *(n.)* 生意気な namaikina
miracle *(n.)* 奇跡 kiseki
miraculous *(adj.)* 奇跡的な kiseki tekina
mirage *(n.)* 蜃気楼 shinkirō
mire *(v.)* 沼地にはまる numachi ni hamaru
mirror *(v.)* 映し出す utsushidasu
mirror *(n.)* 鏡 kagami
mirror image *(n.)* 鏡像 kyōzō
misadventure *(n.)* 偶発事故 gūhatsu jiko
misalliance *(n.)* 不釣り合いな結婚 fu tsuriaina kekkon
misanthrope *(n.)* 人間嫌い ningengirai
misapplication *(n.)* 誤用 goyō
misappropriate *(v.)* 横領する ōryō suru
misappropriation *(n.)* 横領 ōryō
misbehave *(v.)* 不正を行う fusei o okonau
misbehaviour *(n.)* 不正行為 fusei kōi
misbelief *(n.)* 誤った考え ayamatta kangae
miscalculate *(v.)* 計算を誤る keisan o ayamaru
miscalculation *(n.)* 誤算 gosan
miscall *(v.)* 呼び違える yobi chigaeru
miscarriage *(n.)* 流産 ryūzan
miscarry *(v.)* 流産する ryūzan suru
miscellaneous *(adj.)* 雑多な zattana
miscellany *(n.)* 寄せ集め yose atsume
mischance *(n.)* 不運 fūn
mischief *(n.)* いたずら itazura
mischievous *(adj.)* いたずら好きな itazura sukina
misconduct *(n.)* 違法行為 ihō kōi
misconstrue *(v.)* 間違って解釈する machigatte kaishaku suru
miscreant *(n.)* 悪人 akunin

misdeed (n.) 悪事 akuji
misdemeanour (n.) 不品行 fuhinkō
misdiagnose (v.) 誤診 goshin
misdirect (v.) 誤って教える ayamatte oshieru
misdirection (n.) 誤った指図 ayamatta sashizu
miser (n.) 守銭奴 shusendo
miserable (adj.) 惨めな mijimena
misery (n.) 不幸 fukō
misfire (v.) 不発に終わる fuhatsu ni owaru
misfit (n.) 不適応者 fu tekiōsha
misgive (v.) 心配させる shinpai saseru
misgiving (n.) 懸念 kenen
misguide (v.) 間違って指導する machigatte shidō suru
mishap (n.) 災難 sainan
misjudge (v.) 不当に評価する futō ni hyōka suru
mislead (v.) 誤解させる gokai saseru
mismanagement (n.) 不始末 fu shimatsu
mismatch (v.) 組み合わせを誤る kumiawase o ayamaru
misnomer (n.) 誤称 goshō
misplace (v.) 置き間違える oki machigaeru
misprint (n.) 誤植 goshoku
misprint (v.) 誤植する goshoku suru
misrepresent (v.) 偽る itsuwaru
misrepresentation (n.) 不当表示 futō hyōji
misrule (n.) 無法状態 muhō jōtai
miss (v.) 的を外す mato o hazusu
miss (n.) 擦れ違い surechigai
missile (n.) ミサイル misairu
missing (adj.) 行方不明の yukue fumei no
mission (n.) 任務 ninmu
missionary (n.) 宣教師 senkyōshi

missis, missus (n.) 奥さん okusan
mist (n.) 靄 moya
mistake (v.) 間違える machigaeru
mistake (n.) ミス misu
mistletoe (n.) ヤドリギ yadorigi
mistreat (v.) 虐待する gyakutai suru
mistress (n.) 愛人 aijin
mistrust (v.) 疑う utagau
mistrust (n.) 疑惑 giwaku
misunderstand (v.) 誤解する gokai suru
misunderstanding (n.) 誤解 gokai
misuse (n.) 悪用 akuyō
misuse (v.) 悪用する akuyō suru
mitigate (v.) 軽減する keigen suru
mitre (n.) 司教冠 shikyō kanmuri
mitten (n.) ミトン miton
mix (v.) 混ぜる mazeru
mixture (n.) 混合物 kongōbutsu
mnemonic (n.) 記憶術 kiokujutsu
mnemonic (adj.) 記憶術の kiokujutsu no
moan (n.) 愚痴 guchi
moan (v.) 愚痴をこぼす guchi o kobosu
moat (n.) 堀 hori
moat (v.) 堀で取り囲む hori de torikakomu
mob (v.) 殺到する sattō suru
mob (n.) 暴徒 bōto
mobile (adj.) 可動性の kadōsei no
mobility (n.) 可動性 kadōsei
mobilize (v.) 動員する dōin suru
mock (adj.) 模擬の mogi no
mockery (n.) 嘲り azakeri
mocktail (n.) ノンアルコールカクテル non arukōru kakuteru
modality (n.) 法性 hōsei
model (n.) 模型 mokei
moderate (v.) 加減する kagen suru

moderate *(adj.)* 適度な *tekidona*
moderation *(n.)* 適度 *tekido*
modern *(adj.)* 近代的な *kindai tekina*
modernity *(n.)* 近代 *kindai*
modernization *(n.)* 近代化 *kindai ka*
modernize *(v.)* 近代化する *kindai ka suru*
modest *(adj.)* 控えめな *hikaemena*
modesty *(n.)* 慎み深さ *tsutsushimi buka sa*
modicum *(n.)* 少量 *shōryō*
modification *(n.)* 修正箇所 *shūsei kasho*
modify *(v.)* 修正する *shūsei suru*
modular *(adj.)* モジュール式の *mojūrushiki no*
module *(n.)* モジュール *mojūru*
moisten *(v.)* 湿らす *shimerasu*
moisture *(n.)* 水分 *suibun*
molar *(adj.)* 臼歯の *kyūshi no*
molar *(n.)* 臼歯 *kyūshi*
molasses *(n.)* 糖蜜 *tōmitsu*
mole *(n.)* モグラ *mogura*
molecular *(adj.)* 分子の *bunshi no*
molecule *(n.)* 分子 *bunshi*
molest *(v.)* 痴漢行為を行う *chikan kōi o okonau*
molestation *(n.)* 痴漢行為 *chikan kōi*
mollusc *(n.)* 軟体動物 *nantaidōbutsu*
molten *(adj.)* 溶融した *yōyū shita*
momentary *(adj.)* 瞬間的な *shunkan tekina*
momentous *(adj.)* 重大な *jūdaina*
momentum *(n.)* 勢い *ikioi*
monarch *(n.)* 君主 *kunshu*
monarchy *(n.)* 君主制 *kunshusei*
monasticism *(n.)* 修道院生活 *shūdōin seikatsu*
Monday *(n.)* 月曜日 *getsuyōbi*
monetary *(adj.)* 貨幣の *kahei no*

money *(n.)* お金 *okane*
money laundering *(n.)* 資金洗浄 *shikin senjō*
mongoose *(n.)* マングース *mangūsu*
mongrel *(n.)* 雑種犬 *zasshuken*
monitor *(v.)* 監視する *kanshi suru*
monitor *(n.)* モニター *monitā*
monk *(n.)* 修道僧 *shūdō sō*
monkey *(n.)* 猿 *saru*
monochromatic *(adj.)* 単色の *tanshoku no*
monocle *(n.)* 単眼鏡 *tangankyō*
monocular *(adj.)* 単眼の *tangan no*
monody *(n.)* 独唱歌 *doku shōka*
monogamy *(n.)* 一夫一婦制 *ippuippusei*
monogram *(n.)* モノグラム *monoguramu*
monograph *(n.)* 研究論文 *kenkyū ronbun*
monogynous *(adj.)* 一夫一婦制の *ippuippusei no*
monolatry *(n.)* 拝一神教 *hai isshin kyō*
monolith *(n.)* モノリス *mono risu*
monologue *(n.)* 独白 *dokuhaku*
monopolist *(n.)* 独占企業 *dokusen kigyō*
monopolize *(v.)* 独占する *dokusen suru*
monopoly *(n.)* 独占 *dokusen*
monorail *(n.)* モノレール *monorēru*
monosyllabic *(adj.)* 単音節の *tan onsetsu no*
monosyllable *(n.)* 単音節 *tan onsetsu*
monotheism *(n.)* 一神教 *isshinkyō*
monotheist *(n.)* 一神教者 *isshinkyōsha*
monotonous *(adj.)* 単調な *tanchōna*
monotony *(n.)* 一本調子 *ipponjōshi*
monsoon *(n.)* モンスーン *monsūn*
monster *(n.)* 怪物 *kaibutsu*
monstrous *(adj.)* 怪物のような *kaibutsu no yōna*
month *(n.)* 月 *tsuki*

monthly *(n.)* 月刊誌 *gekkanshi*
monthly *(adv.)* 毎月 *maitsuki*
monthly *(adj.)* 毎月の *maitsuki no*
monumental *(adj.)* 不朽の *fukyū no*
moo *(v.)* モーと鳴く *mō to naku*
mood *(n.)* 気分 *kibun*
moody *(adj.)* 不機嫌な *fukigenna*
moon *(n.)* 月 *tsuki*
moonlight *(n.)* 月光 *gekkō*
moor *(n.)* 荒れ地 *arechi*
moor *(v.)* 係留する *keiryū suru*
moorings *(n.)* 係留施設 *keiryū shisetsu*
mop *(n.)* モップ *moppu*
mope *(v.)* 塞ぎ込む *fusagikomu*
moral *(n.)* 教訓 *kyōkun*
moral *(adj.)* 道徳的な *dōtoku tekina*
morale *(n.)* 士気 *shiki*
moralist *(n.)* 倫理学者 *rinri gakusha*
morality *(n.)* 道徳 *dōtoku*
moralize *(v.)* 道徳を説く *dōtoku o toku*
morbid *(adj.)* 病的な *byōtekina*
morbidity *(n.)* 不健全 *fukenzen*
more *(adv.)* もっと *motto*
more *(adj.)* より多くの *yori ōku no*
morganatic *(adj.)* 貴賎相婚の *kisen kekkon*
morgue *(n.)* 死体安置所 *shitai anchijo*
moribund *(adj.)* 瀕死の *hinshi no*
morning *(n.)* 朝 *asa*
moron *(n.)* 能なし *nō nashi*
morph *(n.)* モーフィングした画像 *mōfingu shita gazō*
morph *(v.)* モーフィングする *mōfingu suru*
morphine *(n.)* モルヒネ *moruhine*
morphology *(n.)* 形態論 *keitairon*

morse *(n.)* モールス信号 *mōrusu shingō*
mortal *(n.)* 人間 *ningen*
mortal *(adj.)* 死ぬべき運命の *shinubeki unmei no*
mortality *(n.)* 死亡率 *shibōritsu*
mortar *(v.)* モルタル *morutaru*
mortgage *(v.)* 抵当に入れる *teitō ni ireru*
mortgage *(n.)* 抵当 *teitō*
mortgagee *(n.)* 抵当権者 *teitōkensha*
mortgagor *(n.)* 抵当権設定者 *teitōken setteisha*
mortuary *(n.)* 遺体安置所 *itai anchijo*
mosaic *(n.)* モザイク *mozaiku*
mosque *(n.)* モスク *mosuku*
mosquito *(n.)* 蚊 *ka*
moss *(n.)* コケ *koke*
most *(adv.)* 最も *mottomo*
most *(adj.)* 最も多くの *mottomo ōku no*
mostly *(adv.)* 大部分 *dai bubun*
mote *(n.)* ちり *chiri*
motel *(n.)* モーテル *mō teru*
moth *(n.)* 蛾 *ga*
mother *(v.)* 産む *umu*
mother *(n.)* 母 *haha*
motherly *(adj.)* 母性 *bosei*
motif *(n.)* モチーフ *mochīfu*
motion *(v.)* 合図する *aizu suru*
motion *(n.)* 動き *ugoki*
motionless *(adj.)* 静止した *seishi shita*
motivate *(v.)* 動機付ける *dōkizukeru*
motivation *(n.)* やる気 *yaruki*
motive *(n.)* やる気 *yaruki*
motor *(v.)* 自動車に乗る *jidōsha ni noru*
motor *(n.)* モーター *mōtā*
motorist *(n.)* 自動車運転者 *jidōsha untensha*

mottle *(n.)* 斑点 hanten
motto *(n.)* 標語 hyōgo
mould *(v.)* 型どる katadoru
mould *(n.)* 型 kata
mouldy *(adj.)* カビの生えた kabi no haeta
moult *(v.)* 脱皮する dappi suru
mountain *(n.)* 山 yama
mountaineer *(n.)* 登山家 tozanka
mountainous *(adj.)* 山の多い yama no ōi
mourn *(v.)* 喪に服す mo ni fukusu
mourner *(n.)* 会葬者 kaisōsha
mournful *(n.)* 悲しみに沈んだ kanashimi ni shizunda
mourning *(n.)* 哀悼 aitō
mouse *(n.)* ネズミ nezumi
mouth *(n.)* 口 kuchi
mouthful *(n.)* 一口 hitokuchi
movable *(adj.)* 動かせる ugokaseru
movables *(n.)* 動産 dōsan
move *(v.)* 動く ugoku
movement *(n.)* 動作 dōsa
mover *(n.)* 動く人 ugoku hito
mow *(v.)* 刈る karu
much *(adv.)* はるかに haruka ni
much *(adj.)* 多い ōi
mucous *(adj.)* 粘液を分泌する nen eki o bunpitsu suru
mucus *(n.)* 粘液 nen eki
muddle *(v.)* 混同する kondō suru
muffler *(n.)* マフラー mafurā
mug *(n.)* マグカップ magukappu
mulatto *(n.)* ムラート murāto
mulberry *(n.)* 桑 kuwa
mule *(n.)* ラバ raba
mulish *(adj.)* 強情な gōjōna
mullah *(n.)* ムツラ murra

mullion *(n.)* 方立 houdate
multifarious *(adj.)* 多種多様の tashu tayō no
multiform *(n.)* 多形の takeino
multilateral *(adj.)* 多国間の takokukan no
multilingual *(adj.)* マルチリンガル maruchiringaru
multiparous *(adj.)* 多重産の tajū san no
multiped *(n.)* 多足の tasoku no
multiple *(n.)* 複数 fukusū
multiple *(adj.)* 複数の fukusū no
multiplex *(adj.)* 複合の fukugō no
multiplicand *(n.)* 被乗数 hijōsū
multiplication *(n.)* 掛け算 kakezan
multiplicity *(n.)* 多重度 ta jūdo
multiply *(v.)* 掛ける kakeru
multitude *(n.)* 多数 tasū
mum *(n.)* お母さん okāsan
mum *(adj.)* 黙っている damatteiru
mummer *(n.)* 無言劇 mugon geki
mummy *(n.)* ミイラ mīra
mumps *(n.)* おたふく風邪 otafuku kaze
munch *(v.)* ムシャムシャ食べる mushamusha taberu
municipal *(adj.)* 市の shi no
municipality *(n.)* 地方自治体 chihōjichitai
munificent *(adj.)* 潤沢な juntakuna
munitions *(n.)* 軍需物資 gunju busshi
mural *(n.)* 壁画 hekiga 、
mural *(adj.)* 壁面の hekimen no
murder *(n.)* 殺人 satsujin
murderer *(n.)* 人殺し hitogoroshi
murmur *(v.)* つぶやく tsubuyaku
murmur *(n.)* ざわめき zawameki
muscle *(n.)* 筋肉 kinniku
muscovite *(n.)* 白雲母 shiro unmo

muscular *(adj.)* 筋肉質な *kinnikushitsuna*
muse *(n.)* 詩神 *shishin*
muse *(v.)* 熟考する *jukkō suru*
museum *(n.)* 博物館 *hakubutsukan*
mush *(n.)* どろどろのもの *dorodoro no mono*
mushroom *(n.)* キノコ *kinoko*
music *(n.)* 音楽 *ongaku*
musical *(adj.)* 音楽の *ongaku no*
musician *(n.)* 音楽家 *ongakuka*
musk *(n.)* 麝香 *jakō*
musket *(n.)* マスケット銃 *masu ketto jū*
musketeer *(n.)* マスケット銃兵 *masu ketto jūhei*
muslim *(adj.)* イスラム教の *isuramukyō no*
muslin *(n.)* モスリン *mosurin*
must *(v.)* する必要がある *suru hitsuyō ga aru*
must *(n.)* 絶対必要なもの *zettai hitsuyōna mono*
mustache *(n.)* 口ひげ *kuchihige*
mustang *(n.)* マスタング *masutangu*
mustard *(n.)* マスタード *masutādo*
muster *(n.)* 召集 *shōshū*
musty *(adj.)* かび臭い *kabikusai*
mutation *(n.)* 突然変異 *totsuzenhen i*
mute *(adj.)* 口の利けない *kuchi no kikenai*
mute *(n.)* 口の利けない人 *kuchi no kike nai hito*
mutidisciplinary *(adj.)* 学際的な *gakusai tekina*
mutilate *(v.)* ひどく傷つける *hidoku kizutsukeru*
mutilation *(n.)* 損傷 *sonshō*
mutinous *(adj.)* 暴動の *bōdō no*
mutter *(v.)* ブツブツ言う *butsubutsu iu*
mutton *(n.)* マトン *maton*

mutual *(adj.)* 相互の *sōgo no*
muzzle *(v.)* 口輪をはめる *kuchi wa o hameru*
muzzle *(n.)* 鼻口部 *bikōbu*
my *(adj.)* 私の *watashi no*
myalgia *(n.)* 筋肉痛 *kinnikutsū*
myopia *(n.)* 近視 *kinshi*
myopic *(adj.)* 近視の *kinshi no*
myosis *(n.)* 縮瞳 *shukudō*
myriad *(adj.)* 無数の *musū no*
myrrh *(n.)* 没薬 *motsuyaku*
myrtle *(n.)* ぎんばいか *gin bai ka*
myself *(pron.)* 自分 *jibun*
mysterious *(adj.)* 不思議な *fushigina*
mystery *(n.)* 謎 *nazo*
mystic *(n.)* 神秘主義者 *shinpi shugisha*
mystic *(adj.)* 神秘主義な *shinpi shugina*
mysticism *(n.)* 神秘主義 *shinpi shugi*
mystique *(n.)* 神秘的雰囲気 *shinpiteki fun iki*
myth *(n.)* 神話 *shinwa*
mythical *(adj.)* 神話の *shinwa no*

N

nachos *(n.)* ナチョス *nachosu*
nacre *(n.)* 真珠層 *shinjusō*
nadir *(n.)* 天底 *tentei*
nag *(v.)* しつこく文句を言う *shitsukoku monku o iu*
nag *(n.)* 口うるさい人 *kuchiurusai hito*
nagging *(adj.)* 口やかましい *kuchiyakamashī*
nagging *(n.)* しつこく文句を言うこと *shitsukoku monku o iu koto*
nail *(v.)* くぎで固定する *kugi de kotei suru*

nail *(n.)* 爪 *tsume*
naive *(adj.)* うぶな *ubuna*
naivete *(n.)* 素朴さ *soboku sa*
naivety *(n.)* 無邪気 *mujaki*
naked *(adj.)* 裸の *hadaka no*
name *(v.)* 名付ける *nazukeru*
name *(n.)* 名前 *namae*
namely *(adv.)* つまり *tsumari*
nameplate *(n.)* 名札 *nafuda*
namesake *(n.)* 同名の人 *dōmei no hito*
nanism *(n.)* 小人症 *kobi to shō*
nanite *(n.)* ナノマシン *nano mashin*
nanny *(n.)* 乳母 *uba*
nano *(n.)* ナノ *nano*
nanobiology *(n.)* ナノバイオロジー *nanobaiorojī*
nanobot *(n.)* ナノボット *nanobotto*
nanochip *(n.)* ナノチップ *nano chippu*
nanocircuitry *(n.)* ナノ回路 *nano kairo*
nanocomponent *(n.)* ナノ要素 *nano yōso*
nanocomputer *(n.)* ナノコンピュータ *nano konpyūta*
nanoengineer *(n.)* ナノ工学者 *nano kōgakusha*
nanohertz *(n.)* ナノヘルツ *nano herutsu*
nanomechanics *(n.)* ナノ機械工学 *nano kikai kōgaku*
nanoparticle *(n.)* ナノ粒子 *nano ryūshi*
nanoplasma *(n.)* ナノプラズマ *nano purazuma*
nanotransistor *(n.)* ナノトランジスター *nano toranjisutā*
nap *(n.)* 昼寝 *hirune*
nap *(v.)* 昼寝する *hirune suru*
nape *(n.)* うなじ *unaji*
naphthalene *(n.)* ナフタリン *nafutarin*
napkin *(n.)* ナプキン *napukin*

narcissism *(n.)* ナルシシズム *narushishizumu*
narcosis *(n.)* 昏睡 *konsui*
narcotic *(n.)* 麻薬 *mayaku*
narrate *(v.)* ナレーションをする *narēshon o suru*
narration *(n.)* ナレーション *narēshon*
narrative *(adj.)* 物語風の *monogatarifū no*
narrator *(n.)* ナレーター *narētā*
narrow *(v.)* 絞る *shiboru*
narrow *(adj.)* 狭い *semai*
nasal *(adj.)* 鼻の *hana no*
nasal *(n.)* 鼻声 *hanagoe*
nascent *(adj.)* 発生期にある *hasseiki ni aru*
nasty *(adj.)* たちの悪い *tachi no warui*
natal *(adj.)* 出生の *shusshō no*
natant *(adj.)* 浮遊性の *fuyūsei no*
nation *(n.)* 国家 *kokka*
national *(adj.)* 国の *kuni no*
nationalism *(n.)* 国家主義 *kokka shugi*
nationalist *(n.)* 国家主義者 *kokka shugisha*
nationality *(n.)* 国籍 *kokuseki*
nationalization *(n.)* 国有化 *kokuyū ka*
nationalize *(v.)* 国有にする *kokuyū ni suru*
native *(n.)* 土地の人 *tochi no hito*
native *(adj.)* 出生地の *shusshōchi no*
nativity *(n.)* キリストの降誕 *kirisuto no kōtan*
natural *(adj.)* 自然な *shizenna*
naturalist *(n.)* 博物学者 *hakubutsu gakusha*
naturalize *(v.)* 帰化する *kika suru*
naturally *(adv.)* 当然 *tōzen*
nature *(n.)* 自然 *shizen*
naughty *(adj.)* いたずらな *itazurana*
nausea *(n.)* 吐き気 *hakike*

nautical (adj.) 航海の kōkai no
naval (adj.) 海軍の kaigun no
nave (n.) 本堂 hondō
navigable (adj.) 航行可能な kōkō kanōna
navigate (v.) 航行する kōkō suru
navigation (n.) 航法 kōhō
navigator (n.) 航海長 kōkaichō
navy (n.) 海軍 kaigun
neap (adj.) 小潮の koshio no
near (adv.) 近くへ chikaku e
near (prep.) 近くに chikaku ni
near (v.) 近寄る chikayoru
near (adj.) 近い chikai
neat (adj.) 整頓された seiton sareta
nebula (n.) 星雲 seiun
necessary (adj.) 必要な hitsuyōna
necessary (n.) 必需品 hitsujuhin
necessity (n.) 必要性 hitsuyōsei
neck (n.) 首 kubi
necklace (n.) ネックレス nekkuresu
necklet (n.) ネックレット nekku retto
necromancer (n.) 占い師 uranaishi
necropolis (n.) ネクロポリス nekuroporisu
nectar (n.) 花蜜 kamitsu
need (n.) 必要 hitsuyō
needle (n.) 針 hari
needless (adj.) 無用の muyō no
needy (adj.) 愛情に飢えた aijō ni ueta
nefarious (adj.) 悪辣な akuratsuna
negation (n.) 否定すること hitei suru koto
negative (n.) 否定 hitei
negative (adj.) 否定の hitei no
neglect (n.) 放置 hōchi
neglect (v.) 放置する hōchi suru
negligence (n.) 過失 kashitsu

negligent (adj.) 怠慢な taimanna
negligible (adj.) ごくわずかな goku wazukana
negotiable (adj.) 交渉可能な kōshō kanōna
negotiate (v.) 交渉する kōshō suru
negotiation (n.) 交渉 kōshō
negotiator (n.) 交渉者 kōshōsha
neigh (n.) 馬のいななき uma no inanaki
neigh (v.) いななく inanaku
neighbour (n.) 隣人 rinjin
neighbourhood (n.) 近所 kinjo
neither (conj.) どちらもない dochira mo nai
nemesis (n.) 宿敵 shukuteki
neolithic (adj.) 新石器時代 shin sekki jidai
neon (n.) ネオン neon
nephew (n.) 甥 oi
nepotism (n.) 縁故主義 enko shugi
Neptune (n.) 海王星 kaiōsei
nerve (n.) 神経 shinkei
nerveless (adj.) 無気力な mukiryokuna
nervous (adj.) 緊張した kinchō shita
nescience (n.) 無知 muchi
nest (n.) 巣 su
nest (v.) 巣を作る su o tsukuru
nestle (v.) 体を埋める karada o umeru
nestling (n.) ひな鳥 hinadori
net (v.) 網で覆う ami de ōu
net (adj.) 正味 shōmi
net (n.) 網 ami
netizen (n.) ネチズン nechizun
nettle (n.) いらくさ iraku sa
network (n.) ネットワーク nettowāku
neurologist (n.) 神経科医 shinkeikai
neurology (n.) 神経学 shinkeigaku

neurosis *(n.)* 神経症 *shinkeishō*
neuter *(adj.)* 中性の *chūsei no*
neuter *(n.)* 中性語 *chūseigo*
neutral *(adj.)* 中立の *chūritsu no*
neutralize *(v.)* 中和させる *chūwa saseru*
neutron *(n.)* 中性子 *chūseishi*
nevertheless *(conj.)* それでもなお *soredemo nao*
new *(adj.)* 新しい *atarashī*
newborn *(adj.)* 新生児 *shinseiji*
news *(n.)* ニュース *nyūsu*
newspaper *(n.)* 新聞 *shinbun*
next *(adv.)* 次に *tsugini*
next *(adj.)* 次の *tsugi no*
nib *(n.)* ペン先 *pensaki*
nibble *(n.)* かじること *kajiru koto*
nibble *(v.)* かじる *kajiru*
nice *(adj.)* 良い *ii*
nicely *(adv.)* うまく *umaku*
nicety *(n.)* わずかな差 *wazukana sa*
niche *(n.)* ニッチ *nicchi*
nick *(n.)* 切り目 *kirime*
nickel *(n.)* ニッケル *nikkeru*
nickname *(v.)* あだ名を付ける *adana o tsukeru*
nickname *(n.)* あだ名 *adana*
nicotine *(n.)* ニコチン *nikochin*
niece *(n.)* 姪 *mei*
niggard *(n.)* けち *kechi*
night *(n.)* 夜 *yoru*
night shelter *(n.)* ホームレス保護施設 *hōmuresu hogo shisetsu*
nightie *(n.)* 寝間着 *nemaki*
nightingale *(n.)* ナイチンゲール *naichingēru*
nightly *(adv.)* 毎晩 *maiban*
nightmare *(n.)* 悪夢 *akumu*

nihilism *(n.)* ニヒリズム *nihirizumu*
nimbus *(n.)* 雨雲 *amagumo*
nine *(n.)* 九 *kyū*
nineteen *(n.)* 十九 *jū kyū*
nineteenth *(adj.)* 十九番目の *jū kyū banme no*
ninetieth *(adj.)* 九十番目の *kyū jū banme no*
ninety *(n.)* 九十 *kyū jū*
ninth *(adj.)* 九番目の *kyū banme no*
nip *(v.)* はさむ *hasamu*
nipple *(n.)* 乳首 *chikubi*
nitrogen *(n.)* 窒素 *chisso*
no *(adv.)* いいえ *īe*
no *(adj.)* 少しもない *sukoshi mo nai*
nobility *(n.)* 貴族階級 *kizoku kaikyū*
noble *(adj.)* 気高い *kedakai*
nobly *(adv.)* 気高く *kedakaku*
nobody *(pron.)* 誰も...ない *dare mo...nai*
nocturnal *(adj.)* 夜行性の *yakōsei no*
nod *(n.)* うなずき *unazuki*
nod *(v.)* うなずく *unazuku*
node *(n.)* ノード *nōdo*
noise *(n.)* 騒音 *sōon*
noiseless *(adj.)* 音のしない *oto no shinai*
noisy *(adj.)* うるさい *urusai*
nomad *(n.)* 遊牧民 *yūbokumin*
nomadic *(adj.)* 遊牧する *yūboku suru*
nomenclature *(n.)* 学名命名法 *gakumei meimeihō*
nominal *(adj.)* 名前だけの *namae dake no*
nominate *(v.)* 推薦する *suisen suru*
nomination *(n.)* 推薦 *suisen*
nominee *(n.)* 推薦された人 *suisen sareta hito*
non-alcoholic *(adj.)* ノンアルコールの *non arukōru no*

non-alignment *(n.)* 非同盟 *hi dōmei*
nonchalance *(n.)* 無頓着 *mutonchaku*
nonchalant *(adj.)* 無頓着な *mutonchakuna*
non-disclosure *(n.)* 非公開 *hikōkai*
none *(adv.)* 決してない *kesshite nai*
none *(pron.)* どれもない *dore monai*
nonentity *(n.)* 非実在 *hi jitsuzai*
nonetheless *(adv.)* とはいえ *to wa ie*
nonpareil *(n.)* 無比の人 *muhi no hito*
non-profit *(adj.)* 非営利の *hi eiri no*
nonsense *(n.)* たわごと *tawagoto*
non-stick *(adj.)* ノンスティック加工の *non sutikku kakō no*
non-stop *(adj.)* 直行の *chokkō no*
noodles *(n.)* 麺類 *menrui*
nook *(n.)* 隠れ場所 *kakure basho*
noon *(n.)* 正午 *shōgo*
noose *(n.)* 首つり縄 *kubitsuri nawa*
Nordic *(adj.)* 北欧の *hokuō no*
norm *(n.)* 規範 *kihan*
normal *(adj.)* 普通の *futsū no*
normalcy *(n.)* 正常 *seijō*
normalization *(n.)* 正常化 *seijō ka*
normalize *(v.)* 正常化する *seijō ka suru*
north *(adv.)* 北に *kita ni*
north *(adj.)* 北の *kita no*
north *(n.)* 北 *kita*
northerly *(adj.)* 北の *kita no*
northern *(adj.)* 北に位置する *kita ni ichi suru*
nose *(n.)* 鼻 *hana*
nostalgic *(adj.)* 懐かしい *natsukashī*
nostril *(n.)* 鼻孔 *bikō*
nosy *(adj.)* 詮索好きな *sensaku zukina*
not *(adv.)* じゃない *janai*
notability *(n.)* 知名度 *chimeido*

notable *(adj.)* 注目に値する *chūmoku ni ataisuru*
notary *(n.)* 公証人 *kōshōjin*
notation *(n.)* 表記法 *hyōkihō*
notch *(n.)* 刻み目 *kizamime*
note *(v.)* 書き留める *kakitomeru*
note *(n.)* メモ *memo*
nothing *(adv.)* 何もない *nani mo nai*
nothing *(n.)* 無 *mu*
notice *(v.)* 気づく *kizuku*
notice *(n.)* 通知 *tsūchi*
notification *(n.)* 通知書 *tsūchisho*
notify *(v.)* 通知する *tsūchi suru*
notional *(adj.)* 観念的な *kannen tekina*
notoriety *(n.)* 悪評 *akuhyō*
notwithstanding *(adv.)* それでも *soredemo*
notwithstanding *(conj.)* ではあるが *de wa aruga*
noun *(n.)* 名詞 *meishi*
nourish *(v.)* 養う *yashinau*
nourishment *(n.)* 栄養 *eiyō*
novel *(adj.)* 奇抜な *kibatsuna*
novel *(n.)* 小説 *shōsetsu*
novelette *(n.)* 中編小説 *chūhen shōsetsu*
novelist *(n.)* 小説家 *shōsetsuka*
November *(n.)* 十一月 *jūichigatsu*
novice *(n.)* 新米 *shinmai*
now *(conj.)* 今 *ima*
now *(adv.)* 今すぐに *ima sugu ni*
nowhere *(adv.)* どこにもない *doko ni mo nai*
nozzle *(n.)* ノズル *nozuru*
nuance *(n.)* ニュアンス *nyuansu*
nuclear *(adj.)* 原子力の *genshiryoku no*
nuclear family *(n.)* 核家族 *kaku kazoku*
nucleus *(n.)* 核 *kaku*

nude *(n.)* 裸体 *ratai*
nudge *(v.)* 軽く突く *karuku tsuku*
nudity *(n.)* 裸の状態 *hadaka no jōtai*
nuisance *(n.)* 迷惑 *meiwaku*
nullification *(n.)* 無効化 *mukō ka*
nullify *(v.)* 取り消す *torikesu*
numb *(adj.)* 無感覚な *mukankakuna*
number *(v.)* 番号を付ける *bangō o tsukeru*
number *(n.)* 数字 *sūji*
numeral *(n.)* 数詞 *sūshi*
numerator *(n.)* 分子 *bunshi*
numerical *(adj.)* 数字で表わした *sūji de arawashita*
numerous *(adj.)* 多数の *tasū no*
nun *(n.)* 修道女 *shūdōjo*
nunnery *(n.)* 女子修道院 *joshi shūdōin*
nurse *(v.)* 看護する *kango suru*
nurse *(n.)* 看護師 *kangoshi*
nursery *(n.)* 保育園 *hoikuen*
nurture *(v.)* 養育する *yōiku suru*
nurture *(n.)* 育成 *ikusei*
nut *(v.)* 頭突きをする *zutsuki o suru*
nut *(n.)* ナッツ *nattsu*
nutcase *(n.)* 変人 *henjin*
nutmeg *(n.)* ナツメグ *natsumegu*
nutrient *(n.)* 栄養素 *eiyōso*
nutritious *(adj.)* 栄養価の高い *eiyōka no takai*
nutty *(adj.)* ナッツの味がする *nattsu no aji ga suru*
nuzzle *(v.)* 鼻をこすり付ける *hana o kosuri tsukeru*
nylon *(n.)* ナイロン *nairon*
nymph *(n.)* ニュンペー *nyunpē*
nymphomaniac *(adj.)* 淫乱な *inranna*

O

oaf *(n.)* とんま *tonma*
oafish *(adj.)* ばかな *bakana*
oak *(n.)* オーク *ōku*
oaktree *(n.)* かしの木 *kashi no ki*
oar *(n.)* オール *ōru*
oarsman *(n.)* 漕ぎ手 *kogite*
oasis *(n.)* オアシス *oashisu*
oat *(n.)* オート麦 *ōto mugi*
oathbreaker *(n.)* 誓いを破る人 *chikai o yaburu hito*
oathbreaking *(adj.)* 誓いを破る *chikai o yaburu*
oatmeal *(n.)* オートミール *ōtomīru*
oatmeal *(adj.)* オートミールの *ōtomīru no*
obduct *(v.)* 乗り上げる *noriageru*
obduction *(n.)* 乗り上げ *noriage*
obedience *(n.)* 従順 *jūjun*
obeisance *(n.)* 敬意 *keī*
obese *(adj.)* 肥満な *himanna*
obesity *(n.)* 肥満 *himan*
obey *(v.)* 従う *shitagau*
obituary *(adj.)* 死亡記事 *shibō kiji*
object *(v.)* 異議を唱える *igi o tonaeru*
object *(n.)* 物 *mono*
objection *(n.)* 異議 *igi*
objectionable *(adj.)* いかがわしい *ikagawashī*
objective *(adj.)* 客観的な *kyakkan tekina*
oblation *(n.)* 奉納 *hōnō*
obligatory *(adj.)* 義務的な *gimu tekina*
oblige *(v.)* 義務付ける *gimuzukeru*
obliterate *(v.)* 全滅させる *zenmetsu saseru*

obliteration *(n.)* 抹消 *masshō*
oblivion *(n.)* 忘却 *bōkyaku*
oblivious *(adj.)* 気が付かない *kigatsukanai*
oblong *(n.)* 楕円形 *daenkei*
oblong *(adj.)* 楕円形の *daenkei no*
obnoxious *(adj.)* 感じの悪い *kanji no warui*
obscene *(adj.)* ひわいな *hiwaina*
obscenity *(n.)* 卑猥 *hiwai*
obscure *(v.)* 覆い隠す *ōi kakusu*
obscure *(adj.)* 不明瞭な *fumeiryōna*
obscurity *(n.)* 不明瞭 *fumeiryō*
observance *(n.)* 遵守 *junshu*
observation *(n.)* 観察 *kansatsu*
observatory *(n.)* 展望台 *tenbōdai*
observe *(v.)* 観察する *kansatsu suru*
obsess *(v.)* 取りつく *toritsuku*
obsession *(n.)* 強迫観念 *kyōhaku kannen*
obsessive *(adj.)* 頭から離れない *atama kara hanarenai*
obsolete *(adj.)* 廃れた *sutareta*
obstacle *(n.)* 障害物 *shōgaibutsu*
obstetric *(adj.)* 産科の *sanka no*
obstetrician *(n.)* 産科医 *sankai*
obstinacy *(n.)* 強情 *gōjō*
obstinate *(adj.)* 頭が固い *atama ga katai*
obstruct *(v.)* 妨害する *bōgai suru*
obstruction *(n.)* 妨害 *bōgai*
obstructive *(adj.)* 妨害的な *bōgai tekina*
obtain *(v.)* 手に入れる *te ni ireru*
obtainable *(adj.)* 手に入る *te ni hairu*
obtuse *(adj.)* 鈍角の *donkaku no*
obvious *(adj.)* 明らかな *akirakana*
obviously *(adv.)* 明らかに *akiraka ni*
occasion *(v.)* 誘因となる *yūin to naru*
occasion *(n.)* 際 *sai*

occasional *(adj.)* たまの *tamano*
occasionally *(adv.)* 時には *tokiniha*
occipital *(n.)* 後頭部 *kōtōbu*
occipital *(adj.)* 後頭部の *kōtōbu no*
occlude *(v.)* 塞ぐ *fusagu*
occlusive *(adj.)* 閉塞する *heisoku suru*
occult *(adj.)* 超自然的な *chō shizen tekina*
occult *(n.)* 超自然的な力 *chō shizen tekina chikara*
occupancy *(n.)* 占有 *senyū*
occupation *(n.)* 職業 *shokugyō*
occupied *(adj.)* 人がいる *hito ga iru*
occupy *(v.)* 居住する *kyojū suru*
occurrence *(n.)* 発生 *hassei*
ocean *(n.)* 海 *umi*
oceanfront *(adj.)* 海に面した *umi ni menshita*
oceanfront *(n.)* 海洋前線 *kaiyō zensen*
oceanic *(adj.)* 大洋の *taiyō no*
oceanographer *(n.)* 海洋学者 *kaiyō gakusha*
oceanographic *(adj.)* 海洋学の *kaiyōgaku no*
oceanology *(n.)* 海洋学 *kaiyōgaku*
octagon *(n.)* 八角形 *hakkakukei*
octane *(n.)* オクタン *okutan*
octangular *(adj.)* 八角の *hakkaku no*
octave *(n.)* オクターブ *okutābu*
October *(n.)* 十月 *jūgatsu*
octogenarian *(adj.)* 八十代の *hachi jū dai no*
octogenarian *(n.)* 八十代の人 *hachi jū dai no hito*
octopus *(n.)* たこ *tako*
octuple *(v.)* 八倍になる *hachi bai ni naru*
octuple *(adj.)* 八倍の *hachi bai no*
octuple *(n.)* 八倍の量 *hachi bai no ryō*

octuplicate (n.) 八つ一組 yattsu ichi kumi
octyne (n.) オクチン okuchin
odd (adj.) 奇数の kisūno
oddity (n.) 奇人 kijin
odds (n.) 勝ち目 kachime
ode (n.) 頌歌 shōka
odious (adj.) 不愉快な fuyukaina
odium (n.) 憎悪 zōo
odometer (n.) オドメーター odomētā
odontology (n.) 歯科学 shikagaku
odorous (adj.) 匂いのする nioi no suru
of (prep.) の no
off (prep.) 離れて hanarete
off balance (adj.) バランスが崩れた baransu ga kuzureta
offbeat (adj.) オフビートの ofubīto no
offend (v.) 気分を害する kibun o gaisuru
offender (n.) 違反者 ihansha
offensive (n.) 攻撃 kōgeki
offensive (adj.) 侮辱的な bujoku tekina
office (n.) オフィス ofisu
officer (n.) 警官 keikan
official (n.) 役人 yakunin
official (adj.) 公式な kōshikina
officially (adv.) 公式に kōshiki ni
officiate (v.) 職務を果たす shokumu o hatasu
officious (adj.) 差し出がましい sashidegamashī
offing (n.) 沖 oki
offline (adj.) オフライン ofurain
off-road (adj.) オフロード用の ofurōdoyō no
offset (n.) 差引勘定 sashihiki kanjō
offset (v.) 差引勘定する sashihiki kanjō suru
offshoot (n.) 分派 bunpa

often (adv.) 頻繁に hinpan ni
ogle (n.) いやらしい目つき iyarashī metsuki
ogle (v.) ジロジロ見る jirojiro miru
oil (n.) 油 abura
oil (v.) 油を差す abura o sasu
oil paint (n.) 油絵の具 aburaenogu
oily (adj.) 脂っこい aburakkoi
oink (v.) ブーブー鳴く būbū naku
oink (n.) ブタの鳴き声 buta no nakigoe
ointment (n.) 軟膏 nankō
okay (int.) いいよ īyo
okay (adv.) 好調に kōchō ni
okay (adj.) 大丈夫 daijōbu
okayish (adj.) 大丈夫そう daijōbu sō
okra (n.) オクラ okura
old (adj.) 古い furui
old age (n.) 老齢 rōrei
oleaceous (adj.) モクセイ科の mokuseika no
oleaginous (adj.) 油性の yusei no
oleochemical (n.) 油脂化学の yushi kagaku no
olfactory (adj.) 嗅覚の kyūkaku no
oligarch (n.) オリガルヒ origaruhi
oligarchal (adj.) 寡頭制の katō sei no
oligarchy (n.) 寡頭制 katō sei
olive (n.) オリーブ orību
olympiad (n.) オリンピック大会 orinpikku taikai
omega (n.) オメガ omega
omelette (n.) オムレツ omuretsu
omen (n.) 前兆 zenchō
ominous (adj.) 不吉な fukitsuna
omit (v.) 省略する shōryaku suru
omnibenevolence (n.) 全善 zenzen
omnibenevolent (adj.) 全善の zen zen no

omnicompetent *(adj.)* 全権を有する zenken o yūsuru
omnidirectional *(adj.)* 無指向性の mu shikōsei no
omnidirectionality *(n.)* 無指向性 mu shikōsei
omniform *(adj.)* あらゆる形を持つ arayuru katachi o motsu
omnipotence *(n.)* 全能 zennō
omnipotent *(adj.)* 全能の zennō no
omnipresence *(n.)* 遍在 henzai
omnipresent *(adj.)* 遍在する henzai suru
omniscience *(n.)* 全知 zenchi
omniscient *(adj.)* 全知の zenchi no
omnivore *(n.)* 雑食動物 zasshoku dōbutsu
omnivorous *(adj.)* 雑食の zasshoku no
on *(adv.)* 上に ue ni
once *(adv.)* 一度 ichi do
oncogene *(n.)* 発癌遺伝子 hatsugan idenshi
oncogenic *(adj.)* 発癌性の hatsugansei no
oncologist *(n.)* 癌専門医 gan senmoni
oncology *(n.)* 腫瘍学 shuyōgaku
one *(pron.)* 物 mono
one *(adj.)* 一個の ikkono
oneness *(n.)* 一体感 ittaikan
onerous *(adj.)* 面倒な mendōna
one-sided *(adj.)* 一方的な ippō tekina
one-way *(adj.)* 一方通行の ippō tsūkō no
ongoing *(adj.)* 現在進行中の genzai shinkō chū no
onion *(n.)* 玉ねぎ tamanegi
online *(adj.)* オンライン onrain
on-looker *(n.)* 傍観者 bōkansha
only *(adv.)* ただ tada
only *(conj.)* ただし tadashi
onomancy *(n.)* 姓名判断 seimei handan

onomastic *(adj.)* 固有名詞学の koyūmeishigaku no
onomatologist *(n.)* 固有名詞学者 koyūmeishi gakusha
onomatology *(n.)* 固有名詞学 koyūmeishigaku
onomatope *(n.)* 擬声語 giseigo
onomatopoeia *(n.)* 擬声 gisei
on-road *(adj.)* 路上の rojō no
onrush *(n.)* 突撃 totsugeki
onset *(n.)* 発症 hasshō
ontogenic *(adj.)* 個体発生の kotai hassei no
ontogeny *(n.)* 個体発生 kotai hassei
ontological *(adj.)* 存在論の sonzairon no
ontologist *(n.)* 存在論学者 sonzairon gakusha
ontology *(n.)* 存在論 sonzairon
onward *(adj.)* 前方への zenpō e no
onwards *(adv.)* 先へ saki e
ooze *(v.)* にじみ出る nijimideru
ooze *(n.)* にじみ出ること nijimideru koto
opacity *(n.)* 不透明度 futōmeido
opal *(n.)* オパール opāru
opaque *(adj.)* 不透明な futōmeina
open *(v.)* 開く hiraku
open *(adj.)* 開いた hiraita
opening *(n.)* 空き aki
openly *(adv.)* 公然と kōzen to
opera *(n.)* オペラ opera
operability *(n.)* 手術適応 shujutsu tekiō
operable *(adj.)* 手術できる shujutsu dekiru
operate *(v.)* 手術する shujutsu suru
operation *(n.)* 手術 shujutsu
operative *(adj.)* 作動している sadō shiteiru
operator *(n.)* オペレーター operētā

operetta *(n.)* オペレッタ operetta
ophthalmic *(adj.)* 眼の me no
ophthalmologic *(adj.)* 眼科の ganka no
ophthalmologist *(n.)* 眼科医 gankai
ophthalmology *(n.)* 眼科 ganka
ophthalmoscope *(n.)* 検眼鏡 kengankyō
opiate *(adj.)* アヘンを含む ahen o fukumu
opiate *(v.)* アヘンを混ぜ込む ahen o mazekomu
opinion *(n.)* 意見 iken
opinionated *(adj.)* 意固地な ikojina
opium *(n.)* アヘン ahen
opponent *(n.)* 対戦相手 taisen aite
opportune *(adj.)* 好都合の kōtsugō no
opportunism *(n.)* 日和見主義 hiyorimi shugi
opportunity *(n.)* 機会 kikai
oppose *(v.)* 反対する hantai suru
opposition *(n.)* 反対 hantai
oppress *(v.)* 虐げる shītageru
oppression *(n.)* 抑圧 yokuatsu
oppressive *(adj.)* 圧政的な assei tekina
oppressor *(n.)* 迫害者 hakugaisha
optic *(adj.)* 目の me no
optician *(n.)* 眼鏡屋 meganeya
optimism *(n.)* 楽観主義 rakkan shugi
optimist *(n.)* 楽天家 rakutenka
optimistic *(adj.)* 楽観的な rakkan tekina
optimum *(adj.)* 最適な saitekina
optimum *(n.)* 最適条件 saiteki jōken
option *(n.)* 選択肢 sentakushi
optional *(adj.)* 任意の nin i no
opulence *(n.)* 富裕 fuyū
opulent *(adj.)* 富裕な fuyūna
oracle *(n.)* 神官 shinkan
oracular *(adj.)* 神託の shintaku no

oral *(n.)* 口述試験 kōjutsu shiken
orange *(adj.)* オレンジ色の orenji iro no
orange *(n.)* オレンジ orenji
oration *(n.)* 演説 enzetsu
orator *(n.)* 演説者 enzetsusha
oratorical *(adj.)* 演説の enzetsu no
oratory *(n.)* 雄弁術 yūbenjutsu
orb *(n.)* 球体 kyūtai
orbit *(n.)* 軌道 kidō
orbital *(n.)* 環状道路 kanjō dōro
orbital *(adj.)* 軌道の kidō no
orca *(n.)* シャチ shachi
orchard *(n.)* 果樹園 kajuen
orchestra *(n.)* オーケストラ ōkesutora
orchestral *(adj.)* オーケストラの ōkesutora no
ordain *(v.)* 按手する anshu suru
ordained *(adj.)* 按手された anshu sareta
ordeal *(n.)* 試練 shiren
order *(v.)* 注文する chūmon suru
order *(n.)* 注文 chūmon
orderly *(n.)* 整然とした seizen to shita
orderly *(adj.)* 病院の用務員 byōin no yōmuin
ordinance *(n.)* 条例 jōrei
ordinarily *(adv.)* 通常 tsūjō
ordinary *(adj.)* いつもの itsumo no
ore *(n.)* 鉱石 kōseki
organ *(n.)* 器官 kikan
organic *(adj.)* オーガニックの ōganikku no
organism *(n.)* 生命体 seimeitai
organization *(n.)* 組織 soshiki
organize *(v.)* 整理する seiri suru
organography *(n.)* 器官学 kikangaku
organza *(n.)* オーガンザ ōganza

orgasm *(n.)* オーガズム *ōgazumu*
orgasmic *(adj.)* オーガズムの *ōgazumu no*
orient *(v.)* 方向を合わせる *hōkō o awaseru*
orient *(n.)* 東洋 *tōyō*
oriental *(adj.)* 東洋の *tōyō no*
orientational *(adj.)* 配向性の *haikōsei no*
oriented *(adj.)* 重視する *jūshi suru*
orifice *(n.)* 開口部 *kaikōbu*
orificial *(adj.)* 開口部の *kaikōbu no*
origami *(n.)* 折り紙 *origami*
origin *(n.)* 原点 *genten*
original *(n.)* 現物 *genbutsu*
original *(adj.)* 初代の *shodai no*
originality *(n.)* 創造力 *sōzōryoku*
originate *(v.)* 由来する *yurai suru*
originator *(n.)* 創始者 *sōshisha*
ornamental *(adj.)* 装飾的な *sōshoku tekina*
ornamentation *(n.)* 装飾 *sōshoku*
ornithologist *(n.)* 鳥類学者 *chōrui gakusha*
ornithology *(n.)* 鳥類学 *chōruigaku*
ornithoscopy *(n.)* 野鳥観察 *yachō kansatsu*
orogen *(n.)* 造山帯 *zōzantai*
orogenic *(adj.)* 造山運動の *zōzan undō no*
orphan *(v.)* 孤児にする *koji ni suru*
orphan *(n.)* 孤児 *koji*
orphanage *(n.)* 孤児院 *kojīn*
orthodox *(adj.)* 正統派の *seitōha no*
orthodoxy *(n.)* 正統性 *seitōsei*
orthopaedics *(n.)* 整形外科 *seikei geka*
oscillation *(n.)* 振動 *shindō*
oscillograph *(n.)* オシログラフ *oshirogurafu*
oscillometric *(adj.)* オシロメトリック法の *oshirometorikku hō no*
oscilloscope *(n.)* オシロスコープ *oshirosukōpu*
osculant *(adj.)* 中間性の *chūkansei no*
oscular *(adj.)* 口による *kuchi niyoru*
osmose *(v.)* 浸透する *shintō suru*
osmosis *(n.)* 浸透 *shintō*
ossify *(v.)* 骨化する *kotsuka suru*
ostensibility *(n.)* 見せ掛け *misekake*
ostensible *(adj.)* 表向きの *omotemuki no*
ostensibly *(adv.)* 表向きは *omotemuki wa*
ostension *(n.)* 直示 *choku ji*
ostentation *(n.)* 見せびらかし *misebirakashi*
ostentatious *(adj.)* これ見よがしの *kore miyo ga shino*
ostrich *(n.)* 駝鳥 *dachō*
other *(pron.)* 別の人 *betsu no hito*
other *(adj.)* 他の *hoka no*
otherwise *(adv.)* そうしないと *sō shinaito*
otherworld *(n.)* 来世 *raise*
otherworldliness *(n.)* 非現実性 *hi genjitsusei*
otoscope *(n.)* 耳鏡 *jikyō*
otoscopy *(n.)* 耳鏡検査法 *jikyō kensahō*
otter *(n.)* 獺 *kawauso*
ottoman *(n.)* オスマン帝国の *osuman teikoku no*
ouch *(int.)* 痛い *itai*
ought *(v.)* すべきである *subekidearu*
ounce *(n.)* オンス *onsu*
our *(pron.)* 私達の *watashitachi no*
out *(prep.)* 外側へ *sotogawa e*
out *(adj.)* 外に出て *soto ni dete*
out *(adv.)* 外へ *soto e*
outback *(n.)* 奥地 *okuchi*
outbid *(v.)* よりも高く値をつける *yori mo takaku ne o tsukeru*

outbound *(adj.)* アウトバウンドの *autobaundo no*
outbreak *(n.)* 勃発 *boppatsu*
outburst *(n.)* 噴出 *funshutsu*
outcast *(adj.)* のけ者にされた *nokemono ni sareta*
outcast *(n.)* のけ者 *nokemono*
outcry *(n.)* 大衆の抗議 *taishū no kōgi*
outdo *(v.)* 勝る *masaru*
outdoor *(adj.)* アウトドアの *autodoa no*
outfit *(v.)* 衣服を着せる *ifuku o kiseru*
outfit *(n.)* 服装 *fukusō*
outgrow *(v.)* より大きくなる *yori ōkiku naru*
outing *(n.)* 外出 *gaishutsu*
outlandish *(adj.)* 異様な *iyōna*
outlaw *(v.)* 不法とする *fuhō to suru*
outlaw *(n.)* 無法者 *muhōmono*
outlet *(n.)* 排気口 *haikiguchi*
outline *(v.)* 要点を述べる *yōten o noberu*
outline *(n.)* 概要 *gaiyō*
outlive *(v.)* より長生きする *yori nagaiki suru*
outlook *(n.)* 見通し *mitōshi*
outmoded *(adj.)* 流行遅れの *ryūkō okure no*
outpatient *(n.)* 外来患者 *gairai kanja*
outpost *(n.)* 前哨基地 *zenshō kichi*
output *(n.)* 生産高 *seisandaka*
outrage *(n.)* 憤慨 *fungai*
outrage *(v.)* 憤慨させる *fungai saseru*
outrun *(v.)* 追い越す *oikosu*
outset *(n.)* 発端 *hottan*
outshine *(v.)* より光が強い *yori hikari ga tsuyoi*
outside *(adv.)* 屋外に *okugai ni*
outside *(prep.)* 戸外に *kogai ni*

outside *(n.)* 外側 *sotogawa*
outside *(adj.)* 外に *soto ni*
outsider *(n.)* 部外者 *bugaisha*
outsize *(adj.)* 特大の *tokudai no*
outstanding *(adj.)* ずばぬけた *zubanuketa*
outward *(adv.)* 外側へ *sotogawa e*
outward *(adj.)* 外側の *sotogawa no*
outwardly *(adv.)* 外見上は *gaiken jō wa*
outweigh *(v.)* より重い *yori omoi*
outwit *(v.)* 裏をかく *ura o kaku*
outworld *(n.)* 他惑星 *ta wakusei*
ouzo *(n.)* ウーゾ *ūzo*
oval *(n. & adj.)* オーバル *ōbaru*
ovary *(n.)* 卵巣 *ransō*
oven *(n.)* オーブン *ōbun*
over *(n.)* オーバー *ōbā*
over *(adv.)* 渡って *watatte*
over *(prep.)* 越えて *koete*
overact *(v.)* 大げさに演じる *ōgesa ni enjiru*
overboard *(adv.)* 船外に *sengai ni*
overburden *(v.)* 過度な負担をかける *kadona futan o kakeru*
overcast *(adj.)* 曇った *kumotta*
overcharge *(n.)* 過剰請求 *kajō seikyū*
overcharge *(v.)* 過剰請求する *kajō seikyū suru*
overcoat *(n.)* 外套 *gaitō*
overcome *(v.)* 克服する *kokufuku suru*
overcrowd *(v.)* 混雑させる *konzatsu saseru*
overdo *(v.)* 度を超す *do o kosu*
overdose *(v.)* 過剰摂取する *kajō sesshu suru*
overdose *(n.)* 過剰摂取 *kajō sesshu*
overdraft *(n.)* 貸越 *kashikoshi*
overdraw *(v.)* 借り越す *karikosu*

overdue *(adj.)* 支払期限の過ぎた *shiharai kigen no sugita*
overhaul *(n.)* 総点検 *sō tenken*
overhaul *(v.)* 分解修理する *bunkai shūri suru*
overhear *(v.)* 小耳に挟む *komimi ni hasamu*
overlap *(n.)* 重なり *kasanari*
overlap *(v.)* 重なる *kasanaru*
overleaf *(adv.)* 裏面に *uramen ni*
overload *(n.)* 過負荷 *ka fuka*
overload *(v.)* 過負荷をかける *ka fuka o kakeru*
overlook *(v.)* 見落とす *miotosu*
overnight *(adj.)* 夜通しの *yodōshi no*
overnight *(adv.)* 夜通しで *yodōshi de*
overpower *(v.)* 取り押さえる *toriosaeru*
overrate *(v.)* 過大評価する *kadai hyōka suru*
overrule *(v.)* 却下する *kyakka suru*
overrun *(v.)* 制圧する *seiatsu suru*
overshadow *(v.)* 見劣りさせる *miotori saseru*
oversight *(n.)* 手落ち *teochi*
oversleep *(v.)* 寝過ごす *nesugosu*
overt *(adj.)* あからさまな *akarasamana*
overtake *(v.)* 追い抜く *oinuku*
overthrow *(n.)* 転覆 *tenpuku*
overthrow *(v.)* 転覆する *tenpuku suru*
overtime *(n.)* 残業 *zangyō*
overtime *(adv.)* 時間外に *jikangai ni*
overture *(n.)* 序曲 *jokyoku*
overweight *(adj.)* 太りすぎの *futorisugino*
overwhelm *(v.)* 圧倒する *attō suru*
overwork *(n.)* 過労 *karō*
overwork *(v.)* 働きすぎる *hatarakisugiru*
oviferous *(adj.)* 卵のある *tamago no aru*

ovular *(adj.)* 卵子の *ranshi no*
ovulate *(v.)* 排卵する *hairan suru*
ovum *(n.)* 卵子 *ranshi*
owe *(v.)* 借りがある *kari ga aru*
owl *(n.)* 梟 *fukurō*
owly *(adj.)* 機嫌が悪い *kigen ga warui*
own *(v.)* 所有する *shoyū suru*
own *(adj.)* 自分の *jibun no*
owner *(n.)* 所有者 *shoyūsha*
ownership *(n.)* 所有権 *shoyūken*
oxbird *(n.)* ハマシギ *hama shigi*
oxcart *(n.)* 牛車 *gyūsha*
oxidant *(n.)* 酸化剤 *sankazai*
oxidate *(n.)* オキシデート *okishidēto*
oxidate *(v.)* 酸化させる *sanka saseru*
oxidation *(n.)* 酸化 *sanka*
oxide *(n.)* 酸化物 *sankabutsu*
oxyacid *(n.)* オキソ酸 *okiso san*
oxygen *(n.)* 酸素 *sanso*
oxygenate *(v.)* 酸素を送り込む *sanso o okurikomu*
oxygenated *(adj.)* 酸素化された *sanso ka sareta*
oxygenation *(n.)* 酸化 *sanso ka*
oyster *(n.)* カキ *kaki*
oyster *(v.)* カキを採る *kaki o toru*
oysterman *(n.)* カキ養殖業者 *kaki yōshoku gyōsha*
ozonate *(v.)* オゾン処理する *ozon shori suru*
ozonation *(n.)* オゾン処理 *ozon shori*
ozone *(n.)* オゾン *ozon*
ozone layer *(n.)* オゾン層 *ozonsō*

P

pace *(v.)* ゆっくり歩く *yukkuri aruku*
pace *(n.)* 歩調 *hochō*
pacemaker *(n.)* ペースメーカー *pēsu mēkā*
pachyderm *(n.)* 厚皮動物 *kōhi dōbutsu*
pacific *(adj.)* 平和をもたらす *heiwa o motarasu*
pacifier *(n.)* おしゃぶり *oshaburi*
pacifism *(n.)* 平和主義 *heiwa shugi*
pacifist *(n.)* 平和主義者 *heiwa shugisha*
pacify *(v.)* なだめる *nadameru*
pack *(n.)* 包み *tsutsumi*
pack *(v.)* 荷造りする *nizukuri suru*
package *(n.)* パッケージ *pakkēji*
packing *(n.)* 荷造り *nizukuri*
pact *(n.)* 協定 *kyōtei*
pad *(v.)* 詰め物をする *tsumemono o suru*
pad *(n.)* 当て物 *atemono*
padding *(n.)* 詰め物 *tsumemono*
paddle *(n.)* パドル *padoru*
paddle *(v.)* パドルで漕ぐ *padoru de kogu*
paddy *(n.)* 稲田 *inada*
paediatric *(adj.)* 小児科の *shōnika no*
paedologist *(n.)* 児童学者 *jidō gakusha*
paedology *(n.)* 児童学 *jidōgaku*
paedophile *(n.)* 小児愛者 *shōniaisha*
paedophilia *(n.)* ペドフィリア *pedofiria*
pagan *(adj.)* 異教の *ikyō no*
paganism *(n.)* 異教 *ikyō*
page *(v.)* ページをめくる *pēji o mekuru*
page *(n.)* ページ *pēji*
pageant *(n.)* ショー *shō*

pageantry *(n.)* 式典 *shikiten*
pagoda *(n.)* 仏塔 *buttō*
pain *(n.)* 痛み *itami*
pain relief *(n.)* 鎮痛 *chintsū*
painful *(adj.)* 痛い *itai*
painstaking *(adj.)* 骨が折れる *hone ga oreru*
paint *(v.)* ペンキを塗る *penki o nuru*
paint *(n.)* ペンキ *penki*
paintbrush *(n.)* 絵筆 *efude*
painter *(n.)* 画家 *gaka*
painting *(n.)* 絵画 *kaiga*
pair *(n.)* 二人組 *ni ningumi*
pair *(v.)* 二つ一組にする *futatsu hito kumi ni suru*
pal *(n.)* 仲よし *nakayoshi*
palace *(n.)* 宮殿 *kyūden*
palanquin *(n.)* 駕篭 *kago*
palatable *(adj.)* 口に合う *kuchi ni au*
palatal *(adj.)* 口蓋の *kōgai no*
palate *(n.)* 口蓋 *kōgai*
palatial *(adj.)* 宮殿のような *kyūden no yōna*
pale *(v.)* 青ざめる *aozameru*
pale *(adj.)* 淡い *awai*
pale *(n.)* くい *kui*
paleness *(n.)* 蒼白 *sōhaku*
paleobiological *(adj.)* 古生物学の *koseibutsugaku no*
paleobiologist *(n.)* 古生物学者 *koseibutsu gakusha*
paleoecologist *(n.)* 古生態学者 *koseitai gakusha*
paleoecology *(n.)* 古生態学 *koseitaigaku*
paleolithic *(n.)* 旧石器時代 *kyūsekkijidai no*
paleolithic *(adj.)* 旧石器の *kyū sekki no*

paleontology *(n.)* 古生物学 *koseibutsugaku*
palette *(n.)* パレット *paretto*
palm *(n.)* 手のひら *tenohira*
palm *(v.)* 手のひらに隠す *tenohira ni kakusu*
palmist *(n.)* 手相占い師 *tesō uranaishi*
palmistry *(n.)* 手相占い *tesō uranai*
palpitate *(v.)* 動悸がする *dōki ga suru*
palpitation *(n.)* 動悸 *dōki*
paltry *(adj.)* 微々たる *bibitaru*
pamper *(v.)* 甘やかす *amayakasu*
pamphlet *(n.)* パンフレット *panfuretto*
pamphleteer *(n.)* パンフレット作成者 *panfuretto sakuseisha*
pane *(n.)* 窓ガラス *mado garasu*
panel *(v.)* 化粧板を張る *keshōban o haru*
panel *(n.)* パネル *paneru*
panic *(n.)* パニック *panikku*
panic *(v.)* パニックになる *panikku ni naru*
panorama *(n.)* パノラマ *panorama*
pant *(v.)* 息を切らす *iki o kirasu*
pantaloon *(n.)* パンタローネ *pantarōne*
pantheism *(n.)* 汎神論 *hanshinron*
pantheist *(n.)* 汎神論者 *hanshinronsha*
panther *(n.)* 黒ヒョウ *kuro hyō*
panting *(adj.)* 息切れした *ikigire shita*
pantomime *(n.)* パントマイム *pantomaimu*
pantry *(n.)* パントリー *pan torī*
papacy *(n.)* ローマ教皇 *rōma kyōkō*
papal *(adj.)* ローマ教皇の *rōma kyōkō no*
paper *(n.)* 紙 *kami*
paper bag *(n.)* 紙袋 *kamibukuro*
parable *(n.)* たとえ話 *tatoe banashi*
parachute *(n.)* パラシュート *parashūto*
parade *(n.)* パレード *parēdo*

paradise *(n.)* 楽園 *rakuen*
paradox *(n.)* 逆説 *gyakusetsu*
paradoxical *(adj.)* 逆説的な *gyakusetsu tekina*
paragon *(n.)* かがみ *kagami*
paragraph *(n.)* 段落 *danraku*
parallel *(v.)* 匹敵する *hitteki suru*
parallel *(adj.)* 平行な *heikōna*
parallelism *(n.)* 平行 *heikō*
parallelogram *(n.)* 平行四辺形 *heikōshihenkei*
paralyse *(v.)* 麻痺する *mahi suru*
paralysis *(n.)* 麻痺 *mahi*
paralytic *(adj.)* 麻痺した *mahi shita*
paramount *(adj.)* 最重要の *sai jūyō no*
paramour *(n.)* 不倫相手 *furin aite*
paraphrase *(v.)* 言い換える *īkaeru*
paraphrase *(n.)* 言い換え *īkae*
parasite *(n.)* 寄生虫 *kiseichū*
parcel *(v.)* 包みにする *tsutsumi ni suru*
parcel *(n.)* 小包 *kozutsumi*
parch *(v.)* 干上がらせる *hiagaraseru*
pardon *(n.)* 赦免 *shamen*
pardon *(v.)* 赦免する *shamen suru*
pardonable *(adj.)* 許される *yurusareru*
parent *(n.)* 親 *oya*
parentage *(n.)* 家系 *kakei*
parental *(adj.)* 親の *oya no*
parish *(n.)* 教区 *kyōku*
parity *(n.)* 同等 *dōtō*
park *(n.)* 公園 *kōen*
park *(v.)* 駐車する *chūsha suru*
parking ticket *(n.)* 駐車違反切符 *chūsha ihan kippu*
parlance *(n.)* 口調 *kuchō*
parley *(v.)* 和平会談をする *wahei kaidan o suru*

parley *(n.)* 和平会談 *wahei kaidan*
parliament *(n.)* 議会 *gikai*
parliamentarian *(n.)* 国会議員 *kokkai gīn*
parliamentary *(adj.)* 議会の *gikai no*
parlour *(n.)* パーラー *pārā*
parody *(v.)* パロディーにする *parodī ni suru*
parody *(n.)* パロディー *parodī*
parole *(v.)* 仮釈放する *karishakuhō suru*
parole *(n.)* 仮出所 *kari shussho*
parricide *(n.)* 親殺し *oya goroshi*
parrot *(n.)* オウム *ōmu*
parry *(n.)* 受け流し *ukenagashi*
parry *(v.)* 受け流す *ukenagasu*
parsley *(n.)* パセリ *paseri*
parson *(n.)* 教区牧師 *kyōku bokushi*
part *(v.)* 分かれる *wakareru*
part *(n.)* 部分 *bubun*
partial *(adj.)* 部分的な *bubun tekina*
partiality *(n.)* えこひいき *e ko hīki*
participant *(n.)* 参加者 *sankasha*
participation *(n.)* 参加 *sanka*
particle *(n.)* 粒子 *ryūshi*
particular *(adj.)* 特定の *tokutei no*
partisan *(adj.)* 党派心の強い *tōhashin no tsuyoi*
partition *(v.)* 仕切る *shikiru*
partition *(n.)* 仕切り *shikiri*
partner *(n.)* 相棒 *aibō*
partnership *(n.)* パートナーシップ *pātonāshippu*
party *(n.)* パーティー *pātī*
pass *(n.)* 合格 *gōkaku*
pass *(v.)* 合格する *gōkaku suru*
passage *(n.)* 通路 *tsūro*
passenger *(n.)* 乗客 *jōkyaku*

passion *(n.)* 情熱 *jōnetsu*
passionate *(adj.)* 情熱的な *jōnetsu tekina*
passive *(adj.)* 受動的な *judō tekina*
passport *(n.)* パスポート *pasupōto*
past *(n.)* 過去 *kako*
past *(prep.)* 過ぎて *sugite*
past *(adj.)* 過去の *kako no*
paste *(v.)* 貼る *haru*
pastel *(n.)* パステル *pasu teru*
pastel *(adj.)* パステルカラーの *pasuterukarā no*
pastime *(n.)* 気晴らし *kibarashi*
pastoral *(adj.)* 羊飼いの *hitsuji kaino*
pastry *(n.)* ペーストリー *pēsu torī*
pasture *(v.)* 放牧する *hōboku suru*
pasture *(n.)* 牧草地 *bokusōchi*
pat *(n.)* 軽くたたく音 *karuku tataku oto*
pat *(adv.)* すっかり *sukkari*
pat *(v.)* 軽くたたく *karuku tataku*
patch *(n.)* あて布 *ate nuno*
patch *(v.)* つぎを当てる *tsugi o ateru*
patch test *(n.)* パッチテスト *pacchi tesuto*
patent *(n.)* 特許 *tokkyo*
patent *(v.)* 特許権をとる *tokkyoken o toru*
patent *(adj.)* 特許の *tokkyo no*
paternal *(adj.)* 父親の *chichioya no*
path *(n.)* 道 *michi*
pathetic *(adj.)* 情けない *nasakenai*
pathology *(n.)* 病理学 *byōrigaku*
pathos *(n.)* 哀愁 *aishū*
patience *(n.)* 忍耐 *nintai*
patient *(n.)* 患者 *kanja*
patient *(adj.)* 忍耐強い *nintai zuyoi*
patricide *(n.)* 父殺し *chichigoroshi*
patrimony *(n.)* 世襲財産 *seshū zaisan*
patriot *(n.)* 愛国者 *aikokusha*

patriotic *(adj.)* 愛国心の強い *aikokushin no tsuyoi*
patriotism *(n.)* 愛国心 *aikokushin*
patrol *(n.)* 巡回 *junkai*
patrol *(v.)* 巡回する *junkai suru*
patron *(n.)* 後援者 *kōensha*
patronage *(n.)* 後援 *kōen*
patronizing *(v.)* 見下すような *mikudasu yōna*
pattern *(n.)* 模様 *moyō*
pauper *(n.)* 貧困者 *hinkonsha*
pause *(v.)* 一時停止させる *ichiji teishi saseru*
pause *(n.)* 一時停止 *ichiji teishi*
pave *(v.)* 舗装する *hosō suru*
pavilion *(n.)* パビリオン *pabirion*
paw *(v.)* 前脚で叩く *zenkyaku de tataku*
pay *(v.)* 支払う *shiharau*
payable *(adj.)* 支払可能な *shiharai kanōna*
payment *(n.)* 支払い *shiharai*
pea *(n.)* 豌豆 *endō*
peace *(n.)* 平和 *heiwa*
peaceable *(adj.)* 争いを避ける *arasoi o sakeru*
peach *(n.)* 桃 *momo*
peacock *(n.)* クジャク *kujaku*
peahen *(n.)* 雌クジャク *mesu kujaku*
pear *(n.)* 梨 *nashi*
pearl *(n.)* 真珠 *shinju*
peasant *(n.)* 小作人 *kosakunin*
peasantry *(n.)* 農民層 *nōminsō*
pebble *(n.)* 小石 *koishi*
peck *(v.)* ついばむ *tsuibamu*
peck *(n.)* 軽いキス *karui kisu*
peculiarity *(n.)* 特性 *tokusei*
pecuniary *(adj.)* 金銭の *kinsen no*
pedagogue *(n.)* 教育者 *kyōikusha*
pedagogy *(n.)* 教育学 *kyōikugaku*
pedal *(n.)* ペダル *pedaru*
pedal *(v.)* ペダルを踏む *pedaru o fumu*
pedant *(n.)* 杓子定規な人 *shakushijōgina hito*
pedantic *(n.)* 杓子定規な *shakushijōgina*
pedantry *(n.)* 杓子定規 *shakushijōgi*
pedestal *(n.)* 台 *dai*
pedestrian *(n.)* 歩行者 *hokōsha*
pedigree *(n.)* 血統 *kettō*
peel *(n.)* 皮 *kawa*
peel *(v.)* 剥く *muku*
peep *(n.)* のぞき見 *nozoki mi*
peep *(v.)* 覗く *nozoku*
peer *(n.)* 同等の人 *dōtō no hito*
peerless *(adj.)* 比類ない *hirui nai*
peg *(v.)* 固定する *kotei suru*
peg *(n.)* 釘 *kugi*
pell-mell *(adv.)* 大慌てで *ō awatede*
pen *(v.)* 執筆する *shippitsu suru*
pen *(n.)* ペン *pen*
penal *(adj.)* 刑罰の *keibatsu no*
penalty *(n.)* 刑罰 *keibatsu*
pencil *(v.)* 鉛筆で書く *enpitsu de kaku*
pencil *(n.)* 鉛筆 *enpitsu*
pending *(adj.)* 保留の *horyū no*
pending *(prep.)* 待つ間 *matsu aida*
pendulum *(n.)* 振り子 *furiko*
penetrate *(v.)* 貫通する *kantsū suru*
penetration *(n.)* 貫通 *kantsū*
penis *(n.)* 陰茎 *inkei*
penniless *(adj.)* 一文無しの *ichimonnashi no*
penny *(n.)* ペニー *penī*
pension *(v.)* 年金を支給する *nenkin o shikyū suru*

pension (n.) 年金 nenkin
pensioner (n.) 年金生活者 nenkin seikatsusha
pensive (adj.) 物思いにふけった mono omoi ni fuketta
pentagon (n.) 五角形 gokakkei
pentatonic (adj.) 五音の goin no
penthouse (n.) ペントハウス pentohausu
peon (n.) 日雇労働者 hiyatoi rōdōsha
people (v.) 住まわせる sumawaseru
people (n.) 人々 hitobito
pepper (n.) 胡椒 koshō
pepper (v.) 胡椒をかける koshō o kakeru
per (prep.) につき nitsuki
per annum (adv.) 一年につき ichi nen nitsuki
per cent (adv.) パーセント pāsento
percentage (n.) パーセンテージ pāsentēji
perception (n.) 知覚 chikaku
perceptive (adj.) 明敏な meibinna
perch (v.) 止まる tomaru
perch (n.) 止まり木 tomari gi
percussion (n.) 打楽器 dagakki
perennial (n.) 多年生植物 tanensei shokubutsu
perennial (adj.) 長続きする nagatsuzuki suru
perfect (v.) 完璧にする kanpeki ni suru
perfection (n.) 完璧 kanpeki
perforce (adv.) 必然的に hitsuzen teki ni
perform (v.) 演奏する ensō suru
performance (n.) 演奏 ensō
performer (n.) 演奏者 ensōsha
perfume (n.) 香水 kōsui
perfume (v.) 香水をつける kōsui o tsukeru
peril (n.) 危険 kiken
perilous (adj.) 危険な kikenna

period (n.) 終止符 shūshifu
periodical (adj.) 定期刊行の teiki kankō no
periodical (n.) 定期刊行物 teiki kankōbutsu
periphery (n.) 外縁 gaien
perish (v.) 滅びる horobiru
perishable (adj.) 日持ちのしない himochi no shinai
perjure (v.) 偽証する gishō suru
perjury (n.) 偽証 gishō
permanence (n.) 永続性 eizokusei
permanent (adj.) 永続する eizoku suru
permission (n.) 許可 kyoka
permit (n.) 許可証 kyokashō
permutation (n.) 順列 junretsu
pernicious (adj.) 悪質な akushitsuna
perpendicular (n.) 垂線 suisen
perpendicular (adj.) 垂直な suichokuna
perpetual (adj.) 永久的な eikyū tekina
perpetuate (v.) 永続させる eizoku saseru
perplexity (n.) 当惑 tōwaku
persecute (v.) 迫害する hakugai suru
persecution (n.) 迫害 hakugai
perseverance (n.) 根気 konki
persevere (v.) 辛抱する shinbō suru
persist (v.) 貫き通す tsuranukitōsu
persistence (n.) 粘り強さ nebarizuyo sa
persistent (adj.) 粘り強い nebarizuyoi
person (n.) 人 hito
personage (n.) 登場人物 tōjō jinbutsu
personal (adj.) 個人的な kojin tekina
personality (n.) 人格 jinkaku
personification (n.) 擬人法 gijinhō
personify (v.) 擬人化する gijin ka suru
personnel (n.) 人員 jin in
perspective (n.) 視点 shiten

perspiration *(n.)* 発汗 *hakkan*
persuade *(v.)* 説得する *settoku suru*
persuasion *(n.)* 説得 *settoku*
pertain *(v.)* 関連する *kanren suru*
pertinent *(adj.)* 関連のある *kanren no aru*
perturb *(v.)* 動揺させる *dōyō saseru*
perusal *(n.)* 熟読 *jukudoku*
peruse *(v.)* 熟読する *jukudoku suru*
pervade *(v.)* 充満する *jūman suru*
perverse *(adj.)* ひねくれた *hinekureta*
perversion *(n.)* 倒錯 *tōsaku*
pervert *(v.)* おとしめる *otoshimeru*
pessimism *(n.)* 悲観主義 *hikan shugi*
pessimist *(n.)* 悲観主義者 *hikan shugisha*
pessimistic *(adj.)* 悲観的な *hikan tekina*
pest *(n.)* 害虫 *gaichū*
pestilence *(n.)* ペスト *pesuto*
pet *(n.)* ペット *petto*
petal *(n.)* 花弁 *hanabira*
petite *(adj.)* 小柄な *kogarana*
petition *(v.)* 請願する *seigan suru*
petition *(n.)* 請願 *seigan*
petitioner *(n.)* 請願者 *seigansha*
petrify *(v.)* びっくり仰天させる *bikkuri gyōten saseru*
petticoat *(n.)* ペチコート *pechikōto*
petty *(adj.)* 狭量な *kyōryōna*
petulance *(n.)* かんしゃく *kan shaku*
phalange *(n.)* 指の骨 *yubi no hone*
phalanx *(n.)* 密集軍 *misshūgun*
phallic *(adj.)* 男根の *dankon no*
phallocentric *(adj.)* 男根中心の *dankon chūshin no*
phallus *(n.)* 男根像 *dankonzō*
phantasmal *(adj.)* 幻の *maboroshi no*
pharmaceutical *(n.)* 調剤 *chōzai*

pharmaceutical *(adj.)* 調剤の *chōzai no*
pharmacy *(n.)* 薬局 *yakkyoku*
phase *(n.)* 段階 *dankai*
phenomenal *(adj.)* 驚異的な *kyōi tekina*
phenomenon *(n.)* 現象 *genshō*
phial *(n.)* 薬瓶 *kusuri bin*
philander *(v.)* 不倫する *furin suru*
philanderer *(n.)* 遊び人 *asobinin*
philanthropy *(n.)* 慈善 *jizen*
philological *(adj.)* 文献学の *bunkengaku no*
philologist *(n.)* 文献学者 *bunken gakusha*
philology *(n.)* 文献学 *bunkengaku*
philosopher *(n.)* 哲学者 *tetsugakusha*
philosophical *(adj.)* 哲学的な *tetsugaku tekina*
philosophy *(n.)* 哲学 *tetsugaku*
phone *(n.)* 電話 *denwa*
phonetic *(adj.)* 音声の *onsei no*
phonetics *(n.)* 音声学 *onseigaku*
phosphate *(n.)* リン酸塩 *rin san en*
phosphorus *(n.)* リン *rin*
photo *(n.)* 写真 *shashin*
photogenic *(adj.)* 写真映えする *shashin bae suru*
photograph *(v.)* 写真を撮る *shashin o toru*
photographer *(n.)* 写真家 *shashinka*
photography *(n.)* 写真撮影 *shashin satsuei*
phrase *(v.)* 言い表す *īarawasu*
phrase *(n.)* 句 *ku*
phraseology *(n.)* 語法 *gohō*
physical *(adj.)* 物理的な *butsuri tekina*
physicist *(n.)* 物理学者 *butsuri gakusha*
physics *(n.)* 物理 *butsuri*
physiognomy *(n.)* 人相 *ninsō*
physique *(n.)* 体格 *taikaku*

pianist *(n.)* ピアニスト *pianisuto*
piano *(n.)* ピアノ *piano*
pick *(v.)* 摘み取る *tsumitoru*
picket *(v.)* 杭で囲む *kui de kakomu*
pickle *(v.)* 漬けます *tsukemasu*
pickle *(n.)* 漬物 *tsukemono*
picnic *(v.)* 漬物にする *tsukemono ni suru*
picnic *(n.)* ピクニック *pikunikku*
pictorial *(adj.)* 絵で表した *e de arawashita*
picture *(n.)* 絵 *e*
picturesque *(adj.)* 絵のように美しい *e no yō ni utsukushī*
piece *(v.)* つなぎ合わせる *tsunagi awaseru*
piece *(n.)* 一切れ *hitokire*
pier *(n.)* 桟橋 *sanbashi*
pierce *(v.)* 突き刺す *tsukisasu*
piercing *(adj.)* 刺し通すような *sashitōsu yōna*
piercing *(n.)* ピアス穴 *piasu ana*
piety *(n.)* 信心深さ *shinjin buka sa*
pig *(n.)* 豚 *buta*
pigeon *(n.)* 鳩 *hato*
piggy bank *(n.)* 貯金箱 *chokinbako*
pigment *(n.)* 色素 *shikiso*
pile *(v.)* 積み重ねる *tsumikasaneru*
pile *(n.)* 積み重ね *tsumikasane*
pilfer *(v.)* くすねる *kusuneru*
pilgrim *(n.)* 巡礼者 *junreisha*
pilgrimage *(n.)* 巡礼 *junrei*
pill *(n.)* 錠剤 *jōzai*
pillar *(n.)* 柱 *hashira*
pillow *(v.)* 枕 *makura*
pillow *(n.)* 頭を乗せる *atama o noseru*
pilot *(v.)* 操縦する *sōjū suru*
pilot *(n.)* パイロット *pairotto*

pimple *(n.)* にきび *nikibi*
pin *(v.)* ピンで留める *pin de tomeru*
pin *(n.)* ピン *pin*
pinch *(n.)* つまみ *tsumami*
pinch *(v.)* つねる *tsuneru*
pine *(v.)* 痩せ衰える *yase otoroeru*
pine *(n.)* マツ *matsu*
pineapple *(n.)* パイナップル *painappuru*
pink *(adj.)* ピンク色の *pinkuiro no*
pink *(n.)* ピンク色 *pinkuiro*
pinkish *(adj.)* 左がかった *hidarigakatta*
pinnacle *(n.)* 頂点 *chōten*
pioneer *(v.)* 先駆者となる *senkusha to naru*
pioneer *(n.)* 先駆者 *senkusha*
pious *(adj.)* 敬虔な *keikenna*
pipe *(v.)* 配管をする *haikan o suru*
pipe *(n.)* パイプ *paipu*
piquant *(adj.)* ピリッと辛い *piritto karai*
piracy *(n.)* 著作権侵害 *chosakuken shingai*
pirate *(v.)* 著作権を侵害する *chosakuken o shingai suru*
pirate *(n.)* 海賊 *kaizoku*
pistol *(n.)* 拳銃 *kenjū*
piston *(n.)* ピストン *pisuton*
pit *(v.)* 対抗させる *taikō saseru*
pit *(n.)* 大きな穴 *ōkina ana*
pitch *(n.)* 音程 *ontei*
pitch *(v.)* 投げる *nageru*
pitcher *(n.)* ピッチャー *picchā*
pitfall *(n.)* 落とし穴 *otoshiana*
pitiable *(adj.)* 可哀想な *kawaisōna*
pitiful *(adj.)* 哀れな *awarena*
pitiless *(adj.)* 無慈悲な *mujihina*
pitman *(n.)* 坑夫 *kōfu*
pittance *(n.)* わずかな手当 *wazukana teate*

pity (v.) 哀れむ awaremu
pity (n.) 哀れみ awaremi
pivot (v.) 旋回する senkai suru
pivot (n.) 旋回軸 senkaijiku
pixel (n.) ピクセル pikuseru
pixelate (v.) 画素化する gaso ka suru
pizza (n.) ピザ piza
pizzeria (n.) ピザ屋 pizaya
placard (n.) プラカード purakādo
place (v.) 設置する secchi suru
place (n.) 場所 basho
placebo (n.) プラシーボ purashībo
placement (n.) 配属先 haizokusaki
placenta (n.) 胎盤 taiban
placid (adj.) 安穏な annonna
plain (adj.) 質素な shissona
plain (n.) 平原 heigen
plaintiff (n.) 原告 genkoku
plan (v.) 計画する keikaku suru
plan (n.) 計画 keikaku
plane (v.) 滑空する kakkū suru
plane (n.) 平面 heimen
planet (n.) 惑星 wakusei
planetary (adj.) 惑星の wakusei no
plank (v.) 板で張る ita de haru
plank (n.) 板 ita
plant (v.) 植える ueru
plant (n.) 植物 shokubutsu
plantain (n.) おおばこ ōbako
plantation (n.) 栽培場 saibaijō
plaster (v.) しっくいを塗る shikkui o nuru
plaster (n.) 絆創膏 bansōkō
plastic (n.) プラスチック purasuchikku
plastic (adj.) プラスチックの purasuchikku no
plate (n.) お皿 o sara

plate (v.) めっきをする mekki o suru
plateau (n.) 高原 kōgen
platform (n.) ホーム hōmu
platinum (n.) プラチナ purachina
platinum (adj.) プラチナの purachina no
platonic (adj.) 友愛的な yūai tekina
platoon (n.) 小隊 shōtai
play (v.) 遊ぶ asobu
play (n.) 劇 geki
playback (n.) 再生 saisei
playdate (n.) 遊ぶ約束 asobu yakusoku
player (n.) プレーヤー purēyā
playfield (n.) 運動場 undōjō
playful (adj.) 遊び好きな asobi zukina
playground (n.) 遊び場 asobiba
plea (n.) 嘆願 tangan
plead (v.) 嘆願する tangan suru
pleasant (adj.) 愉快な yukaina
pleasantries (n.) 社交辞令 shakō jirei
please (adv.) 是非 zehi
plebiscite (n.) 国民投票 kokumin tōhyō
pledge (v.) 誓約する seiyaku suru
pledge (n.) 誓約 seiyaku
plenty (n.) 十分 jūbun
pliers (n.) ペンチ penchi
plight (n.) 窮地 kyūchi
plod (v.) とぼとぼと歩く to botoboto aruku
plot (v.) たくらむ takuramu
plot (n.) 陰謀 inbō
plough (n.) すき suki
ploughman (n.) 農民 nōmin
pluck (n.) 大胆 daitan
pluck (v.) 摘む tsumamu
plug (v.) 栓をする sen o suru
plug (n.) 栓 sen

plum *(n.)* 梅 *ume*
plumber *(n.)* 配管工 *haikankō*
plunder *(n.)* 略奪 *ryakudatsu*
plunder *(v.)* 略奪する *ryakudatsu suru*
plunge *(n.)* 飛び込み *tobikomi*
plunge *(v.)* 飛び込む *tobikomu*
plus *(adj.)* プラスの *purasu no*
plus *(n.)* プラス *purasu*
plush *(n.)* フラシ天 *fura shi ten*
plush *(adj.)* フラシ天の *fura shi ten no*
plutocrat *(n.)* 金権政治家 *kinken seijika*
plutonic *(adj.)* 深成の *shinseino*
plutonium *(n.)* プルトニウム *purutoniumu*
pluvial *(adj.)* 雨の多い *ame no ōi*
pluvial *(n.)* 多雨期 *tauki*
pluviometer *(n.)* 雨量計 *uryōkei*
ply *(n.)* 層 *sō*
ply *(v.)* せっせと働く *sesseto hataraku*
plywood *(n.)* ベニヤ板 *beniyaita*
pneuma *(n.)* プネウマ *puneuma*
pneumatic *(adj.)* 圧縮空気を使った *asshuku kūki o tsukatta*
pneumatic *(n.)* 空気式タイヤ *kūkishiki taiya*
pneumatology *(n.)* 聖霊論 *seireiron*
pneumogastric *(adj.)* 迷走神経の *meisō shinkei no*
pneumology. *(n.)* 呼吸器学 *kokyūkigaku*
pneumonia *(n.)* 肺炎 *haien*
pneumonic *(adj.)* 肺炎の *haien no*
poach *(v.)* ポシェする *poshe suru*
poached *(adj.)* ポシェした *poshe shita*
poacher *(n.)* 密猟者 *mitsuryōsha*
pocket *(v.)* ポケットに入れる *poketto ni ireru*
pocket *(n.)* ポケット *poketto*
pod *(v.)* 殻を取る *kara o toru*

pod *(n.)* 莢 *saya*
podcast *(n.)* ポッドキャスト *poddokyasuto*
podcast *(v.)* ポッドキャストする *poddokyasuto suru*
podcaster *(n.)* ポッドキャスター *poddokyasutā*
podge *(n.)* ずんぐりした人 *zunguri shita hito*
podgy *(adj.)* ずんぐりした *zunguri shita*
podiatric *(adj.)* 足病学の *sokubyōgaku no*
podiatrist *(n.)* 足病医 *sokubyōi*
podium *(n.)* 表彰台 *hyōshōdai*
podium *(v.)* 表彰台に上がる *hyōshōdai ni agaru*
poem *(n.)* 詩 *shi*
poet *(n.)* 詩人 *shijin*
poetess *(n.)* 女流詩人 *joryū shijin*
poetic *(adj.)* 詩的な *shitekina*
poetics *(n.)* 詩学 *shigaku*
poignancy *(n.)* 痛切さ *tsūsetsu sa*
poignant *(adj.)* 痛切な *tsūsetsuna*
point *(v.)* 指す *sasu*
point blank *(adv.)* 至近距離からの *shikin kyori kara no*
pointed *(adj.)* 尖った *togatta*
pointedly *(adv.)* あからさまに *akarasama ni*
pointedness *(n.)* 鋭さ *surudosa*
pointful *(adj.)* 意義深い *igi bukai*
pointillism *(n.)* 点描画法 *tenbyōgahō*
pointillist *(n.)* 点描画家 *tenbyō gaka*
pointless *(adj.)* 先のない *saki no nai*
poise *(n.)* 振る舞い *furumai*
poise *(v.)* 釣り合っている *tsuriatteiru*
poison *(v.)* 毒を盛る *doku o moru*
poison *(n.)* 毒 *doku*
poke *(n.)* 突くこと *tsuku koto*

poke *(v.)* 突く *tsuku*
poker *(n.)* ポーカー *pōkā*
polar *(adj.)* 極地の *kyokuchi no*
polarity *(n.)* 極性 *kyokusei*
polarize *(v.)* 偏光させる *henkō saseru*
polarizing *(adj.)* 偏光させる *henkō saseru*
polaroid *(n.)* ポラロイド *poraroido*
pole *(v.)* 船をさおで進める *fune o saode susumeru*
pole *(n.)* ポール *pōru*
pole dancer *(n.)* ポールダンサー *pōru dansā*
polearm *(n.)* ポールウェポン *pōruwepon*
polecat *(n.)* ヨーロッパケナガイタチ *yōroppakenagaitachi*
polemic *(adj.)* 論争の *ronsō no*
polenta *(n.)* ポレンタ *porenta*
police *(n.)* 警察 *keisatsu*
police *(v.)* 取り締まる *torishimaru*
police beat *(n.)* 警察番記者 *keisatsuban kisha*
policeboat *(n.)* 警備艇 *keibitei*
policy *(n.)* 政策 *seisaku*
polish *(n.)* 研磨 *kenma*
polish *(v.)* 磨く *migaku*
polite *(adj.)* 礼儀正しい *reigi tadashī*
political *(adj.)* 政治的な *seiji tekina*
politician *(n.)* 政治家 *seijika*
politics *(n.)* 政治 *seiji*
polity *(n.)* 政治形態 *seiji keitai*
poll *(v.)* 獲得する *kakutoku suru*
pollen *(n.)* 花粉 *kafun*
pollute *(v.)* 汚染する *osen suru*
pollution *(n.)* 汚染 *osen*
polo *(n.)* ポロ *poro*
polyacetylene *(n.)* ポリアセチレン *pori asechiren*

polyandry *(n.)* 一妻多夫 *issaitafu*
polybutene *(n.)* ポリブテン *poributen*
polybutylene *(n.)* ポリブチレン *poributchiren*
polycarbonate *(n.)* ポリカーボネート *porikābonēto*
polycentric *(adj.)* 多中心体の *ta chūshintai no*
polycentrism *(n.)* 多中心化 *ta chūshin ka*
polychrome *(adj.)* 多色の *tashoku no*
polyene *(n.)* ポリエン *pori en*
polyform *(n.)* ポリフォーム *pori fōmu*
polygamous *(adj.)* 一夫多妻の *ipputasai no*
polygamy *(n.)* 一夫多妻 *ipputasai*
polyglot *(adj.)* 数力国語の *sūkakokugo no*
polyglot *(n.)* 多言語話者 *tagengo washa*
polymath *(n.)* 博学者 *hakugakusha*
polymer *(n.)* ポリマー *porimā*
polymerize *(v.)* 重合する *jūgō suru*
polymetallic *(adj.)* 多金属の *ta kinzoku no*
polymethine *(n.)* ポリメチン *porimechin*
polymethylene *(n.)* ポリメチレン *porimechiren*
polymicrobial *(adj.)* 多菌性の *ta kinsei no*
polymolecular *(adj.)* 多分子の *ta bunshi no*
polymorph *(n.)* 多形体 *ta keitai*
polymorphic *(adj.)* 多型の *takei no*
polymorphism *(n.)* 多型 *takei*
polynucleate *(adj.)* 多核の *takaku no*
polypharmacy *(n.)* 多剤併用 *tazai heiyō*
polypropylene *(n.)* ポリプロピレン *poripuropiren*
polyprotein *(n.)* ポリタンパク質 *pori tanpakushitsu*
polysemic *(adj.)* 多義の *tagi no*

polytechnic *(adj.)* 技術系教育の *gijutsukei kyōiku no*
polytechnic *(n.)* 工芸学校 *kōgei gakkō*
polytheism *(n.)* 多神論 *tashiniron*
polytheist *(n.)* 多神教者 *tashinkyōsha*
polytheistic *(adj.)* 多神教の *tashinkyō no*
pomp *(n.)* 壮麗さ *sōrei sa*
pompous *(adj.)* もったいぶった *mottaibutta*
pond *(n.)* 池 *ike*
pony *(n.)* ポニー *ponī*
pop *(n.)* ポンという音 *pon toiu oto*
pop *(v.)* ポンと音を立てる *pon to oto o tateru*
pope *(n.)* 法王 *hōō*
poplar *(n.)* ポプラ *popura*
poplin *(n.)* ポプリン *popurin*
populace *(n.)* 民衆 *minshū*
popular *(adj.)* 人気のある *ninki no aru*
popularity *(n.)* 人気 *ninki*
popularize *(v.)* 普及する *fukyū suru*
populate *(v.)* 居住させる *kyojū saseru*
population *(n.)* 人口 *jinkō*
populous *(adj.)* 人口の多い *jinkō no ōi*
porcelain *(n.)* 磁器 *jiki*
porch *(n.)* ポーチ *pōchi*
pore *(n.)* 毛穴 *keana*
pork *(n.)* 豚肉 *butaniku*
porridge *(n.)* おかゆ *okayu*
portable *(adj.)* ポータブルな *pōtaburuna*
portage *(n.)* 陸路輸送 *rikuro yusō*
portal *(n.)* ポータル *pōtaru*
portend *(v.)* 前兆となる *zenchō to naru*
porter *(n.)* ボーイ *bōi*
portfolio *(n.)* ポートフォリオ *pōtoforio*
portico *(n.)* 柱廊 *chūrō*

portion *(n.)* 分け前 *wakemae*
portrait *(n.)* 肖像画 *shōzōga*
portraiture *(n.)* 肖像画法 *shōzōgahō*
portray *(v.)* 描写する *byōsha suru*
portrayal *(n.)* 描写 *byōsha*
pose *(n.)* 姿勢 *shisei*
pose *(v.)* ポーズをとる *pōzu o toru*
position *(n.)* 位置 *ichi*
position *(v.)* 配置する *haichi suru*
possess *(v.)* 所有する *shoyū suru*
possession *(n.)* 所有物 *shoyūbutsu*
possibility *(n.)* 可能性 *kanōsei*
possible *(adj.)* 可能な *kanōna*
post *(v.)* 掲示する *keiji suru*
postage *(n.)* 送料 *sōryō*
postal *(adj.)* 郵便の *yūbin no*
post-date *(v.)* 日付を実際より遅らせる *hizuke o jissai yori okuraseru*
poster *(n.)* ポスター *posutā*
posterity *(n.)* 後世の人々 *kōsei no hitobito*
postgraduate *(adj.)* 大学院の *daigakuin no*
posthumous *(adj.)* 死後の *shigo no*
postman *(n.)* 郵便配達員 *yūbin haitatsuin*
postmaster *(n.)* 郵便局長 *yūbin kyokuchō*
post-mortem *(n.)* 検死 *kenshi*
post-office *(n.)* 郵便局 *yūbinkyoku*
postpone *(v.)* 延期する *enki suru*
postponement *(n.)* 延期 *enki*
postscript *(n.)* 追伸 *tsuishin*
posture *(n.)* 姿勢 *shisei*
pot *(v.)* 鉢に植える *hachi ni ueru*
pot *(n.)* 深鍋 *fuka nabe*
potash *(n.)* カリ *kari*
potassium *(n.)* カリウム *kariumu*
potato *(n.)* じゃがいも *jagaimo*

potent *(adj.)* 勢力のある *seiryoku no aru*
potential *(n.)* 将来性 *shōraisei*
potential *(adj.)* 見込みがある *mikomi ga aru*
potentiality *(n.)* 潜在的な可能性 *senzai tekina kanōsei*
potter *(n.)* 陶芸家 *tōgeika*
pottery *(n.)* 陶器 *tōki*
poultry *(n.)* 家禽 *kakin*
pounce *(n.)* 急襲 *kyūshū*
pounce *(v.)* 飛び付く *tobitsuku*
pound *(n.)* ポンド *pondo*
pound *(v.)* 激しく打つ *hageshiku utsu*
pour *(v.)* 注ぐ *sosogu*
poverty *(n.)* 貧困 *hinkon*
powder *(v.)* 粉末にする *funmatsu ni suru*
powder *(n.)* 粉末 *funmatsu*
powerful *(adj.)* 力強い *chikarazuyoi*
practicability *(n.)* 実用性 *jitsuyōsei*
practicable *(adj.)* 実施できる *jisshi dekiru*
practical *(adj.)* 実用的な *jitsuyō tekina*
practice *(n.)* 練習 *renshū*
practise *(v.)* 練習する *renshū suru*
practitioner *(n.)* 開業医 *kaigyōi*
pragmatic *(adj.)* 実際的な *jissai tekina*
pragmatism *(n.)* 実用主義 *jitsuyō shugi*
praise *(n.)* 称賛 *shōsan*
praise *(v.)* 称賛する *shōsan suru*
praiseworthy *(adj.)* 称賛に値する *shōsan ni ataisuru*
prank *(n.)* ドッキリ *dokkiri*
prattle *(n.)* むだ話 *mudabanashi*
prattle *(v.)* むだ話をする *mudabanashi o suru*
pray *(v.)* 祈る *inoru*
prayer *(n.)* 祈り *inori*
preach *(v.)* 伝道する *dendō suru*

preacher *(n.)* 伝道師 *dendōshi*
precaution *(n.)* 用心 *yōjin*
precautionary *(adj.)* 予防の *yobō no*
precede *(v.)* 先行する *senkō suru*
precedent *(n.)* 判例 *hanrei*
precept *(n.)* 教訓 *kyōkun*
precis *(n.)* 要約 *yōyaku*
precursor *(n.)* 先駆け *sakigake*
predator *(n.)* 捕食者 *hoshokusha*
predecessor *(n.)* 前任者 *zenninsha*
predestination *(n.)* 予定説 *yoteisetsu*
predetermine *(v.)* 前もって決める *maemotte kimeru*
predicament *(n.)* 苦境 *kukyō*
predicate *(n.)* 述語 *jutsugo*
predict *(v.)* 予測する *yosoku suru*
prediction *(n.)* 予測 *yosoku*
predominant *(adj.)* 優勢な *yūseina*
predominate *(v.)* 優位である *yūidearu*
pre-eminence *(n.)* 抜群 *batsugun*
pre-eminent *(adj.)* 抜群の *batsugun no*
preemptive *(adj.)* 先制の *sensei no*
preen *(v.)* 羽づくろいする *hane zukuroisuru*
preexistence *(n.)* 先在 *senzai*
preface *(v.)* 序文をつける *jobun o tsukeru*
prefect *(n.)* 知事 *chiji*
preference *(n.)* 好み *konomi*
preferential *(adj.)* 優先的な *yūsen tekina*
prefix *(n.)* 接頭辞 *settō ji*
prefix *(v.)* 前に付ける *mae ni tsukeru*
pregnancy *(n.)* 妊娠 *ninshin*
pregnant *(adj.)* 妊娠した *ninshin shita*
prehistoric *(adj.)* 先史時代の *senshi jidai no*
prejudice *(n.)* 偏見 *henken*

preliminary *(n.)* 予備 *yobi*
prelude *(n.)* 前奏曲 *zensōkyoku*
prelude *(v.)* 前触れとなる *maebure to naru*
premarital *(adj.)* 結婚前の *kekkon mae no*
premature *(adj.)* 早まった *hayamatta*
premeditate *(v.)* あらかじめ熟考した *arakajime jukkō shita*
premeditation *(n.)* 予謀 *yobō*
premier *(adj.)* 首位の *shui no*
premier *(n.)* 首相 *shushō*
premiere *(n.)* 初演 *shoen*
premium *(n.)* 保険料 *hokenryō*
premonition *(n.)* 予感 *yokan*
preoccupation *(n.)* 没頭 *bottō*
preparation *(n.)* 準備 *junbi*
preparatory *(adj.)* 準備の *junbi no*
prepare *(v.)* 準備する *junbi suru*
preponderance *(n.)* 優勢 *yūsei*
preponderate *(v.)* 優勢である *yūseidearu*
preposition *(n.)* 前置詞 *zenchishi*
prerequisite *(n.)* 前提条件 *zentei jōken*
prescribe *(v.)* 処方する *shohō suru*
prescription *(n.)* 処方箋 *shohōsen*
presence *(n.)* 存在感 *sonzaikan*
present *(n.)* プレゼント *purezento*
presentation *(n.)* プレゼンテーション *purezentēshon*
presently *(adv.)* 間もなく *mamonaku*
preservation *(n.)* 保存 *hozon*
preservative *(adj.)* 防腐効果のある *bōfu kōka no aru*
preservative *(n.)* 防腐剤 *bōfuzai*
preserve *(v.)* 保存する *hozon suru*
preside *(v.)* 主宰する *shusai suru*
president *(n.)* 大統領 *daitōryō*
presidential *(adj.)* 大統領の *daitōryō no*

press *(n.)* マスコミ *masukomi*
pressure *(n.)* 圧力 *atsuryoku*
pressurize *(v.)* 加圧する *ka atsu suru*
prestige *(n.)* 名声 *meisei*
prestigious *(adj.)* 一流の *ichiryū no*
presume *(v.)* 推定する *suitei suru*
presuppose *(v.)* 前提とする *zentei to suru*
presupposition *(n.)* 前提 *zentei*
pretence *(n.)* 見せかけ *misekake*
pretend *(v.)* ふりをする *furi o suru*
pretentious *(adj.)* 思い上がった *omoiagatta*
pretext *(n.)* 口実 *kōjitsu*
prettiness *(n.)* 綺麗さ *kirei sa*
pretty *(adj.)* 綺麗 *kirei*
prevalence *(n.)* 有病割合 *yūbyō wariai*
prevalent *(adj.)* 流行している *ryūkō shiteiru*
prevent *(v.)* 防ぐ *fusegu*
prevention *(n.)* 防止 *bōshi*
preventive *(adj.)* 予防の *yobō no*
preview *(v.)* 試写する *shisha suru*
previous *(adj.)* 前の *mae no*
prey *(n.)* 餌食 *ejiki*
prey *(v.)* 捕食する *hoshoku suru*
price *(n.)* 価格 *kakaku*
price *(v.)* 値段を付ける *nedan o tsukeru*
price list *(n.)* 価格表 *kakakuhyō*
priceless *(adj.)* お金で買えない *okane de kaenai*
prick *(n.)* 刺すこと *sasu koto*
pride *(n.)* 誇り *hokori*
pride *(v.)* 誇りに思う *hokori ni omō*
priest *(n.)* 祭司 *saishi*
priestess *(n.)* 尼僧 *nisō*
prima facie *(adv.)* 一見して *ikken shite*

primary *(adj.)* 第一の *dai ichi no*
prime *(n.)* 全盛 *zensei*
prime *(v.)* 用意する *yōi suru*
primer *(n.)* 下塗り *shitanuri*
primeval *(adj.)* 原始の *genshi no*
primitive *(adj.)* 原始的な *genshi tekina*
prince *(n.)* 王子 *ōji*
princess *(n.)* 王妃 *ōhi*
principal *(adj.)* 主な *omona*
principal *(n.)* 校長 *kōchō*
principle *(n.)* 原理 *genri*
print *(n.)* 印刷 *insatsu*
print *(v.)* 印刷する *insatsu suru*
printer *(n.)* プリンター *purintā*
printout *(n.)* プリント *purinto*
prior *(adj.)* 事前の *jizen no*
prior *(n.)* 前科 *zenka*
prioress *(n.)* 副院長 *fuku inchō*
priority *(n.)* 優先度 *yūsendo*
prison *(n.)* 刑務所 *keimusho*
prisoner *(n.)* 囚人 *shūjin*
privacy *(n.)* プライバシー *puraibashī*
private *(adj.)* 個人用の *kojin yō no*
privilege *(n.)* 特権 *tokken*
prize money *(n.)* 賞金 *shōkin*
pro forma *(adj.)* 形式上の *keishiki jō no*
probability *(n.)* 確率 *kakuritsu*
probable *(adj.)* 起こりそうな *okori sōna*
probably *(adv.)* 多分 *tabun*
probation *(n.)* 試用期間 *shiyō kikan*
probationer *(n.)* 見習い *minarai*
probe *(v.)* 調べる *shiraberu*
problem *(n.)* 問題 *mondai*
problematic *(adj.)* 問題のある *mondai no aru*
procedure *(n.)* 手順 *tejun*

proceed *(v.)* 続行する *zokkō suru*
proceedings *(n.)* 訴訟手続き *soshō tetsuzuki*
proceeds *(n.)* 収益 *shūeki*
process *(n.)* 過程 *katei*
procession *(n.)* 行列 *gyōretsu*
processor *(n.)* プロセッサ *purosessa*
procrastinate *(v.)* 先延ばしにする *saki nobashi ni suru*
procrastination *(n.)* 先延ばし *saki nobashi*
proctor *(v.)* 試験を監督する *shiken o kantoku suru*
procure *(v.)* 調達する *chōtatsu suru*
procurement *(n.)* 調達 *chōtatsu*
prodigal *(adj.)* 放蕩な *hōtōna*
produce *(v.)* 生産する *seisan suru*
produce *(n.)* 農産物 *nōsanbutsu*
product *(n.)* 製品 *seihin*
production *(n.)* 生産 *seisan*
productive *(adj.)* 生産的な *seisan tekina*
productivity *(n.)* 生産性 *seisansei*
profane *(v. & adj.)* 冒涜する *bōtoku suru*
profess *(v.)* 公言する *kōgen suru*
profession *(n.)* 職業 *shokugyō*
professional *(adj.)* プロの *puro no*
professor *(n.)* 教授 *kyōju*
proficiency *(n.)* 実力 *jitsuryoku*
proficient *(adj.)* 堪能な *kannōna*
profile *(n.)* プロフィール *purofīru*
profit *(v.)* 儲ける *mōkeru*
profit *(n.)* 利益 *rieki*
profiteer *(v.)* 暴利を貪る *bōri o musaboru*
profiteer *(n.)* 暴利を貪る人 *bōri o musaboru hito*
profligacy *(n.)* 放蕩 *hōtō*
profligate *(adj.)* 放蕩な *hōtōna*

profundity *(n.)* 知性の深さ *chisei no fuka sa*
profuse *(adj.)* 大量の *tairyō no*
profusion *(n.)* 大量 *tairyō*
programme *(n.)* プログラム *puroguramu*
programme *(v.)* プログラムを作る *puroguramu o tsukuru*
progress *(n.)* 進展 *shinten*
progress *(v.)* 前進する *zenshin suru*
progressive *(adj.)* 進歩的な *shinpo tekina*
prohibition *(n.)* 禁止 *kinshi*
prohibitive *(adj.)* 禁止する *kinshi suru*
project *(v.)* 投影する *tōei suru*
project *(n.)* プロジェクト *purojekuto*
projectile *(adj.)* 投射する *tōsha suru*
projectile *(n.)* 発射物 *hasshabutsu*
projection *(n.)* 投影 *tōei*
projector *(n.)* プロジェクター *purojekutā*
proliferate *(v.)* 急増する *kyūzō suru*
proliferation *(n.)* 急増 *kyūzō*
prolific *(adj.)* 多作の *tasaku no*
prologue *(n.)* プロローグ *purorōgu*
prolong *(v.)* 長引かせる *nagabikaseru*
prolongation *(n.)* 延長 *enchō*
prominence *(n.)* 目立つこと *medatsu koto*
prominent *(adj.)* 目立つ *medatsu*
promise *(v.)* 約束する *yakusoku suru*
promise *(n.)* 約束 *yakusoku*
promising *(adj.)* 有望な *yūbōna*
promissory *(adj.)* 約束の *yakusoku no*
promote *(v.)* 昇進させる *shōshin saseru*
promotion *(n.)* 昇進 *shōshin*
prompt *(v.)* 促す *unagasu*
prompt *(adj.)* 即座の *sokuza no*
prompter *(n.)* プロンプター *puronputā*
prone *(adj.)* しがちな *shi gachina*

pronoun *(n.)* 代名詞 *daimeishi*
pronounce *(v.)* 発音する *hatsuon suru*
pronunciation *(n.)* 発音 *hatsuon*
prop *(n.)* 小道具 *kodōgu*
propaganda *(n.)* プロパガンダ *puropaganda*
propagandist *(n.)* 宣伝者 *sendensha*
propagation *(n.)* 伝播 *denpa*
propel *(v.)* 進ませる *susumaseru*
properly *(adv.)* 正しく *masashiku*
prophecy *(n.)* 予言 *yogen*
prophesy *(v.)* 予言する *yogen suru*
prophet *(n.)* 予言者 *yogensha*
prophetic *(adj.)* 予言的な *yogen tekina*
proportion *(v.)* 釣り合わせる *tsuriawaseru*
proportion *(n.)* 割合 *wariai*
proportional *(adj.)* 比例する *hirei suru*
proposal *(n.)* 提案 *teian*
propose *(v.)* 提案する *teian suru*
propound *(v.)* 提議する *teigi suru*
proprietary *(adj.)* 所有者の *shoyūsha no*
prorogue *(v.)* 閉会にする *heikai ni suru*
prose *(n.)* 散文 *sanbun*
prosecute *(v.)* 起訴する *kiso suru*
prosecution *(n.)* 起訴 *kiso*
prosecutor *(n.)* 検察 *kensatsu*
prosody *(n.)* 韻律論 *inritsuron*
prospect *(n.)* 見込み *mikomi*
prospective *(adj.)* 予想される *yosō sareru*
prospectus *(n.)* 目論見書 *mokuromisho*
prosper *(v.)* 反映する *han ei suru*
prosperity *(n.)* 繁栄 *han ei*
prosperous *(adj.)* 反映してる *hanei shiteru*
prosthetic *(adj.)* 補装具 *hosōgu no*

prostitute *(n.)* 売春婦 *baishunfu*
prostitute *(v.)* 売春をする *baishun o suru*
prostitution *(n.)* 売春 *baishun*
prostrate *(adj.)* 前立腺 *zenritsusen*
prostrate *(v.)* ひれ伏させる *hirefusaseru*
prostration *(n.)* ひれ伏した *hirefushita*
protagonist *(n.)* 主人公 *shujinkō*
protect *(v.)* 守る *mamoru*
protection *(n.)* 保護 *hogo*
protective *(adj.)* 保護用の *hogoyō no*
protector *(n.)* 保護するもの *hogo suru mono*
protein *(n.)* タンパク質 *tanpakushitsu*
protest *(n.)* 抗議 *kōgi*
protest *(v.)* 抗議する *kōgi suru*
protestation *(n.)* 断言 *dangen*
protocol *(n.)* 外交儀礼 *gaikō girei*
prototype *(n.)* 試作品 *shisakuhin*
proud *(adj.)* 誇りを持った *hokori o motta*
prove *(v.)* 証明する *shōmei suru*
proverb *(n.)* 諺 *kotowaza*
proverbial *(adj.)* 諺の *kotowaza no*
provide *(v.)* 提供する *teikyō suru*
providence *(n.)* 摂理 *setsuri*
provident *(adj.)* 将来に備えた *shōrai ni sonaeta*
province *(n.)* 州 *shū*
provincial *(adj.)* 州の *shū no*
provincialism *(n.)* 地方気質 *chihō kishitsu*
provision *(n.)* 提供 *teikyō*
provisional *(adj.)* 仮の *kari no*
proviso *(n.)* 条件 *jōken*
provocation *(n.)* 挑発 *chōhatsu*
provocative *(adj.)* 挑発的な *chōhatsu tekina*
provoke *(v.)* 誘発する *yūhatsu suru*

prowess *(n.)* 腕前 *udemae*
proximate *(adj.)* 接近した *sekkin shita*
proximity *(n.)* 近接 *kinsetsu*
proxy *(n.)* 代理 *dairi*
prude *(n.)* 上品ぶる人 *jōhin buru hito*
prudence *(n.)* 慎重さ *shinchō sa*
prudent *(adj.)* 慎重な *shinchōna*
prune *(v.)* プルーン *purūn*
pry *(v.)* 詮索する *sensaku suru*
psalm *(n.)* 詩篇 *shihen*
pseudonym *(n.)* 仮名 *kamei*
psyche *(n.)* プシュケー *pushukē*
psychiatrist *(n.)* 精神科医 *seishinkai*
psychic *(adj.)* 心霊の *shinrei no*
psychological *(adj.)* 心理的な *shinri tekina*
psychologist *(n.)* 心理学者 *shinri gakusha*
psychology *(n.)* 心理学 *shinrigaku*
psychopath *(n.)* サイコパス *saikopasu*
psychosis *(n.)* 精神病 *seishinbyō*
psychotherapy *(n.)* 心理療法 *shinri ryōhō*
public *(n.)* 公衆 *kōshū*
public *(adj.)* 公衆の *kōshū no*
public transport *(n.)* 公共交通機関 *kōtsū kikan*
publication *(n.)* 出版 *shuppan*
publicize *(v.)* 公表する *kōhyō suru*
publish *(v.)* 出版する *shuppan suru*
publisher *(n.)* 出版社 *shuppansha*
pudding *(n.)* プリン *purin*
puddle *(v.)* 水で濡らす *mizu de nurasu*
puddle *(n.)* 水たまり *mizutamari*
puerile *(adj.)* 幼稚な *yōchina*
puff *(v.)* 息を吐く *iki o haku*
puff *(n.)* 一吹き *hitofuki*
pull *(v.)* 引く *hiku*
pull *(n.)* 引くこと *hiku koto*

pulley (n.) 滑車 kassha
pullover (n.) プルオーバー puruōbā
pulp (n.) 果肉 kaniku
pulp (v.) パルプにする parupu ni suru
pulpit (adj.) 説教壇 sekkyō dan
pulpy (adj.) どろどろの dorodoro no
pulsate (v.) 鼓動する kodō suru
pulsation (n.) 脈拍 myakuhaku
pulse (n.) 脈 myaku
pulse (v.) 脈打つ myakūtsu
pump (n.) ポンプ ponpu
pump (v.) ポンプで送り込む ponpu de okurikomu
pumpkin (n.) かぼちゃ kabocha
pun (n.) 駄じゃれ da jare
pun (v.) 駄じゃれを言う da jare o iu
punch (n.) 殴打 ōda
punch (v.) 殴る naguru
punctual (adj.) 時間厳守の jikan genshu no
punctuality (n.) 時間厳守 jikan genshu
punctuate (v.) 句読点を付ける kutōten o tsukeru
punctuation (n.) 句読 kutō
puncture (n.) 穴 ana
pungency (n.) 刺激的な香り shigeki tekina kaori
pungent (adj.) 刺激的な shigeki tekina
punish (v.) 罰する bassuru
punishment (n.) 罰 bachi
punitive (adj.) 懲罰的な chōbatsu tekina
pupil (n.) 瞳 hitomi
puppet (n.) 操り人形 ayatsuri ningyō
puppy (n.) 子犬 koinu
purblind (n.) 半盲 han mou
purchase (v.) 購入する kōnyū suru
purchase (n.) 購入 kōnyū

pure (adj.) 純粋な junsuina
purgative (adj.) 下剤効果のある gezai kōka no aru
purgatory (n.) 煉獄 rengoku
purification (n.) 浄化 jōka
purify (v.) 清める kiyomeru
purist (n.) 純粋主義者 junsui shugisha
puritan (n.) 清教徒 seikyōto
purity (n.) 純度 jundo
purple (n.) 紫 murasaki
purport (n.) 趣旨 shushi
purport (v.) 称する shōsuru
purpose (n.) 目的 mokuteki
purpose (v.) 目的とする mokuteki to suru
purr (v.) 喉を鳴らす nodo o narasu
purr (n.) 喉を鳴らす音 nodo o narasu oto
purse (v.) 唇をすぼめる kuchibiru o subomeru
purse (n.) ハンドバッグ handobaggu
pursuance (n.) 遂行 suikō
pursue (v.) 追跡する tsuiseki suru
pursuit (n.) 追求 tsuikyū
pus (n.) 膿 umi
push (v.) 押す osu
push (n.) 押すこと osu koto
put (v.) 置く oku
puzzle (n.) パズル pazuru
pygmy (n.) ピグミー pigumī
pyorrhoea (n.) 膿漏 nōrō
pyramid (n.) 角錐 kakusui
pyre (n.) 火葬用のまきの山 kasōyō no maki no yama
python (n.) ニシキヘビ nishikihebi

Q

quack *(n.)* アヒルの鳴き声 *ahiru no nakigoe*
quack *(v.)* ガーガー鳴く *gāgā naku*
quadrangle *(n.)* 四角形 *shikakkei*
quadrangular *(adj.)* 四角形の *shikakkei no*
quadrilateral *(n.)* 四辺形 *shihenkei*
quadrilateral *(adj.)* 四辺形の *shihenkei no*
quadruped *(n.)* 四つ足の *yotsu ashi no*
quadruple *(v.)* 四倍にする *yon bai ni suru*
quadruple *(adj.)* 四倍の *yon bai no*
quail *(n.)* ウズラ *uzura*
quaint *(adj.)* 趣のある *omomuki no aru*
qualification *(n.)* 資格 *shikaku*
qualify *(v.)* 資格を得る *shikaku o eru*
qualitative *(adj.)* 質的な *shitsutekina*
quality *(n.)* 品質 *hinshitsu*
quantitative *(adj.)* 量的な *ryōtekina*
quantum *(n.)* 量子 *ryōshi*
quarrel *(v.)* 言い争う *īarasou*
quarrel *(n.)* 言い争い *īarasoi*
quarrelsome *(adj.)* 口論好きの *kōron zuki no*
quarry *(v.)* 切り出す *kiridasu*
quarry *(n.)* 採石場 *saisekijō*
quarter *(v.)* 四等分する *yon tōbun suru*
quarter *(n.)* 四分の一 *yon bunno ichi*
quarterly *(adj.)* 年四回の *nen yon kai no*
queen *(n.)* 女王 *joō*
queer *(n.)* ホモ *homo*
quell *(v.)* 鎮める *shizumeru*
query *(v.)* 尋ねる *tazuneru*
quest *(v.)* 捜し回る *sagashimawaru*
quest *(n.)* 探求 *tankyū*
question *(v.)* 質問する *shitsumon suru*
question *(n.)* 質問 *shitsumon*
questionnaire *(n.)* アンケート *ankēto*
queue *(n.)* 列 *retsu*
queue *(v.)* 列に並ぶ *retsu ni narabu*
quibble *(v.)* 屁理屈を言う *herikutsu o iu*
quibble *(n.)* 屁理屈 *herikutsu*
quickly *(adv.)* 速く *hayaku*
quicksand *(n.)* 流砂 *ryūsha*
quicksilver *(n.)* 水銀 *suigin*
quiet *(v.)* 静かにさせる *shizuka ni saseru*
quiet *(adj.)* 静かな *shizukana*
quinine *(n.)* キニーネ *kinīne*
quintessence *(n.)* 真髄 *shinzui*
quit *(v.)* やめる *yameru*
quite *(adv.)* かなり *kanari*
quiver *(n.)* 矢筒 *yazutsu*
quiz *(v.)* クイズを出す *kuizu o dasu*
quiz *(n.)* クイズ *kuizu*
quorum *(n.)* 定足数 *teisokusū*
quota *(n.)* ノルマ *noruma*
quotation *(n.)* 引用 *inyō*
quote *(v.)* 引用する *inyō suru*
quotient *(n.)* 商 *shō*

R

rabbi *(n.)* ラビ *rabi*
rabbit *(n.)* ウサギ *usagi*
rabies *(n.)* 狂犬病 *kyōkenbyō*
race *(v.)* 競走する *kyōsō suru*
race *(n.)* 人種 *jinshu*

racial *(adj.)* 人種の *jinshu no*
racism *(n.)* 人種差別 *jinshu sabetsu*
racist *(adj.)* 人種差別主義者 *jinshu sabetsu shugisha*
racket *(n.)* ラケット *raketto*
radiance *(n.)* 輝き *kagayaki*
radiant *(adj.)* 光り輝く *hikarikagayaku*
radiate *(v.)* 放出する *hōshutsu suru*
radiation *(n.)* 放射線 *hōshasen*
radical *(adj.)* 急進的な *kyūshin tekina*
radio *(v.)* 無線連絡する *musen renraku suru*
radio *(n.)* ラジオ *rajio*
radioactive *(adj.)* 放射能のある *hōshanō no aru*
radiogram *(n.)* 無線電報 *musen denpō*
radiography *(n.)* X 線撮影 *ekkusu sen satsuei*
radioimmunology *(n.)* 放射線免疫学 *hōshasen men ekigaku*
radiolocation *(n.)* 電波探知 *denpa tanchi*
radiology *(n.)* 放射線学 *hōshasengaku*
radion *(n.)* 放射子 *hōshako*
radiophone *(n.)* 無線電話 *musen denwa*
radiotelegraphy *(n.)* 無線電信 *musen denshin*
radish *(n.)* 大根 *daikon*
radium *(n.)* ラジウム *rajiumu*
radius *(n.)* 半径 *hankei*
rag *(n.)* ぼろ *boro*
rage *(v.)* 怒鳴り散らす *donari chirasu*
rage *(n.)* 憤激 *fungeki*
raid *(v.)* 手入れを行なう *teire o okonau*
raid *(n.)* 強制捜索 *kyōsei sōsaku*
rail *(v.)* 柵で囲む *saku de kakomu*
rail *(n.)* レール *rēru*
railing *(n.)* 手すり *tesuri*

railway *(n.)* 鉄道 *tetsudō*
rain *(n.)* 雨 *ame*
rain *(v.)* 降る *furu*
rainbow *(n.)* 虹 *niji*
rainy *(adj.)* 雨模様の *ame moyō no*
raise *(v.)* 上げる *ageru*
raisin *(n.)* レーズン *rēzun*
rally *(n.)* 集会 *shūkai*
rally *(v.)* 呼び集める *yobi atsumeru*
ram *(v.)* 突撃する *totsugeki suru*
ram *(n.)* 雄羊 *o hitsuji*
ramble *(v.)* 散歩する *sanpo suru*
rampage *(n.)* 暴れ回ること *abaremawaru koto*
rampage *(v.)* 大暴れ *ō abare*
rampant *(adj.)* まん延した *man en shita*
rampart *(n.)* 城壁 *jōheki*
ranch *(v.)* 大牧場で飼育する *dai bokujō de shīku suru*
ranch *(n.)* 放牧場 *hōbokujō*
rancid *(adj.)* 悪臭のする *akushū no suru*
rancour *(n.)* 怨恨 *enkon*
random *(adj.)* ランダムな *randamuna*
randomise *(v.)* ランダム化する *randamu ka suru*
range *(v.)* 並べる *naraberu*
ranger *(n.)* 森林警備隊員 *shinrin keibi taīn*
rank *(v.)* ランクを付ける *ranku o tsukeru*
rank *(n.)* 順位 *jun i*
ransack *(v.)* 漁る *asaru*
ransom *(v.)* 贖う *aganau*
ransom *(n.)* 身代金 *minoshirokin*
rape *(v.)* レイプする *reipu suru*
rape *(n.)* レイプ *reipu*
rapid *(adj.)* 急速な *kyūsokuna*
rapidity *(n.)* 急速 *kyūsoku*

rapier *(n.)* レイピア *reipia*
rapport *(n.)* 関係 *kankei*
rapt *(adj.)* 熱中している *necchū shiteiru*
rare *(adj.)* 珍しい *mezurashī*
rarefy *(v.)* 薄める *usumeru*
rarely *(adv.)* めったにしない *metta ni shinai*
rarity *(n.)* 珍しさ *mezurashi sa*
rascal *(n.)* わんぱく小僧 *wan paku kozō*
rash *(adj.)* 軽はずみな *karuhazumina*
rash *(n.)* 発疹 *hasshin*
rasp *(n.)* 石目やすり *ishime ya suri*
rasp *(v.)* やすりをかける *ya suri o kakeru*
raspberry *(n.)* ラズベリー *razuberī*
raspberry *(adj.)* ラズベリーの *razuberī no*
raspy *(adj.)* 耳障りな *mimizawarina*
rasta *(n.)* ラスタファリ主義者 *rasutafari shugisha*
rasure *(n.)* 抹殺 *massatsu*
rat *(n.)* ラット *ratto*
rather *(adv.)* むしろ *mushiro*
ratify *(v.)* 批准する *hijun suru*
ration *(n.)* 配給 *haikyū*
rational *(adj.)* 合理的な *gōri tekina*
rationality *(n.)* 合理性 *gōrisei*
rattle *(n.)* ガタガタ鳴るもの *gatagata naru mono*
rattle *(v.)* ガラガラ *garagara*
ravage *(v.)* 荒廃させる *kōhai saseru*
ravine *(n.)* 渓谷 *keikoku*
raw *(adj.)* 生の *namano*
raze *(v.)* 壊滅させる *kaimetsu saseru*
razor *(n.)* カミソリ *kamisori*
reabsorb *(v.)* 再吸収する *sai kyūshū suru*
reabsorption *(n.)* 再吸収 *sai kyūshū*
reaccept *(v.)* 再度受け取る *saido uketoru*

reach *(v.)* 手が届く *te ga todoku*
reach *(n.)* 届く距離 *todoku kyori*
reachable *(adj.)* 連絡可能な *renraku kanōna*
react *(v.)* 反応する *hannō suru*
reaction *(n.)* 反応 *hannō*
reactionary *(adj.)* 反動的な *handō tekina*
reactionist *(n.)* 反動主義者 *handō shugisha*
reactivate *(v.)* 再び活性化する *futatabi kassei ka suru*
reactivation *(n.)* 再活性化 *sai kassei ka*
reactive *(adj.)* 反応性の高い *hannōsei no takai*
reactor *(n.)* 原子炉 *genshiro*
read *(v.)* 読む *yomu*
reader *(n.)* 読者 *dokusha*
readily *(adv.)* 容易に *yōi ni*
readjust *(v.)* 再調整する *sai chōsei suru*
ready *(adj.)* 用意ができた *yōi ga dekita*
ready-made *(adj.)* 既製の *kisei no*
real *(adj.)* 実在する *jitsuzai suru*
realism *(n.)* 現実主義 *genjitsu shugi*
realist *(n.)* 現実主義者 *genjitsu shugisha*
realistic *(adj.)* 現実的な *genjitsu tekina*
reality *(n.)* 現実 *genjitsu*
realization *(n.)* 実現 *jitsugen*
realize *(v.)* 実現する *jitsugen suru*
reallocate *(v.)* 再配分する *sai haibun suru*
reallocation *(n.)* 再配分 *sai haibun*
really *(adv.)* 本当に *hontōni*
really *(int.)* まさか *masaka*
realm *(n.)* 領域 *ryōiki*
realty *(n.)* 不動産 *fudōsan*
ream *(v.)* 穴を広げる *ana o hirogeru*
ream *(n.)* 連 *ren*
reamer *(n.)* リーマー *rīmā*

reanimation *(n.)* 蘇生 *sosei*
reannex *(v.)* 再び併合する *futatabi heigō suru*
reap *(v.)* 刈り取る *karitoru*
reaper *(n.)* 刈り取り機 *karitoriki*
reappear *(v.)* 再び現れる *futatabi arawareru*
reappearance *(n.)* 再来 *sairai*
reapplication *(n.)* 再申請 *sai shinsei*
reapply *(v.)* 再申請する *sai shinsei suru*
reappoint *(v.)* 再任する *sainin suru*
reappraise *(v.)* 再評価する *sai hyōka suru*
reapproval *(n.)* 再承認 *sai shōnin*
rear *(v.)* 育てる *sodateru*
rear *(n.)* 後部 *kōbu*
rear *(adj.)* 後部の *kōbu no*
rearrange *(v.)* 位置を変える *ichi o kaeru*
rearview *(adj.)* 後方確認用 *kōhō kakunin yō*
reason *(v.)* 推論する *suiron suru*
reason *(n.)* 理由 *riyū*
reasonable *(adj.)* 合理的な *gōri tekina*
reassign *(v.)* 転任させる *tennin saseru*
reassume *(v.)* 再び引き受ける *futatabi hikiukeru*
reassure *(v.)* 安心させる *anshin saseru*
reattach *(v.)* 再び取り付ける *futatabi toritsukeru*
rebate *(n.)* 払い戻し *haraimodoshi*
rebel *(v.)* 反逆する *hangyaku suru*
rebel *(n.)* 反逆者 *hangyakusha*
rebellion *(n.)* 反乱 *hanran*
rebellious *(adj.)* 反抗的な *hankō tekina*
rebirth *(n.)* 再生 *saisei*
rebound *(n.)* 跳ね返り *hanekaeri*
rebound *(v.)* 跳ね返る *hanekaeru*
rebuild *(v.)* 再建する *saiken suru*

rebuke *(v.)* 叱責する *shisseki suru*
recall *(n.)* 回想力 *kaisōryoku*
recall *(v.)* 思い起こす *omoiokosu*
recede *(v.)* 後退する *kōtai suru*
receipt *(n.)* 領収書 *ryōshūsho*
receive *(v.)* 受け取る *uketoru*
receiver *(n.)* 受話器 *juwaki*
recent *(adj.)* 最近の *saikin no*
recently *(adv.)* 最近 *saikin*
reception *(n.)* フロント *furonto*
receptive *(adj.)* 受容力のある *juyōryoku no aru*
recess *(n.)* 休憩時間 *kyūkei jikan*
recession *(n.)* 不況 *fukyō*
recipe *(n.)* レシピ *reshipi*
recipient *(n.)* 受賞者 *jushōsha*
recital *(n.)* リサイタル *risaitaru*
recitation *(n.)* 朗読 *rōdoku*
recite *(v.)* 暗唱する *anshō suru*
reckless *(adj.)* 無謀な *mubōna*
reclaim *(v.)* 取り戻す *torimodosu*
reclamation *(n.)* 埋め立て *umetate*
recluse *(n.)* 世捨て人 *yosutebito*
recognize *(v.)* 認識する *ninshiki suru*
recoil *(v.)* たじろぐ *tajirogu*
recoil *(n.)* 反動 *handō*
recollect *(v.)* 回想する *kaisō suru*
recommend *(v.)* 薦める *susumeru*
recommendation *(n.)* おすすめ *osusume*
recompense *(n.)* 弁償 *benshō*
reconcile *(v.)* 仲直りする *nakanaori suru*
reconciliation *(n.)* 和解 *wakai*
recondensation *(n.)* 再凝縮 *sai gyōshuku*
recondense *(v.)* 再び凝結させる *futatabi gyōketsu saseru*
reconfiguration *(n.)* 再構成 *sai kōsei*

reconquer *(v.)* 再征服する *sai seifuku suru*
reconsider *(v.)* 考え直す *kangaenaosu*
reconsolidate *(v.)* 再び合併する *futatabi gappei suru*
record *(n.)* 記録 *kiroku*
record *(v.)* 記録する *kiroku suru*
recorder *(n.)* 録音機 *rokuonki*
recount *(v.)* 詳しく語る *kuwashiku kataru*
recover *(v.)* 回復する *kaifuku suru*
recovery *(n.)* 回復 *kaifuku*
recreational *(adj.)* 娯楽の *goraku no*
recrimination *(n.)* 逆襲 *gyakushū*
recruit *(v.)* 採用する *saiyō suru*
recruit *(n.)* 新兵 *shinpei*
rectangle *(n.)* 長方形 *chōhōkei*
rectangular *(adj.)* 長方形の *chōhōkei no*
rectification *(n.)* 訂正 *teisei*
rectify *(v.)* 訂正する *teisei suru*
rectum *(n.)* 直腸 *chokuchō*
recur *(v.)* 繰り返される *kurikaesareru*
recurrence *(n.)* 再発 *saihatsu*
recurrent *(adj.)* 再発する *saihatsu suru*
recycle *(v.)* リサイクルする *risaikuru suru*
red *(n.)* 赤 *aka*
red *(adj.)* 赤い *akai*
redden *(v.)* 赤くなる *akaku naru*
reddish *(adj.)* やや赤い *yaya akai*
redeem *(v.)* 買い戻す *kaimodosu*
redemption *(n.)* 買い戻し *kaimodoshi*
redouble *(v.)* 倍加させる *baika saseru*
redress *(v.)* 是正する *zesei suru*
reduce *(v.)* 減らす *herasu*
reduction *(n.)* 削減 *sakugen*
redundancy *(n.)* 余剰性 *yojōsei*
redundant *(adj.)* 余剰の *yojō no*
reel *(v.)* 巻き取る *maki toru*

reel *(n.)* 巻き枠 *makiwaku*
refer *(v.)* 参照する *sanshō suru*
referee *(n.)* 審判員 *shinpan in*
reference *(n.)* 参考文献 *sankō bunken*
referendum *(n.)* 人民投票 *jinmin tōhyō*
refine *(v.)* 精製する *seisei suru*
refinement *(n.)* 洗練 *senren*
refinery *(n.)* 精錬所 *seirenjo*
reflect *(v.)* 反射する *hansha suru*
reflection *(n.)* 反射 *hansha*
reflective *(adj.)* 反射する *hansha suru*
reflector *(n.)* 反射物 *hanshabutsu*
reflex *(adj.)* 反射性の *hanshasei no*
reflex *(n.)* 反射神経 *hansha shinkei*
reflexive *(adj.)* 反射的な *hansha tekina*
reform *(n.)* 改革 *kaikaku*
reform *(v.)* 改革する *kaikaku suru*
reformatory *(adj.)* 改革の *kaikaku no*
reformer *(n.)* 改革家 *kaikakuka*
refrain *(n.)* 反復句 *hanpukuku*
refrain *(v.)* 控える *hikaeru*
refresh *(v.)* リフレッシュする *rifuresshu suru*
refrigerate *(v.)* 冷蔵する *reizō suru*
refrigeration *(n.)* 冷蔵 *reizō*
refrigerator *(n.)* 冷蔵庫 *reizōko*
refuel *(v.)* 燃料を補給する *nenryō o hokyū suru*
refuge *(n.)* 避難所 *hinanjo*
refugee *(n.)* 難民 *nanmin*
refulgent *(adj.)* 光り輝く *hikarikagayaku*
refund *(n.)* 返金 *henkin*
refund *(v.)* 返金する *henkin suru*
refurbish *(v.)* 改装する *kaisō suru*
refusal *(n.)* 拒否 *kyohi*
refuse *(v.)* 拒む *kobamu*

refutation *(n.)* 反論 hanron
refute *(v.)* 反論する hanron suru
regal *(adj.)* 王者らしい ōjarashī
regard *(n.)* 観点 kanten
regard *(v.)* 見なす minasu
regenerate *(v.)* 更生させる kōsei saseru
regeneration *(n.)* 更生 kōsei
regicide *(n.)* 国王殺し kokuōgoroshi
regime *(n.)* 政権 seiken
regiment *(n.)* 連隊 rentai
regiment *(v.)* 連隊に編入する rentai ni hennyū suru
regional *(adj.)* 地域の chīki no
register *(v.)* 登録する tōroku suru
registrar *(n.)* 登記官 tōkikan
registration *(n.)* 登録 tōroku
registry *(n.)* 登記所 tōkisho
regret *(n.)* 後悔 kōkai
regret *(v.)* 後悔する kōkai suru
regular *(adj.)* 習慣的な shūkan tekina
regularity *(n.)* 規則性 kisokusei
regulate *(v.)* 規制する kisei suru
regulation *(n.)* 規制 kisei
regulator *(n.)* 調整器 chōseiki
rehabilitate *(v.)* リハビリする rihabiri suru
rehabilitation *(n.)* リハビリ rihabiri
rehearsal *(n.)* リハーサル rihāsaru
rehearse *(v.)* リハーサルをする rihāsaru o suru
reign *(n.)* 治世 chisei
reimbursement *(n.)* 返済 hensai
rein *(n.)* 手綱 tazuna
reinforce *(v.)* 強化する kyōka suru
reinforcement *(n.)* 強化 kyōka
reinstate *(v.)* 復職させる fukushoku saseru

reinstatement *(n.)* 復職 fukushoku
reject *(v.)* 拒絶する kyozetsu suru
rejection *(n.)* 拒絶 kyozetsu
rejoin *(v.)* 再び加わる futatabi kuwawaru
rejoinder *(n.)* 返答 hentō
rejuvenate *(v.)* 若返らせる wakagaeraseru
rejuvenation *(n.)* 若返り wakagaeri
relapse *(n.)* 再発 saihatsu
relapse *(v.)* 再発する saihatsu suru
relate *(v.)* 関連付ける kanrenzukeru
relation *(n.)* 関係 kankei
relative *(n.)* 親戚 shinseki
relative *(adj.)* 相対的な sōtai tekina
relax *(v.)* リラックスする rirakkusu suru
relaxation *(n.)* くつろぐこと kutsurogu koto
relay *(v.)* 伝達する dentatsu suru
relay *(n.)* リレー rirē
release *(n.)* 釈放 shakuhō
relent *(v.)* 折れる oreru
relentless *(adj.)* 容赦ない yōshanai
relevance *(n.)* 関連性 kanrensei
relevant *(adj.)* 関連する kanren suru
reliable *(adj.)* 信頼できる shinrai dekiru
reliance *(n.)* 信頼 shinrai
relic *(n.)* 遺物 ibutsu
relief *(n.)* 救済 kyūsai
relieve *(v.)* 緩和する kanwa suru
religion *(n.)* 宗教 shūkyō
religious *(adj.)* 宗教的な shūkyō tekina
relish *(n.)* 美味しく食べること oishiku taberu koto
reluctance *(n.)* 気が進まないこと ki ga susumanai koto
reluctant *(adj.)* 気が進まない ki ga susumanai
rely *(v.)* 頼る tayoru

remain *(v.)* 残る *nokoru*
remainder *(n.)* 残り *nokori*
remains *(n.)* 残骸 *zangai*
remand *(n.)* 再拘留 *sai kōryū*
remand *(v.)* 再拘留する *sai kōryū suru*
remark *(v.)* 意見を述べる *iken o noberu*
remarkable *(adj.)* 並外れた *namihazureta*
remedial *(adj.)* 治療上の *chiryō jō no*
remedy *(n.)* 治療薬 *chiryōyaku*
remember *(v.)* 思い出す *omoidasu*
remembrance *(n.)* 追悼 *tsuitō*
remind *(v.)* 思い出させる *omoidasaseru*
reminder *(n.)* リマインダー *rimaindā*
reminiscence *(n.)* 回想 *kaisō*
reminiscent *(adj.)* 連想させる *rensō saseru*
remit *(n.)* 検討事項 *kentō jikō*
remit *(v.)* 送金する *sōkin suru*
remittance *(n.)* 送金 *sōkin*
remorse *(n.)* 悔恨 *kaikon*
remote *(adj.)* 遠隔の *enkaku no*
remould *(v.)* 作り直す *tsukurinaosu*
removable *(adj.)* 取り外し可能な *torihazushi kanōna*
removal *(n.)* 撤去 *tekkyo*
remove *(v.)* 撤去する *tekkyo suru*
remunerate *(v.)* 報いる *mukuiru*
remuneration *(n.)* 報酬 *hōshū*
remunerative *(adj.)* 利益のある *rieki no aru*
renaissance *(n.)* ルネサンス *runesansu*
rendezvous *(n.)* 待ち合わせ *machiawase*
renew *(v.)* 再開する *saikai suru*
renewal *(n.)* 更新 *kōshin*
renounce *(v.)* 放棄する *hōki suru*
renovate *(v.)* 改築する *kaichiku suru*
renovation *(n.)* 改築 *kaichiku*
renown *(n.)* 有名 *yūmei*
renowned *(adj.)* 名高い *nadakai*
rent *(n.)* 家賃 *yachin*
renunciation *(n.)* 放棄 *hōki*
repair *(n.)* 修理 *shūri*
repair *(v.)* 修理する *shūri suru*
repairable *(adj.)* 修理可能な *shūri kanōna*
repartee *(n.)* 当意即妙 *toui sokumyou*
repatriate *(v.)* 送還する *sōkan suru*
repatriation *(n.)* 送還 *sōkan*
repeat *(v.)* 繰り返す *kurikaesu*
repel *(v.)* はじく *hajiku*
repellent *(n.)* 虫よけ *mushiyoke*
repellent *(adj.)* 不快な *fukaina*
repent *(v.)* 悔い改める *kuiaratameru*
repentance *(n.)* 悔い改め *kuiaratame*
repentant *(adj.)* 悔いている *kuiteiru*
repertoire *(n.)* レパートリー *repātorī*
repetition *(n.)* 繰り返し *kurikaeshi*
replace *(v.)* 置き換える *okikaeru*
replacement *(n.)* 置換 *chikan*
replay *(v.)* 再生する *saisei suru*
replenish *(v.)* 補充する *hojū suru*
replica *(n.)* 複製 *fukusei*
report *(n.)* 報告 *hōkoku*
report *(v.)* 報告する *hōkoku suru*
reporter *(n.)* 記者 *kisha*
repose *(v.)* 位置する *ichi suru*
repose *(n.)* 安らぎ *yasuragi*
repository *(n.)* 収納場所 *shūnō basho*
represent *(v.)* 代表する *daihyō suru*
representation *(n.)* 代表 *daihyō*
representative *(adj.)* 代表する *daihyō suru*
representative *(n.)* 代表者 *daihyōsha*

repress *(v.)* 抑え込む *osaekomu*	**resemblance** *(n.)* 相似 *sōji*
reprimand *(n.)* 叱責 *shisseki*	**resemble** *(v.)* 似る *niru*
reprint *(n.)* 再版 *saihan*	**resent** *(v.)* 腹を立てる *hara o tateru*
reprint *(v.)* 再版する *saihan suru*	**reservation** *(n.)* 予約 *yoyaku*
reproduce *(v.)* 再現する *saigen suru*	**reserve** *(v.)* 予約する *yoyaku suru*
reproduction *(n.)* 再現 *saigen*	**reservoir** *(n.)* 貯水池 *chosuichi*
reproductive *(adj.)* 繁殖の *hanshoku no*	**reside** *(v.)* 住む *sumu*
reproof *(n.)* とがめ *togame*	**residence** *(n.)* 住居 *jūkyo*
reptile *(n.)* 爬虫類 *hachūrui*	**resident** *(adj.)* 居住している *kyojū shiteiru*
republic *(n.)* 共和国 *kyōwakoku*	**resident** *(n.)* 居住者 *kyojūsha*
republican *(n.)* 共和党員 *kyōwatōin*	**residual** *(adj.)* 残りの *nokori no*
republican *(adj.)* 共和党の *kyōwatō no*	**residue** *(n.)* 残留物 *zanryūbutsu*
repudiation *(n.)* 否認 *hinin*	**resign** *(v.)* 辞任する *jinin suru*
repugnant *(adj.)* とても不快な *totemo fukaina*	**resignation** *(n.)* 辞任 *jinin*
repulse *(n.)* 撃退 *gekitai*	**resist** *(v.)* 抵抗する *teikō suru*
repulse *(v.)* うんざりさせる *unzari saseru*	**resistance** *(n.)* 抵抗 *teikō*
repulsion *(n.)* 嫌悪感 *ken o kan*	**resistant** *(adj.)* 抵抗力のある *teikōryoku no aru*
repulsive *(adj.)* ひどく不快な *hidoku fukaina*	**resolute** *(adj.)* 意思の固い *ishi no katai*
reputation *(n.)* 評判 *hyōban*	**resolution** *(n.)* 決断 *ketsudan*
repute *(v.)* 評する *hyōsuru*	**resolve** *(v.)* 決意する *ketsui suru*
request *(n.)* 依頼 *irai*	**resonance** *(n.)* 共鳴 *kyōmei*
request *(v.)* 依頼する *irai suru*	**resonant** *(adj.)* 鳴り響く *narihibiku*
requiem *(n.)* 鎮魂曲 *rekuiemu*	**resort** *(v.)* 当てにする *ate ni suru*
require *(v.)* 必要とする *hitsuyō to suru*	**resort** *(n.)* リゾート *rizōto*
requirement *(n.)* 要件 *yōken*	**resound** *(v.)* とどろく *todoroku*
requisite *(adj.)* 必要なもの *hitsuyōna mono*	**resource** *(n.)* 資源 *shigen*
requisition *(v.)* 徴発する *chōhatsu suru*	**resourceful** *(adj.)* 機略に優れた *kiryaku ni sugureta*
requisition *(n.)* 徴発令 *chōhatsurei*	**respect** *(n.)* 尊敬 *sonkei*
reschedule *(v.)* 予定を変更する *yotei o henkō suru*	**respect** *(v.)* 尊敬する *sonkei suru*
rescue *(n.)* 救援 *kyūen*	**respectful** *(adj.)* 敬意を表す *keī o arawasu*
rescue *(v.)* 救助する *kyūjo suru*	**respective** *(adj.)* それぞれの *sorezore no*
research *(n.)* 研究 *kenkyū*	**respiration** *(n.)* 呼吸 *kokyū*
research *(v.)* 研究する *kenkyū suru*	**resplendent** *(adj.)* まばゆい *mabayui*
	respond *(v.)* 応答する *ōtō suru*

response *(n.)* 応答 *ōtō*
rest *(n.)* 残り *nokori*
rest *(v.)* 休む *yasumu*
restaurant *(n.)* レストラン *resutoran*
restive *(adj.)* 落ち着かない *ochitsukanai*
restoration *(n.)* 復元 *fukugen*
restore *(v.)* 復元する *fukugen suru*
restrain *(v.)* 拘束する *kōsoku suru*
restrict *(v.)* 制限する *seigen suru*
restriction *(n.)* 制限 *seigen*
restrictive *(adj.)* 制限の *seigen no*
result *(n.)* 結果 *kekka*
resume *(v.)* 再開する *saikai suru*
resume *(n.)* 履歴書 *rirekisho*
resumption *(n.)* 再開 *saikai*
resurgence *(n.)* 復帰 *fukki*
resurgent *(adj.)* 復帰の *fukki no*
retail *(n.)* 小売り *kouri*
retail *(v.)* 小売りする *kouri suru*
retail *(adv.)* 小売りで *kouri de*
retail *(adj.)* 小売の *kouri no*
retailer *(n.)* 小売店 *kouri ten*
retain *(v.)* 保持する *hoji suru*
retaliate *(v.)* 仕返しする *shikaeshi suru*
retaliation *(n.)* 仕返し *shikaeshi*
retardation *(n.)* 遅滞 *chitai*
retention *(n.)* 保持 *hoji*
retentive *(adj.)* 保持力のある *hojiryoku no aru*
reticence *(n.)* 控えめ *hikaeme*
reticent *(adj.)* 寡黙な *kamokuna*
retina *(n.)* 網膜 *mōmaku*
retinue *(n.)* 随行員 *zuikōin*
retire *(v.)* 引退する *intai suru*
retirement *(n.)* 退職 *taishoku*
retort *(n.)* 言い返し *īkaeshi*

retort *(v.)* 言い返す *īkaesu*
retouch *(v.)* 修整する *shūsei suru*
retrace *(v.)* 引き返す *hikikaesu*
retread *(n.)* 再生タイヤ *saisei taiya*
retread *(v.)* タイヤを再生する *taiya o saisei suru*
retreat *(v.)* 撤退 *tettai*
retrench *(v.)* 削減する *sakugen suru*
retrenchment *(n.)* 経費節減 *keihi setsugen*
retrospect *(n.)* 振り返る *furikaeru*
retrospection *(n.)* 過去を振り返ること *kako o furikaeru koto*
retrospective *(adj.)* 回顧の *kaiko no*
return *(v.)* 返す *kaesu*
return *(n.)* 返すこと *kaesu koto*
reuse *(v.)* 再利用する *sai riyō suru*
revaluation *(n.)* 再評価 *sai hyōka*
revamp *(v.)* 改造する *kaizō suru*
reveal *(v.)* 明かす *akasu*
revel *(v.)* 非常に喜ぶ *hijō ni yorokobu*
revel *(n.)* 非常に喜ぶこと *hijō ni yorokobu koto*
revelation *(n.)* 啓示 *keiji*
reveller *(n.)* 飲み騒ぐ人 *nomi sawagu hito*
revelry *(n.)* どんちゃん騒ぎ *donchansawagi*
revenge *(n.)* 復讐 *fukushū*
revenge *(v.)* 復讐する *fukushū suru*
revengeful *(adj.)* 執念深い *shūnenbukai*
revere *(v.)* 崇敬する *sūkei suru*
reverence *(n.)* 畏敬 *ikei*
reverend *(adj.)* 牧師 *bokushi*
reverent *(adj.)* 恭しい *uyauyashī*
reverie *(n.)* 夢想 *musō*
reversal *(n.)* 逆転 *gyakuten*
reverse *(n.)* 逆 *gyaku*
reverse *(adj.)* 逆の *gyaku no*

reverse *(v.)* 逆転する *gyakuten suru*
reversible *(adj.)* リバーシブルの *ribāshiburu no*
revert *(v.)* 元に戻す *moto ni modosu*
review *(n.)* 批評 *hihyō*
review *(v.)* 再検討 *sai kentō*
revise *(v.)* 復習する *fukushū suru*
revision *(n.)* 復習 *fukushū*
revisit *(v.)* 再び訪れる *futatabi otozureru*
revival *(n.)* 復活 *fukkatsu*
revive *(v.)* 生き返らせる *ikikaeraseru*
revocable *(adj.)* 取消可能な *torikeshi kanōna*
revolt *(v.)* 反乱する *hanran suru*
revolution *(n.)* 革命 *kakumei*
revolutionary *(adj.)* 革命的な *kakumei tekina*
revolutionary *(n.)* 革命家 *kakumeika*
revolver *(n.)* リボルバー *riborubā*
reward *(n.)* 褒美 *hōbi*
reward *(v.)* 褒美を与える *hōbi o ataeru*
rewrite *(v.)* 書き直す *kakinaosu*
rhetoric *(n.)* 修辞学 *shūjigaku*
rhetorical *(adj.)* 修辞学の *shūjigaku no*
rheumatic *(adj.)* リウマチの *riumachi no*
rheumatism *(n.)* リウマチ *riumachi*
rhinoceros *(n.)* サイ *sai*
rhyme *(n.)* 韻 *in*
rhyme *(v.)* 押韻させる *ōin saseru*
rhymester *(n.)* へぼ詩人 *hebo shijin*
rhythm *(n.)* リズム *rizumu*
rhythmic *(adj.)* リズミカルな *rizumikaruna*
rib *(n.)* 肋骨 *rokkotsu*
ribbon *(n.)* リボン *ribon*
rice *(n.)* 米 *kome*
rich *(adj.)* お金持ちの *o kanemochi no*

richness *(adj.)* 濃厚さ *nōkō sa*
rick *(n.)* ワラの山 *wara no yama*
rickets *(n.)* くる病 *kuru byō*
rickety *(adj.)* ガタガタの *gatagata no*
rickshaw *(n.)* 人力車 *jinrikisha*
rid *(v.)* 取り除く *torinozoku*
riddle *(n.)* なぞなぞ *nazonazo*
ride *(n.)* 乗車 *jōsha*
ride *(v.)* 乗る *noru*
rider *(n.)* 乗り手 *norite*
ridge *(n.)* 尾根 *one*
ridicule *(v.)* 嘲る *azakeru*
ridiculous *(adj.)* ばかげた *bakageta*
rifle *(v.)* 旋条をつける *senjō o tsukeru*
rifle *(n.)* ライフル銃 *raifuru jū*
rift *(n.)* 切れ目 *kireme*
right *(n.)* 右 *migi*
right *(adv.)* 右に *migi ni*
right *(adj.)* 右の *migi no*
righteous *(adj.)* 正義の *seigi no*
rigour *(n.)* 厳しさ *kibishi sa*
ring *(n.)* 指輪 *yubiwa*
ringlet *(n.)* 巻き毛 *makige*
ringworm *(n.)* 白癬 *hakusen*
rinse *(v.)* ゆすぐ *yusugu*
riot *(n.)* 暴動 *bōdō*
riot *(v.)* 暴動を起こす *bōdō o okosu*
rip *(v.)* 破く *yabuku*
ripe *(adj.)* 熟れた *ureta*
ripen *(v.)* 熟す *jukusu*
ripple *(n.)* さざ波 *sazanami*
ripple *(v.)* さざ波が立つ *sazanami ga tatsu*
rise *(n.)* 上がること *agaru koto*
rise *(v.)* 立ち上がる *tachiagaru*
risk *(n.)* リスク *risuku*

risky *(adj.)* リスクのある *risuku no aru*
ritual *(adj.)* 儀式の *gishiki no*
rival *(v.)* 張り合う *hariau*
rival *(n.)* ライバル *raibaru*
rivalry *(n.)* 張り合うこと *hariau koto*
river *(n.)* 川 *kawa*
rivet *(n.)* リベット *ribetto*
rivet *(v.)* リベットで留める *ribetto de tomeru*
road *(n.)* 道路 *dōro*
road race *(n.)* ロード・レース *rōdo rēsu*
road rage *(n.)* 運転中に逆上する *unten chū ni gyakujō suru*
roadblock *(v.)* 道路を封鎖する *dōro o fūsa suru*
roadblock *(n.)* バリケード *barikēdo*
roadhouse *(n.)* 道路沿いの宿屋 *dōrozoi no yadoya*
roadkill *(n.)* 動物をひき殺すこと *dōbutsu o hikikorosu koto*
roadrunner *(n.)* ミチバシリ *michibashiri*
roadshow *(n.)* ロードショー *rōdoshō*
roadster *(n.)* ロードスター *rōdo sutā*
roam *(v.)* うろつく *urotsuku*
roar *(n.)* 吠え声 *hoegoe*
roar *(v.)* 吠える *hoeru*
roast *(n.)* ロースト *rōsuto*
roast *(adj.)* ローストした *rōsuto shita*
roast *(v.)* ローストする *rōsuto suru*
robber *(n.)* 強盗犯 *gōtōhan*
robe *(n.)* ローブ *rōbu*
robe *(v.)* ローブを着せる *rōbu o kiseru*
robot *(n.)* ロボット *robotto*
robust *(adj.)* 頑丈な *ganjōna*
rock *(n.)* 岩 *iwa*
rock *(v.)* 揺れ動く *yureugoku*

rock climber *(n.)* ロック・クライマー *rokku kuraimā*
rock-bottom *(n.)* どん底 *donzoko*
rocker *(n.)* 揺り椅子 *yurīsu*
rocket *(n.)* ロケット *roketto*
rocket scientist *(n.)* ロケット科学者 *roketto kagakusha*
rocketeer *(n.)* ロケット技師 *roketto gishi*
rockfall *(n.)* 落石 *rakuseki*
rockfish *(n.)* メバル *mebaru*
rocking *(adj.)* 格好いい *kakkōī*
rodent *(n.)* 齧歯類 *gesshirui*
roe *(n.)* 魚卵 *gyoran*
roguish *(adj.)* 悪党のような *akutō no yōna*
role *(n.)* 役割 *yakuwari*
role model *(n.)* ロールモデル *rōrumoderu*
roll *(n.)* 一巻き *ichimaki*
roll *(v.)* 転がる *korogaru*
roll-call *(n.)* 点呼 *tenko*
roller *(n.)* ローラー *rōrā*
rollicking *(adj.)* はしゃぎ回る *hashagimawaru*
romance *(n.)* ロマンス *romansu*
romantic *(adj.)* ロマンチックな *romanchikkuna*
romp *(n.)* 大はしゃぎ *ōhashagi*
romp *(v.)* はしゃぎ回る *hashagimawaru*
rood *(n.)* 十字架のキリスト像 *jūjika no kirisutozō*
roof *(n.)* 屋根 *yane*
roof *(v.)* 屋根を付ける *yane o tsukeru*
rooftop *(n.)* 屋上 *okujō*
rook *(n.)* ミヤマガラス *miyama garasu*
rook *(v.)* 騙し取る *damashi toru*
room *(n.)* 部屋 *heya*
room-mate *(n.)* ルームメイト *rūmumeito*
roost *(n.)* ねぐら *negura*

roost (v.) ねぐらにつく negura ni tsuku
root (n.) 根 ne
root (v.) 根付かせる netsukaseru
rope (n.) 縄 nawa
rope (v.) ロープで結ぶ rōpu de musubu
rosary (n.) ロザリオ rozario
rose (n.) 薔薇 bara
rostrum (n.) 演壇 endan
rosy (adj.) バラ色の bara iro no
rot (v.) 腐る kusaru
rotary (adj.) 回転部 kaitenbu
rotate (v.) 回転する kaiten suru
rotation (n.) 回転 kaiten
rote (n.) 丸暗記 maru anki
rotten (adj.) 腐った kusatta
rouble (n.) ルーブル rūburu
round (n.) 円形 enkei
round (adv.) ずっと zutto
round (adj.) 丸い marui
round (v.) 丸くする maruku suru
rouse (v.) 目覚めさせる mezamesaseru
rout (n.) 敗走 haisō
route (n.) 経路 keiro
routine (adj.) 習慣の shūkan no
rove (v.) さまよう samayou
rover (n.) 放浪者 hōrōsha
row (n.) 行 gyō
row (v.) 漕ぐ kogu
rowdy (adj.) 粗暴な sobōna
royal (adj.) 王室の ōshitsu no
royalist (n.) 王政主義者 ōsei shugisha
royalty (n.) 皇族 kōzoku
rub (v.) こする kosuru
rubber (n.) ゴム gomu
rubber bullet (n.) ゴム弾 gomudan

rubber duck (n.) ゴム製のアヒル gomusei no ahiru
rubber tree (n.) ゴムの木 gomu no ki
rubberneck (n.) ジロジロ見る人 jirojiro miru hito
rubbing (n.) こすること kosuru koto
rubble (n.) 瓦礫 gareki
rubblework (n.) 石積み ishizumi
rubify (v.) 赤くする akaku suru
rubric (n.) 標題 hyōdai
ruby (n.) ルビー rubī
ruck (n.) ラック rakku
ruck (v.) ラックに参加する rakku ni sanka suru
rucksack (n.) リュックサック ryukkusakku
ruckus (n.) 騒動 sōdō
rudder (n.) 舵 kaji
rudderpost (n.) かじ柱 kajibashira
ruddy (adj.) 血色の良い kesshoku no ii
rude (adj.) 失礼な shitsureina
rudiment (n.) 基本 kihon
rueful (adj.) 後悔している kōkai shiteiru
ruffian (n.) 暴漢 bōkan
ruffle (n.) フリル furiru
rug (n.) ラグマット ragumatto
rugged (adj.) 険しい kewashī
ruins (n.) 廃墟 haikyo
rule (n.) ルール rūru
rulebook (n.) 規則 kisoku
rulebound (adj.) 規則に縛られた kisoku ni shibarareta
ruler (n.) 定規 jōgi
ruling (n.) 判決 hanketsu
rum (n.) ラム酒 ramushu
rumble (n.) ごう音 gōon
rumble (v.) ゴロゴロ鳴る gorogoro naru
ruminant (adj.) 反すうする hansū suru

ruminant *(n.)* 反芻動物 *hansū dōbutsu*
ruminate *(v.)* 思い巡らす *omoi megurasu*
rumination *(n.)* 熟考 *jukkō*
rummage *(v.)* くまなく捜す *kuma naku sagasu*
rummy *(n.)* ラミー *ramī*
rumour *(n.)* 噂 *uwasa*
rumour *(v.)* 噂する *uwasa suru*
run *(v.)* 走る *hashiru*
run *(n.)* 走ること *hashiru koto*
runabout *(n.)* 小型自動車 *kogata jidōsha*
runaway *(n.)* 家出人 *iedenin*
rune *(n.)* ルーン文字 *rūn moji*
rung *(n.)* はしごの段 *hashigo no dan*
runner *(n.)* ランナー *rannā*
rupee *(n.)* ルピー *rupī*
rupture *(n.)* 破裂 *haretsu*
rural *(adj.)* 田舎の *inaka no*
ruse *(n.)* 策略 *sakuryaku*
rust *(n.)* さび *sabi*
rust *(v.)* さびる *sabiru*
rusticate *(v.)* 田舎に住む *inaka ni sumu*
rustication *(n.)* 田舎へ行かせる *inaka e ikaseru*
rusticity *(n.)* 田舎らしさ *inakarashi sa*
rustle *(v.)* カサカサと鳴る *kasakasa to naru*
rusty *(adj.)* さびた *sabita*
rut *(n.)* 車の跡 *kuruma no ato*
ruthless *(adj.)* 冷酷な *reikokuna*
rye *(n.)* ライ麦 *raimugi*

S

sabbath *(n.)* 安息日 *ansokubi*
sabbatical *(n.)* サバティカル *sabatikaru*
sabbatical *(adj.)* サバティカルの *sabatikaru no*
sabotage *(n.)* 妨害行為 *bōgai kōi*
sabre *(n.)* サーベル *sāberu*
sabre *(v.)* サーベルで切る *sāberu de kiru*
saccharin *(n.)* サッカリン *sakkarin*
sachet *(n.)* サシェ *sashe*
sack *(v.)* クビにする *kubi ni suru*
sack *(n.)* 袋 *fukuro*
sacrament *(n.)* 聖礼典 *seireiten*
sacrifice *(n.)* 犠牲 *gisei*
sacrifice *(v.)* 犠牲にする *gisei ni suru*
sacrificial *(adj.)* 犠牲の *gisei no*
sacrilegious *(adj.)* 不信心の *fushinjin no*
sacrosanct *(adj.)* 極めて神聖な *kiwamete shinseina*
sad *(adj.)* 悲しい *kanashī*
sadden *(v.)* 悲しませる *kanashimaseru*
saddle *(n.)* 鞍 *kura*
saddle *(v.)* 鞍をつける *kura o tsukeru*
sadism *(n.)* サディズム *sadizumu*
sadist *(n.)* サディスト *sadi suto*
sadness *(n.)* 悲しみ *kanashimi*
safari *(n.)* サファリ *safari*
safe *(n.)* 安全 *anzen*
safe *(adj.)* 安全な *anzenna*
safe harbour *(n.)* 避難港 *hinan kō*
safe-conduct *(n.)* 安全通行権 *anzen tsūkōken*
safecracker *(n.)* 金庫破り *kinko yaburi*

safe-deposit *(n.)* 安全庫 *anzenko*
safeguard *(n.)* 安全対策 *anzen taisaku*
safehouse *(n.)* 隠れ家 *kakurega*
safekeeping *(n.)* 保管 *hokan*
safely *(adv.)* 安全に *anzen ni*
safety *(n.)* 安全性 *anzensei*
saffron *(n.)* サフラン *safuran*
saffron *(adj.)* サフラン色の *safuran iro no*
sag *(n.)* たるみ *tarumi*
sag *(v.)* たるむ *tarumu*
saga *(n.)* サガ *saga*
sagacious *(adj.)* 聡明な *sōmeina*
sagacity *(n.)* 聡明 *sōmei*
sage *(n.)* 賢者 *kenja*
sage *(adj.)* 賢明な *kenmeina*
saggy *(adj.)* 垂れ下がった *taresagatta*
sail *(n.)* 帆 *ho*
sailboard *(n.)* セイルボード *seirubōdo*
sailing *(n.)* 帆走 *hansō*
sailor *(n.)* 船乗り *funanori*
salable *(adj.)* 売り物になる *urimono ni naru*
salad *(n.)* サラダ *sarada*
salamander *(n.)* サラマンダー *saramandā*
salary *(n.)* 給料 *kyūryō*
sale *(n.)* 販売 *hanbai*
salesforce *(n.)* 営業チーム *eigyō chīmu*
salesman *(n.)* セールスマン *sērusuman*
salient *(adj.)* 目立った *medatta*
saline *(adj.)* 塩の *shio no*
salinity *(n.)* 塩分 *enbun*
saliva *(n.)* 唾液 *daeki*
sally *(n.)* 出撃 *shutsugeki*
sally *(v.)* 出撃する *shutsugeki suru*
salon *(n.)* サロン *saron*
saloon *(n.)* 大広間 *ōhiroma*

salt *(n.)* 塩 *shio*
salt *(v.)* 塩を加える *shio o kuwaeru*
salt-and-pepper *(adj.)* 塩胡椒の *shio koshō no*
salty *(adj.)* しょっぱい *shoppai*
salutary *(adj.)* ためになる *tame ni naru*
salutation *(n.)* 挨拶 *aisatsu*
salute *(n.)* 敬礼 *keirei*
salute *(v.)* 敬礼する *keirei suru*
salvage *(n.)* 海難救助 *kainan kyūjo*
salvage *(v.)* 引き揚げる *hikiageru*
salvation *(n.)* 救い *sukui*
samaritan *(n.)* サマリア人 *samariajin*
samba *(n.)* サンバ *sanba*
samba *(v.)* サンバを踊る *sanba o odoru*
sambuca *(n.)* サンブカ *sanbuka*
same *(adj.)* 同じ *onaji*
samite *(n.)* セーマイト *sēmaito*
samovar *(n.)* サモワール *samowāru*
sample *(n.)* サンプル *sanpuru*
sample *(v.)* 標本を抽出する *hyōhon o chūshutsu suru*
sampler *(n.)* 刺繍見本 *shishū mihon*
sampling *(n.)* 標本抽出 *hyōhon chūshutsu*
samsonite *(n.)* サムソナイト *samusonaito*
samurai *(n.)* 侍 *samurai*
sanatorium *(n.)* 療養所 *ryōyōsho*
sanctification *(n.)* 神聖化 *shinsei ka*
sanction *(n.)* 制裁 *seisai*
sanction *(v.)* 制裁措置を取る *seisai sochi o toru*
sanctity *(n.)* 神聖さ *shinsei sa*
sand *(n.)* 砂 *suna*
sand *(adj.)* 砂の *suna no*
sandal *(n.)* サンダル *sandaru*
sandalwood *(n.)* 白檀材 *byakudanzai*

sandbank (n.) 砂州 sasu
sandboard (n.) サンドボード sando bōdo
sandbox (n.) 砂場 sunaba
sandcastle (n.) 砂のお城 suna no o shiro
sandfish (n.) 鰰 hatahata
sandglass (n.) 砂時計 sunadokei
sandhill (n.) 砂丘 sakyū
sandpaper (n.) サンドペーパー sandopēpā
sandpaper (v.) サンドペーパーで磨く sandopēpā de migaku
sandscape (n.) 砂の風景 suna no fūkei
sandstone (n.) 砂岩 shagan
sandstorm (n.) 砂嵐 sunārashi
sandwich (n.) サンドイッチ sandoicchi
sandwich (v.) 挟み込む hasamikomu
sandy (adj.) 砂だらけの sunadarake no
sane (adj.) 正気の shōki no
sanely (adv.) 健全に kenzen ni
sanity (n.) 正気 shōki
sap (n.) 樹液 jueki
sap (v.) 徐々に奪う jojoni ubau
sapient (adj.) 現人類の gen jinrui no
sapling (n.) 苗木 naegi
sapphire (n.) サファイア safaia
sardonic (adj.) 冷笑的な reishō tekina
satan (n.) サタン satan
satanically (adv.) 悪魔のように akuma no yō ni
satchel (n.) 学生かばん gakusei kaban
satellite (n.) 衛星 eisei
satiable (adj.) 満足させられる manzoku saserareru
satiety (n.) 満腹 manpuku
satin (n.) 本しゅす hon shusu
satin (adj.) 本しゅすの hon shusuno
satire (n.) 風刺 fūshi

satirical (adj.) 風刺の fūshi no
satirist (n.) 風刺作家 fūshi sakka
satirize (v.) 風刺する fūshi suru
satisfaction (n.) 満足 manzoku
satisfactory (adj.) 満足な manzokuna
satisfy (v.) 満足させる manzoku saseru
saturation (n.) 浸潤 shinjun
Saturday (n.) 土曜日 doyōbi
sauce (n.) ソース sōsu
sauce (v.) ソースをかける sōsu o kakeru
saucer (n.) 受け皿 ukezara
saucy (adj.) 際どい kiwadoi
sauna (n.) サウナ sauna
saunter (v.) 逍遥 shōyō
saunter (n.) のんびりした散歩 nonbiri shita sanpo
sausage (n.) ソーセージ sōsēji
saute (v.) ソテーにする sotē ni suru
savable (adj.) 救助できる kyūjo dekiru
savage (v.) 猛烈に攻撃する mōretsu ni kōgeki suru
savagely (adv.) どう猛に dōmō ni
savagery (n.) 残忍 zannin
save (v.) 救う sukū
save (prep.) 除いて nozoite
saviour (n.) 救世主 kyūseishu
savour (v.) 味わう ajiwau
savour (n.) 風味 fūmi
savoury (adj.) 塩味の shioaji no
saw (n.) のこぎり nokogiri
saw (v.) のこぎりで切る nokogiri de kiru
saw pit (n.) 木びき穴 kobiki ana
sawbench (n.) 鋸台 nokogiri dai
sawbill (n.) アイサ aisa
sawdust (n.) おがくず ogakuzu
sawfish (n.) ノコギリエイ nokogiriei

sawhorse *(n.)* 木挽台 *kobikidai*
sawmill *(n.)* 製材所 *seizaisho*
sawtooth *(n.)* 鋸歯 *kyoshi*
sawyer *(n.)* 木びき *kobiki*
saxophone *(n.)* サクソフォーン *sakusofōn*
saxophonist *(n.)* サクソフォーン奏者 *sakusofōn sōsha*
say *(n.)* 言い分 *ībun*
say *(v.)* 言う *iu*
say *(adv.)* 例えば *tatoeba*
scab *(n.)* かさぶた *kasabuta*
scab *(v.)* かさぶたができる *kasabuta ga dekiru*
scabbard *(n.)* さや *saya*
scabies *(n.)* 疥癬 *kaisen*
scale *(n.)* 規模 *kibo*
scale *(v.)* よじ登る *yojinoboru*
scalp *(n.)* 頭皮 *tōhi*
scamper *(v.)* 駆けまわる *kakemawaru*
scamper *(n.)* 駆けまわること *kakemawaru koto*
scan *(v.)* スキャンする *sukyan suru*
scan *(n.)* 見渡すこと *miwatasu koto*
scandal *(n.)* スキャンダル *sukyandaru*
scandalize *(v.)* 呆れさせる *akiresaseru*
scandalously *(adv.)* 呆れるほど *akireru hodo*
scanner *(n.)* スキャナー *sukyanā*
scant *(v.)* 出し惜しむ *dashi oshimu*
scape *(n.)* 花茎 *kakei*
scapegoat *(n.)* スケープゴート *sukēpugōto*
scapegoat *(v.)* 罪を着せる *tsumi o kiseru*
scapula *(n.)* 肩甲骨 *kenkōkotsu*
scapular *(n.)* 肩衣 *kataginu*
scapular *(adj.)* 肩甲骨の *kenkōkotsu no*
scar *(n.)* 傷跡 *kizuato*
scar *(v.)* 傷跡になる *kizuato ni naru*

scarab *(n.)* スカラベ *sukarabe*
scarce *(adj.)* 乏しい *toboshī*
scarcely *(adv.)* ほとんどない *hotondo nai*
scare *(v.)* 怖がらせる *kowagaraseru*
scarf *(n.)* スカーフ *sukāfu*
scatter *(v.)* ばらまく *baramaku*
scatterbrain *(n.)* そそっかしい人 *sosokkashī hito*
scatterbrained *(adj.)* 注意散漫な *chūi sanmanna*
scattered *(adj.)* 散らばった *chirabatta*
scavenge *(v.)* あさる *asaru*
scavenger *(n.)* 腐食動物 *fushoku dōbutsu*
scenario *(n.)* シナリオ *shinario*
scenarist *(n.)* 脚本家 *kyakuhonka*
scene *(n.)* 場面 *bamen*
scenery *(n.)* 風景 *fūkei*
scenic *(adj.)* 眺めが良い *nagame ga ii*
scent *(n.)* 香り *kaori*
scent *(v.)* 香りをつける *kaori o tsukeru*
sceptic *(n.)* 懐疑論者 *kaigironsha*
sceptical *(adj.)* 疑い深い *utagaibukai*
scepticism *(n.)* 懐疑主義 *kaigi shugi*
sceptre *(n.)* 王笏 *ō shaku*
schedule *(n.)* 予定 *yotei*
schedule *(v.)* 予定を入れる *yotei o ireru*
schematic *(n.)* 回路図 *kairozu*
schematic *(adj.)* 図式の *zushiki no*
schematically *(adv.)* 図式的に *zushiki teki ni*
scheme *(v.)* 陰謀を企てる *inbō o kuwadateru*
schemer *(n.)* 陰謀家 *inbōka*
schizophrenia *(n.)* 統合失調症 *tōgō shicchōshō*
scholar *(n.)* 学者 *gakusha*
scholarly *(adj.)* 学術的な *gakujutsu tekina*

scholarship *(n.)* 奨学金 *shōgakukin*
scholastic *(adj.)* 学校の *gakkō no*
school *(n.)* 学校 *gakkō*
school *(v.)* 教育する *kyōiku suru*
schoolhouse *(n.)* 校舎 *kōsha*
schoolmaster *(n.)* 男子教員 *danshi kyōin*
schoolmate *(n.)* 学友 *gakuyū*
schoolteacher *(n.)* 学校の先生 *gakkō no sensei*
schoolyard *(n.)* 校庭 *kōtei*
schooner *(n.)* スクーナー船 *sukūnāsen*
sciatic *(adj.)* 坐骨の *zakotsu no*
sciatica *(n.)* 坐骨神経痛 *zakotsu shinkeitsū*
science *(n.)* 科学 *kagaku*
scientific *(adj.)* 科学的な *kagaku tekina*
scientist *(n.)* 科学者 *kagakusha*
scintillate *(v.)* 火花を放つ *hibana o hanatsu*
scintillation *(n.)* 火花 *hibana*
scissors *(n.)* はさみ *hasami*
scoff *(v.)* あざ笑う *azawarau*
scoff *(n.)* 冷笑 *reishō*
scold *(v.)* 叱る *shikaru*
scooter *(n.)* スクーター *sukūtā*
scope *(n.)* 範囲 *han i*
scorch *(v.)* 焦がす *kogasu*
scorch *(n.)* 焼け焦げ *yakekoge*
score *(n.)* 点数 *tensū*
score *(v.)* 得点する *tokuten suru*
scoreboard *(n.)* スコアボード *sukoabōdo*
scorebook *(n.)* スコアブック *sukoabukku*
scorecard *(n.)* スコアカード *sukoa kādo*
scorekeeper *(n.)* 得点記録係 *tokuten kirokugakari*
scorekeeping *(n.)* 得点の記録 *tokuten no kiroku*
scorepad *(n.)* 得点記録表 *tokuten kirokuhyō*
scorpion *(n.)* 蠍 *sasori*
Scot *(n.)* スコットランド人 *sukottorandojin*
scot-free *(adj.)* 免れる *manugareru*
scourge *(v.)* 苦しませる *kurushimaseru*
scourge *(n.)* 災難のもと *sainan no moto*
scout *(n.)* 偵察 *teisatsu*
scout *(v.)* 偵察する *teisatsu suru*
scowl *(n.)* しかめっ面 *shikamettsura*
scowl *(v.)* にらみつける *niramitsukeru*
scraggy *(adj.)* 骨張った *honebatta*
scramble *(v.)* 慌てる *awateru*
scramble *(n.)* ごちゃ混ぜ *go cha maze*
scrambled *(adj.)* スクランブルにした *sukuranburu ni shita*
scrap *(n.)* スクラップ *sukurappu*
scrapbook *(n.)* スクラップブック *sukurappubukku*
scrape *(n.)* 擦り付けること *suritsukeru koto*
scrape *(v.)* 擦りむく *surimuku*
scraper *(n.)* スクレーパー *sukurēpā*
scratch *(n.)* かすり傷 *kasuri kizu*
scratch *(v.)* 引っかく *hikkaku*
scratched *(adj.)* 傷のついた *kizu no tsuita*
scratchy *(adj.)* チクチクする *chikuchiku suru*
scrawl *(n.)* 走り書き *hashirigaki*
scrawl *(v.)* 走り書きする *hashirigaki suru*
scream *(n.)* 悲鳴 *himei*
screen *(n.)* 画面 *gamen*
screen name *(n.)* スクリーンネーム *sukurīn nēmu*
screencast *(n.)* スクリーンキャスト *sukurīn kyasuto*
screendoor *(n.)* 網戸 *amido*

screenprint *(n.)* スクリーン印刷 *sukurīn insatsu*
screensaver *(n.)* スクリーンセーバー *sukurīnsēbā*
screenshot *(n.)* スクリーンショット *sukurīn shotto*
screw *(v.)* ねじで留める *neji de tomeru*
screw *(n.)* ねじ *neji*
scribble *(n.)* 殴り書き *nagurigaki*
scribble *(v.)* 殴り書きする *nagurigaki suru*
script *(n.)* 脚本 *kyakuhon*
scroll *(n.)* 巻物 *makimono*
scrooge *(n.)* 守銭奴 *shusendo*
scrotum *(n.)* 陰嚢 *innō*
scrub *(v.)* ゴシゴシと洗う *goshigoshi to arau*
scrub *(n.)* スクラブ *sukurabu*
scrubby *(adj.)* 矮小な *waishōna*
scruff *(n.)* 襟首 *erikubi*
scruff *(v.)* 襟首をつかむ *erikubi o tsukamu*
scruffiness *(n.)* だらしなさ *darashina sa*
scruple *(n.)* 心の痛み *kokoro no itami*
scrupulously *(adv.)* 綿密に *menmitsu ni*
scrutinize *(v.)* 精密に調べる *seimitsu ni shiraberu*
scrutiny *(n.)* 精密な調査 *seimitsuna chōsa*
sculpt *(v.)* 彫刻する *chōkoku suru*
sculptor *(n.)* 彫刻師 *chōkokushi*
sculptural *(adj.)* 彫刻の *chōkoku no*
sculpture *(n.)* 彫刻 *chōkoku*
scum *(n.)* 浮きかす *uki kasu*
scum *(v.)* 浮きかすができる *uki kasu ga dekiru*
scurry *(v.)* 小走りで行く *kobashiri de iku*
scuttle *(v.)* 慌てて走る *awatete hashiru*
scuttle *(n.)* 石炭入れ *sekitan ire*
scythe *(v.)* 大鎌で刈る *ōgama de karu*

scythe *(n.)* 大鎌 *ōgama*
sea bass *(n.)* シーバス *shībasu*
sea boat *(n.)* 外洋航行船 *gaiyō kōkōsen*
sea dog *(n.)* アザラシ *azarashi*
seabeach *(n.)* 浜辺 *hamabe*
seabird *(n.)* 海鳥 *umidori*
seaborne *(adj.)* 海上輸送による *kaijō yusō niyoru*
seacliff *(n.)* 海食崖 *kaishokugai*
seafarer *(n.)* 船員 *sen in*
seafloor *(n.)* 海底 *kaitei*
seafoam *(n.)* 海の泡 *umi no awa*
seafood *(n.)* 海鮮 *kaisen*
seagull *(n.)* 鴎 *kamome*
seahorse *(n.)* タツノオトシゴ *tatsunōtoshigo*
seajack *(v.)* 船を乗っ取る *fune o nottoru*
seajacker *(n.)* シージャック犯 *shījakkuhan*
seajacking *(n.)* シージャック *shījakku*
seal *(v.)* 密封する *mippū suru*
seal *(n.)* 封 *fū*
sealab *(n.)* 海底実験室 *kaitei jikkenshitsu*
sealability *(n.)* 密閉性 *mippeisei*
sealant *(n.)* 封止剤 *fūshizai*
sealed *(adj.)* 密封された *mippū sareta*
sealion *(n.)* アシカ *ashika*
sealskin *(n.)* シールスキン *shīru sukin*
seam *(v.)* 縫い合わせる *nuiawaseru*
seam *(n.)* 縫い目 *nuime*
seamless *(adj.)* シームレスの *shīmuresu no*
seamy *(adj.)* 見苦しい *migurushī*
sear *(v.)* 焼く *yaku*
search *(v.)* 探す *sagasu*
search *(n.)* 捜索 *sōsaku*
search warrant *(n.)* 捜索令状 *sōsaku reijō*

searching (n.) 捜査 sōsa
searching (adj.) 綿密な menmitsuna
searchlight (n.) サーチライト sāchiraito
seared (adj.) たたき tataki
seashore (n.) 海辺 umibe
season (v.) 味付けをする ajitsuke o suru
season (n.) 季節 kisetsu
seasonable (adj.) 季節にふさわしい kisetsu ni fusawashī
seasonal (adj.) 季節ごとの kisetsugoto no
seat (v.) 座らせる suwaraseru
seat (n.) 席 seki
seaweed (n.) 海藻 kaisō
secede (v.) 脱退する dattai suru
secession (n.) 脱退 dattai
secessionist (n.) 分離独立論者 bunri dokuritsuronsha
seclude (v.) 引き離す hikihanasu
secluded (adj.) 人里離れた hitozato hanareta
seclusion (n.) 隔絶 kakuzetsu
second (v.) 賛成する sansei suru
second (adj.) 二番目の ni banme no
second (n.) 二番目の物 ni banme no mono
secondary (adj.) 第二の dai ni no
seconder (n.) 賛成者 sanseisha
second-hand (adj.) 中古の chūko no
secondly (adv.) 第二に dai ni ni
secrecy (n.) 秘密厳守 himitsu genshu
secret (n.) 秘密 himitsu
secret (adj.) 秘密の himitsu no
secretary (n.) 秘書 hisho
secrete (v.) 分泌する bunpitsu suru
secretion (n.) 分泌 bunpitsu
secretive (adj.) 隠したがる kakushitagaru
sect (n.) 派閥 habatsu

sectarian (adj.) 派閥の habatsu no
section (n.) 節 setsu
secularism (n.) 世俗主義 sezoku shugi
secure (adj.) 確実な kakujitsuna
secure (v.) 確保する kakuho suru
security (n.) 警備 keibi
sedan (n.) セダン sedan
sedate (v.) 鎮静させる chinsei saseru
sedative (n.) 鎮静剤 chinseizai
sedative (adj.) 鎮静作用の chinsei sayō no
sedentary (adj.) 座りがちの suwari gachi no
sediment (n.) 堆積物 taisekibutsu
sedition (n.) 教唆 kyōsa
seditious (adj.) 扇動的な sendō tekina
seductive (adj.) 魅惑的な miwaku tekina
seed (n.) 種 tane
seed (v.) 蒔く maku
seek (v.) 求める motomeru
seem (v.) ように見える yō ni mieru
seemly (adj.) 礼儀にかなった reigi ni kanatta
seep (v.) しみ出る shimi deru
seer (n.) 占い師 uranaishi
seethe (v.) わき返る wakikaeru
segment (v.) 分割する bunkatsu suru
segment (n.) 区分 kubun
segregate (v.) 隔離する kakuri suru
segregation (n.) 隔離 kakuri
seismic (adj.) 地震の jishin no
seismicity (n.) 地震活動 jishin katsudō
seismogram (n.) 震動記録 shindō kiroku
seismograph (n.) 地震計 jishinkei
seismography (n.) 地震観測 jishin kansoku
seismologist (n.) 地震学者 jishin gakusha

seismology *(n.)* 地震学 *jishingaku*
seismoscope *(n.)* 感震器 *kanshinki*
seize *(v.)* 捕らえる *toraeru*
seizure *(n.)* 押収 *ōshū*
seldom *(adv.)* 滅多に *mettani*
select *(adj.)* 厳選した *gensen shita*
select *(v.)* 選択する *sentaku suru*
selection *(n.)* セレクション *serekushon*
selective *(adj.)* 選択的な *sentaku tekina*
self *(n.)* 自己 *jiko*
self-appointed *(adj.)* 自称の *jishō no*
self-awareness *(n.)* 自己認識 *jiko ninshiki*
self-centered *(adj.)* 自分勝手な *jibunkattena*
self-confident *(adj.)* 自信過剰の *jishin kajō no*
self-conscious *(adj.)* 自意識過剰の *jīshiki kajō no*
self-control *(n.)* 自制心 *jiseishin*
self-destruct *(v.)* 自滅する *jimetsu suru*
self-doubt *(n.)* 自信喪失 *jishin sōshitsu*
self-employed *(adj.)* 自営の *jiei no*
self-esteem *(n.)* 自尊心 *jisonshin*
selfie *(n.)* 自撮り *jidori*
self-imposed *(adj.)* 自らに課した *mizukara ni kashita*
selfish *(adj.)* 利己的な *riko tekina*
selfless *(adj.)* 利他的な *rita tekina*
self-proclaimed *(adj.)* 自称の *jishō no*
self-service *(adj.)* セルフサービスの *serufusābisu no*
sell *(v.)* 売る *uru*
seller *(n.)* 売り手 *urite*
sell-out *(n.)* 完売 *kanbai*
semblance *(n.)* 装い *yosōi*
semen *(n.)* 精液 *seieki*
semester *(n.)* 学期 *gakki*

semi-finalist *(n.)* 準決勝出場選手 *junkesshō shutsujō senshu*
semi-formal *(adj.)* セミフォーマルな *semi fōmaruna*
seminal *(adj.)* 影響力の大きい *eikyōryoku no ōkī*
seminar *(n.)* セミナー *seminā*
senate *(n.)* 上院 *jōin*
senator *(n.)* 上院議員 *jōin gīn*
senatorial *(adj.)* 上院議員の *jōin gīn no*
send *(v.)* 送る *okuru*
senile *(adj.)* 老衰した *rōsui shita*
senility *(n.)* 老衰 *rōsui*
senior *(n.)* 先輩 *senpai*
senior *(adj.)* 年上の *toshiue no*
seniority *(n.)* 年上 *toshiue*
sensation *(n.)* 感覚 *kankaku*
sensational *(adj.)* 驚くべき *odorokubeki*
sense *(v.)* 感知する *kanchi suru*
sensible *(adj.)* 分別のある *funbetsu no aru*
sensitive *(adj.)* 敏感な *binkanna*
sensitivity *(n.)* 感度 *kando*
sensual *(adj.)* 官能的な *kannō tekina*
sensualist *(n.)* 好色家 *kōshokuka*
sensuality *(n.)* 官能 *kannō*
sensuous *(adj.)* 五感に訴える *gokan ni uttaeru*
sentence *(v.)* 判決を下す *hanketsu o kudasu*
sentence *(n.)* 文 *bun*
sentience *(n.)* 感覚性 *kankakusei*
sentient *(adj.)* 知覚できる *chikaku dekiru*
sentiment *(n.)* 心情 *shinjō*
sentimental *(adj.)* センチメンタルな *senchimentaruna*
sentinel *(n.)* 歩哨 *hoshō*
sentry *(n.)* 番兵 *banpei*

separable *(adj.)* 分離できる *bunri dekiru*
separate *(adj.)* 別々の *betsubetsu no*
separate *(v.)* 分ける *wakeru*
sepsis *(n.)* 敗血症 *haiketsushō*
September *(n.)* 九月 *kugatsu*
sepulchre *(n.)* 墓室 *boshitsu*
sepulture *(n.)* 埋葬 *maisō*
sequel *(n.)* 続編 *zokuhen*
sequence *(n.)* 一連 *ichiren*
sequester *(v.)* 隠居させる *inkyo saseru*
serendipity *(n.)* 偶察力 *gūsatsuryoku*
serenity *(n.)* 静穏 *seion*
serf *(n.)* 農奴 *nōdo*
serge *(n.)* サージ *sāji*
sergeant *(n.)* 軍曹 *gunsō*
serial *(n.)* 連載読み物 *rensai yomimono*
serial *(adj.)* 連続の *renzoku no*
series *(n.)* シリーズ *shirīzu*
sermon *(n.)* 説教 *sekkyō*
sermonize *(v.)* 説教する *sekkyō suru*
serpent *(n.)* 蛇 *hebi*
serpentine *(n.)* ヘビに似た *hebi ni nita*
servant *(n.)* 使用人 *shiyōnin*
serve *(n.)* サーブ *sābu*
serve *(v.)* 仕える *tsukaeru*
service *(v.)* 補修を行う *hoshū o okonau*
service *(n.)* サービス *sābisu*
servile *(adj.)* こびへつらう *kobihetsurau*
servitude *(n.)* 奴隷状態 *dorei jōtai*
sesame *(n.)* 胡麻 *goma*
sesamin *(n.)* セサミン *sesamin*
sessional *(adj.)* 会期中の *kaiki chū no*
set *(adj.)* 規定の *kitei no*
set *(n.)* 一組 *hito kumi*
setback *(n.)* 挫折 *zasetsu*

settee *(n.)* 長椅子 *nagaisu*
settle *(v.)* 決定する *kettei suru*
settlement *(n.)* 示談 *jidan*
settler *(n.)* 入植者 *nyūshokusha*
seven *(adj.)* 七個の *nana ko no*
seven *(n.)* 七 *nana*
seventeen *(n.)* 十七 *jū nana*
seventeenth *(adj.)* 十七番目の *jū nana banme no*
seventh *(adj.)* 七番目の *nana banme no*
seventieth *(adj.)* 七十番目の *nana jū banme no*
seventy *(n.)* 七十 *nana jū*
sever *(v.)* 断ち切る *tachikiru*
several *(adj.)* いくつかの *ikutsu ka no*
severance *(n.)* 断絶 *danzetsu*
severity *(n.)* 過酷さ *kakoku sa*
sew *(v.)* 縫う *nū*
sewage *(n.)* 下水 *gesui*
sewer *(n.)* 下水道 *gesuidō*
sex *(n.)* 交尾 *kōbi*
sex *(v.)* 性別を判定する *seibetsu o hantei suru*
sexual *(adj.)* 性的な *seitekina*
sexuality *(n.)* 性的区別 *seiteki kubetsu*
shabby *(adj.)* ぼろぼろの *boroboro no*
shade *(v.)* 遮る *saegiru*
shade *(n.)* 陰 *kage*
shadow *(v.)* 後をつける *ato o tsukeru*
shadow *(n.)* 影 *kage*
shadowy *(adj.)* 陰の多い *kage no ōi*
shaft *(n.)* 柄 *e*
shake *(n.)* 振ること *furu koto*
shake *(v.)* 振る *furu*
shaky *(adj.)* グラグラする *guragura suru*
shallow *(adj.)* 浅い *asai*

sham *(adj.)* 見せ掛けの *misekake no*	**shave** *(v.)* 剃る *soru*
sham *(v.)* 偽造する *gizō suru*	**shaven** *(adj.)* 剃った *sutta*
shaman *(n.)* シャーマン *shā man*	**shaving** *(n.)* 削りくず *kezurikuzu*
shamble *(v.)* ヨロヨロ歩く *yoroyoro aruku*	**shawl** *(n.)* ショール *shōru*
shambolic *(adj.)* 乱雑な *ranzatsuna*	**she** *(pron.)* 彼女 *kanojo*
shame *(n.)* 恥 *haji*	**sheaf** *(n.)* 束 *taba*
shameful *(adj.)* 恥ずべき *hazubeki*	**shear** *(v.)* 刈る *karu*
shameless *(adj.)* 恥知らずな *hajishirazuna*	**shears** *(n.)* 大ばさみ *ō basami*
shampoo *(v.)* シャンプーで洗う *shanpū de arau*	**shearwall** *(n.)* せん断壁 *sendanheki*
	sheath *(n.)* 鞘 *saya*
shampoo *(n.)* シャンプー *shanpū*	**sheathe** *(v.)* 鞘に収める *saya ni osameru*
shanty *(adj.)* 見えっぱりな *miepparina*	**sheep** *(n.)* 羊 *hitsuji*
shape *(v.)* 形作る *katachizukuru*	**sheer** *(adj.)* 全くの *mattaku no*
shape *(n.)* 形状 *keijō*	**sheet** *(v.)* シートで覆う *shīto de ōu*
shape up *(v.)* シェイプアップ *sheipuappu*	**sheet** *(n.)* シーツ *shītsu*
shapeless *(adj.)* まとまりのない *matomari no nai*	**shelf** *(n.)* 棚 *tana*
	shell *(v.)* 殻を外す *kara o hazusu*
shapely *(adj.)* 形の良い *katachi no yoi*	**shell** *(n.)* 貝殻 *kaigara*
shapeshift *(v.)* 姿が変わる *sugata ga kawaru*	**shelter** *(v.)* 保護する *hogo suru*
	shelter *(n.)* 保護所 *hogosho*
shard *(n.)* 破片 *hahen*	**shelve** *(v.)* 棚に乗せる *tana ni noseru*
share *(n.)* 株式 *kabushiki*	**shepherd** *(n.)* 羊飼い *hitsuji kai*
share *(v.)* 共有する *kyōyū suru*	**shield** *(v.)* かばう *kabau*
share market *(n.)* 株式市場 *kabushiki shijō*	**shield** *(n.)* 盾 *tate*
	shift *(n.)* シフト *shifuto*
sharecrop *(n.)* 小作する *kosaku suru*	**shift** *(v.)* 移す *utsusu*
shareholder *(n.)* 株主 *kabunushi*	**shilly-shally** *(n.)* 優柔不断 *yūjūfudan*
shareholding *(n.)* 株式保有 *kabushiki hoyū*	**shin** *(n.)* 脛 *sune*
	shine *(v.)* 輝く *kagayaku*
shark *(n.)* 鮫 *same*	**shiny** *(adj.)* 輝く *kagayaku*
sharp *(adv.)* きっかり *kikkari*	**ship** *(v.)* 出荷する *shukka suru*
sharp *(adj.)* 鋭い *surudoi*	**ship** *(n.)* 船 *fune*
sharpen *(v.)* 研ぐ *togu*	**shipboard** *(adj.)* 船上の *senjō no*
sharpener *(n.)* 鉛筆削り *enpitsu kezuri*	**shipborne** *(adj.)* 海上輸送の *kaijō yusō no*
shatter *(v.)* 粉々に割る *konagona ni wareru*	**shipbuilder** *(n.)* 造船技師 *zōsen gishi*
shave *(n.)* 剃ること *soru koto*	

shiplap *(n.)* 合じゃくり *ai jakuri*
shipload *(n.)* 積荷量 *tsuminiryō*
shipmaster *(n.)* 船長 *senchō*
shipmate *(n.)* 船員仲間 *sen in nakama*
shipowner *(n.)* 船主 *senshu*
shipped *(adj.)* 出荷される *shukka sareru*
shipping *(n.)* 運送 *unsō*
shipwreck *(n.)* 難破 *nanpa*
shipwreck *(v.)* 難破する *nanpasuru*
shipyard *(n.)* 造船所 *zōsensho*
shirt *(n.)* シャツ *shatsu*
shiver *(v.)* 震える *furueru*
shoal *(n.)* 浅瀬 *asase*
shock *(v.)* ショックを与える *shokku o ataeru*
shock *(n.)* 衝撃 *shōgeki*
shoe *(v.)* 蹄鉄を付ける *teitetsu o tsukeru*
shoe *(n.)* 靴 *kutsu*
shoot *(n.)* 若枝 *wakae*
shoot *(v.)* 撃つ *utsu*
shooting *(n.)* 射撃 *shageki*
shop *(v.)* 買い物をする *kaimono o suru*
shopaholic *(n.)* 買い物好き *kaimono zuki*
shopfloor *(n.)* 作業現場 *sagyō genba*
shopfront *(n.)* 店頭 *tentō*
shopkeeper *(n.)* 店主 *tenshu*
shoplift *(v.)* 万引する *manbiki suru*
shoplifter *(n.)* 万引き犯 *manbikihan*
shopping *(n.)* 買い物 *kaimono*
shopping cart *(n.)* ショッピングカート *shoppingu kāto*
shopping centre *(n.)* ショッピングセンター *shoppingu sentā*
shopping list *(n.)* 買い物リスト *kaimono risuto*
shore *(n.)* 岸 *kishi*
shore *(v.)* 陸にあげる *riku ni ageru*

shorefront *(n.)* 岸辺 *kishibe*
shoreline *(n.)* 汀線 *teisen*
shoreward *(adv.)* 陸へ *riku e*
shoreward *(adj.)* 陸への *riku e no*
short *(adv.)* 短く *mijikaku*
short *(n.)* 短編映画 *tanpen eiga*
short *(adj.)* 短い *mijikai*
shortbread *(n.)* ショートブレッド *shōtobureddo*
shortcake *(n.)* ショートケーキ *shōtokēki*
shortcoming *(n.)* 短所 *tansho*
shortcut *(n.)* 近道 *chikamichi*
shorten *(v.)* 短くする *mijikaku suru*
shortening *(n.)* ショートニング *shōtoningu*
shorthand *(n.)* 速記 *sokki*
shortish *(adj.)* 短めの *mijikame no*
shortlist *(v.)* 候補リスト *kōho risuto*
shortlisted *(adj.)* 最終選考に残る *saishū senkō ni nokoru*
shortly *(adv.)* まもなく *mamonaku*
shorts *(n. pl.)* 短パン *tanpan*
short-term *(adj.)* 短期の *tanki no*
shot *(adj.)* 玉虫色の *tamamushiro no*
shot *(n.)* 発砲 *happō*
shotgun *(n.)* 散弾銃 *sandan jū*
should *(v.)* すべき *subeki*
shoulder *(v.)* 背負う *seou*
shoulder *(n.)* 肩 *kata*
shout *(v.)* 叫ぶ *sakebu*
shout *(n.)* 叫び *sakebi*
shove *(n.)* 押し込むこと *oshikomu koto*
shove *(v.)* 押し込む *oshikomu*
shovel *(v.)* シャベルで掘る *shaberu de horu*
shovel *(n.)* シャベル *shaberu*
show *(n.)* 番組 *bangumi*

show *(v.)* 見せる *miseru*
showcase *(n.)* ショーケース *shōkēsu*
showdown *(n.)* 対決 *taiketsu*
shower *(v.)* シャワーを浴びる *shawā o abiru*
shower *(n.)* シャワー *shawā*
showerhead *(n.)* シャワーヘッド *shawā heddo*
showerproof *(adj.)* 防水の *bōsui no*
showery *(adj.)* にわか雨の *niwakāme no*
showroom *(n.)* ショールーム *shōrūmu*
showstopper *(n.)* 名演技 *meiengi*
showup *(n.)* 暴露 *bakuro*
shrapnel *(n.)* 榴散弾 *ryūsandan*
shred *(v.)* 細かく裂く *komakaku saku*
shredder *(n.)* シュレッダー *shureddā*
shrew *(n.)* トガリネズミ *togarinezumi*
shriek *(v.)* 悲鳴を上げる *himei o ageru*
shrill *(adj.)* 甲高い *kandakai*
shrine *(n.)* 神社 *jinja*
shrink *(v.)* 縮む *chijimu*
shroud *(n.)* 経帷子 *kyōkatabira*
shrub *(n.)* 低木 *teiboku*
shrug *(n.)* 肩をすくめること *kata o sukumeru koto*
shrug *(v.)* 肩をすくめる *kata o sukumeru*
shudder *(n.)* 身震い *miburui*
shudder *(v.)* 身震いする *miburui suru*
shuffle *(n.)* すり足 *suriashi*
shuffle *(v.)* 足を引きずる *ashi o hikizuru*
shunt *(v.)* 脇へよける *waki e yokeru*
shut *(v.)* 閉める *shimeru*
shutter *(n.)* シャッター *shattā*
shuttle *(v.)* 往復する *ōfuku suru*
shuttle *(n.)* シャトルバス *shatoru basu*
shuttlecock *(n.)* シャトルコック *shatoru kokku*

shwarma *(n.)* シュワルマ *shuwaruma*
shy *(adj.)* 内気な *uchikina*
shy *(n.)* 後ずさり *atozusari*
siamese *(adj.)* シャムの *shamu no*
sibilant *(adj.)* 歯擦音の *shisatsuon no*
sibilate *(v.)* 歯擦音を発する *shisatsuon o hassuru*
sibling *(n.)* 兄弟 *kyōdai*
sick *(adj.)* 病気の *byōkino*
sickbag *(n.)* エチケット袋 *echikettobukuro*
sickbay *(n.)* 病室 *byōshitsu*
sickbed *(n.)* 病床 *byōshō*
sicken *(v.)* 吐き気を催す *hakike o moyōsu*
sickened *(adj.)* 気分が悪くなる *kibun ga waruku naru*
sickle *(n.)* 鎌 *kama*
sickly *(adj.)* 病弱な *byōjakuna*
sickness *(n.)* 病気 *byōki*
side *(v.)* 味方する *mikata suru*
side *(n.)* 横 *yoko*
sidearm *(n.)* サイドアーム *saido āmu*
sidearm *(v.)* サイドスロー *saido surō*
sidearm *(adj.)* サイドスローの *saido surō no*
sideband *(n.)* 側波帯 *sokuhatai*
sidebar *(n.)* 補足記事 *hosoku kiji*
sideboard *(n.)* 食器棚 *shokki dana*
sideburn *(n.)* もみあげ *momiage*
sidecar *(n.)* サイドカー *saidokā*
sideline *(v.)* 出場を妨げる *shutsujō o samatageru*
sideline *(n.)* 副業 *fukugyō*
sidereal *(adj.)* 恒星の *kōsei no*
side-saddle *(n.)* 横鞍 *yoko kura*
side-saddle *(adv.)* 横乗りに *yokonori ni*
sideshow *(n.)* 余興 *yokyō*
side-stream *(n.)* 副流 *fukuryū*

sidestroke *(n.)* 横泳ぎ *yoko oyogi*
sidewalk *(n.)* 歩道 *hodō*
sidewall *(n.)* 側壁 *sokuheki*
sideway *(n.)* 脇道 *wakimichi*
sideways *(adv.)* 横に *yoko ni*
sidewinder *(n.)* ヨコバイガラガラヘビ *yokobai garagarahebi*
siege *(n.)* 包囲攻撃 *hōi kōgeki*
siege *(v.)* 包囲攻撃する *hōi kōgeki suru*
sieve *(v.)* ふるいにかける *furui ni kakeru*
sieve *(n.)* ふるい *furui*
sift *(v.)* ふるいにかける *furui ni kakeru*
sigh *(v.)* ため息をつく *tameiki o tsuku*
sigh *(n.)* ため息 *tameiki*
sight *(v.)* 目に入る *me ni hairu*
sight *(n.)* 視覚 *shikaku*
sightly *(adj.)* 見晴らしの良い *miharashi no yoi*
sign *(v.)* 署名する *shomei suru*
signal *(adj.)* 信号の *shingō no*
signal *(v.)* 信号を送る *shingō o okuru*
signal *(n.)* 信号 *shingō*
signatory *(n.)* 署名者 *shomeisha*
signature *(n.)* 署名 *shomei*
significance *(n.)* 意義 *igi*
silence *(v.)* 黙らせる *damaraseru*
silence *(n.)* 沈黙 *chinmoku*
silencer *(n.)* サイレンサー *sairen sā*
silently *(adv.)* 静かに *shizuka ni*
silhouette *(n.)* シルエット *shiruetto*
silica *(n.)* シリカ *shi rika*
silicon *(n.)* シリコン *shirikon*
silk *(n.)* シルク *shiruku*
silken *(adj.)* シルクの *shiruku no*
silky *(adj.)* シルクのような *shiruku no yōna*

silt *(v.)* 沈泥で塞がれる *chindei de fusagareru*
silt *(n.)* 沈泥 *chindei*
silver *(n.)* 銀 *gin*
silver *(adj.)* 銀製の *ginsei no*
silver *(v.)* 銀めっきをする *gin mekki o suru*
similar *(adj.)* 同様の *dōyō no*
similarity *(n.)* 類似 *ruiji*
simmer *(v.)* 煮立てる *nitateru*
simplicity *(n.)* 単純 *tanjun*
simplification *(n.)* 簡素化 *kanso ka*
simplify *(v.)* 単純化する *tanjun ka suru*
simultaneous *(adj.)* 同時に起こる *dōjini okoru*
sin *(v.)* 罪を犯す *tsumi o okasu*
sin *(n.)* 罪 *tsumi*
since *(conj. prep.)* 以来 *irai*
since *(adv.)* それ以来 *sore irai*
sincere *(adj.)* 誠実な *seijitsuna*
sincerity *(n.)* 誠意 *seī*
sinful *(adj.)* 罪深い *tsumibukai*
sing *(v.)* 歌う *utau*
singe *(n.)* 焦げ跡 *koge ato*
singe *(v.)* 表面を焦がす *hyōmen o kogasu*
singer *(n.)* 歌手 *kashu*
single *(v.)* 選び出す *erabidasu*
single *(n.)* 一つ *hitotsu*
single *(adj.)* 独身の *dokushin no*
single-handedly *(adv.)* 自力で *jiriki de*
singularity *(n.)* 特異性 *tokuisei*
singularly *(adv.)* 単独で *tandoku de*
sinister *(adj.)* 邪悪な *jākuna*
sink *(n.)* 流し *nagashi*
sink *(v.)* 沈む *shizumu*
sinner *(n.)* 罪人 *tsumibito*

sinuous *(adj.)* 曲がりくねった *magarikunetta*
sip *(v.)* 一口飲む *hitokuchi nomu*
siren *(n.)* サイレン *sairen*
sister *(n.)* 姉妹 *shimai*
sisterhood *(n.)* 姉妹関係 *shimai kankei*
sisterly *(adj.)* 姉妹のような *shimai no yōna*
sit *(v.)* 座る *suwaru*
site *(n.)* 敷地 *shikichi*
situation *(n.)* 状況 *jōkyō*
six *(n.)* 六 *roku*
sixteen *(n. adj.)* 十六 *jū roku*
sixteenth *(adj.)* 十六番目の *jū roku banme no*
sixth *(adj.)* 六番目の *roku banme no*
sixtieth *(adj.)* 六十番目の *roku jū banme no*
sixty *(n. & adj.)* 六十 *roku jū*
sizable *(adj.)* かなり大きな *kanari ōkina*
size *(n.)* 大きさ *ōki sa*
size *(v.)* 大きさによって並べる *ōki sa niyotte naraberu*
sizzle *(n.)* ジュージューという音 *jū jū toiu oto*
sizzle *(v.)* ジュージューと音を立てる *jū jū to oto o tateru*
skate *(n.)* スケート靴 *sukētogutsu*
skate *(v.)* スケートをする *sukēto o suru*
skater *(n.)* スケートをする人 *sukēto o suru hito*
skein *(n.)* かせ *kase*
skeleton *(n.)* 骸骨 *gaikotsu*
sketch *(v.)* スケッチする *sukecchi suru*
sketch *(n.)* スケッチ *sukecchi*
sketchy *(adj.)* 大ざっぱな *ōzappana*
skid *(n.)* 横滑り *yokosuberi*
skid *(v.)* スリップさせる *surippu saseru*

skill *(n.)* 技能 *ginō*
skin *(v.)* 皮を剥ぐ *kawa o hagu*
skin *(n.)* 皮膚 *hifu*
skip *(n.)* スキップ *sukippu*
skip *(v.)* とばす *tobasu*
skirmish *(v.)* 小競り合いをする *kozeriai o suru*
skirmish *(n.)* 小戦闘 *kozeriai*
skirt *(v.)* 周囲をまわる *shūi o mawaru*
skirt *(n.)* スカート *sukāto*
skit *(n.)* 寸劇 *sungeki*
skull *(n.)* 頭蓋骨 *zugaikotsu*
sky *(v.)* 高くあげる *takaku ageru*
sky *(n.)* 空 *sora*
skyscraper *(n.)* 超高層ビル *chō kōsō biru*
slab *(n.)* 厚板 *atsu ita*
slack *(adj.)* 緩い *yurui*
slacken *(v.)* 緩む *yurumu*
slacks *(n.)* スラックス *surakkusu*
slam *(n.)* バタンという音 *batan toiu oto*
slam *(v.)* 叩きつける *tatakitsukeru*
slander *(v.)* 中傷する *chūshō suru*
slander *(n.)* 名誉毀損 *meiyo kison*
slang *(n.)* スラング *surangu*
slant *(n.)* 傾斜 *keisha*
slant *(v.)* 傾く *katamuku*
slap *(v.)* ひっぱたく *hippataku*
slap *(n.)* 平手打ち *hirateuchi*
slash *(n.)* スラッシュ *surasshu*
slate *(n.)* 粘板岩 *nenbangan*
slather *(v.)* たっぷりと塗る *tappuri to nuru*
slaughter *(v.)* 屠殺する *tosatsu suru*
slaughter *(n.)* 屠殺 *tosatsu*
slave *(v.)* あくせく働く *akuseku hataraku*
slave *(n.)* 奴隷 *dorei*

slavery *(n.)* 奴隷制度 *dorei seido*
slavish *(adj.)* 奴隷のような *dorei no yōna*
sleek *(adj.)* つやつやした *tsuyatsuya shita*
sleep *(n.)* 睡眠 *suimin*
sleep *(v.)* 寝る *neru*
sleeper *(n.)* 寝台車 *shindaisha*
sleepy *(adj.)* 眠い *nemui*
sleeve *(n.)* 袖 *sode*
slender *(adj.)* スマートな *sumātona*
slice *(v.)* 薄く切る *usuku kiru*
slice *(n.)* 一枚 *ichi mai*
slide *(n.)* 滑り台 *suberidai*
slide *(v.)* 滑る *suberu*
slight *(adj.)* わずかな *wazukana*
slim *(v.)* 細い *hosoi*
slim *(adj.)* 痩せる *yaseru*
slime *(n.)* ヘドロ *hedoro*
slimy *(adj.)* ぬるぬるした *nurunuru shita*
sling *(n.)* 投石器 *tōsekiki*
slip *(n.)* 足を滑らすこと *ashi o suberasu koto*
slip *(v.)* 足を滑らす *ashi o suberasu*
slip road *(n.)* 出入道路 *shutsunyū dōro*
slipper *(n.)* スリッパ *surippa*
slipshod *(adj.)* ぞんざいな *zonzaina*
slit *(v.)* 切り込みを入れる *kirikomi o ireru*
slit *(n.)* 切り込み *kirikomi*
slogan *(n.)* スローガン *surōgan*
slope *(v.)* 傾斜する *keisha suru*
slope *(n.)* 坂 *saka*
slot *(n.)* スロット *surotto*
slot *(v.)* スロットに入れる *surotto ni ireru*
sloth *(n.)* ナマケモノ *namakemono*
slothful *(n.)* 不精な *bushōna*
slough *(n.)* 泥沼 *doronuma*

slovenly *(adj.)* だらしのない *darashi no nai*
slow *(v.)* 遅くする *osoku suru*
slow *(adj.)* 遅い *osoi*
slow motion *(n.)* スローモーション *surōmōshon*
slowly *(adv.)* ゆっくり *yukkuri*
slowness *(n.)* 遅さ *oso sa*
sluggard *(n.)* 怠け者 *namakemono*
sluggish *(adj.)* のろのろした *noronoro shita*
slum *(n.)* スラム街 *suramugai*
slump *(v.)* 沈み込む *shizumikomu*
slump *(n.)* 下落 *geraku*
slush *(n.)* 水雪 *mizu yuki*
slushy *(adj.)* 雪解けの *yukidoke no*
sly *(adj.)* ずる賢い *zuru kashikoi*
smack *(v.)* 平手打ちする *hirateuchi suru*
small *(adj.)* 小さい *chīsai*
smallness *(adv.)* 小ささ *chīsa sa*
smallpox *(n.)* 天然痘 *tennentō*
smart *(n.)* うずき *uzuki*
smart *(v.)* うずく *uzuku*
smart *(adj.)* 利口な *rikōna*
smartly *(adv.)* 上品に *jōhin ni*
smash *(n.)* スマッシュ *sumasshu*
smash *(v.)* 打ち砕く *uchikudaku*
smear *(n.)* 染み *shimi*
smell *(v.)* 匂いを嗅ぐ *nioi o kagu*
smell *(n.)* 匂い *nioi*
smelt *(v.)* 胡瓜魚 *kyūri uo*
smile *(v.)* 笑う *warau*
smile *(n.)* 笑顔 *egao*
smock *(n.)* スモック *sumokku*
smog *(n.)* スモッグ *sumoggu*
smoke *(v.)* タバコを吸う *tabako o sū*

smoke *(n.)* 煙 *kemuri*	**snort** *(v.)* 鼻を鳴らす *hana o narasu*
smoking *(n.)* 喫煙 *kitsuen*	**snout** *(n.)* 突き出た鼻 *tsukideta hana*
smoky *(adj.)* 煙い *kemui*	**snow** *(v.)* 雪が降る *yuki ga furu*
smooth *(v.)* 平らにする *taira ni suru*	**snow** *(n.)* 雪 *yuki*
smooth *(adj.)* 滑らかな *namerakana*	**snow boots** *(n.)* スノーブーツ *sunōbūtsu*
smoothie *(n.)* スムージー *sumūjī*	**snowfall** *(n.)* 降雪 *kōsetsu*
smoulder *(v.)* くすぶる *kusuburu*	**snowy** *(adj.)* 雪の多い *yuki no ōi*
smug *(adj.)* うぬぼれた *unuboreta*	**snub** *(n.)* 鼻であしらうこと *hana de ashirau koto*
smuggle *(v.)* 密輸する *mitsuyu suru*	**snub** *(v.)* 鼻であしらう *hana de ashirau*
smuggler *(n.)* 密輸業者 *mitsuyu gyōsha*	**snuff** *(n.)* かぎたばこ *kagi tabako*
snack *(n.)* おやつ *o yatsu*	**so** *(adv.)* このように *kono yō ni*
snag *(n.)* 思わぬ障害 *omowanu shōgai*	**so** *(conj.)* それで *sorede*
snail *(n.)* カタツムリ *katatsumuri*	**soak** *(n.)* 浸すこと *hitasu koto*
snake *(v.)* くねって進む *kunette susumu*	**soap** *(v.)* 石鹸で洗う *sekken de arau*
snake *(n.)* ヘビ *hebi*	**soap** *(n.)* 石鹸 *sekken*
snap *(v.)* 折れる *oreru*	**soapy** *(adj.)* 石鹸を含んだ *sekken o fukunda*
snapshot *(n.)* スナップ写真 *sunappu shashin*	**soar** *(v.)* 舞い上がる *maiagaru*
snarl *(n.)* 唸り声 *unarigoe*	**sob** *(n.)* すすり泣き *susurinaki*
snatch *(n.)* つかむこと *tsukamu koto*	**sob** *(v.)* すすり泣く *susurinaku*
snatch *(v.)* ひったくる *hittakuru*	**sober** *(adj.)* しらふの *shirafu no*
sneak *(v.)* コソコソする *kosokoso suru*	**sobriety** *(n.)* しらふ *shirafu*
sneer *(v.)* 冷笑する *reishō suru*	**sociability** *(n.)* 社交性 *shakōsei*
sneeze *(n.)* くしゃみ *kushami*	**sociable** *(adj.)* 社交的な *shakō tekina*
sneeze *(v.)* くしゃみをする *kushami o suru*	**social** *(n.)* 懇親会 *konshinkai*
sniff *(n.)* 一嗅ぎ *hitokagi*	**socialism** *(n.)* 社会主義 *shakai shugi*
sniff *(v.)* クンクン嗅ぐ *kun kun kagu*	**socialist** *(n.)* 社会主義者 *shakai shugisha*
sniper *(n.)* 狙撃者 *sogekisha*	**socialite** *(n.)* ソーシャライト *sōsharaito*
snob *(n.)* 俗物 *zokubutsu*	**society** *(n.)* 社会 *shakai*
snobbery *(n.)* 俗物根性 *zokubutsu konjō*	**sociology** *(n.)* 社会学 *shakaigaku*
snobbish *(adj.)* 俗物根性の *zokubutsu konjō no*	**sock** *(n.)* 靴下 *kutsushita*
snoop *(v.)* 嗅ぎ回る *kagimawaru*	**socket** *(n.)* ソケット *soketto*
snore *(n.)* いびき *ibiki*	**sodomy** *(n.)* ソドミー *sodomī*
snore *(v.)* いびきをかく *ibiki o kaku*	**sofa** *(n.)* ソファー *sofā*
snort *(n.)* 荒い鼻息 *arai hanaiki*	**soft** *(adj.)* 柔らかい *yawarakai*

soft copy *(n.)* ソフトコピー *sofutokopī*
soften *(v.)* 柔らかくする *yawarakaku suru*
softener *(n.)* 柔軟剤 *jūnanzai*
soggy *(adj.)* 水浸しの *mizubitashi no*
soil *(v.)* 汚す *yogosu*
soil *(n.)* 土 *tsuchi*
sojourn *(n.)* 逗留 *tōryū*
sojourn *(v.)* 逗留する *tōryū suru*
solar *(adj.)* 太陽の *taiyō no*
solar panel *(n.)* ソーラーパネル *sōrā paneru*
solder *(v.)* はんだ付けする *handazuke suru*
solder *(n.)* 半田 *handa*
soldier *(v.)* 兵士として勤める *heishi toshite tsutomeru*
soldier *(n.)* 兵士 *heishi*
sole *(v.)* 底をつける *soko o tsukeru*
sole *(adj.)* 唯一の *yuītsu no*
sole *(n.)* 靴底 *kutsu zoko*
solemn *(adj.)* 謹厳な *kingenna*
solemnity *(n.)* 厳粛 *genshuku*
solemnize *(v.)* 式を挙げる *shiki o ageru*
solicit *(v.)* 懇請する *konsei suru*
solicitation *(n.)* 勧誘 *kanyū*
solicitor *(n.)* 事務弁護士 *jimu bengoshi*
solicitous *(adj.)* 気づかう *kizukau*
solicitude *(n.)* 心遣い *kokorozukai*
solid *(n.)* 固体 *kotai*
solid *(adj.)* 固体の *kotai no*
solidarity *(n.)* 団結 *danketsu*
solitaire *(n.)* ソリティア *soritia*
solitary *(adj.)* 孤独の *kodoku no*
solo *(adv.)* 独奏で *dokusō de*
solo *(adj.)* 独奏の *dokusō no*
solo *(n.)* ソロ *soro*
soloist *(n.)* ソリスト *sorisuto*

solubility *(n.)* 可溶性 *kayōsei*
soluble *(adj.)* 溶解できる *yōkai dekiru*
solution *(n.)* 解決 *kaiketsu*
solve *(v.)* 解決する *kaiketsu suru*
solvency *(n.)* 支払能力 *shiharai nōryoku*
solvent *(n.)* 溶媒 *yōbai*
solvent *(adj.)* 溶解力がある *yōkairyoku ga aru*
some *(pron.)* 多少 *tashō*
some *(adj.)* 少しの *sukoshi no*
somebody *(n.)* 大物 *ōmono*
somebody *(pron.)* 誰か *dare ka*
somehow *(adv.)* 何とかして *nantoka shite*
somersault *(v.)* 宙返りをする *chūgaeri o suru*
somersault *(n.)* 宙返り *chūgaeri*
something *(adv.)* 多少 *tashō*
something *(pron.)* 何か *nani ka*
sometime *(adv.)* いつか *itsuka*
sometimes *(adv.)* 時々 *tokidoki*
somewhat *(adv.)* やや *yaya*
somewhere *(adv.)* どこかに *doko ka ni*
somnambulism *(n.)* 夢遊病 *muyūbyō*
somnolence *(n.)* 傾眠 *keimin*
son *(n.)* 息子 *musuko*
song *(n.)* 歌 *uta*
sonic *(adj.)* 音波の *onpa no*
sonnet *(n.)* ソネット *sonetto*
sonography *(n.)* 超音波検査 *chō onpa kensa*
sonorous *(adj.)* 鳴り響く *narihibiku*
soon *(adv.)* もうすぐ *mōsugu*
soot *(v.)* すすだらけにする *susudarake ni suru*
soot *(n.)* すす *susu*
sophism *(n.)* 詭弁 *kiben*
sophist *(n.)* ソフィスト *sofisuto*

sophisticate *(n.)* 洗練された人 *senren sareta hito*
sophisticated *(adj.)* 洗練された *senren sareta*
sophistication *(n.)* 啓発 *keihatsu*
sorcery *(n.)* 魔術 *majutsu*
sore *(n.)* 腫れ物 *haremono*
sore *(adj.)* ヒリヒリする *hirihiri suru*
sorrow *(v.)* 悲しむ *kanashimu*
sorry *(adj.)* 気の毒に思う *kinodoku ni omou*
sort *(v.)* 分類する *bunrui suru*
soul *(n.)* 魂 *tamashī*
sound *(n.)* 音 *oto*
sound *(v.)* 鳴る *naru*
sound *(adj.)* 妥当な *datōna*
sound system *(n.)* 音響システム *onkyō shisutemu*
soundproof *(adj.)* 防音の *bōon no*
soundtrack *(n.)* サウンドトラック *saundotorakku*
soup *(n.)* スープ *sūpu*
sour *(v.)* 酸っぱい *suppai*
source *(n.)* 源 *minamoto*
south *(n.)* 南 *minami*
south *(adv.)* 南に *minami ni*
south *(adj.)* 南の *minami no*
southerly *(adj.)* 南の *minami no*
southern *(adj.)* 南部の *nanbu no*
souvenir *(n.)* お土産 *o miyage*
sovereign *(adj.)* 主権を有する *shuken o yūsuru*
sovereign *(n.)* 元首 *genshu*
sovereignty *(n.)* 主権 *shuken*
sow *(v.)* 蒔く *maku*
sow *(n.)* 雌豚 *mesu buta*
space *(v.)* 距離を保たせる *kyori o tamotaseru*

space *(n.)* 空間 *kūkan*
spacecraft *(n.)* 宇宙船 *uchūsen*
spacious *(adj.)* 広々とした *hirobiro to shita*
spade *(v.)* 踏み鋤で掘る *fumi suki de horu*
spade *(n.)* 踏み鋤 *fumi suki*
span *(v.)* 及ぶ *oyobu*
Spaniard *(n.)* スペイン人 *supeinjin*
spaniel *(n.)* スパニエル *supanieru*
Spanish *(n.)* スペイン語 *supeingo*
Spanish *(adj.)* スペインの *supein no*
spanner *(n.)* スパナ *supana*
spare *(adj.)* 予備の *yobi no*
spark *(v.)* 火花を出す *hibana o dasu*
spark *(n.)* 火花 *hibana*
sparkle *(n.)* きらめき *kirameki*
sparrow *(n.)* 雀 *suzume*
sparse *(adj.)* まばらな *mabarana*
spasmodic *(adj.)* 発作的な *hossa tekina*
spate *(n.)* 続発 *zokuhatsu*
spatial *(adj.)* 空間的な *kūkan tekina*
spawn *(n.)* 卵 *tamago*
speak *(v.)* 話す *hanasu*
speaker *(n.)* スピーカー *supīkā*
spear *(v.)* 突き刺す *tsukisasu*
spear *(n.)* 槍 *yari*
spearhead *(v.)* 先頭に立つ *sentō ni tatsu*
spearhead *(n.)* 槍の穂先 *yari no hosaki*
special *(adj.)* 特別な *tokubetsuna*
speciality *(n.)* 専門 *senmon*
specialization *(n.)* 特化 *tokka*
specialize *(v.)* 専門に扱う *senmon ni atsukau*
species *(n.)* 種 *shu*
specific *(adj.)* 具体的な *gutai tekina*
specification *(n.)* 仕様 *shiyō*

specify *(v.)* 特定する *tokutei suru*	**spirit** *(n.)* 霊 *rei*
specimen *(n.)* 標本 *hyōhon*	**spirited** *(adj.)* 勇ましい *isamashī*
speck *(n.)* 小さい点 *chīsai ten*	**spiritual** *(adj.)* 霊的な *reitekina*
spectacle *(n.)* 光景 *kōkei*	**spiritualism** *(n.)* 心霊主義 *shinrei shugi*
spectacular *(adj.)* 壮観な *sōkanna*	**spiritualist** *(n.)* 降霊術者 *kōreijutsusha*
spectrum *(n.)* スペクトル *supekutoru*	**spirituality** *(n.)* 霊性 *reisei*
speculate *(v.)* 思索する *shisaku suru*	**spit** *(n.)* 唾 *tsuba*
speculation *(n.)* 思索 *shisaku*	**spit** *(v.)* 吐き出す *hakidasu*
speech *(n.)* スピーチ *supīchi*	**spittoon** *(n.)* 痰つぼ *tantsu bo*
speed *(n.)* 速度 *sokudo*	**splash** *(n.)* しぶき *shibuki*
speedily *(adv.)* 急いで *isoide*	**splash** *(v.)* 飛び散らす *tobi chirasu*
speedy *(adj.)* 早い *hayai*	**spleen** *(n.)* 脾臓 *hizō*
spell *(v.)* 綴る *tsuzuru*	**splendour** *(n.)* 栄耀 *eiyō*
spell *(n.)* 呪文 *jumon*	**splinter** *(v.)* 裂ける *sakeru*
spelling *(n.)* 綴り *tsuzuri*	**splinter** *(n.)* とげ *toge*
spend *(v.)* 費やす *tsuiyasu*	**split** *(n.)* 分裂 *bunretsu*
spendthrift *(n.)* 浪費家 *rōhika*	**spoil** *(v.)* 台無しにする *dainashi ni suru*
sperm *(n.)* 精子 *seishi*	**spoils** *(n.)* 戦利品 *senrihin*
sphere *(n.)* 球 *tama*	**spoke** *(n.)* スポーク *supōku*
spherical *(adj.)* 球形の *kyūkei no*	**spokesman** *(n.)* スポークスマン *supōkusuman*
spice *(v.)* 香辛料を入れる *kōshinryō o ireru*	**sponge** *(v.)* スポンジでぬぐい取る *suponji de nuguitoru*
spice *(n.)* 香辛料 *kōshinryō*	**sponge** *(n.)* スポンジ *suponji*
spicy *(adj.)* 辛い *tsurai*	**sponsor** *(v.)* スポンサーになる *suponsā ni naru*
spider *(n.)* 蜘蛛 *kumo*	**sponsor** *(n.)* スポンサー *suponsā*
spike *(n.)* 大釘 *ōkugi*	**spontaneity** *(n.)* 自発性 *jihatsusei*
spill *(v.)* 溢す *kobosu*	**spoon** *(n.)* スプーン *supūn*
spin *(v.)* クルクル回す *kurukuru mawasu*	**spoon** *(v.)* スプーンですくう *supūn de sukū*
spinach *(n.)* ほうれん草 *hōrensō*	**spoonful** *(n.)* スプーン一杯分 *supūn ippaibun*
spinal *(adj.)* 背骨の *sebone no*	**sporadic** *(adj.)* 時々起こる *tokidoki okoru*
spindle *(n.)* 紡錘 *bōsui*	**sport** *(v.)* 身に付ける *mi ni tsukeru*
spine *(n.)* 背骨 *sebone*	**sport** *(n.)* スポーツ *supōtsu*
spinner *(n.)* 紡ぎ手 *tsumugite*	**sportive** *(adj.)* ひょうきんな *hyōkinna*
spinster *(n.)* 独身婦人 *dokushin fujin*	
spiral *(adj.)* 螺旋状の *rasenjō no*	
spiral *(n.)* 螺旋 *rasen*	

sportsman *(n.)* スポーツマン *supōtsuman*
spot *(n.)* 点 *ten*
spotless *(adj.)* 汚れのない *yogore no nai*
spotlight *(n.)* スポットライト *supottoraito*
spousal *(adj.)* 配偶者に関する *haigūsha nikansuru*
spouse *(n.)* 配偶者 *haigūsha*
spout *(v.)* 吹き出す *fukidasu*
spout *(n.)* 注ぎ口 *sosogiguchi*
sprain *(n.)* 捻挫 *nenza*
sprain *(v.)* 捻挫する *nenza suru*
spray *(v.)* 吹きかける *fukikakeru*
spray *(n.)* スプレー *supurē*
spread *(n.)* 広がり *hirogari*
spread *(v.)* 広がる *hirogaru*
spree *(n.)* 派手にやること *hade ni yaru koto*
spring *(n.)* 春 *haru*
spring *(v.)* はねる *haneru*
sprinkle *(v.)* 振りかける *furikakeru*
sprint *(n.)* 全力疾走 *zenryoku shissō*
sprint *(v.)* 全力疾走する *zenryoku shissō suru*
sprout *(n.)* 芽 *me*
spur *(v.)* 拍車をかける *hakusha o kakeru*
spur *(n.)* 拍車 *hakusha*
spurn *(v.)* はねつける *hanetsukeru*
spurt *(n.)* ほとばしり *hotobashiri*
spurt *(v.)* 噴出する *funshutsu suru*
sputnik *(n.)* スプートニク *supūtoniku*
sputum *(n.)* 唾 *tsuba*
spy *(v.)* こっそり見張る *kossori miharu*
spy *(n.)* スパイ *supai*
squad *(n.)* 分隊 *buntai*
squadron *(n.)* 戦隊 *sentai*
squalid *(adj.)* 汚い *kitanai*

squalor *(n.)* 不潔さ *fuketsu sa*
squander *(v.)* 浪費する *rōhi suru*
square *(adj.)* 四角い *shikakui*
square *(v.)* 四角くする *shikakuku suru*
square *(n.)* 四角 *shikaku*
squash *(n.)* スカッシュ *sukasshu*
squeak *(v.)* チューチュー鳴く *chūchū naku*
squeak *(n.)* チューチュー鳴く声 *chūchū naku koe*
squeeze *(v.)* 搾る *shiboru*
squint *(n.)* 斜視 *shashi*
squint *(v.)* 目を細くして見る *me o hosoku shite miru*
squire *(n.)* 大地主 *ōjinushi*
squirrel *(n.)* リス *risu*
stab *(n.)* 刺し傷 *sashi kizu*
stability *(n.)* 安定 *antei*
stabilization *(n.)* 安定 *antei*
stabilize *(v.)* 安定させる *antei saseru*
stable *(n.)* 馬小屋 *umagoya*
stable *(v.)* 馬小屋に入れる *umagoya ni ireru*
stable *(adj.)* 安定した *antei shita*
stadium *(n.)* スタジアム *sutajiamu*
staff *(v.)* 職員を置く *shokuin o oku*
staff *(n.)* 職員 *shokuin*
stag *(n.)* 雄鹿 *o jika*
stage *(v.)* 上演する *jōen suru*
stage *(n.)* 舞台 *butai*
stagger *(n.)* よろめき *yoromeki*
stagger *(v.)* よろめく *yoromeku*
stagnant *(adj.)* 淀んだ *yodonda*
stagnate *(v.)* 停滞する *teitai suru*
stagnation *(n.)* 停滞 *teitai*
staid *(adj.)* まじめな *majimena*
stain *(v.)* しみをつける *shimi o tsukeru*

stain *(n.)* しみ *shimi*
stainless *(adj.)* ステンレスの *sutenresu no*
stair *(n.)* 一段 *ichidan*
staircase *(n.)* 階段 *kaidan*
stake *(v.)* 杭に縛る *kui ni shibaru*
stake *(n.)* 杭 *kui*
stale *(v.)* 古くなる *furuku naru*
stale *(adj.)* 新鮮でない *shinsendenai*
stalemate *(n.)* 手詰まり *tezumari*
stalk *(n.)* 茎 *kuki*
stall *(v.)* エンストする *ensuto suru*
stall *(n.)* 露店 *roten*
stallion *(n.)* 種馬 *taneuma*
stalwart *(adj.)* 信念の固い *shinnen no katai*
stalwart *(n.)* 信念の固い人 *shinnen no katai hito*
stamina *(n.)* スタミナ *sutamina*
stammer *(n.)* 吃り *domori*
stammer *(v.)* 吃る *domoru*
stamp *(v.)* 押印する *ōin suru*
stamp *(n.)* 切手 *kitte*
stampede *(v.)* 暴走する *bōsō suru*
stampede *(n.)* 暴走 *bōsō*
stand *(n.)* 見解 *kenkai*
stand *(v.)* 立つ *tatsu*
standard *(adj.)* 標準の *hyōjun no*
standard *(n.)* 標準 *hyōjun*
standardization *(n.)* 標準化 *hyōjun ka*
standardize *(v.)* 標準化する *hyōjun ka suru*
standing *(n.)* 身分 *mibun*
standpoint *(n.)* 立場 *tachiba*
staple *(v.)* ホチキスで留める *hochikisu de tomeru*
staple *(n.)* 主食 *shushoku*
star *(v.)* 主演する *shuen suru*

star *(n.)* 星 *hoshi*
starch *(v.)* のりをつける *nori o tsukeru*
starch *(n.)* 澱粉 *denpun*
stardom *(n.)* スターの地位 *sutā no chī*
stare *(n.)* 凝視 *gyōshi*
stare *(v.)* 凝視する *gyōshi suru*
starry *(adj.)* 星の多い *hoshi no ōi*
start *(n.)* 開始 *kaishi*
startle *(v.)* 驚愕する *kyōgaku suru*
starvation *(n.)* 飢餓 *kiga*
starve *(v.)* 飢える *ueru*
state *(v.)* 述べる *noberu*
stateliness *(n.)* 威厳 *igen*
statewide *(adj.)* 州全体の *shū zentai no*
static *(adj.)* おもしろみのない *omoshiro mi no nai*
static *(n.)* 電波障害 *denpa shōgai*
statics *(n.)* 静力学 *sei riki gaku*
station *(n.)* 駅 *eki*
station *(v.)* 配属する *haizoku suru*
stationary *(adj.)* 動かない *ugokanai*
stationer *(n.)* 文房具店 *bunbōguten*
stationery *(n.)* 文房具 *bunbōgu*
statistical *(adj.)* 統計的な *tōkei tekina*
statistician *(n.)* 統計学者 *tōkei gakusha*
statistics *(n.)* 統計 *tōkei*
statue *(n.)* 像 *zō*
stature *(n.)* 身長 *shinchō*
statute *(n.)* 法令 *hōrei*
statutory *(adj.)* 法定の *hōtei no*
stay *(n.)* 滞在 *taizai*
stay *(v.)* 居残る *inokoru*
steadfast *(adj.)* 断固とした *danko to shita*
steadiness *(n.)* 堅実さ *kenjitsu sa*
steady *(adj.)* 安定した *antei shita*
steal *(v.)* 盗む *nusumu*

stealthily *(adv.)* こっそりと *kossori to*
steam *(n.)* 蒸気 *jōki*
steam *(v.)* 蒸す *musu*
steamer *(n.)* 蒸し器 *mushiki*
steel *(n.)* 鋼 *hagane*
steep *(adj.)* 急勾配の *kyū kōbai no*
steeple *(n.)* 尖塔 *sentō*
steer *(v.)* 舵を取る *kaji o toru*
stellar *(adj.)* 星の *hoshi no*
stem *(v.)* 由来する *yurai suru*
stem *(n.)* 幹 *miki*
stench *(n.)* 悪臭 *akushū*
stencil *(v.)* 謄写する *tōsha suru*
stencil *(n.)* ステンシル *sutenshiru*
stenographer *(n.)* 速記者 *sokkisha*
step *(v.)* 踏む *fumu*
step *(n.)* 歩み *ayumi*
steppe *(n.)* 大草原 *dai sōgen*
stereotype *(v.)* 型にはめる *kata ni hameru*
stereotype *(n.)* ステロタイプ *suterotaipu*
stereotyped *(adj.)* 型にはまった *kata ni hamatta*
sterility *(n.)* 不妊症 *funinshō*
sterilization *(n.)* 殺菌 *sakkin*
sterilize *(v.)* 殺菌する *sakkin suru*
sterling *(n.)* 英貨 *eika*
stern *(n.)* 船尾 *senbi*
stern *(adj.)* 厳格な *genkakuna*
steroid *(n.)* ステロイド *suteroido*
stethoscope *(n.)* 聴診器 *chōshinki*
stew *(v.)* とろ火で煮る *torobi de niru*
stew *(n.)* シチュー *shichū*
steward *(n.)* 給仕 *kyūji*
stick *(v.)* くっつく *kuttsuku*
stick *(n.)* 棒 *bō*
sticker *(n.)* シール *shīru*
stickler *(n.)* こだわる人 *kodawaru hito*
sticky *(n.)* 付箋 *fusen*
stiffen *(v.)* 硬直させる *kōchoku saseru*
stifle *(v.)* 息苦しくさせる *ikigurushiku saseru*
stigma *(n.)* 恥辱 *chijoku*
still *(adv.)* 今まで通り *ima made tōri*
still *(v.)* 落ち着かせる *ochitsukaseru*
stillness *(n.)* 静止 *seishi*
stilt *(n.)* 竹馬 *takeuma*
stimulate *(v.)* 刺激する *shigeki suru*
stimulus *(n.)* 刺激 *shigeki*
sting *(n.)* 針 *hari*
sting *(v.)* 刺す *sasu*
stingy *(adj.)* けちな *kechina*
stink *(v.)* 悪臭を放つ *akushū o hanatsu*
stipend *(n.)* 俸給 *hōkyū*
stir *(v.)* かき混ぜる *kakimazeru*
stirrup *(n.)* 鐙 *yoroi*
stitch *(n.)* 一針 *hito hari*
stock *(adj.)* 在庫の *zaiko no*
stock *(v.)* 仕入れる *shīreru*
stock *(n.)* 在庫 *zaiko*
stocking *(n.)* ストッキング *sutokkingu*
stoic *(n.)* ストイックな人 *sutoikkuna hito*
stoke *(v.)* 燃料をくべる *nenryō o kuberu*
stoker *(n.)* 火夫 *kafu*
stomach *(n.)* 胃 *i*
stone *(v.)* 石を投げつける *ishi o nagetsukeru*
stone *(n.)* 石 *ishi*
stony *(adj.)* 石の多い *ishi no ōi*
stool *(n.)* スツール *sutsūru*
stoop *(n.)* 猫背 *nekoze*
stoop *(v.)* かがむ *kagamu*
stop *(n.)* 停止 *teishi*

store (v.) 蓄える takuwaeru
store (n.) 店 mise
storey (n.) 階 kai
stork (n.) コウノトリ kōnotori
storm (n.) 嵐 arashi
stormy (adj.) 嵐の arashi no
story (n.) 物語 monogatari
stout (adj.) かっぷくのよい kappuku no yoi
stove (n.) コンロ konro
stow (v.) しまい込む shimaikomu
straggle (v.) だらだらと進む daradara to susumu
straggler (n.) 遅すぎてはぐれた人 ososugite hagureta hito
straight (adv.) 真っ直ぐに massugu ni
straight (adj.) 真っ直ぐな massuguna
straighten (v.) 真っ直ぐにする massugu ni suru
strain (n.) 張り hari
strain (v.) 精いっぱい努力する seīppai doryoku suru
strait (n.) 海峡 kaikyō
strand (v.) 座礁させる zashō saseru
strange (adj.) 奇妙な kimyōna
stranger (n.) 他人 tanin
strangle (v.) 絞め殺す shimekorosu
strangulation (n.) 絞殺 kōsatsu
strap (v.) ストラップで結びつける suto rappu de musubitsukeru
strap (n.) ストラップ suto rappu
stratagem (n.) 計略 keiryaku
strategic (adj.) 戦略的な senryaku tekina
strategist (n.) 戦略家 senryakuka
strategy (n.) 戦略 senryaku
stratum (n.) 地層 chisō
straw (n.) ストロー sutorō

strawberry (n.) 苺 ichigo
stray (n.) 野良の動物 nora no dōbutsu
stray (adj.) 迷い出た mayoi deta
stray (v.) はぐれる hagureru
stream (v.) ストリーミングする sutorīmingu suru
stream (n.) 小川 ogawa
streamer (n.) 飾りリボン kazari ribon
streamlet (n.) 細流 sairyū
street (n.) 通り tōri
strength (n.) 力 chikara
stress (n.) ストレス sutoresu
stretch (n.) ストレッチ sutorecchi
stretch (v.) 引き伸ばす hikinobasu
stretcher (n.) 担架 tanka
strew (v.) ばらまく baramaku
stride (n.) 歩幅 hohaba
stride (v.) 大股に歩く ō mata ni aruku
strident (adj.) 耳障りな mimizawarina
strike (n.) ストライキ sutoraiki
striker (n.) スト参加労働者 suto sanka rōdōsha
string (v.) 紐に通す himo ni tōsu
string (n.) 紐 himo
stringency (n.) 厳重 genjū
stringent (adj.) 厳重な genjūna
strip (v.) はぐ hagu
strip (n.) ストリップ sutorippu
stripe (v.) しまをつける shima o tsukeru
stripe (n.) しま shima
strive (v.) 励む hagemu
stroke (v.) なでる naderu
stroke (n.) 脳卒中 nōsocchū
stroll (n.) 散歩 sanpo
stroll (v.) 散歩する sanpo suru
strong (adj.) 強い tsuyoi

stronghold *(n.)* 要塞 *yōsai*
structural *(adj.)* 構造の *kōzō no*
structure *(n.)* 構造 *kōzō*
struggle *(n.)* 苦闘 *kutō*
struggle *(v.)* あがく *agaku*
strut *(n.)* 支柱 *shichū*
strut *(v.)* もったいぶって歩く *mottaibutte aruku*
stub *(n.)* 半券 *hanken*
stubble *(n.)* 無精ひげ *bushō hige*
stubborn *(adj.)* 頑強な *gankyōna*
stud *(v.)* スタッズを打つ *sutazzu o utsu*
stud *(n.)* スタッズ *sutazzu*
student *(n.)* 学生 *gakusei*
studio *(n.)* スタジオ *sutajio*
studious *(adj.)* よく勉強する *yoku benkyō suru*
study *(n.)* 勉強 *benkyō*
study *(v.)* 勉強する *benkyō suru*
stuffy *(adj.)* 息苦しい *ikigurushī*
stumble *(n.)* つまずき *tsumazuki*
stumble *(v.)* つまずく *tsumazuku*
stump *(n.)* 切り株 *kirikabu*
stun *(v.)* 気絶させる *kizetsu saseru*
stunt *(n.)* スタント *sutanto*
stunt *(v.)* 発育を妨げる *hatsuiku o samatageru*
stupefy *(v.)* 麻痺させる *mahi saseru*
stupid *(adj.)* 愚かな *orokana*
stupidity *(n.)* 愚かさ *oroka sa*
sty *(n.)* 豚小屋 *buta goya*
stye *(n.)* 麦粒腫 *bakuryūshu*
style *(n.)* スタイル *sutairu*
stylish *(adj.)* お洒落な *osharena*
subculture *(n.)* サブカルチャー *sabu karuchā*
subdivide *(v.)* 細分する *saibun suru*

subdue *(v.)* 抑える *osaeru*
subject *(adj.)* 従属する *jūzoku suru*
subject *(v.)* 受けさせる *ukesaseru*
subject *(n.)* 主題 *shudai*
subjective *(adj.)* 主観的な *shukan tekina*
subjudice *(adj.)* 審理中の *shinri chū no*
subjugate *(v.)* 征服する *seifuku suru*
sublet *(v.)* また貸しする *mata gashi suru*
sublimate *(v.)* 昇華させる *shōka saseru*
sublime *(adj.)* 荘厳な *sōgonna*
sublimity *(n.)* 荘厳 *sōgonsa*
submarine *(adj.)* 海底の *kaitei no*
submarine *(n.)* 潜水艦 *sensuikan*
submerge *(v.)* 沈める *shizumeru*
submission *(n.)* 提出 *teishutsu*
submissive *(adj.)* 柔順な *jūjunna*
submit *(v.)* 提出する *teishutsu suru*
subordinate *(adj.)* 下位の *kai no*
subordinate *(n.)* 部下 *buka*
subordinate *(v.)* 従わせる *shitagawaseru*
subordination *(n.)* 従属 *jūzoku*
subscribe *(v.)* 定期購読する *teiki kōdoku suru*
subscription *(n.)* 定期購読 *teiki kōdoku*
subsequent *(adj.)* 後の *ato no*
subservience *(n.)* 卑屈 *hikutsu*
subservient *(adj.)* 卑屈な *hikutsuna*
subside *(v.)* おさまる *osamaru*
subsidiary *(n.)* 子会社 *kogaisha*
subsidize *(v.)* 補助金を支給する *hojokin o shikyū suru*
subsidy *(n.)* 補助金 *hojokin*
subsist *(v.)* 生存する *seizon suru*
substance *(n.)* 物質 *busshitsu*
substantial *(adj.)* 相当な *sōtōna*
substantially *(adv.)* 大体は *daitai wa*

substantiate *(v.)* 実証する *jisshō suru*
substantiation *(n.)* 実証 *jisshō*
substitute *(v.)* 代わりに用いる *kawari ni mochīru*
substitute *(n.)* 代用品 *dai yōhin*
substitution *(n.)* 代用 *daiyō*
subterranean *(adj.)* 地下の *chika no*
subtle *(adj.)* さりげない *sarigenai*
subtlety *(n.)* 微妙 *bimyō*
subtract *(v.)* 引く *hiku*
subtraction *(n.)* 引き算 *hikizan*
suburb *(n.)* 郊外 *kōgai*
suburban *(adj.)* 郊外の *kōgai no*
succeed *(v.)* 成功する *seikō suru*
success *(n.)* 成功 *seikō*
successful *(adj.)* 成功した *seikō shita*
succession *(n.)* 連続 *renzoku*
successive *(adj.)* 連続する *renzoku suru*
successor *(n.)* 後継者 *kōkeisha*
succour *(v.)* 援助する *enjo suru*
succumb *(v.)* 屈服する *kuppuku suru*
such *(pron.)* そんな事 *sonna koto*
such *(adj.)* そんな *sonna*
suck *(n.)* 吸うこと *sū koto*
suck *(v.)* 吸う *sū*
suckle *(v.)* 乳を飲ませる *chichi o nomaseru*
suckling *(n.)* 乳児 *nyūji*
sudden *(adj.)* 突然の *totsuzen no*
suddenly *(adv.)* 急に *kyū ni*
sue *(v.)* 訴える *uttaeru*
suffer *(v.)* 苦しむ *kurushimu*
suffice *(v.)* 足りる *tariru*
sufficiency *(n.)* 十分 *jūbun*
sufficient *(adj.)* 十分な *jūbunna*

suffix *(v.)* 接尾辞をつける *setsubi ji o tsukeru*
suffix *(n.)* 接尾辞 *setsubi ji*
suffocate *(v.)* 窒息させる *chissoku saseru*
suffocation *(n.)* 窒息 *chissoku*
suffrage *(n.)* 参政権 *sanseiken*
sugar *(v.)* 砂糖を入れる *satō o ireru*
sugar *(n.)* 砂糖 *satō*
suggestive *(adj.)* 暗示的な *anji tekina*
suicidal *(adj.)* 自滅的な *jimetsu tekina*
suicide *(n.)* 自殺 *jisatsu*
suit *(v.)* 都合が良い *tsugō ga ii*
suit *(n.)* スーツ *sūtsu*
suitability *(n.)* 適当 *tekitō*
suite *(n.)* スイート *suīto*
suitor *(n.)* 求婚者 *kyūkonsha*
sullen *(adj.)* むっつりした *muttsuri shita*
sulphur *(n.)* 硫黄 *iō*
sulphuric *(adj.)* 硫黄を多く含む *iō o ōku fukumu*
sum *(n.)* 金額 *kingaku*
summarily *(adv.)* 直ちに *tadachini*
summarize *(v.)* 要約する *yōyaku suru*
summary *(adj.)* 要約した *yōyaku shita*
summer *(n.)* 夏 *natsu*
summit *(n.)* 山頂 *sanchō*
summon *(v.)* 召喚する *shōkan suru*
summons *(n.)* 召喚 *shōkan*
sun *(v.)* 日光浴をする *nikkōyoku o suru*
sun *(n.)* 太陽 *taiyō*
sundae *(n.)* サンデー *sandē*
Sunday *(n.)* 日曜日 *nichiyōbi*
sundry *(adj.)* 種々様々の *shuju samazama no*
sunlight *(n.)* 日光 *nikkō*
sunny *(adj.)* 晴れた *hareta*

sunrise *(n.)* 日の出 *hinode*
sunset *(n.)* 日没 *nichibotsu*
superabundance *(n.)* あり余り *ariamari*
superabundant *(adj.)* あり余る *ari amaru*
superficial *(adj.)* 浅薄な *senpakuna*
superficiality *(n.)* 浅薄 *senpaku*
superfine *(adj.)* 極上の *gokujō no*
superfluity *(n.)* 余分 *yobun*
superhuman *(adj.)* 超人的な *chō jintekina*
superior *(adj.)* 上位の *jōi no*
superiority *(n.)* 優越 *yūetsu*
superlative *(n.)* 最上級 *saijōkyū*
superman *(n.)* スーパーマン *sūpāman*
supernatural *(adj.)* 超自然の *chō shizen no*
supersede *(v.)* 取って代わる *totte kawaru*
supersonic *(adj.)* 超音速 *chō onsoku*
superstition *(n.)* 迷信 *meishin*
superstitious *(adj.)* 迷信の *meishin no*
supervise *(v.)* 監督する *kantoku suru*
supervision *(n.)* 監督 *kantoku*
supervisor *(n.)* 監督 *kantoku*
supper *(n.)* 夕食 *yūshoku*
supple *(adj.)* しなやかな *shinayakana*
supplement *(n.)* 補足 *hosoku*
supplement *(v.)* 補足する *hosoku suru*
supplementary *(adj.)* 補足の *hosoku no*
supplier *(n.)* 供給者 *kyōkyūsha*
supply *(n.)* 供給 *kyōkyū*
supply *(v.)* 供給する *kyōkyū suru*
support *(n.)* 支え *sasae*
support *(v.)* 支える *sasaeru*
suppose *(v.)* 思う *omou*
suppress *(v.)* 鎮圧する *chin atsu suru*
suppression *(n.)* 鎮圧 *chin atsu*
supremacy *(n.)* 優越性 *yūetsusei*

supreme *(adj.)* 最高権威の *saikō ken i no*
surcharge *(v.)* 追加料金を課する *tsuika ryōkin o kasuru*
surcharge *(n.)* 追加料金 *tsuika ryōkin*
sure *(adj.)* 確信して *kakushin shite*
surely *(adv.)* 確実に *kakujitsu ni*
surf *(v.)* サーフィンをする *sāfin o suru*
surf *(n.)* 砕波 *saiha*
surface *(n.)* 表面 *hyōmen*
surface *(v.)* 浮上する *fujō suru*
surfeit *(n.)* 過度 *kado*
surge *(v.)* 急上昇する *kyūjōshō suru*
surge *(n.)* 急上昇 *kyūjōshō*
surgeon *(n.)* 外科医 *gekai*
surmount *(v.)* 打ち勝つ *uchikatsu*
surname *(n.)* 名字 *myōji*
surplus *(n.)* 余り *amari*
surprise *(v.)* 驚かす *odorokasu*
surprise *(n.)* 驚き *odoroki*
surrender *(n.)* 降伏 *kōfuku*
surrender *(v.)* 降伏する *kōfuku suru*
surround *(v.)* 囲む *kakomu*
surroundings *(n.)* 周囲 *shūi*
surtax *(n.)* 付加税 *fuka zei*
surveillance *(n.)* 監視 *kanshi*
survey *(n.)* 査定 *satei*
survey *(v.)* 見渡す *miwatasu*
survival *(n.)* 生存 *seizon*
survive *(v.)* 生き残る *ikinokoru*
suspect *(n.)* 容疑者 *yōgisha*
suspect *(v.)* うすうす気づく *usūsu kizuku*
suspense *(n.)* サスペンス *sasupensu*
suspension *(n.)* 吊るされた状態 *tsurusareta jōtai*
suspicion *(n.)* 疑い *utagai*
suspicious *(adj.)* 怪しい *ayashī*

sustenance *(n.)* 生計 *seikei*
swab *(n.)* 綿球 *menkyū*
swagger *(n.)* 威張った態度 *ibatta taido*
swagger *(v.)* 威張って歩く *ibatte aruku*
swallow *(n.)* ツバメ *tsubame*
swallow *(v.)* 飲み込む *nomikomu*
swan *(n.)* 白鳥 *hakuchō*
swarm *(v.)* たかる *takaru*
swarthy *(adj.)* 浅黒い *asaguroi*
sway *(n.)* 揺れ *yure*
sway *(v.)* 揺れる *yureru*
swear *(v.)* 誓う *chikau*
sweat *(v.)* 汗をかく *ase o kaku*
sweat *(n.)* 汗 *ase*
sweater *(n.)* セーター *sētā*
sweep *(v.)* 掃く *haku*
sweeper *(n.)* 掃除人 *sōjinin*
sweet *(n.)* キャンディー *kyandī*
sweet *(adj.)* 甘い *amai*
sweeten *(v.)* 甘くする *amaku suru*
sweetness *(n.)* 甘さ *ama sa*
swell *(n.)* ふくらみ *fukurami*
swell *(v.)* ふくれる *fukureru*
swim *(n.)* 一泳ぎ *hito oyogi*
swim *(v.)* 泳ぐ *oyogu*
swimmer *(n.)* 泳ぐ人 *oyogu hito*
swindle *(v.)* 金をだまし取る *kane o damashitoru*
swindler *(n.)* 詐欺師 *sagishi*
swing *(n.)* ブランコ *buranko*
swipe *(v.)* スワイプする *suwaipu suru*
swirl *(v.)* 渦を巻く *uzu o maku*
Swiss *(adj.)* スイスの *suisu no*
Swiss *(n.)* スイス *suisu*
switch *(n.)* スイッチ *suicchi*
swoon *(n.)* 気絶 *kizetsu*
swoop *(n.)* 急降下 *kyū kōka*
swoop *(v.)* 急降下する *kyū kōka suru*
sword *(n.)* 剣 *ken*
sycamore *(n.)* アメリカスズカケノキ *amerika suzukakenoki*
sycophancy *(n.)* 胡麻磨り *goma suri*
syllabic *(adj.)* 音節の *onsetsu no*
syllable *(n.)* 音節 *onsetsu*
syllabus *(n.)* シラバス *shirabasu*
sylph *(n.)* 空気の精 *kūki no sei*
symbiosis *(n.)* 相利共生 *ai ri kyōsei*
symbiote *(n.)* 共生生物 *kyōsei seibutsu*
symbol *(n.)* 象徴 *shōchō*
symbolic *(adj.)* 象徴的な *shōchō tekina*
symbolism *(n.)* 象徴性 *shōchōsei*
symbolize *(v.)* 象徴する *shōchō suru*
symmetrical *(adj.)* 左右対称の *sayū taishō no*
symmetry *(n.)* 左右対称 *sayū taishō*
sympathetic *(adj.)* 同情的な *dōjō tekina*
sympathize *(v.)* 同情する *dōjō suru*
symphony *(n.)* 交響曲 *kōkyōkyoku*
symposium *(n.)* シンポジウム *shinpojiumu*
symptom *(n.)* 症状 *shōjō*
symptomatic *(adj.)* 徴候的な *chōkō tekina*
synergy *(n.)* 相乗効果 *sōjō kōka*
synonym *(n.)* 類義語 *ruigigo*
synonymous *(adj.)* 同義の *dōgi no*
synopsis *(n.)* あらすじ *arasuji*
syntax *(n.)* 統語論 *tōgoron*
synthesis *(n.)* 合成 *gōsei*
synthetic *(n.)* 合成品 *gōseihin*
synthetic *(adj.)* 合成の *gōsei no*
syringe *(v.)* 洗浄する *senjō suru*
syringe *(n.)* 注射器 *chūshaki*
syrup *(n.)* シロップ *shiroppu*

system *(n.)* 体制 *taisei*
systematic *(adj.)* 規則正しい *kisokutadashī*
systematize *(v.)* 体系化する *taikei ka suru*

T

table *(v.)* 上程する *jōtei suru*
table *(n.)* テーブル *tēburu*
tableau *(n.)* タブロー *taburō*
tablet *(n.)* タブレット *taburetto*
tabloid *(n.)* タブロイド新聞 *taburoido shinbun*
taboo *(v.)* タブーにする *tabū ni suru*
taboo *(adj.)* タブーの *tabū no*
taboo *(n.)* タブー *tabū*
tabular *(adj.)* 表にした *hyō ni shita*
tabulate *(v.)* 表にする *hyō ni suru*
tabulation *(n.)* 表作成 *hyōsakusei*
tabulator *(n.)* 図表作成者 *zuhyō sakuseisha*
tacit *(adj.)* 暗黙 *anmoku*
taciturn *(adj.)* 口数の少ない *kuchikazu no sukunai*
tack *(n.)* びょう *byō*
tack *(v.)* びょうで留める *byō de tomeru*
tackle *(v.)* タックルする *takkuru suru*
tackle *(n.)* タックル *takkuru*
tact *(n.)* 機転 *kiten*
tactful *(adj.)* 機転のきく *kiten no kiku*
tactician *(n.)* 戦術家 *senjutsuka*
tactics *(n.)* 戦術 *senjutsu*
tactile *(adj.)* 触覚の *shokkaku no*
tag *(n.)* タグ *tagu*
tag *(v.)* タグを付ける *tagu o tsukeru*
tail *(n.)* 尻尾 *shippo*

tail *(v.)* 尾行する *bikō suru*
tailor *(v.)* 仕立てる *shitateru*
tailor *(n.)* 仕立屋 *shitateya*
take *(v.)* 取る *toru*
takeaway *(adj.)* 持ち帰り用の *mochikaeriyō no*
takeaway *(n.)* 持ち帰り用の食物 *mochikaeriyō no tabemono*
take-off *(n.)* 離陸 *ririku*
takeover *(n.)* 買収 *baishū*
tala *(n.)* ターラ *tāra*
talbot *(n.)* タルボット *tarubotto*
talc *(n.)* 滑石 *kasseki*
tale *(n.)* 作り話 *tsukuribanashi*
talent *(n.)* 才能 *sainō*
talisman *(n.)* お守り *omamori*
talk *(n.)* 話 *hanashi*
talk *(v.)* 喋る *shaberu*
talkative *(adj.)* 多弁な *tabenna*
talkback *(v.)* 口答えする *kuchigotae suru*
tall *(adj.)* 背が高い *se ga takai*
tallow *(n.)* 獣脂 *jūshi*
tally *(v.)* 勘定する *kanjō suru*
tally *(n.)* 勘定 *kanjō*
talon *(n.)* 鉤爪 *kagizume*
taloned *(adj.)* 鉤爪のある *kagizume no aru*
tamarind *(n.)* タマリンド *tamarindo*
tame *(adj.)* 飼い慣らされた *kai narasareta*
tamper *(v.)* 改竄する *kaizan suru*
tamper *(n.)* 締固め用機械 *shimegatameyō kikai*
tamperproof *(n.)* 開封防止 *kaifū bōshi*
tampon *(n.)* タンポン *tanpon*
tan *(adj.)* 日に焼ける *hi ni yakeru*
tan *(v. n.)* 日焼け *hiyake*
tandem *(adj.)* 縦に並んだ *tate ni naranda*

tandem *(adv.)* 縦に並んで *tate ni narande*
tandem *(n.)* タンデム自転車 *tandemu jitensha*
tandoor *(n.)* タンドール *tan dōru*
tang *(n.)* ピリッとする味 *piritto suru aji*
tangent *(n.)* 接線 *sessen*
tangible *(adj.)* 有形の *yūkei no*
tangle *(n.)* もつれ *motsure*
tango *(n.)* タンゴ *tango*
tango *(v.)* タンゴを踊る *tango o odoru*
tank *(n.)* タンク *tanku*
tankard *(n.)* タンカード *tan kādo*
tanker *(n.)* タンカー *tankā*
tanner *(n.)* なめし革業者 *nameshigawa gyōsha*
tannery *(n.)* なめし革工場 *nameshigawa kōjō*
tantalize *(v.)* じらす *jirasu*
tantamount *(adj.)* 等しい *hitoshī*
tantra *(n.)* タントラ *tan tora*
tantric *(adj.)* タントラ教の *tan tora kyō no*
tap *(n.)* 蛇口 *jaguchi*
tape *(v.)* 録音する *rokuon suru*
tape *(n.)* テープ *tēpu*
tape player *(n.)* カセットプレーヤー *kasetto purēyā*
taper *(n.)* 細いろうそく *hosoi rōsoku*
taper *(v.)* 先細になる *sakiboso ni naru*
tapestry *(n.)* 壁掛け *kabekake*
tar *(v.)* タールを塗る *tāru o nuru*
tar *(n.)* タール *tāru*
taramite *(n.)* タラマ閃石 *tarama senseki*
tarantism *(n.)* タラント病 *taranto byō*
tardiness *(n.)* 遅刻 *chikoku*
tardy *(adj.)* のろい *noroi*
target *(n.)* 目標 *mokuhyō*
tariff *(n.)* 関税 *kanzei*

task *(v.)* タスクを割り当てる *tasuku o wariateru*
task *(n.)* タスク *tasuku*
taste *(v.)* 味見する *ajimi suru*
taste bud *(n.)* 味蕾 *mirai*
tasteful *(adj.)* 風流な *fūryūna*
tatter *(n.)* ぼろ切れ *borogire*
tattoo *(v.)* 入れ墨をする *irezumi o suru*
tattoo *(n.)* 入れ墨 *irezumi*
taunt *(n.)* 冷やかし *hiyakashi*
taunt *(v.)* 冷やかす *hiyakasu*
taunting *(adj.)* ののしる *nonoshiru*
tauntingly *(adv.)* ののしって *nonoshitte*
taut *(adj.)* ピンと張られた *pin to harareta*
tautly *(adv.)* ピンと張って *pin to hatte*
taw *(n.)* 大きなビー玉 *ōkina bīdama*
tax *(v.)* 課税する *kazei suru*
tax *(n.)* 税金 *zeikin*
tax return *(n.)* 所得申告 *shotoku shinkoku*
taxable *(adj.)* 課税できる *kazei dekiru*
taxation *(n.)* 課税 *kazei*
taxi *(v.)* タキシングさせる *takishingu saseru*
taxi *(n.)* タクシー *takushī*
taxidermist *(n.)* 剥製師 *hakuseishi*
taxidermy *(n.)* 剥製術 *hakuseijutsu*
taxpayer *(n.)* 納税者 *nōzeisha*
tea *(n.)* お茶 *ocha*
tea maker *(n.)* ティーメーカー *tī mēkā*
teabag *(n.)* ティーバッグ *tī baggu*
teacake *(n.)* ティーケーキ *tī kēki*
teach *(v.)* 教える *oshieru*
teacheable *(adj.)* 教えやすい *oshie yasui*
teacher *(n.)* 先生 *sensei*
teacher centric *(adj.)* 教師中心の *kyōshi chūshin no*

teaching (n.) 教えること oshieru koto
teacup (n.) ティーカップ tī kappu
teahouse (n.) 茶屋 chaya
teak (n.) チーク材 chīkuzai
team (v.) 組む kumu
team (n.) チーム chīmu
team building (n.) チームビルディング chīmu birudingu
teammate (n.) チームメイト chīmumeito
teamwork (n.) チームワーク chīmuwāku
teapot (n.) ティーポット tīpotto
tear (n.) 裂け目 sakeme
tear (v.) 裂く saku
tear (n.) 涙 namida
tear gas (n.) 催涙ガス sairui gasu
teardrop (n.) 涙のしずく namida no shizuku
tearful (adj.) 涙ぐんだ namidagunda
tease (v.) からかう karakau
tease (n.) からかう人 karakau hito
teasingly (adv.) からかうように karakau yō ni
technical (adj.) 専門的な senmon tekina
technicality (n.) 専門的なこと senmon tekina koto
technique (n.) 技巧 gikō
technological (adj.) 科学技術の kagaku gijutsu no
technologist (n.) 科学技術者 kagaku gijutsusha
technology (n.) 技術 gijutsu
technomania (n.) 技術マニア gijutsu mania
technomusic (n.) テクノ音楽 tekuno ongaku
technophile (n.) ハイテクマニア haiteku mania
technophobe (n.) ハイテク嫌い haitekugirai

techy (n.) 技術屋 gijutsuya
tedious (adj.) 退屈な taikutsuna
tedium (n.) 退屈 taikutsu
teem (v.) 満ちる michiru
teenager (n.) ティーンエイジャー tīneijā
teethe (v.) 歯が生える ha ga haeru
teetotal (adj.) 禁酒の kinshu no
teetotaller (n.) 禁酒家 kinshuka
telebanking (n.) テレフォンバンキング terehon bankingu
telecast (n.) テレビ放送 terebi hōsō
telecast (v.) テレビ放送する terebi hōsō suru
telecommunications (n.) 電気通信 denki tsūshin
teleconference (n.) 電話会議 denwa kaigi
telecopier (n.) 電話ファックス denwa fakkusu
telecourse (n.) テレビ講座 terebi kōza
telegram (n.) 電報 denpō
telegraph (v.) 電報で知らせる denpō de shiraseru
telegraph (n.) 電信 denshin
telegraphic (adj.) 電信の denshin no
telegraphist (n.) 通信士 tsūshinshi
telegraphy (n.) 電信術 denshinjutsu
telekinesis (n.) 超能力 chō nōryoku
telekinetic (adj.) 超能力の chō nōryoku no
telemark (v.) テレマーク teremāku
telemarketing (n.) テレマーケティング tere māketingu
telematic (adj.) テレマティックスの terematikkusu no
telemetry (n.) 遠隔測定法 enkaku sokuteihō
teleological (adj.) 目的論の mokutekiron no
teleologist (n.) 目的論者 mokutekironsha

teleology *(n.)* 目的論 *mokutekiron*
teleoperator *(n.)* テレフォンオペレーター *terefon operētā*
telepathic *(adj.)* テレパシーの *terepashī no*
telepathist *(n.)* テレパシー能力者 *terepashī nōryokusha*
telepathy *(n.)* テレパシー *terepashī*
telephone *(v.)* 電話する *denwa suru*
teleport *(v.)* 瞬間移動する *shunkan idō suru*
teleport *(n.)* テレポート *tere pōto*
teleportation *(n.)* 瞬間移動 *shunkan idō*
teleprinter *(n.)* テレタイプ端末 *teretaipu tanmatsu*
teleprompter *(n.)* テレプロンプター *tere puronputā*
telescope *(n.)* 望遠鏡 *bōenkyō*
telescopic *(adj.)* 望遠鏡の *bōenkyō no*
teleshopping *(n.)* 通販 *tsūhan*
teletext *(n.)* 文字多重放送 *moji tajū hōsō*
televise *(v.)* 放映する *hōei suru*
television *(n.)* テレビ *terebi*
teller *(n.)* 窓口係 *madoguchigakari*
telling *(adj.)* 手ごたえのある *tegotae no aru*
telltale *(n.)* 告げ口する人 *tsugeguchi suru hito*
telltale *(adj.)* 暴露する *bakuro suru*
temerity *(n.)* 無鉄砲 *muteppō*
temper *(v.)* 鍛える *kitaeru*
temper *(n.)* 機嫌 *kigen*
temperament *(n.)* 気質 *kishitsu*
temperamental *(adj.)* 気まぐれな *kimagurena*
temperance *(n.)* 禁酒主義 *kinshu shugi*
temperature *(n.)* 温度 *ondo*
tempest *(n.)* 大嵐 *ōarashi*

tempestuous *(adj.)* 動乱の *dōran no*
template *(n.)* テンプレート *tenpurēto*
temple *(n.)* 寺 *tera*
temporal *(adj.)* 現世の *gense no*
temporary *(adj.)* 一時的な *ichiji tekina*
tempt *(v.)* 誘惑する *yūwaku suru*
temptation *(n.)* 誘惑 *yūwaku*
tempter *(n.)* 誘惑者 *yūwakusha*
ten *(n.)* 十 *jū*
tenable *(adj.)* 筋が通っている *suji ga tōtteiru*
tenacity *(n.)* 執念 *shūnen*
tenancy *(n.)* 借用 *shakuyō*
tenant *(n.)* テナント *tenanto*
tend *(v.)* 傾向がある *keikō ga aru*
tendency *(n.)* 傾向 *keikō*
tender *(n.)* 入札 *nyūsatsu*
tender-hearted *(adj.)* 心の優しい *kokoro no yasashī*
tenderizer *(n.)* 肉たたき *nikutataki*
tenderly *(adv.)* 優しく *yasashiku*
tenderness *(n.)* 優しさ *yasashi sa*
tendinitis *(n.)* 腱炎 *ken en*
tendon *(n.)* 腱 *ken*
tendril *(n.)* 巻きひげ *maki hige*
tenebrosity *(n.)* 陰気さ *inki sa*
tenet *(n.)* 主義 *shugi*
tenfold *(adv.)* 十倍に *jū bai ni*
tenfold *(adj.)* 十倍の *jū bai no*
tennis *(n.)* テニス *tenisu*
tenor *(n.)* テノール *tenōru*
tenor *(adj.)* テノールの *tenōru no*
tense *(v.)* 緊張させる *kinchō saseru*
tense *(n.)* 時制 *jisei*
tense *(adj.)* 張り詰めた *haritsumeta*
tensely *(adv.)* 緊張して *kinchō shite*

tensile *(adj.)* 張力の *chōryoku no*
tensility *(n.)* 張力 *chōryoku*
tension *(n.)* 緊張 *kinchō*
tension *(v.)* 張力をかける *chōryoku o kakeru*
tensioned *(adj.)* 張力をかけた *chōryoku o kaketa*
tensor *(n.)* 張筋 *chōkin*
tent *(n.)* テント *tento*
tentative *(adj.)* 試験的な *shiken tekina*
tentativeness *(n.)* ためらい *tamerai*
tenth *(adj.)* 十番目の *jū banme no*
tentmaker *(n.)* 天幕作り *tenmakuzukuri*
tentpole *(n.)* テント用ポール *tentoyō pōru*
tenuous *(adj.)* 薄弱な *hakujakuna*
tenuously *(adv.)* 希薄に *kihaku ni*
tenure *(n.)* テニュア *tenyua*
tenure *(v.)* テニュアを与える *tenyua o ataeru*
tepid *(adj.)* なまぬるい *namanurui*
tepidity *(n.)* なまぬるいこと *namanurui koto*
tepidly *(adv.)* なまぬるく *namanuruku*
tequila *(n.)* テキーラ *tekīra*
terabit *(n.)* テラビット *tera bitto*
terabyte *(n.)* テラバイト *tera baito*
term *(v.)* 名づける *nazukeru*
terminal *(n.)* ターミナル *tāminaru*
terminal *(adj.)* 末期の *makki no*
terminate *(v.)* 終結する *shūketsu suru*
termination *(n.)* 終了 *shūryō*
terminological *(adj.)* 用語上の *yōgo jō no*
terminology *(n.)* 用語 *yōgo*
terminus *(n.)* 終点 *shūten*
termite *(n.)* 白蟻 *shiroari*
termiticide *(n.)* 白蟻駆除剤 *shiroari kujozai*

terrace *(n.)* テラス *terasu*
terrace *(v.)* ひな段式にする *hina danshiki ni suru*
terracotta *(n.)* テラコッタ色 *terakotta*
terracotta *(adj.)* テラコッタ色の *terakotta iro no*
terraforming *(n.)* テラフォーミング *terafōmingu*
terrestrial *(adj.)* 地球上の *chikyū jō no*
terrestrial *(n.)* 地球人 *chikyūjin*
terrible *(adj.)* 酷い *hidoi*
terrier *(n.)* テリア *teria*
terrify *(v.)* 恐れさせる *osoresaseru*
territorial *(adj.)* 土地の *tochi no*
terror *(n.)* 恐怖 *kyōfu*
terrorism *(n.)* テロ行為 *tero kōi*
terrorist *(n.)* テロリスト *terorisuto*
terrorize *(v.)* 威嚇する *ikaku suru*
terse *(adj.)* 素っ気ない *sokkenai*
tersely *(adv.)* 素っ気なく *sokkenaku*
tertian *(adj.)* 三日ごとに起こる *mikkagoto ni okoru*
tertian *(n.)* 三日熱 *mikkanetsu*
tertiary *(adj.)* 第三の *dai san no*
tertiary *(n.)* 第三紀 *dai sanki*
tesseract *(n.)* 四次元超立方体 *yojigen chō rippōtai*
test *(n.)* テスト *tesuto*
test *(v.)* 試す *tamesu*
testament *(n.)* 遺言 *yuigon*
testicle *(n.)* 睾丸 *kōgan*
testify *(v.)* 証言する *shōgen suru*
testimonial *(n.)* 表彰状 *hyōshōjō*
testimony *(n.)* 証言 *shōgen*
testosterone *(n.)* テストステロン *tesutosuteron*
tete-a-tete *(n.)* 二人だけの会話 *futari dake no kaiwa*

tether *(v.)* つなぎなわでつなぐ *tsunaginawa de tsunagu*
tether *(n.)* つなぎなわ *tsunaginawa*
tetra *(n.)* テトラ *tetora*
text *(n.)* 文章 *bunshō*
textbook *(n.)* 教科書 *kyōkasho*
textile *(n.)* 布地 *nunoji*
textile *(adj.)* 織物の *orimono no*
textual *(adj.)* 本文の *honbun no*
texture *(n.)* 手ざわり *tezawari*
thankless *(adj.)* 恩知らずな *onshirazuna*
thanks *(n.)* ありがとう *arigatō*
that *(dem. pron.)* あの *ano*
that *(rel. pron.)* あれ *are*
that *(adv.)* それほど *sorehodo*
that *(conj.)* ということは *toiu koto wa*
thatch *(v.)* 草でふく *kusa de fuku*
thatch *(n.)* ふきわら *fuki wara*
thaw *(v.)* 雪が解ける *yuki ga tokeru*
thaw *(n.)* 雪解け *yukidoke*
theatre *(n.)* 劇場 *gekijō*
theatrical *(adj.)* 劇の *geki no*
theft *(n.)* 盗難 *tōnan*
their *(adj.)* 彼らの *karera no*
theirs *(pron.)* 彼らのもの *karera no mono*
theism *(n.)* 有神論 *yūshinron*
theist *(n.)* 有神論者 *yūshinronsha*
them *(pron.)* 彼ら *karera*
thematic *(adj.)* テーマの *tēma no*
theme *(n.)* テーマ *tēma*
then *(adj.)* その時の *sono toki no*
then *(adv.)* あの時に *ano toki ni*
thence *(adv.)* そこから *soko kara*
theocracy *(n.)* 神権政治 *shinken seiji*
theologian *(n.)* 神学者 *shingakusha*

theological *(adj.)* 神学的な *shingaku tekina*
theology *(n.)* 神学 *shingaku*
theorem *(n.)* 定理 *teiri*
theoretical *(adj.)* 理論的な *riron tekina*
theorist *(n.)* 理論家 *rironka*
theorize *(v.)* 理論を立てる *riron o tateru*
theory *(n.)* 理論 *riron*
therapist *(n.)* 療法士 *ryōhōshi*
therapy *(n.)* 療法 *ryōhō*
there *(adv.)* そこ *soko*
thereabouts *(adv.)* その辺り *sono atari*
thereafter *(adv.)* その後は *sonogo wa*
thereby *(adv.)* それによって *sore niyotte*
therefore *(adv.)* そのために *sono tame ni*
thermal *(adj.)* 熱の *netsu no*
thermometer *(n.)* 温度計 *ondokei*
thermos (flask) *(n.)* サーモス *sā mosu*
thesis *(n.)* 卒業論文 *sotsugyō ronbun*
thick *(adj.)* 厚い *atsui*
thick *(adv.)* 厚く *atsuku*
thick *(n.)* 真っ最中 *massaichū*
thicken *(v.)* 濃くする *koku suru*
thicket *(n.)* 茂み *shigemi*
thigh *(n.)* 太腿 *futomomo*
thimble *(n.)* 指ぬき *yubinuki*
thin *(v.)* 薄くする *usuku suru*
thin *(adj.)* 薄い *usui*
thing *(n.)* 事 *koto*
think *(v.)* 考える *kangaeru*
thinker *(n.)* 思想家 *shisōka*
third *(n.)* 三番目 *san banme*
third *(adj.)* 三番目の *san banme no*
thirdly *(adv.)* 第三に *dai san ni*
thirst *(v.)* 渇望する *katsubō suru*
thirsty *(adj.)* 喉が渇いた *nodo ga kawaita*

thirteen *(n.)* 十三 *jū san*
thirteenth *(n.)* 十三番目 *jū san banme*
thirteenth *(adj.)* 十三番目の *jū san banme no*
thirtieth *(n.)* 三十番目 *san jū banme*
thirtieth *(adj.)* 三十番目の *san jū banme no*
thirty *(n.)* 三十 *san jū*
thistle *(n.)* アザミ *azami*
thorax *(n.)* 胸部 *kyōbu*
thorn *(n.)* とげ *toge*
thorny *(adj.)* とげの多い *toge no ōi*
thorough *(adj.)* 徹底的な *tetteitekina*
thoroughfare *(n.)* 通り道 *tōrimichi*
though *(adv.)* だけど *dakedo*
though *(conj.)* にも関わらず *ni mo kakawarazu*
thought *(n.)* 思考 *shikō*
thousand *(n.)* 千 *sen*
thousandth *(adj.)* 千番目の *sen banme no*
thrash *(v.)* 打ちのめす *uchinomesu*
thread *(v.)* 糸を通す *ito o tōsu*
thread *(n.)* 糸 *ito*
threadbare *(adj.)* すり切れた *surikireta*
threat *(n.)* 脅威 *kyōi*
threaten *(v.)* 脅す *odosu*
three *(n.)* 三 *san*
thresh *(v.)* 脱穀する *dakkoku suru*
thresher *(n.)* 脱穀機 *dakkokuki*
threshold *(n.)* しきい値 *shikī chi*
thrice *(adv.)* 三回 *san kai*
thrift *(n.)* 倹約 *kenyaku*
thrifty *(adj.)* 倹約な *kenyakuna*
thrill *(v.)* わくわくさせる *wakuwaku saseru*
thrill *(n.)* スリル *suriru*
thriller *(n.)* スリラー *surirā*

throat *(n.)* 喉 *nodo*
throaty *(adj.)* しわがれ声の *shiwagaregoe no*
throb *(n.)* 鼓動 *kodō*
throb *(v.)* ずきんずきんする *zukinzukin suru*
throe *(n.)* 激痛 *gekitsū*
throne *(n.)* 王座 *ōza*
throng *(n.)* 人だかり *hitodakari*
throttle *(v.)* 首を絞める *kubi o shimeru*
throttle *(n.)* スロットル *surottoru*
through *(adv.)* 通して *tōshite*
through *(adj.)* 通しの *tōshi no*
through *(prep.)* 通って *tōtte*
throughout *(prep.)* 隅から隅まで *sumi kara sumi made*
throughout *(adv.)* 隅々まで *sumizumi made*
throw *(n.)* 投げること *nageru koto*
throw *(v.)* 投げる *nageru*
thrust *(n.)* 推力 *suiryoku*
thrust *(v.)* 突っ込む *tsukkomu*
thud *(v.)* ドシンと鳴る *doshin to naru*
thud *(n.)* ドシンという音 *doshin toiu oto*
thug *(n.)* チンピラ *chinpira*
thumb *(v.)* 親指でめくる *oyayubi de mekuru*
thumb *(n.)* 親指 *oyayubi*
thumbprint *(n.)* 拇印 *boin*
thump *(v.)* ゴツンと叩く *gotsun to tataku*
thump *(n.)* ゴツンと叩くこと *gotsun to tataku koto*
thunder *(v.)* 雷が鳴る *kaminari ga naru*
thunder *(n.)* 雷鳴 *kaminari*
thunderous *(adj.)* 雷のような *kaminari no yōna*
thunderstorm *(n.)* 雷雨 *raiu*
Thursday *(n.)* 木曜日 *mokuyōbi*

tiara *(n.)* ティアラ *tiara*
tick *(v.)* チェックを付ける *chekku o tsukeru*
tick *(n.)* ダニ *dani*
ticket *(n.)* チケット *chiketto*
tickle *(v.)* くすぐる *kusuguru*
ticklish *(adj.)* くすぐったい *kusuguttai*
tidal *(adj.)* 潮の *shio no*
tide *(n.)* 潮 *shio*
tidiness *(n.)* 整理整頓 *seiri seiton*
tidy *(v.)* 整頓する *seiton suru*
tie *(n.)* ネクタイ *nekutai*
tie *(v.)* 結ぶ *musubu*
tier *(n.)* 段 *dan*
tiger *(n.)* 虎 *tora*
tight *(adj.)* 堅く結んだ *kataku musunda*
tighten *(v.)* 固く締める *kataku shimeru*
tigress *(n.)* 雌虎 *mesu tora*
tile *(v.)* タイルを張る *tairu o haru*
tile *(n.)* タイル *tairu*
till *(n.)* レジ *reji*
time *(v.)* 時間を計る *jikan o hakaru*
time *(n.)* 時間 *jikan*
time limit *(n.)* 制限時間 *seigen jikan*
timeline *(n.)* タイムライン *taimu rain*
timely *(adj.)* 時宜を得た *jigi o eta*
timorous *(adj.)* 臆病な *okubyōna*
tin *(v.)* スズめっきをする *suzu mekki o suru*
tin *(n.)* スズ *suzu*
tinsel *(n.)* ティンセル *tinseru*
tint *(v.)* 薄く色をつける *usuku iro o tsukeru*
tint *(n.)* 色合い *iroai*
tiny *(adj.)* とても小さい *totemo chīsai*
tip *(v.)* チップを出す *chippu o dasu*

tip *(n.)* 先端 *sentan*
tip-off *(v.)* 密告する *mikkoku suru*
tipsy *(adj.)* ほろ酔いの *horoyoi no*
tirade *(n.)* 長い非難演説 *nagai hinan enzetsu*
tire *(v.)* 疲れる *tsukareru*
tired *(adj.)* 疲れた *tsukareta*
tiresome *(adj.)* 飽き飽きする *akiakisuru*
tissue *(n.)* ティッシュ *tisshu*
tithe *(n.)* 十分の一献金 *jū bunno ichi kenkin*
title *(v.)* 表題をつける *hyōdai o tsukeru*
titular *(adj.)* 名だけの *na dake no*
toad *(n.)* ヒキガエル *hikigaeru*
toast *(v.)* 乾杯する *kanpai suru*
toast *(n.)* トースト *tōsuto*
tobacco *(n.)* タバコ *tabako*
today *(n. adv.)* 今日 *kyō*
toe *(v.)* 足の指で触れる *ashi no yubi de fureru*
toe *(n.)* 足の指 *ashi no yubi*
toffee *(n.)* タフィー *tafī*
toga *(n.)* トーガ *tō ga*
together *(adv.)* 一緒に *issho ni*
toil *(n.)* 労苦 *rōku*
toil *(v.)* 労苦する *rōku suru*
toilet *(n.)* トイレ *toire*
token *(n.)* しるし *shirushi*
tolerable *(adj.)* 耐えられる *taerareru*
tolerance *(n.)* 我慢 *gaman*
tolerant *(adj.)* 寛容な *kan yōna*
tolerate *(v.)* 許容する *kyoyō suru*
toleration *(n.)* 寛容 *kan yō*
toll *(v.)* 通行料を徴収する *tsūkōryō o chōshū suru*
toll *(n.)* 通行料金 *tsūkō ryōkin*
tomato *(n.)* トマト *tomato*

tomboy *(n.)* おてんば娘 *o tenba musume*
tomcat *(n.)* 雄猫 *osu neko*
tomorrow *(adv.)* 明日 *ashita*
ton *(n.)* トン *ton*
tone *(n.)* 音色 *neiro*
toned *(adj.)* 引き締まった *hikishimatta*
tongs *(n. pl.)* トング *tongu*
tongue *(n.)* 舌 *shita*
tonic *(n.)* 強壮剤 *kyōsōzai*
tonic *(adj.)* 強壮にする *kyōsō ni suru*
tonight *(adv. n.)* 今夜 *konya*
tonsil *(n.)* 扁桃 *hentō*
tonsure *(n.)* 剃髪 *teihatsu*
too *(adv.)* そのうえ *sono ue*
tool *(n.)* 道具 *dōgu*
toolkit *(n.)* 道具一式 *dōgu isshiki*
tooth *(n.)* 歯 *ha*
toothache *(n.)* 歯痛 *shitsū*
top *(v.)* 勝る *masaru*
top *(n.)* てっぺん *teppen*
topaz *(n.)* トパーズ *topāzu*
topic *(n.)* テーマ *tēma*
topical *(adj.)* 話題の *wadai no*
topographer *(n.)* 地形学者 *chikei gakusha*
topographical *(adj.)* 地形学の *chikeigaku no*
topography *(n.)* 地勢 *chisei*
topple *(v.)* ぐらつく *guratsuku*
topsy turvy *(adv.)* 逆さまに *sakasama ni*
topsy turvy *(adj.)* 逆さまの *sakasama no*
torment *(v.)* 苦しめる *kurushimeru*
tornado *(n.)* 竜巻 *tatsumaki*
torpedo *(v.)* 魚雷で攻撃する *gyorai de kōgeki suru*
torpedo *(n.)* 魚雷 *gyorai*
torrent *(n.)* 急流 *kyūryū*

torrential *(adj.)* 土砂降りの *doshaburi no*
torrid *(adj.)* 焼けつくような *yake tsuku yōna*
tortoise *(n.)* 亀 *kame*
torture *(v.)* 拷問する *gōmon suru*
torture *(n.)* 拷問 *gōmon*
total *(n.)* 合計 *gōkei*
total *(v.)* 合計する *gōkei suru*
total *(adj.)* 合計の *gōkei no*
totalitarian *(adj.)* 全体主義の *zentai shugi no*
touch *(n.)* 触覚 *shokkaku*
touch *(v.)* 触る *sawaru*
touchy *(adj.)* 神経質な *shinkeishitsuna*
tough *(adj.)* かみ切れない *kamikirenai*
tour *(v.)* 観光する *kankō suru*
tour *(n.)* ツアー *tsuā*
tourism *(n.)* 観光 *kankō*
tourist *(n.)* 観光客 *kankō kyaku*
tournament *(n.)* トーナメント *tōnamento*
tout *(v.)* 押し売りする *oshiuri suru*
tow *(n.)* けん引 *kenin*
tow *(v.)* けん引する *kenin suru*
towards *(prep.)* 方へ *hō e*
towboat *(n.)* 引き船 *hikisen*
towel *(v.)* タオルで拭く *taoru de fuku*
towel *(n.)* タオル *taoru*
tower *(v.)* 高くそびえる *takaku sobieru*
tower *(n.)* タワー *tawā*
town *(n.)* 町 *machi*
township *(n.)* 黒人居住区 *kokujin kyojū ku*
toxaemia *(n.)* 毒血症 *dokketsu shō*
toxic *(adj.)* 有毒な *yūdokuna*
toxicity *(n.)* 毒性 *dokusei*
toxicologist *(n.)* 毒物学者 *dokubutsu gakusha*

toxicology *(n.)* 毒物学 *dokubutsugaku*
toxin *(n.)* 毒素 *dokuso*
toy *(v.)* もてあそぶ *moteasobu*
toy *(n.)* おもちゃ *omocha*
toymaker *(n.)* 玩具メーカー *gangu mēkā*
toystore *(n.)* おもちゃ屋 *omochaya*
trace *(v.)* なぞる *nazoru*
trace *(n.)* 痕跡 *konseki*
traceable *(adj.)* たどることができる *tadoru koto ga dekiru*
trachea *(n.)* 気管 *kikan*
tracheal *(adj.)* 気管の *kikan no*
tracheole *(n.)* 毛細気管 *mōsaikikan*
tracheoscopy *(n.)* 気管鏡検査法 *kikankyō kensahō*
tracing *(n.)* 透写図 *tōshazu*
track *(n.)* 通った跡 *tōtta ato*
trackable *(adj.)* 追跡可能な *tsuiseki kanōna*
trackball *(n.)* トラックボール *torakkubōru*
tracker *(n.)* トラッカー *torakkā*
tracklist *(n.)* トラックリスト *torakku risuto*
tracksuit *(n.)* トラックスーツ *torakku sūtsu*
tract *(n.)* 広い面積 *hiroi menseki*
traction *(n.)* 牽引力 *ken inryoku*
tractor *(n.)* トラクター *torakutā*
trade *(v.)* 取引する *torihiki suru*
trade *(n.)* 産業 *sangyō*
trademark *(n.)* 商標 *shōhyō*
trader *(n.)* トレーダー *torēdā*
tradesman *(n.)* 商人 *shōnin*
tradition *(n.)* 伝統 *dentō*
traditional *(adj.)* 伝統的な *dentō tekina*
traffic *(v.)* 売買する *baibai suru*
traffic *(n.)* 交通量 *kōtsūryō*

traffic sign *(n.)* 交通標識 *kōtsū hyōshiki*
tragedian *(n.)* 悲劇作家 *higeki sakka*
tragedy *(n.)* 悲劇 *higeki*
tragic *(adj.)* 悲劇的な *higeki tekina*
trail *(n.)* 跡 *ato*
trailer *(n.)* トレーラー *torērā*
train *(v.)* 訓練する *kunren suru*
train *(n.)* 電車 *densha*
trainee *(n.)* 研修生 *kenshūsei*
training *(n.)* 訓練 *kunren*
traitor *(n.)* 裏切り者 *uragirimono*
tram *(n.)* 路面電車 *romen densha*
trample *(v.)* 踏みつぶす *fumitsubusu*
trance *(n.)* 催眠状態 *saimin jōtai*
tranquil *(adj.)* 落ち着いた *ochitsuita*
tranquility *(n.)* 静けさ *heisei*
tranquillize *(v.)* 静める *shizumeru*
transact *(v.)* 取引を行う *torihiki o okonau*
transaction *(n.)* 取引 *torihiki*
transborder *(adj.)* 越境の *ekkyō no*
transboundary *(adj.)* 越境の *ekkyō no*
transceiver *(n.)* トランシーバー *toranshībā*
transcend *(v.)* 超越する *chōetsu suru*
transcendent *(adj.)* 超越した *chōetsu shita*
transcendental *(adj.)* 超越的な *chōetsu tekina*
transcendentalize *(v.)* 超越させる *chōetsu saseru*
transcendentally *(adv.)* 超越論的に *chōetsuron teki ni*
transcribe *(v.)* 文字に起こす *moji ni okosu*
transcriber *(n.)* 写字生 *shajisei*
transcription *(n.)* 文字起こし *moji okoshi*
transfer *(v.)* 移す *utsusu*
transfer *(n.)* 移動 *idō*

transferable *(adj.)* 譲渡可能な *jōto kanōna*
transfiguration *(n.)* 変貌 *henbō*
transfigure *(v.)* 変貌する *henbō suru*
transform *(v.)* 変化する *henka suru*
transformation *(n.)* 変化 *henka*
transit *(n.)* 通過 *tsūka*
transit *(v.)* 通過する *tsūka suru*
transition *(n.)* 遷移 *sen i*
transitive *(adj.)* 推移的な *suī tekina*
transitory *(adj.)* つかの間の *tsukanoma no*
translate *(v.)* 訳す *yakusu*
translation *(n.)* 翻訳 *hon yaku*
transmigration *(n.)* 転生 *tensei*
transmission *(n.)* 送信 *sōshin*
transmit *(v.)* 送信する *sōshin suru*
transmitter *(n.)* 送信機 *sōshinki*
transparent *(adj.)* 透明な *tōmeina*
transplant *(n.)* 移植 *ishoku*
transplant *(v.)* 移植する *ishoku suru*
transplantation *(n.)* 移植手術 *ishoku shujutsu*
transport *(n.)* 交通機関 *kōtsū kikan*
transport *(v.)* 輸送する *yusō suru*
transportation *(n.)* 交通手段 *kōtsū shudan*
trap *(v.)* 罠に掛ける *wana ni kakeru*
trap *(n.)* 罠 *wana*
trapdoor *(n.)* 落とし戸 *otoshi do*
trapeze *(n.)* 空中ぶらんこ *kūchū buranko*
trapezist *(n.)* 空中ぶらんこ曲芸師 *kūchū buranko kyokugeishi*
trapezoid *(n.)* 台形 *daikei*
trapline *(n.)* 一連の罠 *ichiren no wana*
trash *(n.)* ゴミ *gomi*
trashed *(adj.)* 酷評される *kokuhyō sareru*
trauma *(n.)* 心的外傷 *shinteki gaishō*

traumatic *(adj.)* 心的外傷の *shinteki gaishō no*
traumatism *(n.)* 受傷 *jushō*
traumatology *(n.)* 外傷学 *gaishōgaku*
travel *(n.)* 旅行 *ryokō*
travel *(v.)* 旅行する *ryokō suru*
travel time *(n.)* 移動時間 *idō jikan*
traveller *(n.)* 旅行者 *ryokōsha*
travelogue *(n.)* 紀行 *kikō*
traversable *(adj.)* 通過できる *tsūka dekiru*
traverse *(n.)* 横断 *ōdan*
trawl *(n.)* トロール網 *torōru ami*
trawl *(v.)* トロール網で魚を取る *torōru ami de sakana o toru*
trawlboat *(n.)* トロール船 *torōrusen*
tray *(n.)* トレイ *torei*
treacherous *(adj.)* 背く *somuku*
treachery *(n.)* 背信行為 *haishin kōi*
tread *(n.)* 足取り *ashidori*
treadmill *(n.)* ランニングマシン *ranningu mashin*
treadwheel *(n.)* 踏み車 *fumiguruma*
treason *(n.)* 反逆 *hangyaku*
treasure *(v.)* 大切にする *taisetsu ni suru*
treasure *(n.)* 宝 *takara*
treasurer *(n.)* 会計係 *kaikeigakari*
treasury *(n.)* 財務省 *zaimushō*
treat *(v.)* おごる *ogoru*
treat *(n.)* ご褒美 *go hōbi*
treatise *(n.)* 論説 *ronsetsu*
treatment *(n.)* 治療 *chiryō*
treaty *(n.)* 条約 *jōyaku*
tree *(n.)* 木 *ki*
trek *(v.)* トレッキングをする *torekkingu o suru*
tremendous *(adj.)* とてつもない *totetsumonai*

trench *(v.)* 溝を掘る *mizo o horu*
trespass *(n.)* 侵入 *shinnyū*
trespass *(v.)* 侵入する *shinnyū suru*
trial *(n.)* 試練 *shiren*
triangle *(n.)* 三角形 *sankakkei*
triangular *(adj.)* 三角形の *sankakkei no*
tribal *(adj.)* 部族の *buzoku no*
tribe *(n.)* 部族 *buzoku*
tribulation *(n.)* 苦難 *kunan*
tributary *(n.)* 支流 *shiryū*
tributary *(adj.)* 支流の *shiryū no*
tribute *(n.)* 賛辞 *sanji*
trick *(n.)* たくらみ *takurami*
trickery *(n.)* ぺてん *peten*
trickle *(v.)* したたる *shitataru*
trickster *(n.)* ぺてん師 *petenshi*
tricky *(adj.)* 扱いにくい *atsukai nikui*
tricolour *(n.)* トリコロール *tori korōru*
tricolour *(adj.)* トリコロールの *tori korōru no*
tricycle *(n.)* 三輪車 *sanrinsha*
trifle *(v.)* 粗末に扱う *somatsu ni atsukau*
trifle *(n.)* ささいなこと *sasaina koto*
trigger *(v. n.)* 引き金 *hikigane*
trim *(v.)* 切り取って整える *kiritotte totonoeru*
trim *(n.)* トリム *torimu*
trim *(adj.)* きちんとした *kichinto shita*
trimester *(n.)* 三ヶ月間 *san kagetsukan*
trinity *(n.)* 三位一体 *sanmi ittai*
trio *(n.)* トリオ *torio*
trip *(v.)* 転ぶ *korobu*
tripartite *(adj.)* 三者間の *sanshakan no*
triple *(v.)* 三倍にする *san bai ni suru*
triple *(adj.)* 三つ組みの *mitsu gumi no*
triplicate *(v.)* 三倍にする *san bai ni suru*

triplicate *(adj.)* 三通の *san tsū no*
triplication *(n.)* 三倍にすること *san bai ni suru koto*
tripod *(n.)* 三脚 *sankyaku*
triumph *(v.)* 勝利する *shōri suru*
triumphal *(adj.)* 祝勝の *shukushō no*
triumphant *(adj.)* 勝ち誇った *kachihokotta*
trivial *(adj.)* ささいな *sasaina*
troop *(v.)* 集団で移動する *shūdan de idō suru*
troop *(n.)* 部隊 *butai*
trooper *(n.)* 騎兵 *kihei*
trophy *(n.)* トロフィー *torofī*
tropic *(n.)* 回帰線 *kaikisen*
tropical *(adj.)* 熱帯の *nettai no*
trouble *(v.)* 迷惑を掛ける *meiwaku o kakeru*
troublesome *(adj.)* やっかいな *yakkaina*
troupe *(n.)* 劇団 *gekidan*
trousers *(n. pl.)* ズボン *zubon*
trowel *(n.)* こて *ko te*
truce *(n.)* 休戦 *kyūsen*
truck *(n.)* トラック *torakku*
true *(adj.)* 本当の *hontō no*
trump *(v.)* 切り札を出す *kirifuda o dasu*
trump *(n.)* 切り札 *kirifuda*
trumpet *(v.)* トランペットを吹く *toranpetto o fuku*
trumpet *(n.)* トランペット *toranpetto*
trunk *(n.)* トランク *toranku*
trust *(v.)* 信頼する *shinrai suru*
trust *(n.)* 頼ること *tayoru koto*
trustee *(n.)* 受託者 *jutakusha*
trustful *(adj.)* 信頼のある *shinrai no aru*
trustworthy *(adj.)* 頼れる *tayoreru*
truth *(n.)* 真実 *shinjitsu*

truthful *(adj.)* 真実な *shinjitsuna*
try *(n.)* 試み *kokoromi*
try *(v.)* やってみる *yattemiru*
trying *(adj.)* つらい *tsurai*
tub *(n.)* おけ *oke*
tube *(n.)* 管 *kuda*
tuberculosis *(n.)* 結核 *kekkaku*
tubular *(adj.)* 管状の *kanjō no*
tuition *(n.)* 学費 *gakuhi*
tumble *(n.)* 転倒 *tentō*
tumble *(v.)* 転がり落ちる *korogari ochiru*
tumbler *(n.)* タンブラー *tanburā*
tumour *(n.)* 腫瘍 *shuyō*
tumultuous *(adj.)* 激動の *gekidō no*
tune *(v.)* 調律する *chōritsu suru*
tune *(n.)* 旋律 *senritsu*
tunnel *(v.)* トンネルを掘る *tonneru o horu*
tunnel *(n.)* トンネル *tonneru*
turban *(n.)* ターバン *tāban*
turbine *(n.)* タービン *tābin*
turbulence *(n.)* 乱気流 *rankiryū*
turbulent *(adj.)* 荒れ狂う *arekurū*
turf *(n.)* 芝 *shiba*
turkey *(n.)* 七面鳥 *shichimenchō*
turmeric *(n.)* ターメリック *tāmerikku*
turmoil *(n.)* 社会不安 *shakai fuan*
turn *(n.)* 番 *ban*
turn *(v.)* 回転させる *kaiten saseru*
turner *(n.)* ろくろ師 *rokuroshi*
turnip *(n.)* カブ *kabu*
turnout *(n.)* 出席者数 *shussekishasū*
turpentine *(n.)* テレピン油 *tere pinyu*
turtle *(n.)* カメ *kame*
tusk *(n.)* 牙 *kiba*
tussle *(n.)* 格闘 *kakutō*

tutor *(n.)* 家庭教師 *katei kyōshi*
tutorial *(n.)* 個別指導 *kobetsu shidō*
tutorial *(adj.)* 個別指導の *kobetsu shidō no*
twelfth *(n.)* 十二番目 *jū ni banme*
twelfth *(adj.)* 十二番目の *jū ni banme no*
twelve *(n.)* 十二 *jū ni*
twentieth *(n.)* 二十番目 *ni jū banme*
twentieth *(adj.)* 二十番目の *ni jū banme no*
twenty *(n.)* 二十 *ni jū*
twice *(adv.)* 二回 *ni kai*
twig *(n.)* 小枝 *koeda*
twilight *(n.)* たそがれ *tasogare*
twin *(adj.)* 双子の *futago no*
twinkle *(v.)* キラキラ輝く *kirakira kagayaku*
twins *(n.)* 双子 *futago*
twist *(n.)* ねじれ *nejire*
twist *(v.)* ねじる *nejiru*
twitter *(v.)* ツイートする *tsuīto suru*
twitter *(n.)* ツイッター *tsuittā*
two *(n.)* 二 *ni*
twofold *(adj.)* 二要素ある *ni yōso aru*
type *(v.)* 打ち込む *uchikomu*
type *(n.)* 種類 *shurui*
typhoid *(n.)* 腸チフス *chōchifusu*
typhoon *(n.)* 台風 *taifū*
typhus *(n.)* 発疹チフス *hosshinchifusu*
typical *(adj.)* 典型的な *tenkei tekina*
typify *(v.)* 典型となる *tenkei to naru*
typist *(n.)* タイピスト *taipisuto*
tyrant *(n.)* 暴君 *bōkun*
tyre *(n.)* タイヤ *taiya*

U

uber *(adv. adj.)* 超 *chō*
ubiquitous *(adj.)* 至る所にある *itaru tokoro ni aru*
ubiquity *(n.)* 至る所にあること *itaru tokoro ni aru koto*
udder *(n.)* 乳房 *chibusa*
ufo *(n.)* UFO *yūfō*
ufologist *(n.)* UFO 研究家 *yūfōkenkyūka*
ufology *(n.)* UFO 研究 *yūfō kenkyū*
uglify *(v.)* 醜くする *minikuku suru*
ugliness *(n.)* 醜さ *miniku sa*
ugly *(adj.)* 醜い *minikui*
ukelele *(n.)* ウクレレ *ukurere*
ulcer *(n.)* 潰瘍 *kaiyō*
ulcerous *(adj.)* 潰瘍性の *kaiyōsei no*
ulterior *(adj.)* 秘めた *himeta*
ultimate *(adj.)* 最終的な *saishū tekina*
ultimately *(adv.)* 最終的には *saishū teki ni wa*
ultimatum *(n.)* 最後通牒 *saigo tsūchō*
ultracompact *(adj.)* 超小型の *chō kogata no*
ultraconservative *(adj.)* 超保守的な *chō hoshu tekina*
ultraconservative *(n.)* 超保守派 *chō hoshuha*
ultrasonic *(adj.)* 超音波の *chō onpa no*
ultrasonics *(n.)* 超音波学 *chō onpagaku*
ultrasound *(n.)* 超音波 *chō onpa*
ultraviolet *(n.)* 紫外線 *shigaisen*
ultraviolet *(adj.)* 紫外線の *shigaisen no*
ululate *(v.)* 吠える *hoeru*
umbrella *(n.)* 傘 *kasa*

umpire *(v.)* 審判をする *shinpan o suru*
unabashed *(adj.)* 臆面もない *okumen monai*
unabashedly *(adv.)* 臆面もなく *okumen monaku*
unable *(adj.)* できない *dekinai*
unabridged *(adj.)* 省略されてない *shōryaku saretenai*
unacceptable *(adj.)* 許されない *yurusarenai*
unaccommodating *(adj.)* 不親切な *fushinsetsuna*
unaccountable *(adj.)* 説明のつかない *setsumei no tsukanai*
unachievable *(adj.)* 達成不可能な *tassei fukanōna*
unacquainted *(adj.)* 見知らぬ *mishiranu*
unadapted *(adj.)* 不適合な *futekigōna*
unadjusted *(adj.)* 未調整の *mi chōsei no*
unaffected *(adj.)* 影響を受けない *eikyō o ukenai*
unaffectionate *(adj.)* 冷たい *tsumetai*
unaided *(adj.)* 助けを受けない *tasuke o ukenai*
unambiguous *(adj.)* 明確な *meikakuna*
unamused *(adj.)* 不満そうな *fuman sōna*
unanimity *(n.)* 満場一致 *manjōicchi*
unanimous *(adj.)* 満場一致の *manjōicchi no*
unannounced *(adj.)* 抜き打ちの *nukiuchi no*
unappealing *(adj.)* 魅力のない *miryoku no nai*
unapproved *(adj.)* 承認されていない *shōnin sareteinai*
unarmed *(adj.)* 非武装の *hi busō no*
unauthorized *(adj.)* 無断の *mudan no*
unaware *(adj.)* 気づいていない *kizuiteinai*
unawares *(adv.)* 不意に *fui ni*

unbearable *(adj.)* 耐えられない taerarenai
unbeaten *(adj.)* 無敗の muhai no
unbelievable *(adj.)* 信じられない shinjirarenai
unburden *(v.)* 打ち明ける uchiakeru
uncertain *(adj.)* 不確実な fu kakujitsuna
uncivilized *(adj.)* 野蛮な yabanna
uncle *(n.)* 叔父 oji
unclear *(adj.)* はっきりしない hakkiri shinai
uncomfortable *(adj.)* 心地良くない kokochi yokunai
uncouth *(adj.)* 粗野な soyana
undecided *(adj.)* 未定の mitei no
under *(adv.)* 下に shita ni
under *(adj.)* 下の shita no
under *(prep.)* 真下に mashita ni
undercurrent *(n.)* 底流 teiryū
underdog *(n.)* 負けそうな人 make sōna hito
undergraduate *(n.)* 学部生 gakubusei
underhand *(adj.)* 下手投げの shitate nage no
underline *(v.)* 下線を引く kasen o hiku
undermine *(v.)* 損ねる sokoneru
underneath *(prep.)* 下に shita ni
undertake *(v.)* 引き受ける hikiukeru
undertone *(n.)* 小声 kogoe
underwear *(n.)* 下着 shitagi
underworld *(n.)* 暗黒街 ankokugai
undo *(v.)* 元へ戻す moto e modosu
undulate *(v.)* 波立つ namidatsu
undulation *(n.)* 波動 hadō
unearth *(v.)* 発掘する hakkutsu suru
uneasy *(adj.)* 不安な fuanna
uneducated *(adj.)* 無知の muchi no

uneven *(adj.)* むらのある mura no aru
unfair *(adj.)* 不公平な fukōheina
unfold *(v.)* 展開する tenkai suru
unfortunate *(adj.)* 不運な fūnna
ungainly *(adj.)* ぶざまな bu zamana
unhappy *(adj.)* 不幸な fukōna
unhealthy *(adj.)* 不健康な fu kenkōna
unification *(n.)* 統一 tōitsu
uninspired *(adj.)* 創造性のない sōzōsei no nai
uninstall *(adj.)* アンインストールする an insutōru suru
uninterrupted *(adj.)* 中断なしの chūdan nashino
unionist *(n.)* 労働組合員 rōdō kumiaīn
unique *(adj.)* 唯一無二の yuītsu muni no
unison *(n.)* 一致 icchi
unit *(n.)* 単位 tan i
unite *(v.)* 団結する danketsu suru
universal *(adj.)* 普遍的な fuhen tekina
universality *(n.)* 普遍性 fuhensei
universe *(n.)* 宇宙 uchū
university *(n.)* 大学 daigaku
unjust *(adj.)* 不当な futōna
unknown *(adj.)* 未知の michi no
unless *(conj.)* じゃない限り janai kagiri
unlike *(adj.)* 異なった kotonatta
unlike *(prep.)* 異なって kotonatte
unlikely *(adj.)* ありそうもない ari sō monai
unmanned *(adj.)* 無人操縦の mujin sōjū no
unmannerly *(adj.)* マナーのない manā no nai
unnecessary *(adj.)* 不必要な fu hitsuyōna
unofficial *(adj.)* 非公式の hikōshiki no
unplanned *(adj.)* 計画外の keikakugai no

unprincipled *(adj.)* 無節操な *mu sessōna*
unread *(adj.)* 未読の *midoku no*
unreliable *(adj.)* 信頼できない *shinrai dekinai*
unrest *(n.)* 社会的な不安 *shakai tekina fuan*
unruly *(adj.)* 手に負えない *te ni oenai*
unsalted *(adj.)* 無塩の *buen no*
unsettle *(v.)* 不安にする *fuan ni suru*
unsheathe *(v.)* 鞘から抜く *saya kara nuku*
unsold *(adj.)* 売れ残った *urenokotta*
until *(conj.)* する時まで *suru toki made*
until *(prep.)* まで *made*
unwanted *(adj.)* 不要な *fuyōna*
unwell *(adj.)* 具合が悪い *guai ga warui*
unwittingly *(adv.)* うっかり *ukkari*
up *(adv. prep.)* 上へ *ue e*
upbraid *(v.)* 咎める *togameru*
upgrade *(v.)* アップグレードする *appu gurēdo suru*
upheaval *(n.)* 激動 *gekidō*
upkeep *(n.)* 維持費 *ijihi*
uplift *(n.)* 持ち上げること *mochiageru koto*
upload *(v.)* アップロードする *appu rōdo suru*
upper *(adj.)* 上部の *jōbu no*
uproar *(n.)* 大騒ぎ *ōsawagi*
uproarious *(adj.)* 騒がしい *sawagashī*
uproot *(v.)* 引き抜く *hikinuku*
upset *(v.)* 気を悪くする *ki o waruku suru*
upshot *(n.)* 結末 *ketsumatsu*
upstart *(n.)* 成金 *narikin*
up-to-date *(adj.)* 最新の *saishin no*
upward *(adj.)* 上向きの *uwamuki no*
urban *(adj.)* 都会の *tokai no*
urbane *(adj.)* 洗練された *senren sareta*

urbanity *(n.)* 上品な振る舞い *jōhinna furumai*
urchin *(n.)* ウニ *uni*
urge *(v.)* 勧める *susumeru*
urgency *(n.)* 緊急性 *kinkyūsei*
urgent *(adj.)* 緊急な *kinkyūna*
urinal *(n.)* 小便器 *shōbenki*
urinary *(adj.)* 尿の *nyō no*
urinate *(v.)* 排尿する *hainyō suru*
urination *(n.)* 排尿 *hainyō*
urine *(n.)* 尿 *nyō*
urn *(n.)* 骨つぼ *kotsutsubo*
usable *(adj.)* 使用可能な *shiyō kanōna*
usage *(n.)* 使用法 *shiyōhō*
use *(v.)* 使う *tsukau*
use *(n.)* 使うこと *tsukau koto*
usher *(n.)* 案内係 *annaigakari*
usher *(v.)* 先導する *sendō suru*
usual *(adj.)* 通常の *tsūjō no*
usually *(adv.)* 普段は *fudan wa*
usurpation *(n.)* 権利侵害 *kenri shingai*
usury *(n.)* 高利貸 *kōrikashi*
uterus *(n.)* 子宮 *shikyū*
utilitarian *(adj.)* 功利主義の *kōri shugi no*
utilization *(n.)* 利用 *riyō*
utilize *(v.)* 利用する *riyō suru*
utmost *(adj.)* 最上の *saijō no*
utopia *(n.)* ユートピア *yūtopia*
utopian *(adj.)* ユートピアの *yūtopia no*
utter *(v.)* 口に出す *kuchi ni dasu*
utterance *(n.)* 発言 *hatsugen*

V

vacancy *(n.)* 欠員 *ketsuin*
vacant *(adj.)* 空いている *aiteiru*
vacate *(v.)* 立ち退く *tachinoku*
vacation *(n.)* 休暇 *kyūka*
vaccinate *(v.)* 予防接種をする *yobō sesshu o suru*
vaccination *(n.)* 予防接種 *yobō sesshu*
vaccinator *(n.)* 種痘医 *shutōi*
vaccine *(n.)* ワクチン *wakuchin*
vacuum *(n.)* 真空 *shinkū*
vacuum *(v.)* 掃除機をかける *sōjiki o kakeru*
vagabond *(adj.)* さすらいの *sasurai no*
vagabond *(n.)* さすらい人 *sasuraibito*
vagary *(n.)* 予測できない変化 *yosoku dekinai henka*
vagina *(n.)* 膣 *chitsu*
vain *(adj.)* 虚栄心の強い *kyoeishin no tsuyoi*
vainglory *(n.)* 虚飾 *kyoshoku*
vainly *(adv.)* 無駄に *muda ni*
valet *(n.)* 従者 *jūsha*
valid *(adj.)* 有効な *yūkōna*
validate *(v.)* 立証する *risshō suru*
validity *(n.)* 妥当性 *datōsei*
valley *(n.)* 谷 *tani*
value *(n.)* 価値 *kachi*
valve *(n.)* バルブ *barubu*
van *(n.)* バン *ban*
vanish *(v.)* 消える *kieru*
vanity *(n.)* 虚栄心 *kyoeishin*
vanquish *(v.)* 打ち負かす *uchi makasu*
vaporize *(v.)* 気化させる *kika saseru*
vaporous *(adj.)* 蒸気の *jōki no*
variable *(adj.)* 変わりやすい *kawari yasui*
variance *(n.)* 相違 *sōi*
variation *(n.)* 変動 *hendō*
varied *(adj.)* 多様な *tayōna*
variety *(n.)* 多様性 *tayōsei*
various *(adj.)* 様々な *samazamana*
varnish *(v.)* ワニスを塗る *wanisu o nuru*
varnish *(n.)* ワニス *wanisu*
vase *(n.)* 花瓶 *kabin*
vasectomy *(n.)* 精管切除 *seikan setsujo*
vaseline *(n.)* ワセリン *waserin*
vast *(adj.)* 広大な *kōdaina*
vault *(v.)* 棒を支えにして跳ぶ *bō o sasae ni shite tobu*
vault *(n.)* ヴォールト *vōruto*
vector *(n.)* ベクトル *bekutoru*
vector *(v.)* 無線誘導する *musen yūdō suru*
vectorial *(adj.)* ベクトルの *bekutoru no*
vegan *(n.)* ビーガン *bīgan*
vegan *(adj.)* ビーガンの *bīgan no*
vegetable *(adj.)* 野菜の *yasai no*
vegetable *(n.)* 野菜 *yasai*
vegetarian *(n.)* 菜食主義の *saishoku shugi no*
vegetarian *(adj.)* ベジタリアン *bejitarian*
vegetation *(n.)* 草木 *kusaki*
vehemence *(n.)* 猛烈さ *mōretsu sa*
vehicle *(n.)* 乗り物 *norimono*
vehicular *(adj.)* 乗り物の *norimono no*
veil *(v.)* ベールで覆う *bēru de ōu*
veil *(n.)* ベール *bēru*
vein *(n.)* 静脈 *jōmyaku*
velvet *(n.)* ベルベット *berubetto*
venal *(adj.)* 金で動く *kane de ugoku*
venality *(n.)* 金銭尽く *kinsen zuku*

vendor (n.) 販売会社 hanbai gaisha
venerable (adj.) 敬うべき uyamaubeki
veneration (n.) 尊崇 sonsū
vent (n.) 排気孔 haikikō
ventilate (v.) 換気する kanki suru
ventilation (n.) 換気 kanki
ventilator (n.) 換気装置 kanki sōchi
ventriloquism (n.) 腹話術 fukuwajutsu
ventriloquist (n.) 腹話術師 fukuwajutsushi
ventriloquistic (adj.) 腹話術師の fukuwajutsushi no
ventriloquize (v.) 腹話術で話す fukuwajutsu de hanasu
venture (v.) 敢行する kankō suru
venture (n.) ベンチャー benchā
venue (n.) 会場 kaijō
veranda (n.) ベランダ beranda
verbal (adj.) 口頭の kōtō no
verbally (adv.) 口頭で kōtō de
verbatim (adj.) 逐語的に chikugo teki ni
verbose (adj.) 多弁の taben no
verbosity (n.) 多弁 taben
verdant (adj.) 青々とした aoao to shita
verdict (n.) 評決 hyōketsu
verification (n.) 検証 kenshō
verify (v.) 検証する kenshō suru
verisimilitude (n.) 真実味 shinjitsumi
veritable (adj.) 真の shin no
vermillion (adj.) 朱色の shuiro no
vermillion (n.) 朱色 shuiro
vernacular (adj.) 土地特有の tochi tokuyū no
vernal (adj.) 春の haruno
versatile (adj.) 多才な tasaina
versatility (n.) 多才 tasai
versed (adj.) 精通した seitsū shita

versification (n.) 作詩法 sakushihō
versify (v.) 韻文に変える inbun ni kaeru
version (n.) バージョン bājon
versus (prep.) 対 tai
verve (n.) 力強さ chikarazuyo sa
very (adj.) まさしくその masashiku sono
vessel (n.) 船舶 senpaku
vest (n.) ベスト besuto
vested (adj.) 既得の kitoku no
vestige (n.) 痕跡 konseki
vestment (n.) 祭服 saifuku
veteran (adj.) 熟練の jukuren no
veteran (n.) 熟練者 jukurensha
veterinary (adj.) 獣医学の jūigaku no
veto (v.) 拒否権を行使する kyohiken o kōshi suru
veto (n.) 拒否権 kyohiken
vex (v.) 悩ます nayamasu
via (prep.) 経由して keiyu shite
viable (adj.) 実行可能な jikkō kanōna
vial (n.) 小びん kobin
vibrate (v.) 振動する shindō suru
vibration (n.) 振動 shindō
vicar (n.) 司教代理 shikyō dairi
vice (n.) 悪徳 akutoku
viceroy (n.) 副王 fuku ō
vice-versa (adv.) 逆もまた同様 gyaku mo mata dōyō
vicinity (n.) 付近 fukin
vicious (adj.) 意地の悪い iji no warui
vicissitude (n.) 変遷 hensen
victim (n.) 犠牲者 giseisha
victimize (v.) 不当に苦しめる futō ni kurushimeru
victor (n.) 勝利者 shōrisha
victorious (adj.) 勝利を得た shōri o eta

victory *(n.)* 勝利 *shōri*
video *(n.)* ビデオ *bideo*
video *(v.)* 録画する *rokuga suru*
videocassette *(n.)* ビデオカセット *bideokasetto*
videogaming *(n.)* テレビゲームで遊ぶ *terebi gēmu de asobu*
videotape *(v.)* テープに録画する *tēpu ni rokuga suru*
videotape *(n.)* ビデオテープ *bideotēpu*
videotelephone *(n.)* テレビ電話 *terebi denwa*
view *(n.)* 眺め *nagame*
vigil *(n.)* ビジリア *bijiria*
vigilance *(n.)* 警戒 *keikai*
vigilant *(adj.)* 用心深い *yōjin bukai*
vigorous *(adj.)* 頑健な *gankenna*
vile *(adj.)* 非常に不快な *hijō ni fukaina*
vilify *(v.)* そしる *soshiru*
villa *(n.)* 別荘 *bessō*
village *(n.)* 村 *mura*
villager *(n.)* 村人 *murabito*
villain *(n.)* 悪党 *akutō*
vindicate *(v.)* 弁明する *benmei suru*
vindication *(n.)* 弁明 *benmei*
vine *(n.)* ぶどうの木 *budō no ki*
vinegar *(n.)* 酢 *su*
vintage *(n.)* ヴィンテージ *vintēji*
violate *(v.)* 違反する *ihan suru*
violation *(n.)* 違反 *ihan*
violence *(n.)* 暴力 *bōryoku*
violent *(adj.)* 暴力的な *bōryoku tekina*
violet *(n.)* スミレ色 *sumire iro*
violin *(n.)* バイオリン *baiorin*
violinist *(n.)* バイオリン奏者 *baiorin sōsha*
viral *(adj.)* ウイルスの *uirusu no*
virgin *(adj.)* 処女の *shojo no*
virgin *(n.)* 処女 *shojo*
virginity *(n.)* 処女であること *shojodearu koto*
virtual *(adj.)* バーチャルの *bācharu no*
virtue *(n.)* 美徳 *bitoku*
virtuous *(adj.)* 高潔な *kōketsuna*
virulent *(adj.)* 猛毒の *mōdoku no*
virus *(n.)* ウイルス *uirusu*
visage *(n.)* 顔立ち *kaodachi*
visibility *(n.)* 可視性 *kashisei*
visible *(adj.)* 目に見える *me ni mieru*
vision *(n.)* ビジョン *bijon*
visionary *(n.)* ビジョンを持った人 *bijon o motta hito*
visionary *(adj.)* ビジョンを持った *bijon o motta*
visit *(n.)* 訪問 *hōmon*
visit *(v.)* 訪問する *hōmon suru*
visitor *(n.)* 訪問者 *hōmonsha*
vista *(n.)* 眺め *nagame*
visual *(adj.)* 視覚の *shikaku no*
visualize *(v.)* 思い描く *omoiegaku*
vital *(adj.)* 肝心の *kanjin no*
vitality *(n.)* 生命力 *seimeiryoku*
vitalize *(v.)* 元気づける *genkizukeru*
vitamin *(n.)* ビタミン *bitamin*
vitiate *(v.)* 低下させる *teika saseru*
viva voce *(n.)* 口頭試問 *kōtō shimon*
vivacious *(adj.)* 快活な *kaikatsuna*
vivacity *(n.)* 活力 *katsuryoku*
vivid *(adj.)* 鮮やかな *azayakana*
vixen *(n.)* 雌ギツネ *me gitsune*
vocabulary *(n.)* 語彙 *goi*
vocal *(adj.)* 声の *koe no*
vocalist *(n.)* ボーカル担当者 *bōkaru tantōsha*
vocation *(n.)* 天職 *tenshoku*

vogue *(n.)* 流行 *ryūkō*
voice *(n.)* ボイス *boisu*
void *(v.)* 空隙 *kūgeki*
void *(n.)* 真空空間 *shinkū kūkan*
volcanic *(adj.)* 火山の *kazan no*
volcano *(n.)* 火山 *kazan*
volley *(v.)* ボレーで打つ *borē de utsu*
volley *(n.)* 一斉射撃 *issei shageki*
volt *(n.)* ボルト *boruto*
voltage *(n.)* 電圧 *den atsu*
volume *(n.)* 音量 *onryō*
voluminous *(adj.)* 膨大な *bōdaina*
voluntarily *(adv.)* 自発的に *jihatsu teki ni*
voluntary *(adj.)* 自発的な *jihatsu tekina*
volunteer *(v.)* ボランティア活動する *borantia katsudō suru*
volunteer *(n.)* ボランティア *borantia*
voluptuary *(n.)* 酒色にふける人 *shushoku ni fukeru hito*
voluptuous *(adj.)* 官能的な *kannō tekina*
vomit *(n.)* 嘔吐 *ōto*
vomit *(v.)* 吐く *haku*
voracious *(adj.)* 食欲旺盛な *shokuyoku ōseina*
vote *(v.)* 投票する *tōhyō suru*
vote *(n.)* 投票 *tōhyō*
voter *(n.)* 投票者 *tōhyōsha*
voucher *(n.)* 割引券 *waribikiken*
vouchsafe *(v.)* 賜る *tamawaru*
vow *(n.)* 誓い *chikai*
vowel *(n.)* 母音 *boin*
voyage *(v.)* 航海する *kōkai suru*
voyage *(n.)* 航海 *kōkai*
voyager *(n.)* 航海者 *kōkaisha*
voyeur *(n.)* 出歯亀 *debakame*
voyeurism *(n.)* 盗撮 *tōsatsu*

vulgar *(adj.)* 品のない *hin no nai*
vulgarity *(n.)* 下品 *gehin*
vulnerable *(adj.)* 脆弱な *zeijakuna*
vulture *(n.)* ハゲワシ *hagewashi*

W

wacko *(adj.)* 狂った人 *kurutta hito*
waddle *(v.)* よたよたと歩く *yotayota to aruku*
wade *(v.)* 水中を歩く *suichū o aruku*
waft *(v.)* 漂う *tadayou*
wage *(n.)* 賃金 *chingin*
wagon *(n.)* 貨車 *kasha*
wail *(n.)* 泣き叫ぶ声 *nakisakebu koe*
wail *(v.)* 泣き叫ぶ *nakisakebu*
waist *(n.)* 腰 *koshi*
waistband *(n.)* ウェストバンド *wesutobando*
waistcoat *(n.)* ウェストコート *wesutokōto*
wait *(n.)* 待ち時間 *machijikan*
wait *(v.)* 待つ *matsu*
waiter *(n.)* ウェイター *weitā*
waitress *(n.)* ウェートレス *wētoresu*
waive *(v.)* 放棄する *hōki suru*
waiver *(n.)* 権利放棄 *kenri hōki*
wake *(v.)* 目が覚める *me ga sameru*
wakeful *(adj.)* 眠れない *nemurenai*
walk *(n.)* 徒歩 *toho*
walk *(v.)* 歩く *aruku*
wall *(n.)* 壁 *kabe*
wallet *(n.)* 財布 *saifu*
wallow *(v.)* 転げ回る *korogemawaru*
walnut *(n.)* くるみ *kurumi*
walrus *(n.)* セイウチ *seiuchi*

wand *(n.)* 魔法の杖 *mahō no tsue*
wander *(v.)* ぶらつく *buratsuku*
wane *(v.)* 衰える *otoroeru*
want *(n.)* 欲しいもの *hoshī mono*
want *(v.)* 欲しい *hoshī*
wanton *(adj.)* 理不尽な *rifujinna*
war *(v.)* 戦争をする *sensō o suru*
war *(n.)* 戦争 *sensō*
warble *(n.)* さえずり *saezuri*
warble *(v.)* さえずる *saezuru*
warbler *(n.)* ムシクイ *mushikui*
ward *(v.)* かわす *kawasu*
ward *(n.)* 病棟 *byōtō*
warden *(n.)* 監視人 *kanshinin*
wardrobe *(n.)* 衣装ダンス *ishō dansu*
wardship *(n.)* 後見 *kōken*
warehouse *(n.)* 倉庫 *sōko*
warfare *(n.)* 交戦 *kōsen*
warlike *(adj.)* 戦闘的な *sentō tekina*
warm *(adj.)* 暖かい *atatakai*
warmth *(n.)* 暖かさ *atataka sa*
warn *(v.)* 警告する *keikoku suru*
warning *(n.)* 警告 *keikoku*
warrant *(n.)* 令状 *reijō*
warrantee *(n.)* 被保証人 *hi hoshōnin*
warrantor *(n.)* 保証人 *hoshōnin*
warranty *(n.)* 保証 *hoshō*
warren *(n.)* ウサギの巣穴 *usagi no su ana*
wart *(n.)* いぼ *ibo*
wary *(adj.)* 用心深い *yōjin bukai*
wash *(n.)* 洗うこと *arau koto*
wash *(v.)* 洗う *arau*
washable *(adj.)* 洗える *araeru*
washer *(n.)* 洗濯機 *sentakuki*
wasp *(n.)* 雀蜂 *suzumebachi*

wastage *(n.)* 消耗 *shōmō*
waste *(n.)* 廃棄物 *haikibutsu*
waste *(v.)* 無駄にする *muda ni suru*
waste *(adj.)* 不用な *fuyōna*
wasteful *(adj.)* もったいない *mottainai*
watch *(n.)* 腕時計 *udedokei*
watch *(v.)* 見張る *miharu*
watchword *(n.)* 合言葉 *aikotoba*
water *(v.)* 水を掛ける *mizu o kakeru*
water *(n.)* 水 *mizu*
waterfall *(n.)* 滝 *taki*
water-melon *(n.)* スイカ *suika*
waterproof *(n.)* 防水 *bōsui*
waterproof *(v.)* 防水加工する *bōsui kakō suru*
waterproof *(adj.)* 防水加工した *bōsui kakō shita*
watertight *(adj.)* 水密の *suimitsu no*
watery *(adj.)* 水っぽい *mizuppoi*
watt *(n.)* ワット *watto*
wave *(v.)* 手を振る *te o furu*
wave *(n.)* 波 *nami*
wavy *(adj.)* 波状 *hajō*
wax *(v.)* ワックス脱毛 *wakkusu datsumō*
wax *(n.)* ろう *rō*
wayfarer *(n.)* 徒歩旅行者 *toho ryokōsha*
waylay *(v.)* 待ち伏せる *machibuseru*
weak *(adj.)* 弱い *yowai*
weaken *(v.)* 弱める *yowameru*
weakling *(n.)* 弱虫 *yowamushi*
weakness *(n.)* 弱点 *jakuten*
weal *(n.)* 赤い腫れ *akai hare*
wealth *(n.)* 富 *tomi*
wean *(v.)* 離乳させる *rinyū saseru*
weapon *(n.)* 武器 *buki*
wear *(v.)* 着る *kiru*

weary *(v.)* 疲れさせる *tsukaresaseru*
weather *(v.)* 切り抜ける *kirinukeru*
weather *(n.)* 天気 *tenki*
weave *(v.)* 織る *oru*
weaver *(n.)* 織工 *shokkō*
web *(n.)* ウェブ *webu*
web page *(n.)* ホームページ *hōmupēji*
web store *(n.)* オンラインショップ *onrain shoppu*
webby *(adj.)* ウェブの *webu no*
webcam *(n.)* ウェブカメラ *webukamera*
webcasting *(n.)* ウェブ放送 *webu hōsō*
webinar *(n.)* ウェブセミナー *webuseminā*
webisode *(n.)* ウェビソード *webisōdo*
webmaster *(n.)* ウェブマスター *webumasutā*
wed *(v.)* 結婚させる *kekkon saseru*
wedding *(n.)* 結婚式 *kekkonshiki*
wedge *(v.)* 無理やり押し込む *muriyari oshikomu*
wedge *(n.)* くさび *kusabi*
wedlock *(n.)* 婚姻 *kon in*
Wednesday *(n.)* 水曜日 *suiyōbi*
weed *(v.)* 雑草を取る *zassō o toru*
weed *(n.)* 雑草 *zassō*
week *(n.)* 週 *shū*
weekly *(adv.)* 週一回 *shū ikkai*
weekly *(n.)* 週刊誌 *shūkanshi*
weekly *(adj.)* 毎週の *maishū no*
weevil *(n.)* ゾウムシ *zōmushi*
weigh *(v.)* 重さを量る *omo sa o hakaru*
weight *(n.)* 重量 *jūryō*
weir *(n.)* 堰 *seki*
weird *(adj.)* 変な *henna*
welcome *(n.)* 歓迎 *kangei*
welcome *(v.)* 歓迎する *kangei suru*
welcome *(adj.)* 歓迎される *kangei sareru*
weld *(n.)* 溶接 *yōsetsu*
weld *(v.)* 溶接する *yōsetsu suru*
welfare *(n.)* 福祉 *fukushi*
well *(n.)* 井戸 *ido*
well *(adv.)* よく *yoku*
well *(v.)* 沸き出る *waki deru*
well *(adj.)* 調子が良い *chōshi ga ii*
wellington *(n.)* ウェリントン・ブーツ *werinton būtsu*
well-known *(adj.)* 広く知られた *hiroku shirareta*
well-read *(adj.)* 博識の *hakushiki no*
well-timed *(adj.)* タイミングの良い *taimingu no ii*
welt *(n.)* ウェルト *weruto*
welter *(n.)* 寄せ集め *yose atsume*
wen *(n.)* 皮脂嚢腫 *hishi nōshu*
west *(adv.)* 西に *nishi ni*
west *(adj.)* 西にある *nishi ni aru*
west *(n.)* 西 *nishi*
westerly *(adj.)* 西の *nishi no*
western *(adj.)* 西洋の *seiyō no*
wet *(v.)* 濡らす *nurasu*
wet *(adj.)* 濡れた *nureta*
wetness *(n.)* 湿り度 *shimerido*
whack *(v.)* ぶったたく *buttataku*
whale *(n.)* 鯨 *kujira*
wharfage *(n.)* 波止場使用料 *hatoba shiyōryō*
what *(pron. interj.)* 何 *nani*
what *(adj.)* 何の *nanno*
wheat *(n.)* 小麦 *komugi*
wheedle *(v.)* 口車に乗せる *kuchiguruma ni noseru*
wheel *(v.)* 動かす *ugokasu*
wheel *(n.)* 車輪 *sharin*

when *(conj.)* する時に *suru toki ni*
when *(adv.)* いつ *itsu*
whenever *(adv.)* 一体いつ *ittai itsu*
whenever *(conj.)* する時に必ず *suru toki ni kanarazu*
where *(conj.)* する場合には *suru bāi ni wa*
where *(adv.)* どこに *doko ni*
whereabouts *(adv.)* どの辺りに *dono atari ni*
whereabouts *(n.)* 行方 *yukue*
whereas *(conj.)* である一方で *dearu ippō de*
whereat *(conj.)* その時 *sono toki*
wherein *(adv.)* どのようにして *dono yō ni shite*
whereupon *(conj.)* そうすると *sōsuruto*
wherever *(adv.)* 一体どこでへ *ittai doko de e*
whet *(v.)* とがらせる *togaraseru*
whether *(conj.)* かどうか *ka dō ka*
whichever *(pron.)* どれでも *dore demo*
whiff *(n.)* ほのかな香り *honokana kaori*
while *(conj.)* する間に *suru aida ni*
while *(v.)* 暇をつぶす *hima o tsubusu*
while *(n.)* 少しの時間 *sukoshi no jikan*
whim *(n.)* 思い付き *omoitsuki*
whimper *(v.)* クンクン鳴く *kun kun naku*
whip *(n.)* むちで打つ *muchi de utsu*
whip *(v.)* ホイップする *hoippu suru*
whipcord *(n.)* むち縄 *muchi nawa*
whirl *(n.)* 渦 *uzu*
whirl *(v.)* グルグル回る *guruguru mawaru*
whirligig *(n.)* 回るおもちゃ *mawaru omocha*
whirlpool *(n.)* 渦巻 *uzumaki*
whirlwind *(n.)* 旋風 *senpū*
whisk *(n.)* 泡立て器 *awadateki*

whisk *(v.)* 泡立てる *awadateru*
whisker *(n.)* ひげ *hige*
whisky *(n.)* ウィスキー *wisukī*
whisper *(n.)* 囁き *sasayaki*
whisper *(v.)* 囁く *sasayaku*
whistle *(n.)* 口笛 *kuchibue*
whistle *(v.)* 口笛を吹く *kuchibue o fuku*
white *(n.)* 白 *shiro*
white *(adj.)* 白い *shiroi*
whiten *(v.)* 白くする *shiroku suru*
whitewash *(v.)* ごまかす *gomakasu*
whitewash *(n.)* しっくい *shikkui*
whitish *(adj.)* 白っぽい *shiro ppoi*
whittle *(v.)* 少しずつ削る *sukoshi zutsu kezuru*
whiz *(v.)* 風を切って飛ぶ *kaze o kitte tobu*
who *(pron.)* 誰 *dare*
whole *(n.)* 全体 *zentai*
whole-hearted *(adj.)* 心からの *kokorokara no*
wholesale *(adv.)* 卸売りで *oroshiuri de*
wholesale *(adj.)* 卸売りの *oroshiuri no*
wholesale *(n.)* 卸売り *oroshiuri*
wholesaler *(n.)* 問屋 *ton ya*
wholesome *(adj.)* 健全な *kenzenna*
wholly *(adv.)* 全く *mattaku*
whom *(pron.)* 誰に *dare ni*
whose *(pron.)* 誰の *dare no*
why *(adv.)* なぜ *naze*
wick *(n.)* 芯 *shin*
wicker *(n.)* 枝編み細工 *eda amizaiku*
wicket *(n.)* ウィケット *wiketto*
wide *(adv.)* 十分に *jūbun ni*
wide *(adj.)* 幅が広い *haba ga hiroi*
widespread *(adj.)* 広く行きわたった *hiroku ikiwatatta*

widow (v.) 未亡人にする mibōjin ni suru
widow (n.) 未亡人 mibōjin
widower (n.) 寡夫 kafu
width (n.) 幅 haba
wield (v.) 巧みに使う takumi ni tsukau
wife (n.) 妻 tsuma
wig (n.) かつら katsura
wigwam (n.) ウィグワム wiguwamu
wild (adj.) 野生の yasei no
wilderness (n.) 荒野 kōya
wildfire (n.) 山火事 yama kaji
will (v.) だろう darou
will (n.) 意志 ishi
willing (adj.) 協力的な kyōryoku tekina
willingness (n.) 意欲 iyoku
willow (n.) 柳 yanagi
wily (adj.) 狡猾な kōkatsuna
wimble (n.) 穴開け器 ana akeki
win (v.) 勝つ katsu
wince (v.) ひるむ hirumu
winch (n.) ウインチ uinchi
wind (n.) 風 kaze
windbag (n.) おしゃべり oshaberi
winder (n.) 巻き取り機 makitoriki
windlass (n.) ウインドラス uindo rasu
windmill (n.) 風車 kazaguruma
window (n.) 窓 mado
windscreen (n.) フロントガラス furonto garasu
windy (adj.) 風の強い kaze no tsuyoi
wine (n.) ワイン wain
wing (n.) 羽 hane
wink (n.) ウインク uinku
wink (v.) ウインクする uinku suru
winner (n.) 勝者 shōsha

winnow (v.) もみ殻を吹き分ける momigara o fukiwakeru
winsome (adj.) 愛嬌のある aikyō no aru
winter (v.) 冬を過ごす fuyu o sugosu
winter (n.) 冬 fuyu
wintry (adj.) 冬のように寒い fuyu no yō ni samui
wipe (n.) ウェットティッシュ wetto tisshu
wipe (v.) 拭く fuku
wire (v.) 配線する haisen suru
wire (n.) 電線 densen
wireless (n.) 無線電信機 musen denshinki
wireless (adj.) 無線の musen no
wiring (n.) 配線 haisen
wisdom (n.) 知恵 chie
wisdom-tooth (n.) 親知らず oyashirazu
wish (v.) 願う negau
wish (n.) 願い negai
wishful (adj.) もの欲しそうな mono hoshi sōna
wistful (adj.) 切なそうな setsuna sōna
witch (n.) 魔女 majo
witchcraft (n.) 魔術 majutsu
with (prep.) と一緒に to issho ni
withdraw (v.) 引き出す hikidasu
wither (v.) 枯れる kareru
withhold (v.) 差し控える sashihikaeru
within (adv.) 内部で naibu de
within (prep.) 中で naka de
without (adv. prep.) なくて nakute
withstand (v.) 耐える taeru
witless (adj.) ばかな bakana
witness (v.) 目撃する mokugeki suru
witness (n.) 証人 shōnin
witticism (n.) 洒落 share
witty (adj.) 気の利いた ki no kīta

wizard *(n.)* 魔術師 *majutsushi*
wobble *(v.)* グラグラする *guragura suru*
woe *(n.)* 悲哀 *hiai*
woebegone *(adj.)* 悲嘆に暮れた *hitan ni kureta*
wolf *(n.)* 狼 *ōkami*
woman *(n.)* 女性 *josei*
womanhood *(n.)* 女性らしさ *joseirashi sa*
womanise *(v.)* 女遊びをする *onna asobi o suru*
womaniser *(n.)* 女たらし *onnatarashi*
womanish *(adj.)* 女らしい *onnarashī*
wonder *(v.)* 不思議に思う *fushigi ni omou*
wonder *(n.)* 驚異の念 *kyōi no nen*
wont *(adj.)* 慣れた *nareta*
woo *(v.)* せがむ *segamu*
wood *(n.)* 木材 *mokuzai*
wooden *(adj.)* 木製の *mokusei no*
woodland *(n.)* 森林 *shinrin*
woof *(n.)* ワン *wan*
wool *(n.)* ウール *ūru*
woollen *(n.)* ウール製品 *ūru seihin*
woollen *(adj.)* ウールの *ūru no*
word *(v.)* 言葉で表す *kotoba de arawasu*
word *(n.)* 単語 *tango*
wordy *(adj.)* 冗長な *jōchōna*
work *(v.)* 働く *hataraku*
work *(n.)* 仕事 *shigoto*
workaday *(adj.)* 日常の *nichijō no*
workmanship *(n.)* 出来栄え *dekibae*
workshop *(n.)* ワークショップ *wākushoppu*
world *(n.)* 世界 *sekai*
worldling *(n.)* 俗人 *zokujin*
worldly *(adj.)* 世俗的な *sezoku tekina*
worm *(n.)* 蠕虫 *zenchū*

wormwood *(n.)* ヨモギ *yomogi*
worn *(adj.)* 使い古した *tsukaifurushita*
worry *(v.)* 心配する *shinpai suru*
worry *(n.)* 心配 *shinpai*
worship *(v.)* 礼拝する *reihai suru*
worship *(n.)* 礼拝 *reihai*
worshipper *(n.)* 礼拝者 *reihaisha*
worst *(n.)* 最悪 *saiaku*
worst *(adj.)* 最悪の *saiaku no*
worst *(v.)* 負かす *makasu*
worsted *(n.)* 梳毛糸 *somōshi*
worth *(adj.)* 価値がある *kachi ga aru*
worthless *(adj.)* 価値がない *kachi ga nai*
worthy *(adj.)* 値する *ataisuru*
would-be *(adj.)* 志望の *shibō no*
wound *(n.)* 外傷 *gaishō*
wraith *(n.)* 生霊 *ikiryō*
wrap *(n.)* 包装紙 *hōsōshi*
wrap *(v.)* 包む *tsutsumu*
wrapper *(n.)* 包み紙 *tsutsumigami*
wrecker *(n.)* レッカー車 *rekkāsha*
wren *(n.)* ミソサザイ *misosazai*
wrench *(v.)* ねじり取る *nejiri toru*
wrench *(n.)* レンチ *renchi*
wrest *(v.)* 奪い取る *ubaitoru*
wrestle *(v.)* 格闘する *kakutō suru*
wrestler *(n.)* レスラー *resurā*
wretch *(n.)* 気の毒な人 *kinodokuna hito*
wretched *(adj.)* 気の毒な *kinodokuna*
wrick *(n.)* 筋違い *sujichigai*
wriggle *(v.)* うごめく *ugomeku*
wring *(v.)* 絞る *shiboru*
wrinkle *(v.)* しわを作る *shiwa o tsukuru*
wrinkle *(n.)* しわ *shiwa*
wrist *(n.)* 手首 *tekubi*

writ *(n.)* 令状 *reijō*
write *(v.)* 書く *kaku*
writer *(n.)* 作家 *sakka*
writhe *(v.)* もがく *mogaku*
wrong *(adv.)* 誤って *ayamatte*
wrong *(v.)* 不当に扱う *futō ni atsukau*
wrong *(adj.)* 間違った *machigatta*
wry *(adj.)* 苦笑いの *nigawarai no*

xenobiology *(n.)* 宇宙生物学 *uchū seibutsugaku*
xenogenesis *(n.)* 世代交代 *sedai kōtai*
xenomania *(n.)* 外国かぶれ *gaikoku kabure*
xenomorph *(n.)* 他形 *takei*
xenophile *(n.)* 外国を好む人 *gaikoku o konomu hito*
xenophobe *(n.)* 外国人嫌いの人 *gaikokujin girai no hito*
xenophobia *(n.)* 外国人嫌い *gaikokujin girai*
xerox *(v.)* コピーする *kopī suru*
x-ray *(n.)* X線 *ekkusu sen*
x-ray *(v.)* X線で調べる *ekkusu sen de shiraberu*
xylophilous *(adj.)* 木を好む *ki o konomu*
xylophone *(n.)* シロフォン *shiro fon*

yacht *(n.)* ヨット *yotto*
yacht *(v.)* ヨットに乗る *yotto ni noru*
yak *(n.)* ヤク *yaku*

yap *(n.)* キャンキャン吠える *kyankyan hoeru*
yap *(v.)* 吠えたてる *hoeta teru*
yard *(n.)* ヤード *yādo*
yawn *(n.)* あくび *akubi*
yawn *(v.)* あくびをする *akubi o suru*
year *(n.)* 年 *toshi*
yearly *(adv.)* 年一回 *nen ikkai*
yearly *(adj.)* 年一回の *nen ikkai no*
yearn *(v.)* 切望する *setsubō suru*
yearning *(n.)* 憧れ *akogare*
yeast *(n.)* 酵母 *kōbo*
yell *(n.)* 叫び声 *sakebigoe*
yell *(v.)* 怒鳴る *donaru*
yellow *(n.)* 黄色 *kīro*
yellow *(v.)* 黄色にする *kīro ni suru*
yellow *(adj.)* 黄色い *kīroi*
yellowish *(adj.)* 黄色がかった *kīrogakatta*
Yen *(n.)* 円 *en*
yen *(v.)* 熱望する *netsubō suru*
yes *(adv.)* はい *hai*
yesterday *(n. adv.)* 昨日 *kinō*
yet *(conj.)* けれども *keredomo*
yet *(adv.)* まだ *mada*
yield *(v.)* 産出する *sanshutsu suru*
yield *(n.)* 生産量 *seisanryō*
yodel *(n.)* ヨーデル *yōderu*
yodel *(v.)* ヨーデル調で歌う *yōderuchō de utau*
yoga *(n.)* ヨガ *yoga*
yoghurt *(n.)* ヨーグルト *yōguruto*
yogi *(n.)* ヨーガ行者 *yōga gyōja*
yoke *(n.)* くびき *ku biki*
yoke *(v.)* くびきをかける *ku biki o kakeru*
yolk *(n.)* 黄身 *kimi*
You Tube *(n.)* ユーチューブ *yūchūbu*

young *(adj.)* 若い *wakai*
young *(n.)* 若い人たち *wakai hitotachi*
yourself *(pr.)* 自分自身 *jibun jishin*
youth *(n.)* 若者 *wakamono*
youthful *(adj.)* 若々しい *wakawakashī*

Z

zany *(adj.)* おどけた *odoketa*
zany *(n.)* ひょうきん者 *hyōkinmono*
zealot *(n.)* 熱狂者 *nekkyōsha*
zebra *(n.)* シマウマ *shimauma*
zenith *(n.)* 天頂 *tenchō*
zephyr *(n.)* そよ風 *soyokaze*
zero *(n.)* ゼロ *zero*
zest *(n.)* 柑橘類の皮 *kankitsurui no kawa*
zigzag *(n.)* ジグザグ *jiguzagu*

zigzag *(adv.)* ジグザグに *jiguzagu ni*
zigzag *(v.)* ジグザグに進む *jiguzagu ni susumu*
zigzag *(adj.)* ジグザグの *jiguzagu no*
zinc *(n.)* 亜鉛 *aen*
zip *(n.)* ファスナー *fasunā*
zip *(v.)* ファスナーを閉める *fasunā o shimeru*
ziplock *(adj.)* ジップロック *jippurokku*
zipper *(n.)* ジッパー *jippā*
zodiac *(n.)* 黄道帯 *kōdōtai*
zonal *(adj.)* 地区の *chiku no*
zone *(n.)* 地帯 *chitai*
zoo *(n.)* 動物園 *dōbutsuen*
zoological *(adj.)* 動物学の *dōbutsugaku no*
zoologist *(n.)* 動物学者 *dōbutsu gakusha*
zoology *(n.)* 動物学 *dōbutsugaku*
zoom *(n.)* 拡大 *kakudai*
zoom *(v.)* 拡大する *kakudai suru*

Japanese - English

アーチ āchi (n.) arch
アーチェリー ācherī (n.) archery
アーティチョーク ātichōku (n.) artichoke
アートディレクション ātodirekushon (n.) art direction
アーメン āmen (interj.) amen
アーモンド āmondo (n.) almond
アーユルヴェーダ āyuruvēda (n.) Ayurveda
愛 ai (n.) love
藍色の aīro no (n.) indigo
愛嬌のある aikyō no aru (adj.) winsome
愛国者 aikokusha (n.) patriot
愛国心 aikokushin (n.) patriotism
愛国心の強い aikokushin no tsuyoi (adj.) patriotic
合言葉 aikotoba (n.) watchword
アイサ aisa (n.) sawbill
挨拶 aisatsu (n.) salutation
挨拶する aisatsu suru (v.) greet
合じゃくり ai jakuri (n.) shiplap
哀愁 aishū (n.) pathos
愛情 aijō (n.) affection
愛情に飢えた aijō ni ueta (adj.) needy
愛情深い aijō bukai (adj.) affectionate
愛情を込めた言葉 aijō o kometa kotoba (n.) endearment
愛書家 aishoka (n.) bibliophile
愛人 aijin (n.) mistress
合図 aizu (n.) cue
アイスキャンデー aisukyandē (n.) iceblock
アイスクリーム aisukurīmu (n.) ice cream
合図する aizu suru (v.) motion
アイスバケット aisu baketto (n.) ice bucket
アイス・ボックス aisu bokkusu (n.) cooler
アイスブレーカー aisuburēkā (n.) icebreaker
愛する aisuru (v.) love
愛想のいい aiso no ī (adj.) amiable
愛想の良さ aiso no yo sa (n.) amiability
間に aida ni (prep.) between
あいつ aitsu (n.) dude
空いている aiteiru (adj.) vacant
哀悼 aitō (n.) mourning
相乗り ainori (n.) carpool
愛撫 aibu (n.) fondling
愛撫する aibu suru (v.) caress
相棒 aibō (n.) partner
合間 aima (n.) interim
曖昧さ aimai sa (n.) ambiguity
曖昧な aimaina (adj.) ambiguous
アイライナー airainā (n.) eyeliner
愛らしい airashī (adj.) adorable
アイルランド語 airurandogo (n.) Irish
アイルランドの airurando no (adj.) Irish
アイロンをかける airon o kakeru (v.) iron
会う au (v.) meet
合う au (v.) fit
アウトドアの autodoa no (adj.) outdoor

アウトバウンドの autobaundo no *(adj.)* outbound
亜鉛 aen *(n.)* zinc
青 ao *(n.)* blue
青々とした aoao to shita *(adj.)* verdant
青ざめる aozameru *(v.)* pale
青白い aojiroi *(adj.)* ashen
青緑色 aomidori iro *(n.)* cyan
赤 aka *(n.)* red
赤い akai *(adj.)* red
赤い腫れ akai hare *(n.)* weal
アカウミガメ aka umigame *(n.)* loggerhead
あがく agaku *(v.)* struggle
赤くする akaku suru *(v.)* rubify
赤くなる akaku naru *(v.)* redden
赤字 akaji *(n.)* deficit
アカシア akashia *(n.)* acacia
明かす akasu *(v.)* reveal
アカデミー akademī *(n.)* academy
アカデミー会員 akademī kaīn *(n.)* academician
贖う aganau *(v.)* ransom
茜色 akaneiro *(n.)* crimson
あからさまな akarasamana *(adj.)* overt
あからさまに akarasama ni *(adv.)* pointedly
上がること agaru koto *(n.)* rise
明るい akarui *(adj.)* bright
明るくする akaruku suru *(v.)* brighten
明るさ akaru sa *(n.)* brightness
赤ん坊 akanbō *(n.)* baby
赤ん坊にとって安全な akanbō nitotte anzenna *(adj.)* babyproof

秋 aki *(n.)* autumn
空き aki *(n.)* opening
阿魏 agi *(n.)* asafoetida
飽き飽きする akiakisuru *(adj.)* tiresome
明らかな akirakana *(adj.)* obvious
明らかに akiraka ni *(adv.)* obviously
明らかにする akiraka ni suru *(v.)* clarify
諦める akirameru *(v.)* forgo
呆れさせる akiresaseru *(v.)* scandalize
呆れるほど akireru hodo *(adv.)* scandalously
悪 aku *(n.)* evil
アクアチント akuachinto *(n.)* aquatint
悪意 akui *(n.)* malice
悪意のある akui no aru *(adj.)* malicious
悪作 akusaku *(n.)* devilry
悪事 akuji *(n.)* misdeed
悪質な akushitsuna *(adj.)* pernicious
悪臭 akushū *(n.)* stench
悪臭を放つ akushū o hanatsu *(v.)* stink
悪臭のする akushū no suru *(adj.)* rancid
悪事を働く akuji o hataraku *(adj.)* maleficent
悪政 akusei *(n.)* maladministration
悪性の akusei no *(adj.)* malignant
あくせく働く akuseku hataraku *(v.)* slave
アクセサリー akusesarī *(n.)* accessory
アクセス akusesu *(n.)* access
悪銭 akusen *(n.)* lucre
悪党 akutō *(n.)* villain
悪党のような akutō no yōna *(adj.)* roguish
悪徳 akutoku *(n.)* vice

悪人 akunin *(n.)* miscreant
悪の aku no *(adj.)* evil
あくび akubi *(n.)* yawn
あくびをする akubi o suru *(v.)* yawn
悪評 akuhyō *(n.)* notoriety
悪魔 akuma *(n.)* devil
悪魔のように akuma no yō ni *(adv.)* satanically
悪夢 akumu *(n.)* nightmare
悪名 akumyō *(n.)* infamy
悪名高い akumyō dakai *(adj.)* infamous
悪用 akuyō *(n.)* misuse
悪用する akuyō suru *(v.)* misuse
悪辣な akuratsuna *(adj.)* nefarious
悪霊 akuryō *(n.)* ghoul
悪霊のような akuryō no yōna *(adj.)* ghoulish
アクリル akuriru *(adj.)* acrylic
アクリレート akurirēto *(n.)* acrylate
アクロマート akuromāto *(n.)* achromat
あげる ageru *(v.)* give
上げる ageru *(v.)* raise
揚げる ageru *(v.)* hoist
顎 ago *(n.)* jaw
憧れ akogare *(n.)* yearning
朝 asa *(n.)* morning
麻 asa *(n.)* hemp
アザ aza *(n.)* bruise
浅い asai *(adj.)* shallow
浅黒い asaguroi *(adj.)* swarthy
嘲り azakeri *(n.)* mockery
嘲る azakeru *(v.)* ridicule
浅瀬 asase *(n.)* shoal

浅ましい asamashī *(adj.)* despicable
アザミ azami *(n.)* thistle
欺く azamuku *(v.)* deceive
欺くこと azamuku koto *(n.)* deception
鮮やかな azayakana *(adj.)* vivid
アザラシ azarashi *(n.)* sea dog
あさる asaru *(v.)* scavenge
漁る asaru *(v.)* ransack
あざ笑う azawarau *(v.)* scoff
脚 ashi *(n.)* leg
足 ashi *(n.)* foot
味 aji *(n.)* flavour
足跡 ashiato *(n.)* footprint
アシカ ashika *(n.)* sealion
足かせ ashikase *(n.)* fetter
足かせをはめる ashikase o hameru *(v.)* fetter
足首 ashikubi *(n.)* ankle
明日 ashita *(adv.)* tomorrow
味付けをする ajitsuke o suru *(v.)* season
足取り ashidori *(n.)* tread
足の指 ashi no yubi *(n.)* toe
足の指で触れる ashi no yubi de fureru *(v.)* toe
足場 ashiba *(n.)* foothold
味見する ajimi suru *(v.)* taste
味わう ajiwau *(v.)* savour
足を痛めた ashi o itameta *(adj.)* footsore
足を滑らす ashi o suberasu *(v.)* slip
足を滑らすこと ashi o suberasu koto *(n.)* slip
足を引きずる ashi o hikizuru *(v.)* shuffle

足を不自由にする ashi o fujiyū ni suru (v.) lame
アストロラーベ asutororābe (n.) astrolabe
アスパラガス asuparagasu (n.) asparagus
アスベスト asubesuto (n.) asbestos
東屋 azumaya (n.) arbour
汗 ase (n.) sweat
アセチレン asechiren (n.) acetylene
アセトン aseton (n.) acetone
焦り aseri (n.) impatience
汗をかく ase o kaku (v.) sweat
唖然とさせる azen to saseru (v.) dumbfound
唖然とした azen to shita (adj.) dumbfounded
遊び好きな asobi zukina (adj.) playful
遊び人 asobinin (n.) philanderer
遊び場 asobiba (n.) playground
遊ぶ asobu (v.) play
遊ぶ約束 asobu yakusoku (n.) playdate
仇 ada (n.) enmity
値する ataisuru (v.) deserve
値する ataisuru (adj.) worthy
与える ataeru (v.) inflict
暖かい atatakai (adj.) warm
暖かさ atataka sa (n.) warmth
暖まる atatamaru (v.) bask
暖める atatameru (v.) heat
あだ名 adana (n.) nickname
あだ名を付ける adana o tsukeru (v.) nickname
アダプター adaputā (n.) adaptor
頭 atama (n.) head

頭が固い atama ga katai (adj.) obstinate
頭から先に atama kara saki ni (adv.) headlong
頭から離れない atama kara hanarenai (adj.) obsessive
頭割り料金 atamawari ryōkin (n.) capitation
頭を乗せる atama o noseru (n.) pillow
新しい atarashī (adj.) new
仇を討つ ada o utsu (v.) avenge
厚い atsui (adj.) thick
暑い atsui (adj.) hot
厚板 atsu ita (n.) slab
扱いにくい atsukai nikui (adj.) tricky
扱いやすい atsukai yasui (adj.) manageable
扱う atsukau (v.) handle
悪化させる akka saseru (v.) aggravate
悪化させるもの akka saseru mono (n.) aggravation
悪化する akka suru (v.) deteriorate
厚かましい atsukamashī (adj.) brash
厚紙 atsugami (n.) cardboard
厚く atsuku (adv.) thick
圧縮空気を使った asshuku kūki o tsukatta (adj.) pneumatic
圧縮機 asshukuki (n.) compressor
圧縮する asshuku suru (v.) compress
圧政的な assei tekina (adj.) oppressive
圧着 acchaku (n.) crimp
圧倒する attō suru (v.) overwhelm
アップグレードする appu gurēdo suru (v.) upgrade
アップロードする appu rōdo suru (v.) upload

集まる atsumaru *(v.)* congregate
集める atsumeru *(v.)* collect
圧力 atsuryoku *(n.)* pressure
当てにする ate ni suru *(v.)* resort
当てにならない ate ni naranai *(adj.)* deceptive
あて布 ate nuno *(n.)* patch
当て物 atemono *(n.)* pad
跡 ato *(n.)* trail
アドイン ado in *(n.)* add-in
後押しする ato oshi suru *(v.)* boost
後から思いついたこと ato kara omoitsuita koto *(n.)* afterthought
後産 atozan *(n.)* afterbirth
後ずさり atozusari *(n.)* shy
後に ato ni *(prep.)* after
後に続いて起きる ato ni tsuzuite okiru *(v.)* ensue
後の ato no *(adj.)* subsequent
アトピー性の atopīsei no *(adj.)* atopic
後戻りする atomodori suru *(v.)* backtrack
アトリウム atoriumu *(n.)* atrium
後をつける ato o tsukeru *(v.)* shadow
穴 ana *(n.)* puncture
穴 ana *(n.)* hole
穴開け器 ana akeki *(n.)* wimble
穴を開ける ana o akeru *(v.)* bore
穴を広げる ana o hirogeru *(v.)* ream
アナウンサー anaunsā *(n.)* announcer
アナグマ anaguma *(n.)* badger
穴掘り具 anahorigu *(n.)* dibble
アナモルフォーシス anamorufōshisu *(adj.)* anamorphosis

アナリスト anarisuto *(n.)* analyst
アニシード anishīdo *(n.)* aniseed
アニメ anime *(n.)* cartoon
アニメーション animēshon *(n.)* animation
あの ano *(dem. pron.)* that
あの時に ano toki ni *(adv.)* then
アノラック anorakku *(n.)* anorak
アパート apāto *(n.)* apartment
アパルトヘイト aparutoheito *(n.)* apartheid
暴れ回ること abaremawaru koto *(n.)* rampage
アヒル ahiru *(n.)* duck
アヒルの鳴き声 ahiru no nakigoe *(n.)* quack
あぶ abu *(n.)* gadfly
アフターシェーブローション afutāshēburōshon *(n.)* aftershave
アフターケア afutākea *(n.)* aftercare
油 abura *(n.)* oil
油を差す abura o sasu *(v.)* oil
油絵の具 aburaenogu *(n.)* oil paint
脂っこい aburakkoi *(adj.)* oily
アプリ apuri *(n.)* app
アプリコット apurikotto *(n.)* apricot
溢れるばかりの afureru bakari no *(adj.)* effusive
アヘン ahen *(n.)* opium
アヘンを含む ahen o fukumu *(adj.)* opiate
アヘンを混ぜ込む ahen o mazekomu *(v.)* opiate
アホウドリ ahōdori *(n.)* albatross
アボカド abokado *(n.)* avocado

アポストロフィー aposutorofī *(n.)* apostrophe
甘さ ama sa *(n.)* sweetness
甘い amai *(adj.)* indulgent
甘い amai *(adj.)* sweet
甘くする amaku suru *(v.)* sweeten
甘くて美味しい amakute oishī *(adj.)* luscious
雨雲 amagumo *(n.)* nimbus
亜麻仁 amani *(n.)* linseed
甘やかす amayakasu *(v.)* pamper
余り amari *(n.)* surplus
網 ami *(n.)* net
網で覆う ami de ōu *(v.)* net
網戸 amido *(n.)* screendoor
編む amu *(v.)* knit
あめ ame *(n.)* candy
雨 ame *(n.)* rain
雨の多い ame no ōi *(adj.)* pluvial
雨模様の ame moyō no *(adj.)* rainy
アメニティー amenitī *(n.)* amenity
アメリカスズカケノキ amerika suzukakenoki *(n.)* sycamore
怪しい ayashī *(adj.)* suspicious
あやす ayasu *(v.)* dandle
操り人形 ayatsuri ningyō *(n.)* puppet
操る ayatsuru *(v.)* manipulate
誤った考え ayamatta kangae *(n.)* misbelief
誤った指図 ayamatta sashizu *(n.)* misdirection
誤って ayamatte *(adv.)* wrong
謝って ayamatte *(adv.)* accidentally
誤って教える ayamatte oshieru *(v.)* misdirect

誤りを立証する ayamari o risshō suru *(v.)* confute
誤る ayamaru *(v.)* err
謝る ayamaru *(v.)* apologize
歩み ayumi *(n.)* step
あらを捜す ara o sagasu *(v.)* cavil
粗い arai *(adj.)* coarse
荒い鼻息 arai hanaiki *(n.)* snort
洗う arau *(v.)* wash
洗うこと arau koto *(n.)* wash
洗える araeru *(adj.)* washable
予め arakajime *(adv.)* beforehand
あらかじめ熟考した arakajime jukkō shita *(v.)* premeditate
嵐 arashi *(n.)* storm
嵐の arashi no *(adj.)* stormy
あらすじ arasuji *(n.)* synopsis
争い arasoi *(n.)* conflict
争いを避ける arasoi o sakeru *(adj.)* peaceable
争う arasō *(v.)* feud
新たに arata ni *(adv.)* anew
アラバスター arabasutā *(n.)* alabaster
アラビアータ arabiāta *(n.)* arrabbiata
アラビア人 **arabiajin** *(n.)* Arab
あらゆる形を持つ arayuru katachi o motsu *(adj.)* omniform
霰 arare *(n.)* hail
霰が降る arare ga furu *(v.)* hail
霰を伴う arare wo tomonau *(n.)* hailstorm
現れ araware *(n.)* manifestation
現れる arawareru *(v.)* appear
現われる arawareru *(v.)* emerge

アリ ari (n.) emmet
蟻 ari (n.) ant
あり余る ari amaru (adj.) superabundant
ありそうもない ari sō monai (adj.) unlikely
あり余り ariamari (n.) superabundance
ありがとう arigatō (n.) thanks
アリゲーター arigētā (n.) alligator
アリバイ aribai (n.) alibi
ありふれた arifureta (adj.) commonplace
或いは aruiha (adv.) alternatively
アルカリ arukari (n.) alkali
アルカリ性 arukarisei (adj.) alkaline
歩き方 aruki kata (n.) gait
歩く aruku (v.) walk
歩くことができる aruku koto ga dekiru (adj.) ambulant
アルコーブ arukōbu (n.) alcove
アルコール arukōru (n.) alcohol
アルコール依存症 arukōru izonshō (n.) alcoholism
アルコール性の arukōrusei no (n.) alcoholic
アルゴリズム arugorizumu (n.) algorithm
アルツハイマー病 arutsuhaimābyō (n.) Alzheimer's disease
アルト aruto (n.) alto
アルバム arubamu (n.) album
アルビノ arubino (n.) albino
アルファ arufa (n.) alpha
アルファベット arufabetto (n.) alphabet
アルファベット順の arufabettojun no (adj.) alphabetical

アルミニウム aruminiumu (n.) aluminium
あれ are (rel. pron.) that
荒れ狂う arekurū (adj.) turbulent
荒れ狂った arekurutta (adv.) amuck
荒れ地 arechi (n.) moor
荒れ果てた arehateta (adj.) desolate
アレルギー arerugī (n.) allergy
アレルギーを引き起こす arerugī o hikiokosu (adj.) allergic
アロエ aroe (n.) aloe
アロマテラピー aromaterapī (n.) aromatherapy
泡 awa (n.) foam
泡を出す awa o dasu (v.) fizz
泡を作る awa o tsukuru (v.) foam
淡い awai (adj.) pale
泡状の awajō no (adj.) foamy
泡立つこと awadatsu koto (n.) fizz
泡立て器 awadateki (n.) whisk
泡立てる awadateru (v.) whisk
慌てて走る awatete hashiru (v.) scuttle
慌てる awateru (v.) scramble
哀れな awarena (adj.) pitiful
哀れみ awaremi (n.) pity
哀れむ awaremu (v.) pity
アンインストールする an insutōru suru (adj.) uninstall
暗記カード anki kādo (n.) flashcard
アンクレット ankuretto (n.) anklet
アンケート ankēto (n.) questionnaire
暗号 angō (n.) cipher(or cypher)
暗号を解読する angō o kaidoku suru (v.) decrypt

暗号を解く angō o toku (v.) decode
暗号化された angō ka sareta (adj.) encrypted
暗号化する angō ka suru (v.) encrypt
暗号解読 angō kaidoku (n.) decryption
暗号手法 angō shuhō (n.) cryptography
暗黒街 ankokugai (n.) underworld
暗殺 ansatsu (n.) assassination
暗殺する ansatsu suru (v.) assassinate
暗殺者 ansatsusha (n.) assassin
アンサンブル ansanburu (n.) ensemble
暗示 anji (n.) implication
暗示する anji suru (v.) connote
暗示的な anji tekina (adj.) suggestive
按手された anshu sareta (adj.) ordained
按手する anshu suru (v.) ordain
暗証 anshō (n.) cypher
暗唱する anshō suru (v.) recite
安心させる anshin saseru (v.) reassure
安全 anzen (n.) safe
安全対策 anzen taisaku (n.) safeguard
安全通行権 anzen tsūkōken (n.) safe-conduct
安全に anzen ni (adv.) safely
安全庫 anzenko (n.) safe-deposit
安全性 anzensei (n.) safety
安全な anzenna (adj.) safe
安息日 ansokubi (n.) sabbath
編んだ髪 anda kami (n.) braid
安置する anchi suru (v.) enshrine
アンチエイジング anchieijingu (adj.) anti-ageing
安定 antei (n.) stability

安定 antei (n.) stabilization
安定させる antei saseru (v.) stabilize
安定した antei shita (adj.) stable
安定した antei shita (adj.) steady
アンティーク antīku (adj.) antique
アンテナ antena (n.) antenna
アンドロイド andoroido (n.) android
案内する annai suru (v.) guide
案内係 annaigakari (n.) usher
案内人 annaijin (n.) guide
安穏な annonna (adj.) placid
アンバーライト anbā raito (n.) amberite
アンプ anpu (n.) amplifier
アンペア anpea (n.) ampere
暗黙 anmoku (adj.) tacit
暗黙の anmoku no (adj.) implicit
アンモニア anmonia (n.) ammonia
安楽死させる anraku shi saseru (v.) euthanize

胃 i (n.) stomach
威圧する iatsu suru (v.) daunt
良い ii (adj.) fine
良い ii (adj.) good
良い ii (adj.) nice
言い争い īarasoi (n.) quarrel
言い争う īarasou (v.) quarrel
言い表す īarawasu (v.) phrase
いいえ īe (adv.) no

言い換え īkae (n.) paraphrase
言い返し īkaeshi (n.) retort
言い返す īkaesu (v.) retort
言い換える īkaeru (v.) paraphrase
いいかげんな īkagenna (adj.) half-hearted
言いくるめる īkurumeru (v.) coax
イースター īsutā (n.) easter
言い伝え ītsutae (n.) lore
言い張る īharu (v.) insist
言い分 ībun (n.) say
言い回し īmawashi (n.) locution
Eメール ī mēru (n.) email
いいよ īyo (int.) okay
言い訳 īwake (n.) excuse
委員会 īnkai (n.) committee
委員長 īnchō (n.) chairman
言う iu (v.) say
家 ie (n.) home
家出人 iedenin (n.) runaway
家を提供する ie o teikyō suru (v.) house
硫黄 iō (n.) sulphur
硫黄を多く含む iō o ōku fukumu (adj.) sulphuric
意外なこと igaina koto (n.) eye-opener
いかがわしい ikagawashī (adj.) objectionable
威嚇する ikaku suru (v.) terrorize
医学生 igakusei (n.) medic
いがみ合い igamiai (n.) catfight
怒り ikari (n.) anger
錨 ikari (n.) anchor
息 iki (n.) breath
意義 igi (n.) significance

異議 igi (n.) objection
勢い ikioi (n.) momentum
生き返らせる ikikaeraseru (v.) revive
息が詰まる iki ga tsumaru (v.) gag
意義深い igi bukai (adj.) pointful
息切れした ikigire shita (adj.) panting
息苦しい ikigurushī (adj.) stuffy
息苦しくさせる ikigurushiku saseru (v.) stifle
生きた ikita (adj.) live
行き詰まり ikizumari (n.) deadlock
生きている ikiteiru (adj.) alive
憤り ikidōri (n.) indignation
行き止まり ikidomari (n.) impasse
粋な ikina (adj.) dapper
生き残る ikinokoru (v.) survive
異教 ikyō (n.) paganism
異教の ikyō no (adj.) pagan
意気揚々 ikiyōyō (n.) elation
イギリス連邦 igirisu renpō (n.) commonwealth
生霊 ikiryō (n.) wraith
生きる ikiru (v.) live
息を切らす iki o kirasu (v.) pant
異議を唱える igi o tonaeru (v.) object
息をのむ iki o nomu (v.) gasp
息をのむこと iki o nomu koto (n.) gasp
息をのむような iki o nomu yōna (adj.) breathtaking
息を吐く iki o haku (v.) puff
行く iku (v.) go
育児 ikuji (n.) childcare
育成 ikusei (n.) nurture
いくつかの ikutsu ka no (adj.) several

イグルー igurū (n.) igloo
池 ike (n.) pond
畏敬 ikei (n.) reverence
意見 iken (n.) opinion
威厳 igen (n.) stateliness
威厳がある igen ga aru (adj.) august
威厳のある igen no aru (adj.) majestic
威厳をつける igen o tsukeru (v.) dignify
意見を述べる iken o noberu (v.) remark
以後 igo (n.) hereafter
居心地の良い igokochi no yoi (adj.) cozy
意固地な ikojina (adj.) opinionated
勇ましい isamashī (adj.) spirited
遺産 isan (n.) inheritance
医師 ishi (n.) doctor
意志 ishi (n.) will
石 ishi (n.) stone
維持 iji (n.) conservation
維持する iji suru (v.) maintain
意識 ishiki (n.) awareness
意識がぼんやりした ishiki ga bonyari shita (adj.) dopey
いじくり回す ijikuri mawasu (v.) fumble
石積み ishizumi (n.) rubblework
異質な ishitsuna (adj.) alien
石の多い ishi no ōi (adj.) stony
意思の固い ishi no katai (adj.) resolute
石を投げつける ishi o nagetsukeru (v.) stone
意地の悪い iji no warui (adj.) vicious
意地の悪さ iji no waru sa (n.) meanness
維持費 ijihi (n.) upkeep
いじめっ子 ijimekko (n.) bully

石目やすり ishime ya suri (n.) rasp
移住 ijū (n.) immigration
移住する ijū suru (v.) immigrate
萎縮する ishuku suru (v.) atrophy
衣装 ishō (n.) costume
異常 ijō (n.) abnormality
衣装ダンス ishō dansu (n.) wardrobe
異常な ijōna (adj.) abnormal
異常に ijō ni (adv.) abnormally
移植 ishoku (n.) transplant
移植手術 ishoku shujutsu (n.) transplantation
移植する ishoku suru (v.) transplant
移植片 ishokuhen (n.) graft
いじる ijiru (v.) fiddle
意地悪な ijiwaruna (adj.) mean
椅子 isu (n.) chair
イスラム教の isuramukyō no (adj.) muslim
威勢 isei (n.) might
威勢の良い isei no yoi (adj.) dashing
以前の出来事 izen no dekigoto (n.) antecedent
急いで isoide (adv.) speedily
遺贈 izō (n.) bequest
忙しい isogashī (adj.) busy
忙しそうに動く isogashi sō ni ugoku (v.) bustle
急がせる isogaseru (v.) hustle
急ぐ isogu (v.) hurry
急ぐこと isogu koto (n.) hurry
遺族の izoku no (adj.) bereaved
依存 izon (n.) addiction
依存 izon (n.) dependence

板 ita *(n.)* plank
板で張る ita de haru *(v.)* plank
痛い itai *(int.)* ouch
痛い itai *(adj.)* painful
遺体安置所 itai anchijo *(n.)* mortuary
委託 itaku *(n.)* consignment
委託する itaku suru *(v.)* consign
いたずら itazura *(n.)* mischief
いたずら書き itazuragaki *(v.)* doodle
いたずら好きな itazura sukina *(adj.)* mischievous
いたずらな itazurana *(adj.)* naughty
痛ましい itamashī *(adj.)* dolorous
痛み itami *(n.)* pain
痛む itamu *(v.)* ache
炒める itameru *(v.)* fry
イタリア語 itariago *(n.)* Italian
イタリアの itaria no *(adj.)* Italian
イタリック体 itarikkutai *(n.)* italics
イタリック体の itarikkutai no *(adj.)* italic
至る所にある itaru tokoro ni aru *(adj.)* ubiquitous
至る所にあること itaru tokoro ni aru koto *(n.)* ubiquity
位置 ichi *(n.)* position
位置する ichi suru *(v.)* repose
一度 ichi do *(adv.)* once
一年につき ichi nen nitsuki *(adv.)* per annum
一枚 ichi mai *(n.)* slice
一列に並べる ichi retsu ni naraberu *(v.)* align
一列に並んだもの ichi retsu ni naranda mono *(n.)* alignment
位置を変える ichi o kaeru *(v.)* rearrange

一月 ichigatsu *(n.)* January
苺 ichigo *(n.)* strawberry
一時解雇する ichiji kaiko suru *(n.)* lay-off
イチジク ichijiku *(n.)* fig
一時停止 ichiji teishi *(n.)* pause
一時停止させる ichiji teishi saseru *(v.)* pause
一時的な ichiji tekina *(adj.)* temporary
一時的な異常 ichiji tekina ijō *(n.)* blip
一時的な休止 ichiji tekina kyūshi *(n.)* lull
一族 ichizoku *(n.)* clan
一大異変 ichidai ihen *(n.)* cataclysm
一段 ichidan *(n.)* stair
市場 ichiba *(n.)* bazaar
一番 ichiban *(n.)* first
一巻き ichimaki *(n.)* roll
一目 ichimoku *(n.)* glance
一目瞭然の ichimokuryōzen no *(adj.)* manifest
一文無し ichimonnashi *(adj.)* broke
一文無しの ichimonnashi no *(adj.)* penniless
いちゃつく ichatsuku *(n.)* flirt
一流の ichiryū no *(adj.)* prestigious
一連 ichiren *(n.)* sequence
一連の罠 ichiren no wana *(n.)* trapline
いつ itsu *(adv.)* when
いつか itsuka *(adv.)* sometime
一回分 ikkaibun *(n.)* batch
一回分 ikkaibun *(n.)* instalment
一括払い額 ikkatsubaraigaku *(n.)* lump sum
一貫した ikkan shita *(adj.)* consistent

一貫しない ikkan shinai *(adj.)* incoherent
一貫性 ikkansei *(n.)* consistency
一見 ikken *(n.)* glimpse
一見して ikken shite *(adv.)* prima facie
一個の ikkono *(adj.)* one
一妻多夫 issaitafu *(n.)* polyandry
一生懸命 isshōkenmei *(adv.)* heartily
一緒に issho ni *(adv.)* together
一神教 isshinkyō *(n.)* monotheism
一神教者 isshinkyōsha *(n.)* monotheist
一斉射撃 issei shageki *(n.)* volley
いっそう issō *(v.)* even
一体いつ ittai itsu *(adv.)* whenever
一体感 ittaikan *(n.)* oneness
一体どこでへ ittai doko de e *(adv.)* wherever
一致 icchi *(n.)* unison
一致しない icchi shinai *(v.)* disagree
一致する icchi suru *(v.)* match
一滴 itteki *(n.)* drop
一点に集まる itten ni atsumaru *(n.)* convergence
一点に集まること itten ni atsumaru koto *(adj.)* convergent
一点に集める itten ni atsumeru *(v.)* centralize
いっぱいの ippai no *(adj.)* full
一般人 ippanjin *(n.)* civilian
一般的な ippan tekina *(adj.)* general
一般的に ippan teki ni *(adv.)* generally
一夫一婦制 ippuippusei *(n.)* monogamy
一夫一婦制の ippuippusei no *(adj.)* monogynous
一夫多妻 ipputasai *(n.)* polygamy
一夫多妻の ipputasai no *(adj.)* polygamous
一方通行 ippō tsūkō no *(adj.)* one-way
一本調子 ipponjōshi *(n.)* monotony
一方的な ippō tekina *(adj.)* one-sided
一方的に ippō teki ni *(adv.)* ex-parte
いつもの itsumo no *(adj.)* ordinary
逸話 itsuwa *(n.)* anecdote
偽りの itsuwari no *(adj.)* false
偽る itsuwaru *(v.)* misrepresent
遺伝 iden *(n.)* heredity
遺伝学者 iden gakusha *(n.)* geneticist
遺伝子 idenshi *(n.)* gene
遺伝的な iden tekina *(adj.)* hereditary
遺伝子の idenshi no *(adj.)* genetic
遺伝性の idensei no *(adj.)* heritable
意図 ito *(n.)* intention
糸 ito *(n.)* thread
井戸 ido *(n.)* well
緯度 ido *(n.)* latitude
移動 idō *(n.)* transfer
移動時間 idō jikan *(n.)* travel time
移動住宅 idō jūtaku *(n.)* caravan
いとこ itoko *(n.)* cousin
イトスギ itosugi *(n.)* cypress
意図的な ito tekina *(adj.)* deliberate
糸巻き itomaki *(n.)* bobbin
糸を通す ito o tōsu *(v.)* thread
田舎に住む inaka ni sumu *(v.)* rusticate
田舎の inaka no *(adj.)* rural
田舎へ行かせる inaka e ikaseru *(n.)* rustication
田舎者 inakasha *(n.)* bumpkin

田舎らしさ inakarashi sa (n.) rusticity
稲田 inada (n.) paddy
いななく inanaku (v.) neigh
イニシャル inisharu (n.) initial
委任 inin (n.) commission
イニング iningu (n.) innings
委任者 ininsha (n.) delegator
犬 inu (n.) dog
イヌ科の inuka no (adj.) canine
犬小屋 inugoya (n.) kennel
居眠り inemuri (n.) doze
居眠りする inemuri suru (v.) doze
居残る inokoru (v.) stay
猪 inoshishi (n.) boar
命 inochi (n.) life
イノベーション inobēshon (n.) innovation
祈り inori (n.) prayer
祈る inoru (v.) pray
威張った態度 ibatta taido (n.) swagger
威張って歩く ibatte aruku (v.) swagger
威張り散らす ibari chirasu (adj.) bossy
違反 ihan (n.) violation
違反者 ihansha (n.) offender
違反する ihan suru (v.) violate
いびき ibiki (n.) snore
いびきをかく ibiki o kaku (v.) snore
いぶかしげな ibu kashigena (adj.) interrogative
衣服 ifuku (n.) garment
衣服を着せる ifuku o kiseru (v.) outfit
遺物 ibutsu (n.) relic
イベント ibento (n.) event

いぼ ibo (n.) wart
違法行為 ihō kōi (n.) misconduct
胃の i no (adj.) gastric
違法な ihōna (adj.) illegal
今 ima (conj.) now
戒め imashime (n.) admonition
今すぐに ima sugu ni (adv.) now
今まで通り ima made tōri (adv.) still
戒める imashimeru (v.) admonish
忌まわしい imawashī (adj.) abhorrent
意味 imi (n.) meaning
意味する imi suru (v.) mean
忌み嫌う imikirau (v.) abhor
移民 imin (n.) immigrant
イメージチェンジ imējichenji (n.) makeover
鋳物工場 imono kōjō (n.) foundry
いやに感傷的な iya ni kanshō tekina (adj.) mawkish
嫌がらせ iyagarase (n.) harassment
卑しい iyashī (adj.) lowly
癒す iyasu (v.) heal
嫌み iyami (n.) insinuation
いやらしい iyarashī (adj.) lascivious
いやらしい目つき iyarashī metsuki (n.) ogle
異様な iyōna (adj.) outlandish
意欲 iyoku (n.) willingness
以来 irai (conj. prep.) since
依頼 irai (n.) request
依頼する irai suru (v.) request
イライラ iraira (n.) frustration
イライラさせる iraira saseru (v.) annoy
いらくさ iraku sa (n.) nettle

いら立ち iradachi (n.) fret
苛立ち iradachi (n.) irritation
入り江 irie (n.) cove
入り口 irikuchi (n.) entrance
医療の iryō no (adj.) medical
衣類 irui (n.) clothing
イルカ iruka (n.) dolphin
イルミネーション iruminēshon (n.) illumination
異例 irei (n.) anomaly
異例な ireina (adj.) anomalous
入れ墨 irezumi (n.) tattoo
入れ墨をする irezumi o suru (v.) tattoo
色 iro (n.) colour
色鮮やかな iro azayakana (adj.) colourful
色合い iroai (n.) tint
岩 iwa (n.) rock
祝う iwau (v.) celebrate
イワヒバリ iwahibari (n.) accentor
岩屋 iwaya (n.) cavern
韻 in (n.) rhyme
因果関係 inga kankei (n.) causation
因果関係の inga kankei no (adj.) causal
陰気さ inki sa (n.) tenebrosity
陰気な inkina (adj.) cheerless
陰気な inkina (adj.) dismal
隠居させる inkyo saseru (v.) sequester
インク inku (n.) ink
陰茎 inkei (n.) penis
印刷 insatsu (n.) print
印刷する insatsu suru (v.) print
印象 inshō (n.) impression

引証する inshō suru (v.) adduce
印象的な inshō tekina (adj.) impressive
インスピレーション insupirēshon (n.) inspiration
インスピレーションを与える insupirēshon o ataeru (v.) inspire
インターネット intānetto (n.) internet
インターン intān (n.) intern
引退する intai suru (v.) retire
インチ inchi (n.) inch
インテリ interi (n.) intelligentsia
インドの indo no (adj.) Indian
インナーイヤー innāiyā (n.) earbud
陰嚢 innō (n.) scrotum
インフルエンザ infuruenza (n.) influenza
インフレ infure (n.) inflation
韻文に変える inbun ni kaeru (v.) versify
陰謀 inbō (n.) conspiracy
陰謀 inbō (n.) plot
陰謀家 inbōka (n.) schemer
陰謀を企てる inbō o kuwadateru (v.) scheme
引用 inyō (n.) citation
引用 inyō (n.) quotation
引用する inyō suru (v.) quote
淫乱 inran (n.) debauchery
淫乱な inranna (adj.) nymphomaniac
韻律の inritsu no (adj.) metrical
韻律論 inritsuron (n.) prosody
飲料水 inryōsui (n.) drinking water

鵜 u (n.) cormorant
ウィグワム wiguwamu (n.) wigwam
ウィケット wiketto (n.) wicket
ウィスキー wisukī (n.) whisky
ウイルス uirusu (n.) virus
ウイルスの uirusu no (adj.) viral
ウィンク uinku (n.) wink
ウィンクする uinku suru (v.) wink
ウインチ uinchi (n.) winch
ヴィンテージ vintēji (n.) vintage
ウインドラス uindo rasu (n.) windlass
ウーゾ ūzo (n.) ouzo
ウール ūru (n.) wool
ウール製品 ūru seihin (n.) woollen
ウールの ūru no (adj.) woollen
飢え ue (n.) hunger
ウェイター weitā (n.) waiter
ウェートレス wētoresu (n.) waitress
ウェストコート wesutokōto (n.) waistcoat
ウェストバンド wesutobando (n.) waistband
植えつける uetsukeru (v.) inculcate
ウェットティッシュ wetto tisshu (n.) wipe
上に ue ni (adv.) on
ウェビソード webisōdo (n.) webisode
ウェブ webu (n.) web
ウェブカメラ webukamera (n.) webcam

ウェブセミナー webuseminā (n.) webinar
ウェブの webu no (adj.) webby
ウェブ放送 webu hōsō (n.) webcasting
ウェブマスター webumasutā (n.) webmaster
上へ ue e (adv. prep.) up
ウェリントン・ブーツ werinton būtsu (n.) wellington
植える ueru (v.) plant
飢える ueru (v.) starve
ウェルト weruto (n.) welt
ヴォールト vōruto (n.) vault
うがいをする u gai o suru (v.) gargle
浮かれ騒ぎ ukare sawagi (n.) hilarity
浮かんでいる ukandeiru (adv.) afloat
浮きかす uki kasu (n.) scum
浮きかすができる uki kasu ga dekiru (v.) scum
浮く uku (v.) float
ウクレレ ukurere (n.) ukelele
受けさせる ukesaseru (v.) subject
受け入れる ukeireru (v.) accept
受け皿 ukezara (n.) saucer
受け継ぐ uketsugu (v.) inherit
受け止める uketomeru (v.) catch
受取人 uketorinin (n.) addressee
受け取る uketoru (v.) receive
受け流し ukenagashi (n.) parry
受け流す ukenagasu (v.) parry
動かす ugokasu (v.) wheel
動かせる ugokaseru (adj.) movable
動かない ugokanai (adj.) stationary
動き ugoki (n.) motion

動く ugoku (v.) move
動く人 ugoku hito (n.) mover
うごめく ugomeku (v.) wriggle
ウサギ usagi (n.) rabbit
ウサギの巣穴 usagi no su ana (n.) warren
牛 ushi (n.) cow
蛆 uji (n.) maggot
失う ushinau (v.) lose
失った ushinatta (adj.) bereft
牛の納屋 ushi no naya (n.) byre
後ろに ushiro ni (prep. & adv.) behind
渦 uzu (n.) whirl
薄い usui (adj.) thin
薄い光 usui hikari (n.) glimmer
うすうす気づく usūsu kizuku (v.) suspect
うずき uzuki (n.) smart
薄汚い usugitanai (adj.) dingy
うずく uzuku (v.) smart
薄く色をつける usuku iro o tsukeru (v.) tint
薄く切る usuku kiru (v.) slice
薄くする usuku suru (v.) thin
うずくまる uzukumaru (v.) cower
薄暗い usugurai (adj.) dim
薄暗さ usugura sa (n.) dimness
渦巻 uzumaki (n.) whirlpool
渦巻く uzumaku (v.) billow
薄める usumeru (v.) rarefy
ウズラ uzura (n.) quail
渦を巻く uzu o maku (v.) swirl
嘘 uso (n.) lie
嘘の uso no (adj.) mendacious

嘘つき usotsuki (n.) liar
嘘つきの usotsuki no (adj.) deceitful
嘘をつく uso o tsuku (v.) lie
歌 uta (n.) song
歌う utau (v.) sing
歌うように話す utau yō ni hanasu (v.) flute
疑い utagai (n.) suspicion
疑い深い utagaibukai (adj.) sceptical
疑いもなく utagai monaku (adj.) doubtless
疑う utagau (v.) mistrust
疑わしい utagawashī (adj.) dubious
打ち上げ uchiage (n.) launch
打ち明ける uchiakeru (v.) unburden
打ち上げる uchiageru (v.) launch
打ち勝つ uchikatsu (v.) surmount
内側で uchigawa de (adv.) inside
内側の uchigawa no (adj.) inside
内側へ uchigawa e (adv.) inwards
内側への uchigawa e no (adj.) inward
内気な uchikina (adj.) shy
打ち砕く uchikudaku (v.) smash
打ち消す uchikesu (v.) counteract
打ち込む uchikomu (v.) type
打ち倒す uchitaosu (v.) down
打ちつける uchitsukeru (v.) hammer
打ちのめす uchinomesu (v.) thrash
打ち負かす uchi makasu (v.) vanquish
宇宙 uchū (n.) universe
宇宙生物学 uchū seibutsugaku (n.) xenobiology
宇宙船 uchūsen (n.) spacecraft
宇宙の uchū no (adj.) cosmic

宇宙飛行士 uchū hikōshi *(n.)* astronaut
有頂天の uchōten no *(adj.)* ecstatic
打つ utsu *(v.)* hit
撃つ utsu *(v.)* shoot
うっかり ukkari *(adv.)* unwittingly
美しさ utsukushi sa *(n.)* beauty
美しく utsukushiku *(v.)* beautify
映し出す utsushidasu *(v.)* mirror
写す utsusu *(v.)* copy
移す utsusu *(v.)* shift
移す utsusu *(v.)* transfer
訴え uttae *(n.)* invocation
訴える uttaeru *(v.)* sue
うつ病 utsubyō *(n.)* depression
移り気な utsurigina *(adj.)* capricious
腕 ude *(n.)* arm
腕づえ ude zue *(n.)* maulstick
腕時計 udedokei *(n.)* watch
腕前 udemae *(n.)* prowess
腕輪 udewa *(n.)* armlet
うとうとと uto uto to *(adv.)* dreamily
うどん粉菌 udonko kin *(n.)* mildew
促す unagasu *(v.)* prompt
ウナギ unagi *(n.)* eel
うなじ unaji *(n.)* nape
うなずき unazuki *(n.)* nod
うなずく unazuku *(v.)* nod
うなだれ unadare *(n.)* droop
唸り unari *(n.)* groan
うなり声 unarigoe *(n.)* growl
唸り声 unarigoe *(n.)* snarl
うなる unaru *(v.)* gnarl
唸る unaru *(v.)* groan

ウニ uni *(n.)* urchin
うぬぼれ unubore *(n.)* conceit
うぬぼれた unuboreta *(adj.)* smug
うぬぼれ屋 unuboreya *(n.)* bighead
畝間 unema *(n.)* furrow
乳母 uba *(n.)* nanny
奪い取る ubaitoru *(v.)* wrest
奪う ubau *(v.)* deprive
産毛 ubuge *(n.)* lanugo
うぶな ubuna *(adj.)* naive
馬 uma *(n.)* horse
馬のいななき uma no inanaki *(n.)* neigh
うまく umaku *(adv.)* nicely
馬小屋 umagoya *(n.)* stable
膿ませる umaseru *(v.)* fester
馬小屋に入れる umagoya ni ireru *(v.)* stable
生まれ変わり umarekawari *(n.)* incarnation
生まれた umareta *(adj.)* born
海 umi *(n.)* ocean
膿 umi *(n.)* pus
海に面した umi ni menshita *(adj.)* oceanfront
海の umi no *(adj.)* marine
海の泡 umi no awa *(n.)* seafoam
海の家 umi no ie *(n.)* cabana
海鳥 umidori *(n.)* seabird
海辺 umibe *(n.)* seashore
生む umu *(v.)* generate
産む umu *(v.)* mother
梅 ume *(n.)* plum
呻く umeku *(v.)* bellow
埋め立て umetate *(n.)* reclamation

埋める umeru (v.) bury
羽毛布団 umō futon (n.) duvet
恭しい uyauyashī (adj.) reverent
敬うべき uyamaubeki (adj.) venerable
裏階段 ura kaidan (n.) backstairs
裏切り uragiri (n.) betrayal
裏切り者 uragirimono (n.) traitor
裏切る uragiru (v.) betray
裏声 uragoe (n.) falsetto
裏地 uraji (n.) lining
裏付ける urazukeru (v.) corroborate
裏付ける urazukeru (adj.) corroborative
占い師 uranaishi (n.) necromancer
占い師 uranaishi (n.) seer
占う uranau (v.) foretell
恨み urami (n.) grudge
裏面に uramen ni (adv.) overleaf
羨ましい urayamashī (adj.) envious
裏をかく ura o kaku (v.) outwit
売り込む urikomu (v.) market
売り手 urite (n.) seller
売り物になる urimono ni naru (adj.) salable
雨量計 uryōkei (n.) pluviometer
売る uru (v.) sell
うるさい urusai (adj.) noisy
うるさく鳴らす urusaku narasu (v.) blare
嬉しそうな ureshi sōna (adj.) joyful
嬉しい ureshī (adj.) glad
嬉しくする ureshiku suru (adj.) delightful
熟れた ureta (adj.) ripe
売れ残った urenokotta (adj.) unsold

うろつき回る urotsukimawaru (v.) maraud
うろつく urotsuku (v.) roam
浮気者 uwakimono (n.) cheater
噂 uwasa (n.) rumour
噂する uwasa suru (v.) rumour
うわさ話 uwasa banashi (n.) gossip
うわさ話をする uwasa banashi o suru (v.) gossip
上塗り uwanuri (n.) coating
上回る uwamawaru (v.) exceed
上向きの uwamuki no (adj.) upward
運営する unei suru (v.) administer
運河 unga (n.) canal
うんざりさせる unzari saseru (v.) repulse
運送 unsō (n.) shipping
運送人 unsounin (n.) carrier
運賃 unchin (n.) fare
運転者 untensha (n.) driver
運転する unten suru (v.) drive
運動する undō suru (v.) exercise
運転中に逆上する unten chū ni gyakujō suru (n.) road rage
運動 undō (n.) exercise
運動神経の良い undō shinkei no yoi (adj.) athletic
運動選手 undō senshu (n.) athlete
運動場 undōjō (n.) playfield
運命 unmei (n.) destiny
運命づける unmei zukeru (v.) doom
運命論 unmeiron (n.) fatalism
雲母 unmo (n.) mica
運よく un yoku (adv.) luckily

柄 e *(n.)* shaft
絵 e *(n.)* picture
エアバス eabasu *(n.)* airbus
エアバッグ eabaggu *(n.)* airbag
エアバンド ea bando *(n.)* airband
エアベッド ea beddo *(n.)* airbed
エアロビクス earobikusu *(n.)* aerobics
エアロゾル earozoru *(n.)* aerosol
永遠 eien *(n.)* eternity
永遠に eien ni *(adv.)* eternally
永遠に伝える eien ni tsutaeru *(v.)* immortalize
永遠の eien no *(adj.)* ageless
永遠の eien no *(adj.)* eternal
英貨 eika *(n.)* sterling
映画 eiga *(n.)* film
映画館 eigakan *(n.)* cinema
映画監督 eiga kantoku *(n.)* filmmaker
映画撮影 eiga satsuei *(n.)* cinematography
映画の eiga no *(adj.)* cinematic
永久的な eikyū tekina *(adj.)* perpetual
永久に eikyū ni *(adv.)* forever
永久に続く eikyū ni tsuzuku *(adj.)* everlasting
影響 eikyō *(n.)* impact
影響されやすい eikyō sare yasui *(adj.)* malleable
影響する eikyō suru *(v.)* influence
営業チーム eigyō chīmu *(n.)* salesforce
影響力のある eikyōryoku no aru *(adj.)* influential
影響力の大きい eikyōryoku no ōkī *(adj.)* seminal
影響を受けている eikyō o uketeiru *(adj.)* affected
影響を受けない eikyō o ukenai *(adj.)* unaffected
英語 eigo *(n.)* English
栄光 eikō *(n.)* glory
栄光ある eikō aru *(adj.)* glorious
英国人 eikokujin *(adj.)* british
エイズ eizu *(n.)* AIDS
衛星 eisei *(n.)* satellite
衛生 eisei *(n.)* hygiene
衛生的な eisei tekina *(adj.)* hygienic
映像 eizō *(n.)* footage
永続させる eizoku saseru *(v.)* perpetuate
永続する eizoku suru *(adj.)* permanent
永続性 eizokusei *(n.)* permanence
鋭敏な eibinna *(adj.)* astute
英雄 eiyū *(n.)* hero
栄誉ある eiyo aru *(adj.)* laureate
栄耀 eiyō *(n.)* splendour
栄養 eiyō *(n.)* nourishment
栄養価の高い eiyōka no takai *(adj.)* nutritious
栄養士 eiyōshi *(n.)* dietician
栄養失調 eiyōshicchō *(n.)* malnutrition
栄養失調の eiyōshicchō no *(adj.)* malnourished
栄養素 eiyōso *(n.)* nutrient
栄誉を授ける eiyo o sazukeru *(v.)* honour

エーカー ēkā *(n.)* acre
エース ēsu *(n.)* ace
エーテル ēteru *(n.)* ether
エール ēru *(n.)* ale
笑顔 egao *(n.)* smile
描く egaku *(v.)* depict
駅 eki *(n.)* station
液化する ekika suru *(v.)* liquefy
腋窩の ekika no *(adj.)* axillary
エキス ekisu *(n.)* extract
エキゾチックな ekizochikkuna *(adj.)* exotic
液体 ekitai *(n.)* liquid
液体の ekitai no *(adj.)* liquid
液体をかける ekitai wo kakeru *(v.)* douse
エクストラネット ekusutoranetto *(n.)* extranet
エゴイズム egoizumu *(n.)* egotism
エコテロリズム eko terorizumu *(n.)* ecoterrorism
えこひいき e ko hīki *(n.)* partiality
絵で表した e de arawashita *(adj.)* pictorial
絵のように美しい e no yō ni utsukushī *(adj.)* picturesque
餌 esa *(n.)* bait
餌 esa *(n.)* feed
餌食 ejiki *(n.)* prey
エスカルゴ esukarugo *(n.)* escargot
エスカレーター esukarētā *(n.)* escalator
エスカレートする esukarēto suru *(v.)* escalate
エストロゲン esutorogen *(n.)* estrogen
エスニックの esunikku no *(adj.)* ethnic

壊疽 eso *(n.)* gangrene
枝 eda *(n.)* branch
枝編み細工 eda amizaiku *(n.)* wicker
枝角 eda zuno *(n.)* antler
枝葉 edaha *(n.)* foliage
エチケット袋 echikettobukuro *(n.)* sickbag
越境の ekkyō no *(adj.)* transborder
越境の ekkyō no *(adj.)* transboundary
X線 ekkusu sen *(n.)* x-ray
X線撮影 ekkusu sen satsuei *(n.)* radiography
X線で調べる ekkusu sen de shiraberu *(v.)* x-ray
エッチング ecchingu *(adj.)* etching
エッチングされた ecchingu sareta *(adj.)* etched
エッチングで描く ecchingu de egaku *(v.)* etch
閲覧する etsuran suru *(v.)* browse
エナメル enameru *(n.)* enamel
エネルギー enerugī *(n.)* energy
エピグラム epiguramu *(n.)* epigram
エピソード episōdo *(n.)* episode
エピローグ epirōgu *(n.)* epilogue
エフェメラ efemera *(n.)* ephemera
絵筆 efude *(n.)* paintbrush
エプロン epuron *(n.)* apron
エポキシ epokishi *(n.)* epoxy
エメラルド emerarudo *(n.)* emerald
絵文字 emoji *(n.)* emoji
選び出す erabidasu *(v.)* single
選ぶ erabu *(v.)* choose
襟 eri *(n.)* collar

エリート主義 erīto shugi (n.) elitism
エリート主義者 erīto shugisha (n.) elitist
エリートの erīto no (adj.) elite
エリート層 erītosō (n.) elite
襟首 erikubi (n.) scruff
襟首をつかむ erikubi o tsukamu (v.) scruff
えり好みする erigonomi suru (v.) favour
得る eru (v.) gain
エレジー erejī (n.) elegy
エレベーター erebētā (n.) elevator
エレベーター erebētā (n.) lift
エロチシズム erochishizumu (n.) eroticism
エロチックにする erochikku ni suru (v.) eroticize
円 en (n.) circle
円 en (n.) Yen
宴会 enkai (n.) banquet
宴会場 enkaijō (n.) ballroom
遠隔測定法 enkaku sokuteihō (n.) telemetry
遠隔の enkaku no (adj.) remote
沿岸警備隊 engan keibitai (n.) coastguard
沿岸の engan no (adj.) littoral
延期 enki (n.) postponement
演技 engi (n.) acting
縁起の良い engi no yoi (adj.) auspicious
婉曲な enkyokuna (adj.) euphemistic
円形 enkei (n.) round
園芸 engei (n.) horticulture
円形劇場 enkei gekijō (n.) amphitheatre
円形の enkei no (adj.) circular

円形章 enkeishō (n.) cockade
円弧 enko (n.) arc
縁故主義 enko shugi (n.) nepotism
怨恨 enkon (n.) rancour
エンジニア enjinia (n.) engineer
円周 enshū (n.) circumference
円熟した enjuku shita (adj.) mellow
援助 enjo (n.& v.) aid
援助する enjo suru (v.) succour
炎症 enshō (n.) inflammation
炎症の enshō no (adj.) inflammatory
エンジン enjin (n.) engine
遠心性の enshinsei no (adj.) centrifugal
円錐 ensui (n.) cone
円錐の ensui no (adj.) conical
エンストする ensuto suru (v.) stall
遠征 ensei (n.) expedition
縁石 enseki (v.) curb
演説 enzetsu (n.) oration
演説の enzetsu no (adj.) oratorical
演説者 enzetsusha (n.) orator
演説法 enzetsuhō (n.) elocution
塩素 enso (n.) chlorine
演奏 ensō (n.) performance
演奏する ensō suru (v.) perform
演奏者 ensōsha (n.) performer
延滞 entai (n.pl.) arrears
演壇 endan (n.) rostrum
延長 enchō (n.) prolongation
延期する enki suru (v.) postpone
円筒 entō (n.) cylinder
豌豆 endō (n.) pea
円筒の entō no (adj.) cylindrical

煙突 entotsu (n.) chimney
エントロピー entoropī (n.) entropy
エンパス en pasu (n.) empath
鉛筆 enpitsu (n.) pencil
鉛筆削り enpitsu kezuri (n.) sharpener
鉛筆で書く enpitsu de kaku (v.) pencil
塩分 enbun (n.) salinity

オアシス oashisu (n.) oasis
甥 oi (n.) nephew
追い越す oikosu (v.) outrun
美味しい oishī (adj.) delicious
美味しく食べること oishiku taberu koto (n.) relish
追い出す oidasu (v.) eject
追い抜く oinuku (v.) overtake
お祝い oiwai (n.) celebration
お祝いの言葉 oiwai no kotoba (n.) congratulations
追う ou (v.) chase
王位につかせる ōi ni tsukaseru (v.) enthrone
押韻させる ōin saseru (v.) rhyme
押印する ōin suru (v.) stamp
オーガズム ōgazumu (n.) orgasm
オーガズムの ōgazumu no (adj.) orgasmic
オーガニックの ōganikku no (adj.) organic
王冠 ōkan (n.) crown
オーガンザ ōganza (n.) organza

王冠を頂いた ōkan o itadaita (adj.) crowned
応急処置 ōkyū shochi (n.) first aid
オーク ōku (n.) oak
オーケストラ ōkesutora (n.) orchestra
オーケストラの ōkesutora no (adj.) orchestral
王国 ōkoku (n.) kingdom
王座 ōza (n.) throne
王様 ōsama (n.) king
雄牛 o ushi (n.) bull
王子 ōji (n.) prince
王室の ōshitsu no (adj.) royal
王笏 ō shaku (n.) sceptre
王者らしい ōjarashī (adj.) regal
押収 ōshū (n.) seizure
応じる ōjiru (v.) comply
王政主義者 ōsei shugisha (n.) royalist
王族の配偶者 ōzoku no haigūsha (n.) consort
殴打 ōda (n.) punch
オーダーメイドの ōdā meido no (adj.) bespoke
横断 ōdan (n.) traverse
黄疸 ōdan (n.) jaundice
横断する ōdan suru (v.) cross
横断歩道 ōdan hodō (n.) crossing
横断幕 ōdanmaku (n.) banner
オーディション ōdishon (n.) audition
王朝 ōchō (n.) dynasty
嘔吐 ōto (n.) vomit
応答 ōtō (n.) response
応答する ōtō suru (v.) respond

オートコレクト機能 ōto korekuto kinō (n.) autocorrect	大ざっぱな ōzappana (adj.) sketchy
オートパイロット ōto pairotto (n.) autopilot	大騒ぎ ōsawagi (n.) uproar
オートフォーカス ōto fōkasu (n.) autofocus	大地主 ōjinushi (n.) squire
	大空 ōzora (n.) firmament
	大通り ōdōri (n.) avenue
オートミール ōtomīru (n.) oatmeal	オオトカゲ ōtokage (n.) goanna
オートミールの ōtomīru no (adj.) oatmeal	おおばこ ōbako (n.) plantain
	大はしゃぎ ōhashagi (n.) romp
オート麦 ōto mugi (n.) oat	オオバン ōban (n.) coot
オーバー ōbā (n.) over	大広間 ōhiroma (n.) saloon
オーバル ōbaru (n. adj.) oval	大麦 ōmugi (n.) barley
王妃 ōhi (n.) princess	大物 ōmono (n.) somebody
往復する ōfuku suru (v.) shuttle	大家 ōya (n.) landlord
オーブン ōbun (n.) oven	大凡の ōyoso no (adj.) approximate
横柄 ōhei (n.) insolence	大喜び ōyorokobi (n.) glee
横柄な ōheina (adj.) insolent	大喜びする ōyorokobi suru (v.) exult
オウム ōmu (n.) parrot	大喜びで ōyorokobi de (adv.) gleefully
凹面の ōmen no (adj.) concave	大喜びの ōyorokobi no (adj.) jubilant
オーラ ōra (n.) aura	覆われた ōwareta (adj.) encrusted
横領 ōryō (n.) misappropriation	終える oeru (v.) finish
横領する ōryō suru (v.) misappropriate	大暴れ ō abare (v.) rampage
オール ōru (n.) oar	大慌てで ō awatede (adv.) pell-mell
オーロラ ōrora (n.) aurora	多い ōi (adj.) much
大当たり ōatari (n.) bonanza	覆い ōi (n.) cover
大嵐 ōarashi (n.) tempest	覆い隠す ōi kakusu (v.) obscure
大女 ō onna (n.) giantess	覆う ōu (v.) cover
大型トラック ōgata torakku (n.) lorry	大枝 ōeda (n.) bough
狼 ōkami (n.) wolf	大釜 ōkama (n.) cauldron
大げさに言う ōgesa ni iu (v.) exaggerate	大鎌 ōgama (n.) scythe
	大鎌で刈る ōgama de karu (v.) scythe
大げさに演じる ōgesa ni enjiru (v.) overact	大きい ōkī (adj.) big
	大きい ōkī (adj.) loud
大げさに振る舞う ōgesa ni furumau (v.) emote	大きい塊 ōkī katamari (n.) chunk

大きくする ōkiku suru (v.) enlarge
大きく開く ōkiku hiraku (v.) gape
大きさ ōki sa (n.) size
大きさによって並べる ōki sa niyotte naraberu (v.) size
大きな ōkina (adj.) great
大きな穴 ōkina ana (n.) pit
大きなビー玉 ōkina bīdama (n.) taw
大釘 ōkugi (n.) spike
多くの ōku no (v.) galvanize
大ばさみ ō basami (n.) shears
大股に歩く ō mata ni aruku (v.) stride
お絵かき o ekaki (n.) drawing
丘 oka (n.) hill
お母さん okāsan (n.) mum
おかかえ運転手 okaka e untenshu (n.) chauffeur
おがくず ogakuzu (n.) sawdust
お菓子 okashi (n.) confection
おかしい okashī (adj.) amiss
犯すことのできない okasukotono dekinai (adj.) inviolable
お金 okane (n.) money
お金で買えない okane de kaenai (adj.) priceless
お金持ちの o kanemochi no (adj.) rich
おかゆ okayu (n.) porridge
小川 ogawa (n.) stream
沖 oki (n.) offing
オキアミ okiami (n.) krill
置き換える okikaeru (v.) replace
オキシデート okishidēto (n.) oxidate
オキソ酸 okiso san (n.) oxyacid
お気に入り okinīri (n.) favourite

お気に入りの okinīri no (adj.) favourite
置き間違える oki machigaeru (v.) misplace
置く oku (v.) put
屋外に okugai ni (adv.) outside
奥様 okusama (n.) madam
奥さん okusan (n.) missis, missus
屋上 okujō (n.) rooftop
オクターブ okutābu (n.) octave
オクタン okutan (n.) octane
奥地 okuchi (n.) outback
オクチン okuchin (n.) octyne
屋内に okunai ni (adv.) indoors
屋内の okunai no (adj.) indoor
臆病 okubyō (n.) cowardice
臆病な okubyōna (adj.) timorous
臆病者 okubyōmono (n.) coward
億万長者 oku man chōja (n.) billionaire
臆面もない okumen monai (adj.) unabashed
臆面もなく okumen monaku (adv.) unabashedly
オクラ okura (n.) okra
遅らせる okuraseru (v.) delay
贈り物 okurimono (n.) gift
送る okuru (v.) send
遅れ okure (n.) delay
遅れた okureta (adj.) late
遅れる okureru (v.) lag
おけ oke (n.) tub
怒ってる okotteru (adj.) angry
行う okonau (v.) do
起こりそうな okori sōna (adj.) probable
怒りっぽい okori ppoi (adj.) irritable

起こる okoru *(v.)* happen
おごる ogoru *(v.)* treat
抑え込む osaekomu *(v.)* repress
抑える osaeru *(v.)* subdue
おさまる osamaru *(v.)* subside
治める osameru *(v.)* govern
お皿 o sara *(n.)* plate
叔父 oji *(n.)* uncle
押し合うこと oshiau koto *(n.)* jostle
押し入る oshīru *(v.)* intrude
押し売りする oshiuri suru *(v.)* tout
教えやすい oshie yasui *(adj.)* teacheable
教える oshieru *(v.)* inform
教える oshieru *(v.)* teach
教えること oshieru koto *(n.)* teaching
雄鹿 o jika *(n.)* stag
雄鹿 o jika *(n.)* buck
お仕着せ oshikise *(n.)* livery
押し込む oshikomu *(v.)* shove
押し込むこと oshikomu koto *(n.)* shove
押し付け oshitsuke *(n.)* imposition
押しつぶす oshitsubusu *(v.)* crush
惜しみなく与える oshiminaku ataeru *(v.)* lavish
惜しむ oshimu *(v.)* grudge
おしゃぶり oshaburi *(n.)* pacifier
おしゃべり oshaberi *(n.)* windbag
お洒落な osharena *(adj.)* stylish
汚職 oshoku *(n.)* corruption
オシログラフ oshirogurafu *(n.)* oscillograph
オシロスコープ oshirosukōpu *(n.)* oscilloscope

オシロメトリック法の oshirometorikku hō no *(adj.)* oscillometric
押す osu *(v.)* push
汚水だめ osui dame *(n.)* cesspool
雄ガチョウ osu gachō *(n.)* gander
押すこと osu koto *(n.)* push
おすすめ osusume *(n.)* recommendation
雄猫 osu neko *(n.)* tomcat
オスマン帝国の osuman teikoku no *(n.)* ottoman
お世辞 o seji *(n.)* compliment
おせっかいを焼く osekkai o yaku *(v.)* meddle
汚染 osen *(n.)* pollution
汚染する osen suru *(v.)* pollute
遅さ oso sa *(n.)* slowness
遅い osoi *(adj.)* slow
襲う osou *(v.)* maul
遅く osoku *(adv.)* late
遅くする osoku suru *(v.)* slow
遅すぎてはぐれた人 ososugite hagureta hito *(n.)* straggler
おぞましい ozomashī *(adj.)* hideous
恐らく osoraku *(adj.)* likely
恐るべき osorubeki *(adj.)* formidable
恐れ osore *(n.)* fear
恐れさせる osoresaseru *(v.)* terrify
恐れて osorete *(adj.)* afraid
恐れる osoreru *(v.)* fear
恐ろしい osoroshī *(adj.)* dreadful
オゾン ozon *(n.)* ozone
オゾン処理 ozon shori *(n.)* ozonation
オゾン処理する ozon shori suru *(v.)* ozonate

オゾン層 ozonsō (n.) ozone layer
オタク otaku (n.) geek
オタクっぽい otaku ppoi (adj.) geeky
オタクっぽい場所 otaku ppoi basho (n.) geeksville
オタクっぽい服 otaku ppoi fuku (n.) geekwear
おだてて説得する odatete settoku suru (v.) cajole
おたふく風邪 otafuku kaze (n.) mumps
おたま o tama (n.) ladle
おたまですくう o tama de sukū (v.) ladle
穏やか odayaka (adj.) calm
穏やかな odayakana (adj.) gentle
落ち込ませる ochikomaseru (v.) depress
落ちた ochita (v.) fell
落ち着いた ochitsuita (adj.) tranquil
落ち着かせる ochitsukaseru (v.) still
落ち着かない ochitsukanai (adj.) restive
落ちぶれ果てた ochibure hateta (adj.) down and out
お茶 ocha (n.) tea
落ちる ochiru (v.) fall
追っ手 otte (n.) chaser
夫 otto (n.) husband
汚点 oten (n.) blemish
おてんば娘 o tenba musume (n.) tomboy
音 oto (n.) sound
音のしない oto no shinai (adj.) noiseless
お父さん otōsan (n.) dad (or daddy)
おどけた odoketa (adj.) zany

男 otoko (n.) man
男たらし otoko tarashi (n.) coquette
男の人魚 otoko no ningyo (n.) merman
男の子 otokonoko (n.) boy
男らしさ otokorashi sa (n.) manliness
男らしい otokorashī (adj.) manly
陥れる otoshi ireru (v.) frame
落とし戸 otoshi do (n.) trapdoor
落とし穴 otoshiana (n.) pitfall
おとしめる otoshimeru (v.) pervert
落とす otosu (v.) drop
脅す odosu (v.) threaten
劣っている ototteiru (adj.) inferior
踊っている odotteiru (adj.) dancing
大人 otona (n.) adult
乙女 otome (n.) damsel
乙女 otome (n.) maiden
オドメーター odomētā (n.) odometer
おとり otori (n.) decoy
踊り odori (n.) dance
踊り子 odoriko (n.) dancer
衰える otoroeru (v.) wane
驚かす odorokasu (v.) surprise
驚き odoroki (n.) surprise
驚くべき odorokubeki (adj.) sensational
同じ onaji (adj.) same
同じ方向に向かう onaji hōkō ni mukau (v.) converge
鬼婆 onibaba (n.) hag
尾根 one (n.) ridge
斧 ono (n.) axe
叔母 oba (n.) aunt
オパール opāru (n.) opal

お墓 o haka (n.) cemetery
おびき寄せる obikiyoseru (v.) lure
雄羊 o hitsuji (n.) ram
牡羊座 ohitsujiza (n.) aries
オフィス ofisu (n.) office
オフビートの ofubīto no (adj.) offbeat
オフライン ofurain (adj.) offline
お風呂 o furo (n.) bath
オフロード用の ofurōdoyō no (adj.) off-road
おべっか obekka (n.) flattery
おべっかを使う obekka o tsukau (v.) flatter
オペラ opera (n.) opera
オペレーター operētā (n.) operator
オペレッタ operetta (n.) operetta
覚書 oboegaki (n.) memorandum
溺れる oboreru (v.) drown
オマージュ omāju (n.) homage
お祭り o matsuri (n.) festival
お祭り騒ぎ omatsurisawagi (n.) jollity
お祭りの o matsuri no (adj.) gala
お守り omamori (n.) talisman
お土産 o miyage (n.) souvenir
おむつ omutsu (n.) diaper
オムレツ omuretsu (n.) omelette
オメガ omega (n.) omega
重い omoi (adj.) heavy
思い上がった omoiagatta (adj.) pretentious
思い描く omoiegaku (v.) visualize
思い起こす omoiokosu (v.) recall
思い切った omoikitta (adj.) drastic
思い出させる omoidasaseru (v.) remind

思い出す omoidasu (v.) remember
思い付き omoitsuki (n.) whim
思いつく omoitsuku (v.) conceive
思い出の品 omoide no shina (n.) memento
思いとどまらせる omoitodomaraseru (v.) dissuade
思いとどまる omoitodomaru (v.) desist
思い巡らす omoi megurasu (v.) ruminate
思いやりのある omoiyari no aru (adj.) considerate
思う omou (v.) suppose
重く omoku (adv.) heavily
重さを量る omo sa o hakaru (v.) weigh
おもしろみのない omoshiro mi no nai (adj.) static
面白い omoshiroi (adj.) funny
面白い人 omoshiroi hito (n.) hoot
おもちゃ omocha (n.) toy
おもちゃ屋 omochaya (n.) toystore
おもてなし omotenashi (n.) hospitality
表向きの omotemuki no (adj.) ostensible
表向きは omotemuki wa (adv.) ostensibly
主な omona (adj.) principal
重荷 omoni (n.) burden
主に omo ni (adv.) mainly
趣のある omomuki no aru (adj.) quaint
母屋 omoya (n.) farmhouse
思わぬ障害 omowanu shōgai (n.) snag
親 oya (n.) parent
親殺し oya goroshi (n.) parricide
親知らず oyashirazu (n.) wisdom-tooth

おやつ o yatsu (n.) snack
親の oya no (adj.) parental
親指 oyayubi (n.) thumb
親指でめくる oyayubi de mekuru (v.) thumb
泳ぐ oyogu (v.) swim
泳ぐ人 oyogu hito (n.) swimmer
及ぶ oyobu (v.) span
おり ori (n.) cage
オリーブ orību (n.) olive
折り紙 origami (n.) origami
オリガルヒ origaruhi (n.) oligarch
折句 oriku (n.) acrostic
折り込み部 orikomibu (n.) flap
折りたたみの oritatami no (adj.) folding
折り目 orime (n.) crease
織物の orimono no (adj.) textile
下りる oriru (v.) descend
降りる oriru (v.) alight
オリンピック大会 orinpikku taikai (n.) olympiad
折る oru (v.) fold
織る oru (v.) weave
折れる oreru (v.) relent
折れる oreru (v.) snap
オレンジ orenji (n.) orange
オレンジ色の orenji iro no (adj.) orange
愚かさ oroka sa (n.) stupidity
愚かな orokana (adj.) stupid
愚か者 orokamono (n.) fool
卸売り oroshiuri (n.) wholesale
卸売りで oroshiuri de (adv.) wholesale
卸売りの oroshiuri no (adj.) wholesale

おろし器 oroshiki (n.) grater
おろす orosu (v.) grate
お別れ o wakare (n.) farewell
お笑い芸人 owarai geinin (n.) comedian
終わらせる owaraseru (v.) end
終わり owari (n.) end
終わりのない owari no nai (adj.) endless
お椀 o wan (n.) bowl
音楽 ongaku (n.) music
音楽家 ongakuka (n.) musician
音楽の ongaku no (adj.) musical
音響 onkyō (n.) acoustics
音響システム onkyō shisutemu (n.) sound system
音響の onkyō no (adj.) acoustic
温室 onshitsu (n.) conservatory
温室 onshitsu (n.) greenhouse
恩赦 onsha (n.) amnesty
恩知らず onshirazu (n.) ingratitude
恩知らずな onshirazuna (adj.) thankless
恩人 onjin (n.) benefactor
オンス onsu (n.) ounce
音声 onsei (n.) audio
音声の onsei no (adj.) phonetic
音声学 onseigaku (n.) phonetics
音節 onsetsu (n.) syllable
音節の onsetsu no (adj.) syllabic
音程 ontei (n.) pitch
温度 ondo (n.) temperature
温度計 ondokei (n.) thermometer
おんどり ondori (n.) cock

女遊びをする onna asobi o suru (v.) womanise
女家長 onna kachō (n.) matriarch
女相続人 onna sōzokujin (n.) heiress
女たらし onnatarashi (n.) womaniser
女らしい onnarashī (adj.) womanish
音波の onpa no (adj.) sonic
オンライン onrain (adj.) online
オンラインショップ onrain shoppu (n.) web store
音量 onryō (n.) volume
温和な onwana (adj.) clement

蚊 ka (n.) mosquito
蛾 ga (n.) moth
加圧する ka atsu suru (v.) pressurize
かどうか ka dō ka (conj.) whether
カートリッジ kātorijji (n.) cartridge
カーカーと鳴く kā kā to naku (v.) caw
ガーガー鳴く gāgā naku (v.) quack
カースト制度 kāsuto seido (n.) caste
カーソル kāsoru (n.) cursor
ガーター gātā (n.) garter
カーディガン kādigan (n.) cardigan
カーテン kāten (n.) curtain
カーテン生地 kāten kiji (n.) drapery
カート kāto (n.) cart
カード kādo (n.) card
カード保有者 kādo hoyūsha (n.) cardholder

カード読み取り装置 kādo yomitori sōchi (n.) card reader
カートン kāton (n.) carton
カーニバル kānibaru (n.) carnival
カーペット kāpetto (n.) carpet
カーボンコピー kābon kopī (n.) carbon copy
カールさせる kāru saseru (v.) curl
階 kai (n.) storey
飼い慣らされた kai narasareta (adj.) tame
下位の kai no (adj.) subordinate
外縁 gaien (n.) periphery
海王星 kaiōsei (n.) Neptune
階下 kaika (adj.) downstairs
絵画 kaiga (n.) painting
改革 kaikaku (n.) reform
改革家 kaikakuka (n.) reformer
改革する kaikaku suru (v.) reform
改革の kaikaku no (adj.) reformatory
快活な kaikatsuna (adj.) vivacious
貝殻 kaigara (n.) shell
海岸 kaigan (n.) coast
外観 gaikan (n.) appearance
概観 gaikan (n.) conspectus
海岸の kaigan no (adj.) coastal
外観を損じる gaikan o sonjiru (v.) disfigure
海岸線 kaigansen (n.) coastline
会議 kaigi (n.) conference
会議 kaigi (n.) meeting
懐疑主義 kaigi shugi (n.) scepticism
回帰線 kaikisen (n.) tropic
会期中の kaiki chū no (adj.) sessional

海峡 kaikyō (n.) strait
開業医 kaigyōi (n.) practitioner
懐疑論者 kaigironsha (n.) sceptic
海軍 kaigun (n.) navy
海軍の kaigun no (adj.) naval
会計係 kaikeigakari (n.) treasurer
会計学 kaikeigaku (n.) accountancy
会計士 kaikeishi (n.) accountant
解決 kaiketsu (n.) solution
解決する kaiketsu suru (v.) solve
外見上は gaiken jō wa (adv.) outwardly
外見を損なう gaiken o sokonau (v.) deface
外交 gaikō (n.) diplomacy
外交官 gaikōkan (n.) diplomat
外交儀礼 gaikō girei (n.) protocol
外向性の人 gaikōsei no hito (n.) extrovert
外交的な gaikō tekina (adj.) diplomatic
開口部 kaikōbu (n.) orifice
開口部の kaikōbu no (adj.) orificial
解雇する kaiko suru (v.) discharge
回顧の kaiko no (adj.) retrospective
外国かぶれ gaikoku kabure (n.) xenomania
外国人嫌い gaikokujin girai (n.) xenophobia
外国人嫌いの人 gaikokujin girai no hito (n.) xenophobe
外国人 gaikokujin (n.) foreigner
外国で gaikoku de (adv.) abroad
外国の gaikoku no (adj.) foreign
外国を好む人 gaikoku o konomu hito (n.) xenophile
介護者 kaigosha (n.) carer

骸骨 gaikotsu (n.) skeleton
悔恨 kaikon (n.) remorse
改ざん kaizan (n.) falsification
改ざんされた kaizan sareta (adj.) doctored
解散する kaisan suru (v.) disband
改ざんする kaizan suru (v.) doctor
改竄する kaizan suru (v.) tamper
開始 kaishi (n.) commencement
開始 kaishi (n.) start
海事裁判所 kaiji saibansho (n.) admiralty
開示する kaiji suru (v.) disclose
海事の kaiji no (adj.) maritime
会社 kaisha (n.) company
会社 kaisha (n.) firm
解釈 kaishaku (v.) construe
解釈する kaishaku suru (v.) interpret
会社の kaisha no (adj.) corporate
会衆 kaishū (n.) congregation
外出 gaishutsu (n.) outing
会場 kaijō (n.) venue
外傷 gaishō (n.) wound
海上輸送による kaijō yusō niyoru (adj.) seaborne
海上輸送の kaijō yusō no (adj.) shipborne
外傷学 gaishōgaku (n.) traumatology
海食崖 kaishokugai (n.) seacliff
害する gaisuru (v.) harm
改正 kaisei (n.) amendment
改正する kaisei suru (v.) amend
解説 kaisetsu (n.) commentary
解説者 kaisetsusha (n.) commentator

海鮮 kaisen (n.) seafood
疥癬 kaisen (n.) scabies
改善 kaizen (n.) improvement
改善する kaizen suru (v.) improve
回想 kaisō (n.) flashback
回想 kaisō (n.) reminiscence
海藻 kaisō (n.) seaweed
階層 kaisō (n.) hierarchy
回想する kaisō suru (v.) recollect
改装する kaisō suru (v.) refurbish
改造する kaizō suru (v.) revamp
改造できる kaizō dekiru (adj.) convertible
会葬者 kaisōsha (n.) mourner
回想力 kaisōryoku (n.) recall
海賊 kaizoku (n.) pirate
解体する kaitai suru (v.) dismantle
階段 kaidan (n.) staircase
改築 kaichiku (n.) renovation
改築する kaichiku suru (v.) renovate
害虫 gaichū (n.) pest
害虫駆除業者 gaichū kujo gyōsha (n.) eradicator
懐中電灯 kaichū dentō (n.) flashlight
買い手 kaite (n.) buyer
海底 kaitei (n.) seafloor
海底実験室 kaitei jikkenshitsu (n.) sealab
海底の kaitei no (adj.) submarine
快適さ kaiteki sa (n.) comfort
快適な kaitekina (adj.) comfortable
回転 kaiten (n.) rotation
回転させる kaiten saseru (v.) turn
回転する kaiten suru (v.) rotate

回転木馬 kaiten mokuba (n.) hobbyhorse
回転部 kaitenbu (adj.) rotary
回答 kaitō (n.) answer
外套 gaitō (n.) overcoat
解読 kaidoku (v.) decipher
解読者 kaidokusha (n.) decoder
解読する kaidoku suru (v.) decrypt
ガイドライン gaidorain (n.) guideline
飼い慣らす kainarasu (v.) domesticate
海難救助 kainan kyūjo (n.) salvage
介入 kainyū (n.) intervention
介入する kainyū suru (v.) intervene
解任 kainin (n.) dismissal
解任する kainin suru (v.) dismiss
概念 gainen (n.) concept
かいば kaiba (n.) forage
飼い葉おけ kaiba oke (n.) manger
開発する kaihatsu suru (v.) develop
開発者 kaihatsusha (n.) developer
回避 kaihi (n.) avoidance
回避する kaihi suru (v.) avert
回避的な kaihi tekina (adj.) evasive
外部の gaibu no (adj.) external
開封防止 kaifū bōshi (n.) tamperproof
回復 kaifuku (n.) recovery
回復する kaifuku suru (v.) recover
怪物 kaibutsu (n.) monster
怪物のような kaibutsu no yōna (adj.) monstrous
外壁 gaiheki (n.) bailey
解放 kaihō (n.) emancipation
解剖 kaibō (n.) dissection

解剖学 kaibōgaku (n.) anatomy
解放する kaihō suru (v.) emancipate
解剖する kaibō suru (v.) dissect
解放者 kaihōsha (n.) liberator
壊滅させる kaimetsu saseru (v.) raze
買い戻し kaimodoshi (n.) redemption
買い戻す kaimodosu (v.) redeem
買い物 kaimono (n.) shopping
買い物好き kaimono zuki (n.) shopaholic
買い物リスト kaimono risuto (n.) shopping list
買い物をする kaimono o suru (v.) shop
潰瘍 kaiyō (n.) ulcer
概要 gaiyō (n.) outline
海洋学 kaiyōgaku (n.) oceanology
海洋学者 kaiyō gakusha (n.) oceanographer
海洋学の kaiyōgaku no (adj.) oceanographic
外洋航行船 gaiyō kōkōsen (n.) sea boat
潰瘍性の kaiyōsei no (adj.) ulcerous
海洋前線 kaiyō zensen (n.) oceanfront
外来患者 gairai kanja (n.) outpatient
外来的な gairai tekina (adj.) extrinsic
外来的に gairai teki ni (adv.) extrinsically
快楽主義者 kairaku shugisha (n.) epicurean
快楽主義の kairaku shugi no (adj.) epicurean
戒律 kairitsu (n.) commandment
改良する kairyō suru (v.) meliorate
改良すること kairyō suru koto (n.) enrichment

回路 kairo (n.) circuit
回廊 kairō (n.) cloister
回路図 kairozu (n.) schematic
会話 kaiwa (n.) conversation
会話をする kaiwa o suru (v.) converse
買う kau (v.) buy
買うことができる kau koto ga dekiru (v.) afford
ガウン gaun (n.) gown
カウンセラー kaunserā (n.) counsellor
カウンター kauntā (n.) counter
返す kaesu (v.) return
返すこと kaesu koto (n.) return
カエル kaeru (n.) frog
顔 kao (n.) face
顔色 kaoiro (n.) complexion
顔立ち kaodachi (n.) visage
顔の kao no (adj.) facial
顔のしわ取り kao no shiwatori (n.) facelift
香り kaori (n.) scent
顔をしかめる kao o shikameru (v.) frown
香りをつける kaori o tsukeru (v.) scent
画家 gaka (n.) painter
価格 kakaku (n.) price
化学 kagaku (n.) chemistry
科学 kagaku (n.) science
科学技術者 kagaku gijutsusha (n.) technologist
科学技術の kagaku gijutsu no (adj.) technological
化学者 kagakusha (n.) chemist
科学者 kagakusha (n.) scientist

科学捜査 kagaku sōsa (n.) forensic
科学的な kagaku tekina (adj.) scientific
化学の kagaku no (adj.) chemical
化学療法 kagaku ryōhō (n.) chemotherapy
価格表 kakakuhyō (n.) price list
鏡 kagami (n.) mirror
かがみ kagami (n.) paragon
かがむ kagamu (v.) stoop
屈む kagamu (v.) duck
輝いて kagayaite (adv.) aglow
輝き kagayaki (n.) radiance
輝く kagayaku (v.) shine
輝く kagayaku (adj.) shiny
係員 kakarīn (n.) attendant
カキ kaki (n.) oyster
柿 kaki (n.) kaki
鍵 kagi (n.) key
ガキ gaki (n.) brat
鍵穴 kagiana (n.) keyhole
かぎたばこ kagi tabako (n.) snuff
鉤爪 kagizume (n.) claw
鉤爪 kagizume (n.) talon
鉤爪のある kagizume no aru (adj.) taloned
書き留める kakitomeru (v.) note
書き取らせる kakitoraseru (v.) dictate
書き取り kakitori (n.) dictation
書き直す kakinaosu (v.) rewrite
垣根 kakine (n.) hedge
かぎ針編み kagibari ami (n.) crochet
かき混ぜる kakimazeru (v.) stir
かき回す kakimawasu (v.) churn

嗅ぎ回る kagimawaru (v.) snoop
鍵屋 kagiya (n.) keysmith
カキ養殖業者 kaki yōshoku gyōsha (n.) oysterman
限られた kagirareta (adj.) limited
カキを採る kaki o toru (v.) oyster
家禽 kakin (n.) fowl
家禽 kakin (n.) poultry
書く kaku (v.) write
核 kaku (n.) nucleus
家具 kagu (n.) furniture
架空の kakū no (adj.) fictional
核家族 kaku kazoku (n.) nuclear family
学芸員 gakugeīn (n.) curator
隔月の kakugetsu no (adj.) bimonthly
格言 kakugen (n.) aphorism
格差 kakusa (n.) disparity
学際的な gakusai tekina (adj.) mutidisciplinary
各自 kakuji (pron.) each
各自の kakuji no (adj.) each
学士号 gakushigō (n.) baccalaureate
隠したがる kakushitagaru (adj.) secretive
確執 kakushitsu (n.) feud
確実に kakujitsu ni (adv.) surely
確実にする kakujitsu ni suru (v.) ensure
確実性 kakujitsusei (n.) certitude
確実な kakujitsuna (adj.) secure
角質を取る kakushitsu o toru (v.) exfoliate
学者 gakusha (n.) scholar
学習者 gakushūsha (n.) learner

学習すること gakushū suru koto (n.) learning
隔週の kakushū no (adj.) bi-weekly
学術的な gakujutsu tekina (adj.) scholarly
核心 kakushin (n.) core
確信 kakushin (n.) certainty
確信して kakushin shite (adj.) sure
革新者 kakushinsha (n.) innovator
革新する kakushin suru (v.) innovate
隠す kakusu (v.) hide
角錐 kakusui (n.) pyramid
学生 gakusei (n.) student
学生かばん gakusei kaban (n.) satchel
隔絶 kakuzetsu (n.) seclusion
愕然とする gakuzen to suru (adj.) aghast
拡大 kakudai (n.) zoom
拡大する kakudai suru (v.) magnify
拡大する kakudai suru (v.) zoom
楽隊車 gakutaisha (n.) bandwagon
拡張 kakuchō (n.) expansion
拡張させる kakuchō saseru (v.) dilate
拡張する kakuchō suru (n.) diligence
確定する kakutei suru (v.) clinch
カクテル kakuteru (n.) cocktail
角度 kakudo (n.) angle
格闘 kakutō (n.) tussle
格闘する kakutō suru (v.) wrestle
獲得する kakutoku suru (v.) poll
確認 kakunin (n.) confirmation
確認する kakunin suru (v.) confirm
学年 gakunen (n.) grade
学費 gakuhi (n.) tuition

学部 gakubu (n.) faculty
学部生 gakubusei (n.) undergraduate
学部長 gakubuchō (n.) dean
確保する kakuho suru (v.) secure
匿う kakumau (v.) harbour
角膜 kakumaku (n.) cornea
革命 kakumei (n.) revolution
革命的な kakumei tekina (adj.) revolutionary
学名命名法 gakumei meimeihō (n.) nomenclature
革命家 kakumeika (n.) revolutionary
学問的 gakumon teki (adj.) academic
学問的に gakumon teki ni (adv.) academically
学友 gakuyū (n.) schoolmate
隔離 kakuri (n.) segregation
隔離する kakuri suru (v.) segregate
確率 kakuritsu (n.) probability
確立する kakuritsu suru (v.) establish
隠れ家 kakurega (n.) safehouse
隠れ場所 kakure basho (n.) nook
賭け kake (n.) gamble
影 kage (n.) shadow
陰 kage (n.) shade
崖 gake (n.) cliff
家系 kakei (n.) parentage
花茎 kakei (n.) scape
駆け落ちする kakeochi suru (v.) elope
過激派 kagekiha (n.) extremist
過激な反動 kagekina handō (n.) backlash
掛け金 kakekin (n.) latch
陰口 kageguchi (n.) backbiting

掛け声屋 kakegoeya (n.) claque
掛け算 kakezan (n.) multiplication
かけす kakesu (n.) jay
賭け手 kakete (n.) bettor
陰の多い kage no ōi (adj.) shadowy
掛け布団 kakebuton (n.) coverlet
駆けまわる kakemawaru (v.) scamper
駆けまわること kakemawaru koto (n.) scamper
賭け屋 kakeya (n.) bookmaker
かけら kakera (n.) chip
かける kakeru (v.) drape
掛ける kakeru (v.) multiply
賭ける kakeru (v.) bet
加減する kagen suru (v.) moderate
過去 kako (n.) past
カゴ kago (n.) basket
駕篭 kago (n.) palanquin
囲い地 kakoichi (n.) enclosure
河口 kakō (n.) estuary
過酷さ kakoku sa (n.) severity
過去の kako no (adj.) past
囲む kakomu (v.) surround
過去を振り返ること kako o furikaeru koto (n.) retrospection
過言 kagon (n.) exaggeration
傘 kasa (n.) umbrella
嵩 kasa (n.) bulk
笠石 kasaishi (n.) coping
カサカサと鳴る kasakasa to naru (v.) rustle
風車 kazaguruma (n.) windmill
カササギ kasasagi (n.) magpie
風下 kazashimo (n.) lee

重なり kasanari (n.) overlap
重なる kasanaru (v.) overlap
かさばる kasabaru (adj.) bulky
かさぶた kasabuta (n.) scab
かさぶたができる kasabuta ga dekiru (v.) scab
飾り kazari (n.) decoration
飾りリボン kazari ribon (n.) streamer
飾る kazaru (v.) adorn
飾る kazaru (v.) decorate
火山 kazan (n.) volcano
可算の kasan no (adj.) enumerable
火山の kazan no (adj.) volcanic
加算器 kasanki (n.) adder
歌詞 kashi (n.) lyrics
華氏 kashi (adj.) Fahrenheit
舵 kaji (n.) rudder
賢い kashikoi (adj.) intelligent
貸越 kashikoshi (n.) overdraft
舵の柄 kaji no e (n.) helm
かしの木 kashi no ki (n.) oaktree
舵を取る kaji o toru (v.) steer
可視性 kashisei (n.) visibility
過失 kashitsu (n.) negligence
貸し付ける kashitsukeru (v.) loan
カジノ kajino (n.) casino
鍛冶場 kajiba (n.) forge
かじ柱 kajibashira (n.) rudderpost
カシミヤ kashimiya (n.) cashmere
貨車 kasha (n.) wagon
鍛冶屋 kajiya (n.) blacksmith
歌手 kashu (n.) singer
カシュー kashū (n.) cashew

荷重 kajū (n.) load
果樹園 kajuen (n.) orchard
ガジュマル gajumaru (n.) banyan
過剰 kajō (n.) excess
過剰供給する kajō kyōkyū suru (v.) glut
過剰請求 kajō seikyū (n.) overcharge
過剰請求する kajō seikyū suru (v.) overcharge
過剰摂取 kajō sesshu (n.) overdose
過剰摂取する kajō sesshu suru (v.) overdose
過食症 kashokushō (n.) bulimia
頭文字を記す kashiramoji o shirusu (v.) initial
かじる kajiru (v.) nibble
かじること kajiru koto (n.) nibble
菓子類 kashirui (n.) confectionery
課す kasu (v.) impose
貸す kasu (v.) lend
ガス gasu (n.) gas
ガス化 gasu ka (n.) gasification
ガス化された gasu ka sareta (adj.) gasified
ガス化する gasu ka suru (v.) gasify
かすかな光 kasukana hikari (n.) gleam
かすかに光る kasuka ni hikaru (v.) glimmer
ガスケット gasu ketto (n.) gasket
カスタード kasutādo (n.) custard
カスタム kasutamu (n.) custom
ガストロノミー gasutoronomī (n.) gastronomy
ガスのような gasu no yōna (adj.) gassy
ガスマスク gasumasuku (n.) gasmask
かすり傷 kasuri kizu (n.) scratch

かすんだ kasunda (adj.) hazy
かせ kase (n.) skein
風 kaze (n.) wind
火星 kasei (n.) Mars
課税 kazei (n.) taxation
課税する kazei suru (v.) tax
課税できる kazei dekiru (adj.) taxable
化石 kaseki (n.) fossil
稼ぎ手 kasegite (n.) breadwinner
仮説 kasetsu (n.) hypothesis
仮設トイレ kasetsu toire (n.) latrine
カセット kasetto (n.) cassette
カセットプレーヤー kasetto purēyā (n.) tape player
風通しの良い kazetōshi no yoi (adj.) airy
風の強い kaze no tsuyoi (adj.) windy
ガゼル gazeru (n.) gazelle
風を切って飛ぶ kaze o kitte tobu (v.) whiz
下線を引く kasen o hiku (v.) underline
画素化する gaso ka suru (v.) pixelate
火葬 kasō (n.) cremation
画像 gazō (n.) image
火葬にする kasō ni suru (v.) cremate
火葬場 kasōjō (n.) crematorium
火葬用のまきの山 kasōyō no maki no yama (n.) pyre
数え上げる kazoeageru (v.) enumerate
数え切れない kazoekirenai (adj.) incalculable
数え切れないほど kazoekirenai hodo (adj.) countless
数えられる kazoerareru (adj.) countable

数える kazoeru (v.) count
家族 kazoku (n.) family
加速者 kasokusha (n.) accelerator
加速度 kasokudo (n.) acceleration
ガソリン gasorin (n.) gasoline
型 kata (n.) mould
肩 kata (n.) shoulder
片足跳び katāshi tobi (n.) hop
片足で跳ぶ katāshi de tobu (v.) hop
硬い katai (adj.) hard
過大評価する kadai hyōka suru (v.) overrate
カタカタ鳴る katakata naru (v.) clatter
ガタガタ鳴るもの gatagata naru mono (n.) rattle
ガタガタの gatagata no (adj.) rickety
ガタガタ揺れる gatagata yureru (n.) jolt
肩衣 kataginu (n.) scapular
固く締める kataku shimeru (v.) tighten
家宅の kataku no (adj.) domiciliary
堅く結んだ kataku musunda (adj.) tight
堅苦しい katakurushī (adj.) ceremonious
片付ける katazukeru (v.) declutter
形 katachi (n.) form
形の良い katachi no yoi (adj.) shapely
形づくる katachizukuru (v.) form
形作る katachizukuru (v.) shape
カタツムリ katatsumuri (n.) snail
型どる katadoru (v.) mould
型にはまった kata ni hamatta (adj.) stereotyped
型にはめる kata ni hameru (v.) stereotype

塊 katamari (n.) block
塊にする katamari ni suru (v.) agglomerate
形見 katami (n.) keepsake
傾き katamuki (n.) inclination
傾く katamuku (v.) slant
傾ける katamukeru (v.) incline
固める katameru (v.) harden
偏った katayotta (adj.) biased
カタルシス katarushisu (n.) catharsis
カタログ katarogu (n.) catalogue
肩をすくめる kata o sukumeru (v.) shrug
肩をすくめること kata o sukumeru koto (n.) shrug
加担 katan (n.) complicity
価値 kachi (n.) value
価値がある kachi ga aru (adj.) worth
価値がない kachi ga nai (adj.) worthless
カチカチと鳴る kachikachi to naru (v.) clack
カチッという音 kachitto iu oto (n.) click
勝ち誇った kachihokotta (adj.) triumphant
勝ち目 kachime (n.) odds
ガチョウ gachō (n.) goose
価値を下げる kachi o sageru (v.) devalue
カチンと鳴る音 kachin to naru oto (n.) clink
勝つ katsu (v.) win
閣下 kakka (n.) excellency
学界 gakkai (n.) academia
ガツガツ食べる gatsugatsu taberu (n.) gobble

がっかりさせる gakkari saseru (v.) dishearten
学期 gakki (n.) semester
楽器 gakki (n.) instrument
活気づける kakki zukeru (v.) enliven
活気に満ちた kakki ni michita (adj.) energetic
活気のない kakki no nai (adj.) lifeless
滑空 kakkū (n.) glide
滑空する kakkū suru (v.) plane
括弧 kakko (n.) bracket
カッコウ kakkō (n.) cuckoo
学校 gakkō (n.) school
学校の gakkō no (adj.) scholastic
学校の先生 gakkō no sensei (n.) schoolteacher
恰好の的 kakkō no teki (n.) fair game
格好いい kakkōī (adj.) rocking
滑車 kassha (n.) pulley
合唱団 gasshōdan (n.) choir
がっしりした gasshiri shita (adj.) beefy
活性化 kassei ka (n.) activation
活性化する kassei ka suru (v.) activate
滑石 kasseki (n.) talc
カッター kattā (n.) cutter
褐炭 kattan (n.) lignite
活動 katsudō (n.) activity
活動家 katsudōka (n.) activist
活発にさせる kappatsu ni saseru (v.) animate
活発な kappatsuna (adj.) active
かっぷくのよい kappuku no yoi (adj.) stout
合併 gappei (n.) merger

合併させる gappei saseru (v.) merge
合併する gappei suru (v.) amalgamate
合併すること gappei suru koto (n.) amalgamation
渇望 katsubō (n.) craving
渇望する katsubō suru (v.) thirst
かつら katsura (n.) wig
活力 katsuryoku (n.) vivacity
割礼を行なう katsurei o okonau (v.) circumcise
カツレツ katsuretsu (n.) cutlet
仮定 katei (n.) assumption
家庭 katei (n.) household
過程 katei (n.) process
家庭教師 katei kyōshi (n.) tutor
仮定の katei no (adj.) hypothetical
角 kado (n.) corner
過度 kado (n.) surfeit
過度に褒める kado ni homeru (v.) adulate
過度の kado no (adj.) excessive
角のある kado no aru (adj.) angular
寡頭制 katō sei (n.) oligarchy
寡頭制の katō sei no (adj.) oligarchal
可動性 kadōsei (n.) mobility
可動性の kadōsei no (adj.) mobile
過度な負担をかける kadona futan o kakeru (v.) overburden
カドミウム kadomiumu (n.) cadmium
カトラリー katorarī (n.) cutlery
カトリック katorikku (adj.) catholic
カトリック教 katorikkukyō (n.) catholicism
鉄梃 kana teko (n.) crowbar

悲しい kanashī (adj.) sad
悲しませる kanashimaseru (v.) sadden
悲しみ kanashimi (n.) sadness
悲しみに沈んだ kanashimi ni shizunda (n.) mournful
悲しむ kanashimu (v.) sorrow
金づち kanazuchi (n.) hammer
鉄床 kanatoko (n.) anvil
要石 kaname ishi (n.) keystone
かなり kanari (adv.) quite
かなり大きな kanari ōkina (adj.) sizable
かなりの kanari no (adj.) considerable
カナリア kanaria (n.) canary
カニ kani (n.) crab
果肉 kaniku (n.) pulp
カニバリズム kanibarizumu (n.) cannibalism
金で動く kane de ugoku (adj.) venal
金のかかる kane no kakaru (adj.) costly
鐘の舌 kane no shita (n.) clapper
金目当ての kane meate no (adj.) mercenary
金をだまし取る kane o damashitoru (v.) swindle
可燃性の kanensei no (adj.) combustible
可能性 kanōsei (n.) possibility
可能な kanōna (adj.) possible
彼女 kanojo (pron.) her
彼女 kanojo (pron.) she
彼女の kanojo no (adj.) her
かばう kabau (v.) shield
カバノキ kabanoki (n.) birch
カバン kaban (n.) bag

カビの生えた kabi no haeta (adj.) mouldy
かび臭い kabikusai (adj.) musty
花瓶 kabin (n.) vase
寡夫 kafu (n.) widower
火夫 kafu (n.) stoker
カブ kabu (n.) turnip
カフェ kafe (n.) cafe
カフェイン kafein (n.) caffeine
カフェテリア kafeteria (n.) cafeteria
過負荷 ka fuka (n.) overload
過負荷をかける ka fuka o kakeru (v.) overload
株式 kabushiki (n.) share
株式会社 kabushikigaisha (n.) corporation
株式市場 kabushiki shijō (n.) share market
株式保有 kabushiki hoyū (n.) shareholding
カフス kafusu (n.) cuff
カプセル kapuseru (n.) capsule
カプセルのような kapuseru no yōna (adj.) capsular
カプチーノ kapuchīno (n.) cappuccino
甲虫 kabutomushi (n.) beetle
株主 kabunushi (n.) shareholder
がぶ飲み gabunomi (n.) gulp
花粉 kafun (n.) pollen
壁 kabe (n.) wall
貨幣 kahei (n.) coinage
貨幣の kahei no (adj.) monetary
壁掛け kabekake (n.) tapestry
かぼちゃ kabocha (n.) pumpkin
窯 kama (n.) furnace

窯 kama *(n.)* kiln
鎌 kama *(n.)* sickle
我慢 gaman *(n.)* tolerance
我慢強い gamanzuyoi *(adj.)* hardy
神 kami *(n.)* god
紙 kami *(n.)* paper
髪 kami *(n.)* hair
神とする kami to suru *(v.)* deify
かみ合う kamiau *(v.)* mesh
神風 kamikaze *(n.)* kamikaze
髪型 kamigata *(n.)* coiffure
かみ切れない kamikirenai *(adj.)* tough
噛み砕く kamikudaku *(v.)* crunch
カミソリ kamisori *(n.)* razor
花蜜 kamitsu *(n.)* nectar
雷鳴 kaminari *(n.)* thunder
雷が鳴る kaminari ga naru *(v.)* thunder
雷のような kaminari no yōna *(adj.)* thunderous
紙袋 kamibukuro *(n.)* paper bag
噛む kamu *(v.)* bite
ガム gamu *(n.)* gum
ガムテープ gamu tēpu *(n.)* duct tape
カムフラージュ kamufurāju *(n.)* camouflage
カメ kame *(n.)* turtle
亀 kame *(n.)* tortoise
仮名 kamei *(n.)* pseudonym
カメオ kameo *(n.)* cameo
カメラ kamera *(n.)* camera
画面 gamen *(n.)* screen
かもしれない kamo shirenai *(v.)* may
寡黙な kamokuna *(adj.)* reticent

貨物 kamotsu *(n.)* cargo
貨物運送 kamotsu unsō *(n.)* freight
カモメ kamome *(n.)* gull
鴎 kamome *(n.)* seagull
がやがや gayagaya *(n.)* babble
かゆい kayui *(v.)* itch
かゆみ kayumi *(n.)* itch
通う kayō *(v.)* commute
可溶性 kayōsei *(n.)* solubility
から kara *(prep.)* from
殻 kara *(n.)* husk
空にする kara ni suru *(v.)* empty
空の kara no *(adj.)* empty
からかい karakai *(n.)* banter
からかう karakau *(v.)* tease
からかう人 karakau hito *(n.)* tease
からかうように karakau yō ni *(adv.)* teasingly
ガラガラ garagara *(v.)* rattle
からくり karakuri *(n.)* gimmick
からくりを使うこと karakuri o tsukau koto *(n.)* gimmickry
カラス karasu *(n.)* crow
ガラス garasu *(n.)* glass
ガラス工 garasukō *(n.)* glazier
ガラス製造業者 garasu seizō gyōsha *(n.)* glassmaker
ガラス繊維 garasu sen i *(n.)* fibreglass
ガラスのようにする garasu no yō ni suru *(v.)* glassify
体 karada *(n.)* body
体を埋める karada o umeru *(v.)* nestle
カラット karatto *(n.)* carat
からまる karamaru *(v.)* knot

カラメル karameru (n.) caramel
殻を取る kara o toru (v.) pod
殻を外す kara o hazusu (v.) shell
カリ kari (n.) potash
狩り kari (n.) hunt
借りがある kari ga aru (v.) owe
仮出所 kari shussho (n.) parole
仮の kari no (adj.) provisional
カリウム kariumu (n.) potassium
カリエスにかかった kariesu ni kakatta (adj.) carious
借方 karikata (n.) debit
カリキュラム karikyuramu (n.) curriculum
借り越す karikosu (v.) overdraw
仮釈放する karishakuhō suru (v.) parole
カリスマ karisuma (n.) charisma
カリスマ的な karisuma tekina (adj.) charismatic
駆り立てる karitateru (v.) incite
刈り取り機 karitoriki (n.) reaper
刈り取る karitoru (v.) reap
カリフラワー karifurawā (n.) cauliflower
借りる kariru (v.) borrow
刈る karu (v.) mow
刈る karu (v.) shear
狩る karu (v.) hunt
軽い karui (adj.) light
軽いキス karui kisu (n.) peck
軽く karuku (adv.) lightly
軽くする karuku suru (v.) lighten
軽くたたく karuku tataku (v.) pat
軽くたたく音 karuku tataku oto (n.) pat
軽く突く karuku tsuku (v.) nudge

軽く揺れる karuku yureru (v.) jiggle
カルシウム karushiumu (n.) calcium
カルダモン karudamon (n.) cardamom
カルテル karuteru (n.) cartel
カルト karuto (n.) cult
軽はずみな karuhazumina (adj.) rash
彼 kare (pron.) he
彼 kare (pron.) him
家令 karei (n.) chamberlain
華麗さ karei sa (n.) flamboyance
ガレージ garēji (n.) garage
瓦礫 gareki (n.) debris
瓦礫 gareki (n.) rubble
カレッジ karejji (n.) college
カレット karetto (n.) cullet
彼の kare no (pron.) his
枯葉剤 karehazai (n.) defoliant
枯葉剤をまく karehazai o maku (v.) defoliate
彼ら karera (pron.) them
彼らの karera no (adj.) their
彼らのもの karera no mono (pron.) theirs
枯れる kareru (v.) wither
カレンダー karendā (n.) calendar
過労 karō (n.) overwork
画廊 garō (n.) gallery
かろうじて karōjite (adv.) barely
カロリー karorī (n.) calorie
カロリーの高い karorī no takai (adj.) calorific
ガロン garon (n.) gallon
川 kawa (n.) river
皮 kawa (n.) peel

革 kawa (n.) leather
可愛い kawaī (adj.) cute
可哀想な kawaisōna (adj.) pitiable
乾いた kawaita (adj.) dry
獺 kawauso (n.) otter
乾かす kawakasu (v.) dry
かわす kawasu (v.) fend
かわす kawasu (v.) ward
為替相場 kawase sōba (n.) exchange rate
代わり kawari (n.) lieu
代わりに用いる kawari ni mochīru (v.) substitute
変わりやすさ kawari yasu sa (n.) caprice
変わりやすい kawari yasui (adj.) variable
皮を剥ぐ kawa o hagu (v.) skin
勘 kan (n.) hunch
棺 kan (n.) coffin
缶 kan (n.) can
癌 gan (n.) cancer
姦淫 kan in (n.) adultery
眼科 ganka (n.) ophthalmology
眼科の ganka no (adj.) ophthalmologic
灌漑 kangai (n.) irrigation
眼科医 gankai (n.) ophthalmologist
考え kangae (n.) idea
考え込む kangaekomu (v.) brood
考え直す kangaenaosu (v.) reconsider
考える kangaeru (v.) think
感覚 kankaku (n.) sensation
間隔 kankaku (n.) interval
感覚性 kankakusei (n.) sentience

管轄 kankatsu (n.) jurisdiction
カンガルー kangarū (n.) kangaroo
宦官 kangan (n.) eunuch
カンカンに怒らせる kankan ni okoraseru (v.) madden
喚起 kanki (n.) evocation
換気 kanki (n.) ventilation
歓喜 kanki (n.) jubilation
寒気 kanki (n.) chill
換気する kanki suru (v.) ventilate
換気装置 kanki sōchi (n.) ventilator
柑橘類 kankitsurui (n.) citrus
柑橘類の皮 kankitsurui no kawa (n.) zest
観客 kankyaku (n.) audience
眼球 gankyū (n.) eyeball
環境 kankyō (n.) environment
環境の kankyō no (adj.) environmental
環境保護 kankyō hogo (n.) environmentalism
環境保護主義者 kankyō hogo shugisha (n.) environmentalist
頑強な gankyōna (adj.) stubborn
監禁 kankin (n.) confinement
監禁する kankin suru (v.) imprison
玩具メーカー gangu mēkā (n.) toymaker
関係 kankei (n.) rapport
関係 kankei (n.) relation
歓迎 kangei (n.) welcome
歓迎される kangei sareru (adj.) welcome
歓迎する kangei suru (v.) welcome
関係なく kankei naku (adj.) irrespective

関係を比較する kankei o hikaku suru *(v.)* correlate
簡潔さ kanketsu sa *(n.)* brevity
完結する kanketsu suru *(v.)* conclude
間欠泉 kanketsusen *(n.)* geyser
簡潔な kanketsuna *(adj.)* concise
頑健な gankenna *(adj.)* vigorous
歓呼 kanko *(n.)* acclamation
看護する kango suru *(v.)* nurse
頑固とした ganko to shita *(adj.)* adamant
観光 kankō *(n.)* tourism
観光客 kankō kyaku *(n.)* tourist
敢行する kankō suru *(v.)* venture
観光する kankō suru *(v.)* tour
看護師 kangoshi *(n.)* nurse
頑固な gankona *(adj.)* headstrong
頑固者 gankomono *(n.)* diehard
監査 kansa *(n.)* audit
観察 kansatsu *(n.)* observation
観察する kansatsu suru *(v.)* observe
監査役 kansayaku *(n.)* auditor
監視 kanshi *(n.)* surveillance
鉗子 kanshi *(n.)* forceps
監視する kanshi suru *(v.)* monitor
かんしゃく kan shaku *(n.)* petulance
感じの悪い kanji no warui *(adj.)* obnoxious
監視人 kanshinin *(n.)* warden
感謝 kansha *(n.)* gratitude
患者 kanja *(n.)* patient
感謝している kansha shiteiru *(adj.)* grateful
感謝する kansha suru *(v.)* appreciate

看守 kanshu *(n.)* jailer
干渉 kanshō *(n.)* interference
環礁 kanshō *(n.)* atoll
勘定 kanjō *(n.)* tally
感情 kanjō *(n.)* emotion
岩漿 ganshō *(n.)* magma
干渉する kanshō suru *(v.)* interfere
勘定する kanjō suru *(v.)* tally
緩衝地帯 kanshō chitai *(n.)* buffer zone
感傷的な kanshō tekina *(adj.)* maudlin
感情的な kanjō tekina *(adj.)* emotional
環状道路 kanjō dōro *(n.)* orbital
感情に訴える kanjō ni uttaeru *(adj.)* emotive
管状の kanjō no *(adj.)* tubular
頑丈な ganjōna *(adj.)* robust
緩衝物 kanshōbutsu *(n.)* buffer
感じる kanjiru *(v.)* feel
関心 kanshin *(n.)* admiration
感心させる kanshin saseru *(v.)* impress
関心する kanshin suru *(v.)* admire
肝心の kanjin no *(adj.)* vital
感震器 kanshinki *(n.)* seismoscope
完成 kansei *(n.)* accomplishment
慣性 kansei *(n.)* inertia
関税 kanzei *(n.)* tariff
完成された kansei sareta *(adj.)* complete
関節 kansetsu *(n.)* joint
間接の kansetsu no *(adj.)* indirect
関節炎 kansetsuen *(n.)* arthritis
感染させる kansen saseru *(v.)* infect
完全に kanzen ni *(adv.)* entirely

完全に異なる kanzen ni kotonaru *(adj.)* disparate
感染症 kansenshō *(n.)* infection
感染性の kansensei no *(adj.)* infectious
癌専門医 gan senmoni *(n.)* oncologist
簡素化 kanso ka *(n.)* simplification
乾燥 kansō *(n.)* dehydration
間奏 kansō *(n.)* interlude
乾燥機 kansōki *(n.)* dryer
乾燥させる kansō saseru *(v.)* dehydrate
乾燥した kansō shita *(adj.)* dried
艦隊 kantai *(n.)* fleet
寛大さ kandai sa *(n.)* leniency
寛大な kandaina *(adj.)* lenient
甲高い kandakai *(adj.)* shrill
簡単 kantan *(adj.)* easy
感知する kanchi suru *(v.)* sense
感知できるほどの kanchi dekiru hodo no *(adj.)* appreciable
貫通 kantsū *(n.)* penetration
貫通する kantsū suru *(v.)* penetrate
姦通者 kantsūsha *(n.)* adulterer
感づくこと kanzuku koto *(n.)* inkling
噛んでいる kandeiru *(adj.)* biting
寒天 kanten *(n.)* agar
観点 kanten *(n.)* regard
眼点 ganten *(n.)* eyespot
感電死 kanden shi *(n.)* electrocution
感電死させる kanden shi saseru *(v.)* electrocute
感度 kando *(n.)* sensitivity
間投詞 kantōshi *(n.)* interjection
勘当する kandō suru *(v.)* disown
監督 kantoku *(n.)* foreman
監督 kantoku *(n.)* supervision
監督 kantoku *(n.)* supervisor
監督する kantoku suru *(v.)* supervise
閂 kannuki *(n.)* bolt
観念的な kannen tekina *(adj.)* notional
官能 kannō *(n.)* sensuality
官能的な kannō tekina *(adj.)* sensual
官能的な kannō tekina *(adj.)* voluptuous
堪能な kannōna *(adj.)* proficient
完売 kanbai *(n.)* sell-out
乾杯する kanpai suru *(v.)* toast
干ばつ kanbatsu *(n.)* drought
看板 kanban *(n.)* billboard
幹部候補生 kanbu kōhosei *(n.)* cadet
完璧 kanpeki *(n.)* perfection
完璧な kanpekina *(adj.)* flawless
完璧にする kanpeki ni suru *(v.)* perfect
ガンマ ganma *(n.)* gamma
勧誘 kanyū *(n.)* solicitation
寛容 kan yō *(n.)* toleration
慣用的な kanyō tekina *(adj.)* idiomatic
肝要な kanyōna *(adj.)* key
寛容な kan yōna *(adj.)* tolerant
陥落した kanraku shita *(adj.)* fallen
管理 kanri *(n.)* management
管理委員 kanri i in *(n.)* conservator
管理する kanri suru *(v.)* manage
管理者 kanrisha *(n.)* administrator
管理人 kanrinin *(n.)* custodian
管理人 kanrinin *(n.)* janitor
完了 kanryō *(n.)* completion
官僚 kanryō *(n.)* bureaucracy
関連する kanren suru *(v.)* pertain

関連する kanren suru (adj.) relevant
関連のある kanren no aru (adj.) pertinent
関連付ける kanrenzukeru (v.) relate
関連性 kanrensei (n.) relevance
緩和させる kanwa saseru (v.) assuage
緩和する kanwa suru (v.) ease
緩和する kanwa suru (v.) relieve

木 ki (n.) tree
ギアボックス gia bokkusu (n.) gearbox
キー操作部 kī sōsabu (n.) keypad
キーボード kībōdo (n.) keyboard
黄色 kīro (n.) yellow
黄色にする kīro ni suru (v.) yellow
黄色い kīroi (adj.) yellow
黄色がかった kīrogakatta (adj.) yellowish
キーワード kīwādo (n.) keyword
消える kieru (v.) vanish
既往歴 kiōreki (n.) anamnesis
記憶 kioku (n.) memory
記憶に残る kioku ni nokoru (adj.) memorable
記憶術 kiokujutsu (n.) mnemonic
記憶術の kiokujutsu no (adj.) mnemonic
飢餓 kiga (n.) starvation
戯画 giga (n.) burlesque
機会 kikai (n.) opportunity
機械 kikai (n.) machine

危害 kigai (n.) harm
議会 gikai (n.) parliament
議会の gikai no (adj.) parliamentary
機械工 kikaikō (n.) mechanic
機械製の kikaisei no (adj.) mechanical
機械類 kikairui (n.) machinery
幾何学 kikagaku (n.) geometry
幾何学的な kikagaku tekina (adj.) geometrical
気化させる kika saseru (v.) vaporize
気が進まない ki ga susumanai (adj.) reluctant
気が進まないこと ki ga susumanai koto (n.) reluctance
帰化する kika suru (v.) naturalize
気が散ること ki ga chiru koto (n.) distraction
気が付かない kigatsukanai (adj.) oblivious
ギガバイト giga baito (n.) gigabyte
ギガビット giga bitto (n.) gigabit
気が向かない ki ga mukanai (adj.) indisposed
器官 kikan (n.) organ
期間 kikan (n.) duration
気管 kikan (n.) trachea
気管の kikan no (adj.) tracheal
器官学 kikangaku (n.) organography
気管鏡検査法 kikankyō kensahō (n.) tracheoscopy
気管支 kikanshi (adj.) bronchial
気管支炎 kikanshien (n.) bronchitis
機関車 kikansha (n.) locomotive
危機 kiki (n.) crisis
危機のない kiki no nai (adj.) acritical

聞き入れる kikīreru *(v.)* accede
聞き手 kikite *(n.)* listener
企業 kigyō *(n.)* enterprise
企業家 kigyōka *(n.)* entrepreneur
戯曲 gikyoku *(n.)* drama
飢饉 kikin *(n.)* famine
聞く kiku *(v.)* hear
聴く kiku *(v.)* listen
器具 kigu *(n.)* appliance
ぎくしゃくした gikushaku shita *(adj.)* jerky
気配り kikubari *(n.)* care
危険 kiken *(n.)* danger
危険 kiken *(n.)* hazard
危険 kiken *(n.)* jeopardy
危険 kiken *(n.)* peril
機嫌 kigen *(n.)* temper
機嫌が悪い kigen ga warui *(adj.)* owly
危険にさらす kiken ni sarasu *(v.)* endanger
危険な kikenna *(adj.)* dangerous
危険な kikenna *(adj.)* perilous
機構 kikō *(n.)* mechanism
気候 kikō *(n.)* climate
紀行 kikō *(n.)* travelogue
技巧 gikō *(n.)* technique
気候制御 kikō seigyo *(n.)* climate control
気候に慣れる kikō ni nareru *(v.)* acclimatise
気候変動 kikō hendō *(n.)* climate change
聞こえない kikoenai *(adj.)* inaudible
聞こえる kikoeru *(adj.)* audible

刻みこむ kizamikomu *(v.)* imprint
刻み目 kizamime *(n.)* notch
刻む kizamu *(v.)* engrave
岸 kishi *(n.)* shore
騎士 kishi *(n.)* knight
生地 kiji *(n.)* dough
記事 kiji *(n.)* article
儀式 gishiki *(n.)* ceremony
儀式の gishiki no *(adj.)* ceremonial
儀式の gishiki no *(adj.)* ritual
気質 kishitsu *(n.)* temperament
騎士道 kishidō *(n.)* chivalry
岸辺 kishibe *(n.)* shorefront
岸に kishi ni *(adv.)* ashore
軋む kishimu *(v.)* creak
記者 kisha *(n.)* reporter
生地屋 kijiya *(n.)* draper
希釈 kishaku *(n.)* dilution
希釈する kishaku suru *(v.)* dilute
騎手 kishu *(n.)* jockey
起重機 kijūki *(n.)* derrick
奇襲隊 kishūtai *(n.)* commando
記述 kijutsu *(n.)* account
技術 gijutsu *(n.)* technology
技術マニア gijutsu mania *(n.)* technomania
技術系教育の gijutsukei kyōiku no *(adj.)* polytechnic
技術屋 gijutsuya *(n.)* techy
基準 kijun *(n.)* canon
基準 kijun *(n.)* criterion
偽証 gishō *(n.)* perjury
気象学者 kishō gakusha *(n.)* meteorologist

偽証する gishō suru (v.) perjure
気象学 kishōgaku (n.) meteorology
奇人 kijin (n.) oddity
擬人化する gijin ka suru (v.) personify
擬人法 gijinhō (n.) personification
キス kisu (n.) kiss
傷 kizu (n.) hurt
傷跡 kizuato (n.) scar
傷跡になる kizuato ni naru (v.) scar
奇数の kisūno (adj.) odd
傷がない kizu ga nai (adj.) intact
キスする kisu suru (v.) kiss
傷つける kizutsukeru (v.) hurt
絆 kizuna (n.pl.) bonds
傷のついた kizu no tsuita (adj.) scratched
木摺 kizuri (n.) lath
規制 kisei (n.) regulation
擬声 gisei (n.) onomatopoeia
犠牲 gisei (n.) sacrifice
規制する kisei suru (v.) regulate
犠牲にする gisei ni suru (v.) sacrifice
既製の kisei no (adj.) ready-made
犠牲の gisei no (adj.) sacrificial
規制を柔和する kisei o nyūwa suru (v.) deregulate
擬声語 giseigo (n.) onomatope
犠牲者 giseisha (n.) victim
寄生虫 kiseichū (n.) parasite
奇跡 kiseki (n.) miracle
軌跡 kiseki (n.) locus
奇跡的な kiseki tekina (adj.) miraculous
季節 kisetsu (n.) season

気絶 kizetsu (n.) swoon
気絶させる kizetsu saseru (v.) stun
気絶する kizetsu suru (v.) faint
季節にふさわしい kisetsu ni fusawashī (adj.) seasonable
季節ごとの kisetsugoto no (adj.) seasonal
着せる kiseru (v.) dress
偽善 gizen (n.) hypocrisy
貴賤相婚の kisen kekkon (adj.) morganatic
偽善者 gizensha (n.) hypocrite
偽善的な gizen tekina (adj.) hypocritical
起訴 kiso (n.) prosecution
起訴する kiso suru (v.) prosecute
競う kisou (v.) contend
寄贈 kizō (n.) benefaction
偽造 gizō (n.) forgery
偽造者 gizōsha (n.) counterfeiter
偽造する gizō suru (v.) forge
偽造する gizō suru (v.) sham
偽造の gizō no (adj.) counterfeit
規則 kisoku (n.) rulebook
貴族 kizoku (n.) aristocrat
貴族階級 kizoku kaikyū (n.) nobility
規則性 kisokusei (n.) regularity
貴族制 kizokusei (n.) aristocracy
規則正しい kisokutadashī (adj.) systematic
規則に縛られた kisoku ni shibarareta (adj.) rulebound
起訴できる kiso dekiru (adj.) actionable
北 kita (n.) north
着た kita (adj.) clad

ギター gitā (n.) guitar
期待 kitai (n.) expectation
擬態 gitai (n.) mimesis
議題 gidai (n.) agenda
期待する kitai suru (v.) expect
気体の kitai no (adj.) gaseous
期待外れの結果 kitai hazure no kekka (n.) anticlimax
鍛える kitaeru (v.) temper
汚い kitanai (adj.) filthy
汚い kitanai (adj.) squalid
北に kita ni (adv.) north
北に位置する kita ni ichi suru (adj.) northern
北の kita no (adj.) north
北の kita no (adj.) northerly
基地 kichi (n.) base camp
貴重な kichōna (adj.) invaluable
貴重品箱 kichōhinbako (n.) coffer
几帳面な kichōmenna (adj.) meticulous
きちんとした kichinto shita (adj.) trim
喫煙 kitsuen (n.) smoking
気づかう kizukau (adj.) solicitous
きっかり kikkari (adv.) sharp
木槌 kizuchi (n.) maul
気づく kizuku (v.) notice
キッチン kicchin (n.) kitchen
切手 kitte (n.) stamp
切って進む kitte susumu (v.) breast
切っても切れない kitte mo kirenai (adj.) inseparable
狐 kitsune (n.) fox
規定する kitei suru (v.) enact

気づいていない kizuiteinai (adj.) unaware
気づいてる kizuiteru (adj.) conscious
既定値 kiteichi (n.) default
基底の kitei no (adj.) basal
規定の kitei no (adj.) set
機転 kiten (n.) tact
機転の利かない kiten no kikanai (adj.) maladroit
機転のきく kiten no kiku (adj.) tactful
軌道 kidō (n.) orbit
軌道の kidō no (adj.) orbital
既得の kitoku no (adj.) vested
気取った kidotta (adj.) genteel
気取り kidori (n.) affectation
キニーネ kinīne (n.) quinine
気にかける ki ni kakeru (v.) care
気に障る ki ni sawaru (v.) mind
気の利いた ki no kīta (adj.) witty
木の節 ki no fushi (n.) gnarl
記念 kinen (n.) commemoration
疑念 ginen (n.) doubt
記年祭 kinensai (n.) jubilee
記念する kinen suru (v.) commemorate
記念の kinen no (adj.) memorial
記念碑 kinenhi (n.) memorial
記念日 kinenbi (n.) anniversary
昨日 kinō (n. adv.) yesterday
機能 kinō (n.) function
技能 ginō (n.) skill
機能する kinō suru (v.) function
キノコ kinoko (n.) mushroom
気の毒に思う kinodoku ni omou (adj.) sorry

気の毒な kinodokuna *(adj.)* wretched
気の毒な人 kinodokuna hito *(n.)* wretch
牙 kiba *(n.)* tusk
気迫 kihaku *(n.)* mettle
希薄に kihaku ni *(adv.)* tenuously
木箱 kibako *(n.)* crate
木ばさみ kiba sa mi *(n.)* clipper
奇抜な kibatsuna *(adj.)* novel
気晴らし kibarashi *(n.)* pastime
規範 kihan *(n.)* norm
厳しさ kibishi sa *(n.)* rigour
厳しい kibishī *(adj.)* harsh
機敏性 kibinsei *(n.)* agility
機敏な kibinna *(adj.)* agile
寄付 kifu *(n.)* donation
寄付 kifu *(n.)* endowment
寄付する kifu suru *(v.)* donate
気風 kifū *(n.)* ethos
寄付者 kifusha *(n.)* contributor
貴婦人 kifujin *(n.)* dame
ギフトラップ gifuto rappu *(v.)* giftwrap
気分 kibun *(n.)* mood
気分が悪くなる kibun ga waruku naru *(adj.)* sickened
気分を害する kibun o gaisuru *(v.)* offend
騎兵 kihei *(n.)* trooper
騎兵隊 kiheitai *(n.)* cavalry
詭弁 kiben *(n.)* sophism
規模 kibo *(n.)* scale
希望 kibō *(n.)* hope
気泡緩衝材 kihō kanshōzai *(n.)* bubble wrap
希望に満ちた kibō ni michita *(adj.)* hopeful

基本 kihon *(n.)* rudiment
基本的な kihon tekina *(adj.)* basic
基本的に kihon teki ni *(adv.)* basically
気前の良さ kimae no yo sa *(n.)* largesse
気まぐれな kimagurena *(adj.)* temperamental
気まずい kimazui *(adj.)* awkward
決まった kimatta *(adj.)* decided
気ままな kimamana *(adj.)* footloose
決まり文句 kimari monku *(n.)* cliché
黄身 kimi *(n.)* yolk
機密の kimitsu no *(adj.)* confidential
気味の悪い kimi no warui *(adj.)* grim
奇妙な kimyōna *(adj.)* strange
義務 gimu *(n.)* duty
気難しい kimuzukashī *(adj.)* dour
義務付ける gimuzukeru *(v.)* oblige
義務的な gimu tekina *(adj.)* obligatory
義務論 gimuron *(n.)* deontology
キメラ kimera *(n.)* chimera
決める kimeru *(v.)* decide
肝 kimo *(n.)* liver
気持ち kimochi *(n.)* feeling
気持ち悪い kimochi warui *(adj.)* gross
疑問に思う gimon ni omō *(v.)* doubt
疑問文 gimon bun *(n.)* interrogative
客 kyaku *(n.)* customer
逆 gyaku *(n.)* reverse
ギャグ gyagu *(n.)* gag
逆効果になる gyaku kōka ni naru *(v.)* backfire
逆の gyaku no *(adj.)* reverse

逆もまた同様 gyaku mo mata dōyō (adv.) vice-versa
虐殺する gyakusatsu suru (v.) massacre
逆襲 gyakushū (n.) recrimination
逆上 gyakujō (n.) frenzy
逆説 gyakusetsu (n.) paradox
逆説的な gyakusetsu tekina (adj.) paradoxical
逆洗 gyakusen (n.) backwash
虐待する gyakutai suru (v.) mistreat
虐待的 gyakutai teki (adj.) abusive
虐待的に gyakutai teki ni (adv.) abusively
脚注 kyakuchū (n.) footnote
脚注をつける kyakuchū o tsukeru (v.) footnote
逆転 gyakuten (n.) reversal
逆転する gyakuten suru (v.) reverse
脚本 kyakuhon (n.) script
脚本家 kyakuhonka (n.) scenarist
客間 kyakuma (n.) drawing-room
きゃしゃな kyashana (adj.) dainty
キャスター kyasutā (n.) caster
キャセロール kyaserōru (n.) casserole
却下する kyakka suru (v.) overrule
客観的な kyakkan tekina (adj.) objective
逆境 gyakkyō (n.) adversity
脚光 kyakkō (n.) limelight
キャッシュバック kyasshu bakku (n.) cashback
キャップ kyappu (n.) cap
キャバレー kyabarē (n.) cabaret
キャビア kyabia (n.) caviar

キャビンアテンダント kyabin atendanto (n.) air hostess
キャプチャ kyapucha (n.) captcha
キャベツ kyabetsu (n.) cabbage
キャムレット kyamuretto (n.) camlet
キャラクター kyarakutā (n.) character
キャラック船 kyarakkusen (n.) carrack
キャリア kyaria (n.) career
ギャロップ gyaroppu (n.) gallop
ギャロップで駆ける gyaroppu de kakeru (v.) gallop
キャロル kyaroru (n.) carol
キャンキャン吠える kyankyan hoeru (n.) yap
ギャング gyangu (n.) gang
キャンディー kyandī (n.) sweet
キャンバス kyanbasu (n.) canvas
キャンパス kyanpasu (n.) campus
キャンピングカー kyanpingu kā (n.) camper
キャンプ場 kyanpujō (n.) campsite
キャンプファイヤー kyanpufaiyā (n.) campfire
九 kyū (n.) nine
求愛期間 kyūai kikan (n.) courtship
救援 kyūen (n.) rescue
休暇 kyūka (n.) vacation
嗅覚 kyūkaku no (adj.) olfactory
休閑地 kyūkanchi (n.) fallow
救急車 kyūkyūsha (n.) ambulance
休憩時間 kyūkei jikan (n.) recess
球形の kyūkei no (adj.) spherical
急行 kyūkō (adj.) express
急降下 kyū kōka (n.) swoop

急降下する kyū kōka suru (v.) swoop
急勾配の kyū kōbai no (adj.) steep
急行列車 kyūkō ressha (n.) express
球根 kyūkon (n.) bulb
求婚者 kyūkonsha (n.) suitor
球根状の kyūkonjō no (adj.) bulbous
救済 kyūsai (n.) relief
休止 kyūshi (n.) cessation
臼歯 kyūshi (n.) molar
給仕 kyūji (n.) steward
休日 kyūjitsu (n.) holiday
臼歯の kyūshi no (adj.) molar
牛車 gyūsha (n.) oxcart
吸収 kyūshū (n.) absorption
急襲 kyūshū (n.) pounce
九十 kyū jū (n.) ninety
吸収されやすい kyūshū sare yasui (adj.) absorbable
吸収する kyūshū suru (v.) absorb
九十番目の kyū jū banme no (adj.) ninetieth
吸収力のある kyūshūryoku no aru (adj.) absorbent
救出 kyūshutsu (n.) deliverance
救出する kyūshutsu suru (v.) extricate
救助する kyūjo suru (v.) rescue
救助できる kyūjo dekiru (adj.) savable
急上昇 kyūjōshō (n.) surge
急上昇する kyūjōshō suru (v.) surge
急進的な kyūshin tekina (adj.) radical
急性 kyūsei (adj.) acute
救世主 kyūseishu (n.) saviour
旧石器時代の kyūsekkijidai no (n.) paleolithic

旧石器の kyū sekki no (adj.) paleolithic
休戦 kyūsen (n.) armistice
休戦 kyūsen (n.) truce
急増 kyūzō (n.) proliferation
急増する kyūzō suru (v.) proliferate
急速 kyūsoku (n.) rapidity
急速な kyūsokuna (adj.) rapid
球体 kyūtai (n.) orb
窮地 kyūchi (n.) plight
宮殿 kyūden (n.) palace
宮殿のような kyūden no yōna (adj.) palatial
急な揺れ kyūna yure (n.) lurch
急に kyū ni (adv.) suddenly
牛肉 gyūniku (n.) beef
牛乳 gyūnyū (n.) milk
急に引っ張ること kyū ni hipparu koto (n.) jerk
急に揺れる kyū ni yureru (v.) lurch
急発展する kyū hatten suru (v.) burgeon
九番目の kyū banme no (adj.) ninth
キューピッド kyūpiddo (n.) cupid
救命胴衣 kyūmeidōi (n.) life jacket
きゅうり kyūri (n.) cucumber
胡瓜魚 kyūri uo (v.) smelt
急流 kyūryū (n.) torrent
給料 kyūryō (n.) salary
キュクロプス kyukuropusu (n.) cyclops
キュベット kyubetto (n.) cuvette
今日 kyō (n. adv.) today
器用 kiyō (adj.) adroit
行 gyō (n.) row
凶悪な kyōakuna (adj.) heinous

脅威 kyōi (n.) threat
驚異 kyōi (n.) marvel
驚異的な kyōi tekina (adj.) phenomenal
驚異の念 kyōi no nen (n.) wonder
教育 kyōiku (n.) education
教育学 kyōikugaku (n.) pedagogy
教育者 kyōikusha (n.) pedagogue
教育する kyōiku suru (v.) educate
教育する kyōiku suru (v.) school
強化 kyōka (n.) reinforcement
協会 kyōkai (n.) association
境界 kyōkai (n.) boundary
教会 kyōkai (n.) church
業界 gyōkai (n.) industry
教会の kyōkai no (adj.) ecclesiastical
教会の中庭 kyōkai no nakaniwa (n.) churchyard
共学 kyōgaku (n.) co-education
驚愕する kyōgaku suru (v.) startle
教科書 kyōkasho (n.) textbook
強化する kyōka suru (v.) reinforce
経帷子 kyōkatabira (n.) shroud
恐喝 kyōkatsu (n.) blackmail
共感 kyōkan (n.) empathy
共感的な kyōkan tekina (adj.) empathic
狂喜 kyōki (n.) ecstasy
狂気 kyōki (n.) madness
教義 kyōgi (n.) doctrine
協議会 kyōgikai (n.) council
狂喜させる kyōki saseru (v.) enrapture
競技者 kyōgisha (n.) contestant
競技場 kyōgijō (n.) arena
供給 kyōkyū (n.) supply

供給過剰 kyōkyū kajō (n.) glut
供給する kyōkyū suru (v.) supply
供給者 kyōkyūsha (n.) supplier
教区 kyōku (n.) parish
境遇 kyōgū (n.) milieu
教区牧師 kyōku bokushi (n.) parson
教訓 kyōkun (n.) moral
教訓 kyōkun (n.) precept
凝結させる gyōketsu saseru (v.) congeal
狂犬病 kyōkenbyō (n.) rabies
競合する kyōgō suru (v.) compete
競合他社選手 kyōgō tasha (n.) competitor
峡谷 kyōkoku (n.) canyon
教唆 kyōsa (n.) sedition
共産主義 kyōsan shugi (n.) communism
共産主義者 kyōsan shugisha (n.) communist
凝視 gyōshi (n.) stare
胸式の kyōshiki no (adj.) costal
凝視する gyōshi suru (v.) stare
教師中心の kyōshi chūshin no (adj.) teacher centric
教室 kyōshitsu (n.) classroom
教授 kyōju (n.) professor
凝縮液 gyōshukueki (n.) condensate
狂人 kyōjin (n.) lunatic
狂信的な kyōshin tekina (adj.) fanatic
狂信者 kyōshinsha (n.) fanatic
強制 kyōsei (n.) compulsion
行政 gyōsei (n.) administration
行政官の地位 gyōseikan no chī (n.) magistrature

行政上の gyōsei jō no *(adj.)* administrative
強制する kyōsei suru *(v.)* force
矯正する kyōsei suru *(v.)* coerce
共生生物 kyōsei seibutsu *(n.)* symbiote
強制捜索 kyōsei sōsaku *(n.)* raid
行政長官 gyōsei chōkan *(n.)* magistrate
行政長官の gyōsei chōkan no *(adj.)* magisterial
競争 kyōsō *(n.)* competition
鏡像 kyōzō *(n.)* mirror image
競走する kyōsō suru *(v.)* race
強壮にする kyōsō ni suru *(adj.)* tonic
強壮剤 kyōsōzai *(n.)* tonic
競争者 kyōsōsha *(n.)* contender
競争心 kyōsōshin *(n.)* emulation
共存 kyōzon *(n.)* coexistence
共存する kyōzon suru *(v.)* coexist
強打 kyōda *(n.)* bang
兄弟 kyōdai *(n.)* sibling
鏡台 kyōdai *(n.)* dressing table
兄弟の kyōdai no *(adj.)* fraternal
兄弟の縁 kyōdai no en *(n.)* brotherhood
驚嘆 kyōtan *(n.)* amazement
驚嘆させる kyōtan saseru *(v.)* amaze
驚嘆する kyōtan suru *(v.)* marvel
協調した kyōchō shita *(adj.)* concerted
強調する kyōchō suru *(v.)* emphasize
共通の kyōtsū no *(adj.)* common
協定 kyōtei *(n.)* pact
仰天 gyōten *(n.)* consternation
仰天させる gyōten saseru *(v.)* astound
仰天する gyōten suru *(adj.)* flabbergasted

協同組合 kyōdō kumiai *(adj.)* cooperative
共同作業 kyōdō sagyō *(n.)* collaboration
協同団体 kyōdō dantai *(n.)* fraternity
共同の kyōdō no *(adj.)* joint
器用な kiyōna *(adj.)* deft
凝乳 gyounyū *(n.)* curd
凝乳になる gyounyū ni naru *(v.)* curdle
競売 kyōbai *(n.)* auction
脅迫 kyōhaku *(n.)* intimidation
強迫観念 kyōhaku kannen *(n.)* obsession
脅迫する kyōhaku suru *(v.)* intimidate
脅迫者 kyōhakusha *(n.)* blackmailer
共犯者 kyōhansha *(n.)* accomplice
恐怖 kyōfu *(n.)* terror
教父 kyōfu *(n.)* godfather
胸部 kyōbu *(n.)* thorax
強風 kyōfū *(n.)* gale
共謀 kyōbō *(n.)* collusion
共謀者 kyōbōsha *(n.)* conspirator
共謀する kyōbō suru *(v.)* conspire
興味 kyōmi *(n.)* interest
興味がある kyōmi ga aru *(adj.)* interested
興味をそそる kyōmi o sosoru *(adj.)* engaging
興味深い kyōmibukai *(adj.)* interesting
興味深さ kyōmibuka sa *(n.)* intrigue
共鳴 kyōmei *(n.)* resonance
共有する kyōyū suru *(v.)* share
共有の kyōyū no *(adj.)* communal
強要する kyōyōsuru *(n.)* constraint
狭量な kyōryōna *(adj.)* petty

協力 kyōryoku *(n.)* cooperation
協力する kyōryoku suru *(v.)* cooperate
協力的な kyōryoku tekina *(adj.)* willing
強力な kyōryokuna *(adj.)* mighty
行列 gyōretsu *(n.)* procession
拱廊 kyōrō *(n.)* arcade
共和国 kyōwakoku *(n.)* republic
共和党の kyōwatō no *(adj.)* republican
共和党員 kyōwatōin *(n.)* republican
虚栄心 kyoeishin *(n.)* vanity
虚栄心の強い kyoeishin no tsuyoi *(adj.)* vain
許可 kyoka *(n.)* permission
許可する kyoka suru *(v.)* authorize
許可証 kyokashō *(n.)* permit
虚偽 kyogi *(n.)* deceit
曲芸 kyokugei *(n.)* acrobatics
曲芸的な kyokugei tekina *(adj.)* acrobatic
曲芸飛行 kyokugei hikō *(n.)* aerobatics
曲芸師 kyokugeishi *(n.)* acrobat
極小の kyokushō no *(adj.)* minuscule
極性 kyokusei *(n.)* polarity
玉石 gyokuseki *(n.)* cobblestone
曲線 kyokusen *(n.)* curve
極端な kyokutanna *(adj.)* extreme
局地化する kyokuchi ka suru *(v.)* focalize
極地の kyokuchi no *(adj.)* polar
局長 kyokuchō *(n.)* commissioner
極度の kyokudo no *(adj.)* abject
曲率 kyokuritsu *(n.)* curvature
鋸歯 kyoshi *(n.)* sawtooth
虚弱 kyojaku *(n.)* infirmity

居住 kyojū *(n.)* habitation
居住可能な kyojū kanōna *(adj.)* habitable
居住させる kyojū saseru *(v.)* populate
居住している kyojū shiteiru *(adj.)* resident
居住者 kyojūsha *(n.)* resident
居住する kyojū suru *(v.)* occupy
虚飾 kyoshoku *(n.)* vainglory
拒食症 kyoshoku shō *(n.)* anorexia
拒食症の kyoshoku shō no *(adj.)* anorexic
巨人 kyojin *(n.)* giant
虚勢 kyosei *(n.)* bravado
去勢牛 kyoseigyū *(n.)* bullock
去勢した kyosei shita *(adj.)* gelded
去勢する kyosei suru *(v.)* geld
巨石 kyoseki *(n.)* megalith
巨石の kyoseki no *(adj.)* megalithic
拒絶 kyozetsu *(n.)* rejection
拒絶する kyozetsu suru *(v.)* reject
巨大頭蓋症 kyodai tōgaishō *(n.)* macrocephaly
巨大な kyodaina *(adj.)* colossal
拒否 kyohi *(n.)* refusal
拒否権 kyohiken *(n.)* veto
拒否権を行使する kyohiken o kōshi suru *(v.)* veto
虚報 kyohō *(n.)* canard
清める kiyomeru *(v.)* purify
許容する kyoyō suru *(v.)* tolerate
許容できない kyoyō dekinai *(adj.)* inadmissible
許容できる kyoyō dekiru *(adj.)* admissible

魚雷 gyorai *(n.)* torpedo
魚雷で攻撃する gyorai de kōgeki suru *(v.)* torpedo
魚卵 gyoran *(n.)* roe
距離 kyori *(n.)* distance
距離を保たせる kyori o tamotaseru *(v.)* space
嫌い kirai *(v.)* hate
嫌う事 kirau koto *(n.)* dislike
キラキラ輝く kirakira kagayaku *(v.)* twinkle
キラキラ光る kirakira hikaru *(v.)* glitter
気楽 kiraku *(n.)* ease
嫌って kiratte *(adj.)* averse
きらめき kirameki *(n.)* sparkle
霧 kiri *(n.)* fog
切り枝 kiri eda *(n.)* lop
切り株 kirikabu *(n.)* stump
切り刻む kirikizamu *(v.)* chop
切り傷 kirikizu *(n.)* gash
切り込み kirikomi *(n.)* slit
切り込みを入れる kirikomi o ireru *(v.)* slit
ギリシャ語 girishago *(n.)* Greek
ギリシャの girisha no *(adj.)* Greek
キリスト kirisuto *(n.)* Christ
キリスト教 kirisuto kyō *(n.)* Christianity
キリスト教界 kirisuto kyōkai *(n.)* Christendom
キリスト教徒 kirisutokyōto *(adj.)* Christian
キリストの降誕 kirisuto no kōtan *(n.)* nativity
切り倒す kiritaosu *(v.)* hew
切り出す kiridasu *(v.)* quarry
霧でぼんやりした kiri de bonyari shita *(adj.)* foggy
義理の両親 giri no ryōshin *(n.)* in-laws
切り取って整える kiritotte totonoeru *(v.)* trim
切り取る kiritoru *(v.)* lop
切り抜き kirinuki *(n.)* clipping
切り抜ける kirinukeru *(v.)* weather
切り離す kirihanasu *(v.)* detach
切り札 kirifuda *(n.)* trump
切り札を出す kirifuda o dasu *(v.)* trump
切り身 kirimi *(n.)* fillet
切り身にする kirimi ni suru *(v.)* fillet
切り目 kirime *(n.)* nick
機略に優れた kiryaku ni sugureta *(adj.)* resourceful
技量 giryō *(n.)* competence
キリン kirin *(n.)* giraffe
切る kiru *(n.)* cut
着る kiru *(v.)* wear
切ること kiru koto *(n.)* cutting
キルト kiruto *(n.)* kilt
きれい kirei *(adj.)* clean
綺麗 kirei *(adj.)* pretty
綺麗さ kirei sa *(n.)* prettiness
綺麗な kireina *(adj.)* beautiful
亀裂 kiretsu *(n.)* fissure
切れ目 kireme *(n.)* rift
キロ kiro *(n.)* kilo
岐路 kiro *(n.)* juncture
記録 kiroku *(n.)* record
記録する kiroku suru *(v.)* record
記録による kiroku niyoru *(adj.)* documentary

記録保管所 kiroku hokanjo (n.) archive
キログラム kiroguramu (n.) kilogram
記録を出す kiroku o dasu (v.) log
議論 giron (n.) argument
議論する giron suru (v.) argue
議論の余地がある giron no yochi ga aru (adj.) arguable
議論の余地がない giron no yochi ga nai (adj.) indisputable
疑惑 giwaku (n.) mistrust
際どい kiwadoi (adj.) saucy
極めて神聖な kiwamete shinseina (adj.) sacrosanct
極める kiwameru (v.) master
木を好む ki o konomu (adj.) xylophilous
気を悪くする ki o waruku suru (v.) upset
金 kin (n.) gold
銀 gin (n.) silver
銀河 ginga (n.) galaxy
銀河の ginga no (adj.) galactic
金額 kingaku (n.) sum
緊急事態 kinkyū jitai (n.) emergency
緊急性 kinkyūsei (n.) urgency
緊急な kinkyūna (adj.) urgent
金権政治家 kinken seijika (n.) plutocrat
謹厳な kingenna (adj.) solemn
金庫破り kinko yaburi (n.) safecracker
銀行員 ginkōin (n.) banker
金細工 kin zaiku (n.) goldsmith
近視 kinshi (n.) myopia
禁止 kinshi (n.) prohibition
禁止する kinshi suru (v.) ban
禁止する kinshi suru (adj.) prohibitive

近視の kinshi no (adj.) myopic
禁止命令 kinshi meirei (n.) injunction
禁酒主義 kinshu shugi (n.) temperance
禁酒家 kinshuka (n.) teetotaller
禁酒の kinshu no (adj.) teetotal
近所 kinjo (n.) neighbourhood
禁じられた kinjirareta (adj.) forbidden
禁じる kinjiru (v.) forbid
禁ずる kinzuru (v.) debar
銀製の ginsei no (adj.) silver
近接 kinsetsu (n.) proximity
金銭尽く kinsen zuku (n.) venality
金銭の kinsen no (adj.) pecuniary
金属 kinzoku (n.) metal
金属被覆 kinzoku hifuku (n.) cladding
金属製の kinzokusei no (adj.) metallic
近代 kindai (n.) modernity
近代化 kindai ka (n.) modernization
近代化する kindai ka suru (v.) modernize
近代的な kindai tekina (adj.) modern
緊張 kinchō (n.) tension
緊張させる kinchō saseru (v.) tense
緊張した kinchō shita (adj.) nervous
緊張して kinchō shite (adv.) tensely
均等に kintō ni (adv.) evenly
筋肉 kinniku (n.) muscle
筋肉質な kinnikushitsuna (adj.) muscular
筋肉痛 kinnikutsū (n.) myalgia
金の kin no (adj.) golden
ぎんばいか gin bai ka (n.) myrtle
金箔をかぶせる kinpaku o kabuseru (v.) gild

金めっきした kin mekki shita (adj.) gilt
銀めっきをする gin mekki o suru (v.) silver
勤勉な kinbenna (adj.) diligent
金曜日 kinyōbi (n.) Friday
禁欲 kinyoku (n.) abstinence
禁欲主義者 kin yoku shugisha (n.) ascetic
禁欲主義の kin yoku shugi no (adj.) ascetic

句 ku (n.) phrase
具合が悪い guai ga warui (adj.) unwell
グアバ guaba (n.) guava
くい kui (n.) pale
杭 kui (n.) stake
悔い改め kuiaratame (n.) repentance
悔い改める kuiaratameru (v.) repent
食いしん坊 kuishinbō (n.) glutton
クイズ kuizu (n.) quiz
クイズを出す kuizu o dasu (v.) quiz
悔いている kuiteiru (adj.) repentant
杭で囲む kui de kakomu (v.) picket
杭に縛る kui ni shibaru (v.) stake
空間 kūkan (n.) space
空間的な kūkan tekina (adj.) spatial
空気 kūki (n.) air
空気銃 kūki jū (n.) airgun
空気静力学 kūki sei rikigaku (n.) aerostatics

空気にさらす kūki ni sarasu (v.) aerate
空気の精 kūki no sei (n.) sylph
空気ブレーキ kūki burēki (n.) airbrake
空気力学 kūki rikigaku (n.) aerodynamics
空気を抜く kūki o nuku (v.) deflate
空気式タイヤ kūkishiki taiya (n.) pneumatic
空軍基地 kūgun kichi (n.) airbase
空隙 kūgeki (v.) void
偶察力 gūsatsuryoku (n.) serendipity
グーズベリー gūzuberī (n.) gooseberry
偶然 gūzen (n.) coincidence
偶然の gūzen no (adj.) accidental
空想 kūsō (n.) fancy
偶像 gūzō (n.) idol
偶像破壊の gūzō hakai no (adj.) iconoclastic
偶像礼拝者 gūzō reihaisha (n.) idolater
空中に kūchū ni (adv.) aloft
空中の kūchū no (n.) aerial
空中ぶらんこ kūchū buranko (n.) trapeze
空中ぶらんこ曲芸師 kūchū buranko kyokugeishi (n.) trapezist
空調 kūchō (n.) air conditioning
空挺部隊 kūtei butai (n.) airborne
クーデター kūdetā (n.) coup
空洞 kūdō (n.) cavity
空洞な kūdōna (adj.) hollow
空白の kūhaku no (adj.) blank
偶発事故 gūhatsu jiko (n.) misadventure
偶発的な gūhatsu tekina (adj.) incidental

空腹の kūfuku no *(adj.)* hungry
クーポン kūpon *(n.)* coupon
空輸 kūyu *(n.)* airlift
寓喩 gūyu *(n.)* allegory
寓話 gūwa *(n.)* fable
クエン酸の kuen san no *(adj.)* citric
九月 kugatsu *(n.)* September
茎 kuki *(n.)* stalk
釘 kugi *(n.)* peg
くぎで固定する kugi de kotei suru *(v.)* nail
苦境 kukyō *(n.)* predicament
区切り kugiri *(n.)* delimitation
区切り点 kugiriten *(n.)* break point
ググる guguru *(v.)* google
愚行 gukō *(n.)* folly
草 kusa *(n.)* grass
草でふく kusa de fuku *(v.)* thatch
草を食べる kusa o taberu *(v.)* graze
草木 kusaki *(n.)* vegetation
草木 kusaki *(n.)* greenery
腐った kusatta *(adj.)* rotten
くさび kusabi *(n.)* wedge
鎖 kusari *(n.)* chain
腐る kusaru *(v.)* rot
クシ kushi *(n.)* comb
くじ引き kujibiki *(n.)* lot
くじ引き kujibiki *(n.)* draw
クジャク kujaku *(n.)* peacock
くしゃくしゃにする kushakusha ni suru *(v.)* crumple
くしゃみ kushami *(n.)* sneeze
くしゃみをする kushami o suru *(v.)* sneeze

苦情文句 kujō monku *(n.)* complaint
鯨 kujira *(n.)* whale
鯨ひげ kujira hige *(n.)* baleen
クズウコン kuzu ukon *(n.)* arrowroot
ぐずぐずする guzuguzu suru *(v.)* dally
くすくす笑う kusukusu warau *(v.)* chuckle
くすぐったい kusuguttai *(adj.)* ticklish
くすぐる kusuguru *(v.)* tickle
くすねる kusuneru *(v.)* pilfer
くすぶる kusuburu *(v.)* smoulder
薬 kusuri *(n.)* drug
薬 kusuri *(n.)* medicine
薬瓶 kusuri bin *(n.)* phial
くすんだ色の布 kusunda iro no nuno *(n.)* drab
癖 kuse *(n.)* mannerism
管 kuda *(n.)* tube
具体化する gutai ka suru *(v.)* gel
具体的な gutai tekina *(adj.)* specific
砕けやすい kudake yasui *(adj.)* brittle
くだけた kudaketa *(adj.)* informal
砕ける kudakeru *(v.)* fracture
果物 kudamono *(n.)* fruit
下り勾配 kudari kōbai *(n.)* declivity
下りの kudari no *(adv.)* down
口 kuchi *(n.)* mouth
愚痴 guchi *(n.)* moan
口に合う kuchi ni au *(adj.)* palatable
口に出す kuchi ni dasu *(v.)* utter
口による kuchi niyoru *(adj.)* oscular
口の軽い人 kuchi no karui hito *(n.)* blabber

口の利けない kuchi no kikenai (adj.) mute
口の利けない人 kuchi no kike nai hito (n.) mute
口輪をはめる kuchi wa o hameru (v.) muzzle
愚痴を言う guchi o iu (v.) grumble
愚痴をこぼす guchi o kobosu (v.) moan
口うるさい人 kuchiurusai hito (n.) nag
口数の少ない kuchikazu no sukunai (adj.) taciturn
駆逐艦 kuchikukan (n.) destroyer
口車に乗せる kuchiguruma ni noseru (v.) wheedle
口答えする kuchigotae suru (v.) talkback
嘴 kuchibashi (n.) beak
口走る kuchibashiru (v.) blurt
口ひげ kuchihige (n.) mustache
唇 kuchibiru (n.) lip
唇の kuchibiru no (adj.) labial
唇をすぼめる kuchibiru o subomeru (v.) purse
口笛 kuchibue (n.) whistle
口笛を吹く kuchibue o fuku (v.) whistle
口やかましい kuchiyakamashī (adj.) nagging
クチュール kuchūru (n.) couture
口調 kuchō (n.) parlance
靴 kutsu (n.) shoe
靴修理屋 kutsu shūriya (n.) cobbler
靴底 kutsu zoko (n.) sole
クッキー kukkī (n.) cookie
靴下 kutsushita (n.) sock
屈辱 kutsujoku (n.) humiliation

屈辱的な kutsujoku tekina (adj.) degrading
屈辱的な kutsujoku tekina (adj.) demeaning
クッション kusshon (n.) cushion
くっつく kuttsuku (v.) stick
屈服する kuppuku suru (v.) succumb
くつろいだ kutsuroida (adj.) leisurely
くつろぐこと kutsurogu koto (n.) relaxation
苦闘 kutō (n.) struggle
句読 kutō (n.) punctuation
句読点を付ける kutōten o tsukeru (v.) punctuate
口説く kudoku (v.) mack
苦難 kunan (n.) tribulation
国 kuni (n.) country
国の kuni no (adj.) national
くねって進む kunette susumu (v.) snake
苦悩 kunō (n.) affliction
苦悩する kunō suru (v.) agonize
首 kubi (n.) neck
くびき ku biki (n.) yoke
くびきをかける ku biki o kakeru (v.) yoke
クビにする kubi ni suru (v.) sack
首を切る kubi o kiru (v.) behead
首を切る kubi o kiru (v.) decapitate
首を絞める kubi o shimeru (v.) throttle
首つり縄 kubitsuri nawa (n.) noose
工夫する kufū suru (v.) devise
区分 kubun (n.) segment
区別 kubetsu (n.) distinction
熊 kuma (n.) bear

くまなく捜す kuma naku sagasu (v.) rummage
組みひも kumi himo (n.) gimp
組合 kumiai (n.) guild
組み合わせ kumiawase (n.) combination
組み合わせる kumiawaseru (v.) combine
組み合わせを誤る kumiawase o ayamaru (v.) mismatch
組み込む kumikomu (v.) incorporate
組み立てる kumitateru (v.) construct
組む kumu (v.) team
蜘蛛 kumo (n.) spider
雲 kumo (n.) cloud
蜘蛛の巣 kumo no su (n.) cobweb
曇った kumotta (adj.) overcast
曇ってる kumotteru (adj.) cloudy
鞍 kura (n.) saddle
暗い kurai (adj.) dark
クライアント kuraianto (n.) client
グライダー guraidā (n.) glider
クライマックス kuraimakkusu (n.) climax
クラウドファンディング kuraudofandingu (n.) crowfunding
暗くする kuraku suru (v.) darken
グラグラする guragura suru (adj.) shaky
グラグラする guragura suru (v.) wobble
暮らし kurashi (n.) livelihood
クラスメイト kurasumeito (n.) classmate
クラッカー kurakkā (n.) cracker
ぐらつく guratsuku (v.) topple
クラッチ kuracchi (n.) clutch

グラデーション guradēshon (n.) gradation
クラブ kurabu (n.) club
グラフ gurafu (n.) graph
グラム guramu (n.) gramme
暗闇 kurayami (n.) darkness
クラリネット kurarinetto (n.) clarinet
グランド・フィナーレ gurando fināre (n.) grand finale
鞍をつける kura o tsukeru (v.) saddle
栗 kuri (n.) chestnut
クリオール kuri ōru (n.) creole
グリース gurīsu (n.) grease
グリースを塗る gurīsu o nuru (v.) grease
クリーム kurīmu (n.) cream
くり色 kuri iro (n.) maroon
くり色の kuri iro no (adj.) maroon
繰り返される kurikaesareru (v.) recur
繰り返し kurikaeshi (n.) repetition
繰り返す kurikaesu (v.) repeat
クリケット kuriketto (n.) cricket
クリスマス kurisumasu (n.) Christmas
グリセリン guriserin (n.) glycerine
クリップ kurippu (n.) clip
くりぬく kurinuku (v.) hollow
来る kuru (v.) come
クルーザー kurūzā (n.) cruiser
グループ gurūpu (n.) group
グループ分けする gurūpu wake suru (v.) group
クルクミン kurukumin (n.) curcumin
グルグル巻かれた物 guruguru makareta mono (n.) coil

クルクル回す kurukuru mawasu (v.) spin
グルグル回る guruguru mawaru (v.) whirl
苦しい kurushī (adj.) laboured
苦しませる kurushimaseru (v.) scourge
苦しみ kurushimi (n.) agony
苦しみ kurushimi (n.) hardship
苦しむ kurushimu (v.) suffer
苦しめる kurushimeru (v.) torment
狂った kurutta (adj.) crazy
狂った人 kurutta hito (adj.) wacko
グルテンフリーの guruten furī no (adj.) gluten-free
くる病 kuru byō (n.) rickets
車 kuruma (n.) car
車に酔った kuruma ni yotta (adj.) carsick
車の跡 kuruma no ato (n.) rut
車止め kurumadome (n.) carlock
くるみ kurumi (n.) walnut
グレーマーケット gurē māketto (n.) grey market
クレーター kurētā (n.) crater
グレーハウンド gurēhaundo (n.) greyhound
クレープ kurēpu (n.) crepe
クレーン kurēn (n.) crane
クレジットカード kurejittokādo (n.) credit card
クレメンタイン kurementain (n.) clementine
クレヨン kureyon (n.) crayon
黒ヒョウ kuro hyō (n.) panther
黒い kuroi (adj.) black

クローク kurōku (n.) cloakroom
クローゼット kurōzetto (n.) closet
クロウタドリ kurōtadori (n.) blackbird
グローバルな gurōbaruna (adj.) global
グローバルに gurōbaru ni (adv.) globally
クローブ kurōbu (n.) clove
グローブボックス gurōbu bokkusu (n.) glovebox
クローン kurōn (n.) clone
黒くする kuroku suru (v.) blacken
クロスバー kurosubā (n.) crossbar
グロテスクな gurotesukuna (adj.) grotesque
クロム合金 kuromu gōkin (n.) chrome
クロロホルム kurorohorumu (n.) chloroform
クロワッサン kurowassan (n.) croissant
桑 kuwa (n.) mulberry
詳しく語る kuwashiku kataru (v.) recount
詳しく述べる kuwashiku noberu (v.) elaborate
加わる kuwawaru (v.) join
郡 gun (n.) county
クンクン嗅ぐ kun kun kagu (v.) sniff
クンクン鳴く kun kun naku (v.) whimper
君主 kunshu (n.) monarch
群集 gunshū (n.) crowd
君主にふさわしい kunshu ni fusawashī (adj.) lordly
君主の地位 kunshu no chī (n.) lordship
軍需物資 gunju busshi (n.) munitions
君主制 kunshusei (n.) monarchy
軍曹 gunsō (n.) sergeant

軍隊 guntai (n.) army
軍隊 guntai (n.) military
軍隊の guntai no (adj.) military
軍団 gundan (n.) corps
軍団の gundan no (n.) legionary
訓練 kunren (n.) training
訓練する kunren suru (v.) train
軍の gun no (adj.) martial

毛穴 keana (n.) pore
敬愛 keiai (n.) adoration
敬愛する keiai suru (v.) adore
敬意 keī (n.) obeisance
敬意を表す keī o arawasu (adj.) respectful
経営上の keiei jō no (adj.) managerial
経過する keika suru (v.) elapse
警戒 keikai (n.) vigilance
警戒する keikai suru (v.) forewarn
計画 keikaku (n.) plan
計画外の keikakugai no (adj.) unplanned
計画する keikaku suru (v.) plan
警官 keikan (n.) officer
景気 keiki (n.) economy
計器盤 keikiban (n.) dashboard
経験 keiken (n.) experience
軽減 keigen (n.) abatement
経験主義 keiken shugi (n.) empiricism

経験主義者 keiken shugisha (n.) empiricist
経験する keiken suru (v.) experience
軽減する keigen suru (v.) mitigate
敬虔な keikenna (adj.) devout
敬虔な keikenna (adj.) pious
傾向 keikō (n.) tendency
傾向がある keikō ga aru (v.) tend
傾向がある keikō ga aru (adj.) apt
蛍光の keikō no (adj.) fluorescent
渓谷 keikoku (n.) ravine
警告 keikoku (n.) warning
警告する keikoku suru (v.) warn
経済の keizai no (adj.) economic
経済学 keizaigaku (n.) economics
警察 keisatsu (n.) police
警察番記者 keisatsuban kisha (n.) police beat
計算 keisan (n.) calculation
計算する keisan suru (v.) calculate
計算を誤る keisan o ayamaru (v.) miscalculate
刑事 keiji (n.) inspector
啓示 keiji (n.) revelation
掲示する keiji suru (v.) post
形式 keishiki (n.) format
形式上の keishiki jō no (adj.) pro forma
形而上学 keijijōgaku (n.) metaphysics
形而上学の keijijōgaku no (adj.) metaphysical
傾斜 keisha (n.) slant
芸者 geisha (n.) geisha
傾斜する keisha suru (v.) slope
芸術 geijutsu (n.) art

芸術家 geijutsuka (n.) artist
芸術形式 geijutsu keishiki (n.) art form
芸術的 geijutsu teki (adj.) artistic
形状 keijō (n.) shape
系図 keizu (n.) genealogy
系図の keizu no (adj.) genealogical
係数 keisū (n.) coefficient
計数の keisū no (adj.) enumerative
形成 keisei (n.) formation
継続 keizoku (n.) continuation
継続的な keizoku tekina (adj.) continual
軽率 keisotsu (n.) imprudence
軽率な keisotsuna (adj.) frivolous
携帯電話 keitai denwa (n.) cell phone
形態論 keitairon (n.) morphology
経度 keido (n.) longitude
系統 keitō (n.) ancestry
毛糸玉 keitodama (n.) bobble
軽薄 keihaku (n.) flippancy
軽薄な keihakuna (adj.) flip
啓発 keihatsu (n.) sophistication
刑罰 keibatsu (n.) penalty
啓発する keihatsu suru (v.) edify
刑罰の keibatsu no (adj.) penal
刑罰を受けないこと keibatsu o ukenai koto (n.) impunity
啓発者 keihatsusha (n.) luminary
警備 keibi (n.) security
経費節減 keihi setsugen (n.) retrenchment
警備艇 keibitei (n.) policeboat
軽蔑 keibetsu (n.) contempt
軽蔑する keibetsu suru (v.) despise

軽蔑的な keibetsu tekina (adj.) derogatory
警報 keihō (n.) alarm
傾眠 keimin (n.) somnolence
刑務所 keimusho (n.) prison
契約 keiyaku (n.) agreement
契約 keiyaku (n.) contract
経由して keiyu shite (prep.) via
形容詞 keiyōshi (n.) adjective
経理 keiri (n.) accounting
係留施設 keiryū shisetsu (n.) moorings
係留する keiryū suru (v.) moor
計略 keiryaku (n.) stratagem
敬礼 keirei (n.) salute
敬礼する keirei suru (v.) salute
痙攣 keiren (n.) convulsion
痙攣させる keiren saseru (v.) convulse
経路 keiro (n.) route
ケーキ kēki (n.) cake
ケークウォーク kēkuwōku (v.) cakewalk
ゲージ gēji (n.) gauge
ケーブル kēburu (n.) cable
ケーブルカー kēburukā (n.) cable car
ケーブルテレビ kēburu terebi (n.) cable television
ゲーム gēmu (n.) game
ゲームスペース gēmu supēsu (n.) gamespace
ゲームチェンジャー gēmuchenjā (n.) game changer
ゲームパッド gēmu paddo (n.) gamepad
ゲームマスター gēmu masutā (v.) gamemaster
ゲームをする gēmu o suru (v.) game

怪我 kega (n.) injury
怪我をさせる kega o saseru (v.) injure
外科医 gekai (n.) surgeon
汚す kegasu (v.) defile
毛皮 kegawa (n.) fur
劇 geki (n.) play
激化する gekika suru (v.) intensify
劇場 gekijō (n.) theatre
劇作家 geki sakka (n.) dramatist
激賞する gekishō suru (v.) extol
撃退 gekitai (n.) repulse
劇団 gekidan (n.) troupe
激痛 gekitsū (n.) throe
劇的な gekitekina (adj.) dramatic
激怒 gekido (n.) fury
激動 gekidō (n.) upheaval
激動の gekidō no (adj.) tumultuous
激怒させる gekido saseru (v.) enrage
激怒した gekido shita (adj.) furious
激怒してる gekido shiteru (adj.) irate
劇の geki no (adj.) theatrical
下剤 gezai (n.) laxative
下剤効果のある gezai kōka no aru (adj.) purgative
消しゴム keshigomu (n.) eraser
化粧 keshō (n.) cosmetic
化粧板を張る keshōban o haru (v.) panel
化身 keshin (n.) embodiment
消す kesu (v.) erase
下水 gesui (n.) sewage
下水道 gesuidō (n.) sewer
ゲストリスト gesuto risuto (n.) guest list
ゲストルーム gesutorūmu (n.) guest room
削りくず kezurikuzu (n.) shaving
桁 keta (n.) column
桁 keta (n.) digit
気高い kedakai (adj.) noble
気高く kedakaku (adv.) nobly
気だるい kedarui (adj.) lethargic
けち kechi (n.) niggard
ケチャップ kechappu (n.) ketchup
けちな kechina (adj.) stingy
決意する ketsui suru (v.) resolve
欠員 ketsuin (n.) vacancy
結果 kekka (n.) result
血塊 kekkai (n.) clot
結果として生じる kekka toshite shōjiru (adj.) consequent
結核 kekkaku (n.) tuberculosis
欠陥 kekkan (n.) defect
血管造影図 kekkan zōeizu (n.) angiogram
欠陥のある kekkan no aru (adj.) defective
月刊誌 gekkanshi (n.) monthly
月経 gekkei (n.) menses
月桂樹 gekkeiju (n.) laurel
結合 ketsugō (n.) cohesion
月光 gekkō (n.) moonlight
結合させる ketsugō saseru (v.) fuse
結合した ketsugō shita (adj.) conjunct
結合する ketsugō suru (v.) conjoin
結婚 kekkon (n.) marriage
結婚式 kekkonshiki (n.) wedding
結婚させる kekkon saseru (v.) wed

結婚する kekkon suru *(v.)* marry
結婚生活 kekkon seikatsu *(n.)* matrimony
結婚の kekkon no *(adj.)* marital
結婚前の kekkon mae no *(adj.)* premarital
傑作 kessaku *(n.)* masterpiece
決して kesshite *(adv.)* ever
決してない kesshite nai *(adv.)* none
結晶 kesshō *(n.)* crystal
結晶化する kesshō ka suru *(v.)* crystallize
決勝点 kesshōten *(n.)* game point
血色の良い kesshoku no ii *(adj.)* ruddy
齧歯類 gesshirui *(n.)* rodent
決心 kesshin *(n.)* determination
決断 ketsudan *(n.)* resolution
結腸 kecchō *(n.)* colon
決定 kettei *(n.)* decision
決定する kettei suru *(v.)* settle
決定的な ketteitekina *(adj.)* conclusive
決定的に ketteiteki ni *(adv.)* decidedly
欠点 ketten *(n.)* flaw
欠点のある ketten no aru *(adj.)* faulty
決闘 kettō *(n.)* duel
血統 kettō *(n.)* pedigree
ゲットー gettō *(n.)* ghetto
決闘する kettō suru *(v.)* duel
げっぷをする geppu o suru *(v.)* burp
欠乏 ketsubō *(n.)* deficiency
結膜炎 ketsumakuen *(n.)* conjunctivitis
結末 ketsumatsu *(n.)* upshot
月曜日 getsuyōbi *(n.)* Monday
結論 ketsuron *(n.)* conclusion

解毒 gedoku *(n.)* detoxication
解毒剤 gedokuzai *(n.)* antidote
貶す kenasu *(v.)* belittle
けん引 kenin *(n.)* tow
けん引する kenin suru *(v.)* tow
倹約 kenyaku *(n.)* thrift
倹約な kenyakuna *(adj.)* thrifty
兼用の kenyō no *(adj.)* dual-purpose
懸念 kenen *(n.)* misgiving
ゲノム genomu *(n.)* genome
けば keba *(n.)* fuzz
けば立たせる keba tataseru *(v.)* fuzz
下品 gehin *(n.)* vulgarity
下品な gehinna *(adj.)* immodest
煙い kemui *(adj.)* smoky
毛虫 kemushi *(n.)* caterpillar
煙 kemuri *(n.)* smoke
獣 kemono *(n.)* beast
獣のような kemono no yōna *(adj.)* beastly
下落 geraku *(n.)* slump
ゲラゲラ笑う geragera warau *(v.)* cackle
蹴り keri *(n.)* kick
下痢 geri *(n.)* diarrhea
ゲリラ兵 gerirahei *(n.)* guerilla
蹴る keru *(v.)* kick
ゲル geru *(n.)* gel
けれども keredomo *(conj.)* yet
険しい kewashī *(adj.)* rugged
毛を刈る ke o karu *(v.)* fleece
剣 ken *(n.)* sword
腱 ken *(n.)* tendon

弦 gen (n.) chord
腱炎 ken en (n.) tendinitis
現人類の gen jinrui no (adj.) sapient
検電器 ken denki (n.) galvanoscope
剣闘の ken tō no (adj.) gladiatorial
剣闘士 ken tōshi (n.) gladiator
減圧 gen atsu (n.) decompression
減圧する gen atsu suru (v.) decompress
権威ある ken i aru (adj.) authoritative
原因 gen in (n.) cause
牽引力 ken inryoku (n.) traction
絹雲 ken un (n.) cirrus
検閲 ken etsu (n.) censorship
検閲官 ken etsukan (n.) censor
嫌悪 ken o (n.) disgust
嫌悪感 ken o kan (n.) repulsion
嫌悪する ken o suru (v.) loathe
喧嘩 kenka (n.) brawl
減価する genka suru (v.) depreciate
見解 kenkai (n.) stand
限界を定める genkai o sadameru (v.) demarcate
幻覚 genkaku (n.) hallucination
厳格な genkakuna (adj.) stern
厳格な人 genkakuna hito (n.) martinet
検眼鏡 kengankyō (n.) ophthalmoscope
元気 genki (adj.) ebullient
元気溢れる genki afureru (adj.) lusty
元気いっぱいの genki ippai no (adj.) mettlesome
元気横溢 genki ōitsu (n.) ebullience
元気づける genkizukeru (v.) vitalize
元気な genkina (adj.) chirpy

研究 kenkyū (n.) research
言及 genkyū (n.) mention
研究する kenkyū suru (v.) research
言及する genkyū suru (v.) mention
研究論文 kenkyū ronbun (n.) monograph
研究室 kenkyūshitsu (n.) laboratory
研究所 kenkyūjo (n.) institute
謙虚 kenkyo (n.) humility
謙虚な kenkyona (adj.) humble
現金 genkin (n.) cash
権限を与える kengen o ataeru (v.) empower
言語 gengo (n.) language
言語学 gengogaku (n.) linguistics
言語学者 gengo gakusha (n.) linguist
言語の gengo no (adj.) linguistic
健康 kenkō (n.) health
原稿 genkō (n.) manuscript
健康的な kenkō tekina (adj.) healthy
肩甲骨 kenkōkotsu (n.) scapula
肩甲骨の kenkōkotsu no (adj.) scapular
原告 genkoku (n.) plaintiff
拳骨で殴る genkotsu de naguru (v.) fist
検査 kensa (n.) examination
検査する kensa suru (v.) inspect
現在進行中の genzai shinkō chū no (adj.) ongoing
現在の genzai no (adj.) current
検察 kensatsu (n.) prosecutor
検死 kenshi (n.) post-mortem
原子 genshi (n.) atom
原始的な genshi tekina (adj.) primitive
原始の genshi no (adj.) primeval

原子の genshi no (adj.) atomic
現実 genjitsu (n.) reality
堅実さ kenjitsu sa (n.) steadiness
現実主義 genjitsu shugi (n.) realism
現実主義者 genjitsu shugisha (n.) realist
現実的な genjitsu tekina (adj.) realistic
現実逃避 genjitsu tōhi (n.) escapism
賢者 kenja (n.) sage
元首 genshu (n.) sovereign
拳銃 kenjū (n.) pistol
厳重 genjū (n.) stringency
研修生 kenshūsei (n.) trainee
厳重な genjūna (adj.) stringent
厳粛 genshuku (n.) solemnity
厳守する genshu suru (v.) adhere
検出する kenshutsu suru (v.) detect
検証 kenshō (n.) verification
減少 genshō (n.) diminution
現象 genshō (n.) phenomenon
検証する kenshō suru (v.) verify
減少する genshōsuru (v.) decrease
健常な kenjōna (adj.) abled
現職の genshoku no (adj.) incumbent
現職者 genshokusha (n.) incumbent
原子力の genshiryoku no (adj.) nuclear
原子炉 genshiro (n.) reactor
献身 kenshin (n.) dedication
元帥 gensui (n.) marshal
懸垂下降 kensui kakō (v.) abseil
減衰度 gensuido (n.) attenuation
現世の gense no (adj.) temporal
建設 kensetsu (n.) construction
建設的 kensetsu teki (adj.) constructive

厳選した gensen shita (adj.) select
健全な kenzenna (adj.) wholesome
健全に kenzen ni (adv.) sanely
幻想 gensō (n.) illusion
減速 gensoku (n.) deceleration
減速する gensoku suru (v.) decelerate
現存しない genson shinai (adj.) defunct
倦怠感 kentaikan (n.) lethargy
ケンタウロス kentaurosu (n.) centaur
建築 kenchiku (n.) architecture
建築家 kenchikuka (n.) architect
建築業者 kenchiku gyōsha (n.) builder
現地語化する genchigo ka suru (v.) localize
原点 genten (n.) origin
限度 gendo (n.) limit
検討事項 kentō jikō (n.) remit
検討する kentō suru (v.) consider
現場 genba (n.) locality
顕微鏡 kenbikyō (n.) microscope
現物 genbutsu (n.) original
憲法 kenpō (n.) constitution
健忘症 kenbōshō (n.) amnesia
原本 genpon (n.) master copy
研磨 kenma (n.) polish
研磨する kenma suru (adj.) abrasive
言明 genmei (n.) dictum
賢明な kenmeina (adj.) sage
検問所 kenmonsho (n.) checkpoint
原理 genri (n.) principle
権利放棄 kenri hōki (n.) waiver
権利擁護 kenri yōgo (n.) advocacy
権利侵害 kenri shingai (n.) usurpation

検流計 kenryūkei (n.) galvanometer
権力 kenryoku (n.) authority
権利を与える kenri o ataeru (v.) entitle

子 ko (n.) child
五 go (n.) five
小穴 koana (n.) eyelet
コアラ koara (n.) koala
鯉 koi (n.) carp
語彙 goi (n.) vocabulary
小石 koishi (n.) pebble
子犬 koinu (n.) puppy
恋人 koibito (n.) lover
香 kō (n.) incense
考案する kōan suru (v.) formulate
好意 kōi (n.) favour
合意 gōi (n.) consensus
後遺症 kōishō (n.) after-effect
合意の gōi no (adj.) consensual
強引な gōinna (adj.) forceful
強引な gōinna (adj.) forcible
豪雨 goū (n.) cloudburst
幸運 koūn (n.) luck
幸運な koūnna (adj.) lucky
公園 kōen (n.) park
後援 kōen (n.) patronage
後援者 kōensha (n.) patron
ごう音 gōon (n.) rumble
効果 kōka (n.) effect

硬貨 kōka (n.) coin
降下 kōka (n.) descent
後悔 kōkai (n.) regret
航海 kōkai (n.) voyage
口蓋 kōgai (n.) palate
郊外 kōgai (n.) suburb
後悔している kōkai shiteiru (adj.) rueful
航海者 kōkaisha (n.) voyager
公開する kōkai suru (v.) declassify
後悔する kōkai suru (v.) regret
航海する kōkai suru (v.) voyage
航海長 kōkaichō (n.) navigator
航海の kōkai no (adj.) nautical
口蓋の kōgai no (adj.) palatal
郊外の kōgai no (adj.) suburban
工学 kōgaku (n.) engineering
合格 gōkaku (n.) pass
合格する gōkaku suru (v.) pass
狡猾な kōkatsuna (adj.) conniving
狡猾な kōkatsuna (adj.) wily
効果的な kōka tekina (adj.) effective
高価な kōkana (adj.) expensive
豪華な gōkana (adj.) luxurious
交換 kōkan (n.) exchange
睾丸 kōgan (n.) testicle
交換する kōkan suru (v.) exchange
光輝 kōki (n.) brilliance
抗議 kōgi (n.) protest
講義 kōgi (n.) lecture
好奇心 kōkishin (n.) curiosity
好奇心でワクワクする kōkishin de wakuwaku suru (adj.) agog

好奇心の強い kōkishin no tsuyoi *(adj.)* curious
好奇心をそそる kōkishin o sosoru *(v.)* intrigue
抗議する kōgi suru *(v.)* protest
公休日 kōkyūbi *(n.)* bank holiday
交響曲 kōkyōkyoku *(n.)* symphony
公共交通機関 kōtsū kikan *(n.)* public transport
講義をする kōgi o suru *(v.)* lecture
合金 gōkin *(n.)* alloy
抗菌効果のある kōkin kōka no aru *(adj.)* antibacterial
航空宇宙 kōkū uchū *(n.)* aerospace
航空運賃 kōkū unchin *(n.)* airfare
航空学 kōkūgaku *(n.)* aeronautics
航空貨物便 kōkū kamotsubin *(n.)* air freight
航空機 kōkūki *(n.)* aircraft
コークスにする kōkusu ni suru *(v.)* coke
ゴーグル gōguru *(n.)* goggles
光景 kōkei *(n.)* spectacle
口径 kōkei *(n.)* calibre
合計 gōkei *(n.)* total
工芸学校 kōgei gakkō *(n.)* polytechnic
後継者 kōkeisha *(n.)* successor
合計する gōkei suru *(v.)* total
合計の gōkei no *(adj.)* total
攻撃 kōgeki *(n.)* offensive
攻撃者 kōgekisha *(n.)* aggressor
攻撃する kōgeki suru *(v.)* attack
攻撃的な kōgeki tekina *(adj.)* aggressive
高潔な kōketsuna *(adj.)* virtuous
後見 kōken *(n.)* wardship

貢献 kōken *(n.)* contribution
抗原 kōgen *(n.)* antigen
高原 kōgen *(n.)* plateau
貢献する kōken suru *(v.)* contribute
公言する kōgen suru *(v.)* profess
考古学者 kōko gakusha *(n.)* archaeologist
皇后 kōgō *(n.)* empress
交互にする kōgo ni suru *(v.)* alternate
口語の kōgo no *(adj.)* colloquial
航行可能な kōkō kanōna *(adj.)* navigable
航行する kōkō suru *(v.)* navigate
考古学 kōkogaku *(n.)* archaeology
広告 kōkoku *(n.)* advertisement
高座 kōza *(n.)* dais
交差する kōsa suru *(v.)* intersect
耕作に適した kōsaku ni tekishita *(adj.)* arable
絞殺 kōsatsu *(n.)* strangulation
絞殺に使われた凶器 kōsatsu ni tsukawareta kyōki *(v.)* garrotte
交差点 kōsaten *(n.)* intersection
鉱山 kōzan *(n.)* mine
高山 kōzan *(n.)* alp
抗酸化物質 kō sanka busshitsu *(n.)* antioxidant
高山の kōzan no *(adj.)* alpine
子牛 ko ushi *(n.)* calf
格子 kōshi *(n.)* lattice
講師 kōshi *(n.)* instructor
公式声明 kōshiki seimei *(n.)* communique
公式な kōshikina *(adj.)* official
公式に kōshiki ni *(adv.)* officially

口実 kōjitsu (n.) pretext
校舎 kōsha (n.) schoolhouse
公爵 kōshaku (n.) duke
公爵夫人 kōshaku fujin (n.) duchess
後者の kōsha no (adj.) latter
公衆 kōshū (n.) public
公衆の kōshū no (adj.) public
絞首台 kōshudai (n.) gallows
口述試験 kōjutsu shiken (n.) oral
控除 kōjo (n.) deduction
高所恐怖症 kōsho kyōfushō (n.) acrophobia
控除する kōjo suru (v.) deduct
交渉 kōshō (n.) negotiation
工場 kōjō (n.) factory
強情 gōjō (n.) obstinacy
交唱歌 kōshōka (n.) antiphony
交渉可能な kōshō kanōna (adj.) negotiable
交渉する kōshō suru (v.) negotiate
高尚にする kōshō ni suru (v.) ennoble
交渉者 kōshōsha (n.) negotiator
公証人 kōshōjin (n.) notary
強情な gōjōna (adj.) mulish
好色家 kōshokuka (n.) sensualist
降職する kōshoku suru (v.) demote
好色な kōshokuna (adj.) lustful
好色本 kōshokubon (n.) erotica
更新 kōshin (n.) renewal
行進 kōshin (n.) march
行進する kōshin suru (v.) march
香辛料 kōshinryō (n.) spice
香辛料を入れる kōshinryō o ireru (v.) spice

香水 kōsui (n.) perfume
洪水 kōzui (n.) flood
香水をつける kōsui o tsukeru (v.) perfume
コースター kōsutā (n.) coaster
ゴーストタウン gōsuto taun (n.) ghost town
ゴーストライター gōsuto raitā (n.) ghostwriter
更生 kōsei (n.) regeneration
合成 gōsei (n.) synthesis
更生させる kōsei saseru (v.) regenerate
構成する kōsei suru (v.) constitute
公正取引 kōsei torihiki (n.) fair trade
公正に kōsei ni (adv.) justly
恒星の kōsei no (adj.) sidereal
構成の kōsei no (adj.) constituent
合成の gōsei no (adj.) synthetic
後世の人々 kōsei no hitobito (n.) posterity
抗生物質 kōsei busshitsu (n.) antibiotic
公正な kōseina (adj.) just
合成品 gōseihin (n.) synthetic
構成物 kōseibutsu (n.) composition
合成物 gōseibutsu (n.) hybrid
功績 kōseki (n.) exploit
鉱石 kōseki (n.) ore
降雪 kōsetsu (n.) snowfall
交戦 kōsen (n.) warfare
光線 kōsen (n.) beam
交戦国の kōsenkoku no (adj.) belligerent
好戦的な kōsen tekina (adj.) militant
公然と kōzen to (adv.) openly

公然と反抗する kōzen to hankō suru (v.) defy
酵素 kōso (n.) enzyme
酵素的な kōso tekina (adj.) enzymic
構造 kōzō (n.) structure
構造の kōzō no (adj.) structural
皇族 kōzoku (n.) royalty
拘束する kōsoku suru (v.) restrain
高速道路 kōsoku dōro (n.) highway
抗体 kōtai (n.) antibody
広大さ kōdai sa (n.) amplitude
後退する kōtai suru (v.) recede
ゴーダ・チーズ gōda chīzu (n.) gouda
広大な kōdaina (adj.) vast
光沢のある kōtaku no aru (adj.) lustrous
コーチ kōchi (n.) coach
拘置所 kōchisho (n.) jail
降着場 kōchakuba (n.) dropzone
校長 kōchō (n.) principal
好調に kōchō ni (adv.) okay
硬直させる kōchoku saseru (v.) stiffen
交通機関 kōtsū kikan (n.) transport
交通手段 kōtsū shudan (n.) transportation
交通標識 kōtsū hyōshiki (n.) traffic sign
交通量 kōtsūryō (n.) traffic
好都合 kōtsugō (adj.) expedient
好都合の kōtsugō no (adj.) opportune
校庭 kōtei (n.) schoolyard
肯定 kōtei (n.) affirmation
校訂する kōtei suru (v.) emend
肯定する kōtei suru (v.) affirm
肯定の kōtei no (adj.) affirmative

コーデュロイ kōduroi (n.) corduroy
コート kōto (n.) coat
高度 kōdo (n.) altitude
行動 kōdō (n.) conduct
講堂 kōdō (n.) auditorium
強盗 gōtō (n.) burglary
高等教育 kōtō kyōiku (n.) higher education
口頭試問 kōtō shimon (n.) viva voce
行動する kōdō suru (v.) act
口頭で kōtō de (adv.) verbally
合同で gōdō de (adv.) jointly
口頭の kōtō no (adj.) verbal
喉頭蓋 kōtōgai (n.) epiglottis
黄道帯 kōdōtai (n.) zodiac
強盗犯 gōtōhan (n.) robber
後頭部 kōtōbu (n.) occipital
後頭部の kōtōbu no (adj.) occipital
高度計 kōdokei (n.) altimeter
コードレスの kōdoresu no (adj.) cordless
購入 kōnyū (n.) purchase
購入する kōnyū suru (v.) purchase
公認の kōnin no (adj.) accredited
更年期 kōnenki (n.) menopause
効能 kōnō (n.) efficacy
コウノトリ kōnotori (n.) stork
後輩 kōhai (n.) junior
荒廃 kōhai (n.) dilapidation
荒廃させる kōhai saseru (v.) ravage
荒廃する kōhai suru (v.) dilapidate
香ばしい kōbashī (adj.) fragrant
交尾 kōbi (n.) sex

交尾する kōbi suru (v.) mate
交尾する kōbi suru (v.) copulate
厚皮動物 kōhi dōbutsu (n.) pachyderm
コーヒー kōhī (n.) coffee
コーヒーブレーク kōhī burēku (n.) coffee break
コーヒー豆 kōhī mame (n.) coffee bean
コーヒーメーカー kōhī mēkā (n.) coffee maker
公表する kōhyō suru (v.) publicize
坑夫 kōfu (n.) pitman
鉱夫 kōfu (n.) miner
後部 kōbu (n.) rear
後部の kōbu no (adj.) rear
幸福 kōfuku (n.) happiness
降伏 kōfuku (n.) surrender
降伏する kōfuku suru (v.) surrender
幸福に輝いた kōfuku ni kagayaita (adj.) beatific
幸福感 kōfukukan (n.) euphoria
幸福な kōfukuna (adj.) happy
鉱物学者 kōbutsu gakusha (n.) mineralogist
鉱物学 kōbutsugaku (n.) mineralogy
興奮させる kōfun saseru (v.) excite
公平 kōhei (n.) impartiality
公平な kōheina (adj.) impartial
公平無私 kōhei mushi (n.) liberality
硬変 kōhen (n.) cirrhosis
候補 kōho (n.) candidacy
酵母 kōbo (n.) yeast
公報 kōhō (n.) bulletin
航法 kōhō (n.) navigation
合法化する gōhō ka suru (v.) legalize

後方確認用 kōhō kakunin yō (adj.) rearview
合法的な gōhō tekina (adj.) lawful
後方に kōhō ni (adv.) backward
後方の kōhō no (adj.) backward
合法性 gōhōsei (n.) legality
候補者 kōhosha (n.) candidate
候補リスト kōho risuto (v.) shortlist
子馬 kouma (n.) foal
硬膜外麻酔 kōmakugai masui (n.) epidural
子馬を産む kouma wo umu (v.) foal
傲慢 gōman (n.) arrogance
傲慢な gōmanna (adj.) arrogant
高名 kōmyō (n.) eminence
巧妙な kōmyōna (adj.) artful
高名な kōmyōna (adj.) eminent
公民科 kōminka (n.) civics
剛毛 gōmō (n.) bristle
項目 kōmoku (n.) item
肛門 kōmon (n.) anus
拷問 gōmon (n.) torture
肛門の kōmon no (adj.) anal
拷問する gōmon suru (v.) torture
荒野 kōya (n.) wilderness
香油 kōyu (n.) balm
小売り kouri (n.) retail
功利主義の kōri shugi no (adj.) utilitarian
小売りする kouri suru (v.) retail
小売りで kouri de (adv.) retail
合理的な gōri tekina (adj.) rational
合理的な gōri tekina (adj.) reasonable
小売の kouri no (adj.) retail

高利貸 kōrikashi *(n.)* usury
合理性 gōrisei *(n.)* rationality
効率 kōritsu *(n.)* efficiency
効率的 kōritsu teki *(adj.)* efficient
小売店 kouri ten *(n.)* retailer
拘留 kōryū *(n.)* detention
合流 gōryū *(n.)* confluence
合流する gōryū suru *(adj.)* confluent
考慮 kōryo *(n.)* consideration
ゴール gōru *(n.)* goal
コールスロー kōru surō *(n.)* coleslaw
コールセンター kōru sentā *(n.)* call centre
ゴールポスト gōru posuto *(n.)* goalpost
ゴールキーパー gōrukīpā *(n.)* goalkeeper
降霊術者 kōreijutsusha *(n.)* spiritualist
交連 kōren *(n.)* commissure
香炉 kōro *(n.)* censer
口論 kōron *(n.)* altercation
口論好きの kōron zuki no *(adj.)* quarrelsome
口論する kōron suru *(v.)* bicker
講話 kōwa *(n.)* discourse
港湾労働者 kōwan rōdōsha *(n.)* dockworker
声の koe no *(adj.)* vocal
声を出して koe o dashite *(adv.)* aloud
護衛 goei *(n.)* escort
護衛 goei *(n.)* guard
護衛された goei sareta *(adj.)* escorted
護衛する goei suru *(v.)* escort
肥えた koeta *(adj.)* fertile
小枝 koeda *(n.)* twig

超えて koete *(prep. & adj.)* beyond
越えて koete *(prep.)* over
凍った kōtta *(adj.)* frozen
氷 kōri *(n.)* ice
氷で覆われた kōri de ōwareta *(adj.)* icy
氷で冷やした kōri de hiyashita *(adj.)* iced
氷で冷やす kōri de hiyasu *(v.)* ice
凍る kōru *(v.)* freeze
五音の goin no *(adj.)* pentatonic
誤解 gokai *(n.)* misunderstanding
誤解させる gokai saseru *(v.)* mislead
誤解する gokai suru *(v.)* misunderstand
戸外に kogai ni *(prep.)* outside
子会社 kogaisha *(n.)* subsidiary
コカイン kokain *(n.)* cocaine
木陰 kokage *(n.)* bower
焦がす kogasu *(v.)* scorch
小型自動車 kogata jidōsha *(n.)* runabout
小型の kogata no *(adj.)* miniature
枯渇 kokatsu *(n.)* depletion
五月 gogatsu *(n.)* May
枯渇した kokatsu shita *(v.)* deplete
五角形 gokakkei *(n.)* pentagon
小柄な kogarana *(adj.)* petite
小冠 kokan *(n.)* coronet
湖岸 kogan *(n.)* lakefront
五感に訴える gokan ni uttaeru *(adj.)* sensuous
こき下ろす kokiorosu *(v.)* lambaste
小切手 kogitte *(n.)* cheque
漕ぎ手 kogite *(n.)* oarsman
ゴキブリ gokiburi *(n.)* cockroach

呼吸 kokyū (n.) respiration
呼吸する kokyū suru (v.) breathe
呼吸器学 kokyūkigaku (n.) pneumology
漕ぐ kogu (v.) row
濃くする koku suru (v.) thicken
ごくわずかな goku wazukana (adj.) negligible
国王殺し kokuōgoroshi (n.) regicide
国外に追放する kokugai ni tsuihō suru (v.) exile
国軍 kokugun (n.) armed forces
国際的な kokusai tekina (adj.) cosmopolitan
国際的な kokusai tekina (adj.) international
極上の gokujō no (adj.) superfine
黒人居住区 kokujin kyojū ku (n.) township
国籍 kokuseki (n.) nationality
穀倉 kokusō (n.) granary
告訴人 kokusojin (n.) accuser
黒檀 kokutan (n.) ebony
コクチマス kokuchimasu (n.) cisco
国内の kokunai no (adj.) domestic
告白 kokuhaku (n.) confession
告白する kokuhaku suru (v.) confess
告発 kokuhatsu (n.) accusation
黒板 kokuban (n.) blackboard
酷評される kokuhyō sareru (adj.) trashed
克服する kokufuku suru (v.) overcome
小熊 koguma (n.) cub
国民投票 kokumin tōhyō (n.) plebiscite
穀物 kokumotsu (n.) cereal
国有化 kokuyū ka (n.) nationalization
国有にする kokuyū ni suru (v.) nationalize
コケ koke (n.) moss
焦げ跡 koge ato (n.) singe
語源 gogen (n.) etymology
午後 gogo (n.) afternoon
ココア kokoa (n.) cocoa
小声 kogoe (n.) undertone
心地良くない kokochi yokunai (adj.) uncomfortable
ココナッツ kokonattsu (n.) coconut
ココナッツの皮の繊維 kokonattsu no kawa no seni (n.) coir
心 kokoro (n.) mind
ここに koko ni (adv.) here
心に描く kokoro ni egaku (v.) envision
心に留める kokoro ni tomeru (v.) heed
心に留める kokoro ni tomeru (adj.) mindful
心の kokoro no (adj.) mental
心の痛み kokoro no itami (n.) scruple
心の優しい kokoro no yasashī (adj.) tender-hearted
心優しい kokoro yasashī (adj.) kind-hearted
心を奪う kokoro o ubau (v.) enchant
心を奪う kokoro o ubau (v.) enthral
心をかき乱す kokoro o kakimidasu (v.) agitate
心からの kokorokara no (adj.) whole-hearted
心遣い kokorozukai (n.) solicitude
心細い kokorobosoi (adj.) lonesome
試み kokoromi (n.) try
試みる kokoromiru (v.) attempt

快い kokoroyoi *(adj.)* agreeable
小作する kosaku suru *(n.)* sharecrop
小作人 kosakunin *(n.)* peasant
小雨 kosame *(n.)* drizzle
小雨が降る kosame ga furu *(v.)* drizzle
誤算 gosan *(n.)* miscalculation
腰 koshi *(n.)* waist
腰 koshi *(n.)* hip
孤児 koji *(n.)* orphan
孤児にする koji ni suru *(v.)* orphan
腰肉 koshi niku *(n.)* loin
孤児院 kojīn *(n.)* orphanage
小潮の koshio no *(adj.)* neap
腰帯 koshiobi *(n.)* girdle
腰帯を巻く koshiobi o maku *(v.)* girdle
乞食 kojiki *(n.)* beggar
ゴシゴシと洗う goshigoshi to arau *(v.)* scrub
ゴシック様式 goshikku yōshiki *(n.)* gothic
ゴシック様式の goshikku yōshiki no *(adj.)* gothic
小島 kojima *(n.)* isle
五十 go jū *(n.)* fifty
故障 koshō *(n.)* glitch
胡椒 koshō *(n.)* pepper
誤称 goshō *(n.)* misnomer
故障する koshō suru *(v.)* malfunction
胡椒をかける koshō o kakeru *(v.)* pepper
誤植 goshoku *(n.)* misprint
誤植する goshoku suru *(v.)* misprint
誤信 goshin *(n.)* fallacy
誤診 goshin *(v.)* misdiagnose

個人主義 kojin shugi *(n.)* individualism
個人的な kojin tekina *(adj.)* personal
個人の kojin no *(adj.)* individual
個人用の kojin yō no *(adj.)* private
濾す kosu *(v.)* filter
こする kosuru *(v.)* rub
こすること kosuru koto *(n.)* rubbing
個性 kosei *(n.)* individuality
古生態学 koseitaigaku *(n.)* paleoecology
古生態学者 koseitai gakusha *(n.)* paleoecologist
古生物学 koseibutsugaku *(n.)* paleontology
古生物学者 koseibutsu gakusha *(n.)* paleobiologist
古生物学の koseibutsugaku no *(adj.)* paleobiological
小戦闘 kozeriai *(n.)* skirmish
小競り合いをする kozeriai o suru *(v.)* skirmish
午前 gozen *(abbr.)* am
護送する gosō suru *(v.)* convoy
コソコソする kosokoso suru *(v.)* sneak
固体 kotai *(n.)* solid
古代 kodai *(n.)* antiquity
古代の kodai *(adj.)* ancient
固体の kotai no *(adj.)* solid
個体発生 kotai hassei *(n.)* ontogeny
個体発生の kotai hassei no *(adj.)* ontogenic
答えられる kotaerareru *(adj.)* answerable
堪える kotaeru *(v.)* forbear
小滝 kodaki *(n.)* cascade

ゴタゴタ gotagota (n.) mess
こだま kodama (n.) echo
こだわる人 kodawaru hito (n.) stickler
誇張 kochō (n.) hyperbole
鼓腸 kochō (n.) flatulence
伍長 gochō (adj.) corporal
鼓腸の kochō no (adj.) flatulent
ごちそう gochisō (n.) feast
ゴチャゴチャ gochagocha (n.) jumble
ゴチャゴチャにする gochagocha ni suru (v.) jumble
ごちゃ混ぜ go cha maze (n.) scramble
国家 kokka (n.) nation
国歌 kokka (n.) anthem
国会議員 kokkai gīn (n.) parliamentarian
国家主義 kokka shugi (n.) nationalism
国家主義者 kokka shugisha (n.) nationalist
骨化する kotsuka suru (v.) ossify
極寒の gokkan no (adj.) frigid
国旗 kokki (n.) flag
コックピット kokkupitto (n.) cockpit
滑稽な kokkeina (adj.) humorous
骨髄 kotsuzui (n.) marrow
骨折 kossetsu (n.) fracture
こっそりと kossori to (adv.) stealthily
こっそり見張ら kossori miharu (v.) spy
ごった煮 gottani (n.) hotchpotch
骨つぼ kotsutsubo (n.) urn
小包 kozutsumi (n.) parcel
コップ koppu (n.) cup
小面 kozura (n.) facet

ゴツンと叩く gotsun to tataku (v.) thump
ゴツンと叩くこと gotsun to tataku koto (n.) thump
こて ko te (n.) trowel
固定する kotei suru (v.) peg
固定電話 kotei denwa (n.) landline
コテージ kotēji (n.) cottage
古典の koten no (adj.) classical
事 koto (n.) thing
鼓動 kodō (n.) throb
鼓動する kodō suru (v.) pulsate
小道具 kodōgu (n.) prop
事柄 kotogara (n.) matter
孤独 kodoku (n.) loneliness
孤独の kodoku no (adj.) solitary
孤独な kodokuna (adj.) lone
異なった kotonatta (adj.) unlike
異なって kotonatte (prep.) unlike
異なる kotonaru (v. adj.) differ
言葉で表す kotoba de arawasu (v.) word
言葉では言い表せない kotoba de wa īarawasenai (adj.) indescribable
言葉遣い kotobazukai (n.) diction
子ども kodomo (n.) kid
子供っぽい kodomo ppoi (adj.) childish
ことわざ kotowaza (n.) adage
諺 kotowaza (n.) proverb
諺の kotowaza no (adj.) proverbial
粉にする kona ni suru (v.) crumble
粉々に割る konagona ni wareru (v.) shatter
粉状の konajō no (adj.) mealy

粉ミルク konamiruku (n.) milk powder
今夜 konya (adv. n.) tonight
婚約 konyaku (n.) engagement
婚約者 konyakusha (n.) fiancé
子猫 koneko (n.) kitten
こねる koneru (v.) knead
このあたりに kono atari ni (adv.) hereabouts
このように kono yō ni (adv.) so
好ましい konomashī (adj.) favourable
好み konomi (n.) preference
好む konomu (v.) like
琥珀 kohaku (n.) amber
小箱 kobako (n.) casket
小走りで行く kobashiri de iku (v.) scurry
拒む kobamu (v.) refuse
コバルト kobaruto (n.) cobalt
小人症 kobi to shō (n.) nanism
コピー kopī (n.) copy
コピーする kopī suru (v.) xerox
木びき kobiki (n.) sawyer
木びき穴 kobiki ana (n.) saw pit
木挽台 kobikidai (n.) sawhorse
子羊 kohitsuji (n.) lamb
小人 kobito (n.) dwarf
こびへつらう kobihetsurau (adj.) servile
小びん kobin (n.) vial
拳 kobushi (n.) fist
拳を握る kobushi o nigiru (v.) clench
古物研究の kobutsu kenkyū no (adj.) antiquarian
古物商 kobutsushō (n.) antiquary
コブラ kobura (n.) cobra

ゴブレット goburetto (n.) goblet
子分 kobun (n.) henchman
子分 kobun (n.) minion
個別指導 kobetsu shidō (n.) tutorial
個別指導の kobetsu shidō no (adj.) tutorial
語法 gohō (n.) phraseology
ご褒美 go hōbi (n.) treat
溢す kobosu (v.) spill
胡麻 goma (n.) sesame
胡麻磨り goma suri (n.) sycophancy
コマーシャルソング komāsharu songu (n.) jingle
細かく komakaku (adv.) minutely
細かく裂く komakaku saku (v.) shred
ごまかす gomakasu (v.) whitewash
困らせる komaraseru (v.) harass
ゴミ gomi (n.) trash
ゴミを投げる gomi o nageru (v.) litter
ごみ捨て場 gomisuteba (n.) dump
ゴミ箱 gomibako (n.) bin
ゴミ箱 gomibako (n.) dumpster
小耳に挟む komimi ni hasamu (v.) overhear
コミュニケーション komyunikēshon (n.) communication
ゴム gomu (n.) rubber
ゴム長靴 gomu nagagutsu (n.) gumboot
ゴムの木 gomu no ki (n.) rubber tree
小麦 komugi (n.) wheat
小麦粉 komugiko (n.) flour
小娘 komusume (n.) lass
ゴム製のアヒル gomusei no ahiru (n.) rubber duck

ゴム弾 gomudan (n.) rubber bullet
米 kome (n.) rice
コメディ komedi (n.) comedy
コメント komento (n.) comment
子守 komori (n.) babysitting
子守をする komori o suru (v.) babysit
子守唄 komoriuta (n.) lullaby
顧問の komon no (adj.) advisory
小屋 koya (n.) cabin
固有名詞学 koyūmeishigaku (n.) onomatology
固有名詞学者 koyūmeishi gakusha (n.) onomatologist
固有名詞学の koyūmeishigaku no (adj.) onomastic
雇用 koyō (n.) employment
誤用 goyō (n.) misapplication
雇用者 koyōsha (n.) employer
コラーゲン korāgen (n.) collagen
娯楽 goraku (n.) entertainment
娯楽の goraku no (adj.) recreational
懲らしめる korashimeru (v.) chasten
コラムニスト koramunisuto (n.) columnist
梱 kori (n.) bale
コリアンダー koriandā (n.) coriander
孤立 koritsu (n.) isolation
孤立させる koritsu saseru (v.) isolate
ゴリラ gorira (n.) gorilla
コルク koruku (n.) cork
コルチゾン koruchizon (n.) cortisone
コルネット korunetto (n.) cornet
ゴルフ gorufu (n.) golf
ゴルフカート gorufu kāto (n.) golf cart

ゴルフ場 gorufujō (n.) golf course
これ見よがしの kore miyo ga shino (adj.) ostentatious
これから先 korekara saki (adv.) hereafter
コレクション korekushon (n.) collection
コレステロール koresuterōru (n.) cholesterol
コレラ korera (n.) cholera
転がり落ちる korogari ochiru (v.) tumble
転がる korogaru (v.) roll
転げ回る korogemawaru (v.) wallow
ゴロゴロする gorogoro suru (v.) lounge
ゴロゴロ鳴る gorogoro naru (v.) rumble
殺し koroshi (n.) kill
殺す korosu (v.) kill
転ぶ korobu (v.) trip
コロン koron (n.) cologne
怖がらせる kowagaraseru (v.) scare
怖がる kowagaru (v.) dread
壊した kowashita (v.) broken
壊す kowasu (v.) break
婚姻 kon in (n.) wedlock
婚外の kongai no (adj.) extramarital
懇願 kongan (n.) entreaty
懇願する kongan suru (v.) implore
根気 konki (n.) perseverance
根拠 konkyo (n.) basis
根拠のない konkyo no nai (adj.) baseless
ゴング gongu (n.) gong
コンクリート konkurīto (n.) concrete
今後 kongo (adv.) henceforward

今後の kongo no *(adj.)* future
混合 kongō *(n.)* amalgam
混合物 kongōbutsu *(n.)* mixture
コンサート konsāto *(n.)* concert
コンサートを開く konsāto o hiraku *(v.)* gig
混雑 konzatsu *(n.)* congestion
混雑させる konzatsu saseru *(v.)* overcrowd
混雑した konzatsu shita *(adj.)* congested
混雑を緩和する konzatsu o kanwa suru *(v.)* decongest
コンサルタント konsarutanto *(n.)* consultant
コンシーラー konshīrā *(n.)* concealer
懇親会 konshinkai *(n.)* social
昏睡 konsui *(n.)* narcosis
昏睡状態 konsui jōtai *(n.)* coma
昏睡状態の konsui jōtai no *(adj.)* comatose
懇請する konsei suru *(v.)* solicit
痕跡 konseki *(n.)* trace
痕跡 konseki *(n.)* vestige
コンタクトレンズ kontakutorenzu *(n.)* contact lens
昆虫 konchū *(n.)* insect
昆虫学 konchūgaku *(n.)* entomology
コンテスト kontesuto *(n.)* contest
混んでる konderu *(adj.)* crowded
混同する kondō suru *(v.)* muddle
ゴンドラ gondora *(n.)* gondola
コンドル kondoru *(n.)* condor
混沌とした konton to shita *(adv.)* chaotic

困難 konnan *(n.)* difficulty
困難な konnanna *(adj.)* daunting
コンバーチブル konbāchiburu *(n.)* convertible
コンパクトな konpakutona *(adj.)* compact
コンピューター konpyūtā *(n.)* computer
紺碧 konpeki *(n.)* azure
こん棒 konbō *(n.)* cudgel
コンマ konma *(n.)* comma
混乱 konran *(n.)* chaos
混乱させる konran saseru *(v.)* confuse
混乱した konran shita *(adj.)* addled
コンロ konro *(n.)* stove
困惑した konwaku shita *(adj.)* bemused

差 sa *(n.)* contrast
サーカス sākasu *(n.)* circus
サージ sāji *(n.)* serge
サーチライト sāchiraito *(n.)* searchlight
サービス sābisu *(n.)* service
サーブ sābu *(n.)* serve
サーフィンをする sāfin o suru *(v.)* surf
サーベル sāberu *(n.)* sabre
サーベルで切る sāberu de kiru *(v.)* sabre
サーモス sā mosu *(n.)* thermos (flask)
際 sai *(n.)* occasion
サイ sai *(n.)* rhinoceros
最愛の saiai no *(adj.)* dearest

最愛の人 saiai no hito *(n.)* darling
最悪 saiaku *(n.)* worst
罪悪感 zaiakukan *(n.)* compunction
最悪の saiaku no *(adj.)* worst
罪悪感のない zaiakukan no nai *(adj.)* guilt-free
再開 saikai *(n.)* resumption
災害 saigai *(n.)* disaster
再開する saikai suru *(v.)* renew
再開する saikai suru *(v.)* resume
再活性化 sai kassei ka *(n.)* reactivation
再吸収 sai kyūshū *(n.)* reabsorption
再吸収する sai kyūshū suru *(v.)* reabsorb
再凝縮 sai gyōshuku *(n.)* recondensation
細菌 saikin *(n.)* germ
最近 saikin *(adv.)* recently
最近の saikin no *(adj.)* recent
サイクロン saikuron *(n.)* cyclone
再現 saigen *(n.)* reproduction
債権者 saikensha *(n.)* creditor
再建する saiken suru *(v.)* rebuild
再現する saigen suru *(v.)* reproduce
再検討 sai kentō *(v.)* review
在庫 zaiko *(n.)* stock
最高権威の saikō ken i no *(adj.)* supreme
再構成 sai kōsei *(n.)* reconfiguration
最高点に達する saikōten ni tassuru *(v.)* culminate
最高の saikō no *(adj.)* best
再拘留 sai kōryū *(n.)* remand
再拘留する sai kōryū suru *(v.)* remand

最後通牒 saigo tsūchō *(n.)* ultimatum
最後に saigo ni *(adv.)* lastly
最後の saigo no *(adj.)* final
在庫の zaiko no *(adj.)* stock
サイコパス saikopasu *(n.)* psychopath
サイコロ saikoro *(n.)* dice
財産 zaisan *(n.)* estate
祭司 saishi *(n.)* priest
採餌 saiji *(n.)* foraging
採餌者 saijisha *(n.)* forager
最終選考に残る saishū senkō ni nokoru *(adj.)* shortlisted
最終的な saishū tekina *(adj.)* ultimate
最終的には saishū teki ni wa *(adv.)* ultimately
最重要の sai jūyō no *(adj.)* paramount
再承認 sai shōnin *(n.)* reapproval
最小にする saishō ni suru *(v.)* minimize
最小の saishō no *(adj.)* least
最上の saijō no *(adj.)* utmost
最上級 saijōkyū *(n.)* superlative
最小限 saishōgen *(n.)* minimum
最小限の saishōgen no *(adj.)* minimum
菜食主義の saishoku shugi no *(n.)* vegetarian
最初に saisho ni *(adv.)* first
最初の saisho no *(adj.)* first
再申請 sai shinsei *(n.)* reapplication
再申請する sai shinsei suru *(v.)* reapply
最新の saishin no *(adj.)* up-to-date
再生 saisei *(n.)* playback
再生 saisei *(n.)* rebirth
財政上の zaisei jō no *(adj.)* fiscal
再生する saisei suru *(v.)* replay

再生タイヤ saisei taiya (n.) retread
再征服する sai seifuku suru (v.) reconquer
採石場 saisekijō (n.) quarry
サイダー saidā (n.) cider
最大限 saidaigen (n.) maximum
最大限に生かす saidaigen ni ikasu (v.) maximize
最大限の saidaigen no (adj.) maximum
祭壇 saidan (n.) altar
財団 zaidan (n.) foundation
再調整する sai chōsei suru (v.) readjust
最適条件 saiteki jōken (n.) optimum
最適な saitekina (adj.) optimum
採点する saiten suru (v.) grade
サイドアーム saido āmu (n.) sidearm
再度受け取る saido uketoru (v.) reaccept
サイドカー saidokā (n.) sidecar
サイドスロー saido surō (v.) sidearm
サイドスローの saido surō no (adj.) sidearm
サイドブレーキ saidoburēki (n.) handbrake
災難 sainan (n.) mishap
災難のもと sainan no moto (n.) scourge
再任する sainin suru (v.) reappoint
才能 sainō (n.) talent
才能のある sainō no aru (adj.) gifted
砕波 saiha (n.) surf
サイバー saibā (adj.) cyber
栽培 saibai (n.) cultivation
栽培者 saibaisha (n.) grower
栽培場 saibaijō (n.) plantation

再配分 sai haibun (n.) reallocation
再配分する sai haibun suru (v.) reallocate
再発 saihatsu (n.) recurrence
再発 saihatsu (n.) relapse
再発する saihatsu suru (adj.) recurrent
再発する saihatsu suru (v.) relapse
再版 saihan (n.) reprint
再版する saihan suru (v.) reprint
裁判外の saibangai no (adj.) extrajudicial
裁判官 saibankan (n.) judge
裁判所 saibansho (n.) court
再評価 sai hyōka (n.) revaluation
再評価する sai hyōka suru (v.) reappraise
財布 saifu (n.) wallet
祭服 saifuku (n.) vestment
細分する saibun suru (v.) subdivide
細胞 saibō (n.) cell
細胞の saibō no (adj.) cellular
裁縫師 saihōshi (n.) dressmaker
催眠術 saiminjutsu (n.) hypnotism
催眠術をかける saiminjutsu o kakeru (v.) hypnotize
催眠状態 saimin jōtai (n.) trance
債務 saimu (n.) debt
財務 zaimu (n.) finance
財務の zaimu no (adj.) financial
債務者 saimusha (n.) debtor
財務省 zaimushō (n.) treasury
採用する saiyō suru (v.) recruit
再来 sairai (n.) reappearance
細流 sairyū (n.) streamlet

再利用する sai riyō suru *(v.)* reuse
材料 zairyō *(n.)* ingredient
材料 zairyō *(n.)* material
催涙ガス sairui gasu *(n.)* tear gas
催涙ガスをかける sairui gasu o kakeru *(v.)* mace
サイレン sairen *(n.)* siren
サイレンサー sairen sā *(n.)* silencer
サイン sain *(n.)* autograph
サウナ sauna *(n.)* sauna
サウンドトラック saundotorakku *(n.)* soundtrack
さえ sae *(adv.)* even
遮る saegiru *(v.)* shade
さえずり saezuri *(n.)* warble
さえずる saezuru *(v.)* warble
さえない saenai *(adj.)* dull
坂 saka *(n.)* slope
サガ saga *(n.)* saga
栄える sakaeru *(v.)* flourish
逆さにする sakasa ni suru *(v.)* invert
逆さまに sakasama ni *(adv.)* topsy turvy
逆さまの sakasama no *(adj.)* topsy turvy
捜し回る sagashimawaru *(v.)* quest
探す sagasu *(v.)* search
魚 sakana *(n.)* fish
魚を釣る sakana o tsuru *(v.)* fish
詐欺 sagi *(n.)* fraud
詐欺行為 sagi kōi *(n.)* imposture
先に saki ni *(adv.)* ahead
詐欺の sagi no *(adj.)* fraudulent
先のない saki no nai *(adj.)* pointless

先延ばし saki nobashi *(n.)* procrastination
先延ばしにする saki nobashi ni suru *(v.)* procrastinate
先へ saki e *(adv.)* onwards
先駆け sakigake *(n.)* precursor
詐欺師 sagishi *(n.)* swindler
先細になる sakiboso ni naru *(v.)* taper
砂丘 sakyū *(n.)* dune
砂丘 sakyū *(n.)* sandhill
作業現場 sagyō genba *(n.)* shopfloor
咲く saku *(v.)* bloom
裂く saku *(v.)* cleave
裂く saku *(v.)* tear
索引 sakuin *(n.)* index
削減 sakugen *(n.)* reduction
削減する sakugen suru *(v.)* retrench
酢酸 sakusan *(n.)* acetic acid
酢酸塩 sakusan en *(n.)* acetate
酢酸の sakusan no *(adj.)* acetic
作詞家 sakushika *(n.)* lyricist
作詩法 sakushihō *(n.)* versification
搾取する sakushu suru *(v.)* exploit
削除可能な sakujo kanōna *(adj.)* deletable
削除する sakujo suru *(v.)* delete
サクソフォーン sakusofōn *(n.)* saxophone
サクソフォーン奏者 sakusofōn sōsha *(n.)* saxophonist
作付面積 sakuzuke menseki *(n.)* acreage
柵で囲む saku de kakomu *(v.)* rail
錯乱した sakuran shita *(adj.)* deranged
さくらんぼ sakuranbo *(n.)* cherry

策略 sakuryaku (n.) ruse
酒 sake (n.) booze
叫び sakebi (n.) shout
叫び声 sakebigoe (n.) yell
叫ぶ sakebu (v.) shout
裂け目 sakeme (n.) tear
避けられない sakerarenai (adj.) inevitable
裂ける sakeru (v.) splinter
避ける sakeru (v.) avoid
下げる sageru (v.) lower
坐骨神経痛 zakotsu shinkeitsū (n.) sciatica
坐骨の zakotsu no (adj.) sciatic
ささいな sasaina (adj.) trivial
ささいな過ち sasaina ayamachi (n.) lapse
ささいなこと sasaina koto (n.) trifle
支え sasae (n.) support
支える sasaeru (v.) support
捧げる sasageru (v.) dedicate
さざ波 sazanami (n.) ripple
さざ波が立つ sazanami ga tatsu (v.) ripple
囁き sasayaki (n.) whisper
囁く sasayaku (v.) whisper
刺し傷 sashi kizu (n.) stab
サシェ sashe (n.) sachet
差し迫った sashisematta (adj.) imminent
差出人 sashidashinin (n.) addresser
差し出がましい sashidegamashī (adj.) officious
刺し通すような sashitōsu yōna (adj.) piercing

差し引いて sashihīte (prep.) less
差し控える sashihikaeru (v.) withhold
差引勘定 sashihiki kanjō (n.) offset
差引勘定する sashihiki kanjō suru (v.) offset
差し招く sashimaneku (n.) beck
指物師 sashimonoshi (n.) joiner
座礁させる zashō saseru (v.) strand
刺す sasu (v.) sting
指す sasu (v.) point
砂州 sasu (n.) sandbank
刺すこと sasu koto (n.) prick
授かった sazukatta (adj.) endowed
授ける sazukeru (v.) impart
サスペンス sasupensu (n.) suspense
さすらいの sasurai no (adj.) vagabond
さすらい人 sasuraibito (n.) vagabond
挫折 zasetsu (n.) setback
させる saseru (v.) let
蠍 sasori (n.) scorpion
定める sadameru (v.) determine
サタン satan (n.) satan
サディスト sadi suto (n.) sadist
サディズム sadizumu (n.) sadism
撮影する satsuei suru (v.) film
作家 sakka (n.) writer
サッカリン sakkarin (n.) saccharin
作曲する sakkyoku suru (v.) compose
殺菌 sakkin (n.) sterilization
殺菌剤 sakkinzai (n.) germicide
殺菌する sakkin suru (v.) sterilize
殺菌の sakkin no (adj.) antiseptic
雑穀 zakkoku (n.) millet

冊子 sasshi (n.) booklet
雑誌 zasshi (n.) magazine
雑種犬 zasshuken (n.) mongrel
雑食動物 zasshoku dōbutsu (n.) omnivore
雑種の zasshu no (adj.) hybrid
雑食の zasshoku no (adj.) omnivorous
殺人 satsujin (n.) murder
雑草 zassō (n.) weed
雑草を取る zassō o toru (v.) weed
雑多な zattana (adj.) miscellaneous
雑談する zatsudan suru (v.) chat
殺虫剤 sacchūzai (n.) insecticide
殺到する sattō suru (v.) mob
雑な zatsuna (adj.) careless
査定 satei (n.) survey
さておき sateoki (adv.) aside
砂糖 satō (n.) sugar
作動している sadō shiteiru (adj.) operative
砂糖を入れる satō o ireru (v.) sugar
蛹 sanagi (n.) chrysalis
砂漠 sabaku (n.) desert
裁く sabaku (v.) judge
サバティカル sabatikaru (n.) sabbatical
サバティカルの sabatikaru no (adj.) sabbatical
サビ sabi (n.) chorus
さび sabi (n.) rust
寂しい sabishī (adj.) lonely
さびた sabita (adj.) rusty
さびる sabiru (v.) rust
サブカルチャー sabu karuchā (n.) subculture

サファイア safaia (n.) sapphire
サファリ safari (n.) safari
サフラン safuran (n.) saffron
サフラン色の safuran iro no (adj.) saffron
差別 sabetsu (n.) discrimination
差別する sabetsu suru (v.) discriminate
サボテン saboten (n.) cactus
様々な samazamana (adj.) various
妨げ samatage (n.) hindrance
妨げる samatageru (v.) hinder
さまよう samayou (v.) rove
サマリア人 samariajin (n.) samaritan
寒い samui (adj.) cold
サムソナイト samusonaito (n.) samsonite
侍 samurai (n.) samurai
鮫 same (n.) shark
サモワール samowāru (n.) samovar
さや saya (n.) scabbard
莢 saya (n.) pod
鞘 saya (n.) sheath
鞘から抜く saya kara nuku (v.) unsheathe
鞘に収める saya ni osameru (v.) sheathe
左右対称 sayū taishō (n.) symmetry
左右対称の sayū taishō no (adj.) symmetrical
さようなら sayōnara (interj.) bye
左翼 sayoku (n.) leftist
皿 sara (n.) dish
サラダ sarada (n.) salad
さらに sarani (adv.) also

さらに遠い sarani tōi (adj.) further
サラマンダー saramandā (n.) salamander
ザリガニ zarigani (n.) crayfish
さりげない sarigenai (adj.) casual
さりげない sarigenai (adj.) subtle
猿 saru (n.) monkey
戯れる zareru (v.) frolic
サロン saron (n.) salon
騒がしい sawagashī (adj.) uproarious
騒ぎ sawagi (n.) commotion
ざわめき zawameki (n.) murmur
さわやかな sawayakana (adj.) crisp
触る sawaru (v.) touch
三 san (n.) three
酸 san (n.) acid
三回 san kai (adv.) thrice
三ヶ月間 san kagetsukan (n.) trimester
三十 san jū (n.) thirty
三十番目 san jū banme (n.) thirtieth
三十番目の san jū banme no (adj.) thirtieth
三通の san tsū no (adj.) triplicate
三倍にする san bai ni suru (v.) triple
三倍にする san bai ni suru (v.) triplicate
三倍にすること san bai ni suru koto (n.) triplication
三番目 san banme (n.) third
三番目の san banme no (adj.) third
参加 sanka (n.) participation
酸化 sanka (n.) oxidation
産科医 sankai (n.) obstetrician
酸化させる sanka saseru (v.) oxidate
産科の sanka no (adj.) obstetric

参加用紙 sanka yōshi (n.) entry form
残骸 zangai (n.) remains
三角筋 sankakukin (n.) deltoid
酸化剤 sankazai (n.) oxidant
参加者 sankasha (n.) participant
三月 sangatsu (n.) March
三角形 sankakkei (n.) triangle
三角形の sankakkei no (adj.) triangular
酸化物 sankabutsu (n.) oxide
三脚 sankyaku (n.) tripod
残虐行為 zangyaku kōi (n.) atrocity
残虐な zangyakuna (adj.) atrocious
山峡 sankyō (n.) gorge
産業 sangyō (n.) trade
残業 zangyō (n.) overtime
産業の sangyō no (adj.) industrial
サンゴ sango (n.) coral
参考文献 sankō bunken (n.) reference
残酷 zankoku (n.) barbarity
残酷さ zankoku sa (n.) cruelty
サンザシ sanzashi (n.) hawthorn
賛辞 sanji (n.) tribute
三者間の sanshakan no (adj.) tripartite
算術 sanjutsu (n.) arithmetic
産出する sanshutsu suru (v.) yield
参照する sanshō suru (v.) refer
酸性 sansei (adj.) acidic
賛成する sansei suru (v.) second
酸性テスト sansei tesuto (n.) acid test
酸性雨 sanseiu (n.) acid rain
参政権 sanseiken (n.) suffrage
賛成者 sanseisha (n.) seconder
酸素 sanso (n.) oxygen

酸素化 sanso ka (n.) oxygenation
酸素化された sanso ka sareta (adj.) oxygenated
酸素を送り込む sanso o okurikomu (v.) oxygenate
山賊 sanzoku (n.) bandit
残高 zandaka (n.) balance
サンダル sandaru (n.) sandal
散弾銃 sandan jū (n.) shotgun
山頂 sanchō (n.) summit
サンデー sandē (n.) sundae
サンドボード sando bōdo (n.) sandboard
サンドイッチ sandoicchi (n.) sandwich
サンドペーパー sandopēpā (n.) sandpaper
サンドペーパーで磨く sandopēpā de migaku (v.) sandpaper
算入 sannyū (n.) inclusion
残忍 zannin (n.) savagery
残忍な zanninna (adj.) brutal
残忍な人 zanninna hito (n.) fiend
残忍にする zannin ni suru (v.) brutalize
サンバ sanba (n.) samba
サンバを踊る sanba o odoru (v.) samba
桟橋 sanbashi (n.) pier
賛美 sanbi (n.) glorification
賛美歌 sanbika (n.) hymn
賛美する sanbi suru (v.) glorify
サンブカ sanbuka (n.) sambuca
サンプル sanpuru (n.) sample
散文 sanbun (n.) prose
散歩 sanpo (n.) stroll
散歩する sanpo suru (v.) ramble

散歩する sanpo suru (v.) stroll
三位一体 sanmi ittai (n.) trinity
残務 zanmu (n.) backlog
残留物 zanryūbutsu (n.) residue
三輪車 sanrinsha (n.) tricycle

死 shi (n.) death
詩 shi (n.) poem
仕上がり shiagari (n.) finish
指圧 shiatsu (n.) acupressure
自慰行為をする jī kōi o suru (v.) masturbate
自意識過剰の jīshiki kajō no (adj.) self-conscious
シージャック shījakku (n.) seajacking
シージャック犯 shījakkuhan (n.) seajacker
虐げる shītageru (v.) oppress
シーツ shītsu (n.) sheet
シーツ shītsu (n.) bed sheet
強いてさせる shīte saseru (v.) constrain
シートで覆う shīto de ōu (v.) sheet
シーバス shībasu (n.) sea bass
シームレスの shīmuresu no (adj.) seamless
シール shīru (n.) sticker
強いる shīru (v.) compel
シールスキン shīru sukin (n.) sealskin
仕入れる shīreru (v.) stock
自営の jiei no (adj.) self-employed

シェイプアップ sheipuappu (v.) shape up
ジェスチャー jesuchā (n.) charade
ジェットエンジン jetto enjin (n.) jet engine
ジェット機 jettoki (n.) jet
シェフ shefu (n.) chef
支援 shien (n.) assistance
支援する shien suru (v.) assist
塩 shio (n.) salt
潮 shio (n.) tide
塩味の shioaji no (adj.) savoury
潮が引く shio ga hiku (v.) ebb
塩気のある shioke no aru (adj.) brackish
塩胡椒の shio koshō no (adj.) salt-and-pepper
塩の shio no (adj.) saline
潮の shio no (adj.) tidal
塩出しする shiodashi suru (v.) desalt
塩水 shiomizu (n.) brine
しおり shiori (n.) bookmark
塩を加える shio o kuwaeru (v.) salt
しおれる shioreru (v.) droop
子音 shīn (n.) consonant
鹿 shika (n.) deer
じが jiga (n.) ego
歯科医 shikai (n.) dentist
紫外線 shigaisen (n.) ultraviolet
紫外線の shigaisen no (adj.) ultraviolet
仕返し shikaeshi (n.) retaliation
仕返しする shikaeshi suru (v.) retaliate
歯科学 shikagaku (n.) odontology
四角 shikaku (n.) square

視覚 shikaku (n.) sight
資格 shikaku (n.) qualification
しがちな shi gachina (adj.) prone
詩学 shigaku (n.) poetics
視覚の shikaku no (adj.) visual
資格を得る shikaku o eru (v.) qualify
四角い shikakui (adj.) square
四角くする shikakuku suru (v.) square
しかし shikashi (adv.) however
自家製の jikasei no (adj.) home-made
四月 shigatsu (n.) April
四角形 shikakkei (n.) quadrangle
四角形の shikakkei no (adj.) quadrangular
地金 jigane (n.) bullion
しがみつく shigamitsuku (v.) cling
しかめっ面 shikamettsura (n.) scowl
しかる shikaru (v.) chide
叱る shikaru (v.) scold
子癇 shikan (n.) eclampsia
弛緩 shikan (n.) laxity
時間 jikan (n.) hour
時間 jikan (n.) time
時間厳守 jikan genshu (n.) punctuality
時間厳守の jikan genshu no (adj.) punctual
時間を計る jikan o hakaru (v.) time
時間外に jikangai ni (adv.) overtime
士気 shiki (n.) morale
式 shiki (n.) formula
磁器 jiki (n.) porcelain
しきい値 shikī chi (n.) threshold
色覚異常の shikikaku ijō no (adj.) colour-blind

指揮官 shikikan *(n.)* captain
指揮官の職 shikikan no shoku *(n.)* captaincy
識字 shikiji *(n.)* literacy
指揮者 shikisha *(n.)* conductor
色素 shikiso *(n.)* pigment
しきたり shiki tari *(n.)* convention
敷地 shikichi *(n.)* site
式典 shikiten *(n.)* pageantry
磁気の jiki no *(adj.)* magnetic
識別 shikibetsu *(n.)* identification
子宮 shikyū *(n.)* uterus
子宮頸管の shikyū keikan no *(adj.)* cervical
持久力 jikyūryoku *(n.)* endurance
司教 shikyō *(n.)* bishop
耳鏡 jikyō *(n.)* otoscope
司教冠 shikyō kanmuri *(n.)* mitre
事業計画 jigyō keikaku *(n.)* business plan
耳鏡検査法 jikyō kensahō *(n.)* otoscopy
司教代理 shikyō dairi *(n.)* vicar
仕切り shikiri *(n.)* compartment
仕切り shikiri *(n.)* partition
仕切る shikiru *(v.)* partition
式を挙げる shiki o ageru *(v.)* solemnize
時宜を得た jigi o eta *(adj.)* timely
士気をくじく shiki o kujiku *(v.)* demoralize
磁気を消す jiki o kesu *(v.)* demagnetize
資金 shikin *(n.)* fund
資金集め shikin atsume *(v.)* fundraise
至近距離からの shikin kyori kara no *(adv.)* point blank

資金洗浄 shikin senjō *(n.)* money laundering
軸 jiku *(n.)* axis
軸に関する jiku nikansuru *(adj.)* axial
ジグザグ jiguzagu *(n.)* zigzag
ジグザグに jiguzagu ni *(adv.)* zigzag
ジグザグに進む jiguzagu ni susumu *(v.)* zigzag
ジグザグの jiguzagu no *(adj.)* zigzag
しくじる shikujiru *(v.)* bungle
ジグソーパズル jigusōpazuru *(n.)* jigsaw
仕組む shikumu *(v.)* concoct
私刑 shikei *(n.)* lynch
死刑執行人 shikei shikkōnin *(n.)* executioner
時系列 jikeiretsuno *(adj.)* chronological
刺激 shigeki *(n.)* stimulus
刺激する shigeki suru *(v.)* arouse
刺激する shigeki suru *(v.)* stimulate
刺激的な shigeki tekina *(adj.)* evocative
刺激的な shigeki tekina *(adj.)* pungent
刺激的な香り shigeki tekina kaori *(n.)* pungency
刺激性の shigekisei no *(adj.)* irritant
刺激物 shigekibutsu *(n.)* irritant
茂み shigemi *(n.)* thicket
資源 shigen *(n.)* resource
事件 jiken *(n.)* incident
試験委員 shiken īn *(n.)* examiner
試験監督 shiken kantoku *(n.)* invigilation
試験監督 shiken kantoku *(n.)* invigilator
試験監督をする shiken kantoku o suru *(v.)* invigilate
試験的な shiken tekina *(adj.)* tentative

試験を監督する shiken o kantoku suru (v.) proctor
事故 jiko (n.) accident
自己 jiko (n.) self
自己中心的な jiko chūshin tekina (adj.) egocentric
自己認識 jiko ninshiki (n.) self-awareness
死後の shigo no (adj.) posthumous
自己満足の jiko manzoku no (adj.) complacent
自己を卑下する jiko o hige suru (v.) abase
思考 shikō (n.) thought
地獄 jigoku (n.) hell
地獄に落ちるべき jigoku ni ochirubeki (adj.) damnable
地獄に落とす jigoku ni otosu (v.) damn
地獄のような jigoku no yōna (adj.) infernal
子午線 shigosen (n.) meridian
仕事 shigoto (n.) job
仕事 shigoto (n.) work
仕事着 shigotogi (n.) frock
思索 shisaku (n.) speculation
思索する shisaku suru (v.) speculate
試作品 shisakuhin (n.) prototype
自殺 jisatsu (n.) suicide
歯擦音の shisatsuon no (adj.) sibilant
歯擦音を発する shisatsuon o hassuru (v.) sibilate
資産 shisan (n.) asset
指示 shiji (n.) instruction
支持 shiji (n.) endorsement
指示する shiji suru (v.) instruct

支持する shiji suru (v.) endorse
獅子座 shishiza (n.) Leo
支持者 shijisha (n.) adherent
事実 jijitsu (n.) fact
使者 shisha (n.) messenger
死者 shisha (n.) dead
侍者 jisha (n.) acolyte
試写する shisha suru (v.) preview
磁石 jishaku (n.) magnet
刺繍 shishū (n.) embroidery
刺繍見本 shishū mihon (n.) sampler
支出 shishutsu (n.) expenditure
支出する shishutsu suru (v.) disburse
思春期 shishunki (n.) adolescence
思春期の若者 shishunki no wakamono (adj.) adolescent
辞書 jisho (n.) dictionary
辞書編集 jisho henshū (n.) lexicography
市場 shijō (n.) market
事情 jijō (n.) circumstance
市場占有率 shijō senyūritsu (n.) market share
市場調査 shijō chōsa (n.) market research
自称の jishō no (adj.) self-appointed
自称の jishō no (adj.) self-proclaimed
死傷者 shishōsha (n.) casualty
詩神 shishin (n.) muse
詩人 shijin (n.) poet
地震 jishin (n.) earthquake
自信 jishin (n.) confidence
地震学 jishingaku (n.) seismology
地震学者 jishin gakusha (n.) seismologist

自信過剰の jishin kajō no (adj.) self-confident
地震活動 jishin katsudō (n.) seismicity
地震観測 jishin kansoku (n.) seismography
地震計 jishinkei (n.) seismograph
自信喪失 jishin sōshitsu (n.) self-doubt
自信に満ちた jishin ni michita (adj.) confident
地震の jishin no (adj.) seismic
自信のない jishin no nai (adj.) diffident
指数 shisū (n.) exponent
静かに shizuka ni (adv.) silently
静かにさせる shizuka ni saseru (v.) quiet
静かな shizukana (adj.) quiet
雫 shizuku (n.) drib
静けさ shizukesa (n.) calmness
静けさ heisei (n.) tranquility
沈み込む shizumikomu (v.) slump
沈む shizumu (v.) sink
沈める shizumeru (v.) submerge
鎮める shizumeru (v.) quell
静める shizumeru (v.) tranquillize
姿勢 shisei (n.) pose
姿勢 shisei (n.) posture
時制 jisei (n.) tense
磁性 jisei (n.) magnetism
自制する jisei suru (v.) abstain
自制心 jiseishin (n.) self-control
支石墓 shisekibo (n.) dolmen
使節 shisetsu (n.) envoy
施設 shisetsu (n.) facility
視線 shisen (n.) gaze

自然 shizen (n.) nature
慈善 jizen (n.) philanthropy
事前の jizen no (adj.) prior
慈善の jizen no (adj.) charitable
慈善心 jizenshin (n.) charity
自然な shizenna (adj.) natural
思想家 shisōka (n.) thinker
持続する jizoku suru (v.) last
子孫 shison (n.) descendant
自尊心 jisonshin (n.) self-esteem
自尊心が低い jisonshin ga hikui (adj.) insecure
舌 shita (n.) tongue
シダ shida (n.) fern
下に shita ni (adv.) under
下に shita ni (prep.) underneath
下の shita no (adj.) under
舌の shita no (adj.) lingual
舌もつれ shita motsure (n.) lisp
舌もつれで話す shita motsure de hanasu (v.) lisp
死体 shitai (n.) corpse
肢体 shitai (n.) limb
時代 jidai (n.) era
死体安置所 shitai anchijo (n.) morgue
時代錯誤 jidai sakugo (n.) anachronism
次第で shidai de (n.) contingent
死体のような shitai no yōna (adj.) cadaverous
時代遅れの jidaiokure no (adj.) dated
次第に消える shidaini kieru (v.) fade
次第に減少して shidaini genshō shite (adv.) decreasingly
従う shitagau (v.) obey

従う人 shitagau hito *(n.)* conformist
下書き shitagaki *(n.)* draft
下書きを作る shitagaki o tsukuru *(v.)* draft
従って shitagatte *(n.)* accordance
従わせる shitagawaseru *(v.)* subordinate
下着 shitagi *(n.)* underwear
親しい shitashī *(adj.)* intimate
親しい友人 shitashī yūjin *(n.)* confidant
親しく交際する shitashiku kōsai suru *(v.)* hobnob
親しみ shitashimi *(n.)* affinity
親しみやすい shitashimi yasui *(adj.)* approachable
仕出し屋 shidashiya *(n.)* caterer
滴り shitatari *(n.)* dribble
したたる shitataru *(v.)* trickle
滴る shitataru *(v.)* drip
下手投げの shitate nage no *(adj.)* underhand
仕立屋 shitateya *(n.)* tailor
仕立てる shitateru *(v.)* tailor
下塗り shitanuri *(n.)* primer
下向きに shitamuki ni *(adv.)* downwards
下向きの shitamuki no *(adj.)* downward
慕わせる shitawaseru *(v.)* endear
示談 jidan *(n.)* settlement
自治区 jichi ku *(n.)* borough
七面鳥 shichimenchō *(n.)* turkey
試着室 shichaku shitsu *(n.)* fitting room
シチュー shichū *(n.)* stew
支柱 shichū *(n.)* strut
市長 shichō *(n.)* mayor

視聴覚の shichōkaku no *(adj.)* audiovisual
歯痛 shitsū *(n.)* toothache
失格 shikkaku *(n.)* disqualification
失格とする shikkaku to suru *(v.)* disqualify
しっかり握る shikkari nigiru *(v.)* clutch
疾患 shikkan *(n.)* ailment
失業手当 shitsugyō teate *(n.)* dole
しっくい shikkui *(n.)* whitewash
しっくいを塗る shikkui o nuru *(v.)* plaster
シックな shikkuna *(adj.)* chic
じっくり考える jikkuri kangaeru *(v.)* contemplate
しっくり来る shikkuri kuru *(adj.)* congenial
湿原 shitsugen *(n.)* bog
実験 jikken *(n.)* experiment
実現 jitsugen *(n.)* realization
実現する jitsugen suru *(v.)* realize
しつこい shitsukoi *(adj.)* insistent
実行 jikkō *(n.)* execution
実行可能な jikkō kanōna *(adj.)* viable
実行困難性 jikkō konnansei *(n.)* impracticability
失効する shikkō suru *(v.)* lapse
実行する jikkō suru *(v.)* execute
実行する jikkō suru *(v.)* implement
実行する人 jikkō suru hito *(n.)* doer
実行力のある jikkōryoku no aru *(adj.)* executive
しつこく文句を言う shitsukoku monku o iu *(v.)* nag
しつこく文句を言うこと shitsukoku monku o iu koto *(n.)* nagging

失語症 shitsugoshō *(n.)* aphasia
実在する jitsuzai suru *(adj.)* real
実際的な jissai tekina *(adj.)* pragmatic
実際に jissai ni *(adv.)* actually
実際の jissai no *(adj.)* actual
実際よりも前の日付を書く jissai yori mo mae no hizuke o kaku *(v.)* backdate
執事 shitsuji *(n.)* butler
実施権者 jisshikensha *(n.)* licensee
実施する jisshi suru *(v.)* enforce
実施できる jisshi dekiru *(adj.)* practicable
実証 jisshō *(n.)* substantiation
実証する jisshō suru *(v.)* substantiate
実証的な jisshō tekina *(adj.)* empirical
湿疹 shisshin *(n.)* eczema
叱責 shisseki *(n.)* reprimand
叱責する shisseki suru *(v.)* rebuke
失踪 shissō *(n.)* disappearance
質素な shissona *(adj.)* frugal
質素な shissona *(adj.)* plain
実存主義 jitsuzon shugi *(n.)* existentialism
失態 shittai *(n.)* fiasco
実体 jittai *(n.)* entity
湿地 shicchi *(n.)* everglade
質的な shitsutekina *(adj.)* qualitative
嫉妬 shitto *(n.)* jealousy
湿度 shitsudo *(n.)* humidity
嫉妬深い shitto bukai *(adj.)* jealous
実に jitsuni *(adj.)* downright
実に jitsuni *(adv.)* indeed
ジッパー jippā *(n.)* zipper
失敗 shippai *(n.)* failure

失敗する shippai suru *(v.)* fail
執筆する shippitsu suru *(v.)* pen
ジップロック jippurokku *(adj.)* ziplock
尻尾 shippo *(n.)* tail
失望させる shitsubō saseru *(v.)* disappoint
質問 shitsumon *(n.)* question.
質問する shitsumon suru *(v.)* question
実用性 jitsuyōsei *(n.)* practicability
実用主義 jitsuyō shugi *(n.)* pragmatism
実用的でない jitsuyō tekidenai *(adj.)* impracticable
実用的な jitsuyō tekina *(adj.)* practical
質量 shitsuryō *(n.)* mass
実力 jitsuryoku *(n.)* proficiency
失礼 shitsurei *(n.)* disrespect
実例 jitsurei *(n.)* instance
失礼な shitsureina *(adj.)* churlish
失礼な shitsureina *(adj.)* rude
詩的な shitekina *(adj.)* poetic
磁鉄鉱 jitekkō *(n.)* loadstone
視点 shiten *(n.)* perspective
自伝 jiden *(n.)* autobiography
自転車 jitensha *(n.)* bicycle
自転車 jitensha *(n.)* bike
自転車乗り jitenshanori *(n.)* cyclist
使徒 shito *(n.)* apostle
指導 shidō *(n.)* guidance
自動化 jidō ka *(n.)* automation
児童学者 jidō gakusha *(n.)* paedologist
始動させる shidō saseru *(v.)* kick-start
児童学 jidōgaku *(n.)* paedology
自動化する jidō ka suru *(v.)* automate

自動詞の jidōshi no *(adj. (verb))* intransitive
指導者 shidōsha *(n.)* leader
自動車 jidōsha *(n.)* automobile
自動車運転者 jidōsha untensha *(n.)* motorist
自動車に乗る jidōsha ni noru *(v.)* motor
自動的 jidōteki *(adj.)* automatic
自動的に jidōteki ni *(adv.)* automatically
自動点滅装置 jidō tenmetsu sōchi *(n.)* flasher
自撮り jidori *(n.)* selfie
シトリン shitorin *(n.)* citrine
しないように shinai yō ni *(conj.)* lest
シナモン shinamon *(n.)* cinnamon
しなやかな shinayakana *(adj.)* supple
シナリオ shinario *(n.)* scenario
信用 shinyō *(n.)* credit
信用できる shinyō dekiru *(adj.)* credible
辞任 jinin *(n.)* resignation
辞任する jinin suru *(v.)* resign
死ぬ shinu *(v.)* die
死ぬべき運命の shinubeki unmei no *(adj.)* mortal
シネプレックス shinepurekkusu *(n.)* cineplex
深淵 shinen *(n.)* abyss
市の shi no *(adj.)* municipal
忍び寄る shinobiyoru *(v.)* creep
芝 shiba *(n.)* turf
支配 shihai *(n.)* domination
支配する shihai suru *(v.)* dominate
支配的な shihai tekina *(adj.)* dominant
芝居がかった shibaigakatta *(adj.)* melodramatic
自発性 jihatsusei *(n.)* spontaneity
自発的な jihatsu tekina *(adj.)* voluntary
自発的に jihatsu teki ni *(adv.)* voluntarily
芝生 shibafu *(n.)* lawn
支払い shiharai *(n.)* payment
支払可能な shiharai kanōna *(adj.)* payable
支払期限の過ぎた shiharai kigen no sugita *(adj.)* overdue
支払能力 shiharai nōryoku *(n.)* solvency
支払う shiharau *(v.)* pay
しばらく shibaraku *(adv.)* awhile
縛る shibaru *(v.)* bind
縛るもの shibaru mono *(n.)* bond
慈悲 jihi *(n.)* mercy
慈悲深い jihi bukai *(adj.)* merciful
地ビールメーカー jibīru mēkā *(n.)* microbrewery
自筆の書類 jihitsu no shorui *(n.)* holograph
ジブ jibu *(n.)* gib
四分音符 shibu onpu *(n.)* crotchet
ジブで留める jibu de tomeru *(v.)* gib
渋い shibui *(adj.)* astringent
しぶき shibuki *(n.)* splash
至福 shifuku *(n.)* felicity
シフト shifuto *(n.)* shift
自分 jibun *(pron.)* myself
自分自身 jibun jishin *(pr.)* yourself
自分の jibun no *(adj.)* own
自分勝手な jibunkattena *(adj.)* self-centered
紙幣 shihei *(n.)* banknote
自閉症 jiheishō *(n.)* autism

自閉症の jiheishō no (adj.) autistic
死別 shibetsu (n.) bereavement
詩篇 shihen (n.) psalm
四辺形 shihenkei (n.) quadrilateral
四辺形の shihenkei no (adj.) quadrilateral
脂肪 shibō (n.) fat
死亡者数 shibōshasū (n.) fatality
死亡記事 shibō kiji (adj.) obituary
司法行政 shihō gyōsei (n.) judicature
司法制度 shihō seido (n.) judiciary
司法の shihō no (adj.) judicial
志望の shibō no (adj.) would-be
脂肪の shibō no (adj.) adipose
死亡率 shibōritsu (n.) mortality
搾る shiboru (v.) squeeze
絞る shiboru (v.) narrow
絞る shiboru (v.) wring
資本 shihon (n.) capital
資本家 shihonka (n.) capitalist
資本主義 shihon shugi (n.) capitalism
しま shima (n.) stripe
島 shima (n.) island
姉妹 shimai (n.) sister
姉妹関係 shimai kankei (n.) sisterhood
姉妹のような shimai no yōna (adj.) sisterly
しまい込む shimaikomu (v.) stow
シマウマ shimauma (n.) zebra
島流しにする shimanagashi ni suru (v.) maroon
しまをつける shima o tsukeru (v.) stripe
自慢する jiman suru (v.) boast
自慢屋 jiman ya (n.) braggart

しみ shimi (n.) blot
しみ shimi (n.) stain
染み shimi (n.) smear
しみがついた shimi ga tsuita (adj.) blotted
染み込ませる shimikomaseru (v.) infuse
染み付いた shimitsuita (adj.) ingrained
しみ出る shimi deru (v.) seep
しみをつける shimi o tsukeru (v.) stain
市民 shimin (n.) citizen
市民の shimin no (adj.) civic
市民軍 shimingun (n.) militia
市民権 shiminken (n.) citizenship
事務員の jimuin no (adj.) clerical
事務局 jimukyoku (n.) bureau
し向ける shi mukeru (v.) induce
事務弁護士 jimu bengoshi (n.) solicitor
氏名 shimei (n.) full name
指名する shimei suru (v.) designate
締固め用機械 shimegatameyō kikai (n.) tamper
締め金 shimegane (n.) clamp
締め切り shimekiri (n.) deadline
絞め殺す shimekorosu (v.) strangle
ジメジメした jimejime shita (adj.) dank
示す shimesu (v.) indicate
示す shimesu (adj.) indicative
自滅する jimetsu suru (v.) self-destruct
自滅的な jimetsu tekina (adj.) suicidal
湿らす shimerasu (v.) moisten
湿った shimetta (adj.) damp
湿らせる shimeraseru (v.) dampen
湿り度 shimerido (n.) wetness

閉める shimeru (v.) shut
地面 jimen (n.) ground
地面に穴を掘る jimen ni ana o horu (v.) dibble
霜 shimo (n.) frost
地元の jimoto no (adj.) local
霜を取る shimo o toru (v.) defrost
指紋 shimon (n.) fingerprint
視野の狭い shiya no semai (adj.) insular
ジャーキン jā kin (n.) jerkin
シャーシ shā shi (n.) chasis
シャーマン shā man (n.) shaman
邪悪な jākuna (adj.) sinister
邪悪な富 jākuna tomi (n.) mammon
ジャージー jājī (n.) jersey
ジャーナリスト jānarisuto (n.) journalist
ジャーナリズム jānarizumu (n.) journalism
社会 shakai (n.) society
社会運動 shakai undō (n.) campaign
社会学 shakaigaku (n.) sociology
社会主義 shakai shugi (n.) socialism
社会主義者 shakai shugisha (n.) socialist
社会的な不安 shakai tekina fuan (n.) unrest
社会不安 shakai fuan (n.) turmoil
じゃがいも jagaimo (n.) potato
しゃがむ shagamu (v.) crouch
しゃがれ声 shagaregoe (n.) croak
砂岩 shagan (n.) sandstone
しゃくに障る shaku ni sawaru (adj.) maddening
杓子定規 shakushijōgi (n.) pedantry

杓子定規な shakushijōgina (n.) pedantic
杓子定規な人 shakushijōgina hito (n.) pedant
蛇口 jaguchi (n.) tap
弱点 jakuten (n.) weakness
釈放 shakuhō (n.) release
借用 shakuyō (n.) tenancy
ジャグリングする jaguringu suru (v.) juggle
射撃 shageki (n.) shooting
ジャケット jaketto (n.) jacket
麝香 jakō (n.) musk
社交辞令 shakō jirei (n.) pleasantries
社交性 shakōsei (n.) sociability
社交的な shakō tekina (adj.) sociable
謝罪 shazai (n.) apology
謝罪の shazai no (adj.) apologetic
社債券 shasaiken (n.) debenture
斜視 shashi (n.) squint
車軸 shajiku (n.) axle
写字生 shajisei (n.) transcriber
射手 shashu (n.) marksman
写真 shashin (n.) photo
写真家 shashinka (n.) photographer
写真撮影 shashin satsuei (n.) photography
写真映えする shashin bae suru (adj.) photogenic
写真を撮る shashin o toru (v.) photograph
ジャスミン jasumin (n.) jasmine, jessamine
射精 shasei (n.) ejaculation
射精する shasei suru (v.) ejaculate
社説 shasetsu (n.) editorial

社説の shasetsu no *(adj.)* editorial
車線 shasen *(n.)* lane
遮断する shadan suru *(v.)* insulate
シャチ shachi *(n.)* orca
シャツ shatsu *(n.)* shirt
ジャッカル jakkaru *(n.)* jackal
ジャッキ jakki *(n.)* jack
弱強格の jakkyōkaku no *(adj.)* iambic
借金がある shakkin ga aru *(adj.)* indebted
借金のない shakkin no nai *(adj.)* debt-free
しゃっくり shakkuri *(n.)* hiccup
シャッター shattā *(n.)* shutter
シャトルコック shatoru kokku *(n.)* shuttlecock
シャトルバス shatoru basu *(n.)* shuttle
じゃない janai *(adv.)* not
じゃない限り janai kagiri *(conj.)* unless
シャベル shaberu *(n.)* shovel
喋る shaberu *(v.)* talk
シャベルで掘る shaberu de horu *(v.)* shovel
シャボン玉 shabondama *(n.)* bubble
邪魔する jama suru *(v.)* disturb
ジャム jamu *(n.)* jam
シャムの shamu no *(adj.)* siamese
赦免 shamen *(n.)* pardon
赦免する shamen suru *(v.)* pardon
車両 sharyō *(n.)* carriage
車輪 sharin *(n.)* wheel
洒落 share *(n.)* witticism
シャレー sharē *(n.)* chalet
謝礼金 shareikin *(n.)* honorarium

シャワー shawā *(n.)* shower
シャワーヘッド shawā heddo *(n.)* showerhead
シャワーを浴びる shawā o abiru *(v.)* shower
シャンデリア shanderia *(n.)* chandelier
シャンパン shanpan *(n.)* champagne
ジャンプ janpu *(n.)* jump
シャンプー shanpū *(n.)* shampoo
シャンプーで洗う shanpū de arau *(v.)* shampoo
ジャンル janru *(n.)* genre
主 shu *(n.)* lord
種 shu *(n.)* species
ジューシーな jūshīna *(adj.)* juicy
首位の shui no *(adj.)* premier
朱色 shuiro *(n.)* vermillion
朱色の shuiro no *(adj.)* vermillion
州 shū *(n.)* province
週 shū *(n.)* week
十 jū *(n.)* ten
自由 jiyū *(n.)* freedom
銃 jū *(n.)* gun
十一 jū ichi *(n.)* eleven
十億 jū oku *(n.)* billion
十九 jū kyū *(n.)* nineteen
十九番目の jū kyū banme no *(adj.)* nineteenth
十五 jū go *(n.)* fifteen
十三 jū san *(n.)* thirteen
十三番目 jū san banme *(n.)* thirteenth
十三番目の jū san banme no *(adj.)* thirteenth
ジュージューという音 jū jū toiu oto *(n.)* sizzle

ジュージューと音を立てる jū jū to oto o tateru (v.) sizzle
自由主義 jiyū shugi (n.) liberalism
州全体の shū zentai no (adj.) statewide
シューと音を立てる shū to oto o tateru (v.) hiss
シューという音 shū toiu oto (n.) hiss
十七 jū nana (n.) seventeen
十七番目の jū nana banme no (adj.) seventeenth
十二 jū ni (n.) twelve
自由にする jiyū ni suru (v.) free
十二番目 jū ni banme (n.) twelfth
十二番目の jū ni banme no (adj.) twelfth
十年 jū nen (n.) decade
州の shū no (adj.) provincial
十倍に jū bai ni (adv.) tenfold
十倍の jū bai no (adj.) tenfold
十八 jū hachi (n.) eighteen
十番目の jū banme no (adj.) tenth
十分の一献金 jū bunno ichi kenkin (n.) tithe
十万 jū man (n.) lac, lakh
十四 jū yon (n.) fourteen
十六 jū roku (n., adj.) sixteen
十六番目の jū roku banme no (adj.) sixteenth
周囲 shūi (n.) surroundings
周囲の shūi no (adj.) ambient
周囲をまわる shūi o mawaru (v.) skirt
獣医学の jūigaku no (adj.) veterinary
十一月 jūichigatsu (n.) November
週一回 shū ikkai (adv.) weekly
収益 shūeki (n.) proceeds

終焉 shūen (n.) demise
集会 shūkai (n.) assembly
集会 shūkai (n.) rally
集塊 shūkai (n.) agglomerate
収穫 shūkaku (n.) harvest
収穫機 shūkakuki (n.) harvester
収穫する shūkaku suru (v.) harvest
十月 jūgatsu (n.) October
臭化物 shūkabutsu (n.) bromide
習慣 shūkan (n.) habit
習慣的な shūkan tekina (adj.) regular
習慣の shūkan no (adj.) routine
週刊誌 shūkanshi (n.) weekly
周期的な shūki tekina (adj.) cyclic
住居 jūkyo (n.) residence
宗教 shūkyō (n.) religion
宗教的な shūkyō tekina (adj.) religious
ジュークボックス jūkubokkusu (n.) jukebox
集計する shūkei suru (v.) aggregate
襲撃する shūgeki suru (v.) assail
銃撃戦 jūgekisen (n.) firefight
集結させる shūketsu saseru (v.) marshal
終結する shūketsu suru (v.) terminate
充血する jūketsu suru (v.) engorge
銃剣 jūken (n.) bayonet
銃口 jūkō (n.) gunpoint
集合する shūgō suru (v.) assemble
重合する jūgō suru (v.) polymerize
集合的な shūgō tekina (adj.) collective
重婚 jūkon (n.) bigamy
重婚の jūkon no (adj.) bigamous

重婚者 jūkonsha (n.) bigamist
重罪 jūzai (n.) felony
獣脂 jūshi (n.) tallow
十字 jūji (n.) cross
修辞学 shūjigaku (n.) rhetoric
修辞学の shūjigaku no (adj.) rhetorical
十字架像 jūjikazō (n.) crucifix
十字架のキリスト像 jūjika no kirisutozō (n.) rood
十字架につけられた jūjika ni tsukerareta (adj.) crucified
十字軍騎士 jūjigun kishi (n.) crusader
重視する jūshi suru (adj.) oriented
終止符 shūshifu (n.) period
十字砲火 jūjihōka (n.) crossfire
従者 jūsha (n.) valet
収集家 shūshūka (n.) collector
収縮 shūshuku (n.) contraction
収縮させる shūshuku saseru (v.) constrict
従順 jūjun (n.) obedience
従順な jūjunna (adj.) compliant
柔順な jūjunna (adj.) submissive
住所 jūsho (n.) address
住所氏名録 jūsho shimeiroku (n.) directory
十字路 jūjiro (n.) crossroads
囚人 shūjin (n.) prisoner
ジュース jūsu (n.) juice
修正 shūsei (n.) fix
修正箇所 shūsei kasho (n.) modification
修整する shūsei suru (v.) retouch
修正する shūsei suru (v.) modify
修繕する shūzen suru (v.) mend

従属 jūzoku (n.) subordination
従属する jūzoku suru (adj.) subject
重大さ jūdai sa (n.) magnitude
重大な jūdaina (adj.) momentous
住宅 jūtaku (n.) abode
集団 shūdan (n.) cluster
銃弾 jūdan (n.) ammunition
集団で移動する shūdan de idō suru (v.) troop
集中 shūchū (n.) concentration
集中した shūchū shita (adj.) focused
集中する shūchū suru (v.) focus
集中的な shūchū tekina (adj.) intensive
集中ロック式ドア shūchū rokkushiki doa (n.) central locking
獣的な jūtekina (adj.) bestial
終点 shūten (n.) terminus
重点 jūten (n.) emphasis
充電器 jūdenki (n.) charger
ジュート jūto (n.) jute
修道院 shūdōin (n.) convent
修道院生活 shūdōin seikatsu (n.) monasticism
修道院長 shūdōinchō (n.) abbot
修道女 shūdōjo (n.) nun
修道僧 shūdō sō (n.) monk
自由な jiyūna (adj.) free
柔軟剤 jūnanzai (n.) softener
柔軟性のない jūnansei no nai (adj.) inflexible
柔軟な jūnanna (adj.) flexible
十二月 jūnigatsu (n.) december
住人 jūnin (n.) inhabitant
就任させる shūnin saseru (v.) induct

就任式 shūninshiki (n.) inauguration
就任式の shūninshiki no (adj.) inaugural
執念 shūnen (n.) tenacity
執念深い shūnenbukai (adj.) revengeful
収納場所 shūnō basho (n.) repository
宗派 shūha (n.) denomination
周波数 shūhasū (n.) frequency
重複 jūfuku (n.) duplicate
重複の jūfuku no (adj.) duplicate
十分 jūbun (n.) sufficiency
十分 jūbun (n.) plenty
十分な jūbunna (adj.) ample
十分な jūbunna (adj.) sufficient
十分に jūbun ni (adv.) enough
十分に jūbun ni (adv.) fully
十分に jūbun ni (adv.) wide
従僕 jūboku (n.) footman
充満する jūman suru (v.) pervade
重要性 jūyōsei (n.) importance
重要である jūyōdearu (v.) matter
重要な jūyōna (adj.) important
従来の jūrai no (adj.) conventional
集落 shūraku (n.) hamlet
修理 shūri (n.) repair
修理可能な shūri kanōna (adj.) repairable
修理する shūri suru (v.) repair
終了 shūryō (n.) termination
重量 jūryō (n.) weight
重力 jūryoku (n.) gravity
樹液 jueki (n.) sap
受益者 juekisha (n.) beneficiary
ジュエリー juerī (n.) jewellery

主演する shuen suru (v.) star
主観的な shukan tekina (adj.) subjective
主義 shugi (n.) tenet
授業 jugyō (n.) class
宿営地 shukueichi (n.) cantonment
熟語 jukugo (n.) idiom
祝勝の shukushō no (adj.) triumphal
熟す jukusu (v.) ripen
熟成する jukusei suru (v.) mature
宿題 shukudai (n.) assignment
熟達 jukutatsu (n.) mastery
宿敵 shukuteki (n.) nemesis
祝祷 shukutō (n.) benediction
縮瞳 shukudō (n.) myosis
熟読 jukudoku (n.) perusal
熟読する jukudoku suru (v.) peruse
宿泊させる shukuhaku saseru (v.) accommodate
宿泊施設 shukuhaku shisetsu (n.) lodging
宿泊する shukuhaku suru (v.) lodge
宿泊設備 shukuhaku setsubi (n.) accommodation
祝福 shukufuku (n.) blessing
祝福された shukufuku sareta (adj.) blessed
祝福する shukufuku suru (v.) bless
熟練した jukuren shita (adj.) accomplished
熟練者 jukurensha (n.) veteran
熟練の jukuren no (adj.) veteran
手芸 shugei (n.) handicraft
主権 shuken (n.) sovereignty

主権を有する shuken o yūsuru *(adj.)* sovereign
受験者 jukensha *(n.)* examinee
主催者 shusaisha *(n.)* host
主宰する shusai suru *(v.)* preside
主旨 shushi *(n.)* gist
趣旨 shushi *(n.)* purport
取捨選択による shushasentaku ni yoru *(adj.)* eclectic
種々雑多の shuju zatta no *(adj.)* assorted
種々様々の shuju samazama no *(adj.)* sundry
手術 shujutsu *(n.)* operation
手術する shujutsu suru *(v.)* operate
手術適応 shujutsu tekiō *(n.)* operability
手術できる shujutsu dekiru *(adj.)* operable
首相 shushō *(n.)* premier
受傷 jushō *(n.)* traumatism
受賞者 jushōsha *(n.)* recipient
主食 shushoku *(n.)* staple
酒色にふける人 shushoku ni fukeru hito *(n.)* voluptuary
主人 shujin *(n.)* master
主人公 shujinkō *(n.)* protagonist
受信トレイ jushin torei *(n.)* inbox
受精 jusei *(n.)* fecundation
守銭奴 shusendo *(n.)* miser
守銭奴 shusendo *(n.)* scrooge
主題 shudai *(n.)* subject
受胎能力 jutai nōryoku *(n.)* fertility
受託者 jutakusha *(n.)* trustee
手段 shudan *(n.)* means
主張 shuchō *(n.)* insistence

主張する shuchō suru *(v.)* claim
主張者 shuchōsha *(n.)* claimant
出芽 shutsuga *(n.)* germination
出荷される shukka sareru *(adj.)* shipped
出荷する shukka suru *(v.)* ship
出撃 shutsugeki *(n.)* sally
出撃する shutsugeki suru *(v.)* sally
出血する shukketsu suru *(v.)* bleed
述語 jutsugo *(n.)* predicate
熟考 jukkō *(n.)* rumination
熟考する jukkō suru *(v.)* muse
出産 shussan *(n.)* childbirth
出産前の shussan mae no *(adj.)* antenatal
出場を妨げる shutsujō o samatageru *(v.)* sideline
出生 shusshō *(n.)* birth
出生の shusshō no *(adj.)* natal
出生地の shusshōchi no *(adj.)* native
出席 shusseki *(n.)* attendance
出席者数 shussekishasū *(n.)* turnout
出席する shusseki suru *(v.)* attend
出入道路 shutsunyū dōro *(n.)* slip road
出発 shuppatsu *(n.)* departure
出発する shuppatsu suru *(v.)* depart
出版 shuppan *(n.)* publication
出版社 shuppansha *(n.)* publisher
出版する shuppan suru *(v.)* publish
出没する shutsubotsu suru *(v.)* haunt
受動的な judō tekina *(adj.)* passive
種痘医 shutōi *(n.)* vaccinator
手動の shudō no *(adj.)* manual
主導権 shudōken *(n.)* initiative

取得 shutoku *(n.)* acquisition
取得する shutoku suru *(v.)* acquire
守備隊 shubitai *(n.)* garrison
守備隊を置く shubitai o oku *(v.)* garrison
趣味 shumi *(n.)* hobby
シュミーズ shumīzu *(n.)* chemise
呪文 jumon *(n.)* spell
腫瘍 shuyō *(n.)* tumour
腫瘍学 shuyōgaku *(n.)* oncology
需要がある juyō ga aru *(adj.)* marketable
受容性 juyōsei *(n.)* acceptability
主要な shuyōna *(adj.)* main
受容力のある juyōryoku no aru *(adj.)* receptive
授与する juyo suru *(v.)* confer
種類 shurui *(n.)* type
シュレッダー shureddā *(n.)* shredder
受話器 juwaki *(n.)* receiver
シュワルマ shuwaruma *(n.)* shwarma
准将 jun shō *(n.)* brigadier
順位 jun i *(n.)* rank
巡回 junkai *(n.)* patrol
巡回する junkai suru *(v.)* patrol
潤滑 junkatsu *(n.)* lubrication
潤滑剤 junkatsuzai *(n.)* lubricant
潤滑剤を差す junkatsuzai o sasu *(v.)* lubricate
瞬間 shunkan *(n.)* instant
循環 junkan *(n.)* circulation
瞬間移動 shunkan idō *(n.)* teleportation
瞬間移動する shunkan idō suru *(v.)* teleport
循環する junkan suru *(v.)* circulate
瞬間的な shunkan tekina *(adj.)* momentary
循環器学 junkankigaku *(n.)* cardiology
殉教 junkyō *(n.)* martyrdom
殉教者 junkyōsha *(n.)* martyr
準決勝出場選手 junkesshō shutsujō senshu *(n.)* semi-finalist
巡航する junkō suru *(v.)* cruise
巡査 junsa *(n.)* constable
瞬時に shunji ni *(adv.)* instantly
遵守 junshu *(n.)* observance
順守 junshu *(n.)* adherence
順守する junshu suru *(v.)* abide
順序だった junjodatta *(adj.)* methodical
純粋主義者 junsui shugisha *(n.)* purist
純粋な junsuina *(adj.)* pure
純正な junseina *(adj.)* genuine
潤沢な juntakuna *(adj.)* munificent
純度 jundo *(n.)* purity
準備 junbi *(n.)* preparation
準備運動をする junbi undō o suru *(v.)* limber
準備する junbi suru *(v.)* prepare
準備の junbi no *(adj.)* preparatory
巡礼 junrei *(n.)* pilgrimage
巡礼者 junreisha *(n.)* pilgrim
順列 junretsu *(n.)* permutation
ショー shō *(n.)* pageant
章 shō *(n.)* chapter
仕様 shiyō *(n.)* specification
商 shō *(n.)* quotient
省 shō *(n.)* ministry
賞 shō *(n.)* award

昇圧機 shōatsuki (n.) booster
上位の jōi no (adj.) superior
上院 jōin (n.) senate
上院議員 jōin gīn (n.) senator
上院議員の jōin gīn no (adj.) senatorial
荘園 shōen (n.) manor
上演する jōen suru (v.) stage
荘園の shōen no (adj.) manorial
消化 shōka (n.) digestion
頌歌 shōka (n.) ode
ジョーカー jōkā (n.) joker
ショウガ shōga (n.) ginger
浄化 jōka (n.) purification
ショウガ味の shōga aji no (adj.) ginger
障害 shōgai (n.) handicap
障害 shōgai (n.) impediment
紹介する shōkai suru (v.) introduce
生涯にわたる shōgai niwataru (adj.) lifelong
障害物 shōgaibutsu (n.) hurdle
障害物 shōgaibutsu (n.) obstacle
消化が悪い shōka ga warui (adj.) indigestible
消火器 shōkaki (n.) fire extinguisher
上顎 jōgaku (n.) maxilla
奨学金 shōgakukin (n.) scholarship
試用期間 shiyō kikan (n.) probation
昇華させる shōka saseru (v.) sublimate
消化する shōka suru (v.) digest
消火する shōka suru (v.) extinguish
使用可能な shiyō kanōna (adj.) usable
消化不良 shōka furyō (n.) indigestion
召喚 shōkan (n.) summons

召喚する shōkan suru (v.) summon
正気 shōki (n.) sanity
蒸気 jōki (n.) steam
定規 jōgi (n.) ruler
正気の shōki no (adj.) sane
蒸気の jōki no (adj.) vaporous
乗客 jōkyaku (n.) passenger
上級特別クラス jōkyū tokubetsu kurasu (n.) master class
商業 shōgyō (n.) commerce
状況 jōkyō (n.) situation
状況的な jōkyō tekina (adj.) circumstantial
商業の shōgyō no (adj.) commercial
賞金 shōkin (n.) jackpot
賞金 shōkin (n.) prize money
上下に動く jōge ni ugoku (v.) bob
上下に振る jōge ni furu (v.) flap
ショーケース shōkēsu (n.) showcase
衝撃 shōgeki (n.) shock
衝撃を与える shōgeki o ataeru (v.) jolt
証言 shōgen (n.) testimony
条件 jōken (n.) proviso
証言する shōgen suru (v.) testify
条件付きの jōkentsuki no (adj.) conditional
証拠 shōko (n.) evidence
正午 shōgo (n.) noon
小個室 shō koshitsu (n.) cubicle
証拠となる shōko to naru (v.) bespeak
条項 jōkō (n.) clause
照合する shōgō suru (v.) collate
照合する人 shōgō suru hito (n.) checker
少佐 shōsa (n.) major

詳細 shōsai (n.) detail
錠剤 jōzai (n.) pill
称賛 shōsan (n.) praise
称賛する shōsan suru (v.) praise
称賛に値する shōsan ni ataisuru (adj.) praiseworthy
情事 jōji (n.) amour
正直さ shōjiki sa (n.) honesty
正直な shōjikina (adj.) honest
勝者 shōsha (n.) winner
乗車 jōsha (n.) ride
召集 shōshū (n.) muster
招集 shōshū (n.) convocation
消臭剤 shō shū izai (n.) air freshner
召集者 shōshūsha (n.) convener
召集する shōshū suru (v.) convene
招集する shōshū suru (v.) convoke
消臭する shō shū suru (v.) deodorize
証書 shōsho (n.) deed
少女 shōjo (n.) girl
症状 shōjō (n.) symptom
上昇 jōshō (n.) ascent
上昇する jōshō suru (v.) ascend
少女らしい shōjorashī (adj.) girlish
生じる shōjiru (v.) arise
昇進 shōshin (n.) promotion
昇進させる shōshin saseru (v.) promote
憔悴の shōsui no (adj.) haggard
少数 shōsū (n.) minority
少数の shōsū no (adj.) decimal
少数の shōsū no (adj.) few
小数点 shōsūten (n.) decimal point
称する shōsuru (v.) dub

上手に jōzu ni (adv.) ably
称する shōsuru (v.) purport
小説 shōsetsu (n.) novel
小説家 shōsetsuka (n.) novelist
乗船する jōsen suru (v.) embark
醸造する jōzō suru (v.) brew
肖像画 shōzōga (n.) portrait
肖像画法 shōzōgahō (n.) portraiture
醸造所 jōzōsho (n.) brewery
小隊 shōtai (n.) platoon
招待 shōtai (n.) invitation
状態 jōtai (n.) condition
招待する shōtai suru (v.) invite
冗談 jōdan (n.) joke
冗談を言う jōdan o iu (v.) joke
象徴 shōchō (n.) symbol
象徴する shōchō suru (v.) symbolize
象徴的な shōchō tekina (adj.) symbolic
象徴性 shōchōsei (n.) symbolism
冗長な jōchōna (adj.) wordy
上程する jōtei suru (v.) table
小点 shōten (n.) dot
焦点 shōten (n.) focus
焦点化 shōten ka (n.) focalization
焦点の shōten no (adj.) focal
譲渡可能な jōto kanōna (adj.) transferable
衝動 shōdō (n.) impulse
衝動で動くこと shōdō de ugoku koto (n.) impetuosity
衝動的な shōdō tekina (adj.) impulsive
消毒する shōdoku suru (v.) disinfect
消毒剤 shōdokuzai (n.) antiseptic

ショートケーキ shōtokēki (n.) shortcake
衝突 shōtotsu (n.) collision
衝突する shōtotsu suru (v.) collide
譲渡人 jōtonin (n.) endorser
ショートニング shōtoningu (n.) shortening
ショートブレッド shōtobureddo (n.) shortbread
小児愛者 shōniaisha (n.) paedophile
小児科の shōnika no (adj.) paediatric
使用人 shiyōnin (n.) servant
商人 shōnin (n.) merchant
商人 shōnin (n.) tradesman
承認 shōnin (n.) approval
証人 shōnin (n.) witness
承認されていない shōnin sareteinai (adj.) unapproved
承認する shōnin suru (v.) approve
情熱 jōnetsu (n.) passion
情熱的な jōnetsu tekina (adj.) passionate
少年 shōnen (adj.) juvenile
少年のような shōnen no yōna (adj.) boyish
小脳 shōnō (n.) cerebellum
樟脳 shōnō (n.) camphor
小農場 shō nōjō (n.) croft
蒸発する jōhatsu suru (v.) evaporate
消費 shōhi (n.) consumption
消費する shōhi suru (v.) consume
消費者 shōhisha (n.) consumer
商標 shōhyō (n.) trademark
商品 shōhin (n.) merchandise
上品に jōhin ni (adv.) smartly

上品ぶる人 jōhin buru hito (n.) prude
上品な jōhinna (adj.) gainly
上品な振る舞い jōhinna furumai (n.) urbanity
娼婦 shōfu (n.) courtesan
上腹部 jō fukubu (n.) midriff
上部の jōbu no (adj.) upper
丈夫な jōbuna (adj.) durable
障壁 shōheki (n.) barrier
城壁 jōheki (n.) rampart
小便器 shōbenki (n.) urinal
譲歩 jōho (n.) concession
使用法 shiyōhō (n.) usage
情報 jōhō (n.) information
消防士 shōbōshi (n.) firefighter
消防車 shōbōsha (n.) firetruck
消防署 shōbōsho (n.) fire station
消防ホース shōbō hōsu (n.) firehose
正味 shōmi (adj.) net
静脈 jōmyaku (n.) vein
証明書 shōmeisho (n.) certificate
証明する shōmei suru (v.) prove
消滅 shōmetsu (n.) annihilation
消滅させる shōmetsu saseru (v.) annihilate
正面 shōmen (n.) front
正面の shōmen no (adj.) front
消耗 shōmō (n.) wastage
条約 jōyaku (n.) treaty
逍遥 shōyō (v.) saunter
将来性 shōraisei (n.) potential
将来に備えた shōrai ni sonaeta (adj.) provident
勝利 shōri (n.) victory

勝利者 shōrisha (n.) victor
勝利する shōri suru (v.) triumph
省略 shōryaku (n.) abbreviation
省略されてない shōryaku saretenai (adj.) unabridged
省略する shōryaku suru (v.) abbreviate
省略する shōryaku suru (v.) omit
上流階級 jōryū kaikyū (n.) gentility
蒸留する jōryū suru (v.) distil
蒸留酒 jōryūshu (n.) liquor
蒸留所 jōryūjo (n.) distillery
少量 shōryō (n.) modicum
小旅行 shō ryokō (n.) excursion
常緑の jōryoku no (adj.) evergreen
常緑植物 jōryoku shokubutsu (n.) evergreen
勝利を得た shōri o eta (adj.) victorious
ショール shōru (n.) shawl
ショールーム shōrūmu (n.) showroom
条例 jōrei (n.) ordinance
小論 shōron (n.) essay
小惑星 shōwakusei (v.) asteroid
錠を掛ける jō o kakeru (v.) lock
賞を授与する shō o juyo suru (v.) award
初演 shoen (n.) premiere
女王 joō (n.) queen
除外する jogai suru (v.) exclude
初期の shoki no (adj.) initial
除去 jokyo (n.) elimination
除去する jokyo suru (v.) eliminate
序曲 jokyoku (n.) overture
ジョギングをする jogingu o suru (v.) jog
職員 shokuin (n.) functionary

職員 shokuin (n.) staff
職員を置く shokuin o oku (v.) staff
職業 shokugyō (n.) occupation
職業 shokugyō (n.) profession
食事 shokuji (n.) meal
食事をとる shokuji o toru (v.) dine
植字工 shokujikō (n.) compositor
褥瘡 jokusō (n.) bedsore
食堂 shokudō (n.) canteen
食道の shokudō no (adj.) esophageal
職人 shokunin (n.) artisan
触媒 shokubai (n.) catalyst
触媒する shokubaisuru (v.) catalyse
植物 shokubutsu (n.) plant
植物の shokubutsu no (adj.) botanical
植物学 shokubutsugaku (n.) botany
植物相 shokubutsusō (n.) flora
植民地 shokuminchi (n.) colony
植民地の shokuminchi no (adj.) colonial
職務を果たす shokumu o hatasu (v.) officiate
食欲 shokuyoku (n.) appetite
食欲旺盛な shokuyoku ōseina (adj.) voracious
食料品店 shokuryōhinten (n.) grocery
植林する shokurin suru (v.) afforest
助言 jogen (n.) advice
助言する jogen suru (v.) advise
助祭 josai (n.) deacon
所在地 shozaichi (n.) location
助産師 josanshi (n.) midwife
書誌学者 shoshi gakusha (n.) bibliographer
女子修道院 joshi shūdōin (n.) nunnery

除湿する joshitsusuru (v.) dehumidify
助手 joshu (n.) aide
助手 joshu (n.) assistant
処女 shojo (n.) virgin
叙情的な jojō tekina (adj.) lyric
処女であること shojodearu koto (n.) virginity
徐々に奪う jojoni ubau (v.) sap
処女の shojo no (adj.) virgin
初心者 shoshinsha (n.) beginner
女性 josei (n.) woman
女性家庭教師 josei katei kyōshi (n.) governess
女性らしさ joseirashi sa (n.) womanhood
女性らしい joseirashī (adj.) feminine
所属 shozoku (n.) affiliation
所属する shozoku suru (v.) affiliate
書体 shotai (n.) font
初代の shodai no (adj.) original
助長する jochō suru (v.) foment
触覚 shokkaku (n.) touch
触覚の shokkaku no (adj.) tactile
織機 shokki (n.) loom
食器棚 shokki dana (n.) sideboard
食器棚 shokki dana (n.) cupboard
ショッキングな shokkinguna (adj.) mind-blowing
ショックを与える shokku o ataeru (v.) shock
織工 shokkō (n.) weaver
しょっぱい shoppai (adj.) salty
ショッピングカート shoppingu kāto (n.) shopping cart

ショッピングセンター shoppingu sentā (n.) shopping centre
書道 shodō (n.) calligraphy
所得 shotoku (n.) income
所得申告 shotoku shinkoku (n.) tax return
序文 jobun (n.) foreword
序文をつける jobun o tsukeru (v.) preface
処方する shohō suru (v.) prescribe
処方箋 shohōsen (n.) prescription
初歩の shoho no (adj.) elementary
庶民 shomin (n.) commoner
署名 shomei (n.) signature
署名者 shomeisha (n.) signatory
署名する shomei suru (v.) sign
書物に凝った shomotsu ni kotta (adj.) bookish
女優 joyū (n.) actress
所有権 shoyūken (n.) ownership
所有者 shoyūsha (n.) owner
所有者の shoyūsha no (adj.) proprietary
所有する shoyū suru (v.) own
所有する shoyū suru (v.) possess
所有物 shoyūbutsu (n.) possession
女流詩人 joryū shijin (n.) poetess
書類 shorui (n.) doc
じらす jirasu (v.) tantalize
知らせる shiraseru (v.) acquaint
シラバス shirabasu (n.) syllabus
しらふ shirafu (n.) sobriety
しらふの shirafu no (adj.) sober
調べる shiraberu (v.) probe
シラミ shirami (n.) louse

尻 shiri (v.) butt
知り合い shiriai (n.) acquaintance
シリーズ shirīzu (n.) series
シリカ shi rika (n.) silica
尻に敷く shiri ni shiku (v.) henpeck
自力で jiriki de (adv.) single-handedly
シリコン shirikon (n.) silicon
自立した jiritsu shita (adj.) autonomous
支流 shiryū (n.) tributary
支流の shiryū no (adj.) tributary
思慮のない shiryo no nai (adj.) mindless
思慮深い shiryo bukai (adj.) judicious
思慮分別 shiryo funbetsu (n.) discretion
資料 shiryō (n.) document
飼料 shiryō (n.) fodder
知る shiru (v.) know
シルエット shiruetto (n.) silhouette
シルク shiruku (n.) silk
シルクの shiruku no (adj.) silken
シルクのような shiruku no yōna (adj.) silky
しるし shirushi (n.) token
しるし shirushi (n.) indication
印 shirushi (n.) mark
印を付ける shirushi o tsukeru (v.) mark
記す shirusu (v.) inscribe
指令 shirei (n.) directive
事例 jirei (n.) case
司令官 shireikan (n.) commandant
歯列矯正器 shi retsu kyōseiki (n.) braces
試練 shiren (n.) ordeal
試練 shiren (n.) trial

ジレンマ jirenma (n.) dilemma
城 shiro (n.) castle
白 shiro (n.) white
白蟻 shiroari (n.) termite
白蟻駆除剤 shiroari kujozai (n.) termiticide
白い shiroi (adj.) white
素人 shirōto (n.) amateur
素人の shirōto no (adj.) lay
白雲母 shiro unmo (n.) muscovite
白くする shiroku suru (v.) whiten
ジロジロ見る jirojiro miru (v.) ogle
ジロジロ見る人 jirojiro miru hito (n.) rubberneck
シロップ shiroppu (n.) syrup
白っぽい shiro ppoi (adj.) whitish
シロフォン shiro fon (n.) xylophone
しわ shiwa (n.) wrinkle
しわがれ声の shiwagaregoe no (adj.) throaty
仕分ける shiwakeru (v.) assort
しわになる shiwa ni naru (v.) cockle
しわを作る shiwa o tsukuru (v.) wrinkle
しわを寄せる shiwa o yoseru (v.) crinkle
芯 shin (n.) wick
ジン jin (n.) gin
仁 jin (n.) kernel
神位 shin i (n.) deity
心エコー図 shin ekōzu (n.) echocardiogram
新時代 shin jidai (n.) epoch
新石器時代 shin sekki jidai (adj.) neolithic
真の shin no (adj.) veritable

親愛な shin aina (adj.) dear
新案 shin an (n.) brainchild
人員 jin in (n.) personnel
進化 shinka (n.) evolution
侵害する shingai suru (v.) infringe
神学 shingaku (n.) theology
人格 jinkaku (n.) personality
神格化 shinkaku ka (n.) apotheosis
神学者 shingakusha (n.) theologian
神学的な shingaku tekina (adj.) theological
陣笠議員 jingasa gi in (n.) backbencher
進化する shinka suru (v.) evolve
進化による shinka niyoru (adv.) evolutionary
神官 shinkan (n.) oracle
新幹線 shinkansen (n.) bullet train
審議 shingi (n.) deliberation
蜃気楼 shinkirō (n.) mirage
真菌 shinkin (n.) fungus
寝具 shingu (n.) bedding
真空 shinkū (n.) vacuum
真空空間 shinkū kūkan (n.) void
神経 shinkei (n.) nerve
神経学 shinkeigaku (n.) neurology
神経科医 shinkeikai (n.) neurologist
神経質な shinkeishitsuna (adj.) touchy
神経症 shinkeishō (n.) neurosis
親権 shinken (n.) custody
震源 shingen (n.) epicentre
神権政治 shinken seiji (n.) theocracy
信仰 shinkō (n.) faith
信号 shingō (n.) signal

人口 jinkō (n.) population
侵攻する shinkō suru (v.) invade
人工知能 jinkō chinō (n.) artificial intelligence
進行中で shinkō chū de (adv.) afoot
人口調査 jinkō chōsa (n.) census
人工的な jinkō tekina (adj.) artificial
人口統計学の jinkō tōkeigaku no (adj.) demographic
信号の shingō no (adj.) signal
人口の多い jinkō no ōi (adj.) populous
人工物 jinkōbutsu (n.) artefact
信号を送る shingō o okuru (v.) signal
深刻な shinkokuna (adj.) grave
紳士 shinshi (n.) gentleman
信じ難い shinji gatai (adj.) incredible
紳士的な shinshi tekina (adj.) chivalrous
寝室 shinshitsu (n.) bedroom
真実 shinjitsu (n.) truth
真実な shinjitsuna (adj.) truthful
真実味 shinjitsumi (n.) verisimilitude
信じない shinjinai (v.) distrust
信者 shinja (n.) follower
神社 jinja (n.) shrine
ジンジャーエール jinjā ēru (n.) ginger ale
ジンジャーブレッド jinjābureddo (n.) gingerbread
真珠 shinju (n.) pearl
人種 jinshu (n.) race
人種差別 jinshu sabetsu (n.) racism
人種差別主義者 jinshu sabetsu shugisha (adj.) racist
人種の jinshu no (adj.) racial

伸縮する shinshuku suru (adj.) elastic
浸潤 shinjun (n.) saturation
真珠層 shinjusō (n.) nacre
信条 shinjō (n.) creed
心情 shinjō (n.) sentiment
浸食 shinshoku (n.) erosion
浸食する shinshoku suru (v.) erode
信じられない shinjirarenai (adj.) unbelievable
信じる shinjiru (v.) believe
信心深い shinjin bukai (adj.) godly
信心深さ shinjin buka sa (n.) piety
人身保護令状 jinshin hogo reijō (n.) habeas corpus
浸水 shinsui (n.) immersion
真髄 shinzui (n.) quintessence
申請 shinsei (n.) application
神性 shinsei (n.) divinity
神聖化 shinsei ka (n.) sanctification
神聖さ shinsei sa (n.) sanctity
新生児 shinseiji (adj.) newborn
申請者 shinseisha (n.) applicant
神聖な shinseina (adj.) divine
深成の shinseino (adj.) plutonic
親戚 shinseki (n.) relative
親切 shinsetsu (n.) kindness
親切な shinsetsuna (adj.) accommodating
親切に shinsetsu ni (adv.) kindly
新鮮でない shinsendenai (adj.) stale
新鮮な shinsenna (adj.) fresh
心臓 shinzō (n.) heart
腎臓 jinzō (n.) kidney

心臓前部 shinzō zenbu (n.) antecardium
心臓の shinzōno (adj.) cardiac
心臓の鼓動 shinzō no kodō (n.) heartbeat
親族 shinzoku (n.) kinship
死んだ shinda (adj.) dead
靭帯 jintai (n.) ligament
身体障害 shintai shōgai (n.) disability
身体の shintai no (adv.) bodily
寝台車 shindaisha (n.) sleeper
神託の shintaku no (adj.) oracular
診断 shindan (n.) diagnosis
診断する shindan suru (v.) diagnose
真鍮 shinchū (n.) brass
慎重 shinchō (adj.) cautious
身長 shinchō (n.) stature
慎重さ shinchō sa (n.) prudence
慎重な shinchōna (adj.) prudent
心停止 shinteishi (n.) cardiac arrest
心的外傷 shinteki gaishō (n.) trauma
心的外傷の shinteki gaishō no (adj.) traumatic
進展 shinten (n.) progress
心電図 shindenzu (n.) cardiograph
浸透 shintō (n.) osmosis
振動 shindō (n.) oscillation
振動 shindō (n.) vibration
震動記録 shindō kiroku (n.) seismogram
人道主義の jindō shugi no (adj.) humanitarian
浸透する shintō suru (v.) osmose
振動する shindō suru (v.) vibrate

人道的な jindōtekina *(adj.)* humane
侵入 shinnyū *(n.)* intrusion
侵入 shinnyū *(n.)* trespass
侵入する shinnyū suru *(v.)* trespass
信任状 shinninjō *(n.)* credential
信念 shinnen *(n.)* conviction
信念の固い shinnen no katai *(adj.)* stalwart
信念の固い人 shinnen no katai hito *(n.)* stalwart
心配 shinpai *(n.)* worry
心配させる shinpai saseru *(v.)* misgive
心配している shinpai shiteiru *(adj.)* concerned
心配する shinpai suru *(adj.)* apprehensive
心配する shinpai suru *(v.)* worry
審判員 shinpan in *(n.)* referee
審判をする shinpan o suru *(v.)* umpire
心皮 shinpi *(n.)* carpel
神秘主義 shinpi shugi *(n.)* mysticism
神秘主義者 shinpi shugisha *(n.)* mystic
神秘主義な shinpi shugina *(adj.)* mystic
審美的な shinbi tekina *(adj.)* aesthetic
神秘的雰囲気 shinpiteki fun iki *(n.)* mystique
新婦 shinpu *(n.)* bride
新婦の shinpu no *(adj.)* bridal
新聞 shinbun *(n.)* newspaper
新兵 shinpei *(n.)* recruit
進歩的な shinpo tekina *(adj.)* progressive
辛抱する shinbō suru *(v.)* persevere
シンポジウム shinpojiumu *(n.)* symposium
新米 shinmai *(n.)* novice
親密さ shinmitsu sa *(n.)* intimacy
人民投票 jinmin tōhyō *(n.)* referendum
審問 shinmon *(n.)* inquest
尋問 jinmon *(n.)* interrogation
尋問する jinmon suru *(v.)* interrogate
信頼 shinrai *(n.)* reliance
信頼する shinrai suru *(v.)* trust
信頼できない shinrai dekinai *(adj.)* unreliable
信頼できる shinrai dekiru *(adj.)* reliable
信頼のある shinrai no aru *(adj.)* trustful
審理 shinri *(n.)* inquisition
心理学 shinrigaku *(n.)* psychology
心理学者 shinri gakusha *(n.)* psychologist
人力車 jinrikisha *(n.)* rickshaw
審理中の shinri chū no *(adj.)* subjudice
心理的な shinri tekina *(adj.)* psychological
侵略 shinryaku *(n.)* invasion
侵略する shinryaku suru *(v.)* foray
診療所 shinryōjo *(n.)* clinic
心理療法 shinri ryōhō *(n.)* psychotherapy
森林 shinrin *(n.)* woodland
森林官 shinrinkan *(n.)* forester
森林警備隊員 shinrin keibi taīn *(n.)* ranger
森林伐採 shinrin bassai *(n.)* deforestation
親類 shinrui *(n.)* kin
人類 jinrui *(n.)* humanity
人類学 jinruigaku *(n.)* anthropology
心霊主義 shinrei shugi *(n.)* spiritualism

心霊の shinrei no (adj.) psychic
進路 shinro (n.) course
新郎 shinrō (n.) bridegroom
神話 shinwa (n.) myth
神話の shinwa no (adj.) mythical

巣 su (n.) nest
酢 su (n.) vinegar
図 zu (n.) figure
巣穴 su ana (n.) lair
スイート suīto (n.) suite
スイカ suika (n.) water-melon
水牛 suigyū (n.) buffalo
水銀 suigin (n.) quicksilver
遂行 suikō (n.) pursuance
随行員 zuikōin (n.) retinue
吸い込む suikomu (v.) inhale
推移的な suī tekina (adj.) transitive
炊事道具 suiji dōgu (n.) cooker
衰弱 suijaku (n.) debilitation
衰弱させる suijaku saseru (v.) debilitate
衰弱させるような suijaku saseru yōna (adj.) debilitating
スイス suisu (n.) Swiss
スイスの suisu no (adj.) Swiss
彗星 suisei (n.) comet
水星 suisei (n.) mercury
水生の suisei no (adj.) aquatic
垂線 suisen (n.) perpendicular

推薦 suisen (n.) nomination
水仙 suisen (n.) daffodil
推薦された人 suisen sareta hito (n.) nominee
推薦する suisen suru (v.) nominate
水素 suiso (n.) hydrogen
水槽 suisō (n.) cistern
推測 suisoku (n. & v.) conjecture
推測する suisoku suru (v.) deduce
水族館 suizokukan (n.) aquarium
水中を歩く suichū o aruku (v.) wade
垂直な suichokuna (adj.) perpendicular
スイッチ suicchi (n.) switch
推定 suitei (n.) estimation
推定する suitei suru (v.) presume
随筆家 zuihitsuka (n.) essayist
水分 suibun (n.) moisture
水平な suiheina (adj.) level
水疱 suihō (n.) bleb
髄膜炎 zui makuen (n.) meningitis
水密の suimitsu no (adj.) watertight
睡眠 suimin (n.) sleep
睡眠状態の suimin jōtai no (adj.) dormant
水門 suimon (n.) flood gate
水曜日 suiyōbi (n.) Wednesday
水陸両生の suiriku ryōsei no (adj.) amphibious
推力 suiryoku (n.) thrust
水路 suiro (n.) aqueduct
推論 suiron (n.) inference
推論する suiron suru (v.) reason
吸う sū (v.) suck
吸うこと sū koto (n.) suck

数学 sūgaku (n.) mathematics
数学の sūgaku no (adj.) mathematical
数学者 sūgakusha (n.) mathematician
数力国語の sūkakokugo no (adj.) polyglot
枢機卿 sūkikyō (n.) cardinal
崇敬する sūkei suru (v.) revere
数詞 sūshi (n.) numeral
数字 sūji (n.) number
数字で表わした sūji de arawashita (adj.) numerical
ずうずうしさ zūzūshi sa (n.) impertinence
ずうずうしい zūzūshī (adj.) impertinent
スーツ sūtsu (n.) suit
スーパーマン sūpāman (n.) superman
スープ sūpu (n.) soup
スカート sukāto (n.) skirt
スカーフ sukāfu (n.) scarf
頭蓋骨 zugaikotsu (n.) skull
すがすがしい sugasugashī (adj.) bracing
姿が変わる sugata ga kawaru (v.) shapeshift
姿を消す sugata o kesu (v.) disappear
スカッシュ sukasshu (n.) squash
スカラベ sukarabe (n.) scarab
すき suki (n.) plough
好き嫌いが多い sukikirai ga ōi (adj.) choosy
杉材 sugizai (n.) cedar
過ぎ去った sugisatta (adj.) bygone
スキップ sukippu (n.) skip
過ぎて sugite (prep.) past
好きな sukina (adj.) fond

すき間 sukima (n.) gap
隙間 sukima (n.) aperture
すき間風の入る sukimakaze no hairu (adj.) drafty
すき間を作る sukima o tsukuru (v.) gap
スキャナー sukyanā (n.) scanner
スキャンする sukyan suru (v.) scan
スキャンダル sukyandaru (n.) scandal
ずきんずきんする zukinzukin suru (v.) throb
救い sukui (n.) salvation
救い難い sukui gatai (adj.) incorrigible
救う sukū (v.) save
スクーター sukūtā (n.) scooter
スクーナー船 sukūnāsen (n.) schooner
少なくする sukunaku suru (v.) lessen
すぐの sugu no (adj.) instant
すくむ sukumu (v.) cringe
スクラップ sukurappu (n.) scrap
スクラップブック sukurappubukku (n.) scrapbook
スクラブ sukurabu (n.) scrub
スクランブルにした sukuranburu ni shita (adj.) scrambled
スグリの実 suguri no mi (n.) currant
スクリーン印刷 sukurīn insatsu (n.) screenprint
スクリーンキャスト sukurīn kyasuto (n.) screencast
スクリーンショット sukurīn shotto (n.) screenshot
スクリーンセーバー sukurīnsēbā (n.) screensaver
スクリーンネーム sukurīn nēmu (n.) screen name
スクレーパー sukurēpā (n.) scraper

優れる sugureru (v.) excel
図形 zukei (n.) diagram
図形の zukei no (adj.) graphic
スケート靴 sukētogutsu (n.) skate
スケートをする sukēto o suru (v.) skate
スケートをする人 sukēto o suru hito (n.) skater
スケープゴート sukēpugōto (n.) scapegoat
スケッチ sukecchi (n.) sketch
スケッチする sukecchi suru (v.) sketch
スコアカード sukoa kādo (n.) scorecard
スコアブック sukoabukku (n.) scorebook
スコアボード sukoabōdo (n.) scoreboard
すごくいい sugoku ī (adj.) marvellous
少し sukoshi (n.) jot
少し sukoshi (adv.) little
少しずつ削る sukoshi zutsu kezuru (v.) whittle
少しの sukoshi no (adj.) some
少しの時間 sukoshi no jikan (n.) while
少しばかりの sukoshi bakari no (n.) bit
少しもない sukoshi mo nai (adj.) no
スコットランド人 sukottorandojin (n.) Scot
筋の通った suji no tōtta (adj.) coherent
筋の通らない suji no tōranai (adj.) irrational
筋が通っている suji ga tōtteiru (adj.) tenable
図式的に zushiki teki ni (adv.) schematically
図式の zushiki no (adj.) schematic
筋違い sujichigai (n.) wrick
すす susu (n.) soot
スズ suzu (n.) tin
鈴 suzu (n.) bell
スズめっきをする suzu mekki o suru (v.) tin
涼しい suzushī (adj.) cool
すすだらけにする susudarake ni suru (v.) soot
進ませる susumaseru (v.) propel
雀 suzume (n.) sparrow
雀蜂 suzumebachi (n.) hornet
雀蜂 suzumebachi (n.) wasp
勧める susumeru (v.) urge
薦める susumeru (v.) recommend
すすり泣く susurinaku (v.) sob
すすり泣き susurinaki (n.) sob
進んで susunde (n.) alacrity
スターの地位 sutā no chī (n.) stardom
スタイル sutairu (n.) style
スタジアム sutajiamu (n.) stadium
スタジオ sutajio (n.) studio
ズタズタにする zutazuta ni suru (v.) mangle
スタッズ sutazzu (n.) stud
スタッズを打つ sutazzu o utsu (v.) stud
スタミナ sutamina (n.) stamina
廃れた sutareta (adj.) obsolete
スタント sutanto (n.) stunt
頭痛 zutsū (n.) headache
スツール sutsūru (n.) stool
すっかり sukkari (adv.) pat
頭突きをする zutsuki o suru (v.) nut
剃った sutta (adj.) shaven
ずっと zutto (adv.) round

酸っぱい suppai (v.) sour
スティックのり sutikku nori (n.) glue stick
既に sudeni (adv.) already
捨てる suteru (v.) discard
ステロイド suteroido (n.) steroid
ステロタイプ suterotaipu (n.) stereotype
ステンシル sutenshiru (n.) stencil
ステンレスの sutenresu no (adj.) stainless
スト参加労働者 suto sanka rōdōsha (n.) striker
ストラップ suto rappu (n.) strap
ストラップで結びつける suto rappu de musubitsukeru (v.) strap
ストイックな人 sutoikkuna hito (n.) stoic
ストッキング sutokkingu (n.) stocking
ストライキ sutoraiki (n.) strike
ストリーミングする sutorīmingu suru (v.) stream
ストリップ sutorippu (n.) strip
ストレス sutoresu (n.) stress
ストレスを発散する sutoresu o hassan suru (v.) destress
ストレッチ sutorecchi (n.) stretch
ストロー sutorō (n.) straw
砂 suna (n.) sand
砂嵐 sunārashi (n.) sandstorm
素直な sunaona (adj.) docile
砂だらけの sunadarake no (adj.) sandy
スナップ写真 sunappu shashin (n.) snapshot
砂時計 sunadokei (n.) sandglass
砂の suna no (adj.) sand

砂のお城 suna no o shiro (n.) sandcastle
砂の風景 suna no fūkei (n.) sandscape
砂場 sunaba (n.) sandbox
脛 sune (n.) shin
スノーブーツ sunōbūtsu (n.) snow boots
スパイ supai (n.) spy
巣箱 subako (n.) hive
スパナ supana (n.) spanner
スパニエル supanieru (n.) spaniel
ずばぬけた zubanuketa (adj.) outstanding
素早く動くこと subayaku ugoku koto (n.) flip
素早く出す subayaku dasu (v.) conjure
すばらしい subarashī (adj.) fantastic
素晴らしい subarashī (adj.) awesome
スピーカー supīkā (n.) speaker
スピーチ supīchi (n.) speech
図表作成者 zuhyō sakuseisha (n.) tabulator
図表をつくる zuhyō o tsukuru (v.) chart
スプートニク supūtoniku (n.) sputnik
スプーン supūn (n.) spoon
スプーン一杯分 supūn ippaibun (n.) spoonful
スプーンですくう supūn de sukū (v.) spoon
スプラッター映画 supurattā eiga (n.) gore
スプレー supurē (n.) spray
スペインの supein no (adj.) Spanish
スペイン語 supeingo (n.) Spanish
スペイン人 supeinjin (n.) Spaniard

すべき subeki *(v.)* should
すべきである subekidearu *(v.)* ought
スペクトル supekutoru *(n.)* spectrum
全て subete *(adj.)* all
全て subete *(pron.)* everything
全ての subete no *(adj.)* every
滑り台 suberidai *(n.)* slide
すべり止め suberi dome *(n.)* cleat
滑る suberu *(v.)* slide
スポーク supōku *(n.)* spoke
スポークスマン supōkusuman *(n.)* spokesman
スポーツ supōtsu *(n.)* sport
スポーツマン supōtsuman *(n.)* sportsman
スポットライト supottoraito *(n.)* spotlight
ズボン zubon *(n. pl.)* trousers
スポンサー suponsā *(n.)* sponsor
スポンサーになる suponsā ni naru *(v.)* sponsor
スポンジ suponji *(n.)* sponge
スポンジでぬぐい取る suponji de nuguitoru *(v.)* sponge
スマートな sumātona *(adj.)* slender
住まい sumai *(n.)* domicile
スマッシュ sumasshu *(n.)* smash
住まわせる sumawaseru *(v.)* people
炭 sumi *(n.)* charcoal
隅から隅まで sumi kara sumi made *(prep.)* throughout
隅々まで sumizumi made *(adv.)* throughout
速やかに sumiyaka ni *(adv.)* apace
スミレ色 sumire iro *(n.)* violet

住む sumu *(v.)* reside
スムージー sumūjī *(n.)* smoothie
住める sumeru *(adj.)* inhabitable
スモック sumokku *(n.)* smock
スモッグ sumoggu *(n.)* smog
スラックス surakkusu *(n.)* slacks
スラッシュ surasshu *(n.)* slash
スラム街 suramugai *(n.)* slum
スラング surangu *(n.)* slang
すり足 suriashi *(n.)* shuffle
擦り傷 surikizu *(n.)* abrasion
すり切れた surikireta *(adj.)* threadbare
擦り付けること suritsukeru koto *(n.)* scrape
スリッパ surippa *(n.)* slipper
スリップさせる surippu saseru *(v.)* skid
磨り潰したもの suritsubushita mono *(n.)* mash
磨り潰す suritsubusu *(v.)* grind
擦りむき surimuki *(n.)* graze
擦りむく surimuku *(v.)* scrape
スリラー surirā *(n.)* thriller
スリル suriru *(n.)* thrill
ずる zuru *(n.)* cheat
する間に suru aida ni *(conj.)* while
ずる賢い zuru kashikoi *(adj.)* cunning
ずる賢い zuru kashikoi *(adj.)* sly
することのできる suru koto no dekiru *(adj.)* doable
ずるさ zuru sa *(n.)* guile
するつもり suru tsumori *(v.)* intend
する時に suru toki ni *(conj.)* when
する時に必ず suru toki ni kanarazu *(conj.)* whenever

する時まで suru toki made *(conj.)* until
する場合には suru bāi ni wa *(conj.)* where
する必要がある suru hitsuyō ga aru *(v.)* must
鋭い surudoi *(adj.)* sharp
鋭さ surudosa *(n.)* keenness
鋭さ surudosa *(n)* pointedness
擦れ違い surechigai *(n.)* miss
スローガン surōgan *(n.)* slogan
スローモーション surōmōshon *(n.)* slow motion
スロット surotto *(n.)* slot
スロットに入れる surotto ni ireru *(v.)* slot
スロットル surottoru *(n.)* throttle
スワイプする suwaipu suru *(v.)* swipe
座らせる suwaraseru *(v.)* seat
座りがちの suwari gachi no *(adj.)* sedentary
座る suwaru *(v.)* sit
巣を作る su o tsukuru *(v.)* nest
ずんぐりした zunguri shita *(adj.)* podgy
ずんぐりした人 zunguri shita hito *(n.)* podge
寸劇 sungeki *(n.)* skit
寸法 sunpō *(n.)* dimension

せいにする sei ni suru *(v.)* ascribe
せいにする sei ni suru *(v.)* attribute
正反対 sei hantai *(n.)* antithesis

生分解 sei bunkai *(n.)* biodegradation
静力学 sei riki gaku *(n.)* statics
性愛の seiai no *(adj.)* erotic
制圧 seiatsu *(n.)* ascendancy
制圧する seiatsu suru *(v.)* overrun
誠意 seī *(n.)* sincerity
精いっぱい努力する seīppai doryoku suru *(v.)* strain
セイウチ seiuchi *(n.)* walrus
星雲 seiun *(n.)* nebula
精液 seieki *(n.)* semen
声援する seien suru *(v.)* cheer
静穏 seion *(n.)* serenity
成果 seika *(n.)* achievement
聖歌 seika *(n.)* chant
生化学 seikagaku *(n.)* biochemistry
生化学の seikagaku no *(adj.)* biochemical
正確 seikaku *(adj.)* accurate
正確さ seikaku sa *(n.)* accuracy
正確に seikaku ni *(adv.)* accurately
正確な seikakuna *(adj.)* exact
生活 seikatsu *(n.)* living
請願 seigan *(n.)* petition
請願する seigan suru *(v.)* petition
請願者 seigansha *(n.)* petitioner
精管切除 seikan setsujo *(n.)* vasectomy
世紀 seiki *(n.)* century
正義 seigi *(n.)* justice
正義の seigi no *(adj.)* righteous
生気候 seikikō *(n.)* bioclimate
請求可能な seikyū kanōna *(adj.)* billable
請求する seikyū suru *(v.)* charge

請求書 seikyūsho (n.) invoice
制御 seigyo (n.) control
清教徒 seikyōto (n.) puritan
税金 zeikin (n.) tax
生計 seikei (n.) sustenance
整形外科 seikei geka (n.) orthopaedics
清潔 seiketsu (n.) cleanliness
政権 seiken (n.) regime
生検 seiken (n.) biopsy
制限 seigen (n.) restriction
制限時間 seigen jikan (n.) time limit
制限する seigen suru (v.) restrict
制限の seigen no (adj.) restrictive
制限外手荷物 seigengai tenimotsu (n.) excess baggage
性交 seikō (n.) intercourse
成功 seikō (n.) success
整合 seigō (n.) coordination
成功した seikō shita (adj.) successful
成功する seikō suru (v.) succeed
星座 seiza (n.) constellation
制裁 seisai (n.) sanction
制裁措置を取る seisai sochi o toru (v.) sanction
製材所 seizaisho (n.) sawmill
政策 seisaku (n.) policy
制作者 seisakusha (n.) maker
清算 seisan (n.) liquidation
生産 seisan (n.) production
生産性 seisansei (n.) productivity
生産高 seisandaka (n.) output
青酸カリ seisankari (n.) cyanide
制酸効果がある sei san kōka ga aru (adj.) antacid

清算する seisan suru (v.) liquidate
生産する seisan suru (v.) produce
生産的な seisan tekina (adj.) productive
生産量 seisanryō (n.) yield
精子 seishi (n.) sperm
静止 seishi (n.) stillness
政治 seiji (n.) politics
政治家 seijika (n.) politician
政治形態 seiji keitai (n.) polity
静止した seishi shita (adj.) motionless
政治的な seiji tekina (adj.) political
誠実 seijitsu (n.) integrity
誠実な seijitsuna (adj.) sincere
脆弱な zeijakuna (adj.) vulnerable
成熟 seijuku (n.) maturity
成熟した seijuku shita (adj.) mature
聖書 seisho (n.) bible
正常 seijō (n.) normalcy
正常化 seijō ka (n.) normalization
正常化する seijō ka suru (v.) normalize
精神科医 seishinkai (n.) psychiatrist
精神病 seishinbyō (n.) psychosis
精神力 seishinryoku (n.) fortitude
製図家 seizuka (n.) cartographer
製図者 seizusha (adj.) draftsman
生成可能な seisei kanōna (adj.) generable
精製する seisei suru (v.) refine
聖戦 seisen (n.) crusade
整然とした seizen to shita (n.) orderly
聖像 seizō (n.) icon
製造 seizō (n.) manufacture
清掃作業員 seisō sagyōin (n.) cleaner

製造する seizō suru (v.) manufacture
生息する seisoku suru (v.) inhabit
生息地 seisokuchi (n.) habitat
生存 seizon (n.) survival
生存する seizon suru (v.) subsist
生態学者 seitai gakusha (n.) ecologist
生体ガス seitai gasu (n.) biogas
生体工学 seitai kōgaku (n.) bioengineering
生体リズム seitai rizumu (n.) biorhythm
生態学 seitaigaku (n.) ecology
生態学の seitaigaku no (adj.) ecological
生態系 seitaikei (n.) ecosystem
贅沢 zeitaku (n.) luxury
贅沢な zeitakuna (adj.) extravagant
成長 seichō (n.) growth
精通した seitsū shita (adj.) versed
精通して seitsū shite (adj.) conversant
性的区別 seiteki kubetsu (n.) sexuality
性的な seitekina (adj.) sexual
青銅 seidō (n.) bronze
正当化 seitō ka (n.) justification
正当化する seitō ka suru (v.) justify
正当化できる seitō ka dekiru (adj.) justifiable
正当性 seitōsei (n.) legitimacy
正統性 seitōsei (n.) orthodoxy
正当な seitōna (adj.) legitimate
正統派の seitōha no (adj.) orthodox
整頓された seiton sareta (adj.) neat
整頓する seiton suru (v.) tidy
聖なる seinaru (adj.) holy
生年月日 seinengappi (n.) birthdate

聖杯 seihai (n.) chalice
整備士 seibishi (n.) fitter
製品 seihin (n.) product
政府 seifu (n.) government
政府支持者 seifu shijisha (n.) loyalist
征服 seifuku (n.) conquest
征服する seifuku suru (v.) subjugate
征服する人 seifuku suru hito (n.) conquerer
生物 seibutsu (n.) creature
生物学者 seibutsu gakusha (n.) biologist
生物活性 seibutsu kassei (n.) bioactivity
生物工学の seibutsu kōgaku no (adj.) bionic
生物測定の seibutsu sokutei no (adj.) biometric
生物に危害を加える seibutsu ni kigai o kuwaeru (adj.) biohazardous
生物学 seibutsugaku (n.) biology
生物学的に seibutsugaku teki ni (adv.) biologically
生物学の seibutsugaku no (adj.) biological
製粉業者 seifun gyōsha (n.) miller
製粉所 seifunjo (n.) mill
製粉する seifun suru (v.) mill
性別 seibetsu (n.) gender
聖別する seibetsu suru (v.) consecrate
性別を判定する seibetsu o hantei suru (v.) sex
精密に調べる seimitsu ni shiraberu (v.) scrutinize
精密な調査 seimitsuna chōsa (n.) scrutiny
聖務日課 seimunikka (n.) breviary

声明 seimei (n.) manifesto
生命維持 seimei iji (n.) life support
生命体 seimeitai (n.) organism
姓名判断 seimei handan (n.) onomancy
生命力 seimeiryoku (n.) vitality
誓約 seiyaku (n.) pledge
誓約する seiyaku suru (v.) pledge
聖油を塗る seiyu o nuru (v.) anoint
西洋の seiyō no (adj.) western
生理 seiri (n.) menstruation
整理する seiri suru (v.) organize
整理整頓 seiri seiton (n.) tidiness
生理の seiri no (adj.) menstrual
勢力のある seiryoku no aru (adj.) potent
精力を与える seiryoku o ataeru (v.) energize
セイルボード seirubōdo (n.) sailboard
精霊 seirei (n.) genie
聖礼典 seireiten (n.) sacrament
聖霊論 seireiron (n.) pneumatology
整列 seiretsu (n.) array
清廉潔白な seiren keppakuna (adj.) incorruptible
精錬所 seirenjo (n.) refinery
セーター sētā (n.) sweater
セーマイト sēmaito (n.) samite
セールスマン sērusuman (n.) salesman
背負う seou (v.) shoulder
世界 sekai (n.) world
世界を旅する人 sekai o tabi suru hito (n.) globetrotter
背が高い se ga takai (adj.) tall
せがむ segamu (v.) woo
咳 seki (v.) cough

堰 seki (n.) weir
席 seki (n.) seat
赤褐色 sekikasshoku (adj.) auburn
石炭 sekitan (n.) coal
石炭入れ sekitan ire (n.) scuttle
責任を持つ sekinin o motsu (v.) commit
セクハラ sekuhara (n.) eve-teasing
セサミン sesamin (n.) sesamin
世襲財産 seshū zaisan (n.) patrimony
是正する zesei suru (v.) redress
世俗主義 sezoku shugi (n.) secularism
世俗的な sezoku tekina (adj.) worldly
世代 sedai (n.) generation
世代交代 sedai kōtai (n.) xenogenesis
セダン sedan (n.) sedan
節 setsu (n.) section
石灰 sekkai (n.) lime
石灰をまく sekkai o maku (v.) lime
せっかちな sekkachina (adj.) impatient
説教 sekkyō (n.) sermon
絶叫 zekkyō (n.) exclamation
説教する sekkyō suru (v.) sermonize
説教壇 sekkyō dan (adj.) pulpit
説教的な sekkyō tekina (adj.) didactic
積極的な sekkyoku tekina (adj.) forthcoming
積極的に sekkyoku teki ni (adv.) actively
接近した sekkin shita (adj.) proximate
設計 sekkei (n.) design
設計図 sekkeizu (n.) layout
石鹸 sekken (n.) soap
石鹸で洗う sekken de arau (v.) soap

石鹸を含んだ sekken o fukunda *(adj.)* soapy
石工 sekkō *(n.)* mason
石工職 sekkōshoku *(n.)* masonry
摂氏 sesshi *(adj.)* Celsius
摂氏の sesshi no *(adj.)* centigrade
接種する sesshu suru *(v.)* inoculate
切除 setsujo *(n.)* ablation
切除を含む setsujo o fukumu *(adj.)* ablative
接触する sesshoku suru *(v.)* contact
せっせと働く sesseto hataraku *(v.)* ply
接線 sessen *(n.)* tangent
接続 setsuzoku *(n.)* connection
接続詞 setsuzokushi *(n.)* conjunction
接続する setsuzoku suru *(v.)* connect
絶対確実な zettai kakujitsuna *(adj.)* infallible
絶対主義 zettai shugi *(n.)* absolutism
絶対的な zettai tekina *(adj.)* absolute
絶対に zettai ni *(adv.)* absolutely
絶対必要なもの zettai hitsuyōna mono *(n.)* must
切断 setsudan *(n.)* amputation
切断患者 setsudan kanja *(n.)* amputee
切断する setsudan suru *(v.)* amputate
設置する secchi suru *(v.)* place
接着する secchaku suru *(v.)* glue
接着剤 secchakuzai *(n.)* adhesive
折衷学派 secchū gakuha *(n.)* eclectic
絶頂 zecchō *(n.)* apex
設定する settei suru *(v.)* configure
セット setto *(n.)* kit
接頭辞 settō ji *(n.)* prefix

説得 settoku *(n.)* persuasion
説得する settoku suru *(v.)* persuade
切なそうな setsuna sōna *(adj.)* wistful
接尾辞 setsubi ji *(n.)* suffix
接尾辞をつける setsubi ji o tsukeru *(v.)* suffix
切望 setsubō *(n.)* longing
絶望 zetsubō *(n.)* despair
切望する setsubō suru *(v.)* yearn
絶望的な zetsubō tekina *(adj.)* hopeless
絶妙 zetsumyō *(adj.)* exquisite
説明 setsumei *(n.)* explanation
説明義務 setsumei gimu *(n.)* accountability
説明義務がある setsumei gimu ga aru *(adj.)* accountable
説明する setsumei suru *(v.)* explain
説明のつかない setsumei no tsukanai *(adj.)* unaccountable
説明文 setsumei bun *(n.)* caption
絶滅した zetsumetsu shita *(adj.)* extinct
絶滅寸前の zetsumetsu sunzen no *(adj.)* endangered
節約する setsuyaku suru *(v.)* conserve
節約的な setsuyaku tekina *(adj.)* economical
摂理 setsuri *(n.)* providence
設立 setsuritsu *(n.)* establishment
瀬戸際 setogiwa *(n.)* brink
背中 senaka *(n.)* back
背の se no *(adj.)* dorsal
是非 zehi *(adv.)* please
背骨 sebone *(n.)* spine
背骨の sebone no *(adj.)* spinal
狭い semai *(adj.)* narrow

セミ semi *(n.)* cicada
セミフォーマルな semi fōmaruna *(adj.)* semi-formal
セミナー seminā *(n.)* seminar
責める semeru *(v.)* accuse
責めるような semeru yōna *(adj.)* accusing
セメント semento *(n.)* cement
ゼラチン zerachin *(n.)* gelatin
ゼラチン状にする zerachinjō ni suru *(v.)* gelatinize
ゼラチン状の zerachinjō no *(adj.)* gelatinous
ゼラニウム zeraniumu *(n.)* geranium
ゼリー zerī *(n.)* jelly
セリュライト seryuraito *(n.)* cellulite
セルフサービスの serufusābisu no *(adj.)* self-service
セルロイド seruroido *(n.)* celluloid
セレクション serekushon *(n.)* selection
ゼロ zero *(n.)* zero
セロハン serohan *(n.)* cellophane
セロリ serori *(n.)* celery
世話人 sewanin *(n.)* caretaker
千 sen *(n.)* thousand
栓 sen *(n.)* plug
線 sen *(n.)* line
腺 sen *(n.)* gland
善 zen *(n.)* good
繊維 sen i *(n.)* fibre
遷移 sen i *(n.)* transition
善意 zen i *(n.)* goodwill
線維症 sen ishō *(n.)* fibrosis
繊維状のもの sen ijō no mono *(n.)* filament

線維性の sen isei no *(adj.)* fibromuscular
繊維性の sen isei no *(adj.)* fibroid
線維の sen i no *(adj.)* fibrous
船員 sen in *(n.)* seafarer
全員 zen in *(pron.)* everyone
船員仲間 sen in nakama *(n.)* shipmate
前科 zenka *(n.)* prior
旋回する senkai suru *(v.)* pivot
船外に sengai ni *(adv.)* overboard
旋回軸 senkaijiku *(n.)* pivot
洗眼薬 senganyaku *(n.)* eyewash
前脚 zenkyaku *(n.)* foreleg
前脚で叩く zenkyaku de tataku *(v.)* paw
選挙 senkyo *(n.)* election
選挙する senkyo suru *(v.)* elect
宣教師 senkyōshi *(n.)* missionary
選挙権を与える senkyoken o ataeru *(v.)* enfranchise
選挙民 senkyomin *(n.)* constituency
先駆者 senkusha *(n.)* pioneer
先駆者となる senkusha to naru *(v.)* pioneer
宣言 sengen *(n.)* declaration
漸減 zengen *(n.)* decrement
宣言する sengen suru *(v.)* adjudge
宣言する sengen suru *(v.)* declare
先見の明 senken no mei *(n.)* foresight
全権を有する zenken o yūsuru *(adj.)* omnicompetent
閃光 senkō *(n.)* flash
先行する senkō suru *(v.)* precede
先行する senkō suru *(v.)* antecede
閃光電球 senkō denkyū *(n.)* flashbulb

先在 senzai (n.) preexistence
洗剤 senzai (n.) detergent
前菜 zensai (n.) appetizer
潜在的な senzai tekina (adj.) latent
潜在的な可能性 senzai tekina kanōsei (n.) potentiality
繊細な sensaina (adj.) delicate
詮索好きな sensaku zukina (adj.) nosy
詮索する sensaku suru (v.) pry
戦士 senshi (n.) combatant
先史時代の senshi jidai no (adj.) prehistoric
戦死者 senshisha (n.) fallen
せんじ汁 senjijiru (n.) decoction
前日付 zenjitsuzuke (n.) antedate
前者 zensha (pron.) former
前車 zensha (n.) limber
船主 senshu (n.) shipowner
選集 senshū (n.) anthology
先取特権 senshu tokken (n.) lien
先住の senjū no (adj.) indigenous
先住民 senjūmin (n.) aborigine
先住民の senjūmin no (adj.) aboriginal
全乗務員 zen jōmuin (n.) crew
戦術 senjutsu (n.) tactics
前述の zenjutsu no (adj.) aforementioned
戦術家 senjutsuka (n.) tactician
戦場 senjō (n.) battlefield
前哨基地 zenshō kichi (n.) outpost
洗浄する senjō suru (v.) syringe
船上の senjō no (adj.) shipboard
旋条をつける senjō o tsukeru (v.) rifle
染色体 senshokutai (n.) chromosome

前進させる zenshin saseru (v.) advance
前進する zenshin suru (v.) progress
潜水 sensui (n.) dive
潜水艦 sensuikan (n.) submarine
先生 sensei (n.) teacher
全盛 zensei (n.) prime
宣誓供述書 sensei kyōjutsusho (n.) affidavit
宣誓証人 sensei shōnin (n.) deponent
先制の sensei no (adj.) preemptive
全盛期 zenseiki (n.) heyday
占星術 senseijutsu (n.) astrology
占星術師 senseijutsushi (n.) astrologer
前線 zensen (n.) battlefront
全善 zenzen (n.) omnibenevolence
全善の zen zen no (adj.) omnibenevolent
先祖 senzo (n.) ancestor
先祖の senzo no (adj.) ancestral
戦争 sensō (n.) war
戦争をする sensō o suru (v.) war
前奏曲 zensōkyoku (n.) prelude
喘息 zensoku (n.) asthma
戦隊 sentai (n.) squadron
全体 zentai (n.) whole
全体主義の zentai shugi no (adj.) totalitarian
全体の zentai no (adj.) entire
選択 sentaku (n.) choice
洗濯する sentaku suru (v.) launder
選択する sentaku suru (v.) select
選択的な sentaku tekina (adj.) selective
洗濯機 sentakuki (n.) washer

選択肢 sentakushi (n.) option
洗濯物 sentakumono (n.) laundry
洗濯屋 sentakuya (n.) laundress
先端 sentan (n.) tip
先端的な sentan tekina (adj.) advanced
せん断壁 sendanheki (n.) shearwall
全知 zenchi (n.) omniscience
全知の zenchi no (adj.) omniscient
前置詞 zenchishi (n.) preposition
センチメートル senchimētoru (n.) centimetre
センチメンタルな senchimentaruna (adj.) sentimental
センチメンタルに歌う senchimentaru ni utau (v.) croon
蠕虫 zenchū (n.) worm
船長 senchō (n.) shipmaster
前兆 zenchō (n.) omen
前兆となる zenchō to naru (v.) portend
疝痛 sentsū (n.) colic
前庭 zentei (n.) forecourt
前提 zentei (n.) presupposition
前提条件 zentei jōken (n.) prerequisite
前提とする zentei to suru (v.) assume
前提とする zentei to suru (v.) presuppose
宣伝する senden suru (v.) advertise
宣伝文句 senden monku (n.) blurb
宣伝者 sendensha (n.) propagandist
先天的な sententekina (adj.) inherent
セント sento (n.) cent
先頭 sentō (n.) lead
尖塔 sentō (n.) minaret
尖塔 sentō (n.) steeple

戦闘 sentō (n.) combat
扇動 sendō (n.) instigation
船頭 sendō (n.) boatman
扇動家 sendōka (n.) demagogue
先導する sendō suru (v.) usher
扇動する sendō suru (v.) instigate
戦闘的な sentō tekina (adj.) warlike
扇動的な sendō tekina (adj.) seditious
先頭に立つ sentō ni tatsu (v.) spearhead
先頭を行く sentō o iku (v.) lead
先入観 sennyūkan (n.) bias
前任者 zenninsha (n.) predecessor
全能 zennō (n.) omnipotence
全能の zennō no (adj.) omnipotent
千年 sen nen (n.) millennium
せん馬 senba (n.) gelding
先輩 senpai (n.) senior
浅薄 senpaku (n.) superficiality
船舶 senpaku (n.) vessel
浅薄な senpakuna (adj.) superficial
旋盤 senban (n.) lathe
千番目の sen banme no (adj.) thousandth
船尾 senbi (n.) stern
旋風 senpū (n.) whirlwind
扇風機 senpūki (n.) fan
前方へ zenpō e (adv.) forth
前方への zenpō e no (adj.) onward
前方の zenpō no (adj.) forward
全滅させる zenmetsu saseru (v.) obliterate
せん妄発生薬 senmō hasseiyaku (n.) deliriant

専門 senmon (n.) speciality
専門家 senmonka (n.) expert
専門的な senmon tekina (adj.) technical
専門的なこと senmon tekina koto (n.) technicality
専門に扱う senmon ni atsukau (v.) specialize
専門の senmon no (adj.) expert
専門用語 senmon yōgo (n.) jargon
占有 senyū (n.) occupancy
専用の senyō no (adj.) designated
旋律 senritsu (n.) tune
前立腺 zenritsusen (adj.) prostrate
戦利品 senrihin (n.) spoils
戦略 senryaku (n.) strategy
戦略的な senryaku tekina (adj.) strategic
戦略家 senryakuka (n.) strategist
染料 senryō (n.) dye
全力疾走 zenryoku shissō (n.) sprint
全力疾走する zenryoku shissō suru (v.) sprint
洗礼 senrei (n.) baptism
洗礼を施す senrei o hodokosu (v.) baptize
洗練 senren (n.) refinement
洗練された senren sareta (adj.) sophisticated
洗練された senren sareta (adj.) urbane
洗練された人 senren sareta hito (n.) sophisticate
前腕部 zenwanbu (n.) forearm
栓をする sen o suru (v.) plug

層 sō (n.) layer
層 sō (n.) ply
像 zō (n.) statue
象 zō (n.) elephant
創案 sōan (n.) conception
相違 sōi (n.) variance
憎悪 zōo (n.) odium
騒音 sōon (n.) noise
増加 zōka (n.) increase
増加する zōka suru (v.) increase
総額 sōgaku (n.) gross
奏楽者 sōgakusha (n.) instrumentalist
送還 sōkan (n.) repatriation
送還する sōkan suru (v.) repatriate
双眼鏡 sōgankyō (n.) binoculars
相関性 sōkansei (n.) correlation
壮観な sōkanna (adj.) spectacular
葬儀 sōgi (n.) funeral
雑木林 zōkibayashi (n.) coppice
槍騎兵 sō ki hei (n.) lancer
創業者 sōgyōsha (n.) founder
送金 sōkin (n.) remittance
送金する sōkin suru (v.) remit
装具 sōgu (n.) brace
象牙 zōge (n.) ivory
草原 sōgen (n.) grassland
草原 sōgen (n.) meadow
倉庫 sōko (n.) warehouse

相互依存 sōgo izon (n.) interdependence
相互依存の sōgo izon no (adj.) interdependent
相互作用 sōgo sayō (n.) interplay
相互の sōgo no (adj.) mutual
荘厳 sōgonsa (n.) sublimity
荘厳な sōgonna (adj.) sublime
捜査 sōsa (n.) searching
捜索 sōsaku (n.) search
捜索令状 sōsaku reijō (n.) search warrant
造山運動の zōzan undō no (adj.) orogenic
造山帯 zōzantai (n.) orogen
相似 sōji (n.) resemblance
掃除機をかける sōjiki o kakeru (v.) vacuum
双軸の sō jiku no (adj.) biaxial
創始者 sōshisha (n.) originator
掃除する sōji suru (v.) clean
そうしないと sō shinaito (adv.) otherwise
掃除人 sōjinin (n.) sweeper
ソーシャライト sōsharaito (n.) socialite
操縦する sōjū suru (v.) pilot
相乗効果 sōjō kōka (n.) synergy
装飾 sōshoku (n.) ornamentation
装飾的な sōshoku tekina (adj.) ornamental
装飾の sōshoku no (adj.) decorative
送信 sōshin (n.) transmission
送信する sōshin suru (v.) transmit
送信機 sōshinki (n.) transmitter
ソース sōsu (n.) sauce

そうすると sōsuruto (conj.) whereupon
ソースをかける sōsu o kakeru (v.) sauce
ソーセージ sōsēji (n.) sausage
双生児の sōseiji no (adj.) geminal
双生の sōsei no (adj.) geminate
造船技師 zōsen gishi (n.) shipbuilder
造船所 zōsensho (n.) shipyard
創造 sōzō (n.) creation
騒々しい sōzōshī (adj.) boisterous
騒々しさ sōzōshi sa (n.) clatter
創造者 sōzōsha (n.) creator
想像上の sōzō jō no (adj.) imaginary
想像する sōzō suru (v.) imagine
創造性のない sōzōsei no nai (adj.) uninspired
創造的 sōzō teki (adj.) creative
創造力 sōzōryoku (n.) originality
想像力 sōzōryoku (n.) imagination
増大 zōdai (n.) augmentation
増大させる zōdai saseru (v.) augment
相対的な sōtai tekina (adj.) relative
壮大な sōdaina (adj.) grand
相談 sōdan (n.) consultation
相談する sōdan suru (v.) consult
装置 sōchi (n.) equipment
象使い zōzukai (n.) mahout
贈呈する zōtei suru (v.) gift
総点検 sō tenken (n.) overhaul
騒動 sōdō (n.) ruckus
相当な sōtōna (adj.) substantial
挿入 sōnyū (n.) insertion
挿入する sōnyū suru (v.) insert

象のような zō no yōna (adj.) elephantine
蒼白 sōhaku (n.) paleness
相反する感情 sōhan suru kanjō (n.) ambivalence
相反する感情を持った sōhan suru kanjō o motta (adj.) ambivalent
装備 sōbi (n.) gear
装備する sōbi suru (v.) equip
ゾーブ zōbu (n.) zorb
増幅 zōfuku (n.) amplification
増幅する zōfuku suru (v.) amplify
増分 zōbun (n.) increment
双務的な sōmu tekina (adj.) bilateral
ゾウムシ zōmushi (n.) weevil
聡明 sōmei (n.) sagacity
聡明な sōmeina (adj.) brainy
聡明な sōmeina (adj.) sagacious
ソーラーパネル sōrā paneru (n.) solar panel
相利共生 ai ri kyōsei (n.) symbiosis
創立する sōritsu suru (v.) found
送料 sōryō (n.) postage
藻類 sōrui (n.) algae
壮麗さ sōrei sa (n.) pomp
葬列 sōretsu (n.) cortege
疎遠になった soen ni natta (adj.) estranged
即位 sokui (n.) accession
俗語 zokugo (n.) colloquialism
即座に sokuza ni (adv.) forthwith
即座の sokuza no (adj.) prompt
促進 sokushin (n.) facilitation
俗人 zokujin (n.) worldling

促進する sokushin suru (v.) further
属する zokusuru (v.) belong
族長 zokuchō (n.) chieftain
測定 sokutei (n.) measurement
測定可能な sokutei kanōna (adj.) measurable
測定器 sokuteiki (n.) indicator
速度 sokudo (n.) speed
束縛 sokubaku (n.) bondage
側波帯 sokuhatai (n.) sideband
続発 zokuhatsu (n.) spate
足病医 sokubyōi (n.) podiatrist
足病学の sokubyōgaku no (adj.) podiatric
俗物 zokubutsu (n.) snob
俗物根性 zokubutsu konjō (n.) snobbery
俗物根性の zokubutsu konjō no (adj.) snobbish
側壁 sokuheki (n.) sidewall
続編 zokuhen (n.) sequel
側面 sokumen (n.) aspect
側面に位置する sokumen ni ichi suru (v.) flank
狙撃者 sogekisha (n.) sniper
ソケット soketto (n.) socket
そこ soko (adv.) there
底 soko (n.) bottom
そこから soko kara (adv.) thence
損ねる sokoneru (v.) undermine
底をつける soko o tsukeru (v.) sole
素子 soshi (n.) element
阻止する soshi suru (v.) militate
組織 soshiki (n.) organization

そして soshite *(conj.)* and
訴訟 soshō *(n.)* litigation
訴訟手続き soshō tetsuzuki *(n.)* proceedings
訴訟当事者 soshō tōjisha *(n.)* litigant
訴訟を起こす soshō o okosu *(v.)* litigate
そしる soshiru *(v.)* vilify
蘇生 sosei *(n.)* reanimation
注ぎ口 sosogiguchi *(n.)* spout
注ぐ sosogu *(v.)* pour
そそっかしい人 sosokkashī hito *(n.)* scatterbrain
育つ sodatsu *(v.)* grow
育てる sodateru *(v.)* rear
速記 sokki *(n.)* shorthand
速記者 sokkisha *(n.)* stenographer
卒業する sotsugyō suru *(v.)* graduate
卒業論文 sotsugyō ronbun *(n.)* thesis
卒業式 sotsugyōshiki *(n.)* graduation ceremony
卒業生 sotsugyōsei *(n.)* graduate
そっけない sokkenai *(adj.)* curt
素っ気ない sokkenai *(adj.)* terse
素っ気なく sokkenaku *(adv.)* tersely
続行する zokkō suru *(v.)* proceed
即刻の sokkoku no *(adj.)* immediate
率直さ socchoku sa *(n.)* candour
率直な socchokuna *(adj.)* frank
率直に socchoku ni *(adv.)* frankly
沿って sotte *(prep.)* by
沿って sotte *(prep. adv.)* along
沿って並ぶ sotte narabu *(v.)* line
ゾッとさせる zotto saseru *(v.)* horrify
ぞっとする zotto suru *(adj.)* ghastly

袖 sode *(n.)* sleeve
ソテーにする sotē ni suru *(v.)* saute
袖刳り sode guri *(n.)* armhole
外側 sotogawa *(n.)* outside
外側へ sotogawa e *(prep.)* out
外側へ sotogawa e *(adv.)* outward
外側の sotogawa no *(adj.)* outward
外に soto ni *(adj.)* outside
外に出て soto ni dete *(adj.)* out
外にめくる返す soto ni mekuri kaesu *(v.)* evert
外へ soto e *(adv.)* out
ソドミー sodomī *(n.)* sodomy
備え付ける sonaetsukeru *(v.)* furnish
ソネット sonetto *(n.)* sonnet
その間に sono aida ni *(adv.)* meanwhile
その辺り sono atari *(adv.)* thereabouts
その後 sonoato *(adv.)* afterwards
そのうえ sono ue *(adv.)* too
その後は sonogo wa *(adv.)* thereafter
その他の sonota no *(adj.)* else
その他に sono ta ni *(adv.)* else
そのために sono tame ni *(adv.)* therefore
その当時の sono tōji no *(adj.)* contemporary
その時 sono toki *(conj.)* whereat
その時の sono toki no *(adj.)* then
その場かぎりの sono ba kagiri no *(adj.)* ad hoc
側に sobani *(prep.)* alongside
妾 sobame *(n.)* concubine
そびえ立つ sobietatsu *(v.)* loom

そびえるほどの sobieru hodo no (adj.) lofty
ソファー sofā (n.) sofa
ソフィスト sofisuto (n.) sophist
ソフトコピー sofutokopī (n.) soft copy
粗暴な sobōna (adj.) rowdy
素朴さ soboku sa (n.) naivete
素朴な sobokuna (adj.) artless
粗末に扱う somatsu ni atsukau (v.) trifle
背く somuku (adj.) treacherous
背く somuku (v.) disobey
染める someru (v.) dye
梳毛糸 somōshi (n.) worsted
粗野な soyana (adj.) uncouth
粗野な人 soyana hito (n.) boor
そよ風 soyokaze (n.) zephyr
そよ風 soyokaze (n.) breeze
空 sora (n.) sky
そらす sorasu (v.) divert
空の sora no (adj.) heavenly
ソリスト sorisuto (n.) soloist
ソリティア soritia (n.) solitaire
剃る soru (v.) shave
剃ること soru koto (n.) shave
それ sore (pron.) it
それ以来 sore irai (adv.) since
それぞれの sorezore no (adj.) respective
それで sorede (conj.) so
それでも soredemo (adv.) notwithstanding
それでもなお soredemo nao (conj.) nevertheless

それに応じて sore ni ōjite (adv.) accordingly
それによって sore niyotte (adv.) thereby
それほど sorehodo (adv.) that
それゆえに soreyue ni (adv.) hence
それる soreru (v.) deviate
ソロ soro (n.) solo
算盤 soroban (n.) abacus
そわそわ sowasowa (n.) fidget
そわそわする sowasowa suru (v.) fidget
損害保障 songai hoshō (n.) indemnity
尊敬 sonkei (n.) respect
尊敬すべき sonkei subeki (adj.) honourable
尊敬する sonkei suru (v.) respect
尊厳 songen (n.) dignity
存在 sonzai (n.) existence
存在する sonzai suru (v.) exist
存在に関する sonzai nikansuru (adj.) existential
存在感 sonzaikan (n.) presence
ぞんざいな zonzaina (adj.) slipshod
存在論 sonzairon (n.) ontology
存在論学者 sonzairon gakusha (n.) ontologist
存在論の sonzairon no (adj.) ontological
損失 sonshitsu (n.) loss
損傷 sonshō (n.) mutilation
尊崇 sonsū (n.) veneration
そんな sonna (adj.) such
そんな事 sonna koto (pron.) such

た

多菌性の ta kinsei no *(adj.)* polymicrobial
多金属の ta kinzoku no *(adj.)* polymetallic
他形 takei *(n.)* xenomorph
多形体 ta keitai *(n.)* polymorph
駄じゃれ da jare *(n.)* pun
駄じゃれを言う da jare o iu *(v.)* pun
多重度 ta jūdo *(n.)* multiplicity
多中心化 ta chūshin ka *(n.)* polycentrism
多中心体の ta chūshintai no *(adj.)* polycentric
多分子の ta bunshi no *(adj.)* polymolecular
他惑星 ta wakusei *(n.)* outworld
ダース dāsu *(n.)* dozen
ダーツ dātsu *(n.)* dart
ダーツボード dātsu bōdo *(n.)* dartboard
ターバン tāban *(n.)* turban
タービン tābin *(n.)* turbine
ターミナル tāminaru *(n.)* terminal
ターメリック tāmerikku *(n.)* turmeric
ターラ tāra *(n.)* tala
タール tāru *(n.)* tar
タールを塗る tāru o nuru *(v.)* tar
対 tai *(prep.)* versus
隊 tai *(n.)* brigade
台 dai *(n.)* pedestal
退位 taī *(n.)* abdication

体育館 taīkukan *(n.)* gymnasium
帯域幅 taīki haba *(n.)* bandwidth
退位させる tai i saseru *(v.)* depose
退位する taī suru *(v.)* abdicate
第一の dai ichi no *(adj.)* primary
退役させる taieki saseru *(v.)* decommission
ダイエット daietto *(n.)* diet
ダイエットする daietto suru *(v.)* diet
対応 taiō *(n.)* correspondence
対応する taiō suru *(v.)* correspond
対応範囲 taiō hani *(n.)* coverage
胎芽 taiga *(n.)* embryo
胎芽の taiga no *(adj.)* embryonic
大会 taikai *(n.)* meet
体格 taikaku *(n.)* physique
大学 daigaku *(n.)* university
大学院の daigakuin no *(adj.)* postgraduate
大学の講師 daigaku no kōshi *(n.)* docent
耐火性 taikasei *(adj.)* fire-resistant
耐火性にする taikasei ni suru *(v.)* fireproof
耐火性の taikasei no *(adj.)* fireproof
戴冠式 taikanshiki *(n.)* coronation
大気の taiki no *(adj.)* atmospheric
対義語 taigigo *(n.)* antonym
大虐殺 dai gyakusatsu *(n.)* massacre
耐久性 taikyūsei *(n.)* durability
大金 taikin *(n.)* fortune
大工 daiku *(n.)* carpenter
大工職 daikushoku *(n.)* carpentry
退屈 taikutsu *(n.)* tedium

退屈 taikutsu (n.) insipidity
退屈な taikutsuna (adj.) insipid
退屈な taikutsuna (adj.) tedious
大群 taigun (n.) horde
台形 daikei (n.) trapezoid
体系化する taikei ka suru (v.) systematize
対決 taiketsu (n.) showdown
体現する taigen suru (v.) embody
太鼓 taiko (n.) drum
大洪水 dai kōzui (n.) deluge
太鼓の音 taiko no oto (n.) drumbeat
対抗させる taikō saseru (v.) pit
対抗する taikō suru (v.) counter
大根 daikon (n.) radish
大混乱 dai konran (n.) havoc
大佐 taisa (n.) colonel
滞在 taizai (n.) stay
大作 taisaku (n.) epic
対策 taisaku (n.) measure
第三者預託 daisansha yotaku (n.) escrow
第三に dai san ni (adv.) thirdly
第三の dai san no (adj.) tertiary
第三紀 dai sanki (n.) tertiary
大惨事 dai sanji (n.) catastrophe
大使 taishi (n.) ambassador
胎児 taiji (n.) foetus
大使館 taishikan (n.) embassy
大使館員 taishikan in (n.) attache
大司教 daishikyō (n.) archbishop
大したことのない taishita koto no nai (adj.) minor
大失敗 dai shippai (n.) debacle
対して taishite (prep.) against
大事にする daiji ni suru (v.) cherish
胎児の taiji no (adj.) fetal
代謝 taisha (n.) metabolism
貸借対照表 taishaku taishōhyō (n.) balance sheet
大衆の抗議 taishū no kōgi (n.) outcry
対処する taisho suru (v.) deal
大丈夫 daijōbu (adj.) okay
大丈夫そう daijōbu sō (adj.) okayish
対照物 taishōbutsu (n.) counterpart
退職 taishoku (n.) retirement
対蹠地 taishochi (n.) antipodes
対数 taisū (n.) logarithm
代数 daisū (n.) algebra
体制 taisei (n.) system
大聖堂 dai seidō (n.) cathedral
大聖堂 dai seidō (n.) minster
堆積物 taisekibutsu (n.) sediment
大切にする taisetsu ni suru (v.) treasure
対戦相手 taisen aite (n.) opponent
滞船料 taisenryō (n.) demurrage
体操 taisō (n.) gymnastics
大草原 dai sōgen (n.) steppe
体操選手 taisō senshu (n.) gymnast
体操の taisō no (adj.) gymnastic
怠惰 taida (n.) laziness
大腿 daitai (n.) femur
大隊 daitai (n.) battalion
大体は daitai wa (adv.) substantially
大多数 dai tasū (n.) majority
怠惰な taidana (adj.) lazy
大胆 daitan (n.) intrepidity

大胆 daitan (n.) pluck
大胆さ daitan sa (n.) boldness
大胆な daitanna (adj.) bold
大胆に daitan ni (adv.) boldly
大胆にする daitan ni suru (v.) embolden
大胆に呼びかける daitan ni yobikakeru (v.) accost
対地攻撃 taichi kōgeki (n.) ground attack
台帳 daichō (n.) ledger
態度 taido (n.) attitude
大動脈 daidōmyaku (n.) aorta
大統領 daitōryō (n.) president
大統領の daitōryō no (adj.) presidential
大得意の dai tokui no (adj.) exultant
大都市 daitoshi (n.) metropolis
大都市の daitoshi no (adj.) metropolitan
ダイナー dainā (n.) diner
台無しにする dainashi ni suru (v.) spoil
ダイナマイト dainamaito (n.) dynamite
ダイナモ dainamo (n.) dynamo
第二に dai ni ni (adv.) secondly
第二の dai ni no (adj.) secondary
退廃的な taihai tekina (adj.) decadent
胎盤 taiban (n.) placenta
堆肥 taihi (n.) compost
タイピスト taipisuto (n.) typist
大ヒット作 dai hittosaku (n.) blockbuster
代表 daihyō (n.) representation
代表者 daihyōsha (n.) representative
代表する daihyō suru (v.) represent
代表する daihyō suru (adj.) representative
代表団 daihyōdan (n.) delegation
代表に立てる daihyō ni tateru (v.) delegate
台風 taifū (n.) typhoon
大部分 dai bubun (adv.) mostly
大変な taihenna (adj.) alarming
大牧場で飼育する dai bokujō de shīku suru (v.) ranch
逮捕する taiho suru (v.) arrest
大砲 taihō (n.) cannon
大望 taibō (n.) aspiration
大望を抱く人 taibō o idaku hito (n.) aspirant
大麻 taima (n.) cannabis
怠慢な taimanna (adj.) negligent
タイミングの良い taimingu no ii (adj.) well-timed
タイムライン taimu rain (n.) timeline
代名詞 daimeishi (n.) pronoun
タイヤ taiya (n.) tyre
タイヤを再生する taiya o saisei suru (v.) retread
ダイヤモンド daiyamondo (n.) diamond
太陽 taiyō (n.) sun
代用 daiyō (n.) substitution
代用品 dai yōhin (n.) substitute
大洋の taiyō no (adj.) oceanic
太陽の taiyō no (adj.) solar
平らな tairana (adj.) flat
平らにする taira ni suru (v.) smooth
代理 dairi (n.) proxy
代理として dairi toshite (n.) behalf
代理を命じる dairi o meijiru (v.) depute
大陸 tairiku (n.) continent

大陸の tairiku no (adj.) continental
大理石 dairiseki (n.) marble
代理店 dairiten (n.) agency
代理人 dairinin (n.) agent
代理役 dairiyaku (n.) deputy
対流 tairyū (n.) convection
大量 tairyō (n.) profusion
大量の tairyō no (adj.) profuse
体力テスト tairyoku tesuto (n.) fitness test
タイル tairu (n.) tile
タイルを張る tairu o haru (v.) tile
対話 taiwa (n.) dialogue
対話型の taiwagata no (adj.) interactive
多雨期 tauki (n.) pluvial
ダウンロードする daunrōdo suru (v.) download
耐え難い tae gatai (adj.) intolerable
唾液 daeki (n.) saliva
絶え間なく taema naku (adj.) ceaseless
耐えられない taerarenai (adj.) unbearable
耐えられる taerareru (adj.) endurable
耐えられる taerareru (adj.) tolerable
耐える taeru (v.) endure
耐える taeru (v.) withstand
楕円 daen (n.) ellipse
楕円形 daenkei (n.) oblong
楕円形の daenkei no (adj.) oblong
タオル taoru (n.) towel
タオルで拭く taoru de fuku (v.) towel
鷹 taka (n.) hawk
だが daga (conj.) but

高い takai (adj.) high
高くあげる takaku ageru (v.) sky
高さ taka sa (n.) height
高くする takaku suru (v.) heighten
高くそびえる takaku sobieru (v.) tower
多核の takaku no (adj.) polynucleate
多額の tagaku no (adj.) hefty
タカ使い takazukai (n.) hawker
打楽器 dagakki (n.) percussion
ダカット金貨 dakatto kinka (n.) ducat
高める takameru (v.) elevate
高めること takameru koto (n.) elevation
耕す tagayasu (v.) cultivate
宝 takara (n.) treasure
だから dakara (conj.) for
たかる takaru (v.) swarm
滝 taki (n.) falls
滝 taki (n.) waterfall
多義の tagi no (adj.) polysemic
抱きしめる dakishimeru (v.) embrace
抱き締める dakishimeru (v.) cuddle
タキシングさせる takishingu saseru (v.) taxi
たき火 takibi (n.) bonfire
妥協 dakyō (n.) compromise
タグ tagu (n.) tag
タグを付ける tagu o tsukeru (v.) tag
沢山の takusan no (adj.) many
たくし上げる takushiageru (v.) kilt
タクシー takushī (n.) taxi
タクシーの運転手 takushī no untenshu (n.) cabby
宅配便 takuhaibin (n.) courier

巧みな操作 takumina sōsa (n.) manipulation
巧みな操縦 takumina sōjū (n.) manoeuvre
巧みに操縦する takumi ni sōjū suru (v.) manoeuvre
巧みに使う takumi ni tsukau (v.) wield
たくらみ takurami (n.) trick
たくらむ takuramu (v.) plot
蓄える takuwaeru (v.) store
竹 take (n.) bamboo
多型 takei (n.) polymorphism
多型の takei no (adj.) polymorphic
多形の takeino (n.) multiform
竹馬 takeuma (n.) stilt
打撃 dageki (n.) hit
だけど dakedo (adv.) though
多言語話者 tagengo washa (n.) polyglot
たこ tako (n.) octopus
凧 tako (n.) kite
多国間の takokukan no (adj.) multilateral
多才 tasai (n.) versatility
ダサい dasai (adj.) lame
多剤併用 tazai heiyō (n.) polypharmacy
多才な tasaina (adj.) versatile
多作の tasaku no (adj.) prolific
出し惜しむ dashi oshimu (v.) scant
確かな tashikana (adj.) certain
確かに tashika ni (adv.) admittedly
確かめる tashikameru (v.) ascertain
多神論 tashiniron (n.) polytheism
打者 dasha (n.) batsman

多種多様の tashu tayō no (adj.) multifarious
多重産の tajū san no (adj.) multiparous
多少 tashō (pron.) some
多少 tashō (adv.) something
多色の tashoku no (adj.) polychrome
たじろぐ tajirogu (v.) recoil
多神教の tashinkyō no (adj.) polytheistic
多神教者 tashinkyōsha (n.) polytheist
多数 tasū (n.) multitude
多数の tasū no (adj.) numerous
多数の殺害 tasū no satsugai (v.) decimation
多数を殺害する tasū o satsugai suru (v.) decimate
タスク tasuku (n.) task
タスクを割り当てる tasuku o wariateru (v.) task
助け tasuke (n.) help
助けを受けない tasuke o ukenai (adj.) unaided
助ける tasukeru (v.) help
携わる tazusawaru (v.) engage
手綱 tazuna (n.) rein
尋ねる tazuneru (v.) query
惰性走行する dasei sōkō suru (v.) freewheel
たそがれ tasogare (n.) twilight
多足の tasoku no (n.) multiped
ただ tada (adv.) only
ただ今より tada ima yori (adv.) henceforth
堕胎医 dataī (n.) abortionist
讃える tataeru (v.) exalt

戦い tatakai (n.) battle
戦う tatakau (v.) fight
たたき tataki (adj.) seared
叩きつける tatakitsukeru (v.) slam
ただし tadashi (conj.) only
正しい tadashī (adj.) correct
正す tadasu (v.) correct
直ちに tadachini (adv.) summarily
漂う tadayou (v.) waft
立ち上がる tachiagaru (v.) rise
断ち切る tachikiru (v.) sever
立ち退かせる tachinokaseru (v.) evict
立ち退き tachinoki (n.) eviction
立ち退く tachinoku (v.) vacate
たちの悪い tachi no warui (adj.) nasty
立場 tachiba (n.) standpoint
立ち居振る舞い tachī furumai (n.) manner
駝鳥 dachō (n.) ostrich
立つ tatsu (v.) stand
脱灰 dakkai (n.) decalcification
脱灰する dakkai suru (v.) decalcify
脱臼させる dakkyū saseru (v.) dislocate
タックル takkuru (n.) tackle
タックルする takkuru suru (v.) tackle
脱獄 datsugoku (n.) breakout
脱構築 datsu kōchiku (n.) deconstruction
脱穀機 dakkokuki (n.) thresher
脱分極 datsu bunkyoku (v.) depolarize
脱穀する dakkoku suru (v.) thresh
断つこと tatsu koto (n.) break-off
脱酸素 datsu sanso (n.) deoxidation

脱出 dasshutsu (n.) escape
脱出術 dasshutsujutsu (n.) escapology
達成 tassei (n.) attainment
達成者 tasseisha (n.) achiever
達成する tassei suru (v.) achieve
達成不可能な tassei fukanōna (adj.) unachievable
脱線 dassen (n.) derailment
脱線する dassen suru (v.) derail
脱線する dassen suru (v.) digress
脱走者 dassōsha (n.) escapee
脱退 dattai (n.) secession
脱退する dattai suru (v.) secede
たったの tattano (adj.) mere
タツノオトシゴ tatsunōtoshigo (n.) seahorse
脱皮する dappi suru (v.) moult
たっぷりと塗る tappuri to nuru (v.) slather
ダッフルバッグ daffurubaggu (n.) duffel bag
竜巻 tatsumaki (n.) tornado
脱毛効果のある datsumō kōka no aru (adj.) depilatory
脱毛する datsumō suru (v.) epilate
脱力感 datsuryokukan (n.) languor
盾 tate (n.) shield
縦に並んだ tate ni naranda (adj.) tandem
縦に並んで tate ni narande (adv.) tandem
たてがみ tategami (n.) mane
建物 tatemono (n.) building
建てる tateru (v.) build
立てる tateru (v.) erect

妥当性 datōsei (n.) validity
妥当な datōna (adj.) sound
たとえ話 tatoe banashi (n.) parable
例えば tatoeba (adv.) say
例える tatoeru (v.) liken
たどることができる tadoru koto ga dekiru (adj.) traceable
棚 tana (n.) shelf
棚に乗せる tana ni noseru (v.) shelve
谷 tani (n.) valley
ダニ dani (n.) tick
他人 tanin (n.) stranger
他人の物を欲しがる tanin no mono o hoshigaru (v.) covet
種 tane (n.) seed
種馬 taneuma (n.) stallion
多年生植物 tanensei shokubutsu (n.) perennial
楽しい tanoshī (adj.) convivial
楽しい tanoshī (n.) joyous
楽しい tanoshii (adj.) enjoyable
楽しさ tanoshi sa (n.) enjoyability
楽しませる tanoshimaseru (v.) amuse
楽しませる tanoshimaseru (v.) entertain
楽しみ tanoshimi (n.) enjoyment
楽しむ tanoshimu (v.) enjoy
頼みの綱 tanomi no tsuna (n.) mainstay
束 taba (n.) bunch
束 taba (n.) sheaf
タバコ tabako (n.) cigarette
タバコ tabako (n.) tobacco
タバコを吸う tabako o sū (v.) smoke
旅 tabi (n.) journey
旅する tabi suru (v.) journey

タフィー tafī (n.) toffee
タブー tabū (n.) taboo
タブーにする tabū ni suru (v.) taboo
タブーの tabū no (adj.) taboo
タブレット taburetto (n.) tablet
タブロイド新聞 taburoido shinbun (n.) tabloid
タブロー taburō (n.) tableau
多分 tabun (adv.) probably
食べさせる tabesaseru (v.) feed
食べ物 tabemono (n.) eatable
食物 tabemono (n.) food
食物をかむ tabemono o kamu (v.) masticate
食べ物を探す tabemono o sagasu (v.) forage
食べられる tabarareru (adj.) edible
食べる taberu (v.) eat
多弁 taben (n.) verbosity
多弁な tabenna (adj.) talkative
多弁の taben no (adj.) verbose
打撲傷 dabokushō (n.) contusion
打撲傷を与える dabokushō o ataeru (v.) contuse
球 tama (n.) sphere
卵 tamago (n.) egg
卵 tamago (n.) spawn
卵のある tamago no aru (adj.) oviferous
騙されやすい damasare yasui (adj.) credulous
騙された人 damasareta hito (n.) dupe
騙し取る damashi toru (v.) rook
魂 tamashī (n.) soul
玉軸受 tamajiku uke (n.) ball bearing

騙す damasu *(v.)* fool
ダマスク織 damasuku ori *(n.)* damask
黙っている damatteiru *(adj.)* mum
玉ねぎ tamanegi *(n.)* onion
たまの tamano *(adj.)* occasional
玉虫色の tamamushīro no *(adj.)* shot
黙らせる damaraseru *(v.)* silence
たまり場 tamariba *(n.)* haunt
タマリンド tamarindo *(n.)* tamarind
黙る damaru *(v.)* hush
賜る tamawaru *(v.)* vouchsafe
ダミーパス damī pasu *(n.)* dummy
ダミーパスをする damī pasu o suru *(v.)* dummy
ダム damu *(n.)* dam
ために tame ni *(prep.)* for
ためになる tame ni naru *(adj.)* salutary
ため息 tameiki *(n.)* sigh
ため息をつく tameiki o tsuku *(v.)* sigh
ダメージ damēji *(n.)* damage
試す tamesu *(v.)* test
ためらい tamerai *(n.)* tentativeness
ためらう tamerau *(v.)* hesitate
ためらって tameratte *(adj.)* hesitant
多面的な tamen tekina *(adj.)* manifold
保つ tamotsu *(v.)* keep
多様化する tayō ka suru *(v.)* diversify
多様性 tayōsei *(n.)* variety
多様な tayōna *(adj.)* diverse
多様な tayōna *(adj.)* varied
頼っている tayotteiru *(adj.)* dependent
頼る tayoru *(v.)* depend
頼る tayoru *(v.)* rely

頼ること tayoru koto *(n.)* trust
頼れる tayoreru *(adj.)* trustworthy
鱈 tara *(n.)* cod
たらい tarai *(n.)* basin
堕落 daraku *(n.)* debauch
堕落 daraku *(n.)* depravation
堕落させる daraku saseru *(v.)* deprave
堕落した daraku shita *(adj.)* corrupt
堕落する daraku suru *(v.)* backslide
タラゴン taragon *(n.)* estragon
だらしのない darashi no nai *(adj.)* slovenly
だらしなさ darashina sa *(n.)* scruffiness
垂らす tarasu *(v.)* dribble
ダラダラと過ごす daradara to sugosu *(v.)* loll
だらだらと進む daradara to susumu *(v.)* straggle
ダラダラ話す daradara hanasu *(v.)* maunder
たらふく食べる tarafuku taberu *(v.)* gorge
タラマ閃石 tarama senseki *(n.)* taramite
タラント病 taranto byō *(n.)* tarantism
足りる tariru *(adj.)* enough
足りる tariru *(v.)* suffice
たる taru *(n.)* barrel
樽 taru *(n.)* cask
タルボット tarubotto *(n.)* talbot
たるみ tarumi *(n.)* sag
たるむ tarumu *(v.)* sag
たるんだ tarunda *(adj.)* flabby
誰 dare *(pron.)* who
誰か dare ka *(pron.)* somebody

垂れ下がった taresagatta *(adj.)* saggy
たれた tareta *(adj.)* droopy
誰でも dare demo *(pron.)* anybody
誰に dare ni *(pron.)* whom
誰の dare no *(pron.)* whose
誰も...ない dare mo...nai *(pron.)* nobody
だろう darou *(v.)* will
タワー tawā *(n.)* tower
たわごと tawagoto *(n.)* nonsense
戯れ tawamure *(n.)* frolic
段 dan *(n.)* tier
タンカード tan kādo *(n.)* tankard
タンドール tan dōru *(n.)* tandoor
タントラ tan tora *(n.)* tantra
タントラ教の tan tora kyō no *(adj.)* tantric
単位 tan i *(n.)* unit
単音節 tan onsetsu *(n.)* monosyllable
単音節の tan onsetsu no *(adj.)* monosyllabic
担架 tanka *(n.)* stretcher
炭化 tanka *(n.)* carbonization
炭化する tanka suru *(v.)* carbonize
タンカー tankā *(n.)* tanker
段階 dankai *(n.)* phase
弾劾 dangai *(n.)* impeachment
弾劾する dangai suru *(v.)* impeach
炭化物 tankabutsu *(n.)* carbide
嘆願 tangan *(n.)* plea
弾丸 dangan *(n.)* bullet
嘆願する tangan suru *(v.)* plead
単眼の tangan no *(adj.)* monocular
単眼鏡 tangankyō *(n.)* monocle

短期の tanki no *(adj.)* short-term
探求 tankyū *(n.)* quest
探求的な tankyū tekina *(adj.)* inquisitive
タンク tanku *(n.)* tank
団結 danketsu *(n.)* solidarity
団結する danketsu suru *(v.)* unite
探検 tanken *(n.)* exploration
短剣 tanken *(n.)* dagger
断言 dangen *(n.)* protestation
探検する tanken suru *(v.)* explore
タンゴ tango *(n.)* tango
単語 tango *(n.)* word
淡黄色 tan kō shoku *(n.)* buff
断固とした danko to shita *(adj.)* emphatic
断固とした danko to shita *(adj.)* steadfast
タンゴを踊る tango o odoru *(v.)* tango
男根中心の dankon chūshin no *(adj.)* phallocentric
男根の dankon no *(adj.)* phallic
男根像 dankonzō *(n.)* phallus
炭酸塩 tansan en *(n.)* carbonate
炭酸の tansan no *(adj.)* fizzy
短時間の tanjikan no *(adj.)* brief
男子教員 danshi kyōin *(n.)* schoolmaster
男爵 danshaku *(n.)* baron
男爵夫人 danshaku fujin *(n.)* baroness
胆汁 tanjū *(n.)* bile
単純 tanjun *(n.)* simplicity
単純化する tanjun ka suru *(v.)* simplify
単純労働者 tanjun rōdōsha *(n.)* menial
短所 tansho *(n.)* shortcoming

誕生日 tanjōbi (n.) birthday
断食 danjiki (n.) fast
断食する danjiki suru (v.) fast
単色の tanshoku no (adj.) monochromatic
男性 dansei (n.) male
男性性徴消失 dansei seichō shōshitsu (n.) demasculinization
男性の dansei no (adj.) masculine
断絶 danzetsu (n.) severance
炭疽 tanso (n.) anthrax
炭素 tanso (n.) carbon
ダンディーな男 dandīna otoko (n.) dandy
単調な tanchōna (adj.) monotonous
短調の tanchō no (adj.) drab
痰つぼ tantsu bo (n.) spittoon
探偵 tantei (n.) detective
断定する dantei suru (v.) assert
断定的 dantei teki (adj.) assertive
断定的な dantei tekina (adj.) categorical
タンデム自転車 tandemu jitensha (n.) tandem
担当している tantō shiteiru (adj.) incharge
弾道学 dandōgaku (n.) ballistics
担当者 tantōsha (n.) incharge
単独で tandoku de (adv.) singularly
断熱 dannetsu (n.) insulation
断熱材 dannetsuzai (n.) insulator
断熱性の dannetsusei no (adj.) heat-resistant
タンパク質 tanpakushitsu (n.) protein
短パン tanpan (n. pl.) shorts
タンブラー tanburā (n.) tumbler

ダンベル danberu (n.) dumbell
断片 danpen (n.) fragment
短編映画 tanpen eiga (n.) short
担保 tanpo (n.) collateral
タンポポ tanpopo (n.) dandelion
タンポン tanpon (n.) tampon
弾幕 danmaku (n.) barrage
段落 danraku (n.) paragraph
弾力 danryoku (n.) elasticity
暖炉前 danro mae (n.) hearth

血 chi (n.) blood
チアリーダー chiarīdā (n.) cheerleader
地域 chīki (n.) area
地域社会 chīki shakai (n.) community
地域に特有の chīki ni tokuyū no (n.) endemic
地域の chīki no (adj.) regional
チーク材 chīkuzai (n.) teak
小さい chīsai (adj.) little
小さい chīsai (adj.) small
小さい丘 chīsai oka (n.) hillock
小さい子羊 chīsai kohitsuji (n.) lambkin
小さい点 chīsai ten (n.) speck
小さく丸く輝く chīsaku maruku kagayaku (adj.) beady
小さく見せる chīsaku miseru (v.) dwarf
小ささ chīsa sa (adv.) smallness
小さな缶 chīsana kan (n.) canister
チーズ chīzu (n.) cheese

チーズケーキ chīzu kēki (n.) cheesecake
チーター chītā (n.) cheetah
チーチー鳴く chī chī naku (v.) chirp
チーム chīmu (n.) team
チームビルディング chīmu birudingu (n.) team building
チームメイト chīmumeito (n.) teammate
チームワーク chīmuwāku (n.) teamwork
知恵 chie (n.) wisdom
チェス chesu (n.) chess
チェス盤 chesuban (n.) chessboard
チェダー・チーズ chedā chīzu (n.) cheddar
チェックアウト chekku auto (n.) checkout
チェックイン chekku in (n.) check-in
チェックメイト chekku meito (n.) checkmate
チェックリスト chekku risuto (n.) checklist
チェックを付ける chekku o tsukeru (v.) tick
チェロ chero (n.) cello
誓い chikai (n.) vow
近い chikai (adj.) near
誓いを破る chikai o yaburu (adj.) oathbreaking
誓いを破る人 chikai o yaburu hito (n.) oathbreaker
誓う chikau (v.) swear
知覚 chikaku (n.) perception
近く chikaku (v.) approach
近くへ chikaku e (adv.) near

知覚できる chikaku dekiru (adj.) sentient
近くに chikaku ni (prep.) near
近頃 chikagoro (adv.) lately
地下室 chikashitsu (n.) basement
近づきやすい chikazuki yasui (adj.) accessible
近づきやすさ chikazuki yasu sa (n.) accessibility
地下鉄 chikatetsu (n.) metro
地下の chika no (adj.) subterranean
地下墓地 chika bochi (n.) catacomb
近道 chikamichi (n.) shortcut
近寄る chikayoru (v.) near
力 chikara (n.) strength
力を奪う chikara o ubau (v.) enervate
力強さ chikarazuyo sa (n.) verve
力強い chikarazuyoi (adj.) powerful
地下ろう chika rō (n.) dungeon
置換 chikan (n.) replacement
痴漢行為 chikan kōi (n.) molestation
痴漢行為を行う chikan kōi o okonau (v.) molest
地球 chikyū (n.) earth
地球温暖化 chikyū ondan ka (n.) global warming
地球外の生物 chikyūgai no seibutsu (n.) extraterrestrial
地球儀 chikyūgi (n.) globe
地球圏外の chikyū kengai no (adj.) extraterrestrial
地球上の chikyū jō no (adj.) terrestrial
地球人 chikyūjin (n.) terrestrial
稚魚 chigyo (n.) fry
地区 chiku (n.) district

蓄音機 chikuonki (n.) gramophone
畜牛 chikugyū (n.) cattle
逐語的に chikugo teki ni (adj.) verbatim
畜産 chikusan (n.) animal husbandry
蓄積 chikuseki (n.) accumulation
蓄積する chikuseki suru (v.) accumulate
蓄積するもの chikuseki suru mono (n.) accumulator
蓄積による増加 chikuseki niyoru zōka (n.) accretion
蓄積により増加する chikuseki niyori zōka suru (v.) accrete
チクチクする chikuchiku suru (adj.) scratchy
築堤で囲む chikutei de kakomu (v.) embank
地区の chiku no (adj.) zonal
乳首 chikubi (n.) nipple
地形学者 chikei gakusha (n.) topographer
地形学の chikeigaku no (adj.) topographical
チケット chiketto (n.) ticket
遅刻 chikoku (n.) tardiness
知事 chiji (n.) governor
知事 chiji (n.) prefect
致死の chishi no (adj.) lethal
知識 chishiki (n.) knowledge
知識人 chishikijin (n.) intellectual
地質学 chishitsugaku (n.) geology
地質学者 chishitsu gakusha (n.) geologist
地質学の chishitsugaku no (adj.) geological
縮む chijimu (v.) shrink

地上の chijō no (adj.) earthly
恥辱 chijoku (n.) stigma
地図 chizu (n.) map
血筋 chisuji (n.) lineage
地図帳 chizuchō (n.) atlas
地図を作る chizu o tsukuru (v.) map
地勢 chisei (n.) topography
治世 chisei (n.) reign
知性 chisei (n.) intellect
地政学の chiseigaku no (adj.) geopolitical
知性の深さ chisei no fuka sa (n.) profundity
地層 chisō (n.) stratum
地帯 chitai (n.) zone
遅滞 chitai (n.) retardation
父親 chichioya (n.) father
父親になる chichioya ni naru (v.) father
父親の chichioya no (adj.) paternal
父殺し chichigoroshi (n.) patricide
乳を搾る chichi o shiboru (v.) milk
乳を飲ませる chichi o nomaseru (v.) suckle
膣 chitsu (n.) vagina
窒素 chisso (n.) azote
窒素 chisso (n.) nitrogen
窒息 chissoku (n.) asphyxia
窒息 chissoku (n.) suffocation
窒息させる chissoku saseru (v.) suffocate
チップ chippu (n.) gratuity
チップを出す chippu o dasu (v.) tip
ちっぽけな chippokena (adj.) meagre
知的な chitekina (adj.) intellectual

地熱の chinetsu no (adj.) geothermal
知能 chinō (n.) intelligence
乳房 chibusa (n.) udder
乳房の chibusa no (adj.) mammary
地平線 chiheisen (n.) horizon
地方気質 chihō kishitsu (n.) provincialism
地方自治体 chihōjichitai (n.) municipality
血まみれの chimamire no (adj.) bloody
致命的な chimei tekina (adj.) fatal
知名度 chimeido (n.) notability
チャーター chātā (n.) charter
チャーターした chātā shita (adj.) chartered
チャイム chaimu (n.) chime
茶色 chairo (adj.) brown
ちゃかす chakasu (v.) jest
着用させる chakuyō saseru (v.) accoutre
着陸 chakuriku (n.) landing
着陸許可 chakuriku kyoka (n.) ground clearance
着陸する chakuriku suru (v.) land
チャット chatto (n.) cyberchat
チャットルーム chatto rūmu (n.) chat room
茶番 chaban (n.) farce
茶屋 chaya (n.) teahouse
チャリオット chariotto (n.) chariot
中位 chūi (n.) medium
中尉 chūi (n.) lieutenant
注意 chūi (n.) attention
注意散漫な chūi sanmanna (adj.) scatterbrained
注意の chūi no (adj.) cautionary

注意深い chūibukai (adj.) attentive
注意深く chūibukaku (adj.) careful
中央 chūō (n.) middle
中央の chūō no (adj.) middle
中央広場 chūō hiroba (n.) concourse
中央値 chūōchi (n.) median
虫害 chūgai (n.) blight
仲介者 chūkaisha (n.) mediator
仲介人 chūkainin (n.) intermediary
宙返り chūgaeri (n.) somersault
宙返りをする chūgaeri o suru (v.) somersault
中間の chūkan no (adj.) mid
中間性の chūkansei no (adj.) osculant
忠義 chūgi (n.) loyalty
中級の chūkyū no (adj.) intermediate
中古の chūko no (adj.) second-hand
中国 chūgoku (n.) china
仲裁 chūsai (n.) arbitration
仲裁する chūsai suru (v.) mediate
中止する chūshi suru (v.) abort
中止する chūshi suru (v.) cancel
中止する chūshi suru (v.) discontinue
忠実 chūjitsu (n.) fidelity
忠実な chūjitsuna (adj.) faithful
注射 chūsha (n.) injection
駐車違反切符 chūsha ihan kippu (n.) parking ticket
注射器 chūshaki (n.) syringe
駐車する chūsha suru (v.) park
注釈をつける chūshaku o tsukeru (v.) annotate
中傷 chūshō (n.) defamation
抽象化 chūshō ka (n.) abstraction

中傷する chūshō suru *(v.)* slander
中傷する人 chūshō suru hito *(n.)* detractor
中傷的な chūshō tekina *(adj.)* defamatory
抽象的な chūshō tekina *(adj.)* abstract
昼食 chūshoku *(n.)* lunch
昼食を取る chūshoku o toru *(v.)* lunch
中心 chūshin *(n.)* centre
中心から外す chūshin kara hazusu *(v.)* decentre
中心的な chūshin tekina *(adj.)* central
中心の近く chūshin no chikaku *(adj.)* centrical
中心を外れた chūshin o hazureta *(adj.)* acentric
虫垂炎 chūsuien *(n.)* appendicitis
忠誠 chūsei *(n.)* allegiance
中世の chūsei no *(adj.)* medieval
中性の chūsei no *(adj.)* neuter
中性語 chūseigo *(n.)* neuter
中性子 chūseishi *(n.)* neutron
忠誠を捨てると宣言する chūsei o suteru to sengen suru *(v.)* abjure
中絶 chūzetsu *(n.)* abortion
抽選 chūsen *(n.)* lottery
鋳造 chūzō *(n.)* casting
鋳造する chūzō suru *(v.)* mint
中退者 chūtaisha *(n.)* dropout
中断 chūdan *(n.)* interruption
中断なしの chūdan nashino *(adj.)* uninterrupted
チューチュー鳴く chūchū naku *(v.)* squeak
チューチュー鳴く声 chūchū naku koe *(n.)* squeak

躊躇 chūcho *(n.)* hesitation
躊躇する chūcho suru *(v.)* baulk
中毒 chūdoku *(n.)* intoxication
中毒者 chūdokusha *(n.)* addict
中毒性の chūdokusei no *(adj.)* addictive
中毒になっている chūdoku ni natteiru *(adj.)* addicted
中二階 chūnikai *(n.)* mezzanine
注入 chūnyū *(n.)* infusion
注入する chūnyū suru *(v.)* inject
中編小説 chūhen shōsetsu *(n.)* novelette
注目に値する chūmoku ni ataisuru *(adj.)* notable
注文 chūmon *(n.)* order
注文する chūmon suru *(v.)* order
中立の chūritsu no *(adj.)* neutral
柱廊 chūrō *(n.)* portico
中和させる chūwa saseru *(v.)* neutralize
腸 chō *(n.)* intestine
超 chō *(adv. adj.)* uber
超大型店 chō ōgataten *(n.)* megastore
超音速 chō onsoku *(adj.)* supersonic
超音波 chō onpa *(n.)* ultrasound
超音波学 chō onpagaku *(n.)* ultrasonics
超音波検査 chō onpa kensa *(n.)* sonography
超音波の chō onpa no *(adj.)* ultrasonic
超高層ビル chō kōsō biru *(n.)* skyscraper
超小型の chō kogata no *(adj.)* ultracompact
超自然的な chō shizen tekina *(adj.)* occult

超自然的な力 chō shizen tekina chikara (n.) occult
超自然の chō shizen no (adj.) supernatural
超人的な chō jintekina (adj.) superhuman
腸の chō no (adj.) intestinal
超能力 chō nōryoku (n.) telekinesis
超能力の chō nōryoku no (adj.) telekinetic
超保守的な chō hoshu tekina (adj.) ultraconservative
超保守派 chō hoshuha (n.) ultraconservative
弔慰 chōi (n.) condolence
弔慰する chōi suru (v.) condole
超越させる chōetsu saseru (v.) transcendentalize
超越した chōetsu shita (adj.) transcendent
超越する chōetsu suru (v.) transcend
超越的な chōetsu tekina (adj.) transcendental
超越論的に chōetsuron teki ni (adv.) transcendentally
懲戒 chōkai (n.) discipline
聴覚の chōkaku no (adj.) auditory
長官 chōkan (n.) magistracy
長期の chōki no (adj.) long-term
張筋 chōkin (n.) tensor
チョーク chōku (n.) chalk
チョークで書く chōku de kaku (v.) chalk
チョークの粉 chōku no kona (n.) chalkdust
調合 chōgō (n.) concoction

徴候的な chōkō tekina (adj.) symptomatic
彫刻 chōkoku (n.) sculpture
彫刻師 chōkokushi (n.) sculptor
彫刻する chōkoku suru (v.) sculpt
彫刻刀 chōkokutō (n.) chisel
彫刻の chōkoku no (adj.) sculptural
調査 chōsa (n.) investigation
調剤 chōzai (n.) pharmaceutical
調剤の chōzai no (adj.) pharmaceutical
調子が良い chōshi ga ii (adj.) well
調査する chōsa suru (v.) investigate
長寿 chōju (n.) longevity
徴収 chōshū (n.) levy
長所 chōsho (n.) forte
朝食 chōshoku (n.) breakfast
聴診器 chōshinki (n.) stethoscope
調整 chōsei (n.) adjustment
調整不良 chōsei furyō (n.) maladjustment
調整器 chōseiki (n.) regulator
挑戦 chōsen (n.) challenge
挑戦する chōsen suru (v.) dare
挑戦的な chōsen tekina (adj.) defiant
彫像 chōzō (n.) effigy
調達 chōtatsu (n.) procurement
調達する chōtatsu suru (v.) procure
腸チフス chōchifusu (n.) typhoid
蝶々 chōchō (n.) butterfly
調停 chōtei (n.) mediation
調停に持ち込む chōtei ni mochikomu (v.) arbitrate
調停者 chōteisha (n.) arbitrator
頂点 chōten (n.) pinnacle

ちょうど chōdo *(adv.)* due
丁度 chōdo *(adv.)* exactly
超党派の chōtōha no *(adj.)* bipartisan
挑発 chōhatsu *(n.)* provocation
徴発する chōhatsu suru *(v.)* requisition
挑発的な chōhatsu tekina *(adj.)* provocative
懲罰的な chōbatsu tekina *(adj.)* punitive
徴発令 chōhatsurei *(n.)* requisition
徴募する chōbo suru *(v.)* enlist
長方形 chōhōkei *(n.)* rectangle
長方形の chōhōkei no *(adj.)* rectangular
跳躍 chōyaku *(n.)* leap
調律する chōritsu suru *(v.)* tune
張力 chōryoku *(n.)* tensility
張力の chōryoku no *(adj.)* tensile
張力をかけた chōryoku o kaketa *(adj.)* tensioned
張力をかける chōryoku o kakeru *(v.)* tension
鳥類学 chōruigaku *(n.)* ornithology
鳥類学者 chōrui gakusha *(n.)* ornithologist
調和 chōwa *(n.)* consonance
調和 chōwa *(n.)* harmony
調和した chōwa shita *(adj.)* harmonious
貯金箱 chokinbako *(n.)* piggy bank
直示 choku ji *(n.)* ostension
直接な chokusetsuna *(adj.)* direct
直腸 chokuchō *(n.)* rectum
直面する chokumen suru *(v.)* confront
直立の chokuritsu no *(adj.)* erect
チョコレート chokorēto *(n.)* chocolate
著作権 chosakuken *(n.)* copyright
著作権侵害 chosakuken shingai *(n.)* piracy
著作権を侵害する chosakuken o shingai suru *(v.)* pirate
著者 chosha *(n.)* author
貯水池 chosuichi *(n.)* reservoir
貯蔵所 chozōjo *(n.)* cache
ちょっかいを出す chokkai o dasu *(v.)* dabble
直感 chokkan *(n.)* intuition
直感的な chokkan tekina *(adj.)* intuitive
直径 chokkei *(n.)* diameter
直行の chokkō no *(adj.)* non-stop
散らかす chirakasu *(v.)* clutter
チラシ chirashi *(n.)* flyer
ちらし chirashi *(n.)* leaflet
ちらっと見る chiratto miru *(v.)* glance
散らばった chirabatta *(adj.)* scattered
ちり chiri *(n.)* mote
地理 chiri *(n.)* geography
地理学者 chiri gakusha *(n.)* geographer
地理的な chiri tekina *(adj.)* geographical
チリペッパー chiri peppā *(n.)* chilli
ちりばめる chiribameru *(v.)* encrust
治療 chiryō *(n.)* treatment
治療上の chiryō jō no *(adj.)* remedial
治療薬 chiryōyaku *(n.)* remedy
鎮圧 chin atsu *(n.)* suppression
鎮圧する chin atsu suru *(v.)* suppress
賃金 chingin *(n.)* wage
沈思 chinshi *(n.)* contemplation
賃借人 chinshakunin *(n.)* lessee
鎮静効果の chinsei kōka no *(adj.)* calmative

鎮静剤 chinseizai (n.) sedative
鎮静させる chinsei saseru (v.) sedate
鎮静作用の chinsei sayō no (adj.) sedative
賃貸する chintai suru (v.) lease
賃貸借 chintaishaku (n.) lease
鎮痛 chintsū (n.) pain relief
鎮痛剤 chintsūzai (n.) analgesic
沈泥 chindei (n.) silt
沈泥で塞がれる chindei de fusagareru (v.) silt
チンパンジー chinpanjī (n.) chimpanzee
チンピラ chinpira (n.) thug
陳腐な chinpuna (adj.) banal
珍味 chinmi (n.) delicacy
沈黙 chinmoku (n.) silence

ツアー tsuā (n.) tour
ツイートする tsuīto suru (v.) twitter
追加 tsuika (n.) addition
追加する tsuika suru (v.) add
追加の tsuika no (adj.) additional
追加料金 tsuika ryōkin (n.) surcharge
追加料金を課する tsuika ryōkin o kasuru (v.) surcharge
追求 tsuikyū (n.) pursuit
追伸 tsuishin (n.) postscript
追跡 tsuiseki (n.) follow-up
追跡可能な tsuiseki kanōna (adj.) trackable

追跡する tsuiseki suru (v.) pursue
ツイッター tsuittā (n.) twitter
ついていく tsuiteiku (v.) follow
追悼 tsuitō (n.) remembrance
ついに tsuini (adv.) eventually
ついばむ tsuibamu (v.) peck
追放 tsuihō (n.) banishment
追放する tsuihō suru (v.) banish
費やす tsuiyasu (v.) spend
通貨 tsūka (n.) currency
通過 tsūka (n.) transit
通過する tsūka suru (v.) transit
通過できる tsūka dekiru (adj.) traversable
通行できない tsūkō dekinai (adj.) impassable
通行料金 tsūkō ryōkin (n.) toll
通行料を徴収する tsūkōryō o chōshū suru (v.) toll
通常 tsūjō (adv.) ordinarily
通常の tsūjō no (adj.) usual
通信士 tsūshinshi (n.) telegraphist
痛切さ tsūsetsu sa (n.) poignancy
痛切な tsūsetsuna (adj.) poignant
通知 tsūchi (n.) notice
通知する tsūchi suru (v.) notify
通知書 tsūchisho (n.) notification
通販 tsūhan (n.) teleshopping
痛風 tsūfū (n.) gout
通風 tsūfū (n.) draught
通訳者 tsūyakusha (n.) interpreter
通路 tsūro (n.) passage
通話 tsūwa (n.) call
杖 tsue (n.) cane

使いやすい tsukai yasui *(adj.)* easy-to-use
使い切った tsukaikitta *(adj.)* depleted
使い尽くす tsukaitsukusu *(v.)* exhaust
使い古した tsukaifurushita *(adj.)* worn
使う tsukau *(v.)* use
使うこと tsukau koto *(n.)* use
仕える tsukaeru *(v.)* serve
つかの間の tsukanoma no *(adj.)* transitory
つかみ部 tsukamibu *(n.)* grip
つかむ tsukamu *(v.)* grab
つかむこと tsukamu koto *(n.)* snatch
疲れ tsukare *(n.)* fatigue
疲れさせる tsukaresaseru *(v.)* weary
疲れた tsukareta *(adj.)* tired
疲れる tsukareru *(v.)* tire
月 tsuki *(n.)* month
月 tsuki *(n.)* moon
月の tsuki no *(adj.)* lunar
次の tsugi no *(adj.)* next
つぎを当てる tsugi o ateru *(v.)* patch
突き刺す tsukisasu *(v.)* pierce
突き刺す tsukisasu *(v.)* spear
付添人 tsukisoinin *(n.)* chaperone
突き出た鼻 tsukideta hana *(n.)* snout
次に tsugini *(adv.)* next
突く tsuku *(v.)* poke
突くこと tsuku koto *(n.)* poke
机 tsukue *(n.)* desk
償い tsugunai *(n.)* atonement
償う tsugunau *(v.)* atone
作り事 tsukurigoto *(n.)* figment

作り直す tsukurinaosu *(v.)* remould
作り話 tsukuribanashi *(n.)* tale
作る tsukuru *(v.)* make
付け合わせ tsukeawase *(n.)* garnish
付け合わせをする tsukeawase o suru *(v.)* garnish
告げ口する人 tsugeguchi suru hito *(n.)* telltale
付け足す tsuketasu *(v.)* append
漬けます tsukemasu *(v.)* pickle
漬物 tsukemono *(n.)* pickle
漬物にする tsukemono ni suru *(v.)* picnic
漬ける tsukeru *(v.)* dunk
都合が良い tsugō ga ii *(v.)* suit
都合の悪い tsugō no warui *(adj.)* inopportune
続ける tsuzukeru *(v.)* continue
綴り tsuzuri *(n.)* spelling
綴る tsuzuru *(v.)* spell
ツタ tsuta *(n.)* ivy
伝える tsutaeru *(v.)* communicate
土 tsuchi *(n.)* soil
土塊 tsuchikure *(n.)* clod
突っ込む tsukkomu *(v.)* thrust
慎み深さ tsutsushimi buka sa *(n.)* modesty
包み tsutsumi *(n.)* pack
包みにする tsutsumi ni suru *(v.)* parcel
包み紙 tsutsumigami *(n.)* wrapper
包む tsutsumu *(v.)* wrap
繋がり tsunagari *(n.)* link
つなぎ合わせる tsunagi awaseru *(v.)* piece
つなぎなわ tsunaginawa *(n.)* tether

つなぎなわでつなぐ tsunaginawa de tsunagu *(v.)* tether
繋ぐ tsunagu *(v.)* link
常に tsuneni *(adv.)* always
常に準備されている tsuneni junbi sareteiru *(adj.)* ever-ready
つねる tsuneru *(v.)* pinch
角 tsuno *(n.)* horn
唾 tsuba *(n.)* sputum
唾 tsuba *(n.)* spit
ツバメ tsubame *(n.)* swallow
粒 tsubu *(n.)* grain
つぶやく tsubuyaku *(v.)* murmur
蕾 tsubomi *(n.)* bud
妻 tsuma *(n.)* wife
つまずき tsumazuki *(n.)* stumble
つまずく tsumazuku *(v.)* stumble
つまみ tsumami *(n.)* pinch
摘む tsumamu *(v.)* pluck
つまらない tsumaranai *(adj.)* bland
つまらないおしゃべり tsumaranai oshaberi *(n.)* gibber
つまり tsumari *(adv.)* namely
罪 tsumi *(n.)* sin
罪を犯す tsumi o okasu *(v.)* sin
罪を着せる tsumi o kiseru *(v.)* scapegoat
積み上げる tsumiageru *(v.)* bank
積み重ね tsumikasane *(n.)* pile
積み重ねる tsumikasaneru *(v.)* pile
積み込む tsumikomu *(v.)* load
摘み取る tsumitoru *(v.)* pick
積荷量 tsuminiryō *(n.)* shipload
罪人 tsumibito *(n.)* sinner

罪深い tsumibukai *(adj.)* sinful
積む tsumu *(v.)* heap
紡ぎ手 tsumugite *(n.)* spinner
爪 tsume *(n.)* nail
詰め合わせ tsumeawase *(n.)* assortment
詰め込む tsumekomu *(v.)* cram
冷たい tsumetai *(adj.)* unaffectionate
詰め物 tsumemono *(n.)* padding
詰め物をする tsumemono o suru *(v.)* pad
つやつやした tsuyatsuya shita *(adj.)* sleek
艶やかな tsuyaya kana *(adj.)* glossy
露 tsuyu *(n.)* dew
強い tsuyoi *(adj.)* strong
強い性欲 tsuyoi seiyoku *(n.)* lust
つらい tsurai *(adj.)* trying
辛い tsurai *(adj.)* spicy
貫き通す tsuranukitōsu *(v.)* persist
つらら tsurara *(n.)* icicle
釣り合いをとる tsuriai o toru *(v.)* balance
釣り合っている tsuriatteiru *(v.)* poise
釣り合わせる tsuriawaseru *(v.)* proportion
つる植物 tsuru shokubutsu *(n.)* creeper
吊るされた状態 tsurusareta jōtai *(n.)* suspension
吊るす tsurusu *(v.)* hang
連れてくる tsuretekuru *(v.)* fetch

て

手 te *(n.)* hand
出会い deai *(n.)* encounter
出会う deau *(v.)* encounter
手当 teate *(n.)* allowance
である dearu *(v.)* be
である一方で dearu ippō de *(conj.)* whereas
であるが dearuga *(conj.)* although
ディアスポラ diasupora *(n.)* diaspora
ティアラ tiara *(n.)* tiara
提案 teian *(n.)* proposal
提案する teian suru *(v.)* propose
帝王切開 teiōsekkai *(n.)* cesarean
帝王切開の teiōsekkai no *(adj.)* cesarean
低温学 teiongaku *(n.)* cryogenics
低下させる teika saseru *(v.)* vitiate
低下する teika suru *(v.)* decline
ティーカップ tī kappu *(n.)* teacup
泥灰土 deikaido *(n.)* marl
定義 teigi *(n.)* definition
定期刊行の teiki kankō no *(adj.)* periodical
定期刊行物 teiki kankōbutsu *(n.)* periodical
定期購読 teiki kōdoku *(n.)* subscription
定期購読する teiki kōdoku suru *(v.)* subscribe
定義する teigi suru *(v.)* define
提供 teikyō *(n.)* provision
提供者 teikyōsha *(n.)* donor
提供する teikyō suru *(v.)* provide
ティーケーキ tī kēki *(n.)* teacake
艇庫 teiko *(n.)* boathouse
抵抗 teikō *(n.)* resistance
抵抗する teikō suru *(v.)* resist
抵抗できない teikō dekinai *(adj.)* irresistible
抵抗力のある teikōryoku no aru *(adj.)* resistant
帝国 teikoku *(n.)* empire
帝国主義 teikoku shugi *(n.)* imperialism
帝国の teikoku no *(adj.)* imperial
提議する teigi suru *(v.)* propound
偵察 teisatsu *(n.)* scout
偵察する teisatsu suru *(v.)* scout
停止 teishi *(n.)* stop
停止する teishi suru *(v.)* halt
低湿地 teishitsuchi *(n.)* glade
低脂肪の tei shibō no *(adj.)* low-fat
停車場 teishajō *(n.)* depot
定住している teijū shiteiru *(adj.)* domiciled
提出 teishutsu *(n.)* submission
提出する teishutsu suru *(v.)* submit
廷臣 teishin *(n.)* courtier
ディスク disuku *(n.)* disc
ディスコ disuko *(n.)* discotheque
ディストピア disutopia *(n.)* dystopia
訂正 teisei *(n.)* rectification
訂正する teisei suru *(v.)* rectify
貞節な teisetsuna *(adj.)* chaste
ディーゼルエンジン dīzeruenjin *(n.)* diesel

停戦 teisen (n.) ceasefire
汀線 teisen (n.) shoreline
貞操 teisō (n.) chastity
定足数 teisokusū (n.) quorum
データ dēta (n.) data
停滞 teitai (n.) stagnation
定着させる teichaku saseru (v.) entrench
停滞する teitai suru (v.) stagnate
データバンク dētabanku (n.) databank
データベース dētabēsu (n.) database
ティッシュ tisshu (n.) tissue
蹄鉄を付ける teitetsu o tsukeru (v.) shoe
停電 teiden (n.) blackout
程度 teido (n.) extent
抵当 teitō (n.) mortgage
抵当権者 teitōkensha (n.) mortgagee
抵当権設定者 teitōken setteisha (n.) mortgagor
抵当に入れる teitō ni ireru (v.) mortgage
提督 teitoku (n.) admiral
剃髪 teihatsu (n.) tonsure
ティーバッグ tī baggu (n.) teabag
テープ tēpu (n.) tape
テープに録画する tēpu ni rokuga suru (v.) videotape
テーブル tēburu (n.) table
ディプロマ dipuroma (n.) diploma
ティーポット tīpotto (n.) teapot
低木 teiboku (n.) shrub
テーマ tēma (n.) topic
テーマ tēma (n.) theme
テーマの tēma no (adj.) thematic

ティーメーカー tī mēkā (n.) tea maker
ディーラー dīrā (n.) dealer
定理 teiri (n.) theorem
廷吏 teiri (n.) bailiff
底流 teiryū (n.) undercurrent
ディールメーカー dīrumēkā (n.) dealmaker
手入れを行なう teire o okonau (v.) raid
手入れする teire suru (v.) groom
ティーンエイジャー tīneijā (n.) teenager
ティンセル tinseru (n.) tinsel
手落ち teochi (n.) oversight
デオドラント deodoranto (n.) deodorant
手おの te ono (n.) hatchet
手がかり tegakari (n.) clue
手柄 tegara (n.) feat
手が届く te ga todoku (v.) reach
敵 teki (n.) enemy
敵意 tekī (n.) animosity
敵意のある tekī no aru (adj.) inimical
テキーラ tekīra (n.) tequila
適応 tekiō (n.) adaptation
適応する tekiō suru (v.) adapt
適応性のある tekiōsei no aru (adj.) adaptable
的確な tekikakuna (adj.) eligible
適合した tekigō shita (adj.) fit
適合する tekigō suru (adj.) congruent
出来事 dekigoto (n.) affair
適性 tekisei (n.) aptitude
適性テスト tekisei tesuto (n.) aptitude test
適切性 tekisetsusei (n.) adequacy

適切な tekisetsuna *(adj.)* appropriate
適切に tekisetsu ni *(adv.)* adequately
できた dekita *(v.)* could
敵対 tekitai *(n.)* antagonism
敵対者 tekitaisha *(n.)* antagonist
適度 tekido *(n.)* moderation
適当 tekitō *(n.)* suitability
適度な tekidona *(adj.)* moderate
できない dekinai *(adj.)* unable
敵の teki no *(adj.)* hostile
出来栄え dekibae *(n.)* workmanship
適用された tekiyō sareta *(adj.)* applied
適用する tekiyō suru *(v.)* apply
適用できない tekiyō dekinai *(adj.)* inapplicable
適用できる tekiyō dekiru *(adj.)* applicable
できる dekiru *(v.)* can
できる dekiru *(adj.)* able
敵を弱くする teki o yowaku suru *(n.)* debuff
出口 deguchi *(n.)* exit
テクノ音楽 tekuno ongaku *(n.)* technomusic
手首 tekubi *(n.)* wrist
てこ teko *(n.)* lever
手ごたえのある tegotae no aru *(adj.)* telling
てこの作用 teko no sayō *(n.)* leverage
手ごろさ tegoro sa *(n.)* affordability
てこを使う teko o tsukau *(v.)* lever
デザート dezāto *(n.)* dessert
デザイナー dezainā *(n.)* designer
でさえ de sae *(adj.)* even

手探りする tesaguri suru *(v.)* grope
手ざわり tezawari *(n.)* texture
弟子 deshi *(n.)* disciple
手仕事 teshigoto *(n.)* handiwork
デジタル dejitaru *(adj.)* digital
デジタル化 dejitaru ka *(v.)* digitalize
手品師 tejinashi *(n.)* juggler
デシベル deshiberu *(n.)* decibel
手順 tejun *(n.)* procedure
手錠 tejō *(n.)* handcuff
手錠をかける tejō o kakeru *(v.)* handcuff
デスクトップ desuku toppu *(n.)* desktop
テスト tesuto *(n.)* test
テストステロン tesutosuteron *(n.)* testosterone
手詰まり tezumari *(n.)* stalemate
手すり tesuri *(n.)* railing
手相占い tesō uranai *(n.)* palmistry
手相占い師 tesō uranaishi *(n.)* palmist
手助けする tedasuke suru *(v.)* facilitate
鉄 tetsu *(n.)* iron
哲学 tetsugaku *(n.)* philosophy
哲学者 tetsugakusha *(n.)* philosopher
哲学的な tetsugaku tekina *(adj.)* philosophical
デッキ dekki *(n.)* deck
撤去 tekkyo *(n.)* removal
撤去する tekkyo suru *(v.)* remove
鉄格子 tetsugōshi *(n.)* grate
撤退 tettai *(v.)* retreat
でっち上げ decchiage *(n.)* fabrication
でっち上げ decchiage *(n.)* hoax
でっちあげる decchiageru *(v.)* fabricate

徹底的な tetteitekina *(adj.)* thorough
鉄道 tetsudō *(n.)* railway
てっぺん teppen *(n.)* top
出て行く deteiku *(v.)* exit
テトラ tetora *(n.)* tetra
テナガザル tenagazaru *(n.)* gibbon
手投げ弾 te nagedan *(n.)* grenade
テナント tenanto *(n.)* tenant
手に入れる te ni ireru *(v.)* obtain
手に負えない te ni oenai *(adj.)* unruly
テニス tenisu *(n.)* tennis
手に入る te ni hairu *(adj.)* obtainable
デニム denimu *(n.)* jean
手荷物 tenimotsu *(n.)* hand baggage
テニュア tenyua *(n.)* tenure
テニュアを与える tenyua o ataeru *(v.)* tenure
テノール tenōru *(n.)* tenor
テノールの tenōru no *(adj.)* tenor
手の込んだ te no konda *(adj.)* elaborate
手の届かない te no todokanai *(adj.)* inaccessible
手のひら tenohira *(n.)* palm
手のひらに隠す tenohira ni kakusu *(v.)* palm
ではあるが de wa aruga *(conj.)* notwithstanding
手配する tehai suru *(v.)* arrange
出歯亀 debakame *(n.)* voyeur
手引き tebiki *(n.)* handbook
デビットカード debitto kādo *(n.)* debit card
デビュー debyū *(n.)* debut
手袋 tebukuro *(n.)* glove

手ぶらで tebura de *(adj.)* empty-handed
デフラグメンテーション defuragumentēshon *(n.)* defragmentation
手ぶり teburi *(n.)* gesture
デフレ defure *(n.)* deflation
デュエット duetto *(n.)* duet
デュエットする duetto suru *(v.)* duet
デュオ duo *(n.)* duo
寺 tera *(n.)* temple
テラバイト tera baito *(n.)* terabyte
テラビット tera bitto *(n.)* terabit
テラコッタ色 terakotta *(n.)* terracotta
テラコッタ色の terakotta iro no *(adj.)* terracotta
テラス terasu *(n.)* terrace
テラフォーミング terafōmingu *(n.)* terraforming
テリア teria *(n.)* terrier
デリカテッセン derika tessen *(n.)* delicatessen
デルタ deruta *(n.)* delta
テレタイプ端末 teretaipu tanmatsu *(n.)* teleprinter
テレパシー terepashī *(n.)* telepathy
テレパシーの terepashī no *(adj.)* telepathic
テレパシー能力者 terepashī nōryokusha *(n.)* telepathist
テレビ terebi *(n.)* television
テレビゲームで遊ぶ terebi gēmu de asobu *(n.)* videogaming
テレビ講座 terebi kōza *(n.)* telecourse
テレビ電話 terebi denwa *(n.)* videotelephone

テレビ放送 terebi hōsō (n.) telecast
テレビ放送する terebi hōsō suru (v.) telecast
テレピン油 tere pinyu (n.) turpentine
テレフォンオペレーター terefon operētā (n.) teleoperator
テレフォンバンキング terehon bankingu (n.) telebanking
テレプロンプター tere puronputā (n.) teleprompter
テレポート tere pōto (n.) teleport
テレマーク teremāku (v.) telemark
テレマーケティング tere māketingu (n.) telemarketing
テレマティックスの terematikkusu no (adj.) telematic
テロ行為 tero kōi (n.) terrorism
テロリスト terorisuto (n.) terrorist
手渡す tewatasu (v.) hand
手を振る te o furu (v.) wave
テン ten (n.) marten
点 ten (n.) spot
天の ten no (adj.) celestial
天の賜物 ten no tamamono (n.) godsend
点を打つ ten o utsu (v.) dot
点を取ること ten o toru koto (n.) goalscoring
電圧 den atsu (n.) voltage
店員 ten in (n.) clerk
点火 tenka (n.) ignition
殿下 denka (n.) Highness
点火する tenka suru (v.) ignite
転嫁する tenka suru (v.) impute
天蓋 tengai (n.) canopy

展開する tenkai suru (v.) deploy
展開する tenkai suru (v.) unfold
電解物 denkaibutsu (n.) electrolyte
添加物 tenkabutsu (n.) additive
癲癇 tenkan (n.) epilepsy
癲癇患者 tenkan kanja (n.) epileptic
癲癇の tenkan no (adj.) epileptic
天気 tenki (n.) weather
伝記 denki (n.) biography
電気 denki (n.) electricity
伝記映画 denki eiga (n.) biopic
電機子 denkiko (n.) armature
伝記作者 denki sakusha (n.) biographer
電気通信 denki tsūshin (n.) telecommunications
電気の denki no (adj.) electric
電気をかける denki o kakeru (v.) electrify
デング熱 dengunetsu (n.) dengue
典型 tenkei (n.) epitome
典型的な tenkei tekina (adj.) typical
典型となる tenkei to naru (v.) typify
電撃 dengeki (n.) blitz
点呼 tenko (n.) roll-call
天国 tengoku (n.) heaven
天才 tensai (n.) genius
電算化する densanka suru (v.) computerize
天使 tenshi (n.) angel
点字 tenji (n.) braille
電子 denshi (n.) electron
展示会 tenjikai (n.) exhibition
電子商取引 denshi shō torihiki (n.) e-commerce

電子書籍 denshi shoseki (n.) e-book
展示する tenji suru (v.) exhibit
電子の denshi no (adj.) electronic
展示品 tenjihin (n.) exhibit
電車 densha (n.) train
店主 tenshu (n.) shopkeeper
天井 tenjō (n.) ceiling
天職 tenshoku (n.) vocation
転職 tenshoku (n.) calling
電信 denshin (n.) telegraph
電信の denshin no (adj.) telegraphic
電信術 denshinjutsu (n.) telegraphy
点数 tensū (n.) score
転生 tensei (n.) transmigration
伝説 densetsu (n.) legend
伝説の densetsu no (adj.) legendary
伝染 densen (n.) contagion
電線 densen (n.) wire
伝染する densen suru (adj.) contagious
伝染病 densenbyō (n.) epidemic
転送する tensō suru (v.) forward
電卓 dentaku (n.) calculator
伝達する dentatsu suru (v.) relay
デンタルフロスを使う dentarufurosu o tsukau (v.) floss
電池 denchi (n.) battery
天頂 tenchō (n.) zenith
天底 tentei (n.) nadir
点滴 tenteki (n.) drip
テント tento (n.) tent
店頭 tentō (n.) shopfront
転倒 tentō (n.) tumble
伝統 dentō (n.) tradition

伝導 dendō (n.) conduction
伝道師 dendōshi (n.) preacher
点灯する tentō suru (v.) light
伝道する dendō suru (v.) preach
伝統的な dentō tekina (adj.) classic
伝統的な dentō tekina (adj.) traditional
テント用ポール tentoyō pōru (n.) tentpole
転任させる tennin saseru (v.) reassign
天然痘 tennentō (n.) smallpox
天皇 tennō (n.) emperor
伝播 denpa (n.) propagation
電波障害 denpa shōgai (n.) static
電波探知 denpa tanchi (n.) radiolocation
天罰 tenbatsu (n.) damnation
伝票 denpyō (n.) chit
点描画家 tenbyō gaka (n.) pointillist
点描画法 tenbyōgahō (n.) pointillism
臀部 denbu (n.) buttock
添付書類 tenpu shorui (n.) attachment
添付する tenpu suru (v.) affix
転覆 tenpuku (n.) overthrow
転覆する tenpuku suru (v.) capsize
転覆する tenpuku suru (v.) overthrow
テンプレート tenpurēto (n.) template
澱粉 denpun (n.) starch
伝聞証拠 denbun shōko (n.) hearsay
電報 denpō (n.) telegram
展望台 tenbōdai (n.) observatory
電報で知らせる denpō de shiraseru (v.) telegraph
天幕作り tenmakuzukuri (n.) tentmaker
点滅 tenmetsu (n.) flashing

天文学 tenmongaku (n.) astronomy
天文学者 tenmongakusha (n.) astronomer
典礼係 tenreigakari (n.) beadle
典礼の tenrei no (adj.) liturgical
電話 denwa (n.) phone
電話会議 denwa kaigi (n.) teleconference
電話する denwa suru (v.) telephone
電話ファックス denwa fakkusu (n.) telecopier
電話をかける人 denwa o kakeru hito (n.) caller

ドア doa (n.) door
ドアノブ doa nobu (n.) doorknob
ドアベル doa beru (n.) doorbell
ドアマット doa matto (n.) doormat
問い合わせ toiawase (n.) inquiry
問い合わせる toiawaseru (v.) inquire
ということは toiu koto wa (conj.) that
と一緒に to issho ni (prep.) with
トイレ toire (n.) lavatory
トイレ toire (n.) toilet
銅 dō (n.) copper
等圧線 tōatsusen (n.) isobar
トーガ tō ga (n.) toga
同語族の dō gozoku no (adj.) cognate
動名詞 dō meishi (n.) gerund
どうやって dō yatte (adv.) how

同意 dōi (n.) consent
同意する dōi suru (v.) agree
統一 tōitsu (n.) unification
統一する tōitsu suru (v.) integrate
頭韻 tōin (n.) alliteration
動員する dōin suru (v.) mobilize
頭韻を踏む tōin o fumu (v.) alliterate
投影 tōei (n.) projection
投影する tōei suru (v.) project
同化 dōka (n.) assimilation
同化作用の dōka sayō no (n.) anabolic
同化する dōka suru (v.) assimilate
恫喝 dōkatsu (v.) bluster
トウガラシ tōgarashi (n.) capsicum
導管 dōkan (n.) duct
童顔 dōgan (n.) babyface
導管に通す dōkan ni tōsu (v.) duct
陶器 tōki (n.) pottery
動悸 dōki (n.) palpitation
動機 dōki (n.) incentive
動悸がする dōki ga suru (v.) palpitate
登記官 tōkikan (n.) registrar
同義の dōgi no (adj.) synonymous
登記所 tōkisho (n.) registry
動機付ける dōkizukeru (v.) motivate
道具 dōgu (n.) tool
道具一式 dōgu isshiki (n.) toolkit
トークショー tōku shō (n.) chat show
洞窟 dōkutsu (n.) cave
統計 tōkei (n.) statistics
陶芸 tōgei (n.) ceramics
陶芸家 tōgeika (n.) potter
統計学者 tōkei gakusha (n.) statistician

統計的な tōkei tekina (adj.) statistical
道化師 dōkeshi (n.) buffoon
統合失調症 tōgō shicchōshō (n.) schizophrenia
同行する dōkō suru (v.) accompany
投光器 tōkōki (n.) floodlight
投光器で照らす tōkōki de terasu (v.) floodlight
投獄する tōgoku suru (v.) jail
統語論 tōgoron (n.) syntax
動作 dōsa (n.) movement
動作不能 dōsa funō (adj.) inoperative
当座預金 tōza yokin (n.) current account
倒錯 tōsaku (n.) perversion
盗撮 tōsatsu (n.) voyeurism
洞察力 dōsatsuryoku (n.) acumen
洞察力 dōsatsuryoku (n.) insight
動産 dōsan (n.) movables
投資 tōshi (n.) investment
同志 dōshi (n.) comrade
投資する tōshi suru (v.) invest
同時の dōji no (adj.) concurrent
投資家 tōshika (n.) financier
陶磁器 tōjiki (n.) crockery
同軸の dōjiku no (n.) coaxial
頭字語 tōjigo (n.) acronym
同時に起こる dōjini okoru (v.) coincide
同時に起こる dōjini okoru (adj.) simultaneous
投射する tōsha suru (adj.) projectile
謄写する tōsha suru (v.) stencil
透写図 tōshazu (n.) tracing
投手 tōshu (n.) bowler

同種の dōshu no (adj.) homogeneous
搭乗 tōjō (n.) boarding
同上 dōjō (n.) ditto
同情 dōjō (n.) compassion
登場人物 tōjō jinbutsu (n.) personage
同情する dōjō suru (v.) sympathize
同情的な dōjō tekina (adj.) sympathetic
動詞を活用させる dōshi o katsuyō saseru (v.) conjugate
同心の dōshin no (adj.) concentric
トースト tōsuto (n.) toast
同性愛の dōseiai no (adj.) gay
同棲する dōsei suru (v.) cohabit
統制を解除する tōsei o kaijo suru (v.) decontrol
透析 tōseki (n.) dialysis
投石器 tōsekiki (n.) sling
当然 tōzen (adv.) naturally
当然与えられるべきの tōzen shiharawarerubeki no (adj.) due
当然与えられるべきもの tōzen ataerarerubeki mono (n.) due
当然の結果 tōzen no kekka (n.) corollary
闘争的な tōsō tekina (adj.) combative
灯台 tōdai (n.) beacon
統治 tōchi (n.) governance
統治する tōchi suru (v.) conquer
到着 tōchaku (n.) arrival
到着する tōchaku suru (v.) arrive
同調 dōchō (n.) conformity
動的な dōtekina (adj.) kinetic
同等 dōtō (n.) parity
ドードー dōdō (n.) dodo

堂々とした dōdō to shita *(adj.)* imposing
同等とする dōtō to suru *(v.)* equate
同等の人 dōtō no hito *(n.)* peer
同等のもの dōtō no mono *(n.)* equal
道徳 dōtoku *(n.)* morality
道徳的な dōtoku tekina *(adj.)* moral
道徳を説く dōtoku o toku *(v.)* moralize
ドーナツ dōnatsu *(n.)* doughnut
トーナメント tōnamento *(n.)* tournament
盗難 tōnan *(n.)* theft
盗難警報器 tōnan keihōki *(n.)* burglar alarm
導入する dōnyū suru *(v.)* install
糖尿病 tōnyōbyō *(n.)* diabetes
党派 tōha *(n.)* faction
党派心の強い tōhashin no tsuyoi *(adj.)* partisan
頭皮 tōhi *(n.)* scalp
逃避主義の人 tōhi shugi no hito *(n.)* escapist
投票 tōhyō *(n.)* vote
投票依頼する tōhyō irai suru *(v.)* canvass
投票者 tōhyōsha *(n.)* voter
投票する tōhyō suru *(v.)* vote
投票用紙 tōhyō yōshi *(n.)* ballot paper
盗品 tōhin *(n.)* loot
同封する dōfū suru *(v.)* enclose
動物 dōbutsu *(n.)* animal
動物園 dōbutsuen *(n.)* zoo
動物学 dōbutsugaku *(n.)* zoology
動物学者 dōbutsu gakusha *(n.)* zoologist
動物相 dōbutsusō *(n.)* fauna
動物学の dōbutsugaku no *(adj.)* zoological
動物をひき殺すこと dōbutsu o hikikorosu koto *(n.)* roadkill
等辺の tōhen no *(adj.)* equilateral
逃亡者 tōbōsha *(n.)* fugitive
逃亡する tōbō suru *(v.)* abscond
逃亡中の tōbō chū no *(adj.)* fugitive
糖蜜 tōmitsu *(n.)* molasses
冬眠 tōmin *(n.)* hibernation
ドーム dōmu *(n.)* dome
同盟 dōmei *(n.)* alliance
同盟している dōmei shiteiru *(adj.)* allied
透明な tōmeina *(adj.)* transparent
同名の人 dōmei no hito *(n.)* namesake
どう猛に dōmō ni *(adv.)* savagely
トウモロコシ tōmorokoshi *(n.)* corn
トウモロコシの実 tōmorokoshi no mi *(n.)* maize
灯油 tōyu *(n.)* kerosene
東洋 tōyō *(n.)* orient
盗用 tōyō *(n.)* appropriation
動揺 dōyō *(n.)* agitation
動揺させる dōyō saseru *(v.)* perturb
動揺する dōyō suru *(v.)* freak
同様に dōyō ni *(adv.)* likewise
東洋の tōyō no *(adj.)* oriental
同様の dōyō no *(adj.)* similar
投与量 tōyoryō *(n.)* dosage
到来 tōrai *(n.)* advent
動乱の dōran no *(adj.)* tempestuous
逗留 tōryū *(n.)* sojourn
逗留する tōryū suru *(v.)* sojourn

同僚 dōryō (n.) colleague
同僚 dōryō (n.) co-worker
道路 dōro (n.) road
灯籠 tōrō (n.) lantern
登録 tōroku (n.) registration
登録する tōroku suru (v.) register
道路沿いの宿屋 dōrozoi no yadoya (n.) roadhouse
道路を封鎖する dōro o fūsa suru (v.) roadblock
当惑 tōwaku (n.) bewilderment
当惑 tōwaku (n.) perplexity
当惑させる tōwaku saseru (v.) baffle
遠い tōi (adj.) far
当意即妙 toui sokumyou (n.) repartee
遠い昔の tōi mukashi no (adj.) immemorial
遠く tōku (adv.) far
遠くで tōku de (adv.) afield
遠くに tōku ni (adv.) afar
遠くの tōku no (adj.) distant
遠ざける tōzakeru (v.) alienate
通して tōshite (adv.) through
通しの tōshi no (adj.) through
通す tōsu (v.) lace
通った跡 tōtta ato (n.) track
通って tōtte (prep.) through
遠吠え tōboe (n.) howl
遠吠えする tōboe suru (v.) howl
通り tōri (n.) street
通り道 tōrimichi (n.) thoroughfare
都会の tokai no (adj.) urban
都会人 tokaijin (n.) metropolitan
トカゲ tokage (n.) lizard

溶かす tokasu (v.) dissolve
尖った togatta (adj.) pointed
とがめ togame (n.) reproof
とがめる togameru (v.) deprecate
咎める togameru (v.) upbraid
とがらせる togaraseru (v.) whet
トガリネズミ togarinezumi (n.) shrew
土器 doki (n.) earthenware
とぎ師 togishi (n.) grinder
時々 tokidoki (adv.) sometimes
時々起こる tokidoki okoru (adj.) sporadic
時には tokiniha (adv.) occasionally
ドキュメンタリー dokyumentarī (n.) documentary
研ぐ togu (v.) sharpen
毒 doku (n.) poison
特異性 tokuisei (n.) singularity
独裁者 dokusaisha (n.) autocrat
独裁政治 dokusai seiji (n.) autocracy
独裁政治の dokusai seiji no (adj.) autocratic
読者 dokusha (n.) reader
特集する tokushū suru (v.) feature
独唱歌 doku shōka (n.) monody
独身 dokushin (adj.) celibate
独身主義 dokushin shugi (n.) celibacy
独身女性 dokushin josei (n.) bachelorette
独身男性 dokushin dansei (n.) bachelor
独身の dokushin no (adj.) single
独身婦人 dokushin fujin (n.) spinster
得する tokusuru (v.) benefit
特性 tokusei (n.) peculiarity

毒性 dokusei (n.) toxicity
毒舌 dokuzetsu (n.) invective
独占 dokusen (n.) monopoly
独占企業 dokusen kigyō (n.) monopolist
独占する dokusen suru (v.) monopolize
毒素 dokuso (n.) toxin
独奏で dokusō de (adv.) solo
独創的な dokusō tekina (adj.) inventive
独奏の dokusō no (adj.) solo
特大の tokudai no (adj.) outsize
独断的な dokudan tekina (adj.) dogmatic
特徴 tokuchō (n.) feature
特定する tokutei suru (v.) specify
特定の tokutei no (adj.) particular
得点記録係 tokuten kirokugakari (n.) scorekeeper
得点記録表 tokuten kirokuhyō (n.) scorepad
得点する tokuten suru (v.) score
得点の記録 tokuten no kiroku (n.) scorekeeping
独特な dokutokuna (adj.) distinctive
特に tokuni (adv.) especially
独白 dokuhaku (n.) monologue
毒物学 dokubutsugaku (n.) toxicology
毒物学者 dokubutsu gakusha (n.) toxicologist
特別な tokubetsuna (adj.) special
匿名 tokumei (n.) anonymity
匿名の tokumei no (adj.) anonymous
独立している dokuritsu shiteiru (adj.) independent
独立心 dokuritsushin (n.) independence
毒を盛る doku o moru (v.) poison

とげ toge (n.) splinter
とげ toge (n.) thorn
とげ toge (n.) barb
とげのある toge no aru (adj.) barbed
とげの多い toge no ōi (adj.) thorny
時計 tokei (n.) clock
時計回り tokei mawari (adv.) clockwise
とげとげしさ togetogeshi sa (n.) acrimony
とげとげしい togetogeshī (adj.) acrimonious
溶けない tokenai (n.) insoluble
溶ける tokeru (v.) melt
土建業者 doken gyōsha (n.) contractor
どこかに doko ka ni (adv.) somewhere
どこでも doko demo (adv.) anywhere
どこでも doko demo (pron.) everywhere
どこに doko ni (adv.) where
どこにもない doko ni mo nai (adv.) nowhere
床屋 tokoya (n.) barber
ところで tokorode (n.) byway
とさか tosaka (n.) crest
屠殺 tosatsu (n.) slaughter
屠殺する tosatsu suru (v.) slaughter
登山家 tozanka (n.) mountaineer
登山者 tozansha (n.) climber
年 toshi (n.) year
都市 toshi (n.) city
年上 toshiue (n.) seniority
年上の toshiue no (adj.) elder
年上の toshiue no (adj.) senior
閉じ込める tojikomeru (v.) confine

年頃の toshigoro no *(adj.)* marriageable
年下の toshishita no *(adj.)* junior
戸締用ボルト tojimariyō boruto *(n.)* deadbolt
土砂降り doshaburi *(n.)* downpour
土砂降りの doshaburi no *(adj.)* torrential
土壌学 dojōgaku *(n.)* agrology
図書館 toshokan *(n.)* library
図書館員 toshokan in *(n.)* librarian
閉じる tojiru *(adj.)* close
年をとること toshi o toru koto *(n.)* ageing
ドシンという音 doshin toiu oto *(n.)* thud
ドシンと鳴る doshin to naru *(v.)* thud
土製の dosei no *(adj.)* earthen
土台 dodai *(n.)* base
土台 dodai *(n.)* matrix
戸棚 todana *(n.)* almirah
土地 tochi *(n.)* land
土地特有の tochi tokuyū no *(adj.)* vernacular
土地の tochi no *(adj.)* territorial
土地の人 tochi no hito *(n.)* native
途中 tochū *(adv.)* en route
どちらか dochira ka *(pron. adv.)* either
どちらも dochira mo *(adj & pron.)* both
どちらもない dochira mo nai *(conj.)* neither
特化 tokka *(n.)* specialization
特許 tokkyo *(n.)* patent
特許の tokkyo no *(adj.)* patent
特許権をとる tokkyoken o toru *(v.)* patent
ドッキリ dokkiri *(n.)* prank

ドック dokku *(n.)* dock
ドックに入れる dokku ni ireru *(v.)* dock
取っ組み合い tokkumiai *(n.)* grapple
取っ組み合う tokkumiau *(v.)* grapple
突撃 totsugeki *(n.)* onrush
突撃する totsugeki suru *(v.)* ram
毒血症 dokketsu shō *(n.)* toxaemia
特権 tokken *(n.)* privilege
突進する tosshin suru *(v.)* lunge
突然故障する totsuzen koshō suru *(v.)* glitch
突然に totsuzen ni *(adv.)* abruptly
突然の totsuzen no *(adj.)* sudden
突然変異 totsuzenhen i *(n.)* mutation
取っ手 totte *(n.)* handle
取って代わる totte kawaru *(v.)* supersede
突風 toppū *(n.)* gust
土手 dote *(n.)* embankment
とてつもない totetsumonai *(adj.)* tremendous
とてつもなく大きい totetsumonaku ōkī *(adj.)* mammoth
とても美しい totemo utsukushī *(adj.)* gorgeous
とても多い totemo ōi *(v. & prep.)* abound
とても小さい totemo chīsai *(adj.)* diminutive
とても小さい totemo chīsai *(adj.)* tiny
とても適切な totemo tekisetsuna *(adj.)* apposite
とても不快な totemo fukaina *(adj.)* repugnant
届く距離 todoku kyori *(n.)* reach
届ける todokeru *(v.)* deliver

とどろく todoroku (v.) resound
怒鳴り散らす donari chirasu (v.) rage
怒鳴る donaru (v.) yell
とにかく tonikaku (adv.) anyway
どの辺りに dono atari ni (adv.) whereabouts
どのようにして dono yō ni shite (adv.) wherein
トパーズ topāzu (n.) topaz
とばす tobasu (v.) skip
飛び散らす tobi chirasu (v.) splash
飛び越える tobikoeru (v.) hurdle
飛び込み tobikomi (n.) plunge
飛び込む tobikomu (v.) plunge
飛び付く tobitsuku (v.) pounce
飛び跳ねる tobihaneru (v.) leap
跳ぶ tobu (v.) jump
飛ぶ tobu (v.) fly
徒歩 toho (n.) walk
徒歩旅行者 toho ryokōsha (n.) wayfarer
途方に暮れさせる tohō ni kuresaseru (v.) devastate
乏しい toboshī (adj.) scarce
とぼとぼと歩く to botoboto aruku (v.) plod
とはいえ to wa ie (adv.) nonetheless
トマト tomato (n.) tomato
止まり木 tomari gi (n.) perch
止まる tomaru (v.) perch
富 tomi (n.) wealth
ドミノ domino (n.) domino
止め金 tomegane (n.) holdback
止める tomeru (v.) cease
留める tomeru (v.) fasten

友となる tomo to naru (v.) befriend
共食いする tomogui suru (v.) cannibalise
共に tomoni (adj.) alike
吃り domori (n.) stammer
吃る domoru (v.) stammer
土曜日 doyōbi (n.) Saturday
虎 tora (n.) tiger
ドライクリーニング doraikurīningu (v.) dry-clean
ドライブ doraibu (n.) drive
ドライヤー doraiyā (n.) hairdryer
捕らえる toraeru (v.) seize
トラクター torakutā (n.) tractor
トラッカー torakkā (n.) tracker
トラック torakku (n.) truck
トラックスーツ torakku sūtsu (n.) tracksuit
トラックリスト torakku risuto (n.) tracklist
トラックボール torakkubōru (n.) trackball
ドラム doramu (n.) dram
ドラムキット doramu kitto (n.) drum kit
トランク toranku (n.) trunk
トランシーバー toranshībā (n.) transceiver
トランペット toranpetto (n.) trumpet
トランペットを吹く toranpetto o fuku (v.) trumpet
鳥 tori (n.) bird
取り上げる toriageru (v.) confiscate
ドリームキャッチャー dorīmu kyacchā (n.) dreamcatcher
鳥撃ち toriuchi (n.) fowler

トリオ torio *(n.)* trio
取り押さえる toriosaeru *(v.)* overpower
取り換える torikaeru *(v.)* displace
取り囲む torikakomu *(v.)* encircle
取り消し torikeshi *(n.)* cancellation
取消可能な torikeshi kanōna *(adj.)* revocable
取り消す torikesu *(v.)* nullify
トリコロール tori korōru *(n.)* tricolour
トリコロールの tori korōru no *(adj.)* tricolour
鳥小屋 torigoya *(n.)* aviary
取り壊し torikowashi *(n.)* demolition
取り壊す torikowasu *(v.)* demolish
取り締まり torishimari *(n.)* crackdown
取締役 torishimariyaku *(n.)* director
取り締まる torishimaru *(v.)* police
取り立てる toritateru *(v.)* levy
取りつく toritsuku *(v.)* obsess
取り付け toritsuke *(n.)* installation
取り付け具 toritsukegu *(n.)* fixture
取り付ける toritsukeru *(v.)* attach
砦 toride *(n.)* fortress
鶏肉 tori niku *(n.)* chicken
取り除く torinozoku *(v.)* rid
取り外し可能な torihazushi kanōna *(adj.)* removable
取引 torihiki *(n.)* transaction
取引する torihiki suru *(v.)* trade
取引を行う torihiki o okonau *(v.)* transact
トリム torimu *(n.)* trim
鳥黐 torimochi *(n.)* birdlime
取り戻す torimodosu *(v.)* reclaim

取り戻せない torimodosenai *(adj.)* irrecoverable
度量の大きい doryō no ōkī *(adj.)* magnanimous
度量の大きいこと doryō no ōkī koto *(n.)* magnanimity
努力 doryoku *(n.)* effort
努力する doryoku suru *(v.)* endeavour
ドリル doriru *(n.)* drill
ドリルで穴を開ける ana o akeru *(v.)* drill
取る toru *(v.)* take
ドル doru *(n.)* dollar
取るに足りない toru ni tarinai *(adj.)* marginal
ドルマン doru man *(n.)* dolman
ドルイド僧 doruido sō *(n.)* druid
どれでも dore demo *(pron.)* whichever
どれもない dore monai *(pron.)* none
トレイ torei *(n.)* tray
奴隷 dorei *(n.)* slave
奴隷状態 dorei jōtai *(n.)* servitude
奴隷制度 dorei seido *(n.)* slavery
奴隷にする dorei ni suru *(v.)* enslave
奴隷のような dorei no yōna *(adj.)* slavish
トレーダー torēdā *(n.)* trader
トレーラー torērā *(n.)* trailer
ドレス doresu *(n.)* dress
トレッキングをする torekkingu o suru *(v.)* trek
ドレッシング doresshingu *(n.)* dressing
ドレッドロックス doreddorokkusu *(n.)* dreadlock
泥 doro *(n.)* dirt
泥を塗る doro o nuru *(v.)* besmirch

トロール網 torōru ami (n.) trawl
トロール網で魚を取る torōru ami de sakana o toru (v.) trawl
トロール船 torōrusen (n.) trawlboat
ドロップボックス doroppu bokkusu (n.) drop box
どろどろの dorodoro no (adj.) pulpy
どろどろのもの dorodoro no mono (n.) mush
泥沼 doronuma (n.) slough
とろ火で煮る torobi de niru (v.) stew
トロフィー torofī (n.) trophy
泥棒 dorobō (n.) burglar
ドローン do rōn (n.) drone
度を超す do o kosu (v.) overdo
度を過ぎた楽しみ do o sugita tanoshimi (n.) binge
トン ton (n.) ton
鈍角の donkaku no (adj.) obtuse
トング tongu (n. pl.) tongs
ドングリ donguri (n.) acorn
どん底 donzoko (n.) rock-bottom
どんちゃん騒ぎ donchansawagi (n.) revelry
ドンドン叩く dondon tataku (v.) drum
どんな donna (adj.) any
どんな時も donna toki mo (adv.) anytime
どんなふうにでも donna fū ni demo (conj.) however
トンネル tonneru (n.) tunnel
トンネルを掘る tonneru o horu (v.) tunnel
トンボ tonbo (n.) dragonfly
とんま tonma (n.) oaf

問屋 ton ya (n.) wholesaler
貪欲 don yoku (n.) greed
貪欲な don yokuna (adj.) greedy

ない nai (adj.) devoid
内規 naiki (n.) bylaw, bye-law
内向的な人 naikō tekina hito (n.) introvert
内視鏡の nai shikyō (adj.) endoscopic
内視鏡検査 nai shikyō kensa (n.) endoscopy
内省 naisei (n.) introspection
内省する naisei suru (v.) introspect
内臓 naizō (n.) entrails
内臓摘出 naizō tekishutsu (n.) evisceration
内臓を取り出す naizō o toridasu (v.) eviscerate
ナイチンゲール naichingēru (n.) nightingale
ナイト爵に叙する naito shaku ni josuru (v.) knight
ナイフ naifu (n.) knife
内部 naibu (n.) interior
内部で naibu de (adv.) within
内部に naibu ni (prep.) inside
内部の naibu no (adj.) inner
内容 naiyō (adj.) content
内容摘要 naiyō tekiyō (n.) docket
内陸に nairiku ni (adj.) inland
内陸の nairiku no (adv.) inland

内陸部 nairikubu (n.) midland
ナイロン nairon (n.) nylon
苗木 naegi (n.) sapling
治す naosu (v.) cure
直す naosu (v.) fix
治せる naoseru (adj.) curable
中 naka (n.) inside
長い nagai (adj.) long
長いカーテン nagai kāten (n.) drape
長居する nagai suru (v.) linger
長い非難演説 nagai hinan enzetsu (n.) tirade
長椅子 nagaisu (n.) settee
仲買 nakagai (n.) brokerage
仲買人 nakagainin (n.) middleman
長く nagaku (adv.) long
長さ naga sa (n.) length
流し nagashi (n.) sink
流す nagasu (v.) flush
長すぎる nagasugiru (adj.) lengthy
長続きする nagatsuzuki suru (adj.) perennial
中で naka de (prep.) within
長手袋 nagatebukuro (n.) gauntlet
仲直りする nakanaori suru (v.) reconcile
中庭 nakaniwa (n.) courtyard
長引かせる nagabikaseru (v.) prolong
仲間 nakama (n.) companion
仲間同士 nakama dōshi (n.) fellowship
眺め nagame (n.) view
眺め nagame (n.) vista
眺めが良い nagame ga ii (adj.) scenic

長持ちする nagamochi suru (adj.) lasting
仲よし nakayoshi (n.) pal
仲良し nakayoshi (n.) chum
流れ nagare (n.) current
流れる nagareru (v.) flow
泣き叫ぶ nakisakebu (v.) wail
泣き叫ぶ声 nakisakebu koe (n.) wail
泣く naku (v.) cry
慰め nagusame (n.) consolation
慰める nagusameru (v.) console
なくて nakute (adv. prep.) without
亡くなった nakunatta (adj.) deceased
殴り倒す naguri taosu (n.) clobber
殴り書き nagurigaki (n.) scribble
殴り書きする nagurigaki suru (v.) scribble
殴る naguru (v.) punch
殴る naguru (v.) bash
殴ること nagurukoto (n.) bash
嘆かわしい nagekawashī (adj.) deplorable
嘆き nageki (n.) grief
嘆く nageku (v.) grieve
投げ捨てる nagesuteru (v.) dump
投げ飛ばす nagetobasu (v.) fling
投げる nageru (v.) pitch
投げる nageru (v.) throw
投げること nageru koto (n.) throw
仲人 nakōdo (n.) matchmaker
情けない nasakenai (adj.) pathetic
梨 nashi (n.) pear
成し遂げる nashitogeru (v.) accomplish
なじんだ najinda (adj.) familiar

ナス nasu *(n.)* aubergine
なぜ naze *(adv.)* why
なぜなら nazenara *(conj.)* because
謎 nazo *(n.)* mystery
なぞなぞ nazonazo *(n.)* riddle
なぞめいた nazomeita *(adj.)* cryptic
謎めいた nazomeita *(adj.)* enigmatic
なぞる nazoru *(v.)* trace
名高い nadakai *(adj.)* renowned
名だけの na dake no *(adj.)* titular
なだめる nadameru *(v.)* pacify
宥める nadameru *(v.)* appease
雪崩 nadare *(n.)* avalanche
ナチョス nachosu *(n.)* nachos
夏 natsu *(n.)* summer
懐かしい natsukashī *(adj.)* nostalgic
名づける nazukeru *(v.)* term
名付ける nazukeru *(v.)* name
ナッツ nattsu *(n.)* nut
ナッツの味がする nattsu no aji ga suru *(adj.)* nutty
納得させる nattoku saseru *(v.)* convince
納得できる nattoku dekiru *(adj.)* cogent
ナツメグ natsumegu *(n.)* nutmeg
なでる naderu *(v.)* stroke
など nado *(adv.)* etcetera
七 nana *(n.)* seven
七個の nana ko no *(adj.)* seven
七十 nana jū *(n.)* seventy
七十番目 nana jū banme no *(adj.)* seventieth
七番目の nana banme no *(adj.)* seventh
斜めの naname no *(adj.)* diagonal

何 nani *(pron. interj.)* what
何か nani ka *(pron.)* something
何もない nani mo nai *(adv.)* nothing
ナノ nano *(n.)* nano
ナノ回路 nano kairo *(n.)* nanocircuitry
ナノ機械工学 nano kikai kōgaku *(n.)* nanomechanics
ナノ工学者 nano kōgakusha *(n.)* nanoengineer
ナノコンピュータ nano konpyūta *(n.)* nanocomputer
ナノチップ nano chippu *(n.)* nanochip
ナノトランジスター nano toranjisutā *(n.)* nanotransistor
ナノプラズマ nano purazuma *(n.)* nanoplasma
ナノヘルツ nano herutsu *(n.)* nanohertz
ナノマシン nano mashin *(n.)* nanite
ナノ要素 nano yōso *(n.)* nanocomponent
ナノ粒子 nano ryūshi *(n.)* nanoparticle
ナノバイオロジー nanobaiorojī *(n.)* nanobiology
ナノボット nanobotto *(n.)* nanobot
ナプキン napukin *(n.)* napkin
名札 nafuda *(n.)* nameplate
ナフタリン nafutarin *(n.)* naphthalene
生意気な namaikina *(n.)* minx
名前 namae *(n.)* name
名前だけの namae dake no *(adj.)* nominal
怠けている namaketeiru *(adj.)* idle
ナマケモノ namakemono *(n.)* sloth
怠け者 namakemono *(n.)* sluggard
怠ける namakeru *(v.)* laze

ナマズ namazu (n.) catfish
生で namade (adv.) live
なまぬるい namanurui (adj.) tepid
なまぬるいこと namanurui koto (n.) tepidity
なまぬるく namanuruku (adv.) tepidly
生の namano (adj.) raw
なまめかしい namamekashī (adj.) amorous
なまり namari (n.) accent
鉛製の namarisei no (adj.) leaden
波 nami (n.) wave
波型の namigata no (adj.) corrugated
涙 namida (n.) tear
涙のしずく namida no shizuku (n.) teardrop
涙もろい namida moroi (adj.) lachrymose
涙ぐんだ namidagunda (adj.) tearful
波立つ namidatsu (v.) undulate
並はずれた namihazureta (adj.) extraordinary
並外れた namihazureta (adj.) remarkable
なめし革業者 nameshigawa gyōsha (n.) tanner
なめし革工場 nameshigawa kōjō (n.) tannery
滑らかな namerakana (adj.) smooth
舐める nameru (v.) lick
舐めること nameru koto (n.) lick
納屋 naya (n.) barn
悩ます nayamasu (v.) vex
悩む nayamu (v.) fuss
慣らす narasu (v.) accustom

並べる naraberu (v.) range
成金 narikin (n.) upstart
なりすます narisumasu (v.) impersonate
なりすますこと narisumasu koto (n.) impersonation
鳴り響く narihibiku (adj.) resonant
鳴り響く narihibiku (adj.) sonorous
成る naru (v.) consist
鳴る naru (v.) sound
なる naru (v.) become
ナルシシズム narushishizumu (n.) narcissism
ナレーション narēshon (n.) narration
ナレーションをする narēshon o suru (v.) narrate
ナレーター narētā (n.) narrator
慣れた nareta (adj.) wont
縄 nawa (n.) rope
難解 nankai (adj.) abstruse
難解な nankaina (adj.) esoteric
南極の nankyoku no (adj.) antarctic
軟膏 nankō (n.) ointment
軟骨 nankotsu (n.) cartilage
軟体動物 nantaidōbutsu (n.) mollusc
何でも nandemo (pron.) anything
何とかして nantoka shite (adv.) somehow
何の nanno (adj.) what
難破 nanpa (n.) shipwreck
難破する nanpasuru (v.) shipwreck
南部の nanbu no (adj.) southern
難民 nanmin (n.) refugee
難問 nanmon (n.) conundrum

に

に ni (prep.) at
に ni (prep.) in
に ni (prep.) into
二 ni (n.) two
匂い nioi (n.) smell
匂いのする nioi no suru (adj.) odorous
匂いを嗅ぐ nioi o kagu (v.) smell
苦い nigai (adj.) bitter
二回 ni kai (adv.) twice
似顔絵 nigaoe (n.) likeness
二角の ni kaku no (adj.) biangular
二月 nigatsu (n.) February
苦み nigami (n.) bitterness
苦笑いの nigawarai no (adj.) wry
にきび nikibi (n.) pimple
にきび にきび (n.) acne
賑やかな nigiyakana (adj.) lively
二極の ni kyoku no (adj.) bipolar
握る nigiru (v.) grip
握ること nigiru koto (n.) hold
肉 niku (n.) meat
肉食動物 nikushoku dōbutsu (n.) carnivore
肉体から離脱させる nikutai kara ridatsu saseru (v.) disembody
肉体の nikutai no (adj.) carnal
肉たたき nikutataki (n.) tenderizer
憎むべき nikumubeki (adj.) abominable
憎むべきもの nikumubeki mono (n.) abomination
肉屋 nikuya (n.) butcher
荷車運搬 niguruma unpan (n.) cartage
肉を外す niku o hazusu (v.) deflesh
逃げ道 nigemichi (n.) let-out
逃げられる nigerareru (adj.) escapable
逃げる nigeru (v.) flee
二元の nigen no (adj.) binary
ニコチン nikochin (n.) nicotine
二酸化 nisanka (n.) dioxide
西 nishi (n.) west
虹 niji (n.) rainbow
西に nishi ni (adv.) west
西にある nishi ni aru (adj.) west
西の nishi no (adj.) westerly
二次会 nijikai (n.) after-party
二次元の ni jigen no (adj.) bidimensional
二十 ni jū (n.) twenty
二週間 ni shūkan (n.) fortnight
二重焦点の ni jū shōten no (adj.) bifocal
二重性 ni jūsei (n.) duality
二重にする ni jū ni suru (v.) duplicate
二重の ni jū no (adj.) dual
二十番目 ni jū banme (n.) twentieth
二十番目の ni jū banme no (adj.) twentieth
二人種の ni jinshu no (adj.) biracial
錦 nishiki (n.) brocade
ニシキヘビ nishikihebi (n.) python
にじみ出る nijimideru (v.) ooze
にじみ出ること nijimideru koto (n.) ooze
煮汁 nijiru (n.) broth
ニシン nishin (n.) herring

二世帯家屋 ni setai kaoku (n.) duplex
偽の nise no (adj.) fake
偽物 nisemono (n.) fake
尼僧 nisō (n.) priestess
似た nita (prep.) like
煮立てる nitateru (v.) simmer
二段ベット ni dan betto (n.) bunk bed
日常の nichijō no (adj.) workaday
日没 nichibotsu (n.) sunset
日曜日 nichiyōbi (n.) Sunday
について nitsuite (prep.) concerning
につき nitsuki (prep.) per
日記 nikki (n.) journal
ニッケル nikkeru (n.) nickel
荷造り nizukuri (n.) packing
荷造りする nizukuri suru (v.) pack
日光 nikkō (n.) sunlight
日光浴をする nikkōyoku o suru (v.) sun
日射病 nisshabyō (n.) heatstroke
日食 nisshoku (n.) eclipse
ニッチ nicchi (n.) niche
似ている niteiru (adj.) like
二頭筋 ni tōkin (n.) biceps
二人組 ni ningumi (n.) pair
二年ごとの ni nengoto no (adj) biennial
二倍 ni bai (n.) double
二倍にする ni bai ni suru (v.) double
二倍の ni bai no (adj.) double
二番目の ni banme no (adj.) second
二番目の物 ni banme no mono (n.) second
ニヒリズム nihirizumu (n.) nihilism

二百周年記念 ni hyaku shūnen kinen (adj.) bicentenary
鈍い nibui (adj.) blunt
二分音符 nibun onpu (n.) minim
二分岐の ni bunki no (adj.) biantennary
二分する nibun suru (v.) bisect
ニベ nibe (n.) drumfish
二枚舌 nimaijita (n.) duplicity
二面性の nimenseino (adj.) bifacial
にも関わらず ni mo kakawarazu (conj.) though
荷物 nimotsu (n.) baggage
ニャーと鳴く nyā to naku (v.) mew
ニュアンス nyuansu (n.) nuance
乳液 nyūeki (n.) face cream
乳化する nyūka suru (v.) emulsify
入学許可 nyūgaku kyoka (n.) matriculation
入学する nyūgaku suru (v.) enrol
乳化剤 nyūkazai (n.) emulsifier
入札 nyūsatsu (n.) bid
入札 nyūsatsu (n.) tender
入札者 nyūsatsusha (n.) bidder
入札する nyūsatsu suru (v.) bid
乳酸の nyūsan no (adj.) lactic
乳児 nyūji (n.) suckling
乳脂計 nyūshikei (n.) lactometer
入場 nyūjō (n.) entry
乳状の nyūjō no (adj.) milky
入植者 nyūshokusha (n.) settler
ニュース nyusu (n.) news
乳製品 nyūseihin (n.) dairy
乳糖 nyūtō (n.) lactose
入門の nyūmon no (adj.) introductory

入門レベル nyūmon reberu *(adj.)* entry-level
入浴する nyūyoku suru *(v.)* bathe
入力 nyūryoku *(n.)* input
入力する nyūryoku suru *(v.)* key
柔和な nyūwana *(adj.)* meek
ニュンペー nyunpē *(n.)* nymph
尿 nyō *(n.)* urine
尿の nyō no *(adj.)* urinary
二要素ある ni yōso aru *(adj.)* twofold
によると ni yoruto *(adv.)* according
ニラネギ nira negi *(n.)* leek
にらみつける niramitsukeru *(v.)* scowl
睨む niramu *(v.)* glare
二律背反 niritsuhaihan *(n.)* antinomy
似る niru *(v.)* resemble
煮る niru *(v.)* boil
庭 niwa *(n.)* garden
にわか雨の niwakāme no *(adj.)* showery
庭師 niwashi *(n.)* gardener
任意の nin i no *(adj.)* optional
認可する ninka suru *(v.)* license
人気 ninki *(n.)* popularity
人気のある ninki no aru *(adj.)* popular
人魚 ningyo *(n.)* mermaid
人形 ningyō *(n.)* doll
人間 ningen *(n.)* mortal
人間の姿をした ningen no sugata o shita *(adj.)* incarnate
人間嫌い ningengirai *(n.)* misanthrope
人間らしい ningenrashī *(adj.)* human
人間らしくする ningenrashiku suru *(v.)* humanize
認識 ninshiki *(n.)* cognition

認識する ninshiki suru *(v.)* recognize
認識の ninshiki no *(adj.)* cognitive
認証 ninshō *(n.)* authentication
認証する ninshō suru *(v.)* authenticate
妊娠 ninshin *(n.)* pregnancy
人参 ninjin *(n.)* carrot
妊娠した ninshin shita *(adj.)* pregnant
人相 ninsō *(n.)* physiognomy
忍耐 nintai *(n.)* patience
忍耐強い nintai zuyoi *(adj.)* patient
認知症 ninchishō *(n.)* dementia
認知症の ninchishō no *(adj.)* demented
ニンニク ninniku *(n.)* garlic
ニンニクの味が強い ninniku no aji ga tsuyoi *(adj.)* garlicky
任務 ninmu *(n.)* mission
任命 ninmei *(n.)* appointment
任命する ninmei suru *(v.)* appoint

縫い合わせる nuiawaseru *(v.)* seam
縫い目 nuime *(n.)* seam
縫う nū *(v.)* sew
ぬか nuka *(n.)* bran
ぬかるんだ nukarunda *(adj.)* marshy
抜き打ちの nukiuchi no *(adj.)* unannounced
抜き取る nukitoru *(v.)* extract
抜け穴 nukeana *(n.)* loop-hole
盗み聞き nusumigiki *(n.)* eavesdrop

盗み聞する nusumi gikisuru (v.) eavesdrop
盗む nusumu (v.) steal
布 nuno (n.) fabric
布地 nunoji (n.) textile
沼地 numachi (n.) marsh
沼地にはまる numachi ni hamaru (v.) mire
濡らす nurasu (v.) wet
ぬるい nurui (adj.) lukewarm
ぬるぬるした nurunuru shita (adj.) slimy
濡れた nureta (adj.) wet

根 ne (n.) root
音色 neiro (n.) tone
ネオン neon (n.) neon
願い negai (n.) wish
願う negau (v.) wish
寝かせる nekaseru (v.) lay
値切る negiru (v.) haggle
ネクタイ nekutai (n.) tie
ねぐら negura (n.) roost
ねぐら negura (n.) den
ねぐらにつく negura ni tsuku (v.) roost
ネクロポリス nekuroporisu (n.) necropolis
猫 neko (n.) cat
猫の鳴き声 neko no nakigoe (n.) mew
猫のような neko no yōna (adj.) feline
猫背 nekoze (n.) stoop

猫らしさ nekorashi sa (n.) felinity
ねじ neji (n.) screw
ねじで留める neji de tomeru (v.) screw
ねじり取る nejiri toru (v.) wrench
ねじる nejiru (v.) twist
ねじれ nejire (n.) twist
寝過ごす nesugosu (v.) oversleep
ネズミ nezumi (n.) mouse
寝たきりの netakiri no (adj.) bedridden
寝棚 nedana (n.) bunk
妬み netami (v.) envy
妬む netamu (v.) begrudge
値段を付ける nedan o tsukeru (v.) price
ネチズン nechizun (n.) netizen
熱 netsu (n.) fever
熱 netsu (n.) heat
熱の netsu no (adj.) thermal
熱意 netsui (n.) enthusiasm
根付かせる netsukaseru (v.) root
熱狂 nekkyō (n.) mania
熱狂者 nekkyōsha (n.) zealot
ネックレス nekkuresu (n.) necklace
ネックレット nekku retto (n.) necklet
熱心な nesshinna (adj.) enthusiastic
熱心に nesshin ni (adv.) avidly
熱帯の nettai no (adj.) tropical
熱っぽい netsuppoi (adj.) feverish
熱中している necchū shiteiru (adj.) rapt
熱中する necchū suru (v.) indulge
ネットいじめ netto ijime (n.) cyberbullying
ネットカフェ netto kafe (n.) cybercafé
ネット犯罪 netto hanzai (n.) cybercrime

ねっとりした nettori shita *(adj.)* clammy
ネットワーク nettowāku *(n.)* network
熱望する netsubō suru *(v.)* yen
熱烈な netsuretsuna *(adj.)* fervent
粘り強い nebarizuyoi *(adj.)* persistent
粘り強さ nebarizuyo sa *(n.)* persistence
根掘りくわ ne horikuwa *(n.)* mattock
寝間着 nemaki *(n.)* nightie
眠い nemui *(adj.)* sleepy
眠っている nemutteiru *(adv.)* asleep
眠れない nemurenai *(adj.)* wakeful
狙いをつける nerai o tsukeru *(v.)* aim
寝る neru *(v.)* sleep
年一回 nen ikkai *(adv.)* yearly
年一回の nen ikkai no *(adj.)* yearly
年四回の nen yon kai no *(adj.)* quarterly
粘液 nen eki *(n.)* mucus
粘液を分泌する nen eki o bunpitsu suru *(adj.)* mucous
年鑑 nenkan *(n.)* almanac
年金 nenkin *(n.)* annuity
年金 nenkin *(n.)* pension
年金生活者 nenkin seikatsusha *(n.)* pensioner
年金を支給する nenkin o shikyū suru *(v.)* pension
捻挫 nenza *(n.)* sprain
捻挫する nenza suru *(v.)* sprain
燃焼 nenshō *(n.)* combustion
燃焼する nenshō suru *(v.)* combust
年代記 nendaiki *(n.pl.)* annals
年代記 nendaiki *(n.)* chronicle

年代記編者 nendaiki hensha *(n.)* annalist
年長者 nenchōsha *(n.)* elder
粘土 nendo *(n.)* clay
年配の nenpai no *(adj.)* elderly
粘板岩 nenbangan *(n.)* slate
年表 nenpyō *(n.)* chronology
燃料 nenryō *(n.)* fuel
燃料庫 nenryōko *(n.)* bunker
燃料を補給する nenryō o hokyū suru *(v.)* refuel
燃料をくべる nenryō o kuberu *(v.)* stoke
年齢 nenrei *(n.)* age
年齢差別 nenrei sabetsu *(n.)* ageism

の

の no *(prep.)* of
脳 nō *(n.)* brain
農家 nōka *(n.)* farmer
農学 nōgaku *(n.)* agronomy
農学者 nōgakusha *(n.)* agriculturist
農業 nōgyō *(n.)* agriculture
農業の nōgyō no *(adj.)* agricultural
濃厚さ nōkō sa *(adj.)* richness
野ウサギ no usagi *(n.)* hare
農産業 nōsangyō *(n.)* agro-industry
農産物 nōsanbutsu *(n.)* produce
濃縮する nōshuku suru *(v.)* condense
農場 nōjō *(n.)* farm
脳震盪 nōshintō *(n.)* concussion

納税者 nōzeisha (n.) taxpayer
脳卒中 nōsocchū (n.) stroke
農地の nōchi no (adj.) agrarian
ノード nōdo (n.) node
農奴 nōdo (n.) serf
ノートパソコン nōto pasokon (n.) laptop
能なし nō nashi (n.) moron
脳の nō no (adj.) cerebral
嚢胞 nōhō (n.) cyst
農民 nōmin (n.) ploughman
農民層 nōminsō (n.) peasantry
ノーム nōmu (n.) gnome
農薬 nōyaku (n.) agrochemical
膿瘍 nōyō (n.) abscess
能力 nōryoku (n.) ability
膿漏 nōrō (n.) pyorrhoea
逃れる nogareru (v.) escape
軒天 noki ten (n.) eave
のけ者 nokemono (n.) outcast
のけ者にされた nokemono ni sareta (adj.) outcast
のこぎり nokogiri (n.) saw
ノコギリエイ nokogiriei (n.) sawfish
鋸台 nokogiri dai (n.) sawbench
のこぎりで切る nokogiri de kiru (v.) saw
残り nokori (n.) remainder
残り nokori (n.) rest
残りの nokori no (adj.) residual
残り物 nokorimono (n.) leftover
残る nokoru (v.) remain
ノズル nozuru (n.) nozzle
除いて nozoite (prep.) save

除いては nozoite wa (prep.) except
のぞき見 nozoki mi (n.) peep
覗く nozoku (v.) peep
望ましい nozomashī (adj.) desirable
望む nozomu (v.) hope
望んで nozonde (adj.) desirous
ノックする nokku suru (v.) knock
ノックアウト nokkuauto (n.) knockout
乗ってる notteru (adv.) aboard
喉 nodo (n.) throat
喉が渇いた nodo ga kawaita (adj.) thirsty
喉の nodo no (adj.) guttural
喉を鳴らす nodo o narasu (v.) purr
喉を鳴らす音 nodo o narasu oto (n.) purr
ののしって nonoshitte (adv.) tauntingly
ののしる nonoshiru (adj.) taunting
伸ばす nobasu (v.) lengthen
延ばす nobasu (v.) extend
野原 nohara (n.) field
のびのびと nobinobi to (adj.) carefree
述べる noberu (v.) state
登る noboru (v.) climb
蚤 nomi (n.) flea
飲み騒ぐ nomi sawagu (v.) carouse
飲み騒ぐ人 nomi sawagu hito (n.) reveller
飲み込む nomikomu (v.) swallow
蚤の市 nominoichi (n.) flea market
飲み物 nomimono (n.) drink
飲む nomu (v.) drink
野良の動物 nora no dōbutsu (n.) stray
のり nori (n.) glue

のりをつける nori o tsukeru *(v.)* starch
乗り上げ noriage *(n.)* obduction
乗り上げる noriageru *(v.)* obduct
乗組員 norikumīn *(n.)* aircrew
乗り越えられない norikoerarenai *(adj.)* insurmountable
乗り手 norite *(n.)* rider
乗り物 norimono *(n.)* vehicle
乗り物の norimono no *(adj.)* vehicular
乗る noru *(v.)* ride
ノルマ noruma *(n.)* quota
のろい noroi *(adj.)* tardy
呪い noroi *(n.)* curse
呪いの言葉 noroi no kotoba *(n.)* malediction
のろのろした noronoro shita *(adj.)* sluggish
のろま noroma *(n.)* gawk
のろま noroma *(n.)* laggard
呪われた norowareta *(adj.)* damned
ノンアルコールカクテル non arukōru kakuteru *(n.)* mocktail
ノンアルコールの non arukōru no *(adj.)* non-alcoholic
ノンスティック加工の non sutikku kakō no *(adj.)* non-stick
のんびり歩く nonbiri aruku *(v.)* amble
のんびりした nonbiri shita *(adj.)* laid-back
のんびりした散歩 nonbiri shita sanpo *(n.)* saunter

は

刃 ha *(n.)* blade
歯 ha *(n.)* tooth
バー bā *(n.)* bar
バーガー bāgā *(n.)* burger
把握 hāku *(n.)* grasp
把握する hāku suru *(v.)* grasp
バーコード bākōdo *(n.)* barcode
バージョン bājon *(n.)* version
パーセンテージ pāsentēji *(n.)* percentage
パーセント pāsento *(adv.)* per cent
バーチャルの bācharu no *(adj.)* virtual
パーティー pātī *(n.)* party
バーテンダー bātendā *(n.)* bartender
ハードウェア hādowea *(n.)* hardware
パートナーシップ pātonāshippu *(n.)* partnership
バーナー bānā *(n.)* burner
ハーブ hābu *(n.)* herb
ハープ hāpu *(n.)* harp
バーベキュー bābekyū *(n.)* barbecue
ハーモニウム hāmo niumu *(n.)* harmonium
パーラー pārā *(n.)* parlour
はい hai *(adv.)* yes
灰 hai *(n.)* ash
肺 hai *(n.)* lung
廃位 hai i *(n.)* deposition
拝一神教 hai isshin kyō *(n.)* monolatry
灰色 haīro *(adj.)* grey

ハイエナ haiena (n.) hyaena, hyena
肺炎 haien (n.) pneumonia
肺炎の haien no (adj.) pneumonic
バイオ燃料 baio nenryō (n.) biofuel
バイオマス baio masu (n.) biomass
バイオリン baiorin (n.) violin
バイオリン奏者 baiorin sōsha (n.) violinist
倍加させる baika saseru (v.) redouble
廃貨にする haika ni suru (v.) demonetize
配管をする haikan o suru (v.) pipe
配管工 haikankō (n.) plumber
廃棄 haiki (n.) disposal
廃棄する haiki suru (v.) dispose
排気口 haikiguchi (n.) outlet
排気孔 haikikō (n.) vent
廃棄物 haikibutsu (n.) waste
配給 haikyū (n.) ration
廃虚 haikyo (n.) ruins
配偶者 haigūsha (n.) spouse
配偶者に関する haigūsha nikansuru (adj.) spousal
背景 haikei (n.) backdrop
敗血症 haiketsushō (n.) sepsis
配向性の haikōsei no (adj.) orientational
廃止 haishi (n.) abolition
廃止する haishi suru (v.) abolish
買収 baishū (n.) takeover
排出させる haishutsu saseru (v.) drain
売春 baishun (n.) prostitution
売春婦 baishunfu (n.) prostitute
売春宿 baishun yado (n.) brothel
売春をする baishun o suru (v.) prostitute
排除 haijo (n.) clearance
陪審員 baishin in (n.) juror
陪審員団 baishin in dan (n.) jury
陪審員長 baishin inchō (adj.) foremost
背信行為 haishin kōi (n.) treachery
排水 haisui (n.) drainage
排水管 haisuikan (n.) drainpipe
排水渠 haisuikyo (n.) culvert
排水路 haisuiro (n.) gutter
配線 haisen (n.) wiring
配線する haisen suru (v.) wire
敗走 haisō (n.) rout
配属先 haizokusaki (n.) placement
配属する haizoku suru (v.) station
排他的 haita teki (adj.) exclusive
配達 haitatsu (n.) delivery
配置 haichi (n.) arrangement
配置する haichi suru (v.) position
ハイテク嫌い haitekugirai (n.) technophobe
ハイテクマニア haiteku mania (n.) technophile
売店 baiten (n.) kiosk
バイト baito (n.) byte
配当 haitō (n.) dividend
パイナップル painappuru (n.) pineapple
排尿 hainyō (n.) urination
排尿する hainyō suru (v.) urinate
背任 hainin (n.) malpractice
売買契約 baibai keiyaku (n.) bargain
売買する baibai suru (v.) traffic
バイパス baipasu (n.) bypass

廃品 haihin (n.) junk
パイプ paipu (n.) pipe
排便 haiben (v.) defecate
敗北 haiboku (v.) defeat
配役 haiyaku (n.) cast
俳優 haiyū (n.) actor
ハイライト hairaito (n.) highlight
排卵する hairan suru (v.) ovulate
配慮に欠ける hairyo ni kakeru (adj.) inconsiderate
バイリンガル bairingaru (adj.) bilingual
入る hairu (v.) enter
パイロット pairotto (n.) pilot
這う hau (v.) crawl
ハエ hae (n.) fly
墓 haka (n.) grave
ばか baka (n.) cretin
バカ baka (n.) idiot
破壊 hakai (n.) destruction
破壊する hakai suru (v.) destroy
ばかげた bakageta (adj.) ridiculous
博士 hakase (n.) doctorate
ばかな bakana (adj.) oafish
ばかな bakana (adj.) witless
儚い hakanai (adj.) ephemeral
ばかにする baka ni suru (v.) deride
鋼 hagane (n.) steel
歯が生える ha ga haeru (v.) teethe
バカバカしい bakabakashī (adj.) idiotic
ばかみたいに baka mitai ni (adv.) absurdly
計り知れない hakari shirenai (adj.) immeasurable
測る hakaru (v.) measure

剥がれている hagareteiru (adj.) flaking
吐き気 hakike (n.) nausea
吐き気を催す hakike o moyōsu (v.) sicken
吐き出す hakidasu (v.) spit
はぎ取る hagitoru (v.) denude
吐く haku (v.) vomit
掃く haku (v.) sweep
はぐ hagu (v.) strip
馬具 bagu (n.) harness
博愛 hakuai (n.) benevolence
博愛な hakuaina (adj.) benevolent
麦芽 bakuga (n.) malt
迫害 hakugai (n.) persecution
迫害者 hakugaisha (n.) oppressor
迫害する hakugai suru (v.) persecute
博学者 hakugakusha (n.) polymath
博学な hakugakuna (adj.) learned
麦芽酢 bakuga su (n.) alegar
爆撃機 bakugekiki (n.) bomber
爆撃手 bakugekishu (n.) bombardier
博識な hakushikina (adj.) knowledgeable
博識の hakushiki no (adj.) well-read
拍車 hakusha (n.) spur
拍車をかける hakusha o kakeru (v.) spur
伯爵夫人 hakushaku fujin (n.) countess
薄弱な hakujakuna (adj.) tenuous
拍手 hakushu (n.) applause
拍手する hakushu suru (v.) applaud
剥製師 hakuseishi (n.) taxidermist
剥製術 hakuseijutsu (n.) taxidermy
白癬 hakusen (n.) ringworm

莫大 bakudai (n.) immensity
莫大な bakudaina (adj.) copious
爆弾 bakudan (n.) bomb
爆弾処理をする bakudan shori o suru (v.) defuse
ばくち打ち ba kuchi uchi (n.) gambler
白鳥 hakuchō (n.) swan
白内障 hakunaishō (n.) cataract
バグパイプ奏者 bagu paipu sōsha (n.) bagpiper
爆発 bakuhatsu (n.) explosion
爆発させる bakuhatsu saseru (v.) detonate
爆発する bakuhatsu suru (v.) explode
爆発的な bakuhatsu tekina (adj.) explosive
爆発物 bakuhatsubutsu (n.) explosive
爆風 bakufū (n.) blast
博物学者 hakubutsu gakusha (n.) naturalist
博物館 hakubutsukan (n.) museum
薄片をはがす hakuhen o hagasu (v.) flake
麦粒腫 bakuryūshu (n.) stye
歯車 haguruma (n.) cog
はぐれる hagureru (v.) stray
暴露 bakuro (n.) showup
暴露する bakuro suru (v.) expose
暴露する bakuro suru (adj.) telltale
バグを修正する bagu o shūsei suru (v.) debug
激しい hageshī (adj.) intense
激しく打つ hageshiku utsu (v.) pound
激しく燃える hageshiku moeru (adv.) ablaze

激しさ hageshi sa (n.) intensity
バケツ baketsu (n.) bucket
バゲット bagetto (n.) baguette
バケットリスト baketto risuto (n.) bucket list
禿げてる hageteru (adj.) bald
励まし hagemashi (n.) boost
励まし hagemashi (n.) encouragement
励ます hagemasu (v.) encourage
励む hagemu (v.) strive
ハゲワシ hagewashi (n.) vulture
派遣する haken suru (v.) dispatch
派遣団員 hakendan in (n.) delegate
箱 hako (n.) box
運ぶ hakobu (v.) bear
箱舟 hako bune (n.) ark
はさみ hasami (n.) scissors
挟み込む hasamikomu (v.) sandwich
はさむ hasamu (v.) nip
破産 hasan (n.) bankruptcy
破産 hasan (n.) insolvency
破産した hasan shita (adj.) insolvent
破産する hasan suru (adj.) bankrupt
橋 hashi (n.) bridge
箸 hashi (n.) chopstick
端 haji (n.) extremity
恥 haji (n.) shame
恥をかかせる haji o kakaseru (v.) humiliate
麻疹 hashika (n.) measles
はじく hajiku (v.) repel
艀 hashike (n.) barge
はしご hashigo (n.) ladder

はしごの段 hashigo no dan (n.) rung
恥知らずな hajishirazuna (adj.) shameless
始まり hajimari (n.) inception
初め hajime (n.) beginning
始める hajimeru (v.) begin
はしゃぎ回る hashagimawaru (adj.) rollicking
はしゃぎ回る hashagimawaru (v.) romp
はしゃぐ hashagu (v.) cavort
はしゃぐこと hashagu koto (n.) cavorting
場所 basho (n.) place
波状 hajō (adj.) wavy
柱 hashira (n.) pillar
走り書き hashirigaki (n.) scrawl
走り書きする hashirigaki suru (v.) scrawl
走る hashiru (v.) run
恥じる hajiru (adj.) abashed
バジル bajiru (n.) basil
走ること hashiru koto (n.) run
ハス hasu (n.) lotus
バス basu (n.) bus
バズーカ bazūka (n.) bazooka
恥ずかしい hazukashī (adj.) embarrassing
恥ずかしい思いをさせる hazukashī omoi o saseru (v.) embarrass
恥ずかしそうなふりをする hazukashi sōna furi o suru (adj.) coy
ハスキーな hasu kīna (adj.) hoarse
ハスキーな hasu kīna (adj.) husky
バスケットボール basukettobōru (n.) basketball

バス停 basutei (n.) bus stop
パステル pasu teru (n.) pastel
パステルカラーの pasuterukarā no (adj.) pastel
恥ずべき hazubeki (adj.) shameful
パスポート pasupōto (n.) passport
バス待合所 basu machiaijo (n.) bus shelter
弾む hazumu (v.) bounce
パズル pazuru (n.) puzzle
外れる hazureru (v.) disengage
バスローブ basurōbu (n.) bathrobe
派生物 haseibutsu (adj.) derivative
パセリ paseri (n.) parsley
破損 hason (n.) breakage
バター batā (n.) butter
バターミルク batā miruku (n.) buttermilk
裸の hadaka no (adj.) naked
裸の状態 hadaka no jōtai (n.) nudity
はたき hataki (n.) duster
肌寒い hadazamui (adj.) chilly
裸足 hadashi (adj.) barefoot
鰰 hatahata (n.) sandfish
バタバタ動く batabata ugoku (v.) flop
はためく hatameku (v.) flutter
働きすぎる hatarakisugiru (v.) overwork
働く hataraku (v.) work
バタンという音 batan toiu oto (n.) slam
八 hachi (n.) eight
蜂 hachi (n.) bee
罰 bachi (n.) punishment
バチェラー・パーティー bacherā pātī (n.) bachelor party

八月 hachigatsu (n.) August
八十 hachijū (n.) eighty
八十代の hachi jū dai no (adj.) octogenarian
八十代の人 hachi jū dai no hito (n.) octogenarian
鉢に植える hachi ni ueru (v.) pot
蜂の巣 hachinosu (n.) beehive
八倍になる hachi bai ni naru (v.) octuple
八倍の hachi bai no (adj.) octuple
八倍の量 hachi bai no ryō (n.) octuple
パチパチ音を立てる pachi pachi oto o tateru (v.) crackle
パチパチいう pachipachi iu (v.) crepitate
パチパチという音 pachi pachi toiu oto (n.) crepitation
鉢巻き hachimaki (n.) headband
はちみつ hachimitsu (n.) honey
蜂蜜酒 hachimitsushu (n.) mead
爬虫類 hachūrui (n.) reptile
ぱちんこ pachinko (n.) catapult
発育不全にする hatsuiku fuzen ni suru (v.) depauperate
発育を妨げる hatsuiku o samatageru (v.) stunt
発音 hatsuon (n.) pronunciation
発音する hatsuon suru (v.) pronounce
ハッカー hakkā (n.) hacker
八角の hakkaku no (adj.) octangular
八角形 hakkakukei (n.) octagon
発汗 hakkan (n.) perspiration
発癌遺伝子 hatsugan idenshi (n.) oncogene

発癌性の hatsugansei no (adj.) oncogenic
はっきりしない hakkiri shinai (adj.) unclear
はっきりと hakkiri to (adv.) clearly
罰金 bakkin (n.) fine
罰金 bakkin (n.) forfeit
罰金を科する bakkin o kasuru (v.) fine
パック pakku (n.) face mask
バックアップ bakkuappu (n.) backup
バックハンド bakku hando (n.) backhand
発掘 hakkutsu (n.) excavation
発掘する hakkutsu suru (v.) unearth
発掘する hakkutsu suru (v.) excavate
バックパッカー bakkupakkā (n.) backpacker
バックパック bakku pakku (n.) backpack
バックライト bakkuraito (n.) backlight
バックル bakkuru (n.) buckle
抜群 batsugun (n.) pre-eminence
抜群の batsugun no (adj.) pre-eminent
パッケージ pakkēji (n.) package
発見 hakken (n.) discovery
発言 hatsugen (n.) utterance
発見する hakken suru (v.) discover
発酵 hakkō (n.) fermentation
発光する hakkō suru (adj.) luminous
発行する hakkō suru (v.) issue
発酵する hakkō suru (v.) ferment
発散する hassan suru (v.) diffuse
バッジ bajji (n.) badge
発射物 hasshabutsu (n.) projectile

発出 hasshutsu (n.) emanation
発出する hasshutsu suru (v.) emanate
発症 hasshō (n.) onset
発疹 hasshin (n.) rash
抜粋 bassui (n.) excerpt
発する hassuru (v.) emit
罰する bassuru (v.) punish
発生 hassei (n.) occurrence
発生期にある hasseiki ni aru (adj.) nascent
バッタ batta (n.) locust
バッター battā (n.) batter
はったりで騙す hattari de damasu (v.) bluff
ハッチ hacchi (n.) hatch
パッチテスト pacchi tesuto (n.) patch test
発展 hatten (n.) development
発電機 hatsudenki (n.) generator
バット batto (n.) bat
パッとしない patto shinai (adj.) lacklustre
ハットトリック hattotorikku (n.) hat-trick
葉っぱ happa (n.) leaf
発表 happyō (n.) announcement
発表する happyō suru (v.) announce
発砲 happō (n.) shot
発砲する happō suru (v.) fire
発明 hatsumei (n.) invention
発明家 hatsumeika (n.) inventor
発明する hatsumei suru (v.) invent
果てしない hate shinai (adj.) measureless

派手にやること hade ni yaru koto (n.) spree
馬蹄 batei (n.) horseshoe
派手な hadena (adj.) gaudy
派手な宝石 hadena hōseki (n.) bling
鳩 hato (n.) pigeon
波動 hadō (n.) undulation
波止場使用料 hatoba shiyōryō (n.) wharfage
バドミントン badominton (n.) badminton
パドル padoru (n.) paddle
パドルで漕ぐ padoru de kogu (v.) paddle
バトン baton (n.) baton
花 hana (n.) flower
鼻 hana (n.) nose
花綱 hana tsuna (n.) festoon
鼻であしらう hana de ashirau (v.) snub
鼻であしらうこと hana de ashirau koto (n.) snub
鼻の hana no (adj.) nasal
鼻をこすり付ける hana o kosuri tsukeru (v.) nuzzle
鼻を突く hana o tsuku (adj.) acrid
鼻を鳴らす hana o narasu (v.) snort
鼻歌 hanauta (n.) hum
鼻歌を歌う hanauta o utau (v.) hum
花柄の hanagara no (adj.) flowery
鼻声 hanagoe (n.) nasal
話 hanashi (n.) talk
話し合う hanashiau (v.) discuss
話す hanasu (v.) speak
花束 hanataba (n.) bouquet
バナナ banana (n.) banana

花火 hanabi *(n.)* fireworks
花弁 hanabira *(n.)* petal
花屋 hanaya *(n.)* florist
華やかさ hanayakasa *(n.)* glamour
華やかな hanayakana *(adj.)* flamboyant
花嫁持参金 hanayome jisankin *(n.)* dowery
離れて hanarete *(adv.)* away
離れて hanarete *(prep.)* off
離れる hanareru *(v.)* leave
花輪 hanawa *(n.)* garland
花輪で飾る hanawa de kazaru *(v.)* garland
パニック panikku *(n.)* panic
パニックになる panikku ni naru *(v.)* panic
羽 hane *(n.)* feather
羽 hane *(n.)* wing
跳ね返り hanekaeri *(n.)* rebound
跳ね返る hanekaeru *(v.)* rebound
羽づくろいする hane zukuroisuru *(v.)* preen
はねつける hanetsukeru *(v.)* spurn
跳ね橋 hanebashi *(n.)* drawbridge
ハネムーン hanemūn *(n.)* honeymoon
はねる haneru *(v.)* spring
パネル paneru *(n.)* panel
パノラマ panorama *(n.)* panorama
母 haha *(n.)* mother
幅 haba *(n.)* width
幅が広い haba ga hiroi *(adj.)* wide
母親の hahaoya no *(adj.)* maternal
母親殺し hahaoyagoroshi *(n.)* matricide
羽ばたき habataki *(n.)* flutter

羽ばたく habataku *(v.)* flapping
派閥 habatsu *(n.)* sect
派閥の habatsu no *(adj.)* sectarian
幅広い habahiroi *(adj.)* broad
はびこる habikoru *(v.)* infest
パビリオン pabirion *(n.)* pavilion
ハブ habu *(n.)* hub
省く habuku *(v.)* curtail
破片 hahen *(n)* shard
ハマシギ hama shigi *(n.)* oxbird
葉巻 hamaki *(n.)* cigar
蛤 hamaguri *(n.)* clam
浜辺 hamabe *(n.)* seabeach
破滅 hametsu *(n.)* doom
破滅の元 hametsu no moto *(n.)* bane
壊滅的な hametsutekina *(adj.)* catastrophic
場面 bamen *(n.)* scene
破門する hamon suru *(v.)* excommunicate
早い hayai *(adj.)* early
早い hayai *(adj.)* speedy
速い hayai *(adj.)* fast
早く hayaku *(adv.)* early
速く hayaku *(adv.)* quickly
早口にしゃべる hayakuchi ni shaberu *(v.)* gabble
林 hayashi *(n.)* bush
ハヤブサ hayabusa *(n.)* falcon
早まった hayamatta *(adj.)* premature
早める hayameru *(v.)* accelerate
腹 hara *(n.)* belly
薔薇 bara *(n.)* rose
バラフォン bara fon *(n.)* balafon

腹を立てた hara o tateta *(adj.)* indignant
腹を立てる hara o tateru *(v.)* resent
払い戻し haraimodoshi *(n.)* rebate
バラ色の bara iro no *(adj.)* rosy
腹黒い haraguroi *(adj.)* designing
パラシュート parashūto *(n.)* parachute
バラッド baraddo *(n.)* ballad
ばらまく baramaku *(v.)* scatter
ばらまく baramaku *(v.)* strew
バランスが崩れた baransu ga kuzureta *(adj.)* off balance
はらんだ haranda *(adj.)* fraught
はり hari *(n.)* firmness
張り hari *(n.)* strain
針 hari *(n.)* needle
針 hari *(n.)* sting
鍼 hari *(n.)* acupuncture
張り合う hariau *(v.)* rival
張り合うこと hariau koto *(n.)* rivalry
バリウム bariumu *(n.)* barium
バリケード barikēdo *(n.)* roadblock
ハリケーン harikēn *(n.)* hurricane
鍼師 harishi *(n.)* acupuncturist
はりつけにする haritsuke ni suru *(v.)* crucify
張り詰めた haritsumeta *(adj.)* tense
バリトン bariton *(n.)* baritone
バリバリと音を立てる baribari to oto o tateru *(v.)* crump
春 haru *(n.)* spring
貼る haru *(v.)* paste
はるかに haruka ni *(adv.)* much
バルコニー barukonī *(n.)* balcony

バルサム barusamu *(n.)* balsam
春の haruno *(adj.)* vernal
バルブ barubu *(n.)* valve
パルプにする parupu ni suru *(v.)* pulp
晴れ hare *(adj.)* clear
バレエ barē *(n.)* ballet
パレード parēdo *(n.)* parade
晴れた hareta *(adj.)* sunny
破裂 haretsu *(n.)* rupture
破裂する haretsu suru *(v.)* burst
パレット paretto *(n.)* palette
腫れ物 haremono *(n.)* sore
バレリーナ barerīna *(n.)* ballerina
馬勒 baroku *(n.)* bridle
パロディー parodī *(n.)* parody
パロディーにする parodī ni suru *(v.)* parody
バロック式の barokkushiki no *(adj.)* baroque
バロメーター barometā *(n.)* barometer
反 han *(pref.)* anti
バン ban *(n.)* van
版 ban *(n.)* edition
番 ban *(n.)* turn
パン pan *(n.)* bread
範囲 han i *(n.)* scope
範囲を定める han i o sadameru *(v.)* delimit
繁栄 han ei *(n.)* prosperity
反映してる hanei shiteru *(adj.)* prosperous
反映する han ei suru *(v.)* prosper
反社会的 han shakai teki *(adj.)* antisocial

ハンカチ hankachi (n.) handkerchief
バンガロー bangarō (n.) bungalow
反感 hankan (n.) antipathy
反感を買う hankan o kau (v.) antagonize
反逆 hangyaku (n.) treason
反逆者 hangyakusha (n.) rebel
反逆する hangyaku suru (v.) rebel
半球 hankyū (n.) hemisphere
半休日 hankyūbi (n.) half-day
反響する hankyō suru (v.) echo
パンくず pankuzu (n.) crumb
番組 bangumi (n.) show
半径 hankei (n.) radius
反撃 hangeki (n.) counter-attack
判決 hanketsu (n.) ruling
判決を下す hanketsu o kudasu (v.) sentence
半券 hanken (n.) stub
パン粉 panko (n.) breadcrumb
パン粉をまぶした panko o mabushita (adj.) breaded
反抗 hankō (n.) defiance
反抗的な hankō tekina (adj.) rebellious
番号を付ける bangō o tsukeru (v.) number
犯罪 hanzai (n.) crime
万歳 banzai (interj.) hurrah
犯罪科学の hanzai kagaku no (adj.) forensic
犯罪者 hanzaisha (n.) culprit
犯罪の hanzai no (n.) criminal
ハンサムな hansamuna (adj.) handsome

バンジージャンプ banjījanpu (n.) bungee jumping
反射 hansha (n.) reflection
反射神経 hansha shinkei (n.) reflex
反射する hansha suru (v.) reflect
反射する hansha suru (adj.) reflective
反射的な hansha tekina (adj.) reflexive
反射性の hanshasei no (adj.) reflex
反射物 hanshabutsu (n.) reflector
バンジョー banjō (n.) banjo
反証する hanshō suru (v.) disprove
繁殖させる hanshoku saseru (v.) breed
パン職人 pan shokunin (n.) baker
繁殖の hanshoku no (adj.) reproductive
汎神論 hanshinron (n.) pantheism
汎神論者 hanshinronsha (n.) pantheist
反すうする hansū suru (adj.) ruminant
反芻動物 hansū dōbutsu (n.) ruminant
ハンセン病 hansenbyō (n.) leprosy
ハンセン病患者 hansenbyō kanja (n.) leper
ハンセン病の hansenbyō no (adj.) leprous
帆走 hansō (n.) sailing
搬送 hansō (n.) conveyance
伴奏 bansō (n.) accompaniment
絆創膏 bansōkō (n.) plaster
伴奏者 bansōsha (n.) accompanist
反則 hansoku (n.) foul
半田 handa (n.) solder
反対 hantai (n.) opposition
反対する hantai suru (v.) oppose
反対の hantai no (adj.) contrary

はんだ付けする handazuke suru (v.) solder
バンダナ bandana (n.) bandana
パンタローネ pantarōne (n.) pantaloon
ハンディキャップをつける handikyappu o tsukeru (v.) handicap
判定 hantei (n.) judgement
斑点 hanten (n.) mottle
反転させる hanten saseru (v.) flip
バンド bando (n.) band
反時計回りの han tokei mawari no (adv.) anticlockwise
パントリー pan torī (n.) pantry
ハンドローション hando rōshon (n.) hand lotion
反動 handō (n.) recoil
反動主義者 handō shugisha (n.) reactionist
反動的な handō tekina (adj.) reactionary
半年ごとに hantoshigoto ni (adv.) biannually
半年ごとの hantoshigoto no (adj.) biannual
ハンドバッグ handobaggu (n.) purse
パントマイム pantomaimu (n.) pantomime
反応 hannō (n.) reaction
反応する hannō suru (v.) react
反応性の高い hannōsei no takai (adj.) reactive
万能薬 bannōyaku (n.) elixir
パンの皮 pan no kawa (n.) crust
ハンノキ hannoki (n.) alder
バンパー banpā (n.) bumper
販売 hanbai (n.) sale

販売会社 hanbai gaisha (n.) vendor
販売後の hanbai go no (adj.) aftersales
販売権 hanbaiken (n.) dealership
販売店 hanbaiten (n.) mart
半開き hanbiraki (adv.) ajar
反復句 hanpukuku (n.) refrain
パンフレット panfuretto (n.) pamphlet
パンフレット作成者 panfuretto sakuseisha (n.) pamphleteer
半分 hanbun (n.) half
半分に切る hanbun ni kiru (v.) halve
半分の hanbun no (adj.) half
番兵 banpei (n.) sentry
半盲 han mou (n.) purblind
繁茂した hanmo shita (adj.) lush
パン屋 pan ya (n.) bakery
反乱 hanran (n.) rebellion
氾濫させる hanran saseru (v.) flood
反乱者 hanransha (n.) insurgent
反乱する hanran suru (v.) revolt
反乱の hanran no (adj.) insurgent
伴侶 hanryo (n.) helpmate
判例 hanrei (n.) precedent
反論 hanron (n.) refutation
反論する hanron suru (v.) refute
反論の余地のない hanron no yochi no nai (adj.) irrefutable

日 hi (n.) day
火 hi (n.) fire

ビーっという音 bī ttoiu oto *(n.)* beep
悲哀 hiai *(n.)* woe
干上がらせる hiagaraseru *(v.)* parch
ピアス穴 piasu ana *(n.)* piercing
被圧の hiatsu no *(adj.)* artesian
ピアニスト pianisuto *(n.)* pianist
ピアノ piano *(n.)* piano
非因果的 hi inga teki *(adj.)* acausal
ビーカー bīkā *(n.)* beaker
ビーガン bīgan *(n.)* vegan
ビーガンの bīgan no *(adj.)* vegan
ビーズ bīzu *(n.)* bead
引いた hīta *(prep.)* minus
ビーチ bīchi *(n.)* beach
ビーチ側の bīchigawa no *(adj.)* beachside
ビーチに沿った bīchi ni sotta *(adj.)* beachfront
ビーチボール bīchi bōru *(n.)* beach ball
ビート bīto *(n.)* beet
ビートの根 bīto no ne *(n.)* beetroot
ビーバー bībā *(n.)* beaver
ビーバーの毛皮 bībā no kegawa *(n.)* beaverskin
ヒール hīru *(n.)* heel
ビール bīru *(n.)* beer
非営利の hi eiri no *(adj.)* non-profit
ピエロ piero *(n.)* clown
美化する bika suru *(v.)* idealize
ピカピカの pika pika no *(adj.)* gleaming
被害 higai *(n.)* detriment
被害対策 higai taisaku *(n.)* damage control
控え hikae *(n.)* counterfoil

控えめ hikaeme *(n.)* reticence
控えめな hikaemena *(adj.)* modest
控える hikaeru *(v.)* refrain
皮革 hikaku *(n.)* hide
比較 hikaku *(n.)* comparison
比較する hikaku suru *(v.)* compare
比較できない hikaku dekinai *(adj.)* incomparable
比較の hikaku no *(adj.)* comparative
東 higashi *(n.)* east
東に higashi ni *(adv.)* east
東の higashi no *(adj.)* east
非活性 hi kassei *(adj.)* inactive
非活性化 hi kassei ka *(n.)* deactivation
非活性化する hi kassei ka suru *(v.)* deactivate
ぴかっと光る pikatto hikaru *(v.)* flash
光り輝く hikarikagayaku *(adj.)* radiant
光り輝く hikarikagayaku *(adj.)* refulgent
光ファイバーの hikarifaibā no *(adj.)* fibre-optic
光 hikari *(n.)* light
光を当てる hikari o ateru *(v.)* illuminate
光を照らす hikari o terasu *(v.)* cast
悲観主義 hikan shugi *(n.)* pessimism
悲観主義者 hikan shugisha *(n.)* pessimist
悲観的な hikan tekina *(adj.)* pessimistic
引き揚げる hikiageru *(v.)* salvage
率いる hikīru *(v.)* head
引き受ける hikiukeru *(v.)* undertake
引き起こす hikiokosu *(v.)* cause
引き返す hikikaesu *(v.)* retrace

ヒキガエル hikigaeru (n.) toad
引き金 hikigane (v. n.) trigger
引き裂く hikisaku (v.) lacerate
引き算 hikizan (n.) subtraction
引き潮 hikishio (n.) ebb
引き締まった hikishimatta (adj.) toned
引きずる hikizuru (v.) drag
引きずるもの hikizuru mono (n.) drag
引き船 hikisen (n.) towboat
引き出し hikidashi (n.) drawer
引き出す hikidasu (v.) withdraw
引き付けられる hikitsukerareru (v.) gravitate
引き付ける hikitsukeru (v.) attract
引き付けること hikitsukeru koto (n.) attraction
引き留める hikitomeru (v.) detain
ビキニ bikini (n.) bikini
引き抜く hikinuku (v.) uproot
引き伸ばす hikinobasu (v.) stretch
引き離す hikihanasu (v.) seclude
秘教 hikyō (n.) esotericism
引く hiku (v.) pull
引く hiku (v.) subtract
低い hikui (adj.) low
低い位置 hikui ichi (n.) low
低いうめき声 hikui umekigoe (n.) grunt
低く hikuku (adv.) low
低くうなる hikuku unaru (v.) grunt
低くざわめく hikuku zawameku (v.) burble
引くこと hiku koto (n.) pull
低さ hiku sa (n.) lowliness
ピクセル pikuseru (n.) pixel

卑屈 hikutsu (n.) subservience
卑屈な hikutsuna (adj.) subservient
ピクニック pikunikku (n.) picnic
ピグミー pigumī (n.) pygmy
ひげ hige (n.) whisker
髭 hige (n.) beard
非刑罰化 hi keibatsu ka (n.) decriminalization
非刑罰化する hi keibatsu ka suru (v.) decriminalize
悲劇 higeki (n.) tragedy
悲劇作家 higeki sakka (n.) tragedian
悲劇的な higeki tekina (adj.) tragic
非現実性 hi genjitsusei (n.) otherworldliness
非現実的な hi genjitsu tekina (adj.) fanciful
非行 hikō (n.) delinquency
飛行 hikō (n.) aviation
鼻孔 bikō (n.) nostril
尾行する bikō suru (v.) tail
非行の hikō no (adj.) delinquent
非公開 hikōkai (n.) non-disclosure
飛行機 hikōki (n.) aeroplane
非公式の hikōshiki no (adj.) unofficial
飛行場 hikōjō (n.) airfield
鼻口部 bikōbu (n.) muzzle
被雇用者 hi koyōsha (n.) employee
被告 hikoku (n.) defendant
膝 hiza (n.) knee
ピザ piza (n.) pizza
微細科学 bisai kagaku (n.) micrology
微細な bisaina (adj.) microscopic
跪く hizamazuku (v.) kneel

ピザ屋 pizaya (n.) pizzeria
悲惨な hisanna (adj.) disastrous
肘 hiji (n.) elbow
皮脂嚢腫 hishi nōshu (n.) wen
肘掛 hijikake (n.) armrest
肘掛け椅子 hijikake isu (n.) armchair
非識字 hi shikiji (n.) illiteracy
非実在 hi jitsuzai (n.) nonentity
ビジネス bijinesu (n.) business
ビジネスクラス bijinesu kurasu (n.) business class
ビジネスマン bijinesuman (n.) businessman
批准する hijun suru (v.) ratify
秘書 hisho (n.) secretary
非常に hijō ni (adv.) highly
非常に不快な hijō ni fukaina (adj.) vile
非常に喜ぶ hijō ni yorokobu (v.) revel
非常に喜ぶこと hijō ni yorokobu koto (n.) revel
非常口 hijōguchi (n.) fire exit
非植民地化 hi shokuminchi ka (n.) decolonization
非植民地化する hi shokuminchi ka suru (v.) decolonize
非常識な hijōshikina (adj.) insane
被乗数 hijōsū (n.) multiplicand
非常線 hijōsen (n.) cordon
美食家 bishokuka (n.) epicure
びしょ濡れにする bishonure ni suru (v.) drench
ビジョン bijon (n.) vision
ビジョンを持った bijon o motta (adj.) visionary
ビジョンを持った人 bijon o motta hito (n.) visionary
ビジリア bijiria (n.) vigil
美人 bijin (n.) belle
ビストロ bisu toro (n.) bistro
翡翠 hisui (n.) jade
ビスク bisuku (n.) bisque
非生物的 hi seibutsu teki (adj.) abiotic
日付 hizuke (n.) date
日付を実際より遅らせる hizuke o jissai yori okuraseru (v.) post-date
日付をつける hizuke o tsukeru (v.) date
ビスケット bisuketto (n.) biscuit
ヒステリー hisuterī (n.) hysteria
ヒステリックな hisuterikkuna (adj.) hysterical
ピストン pisuton (n.) piston
蹄 hizume (n.) hoof
砒素 hiso (n.) arsenic
脾臓 hizō (n.) spleen
密かに hisoka ni (adj.) covert
密かに移動する hisoka ni idō suru (v.) decamp
潜む hisomu (v.) lurk
ひだを作る hida o tsukuru (v.) crimple
額 hitai (n.) forehead
非対称 hitaishō (n.) asymmetry
非対称の hitaishō no (adj.) asymmetrical
浸す hitasu (v.) dip
浸す hitasu (v.) immerse
浸すこと hitasu koto (n.) soak
火球 hidama (n.) fireball
ビタミン bitamin (n.) vitamin

左 hidari *(n.)* left
左の hidari no *(adj.)* left
左がかった hidarigakatta *(adj.)* pinkish
悲嘆に暮れた hitan ni kureta *(adj.)* woebegone
悲痛 hitsū *(n.)* heartbreak
悲痛な hitsūna *(adj.)* grievous
引っかく hikkaku *(v.)* scratch
筆記体の hikkitai no *(adj.)* cursive
びっくり仰天させる bikkuri gyōten saseru *(v.)* petrify
羊 hitsuji *(n.)* sheep
羊飼い hitsuji kai *(n.)* shepherd
羊飼いの hitsuji kaino *(adj.)* pastoral
必死な hisshina *(adj.)* desperate
必需品 hitsujuhin *(n.)* necessary
必須の hissu no *(adj.)* compulsory
必然的に hitsuzen teki ni *(adv.)* perforce
ひったくる hittakuru *(v.)* snatch
ピッチャー picchā *(n.)* pitcher
匹敵する hitteki suru *(v.)* parallel
ビットコイン bitto koin *(n.)* bitcoin
ひっぱたく hippataku *(v.)* slap
必要 hitsuyō *(n.)* need
必要とする hitsuyō to suru *(v.)* require
必要不可欠の hitsuyō fukaketsu no *(adj.)* imperative
必要性 hitsuyōsei *(n.)* necessity
必要な hitsuyōna *(adj.)* necessary
必要なもの hitsuyōna mono *(n.)* requisite
ビデ bide *(n.)* bidet
否定 hitei *(n.)* negative
否定する hitei suru *(v.)* deny
否定すること hitei suru koto *(n.)* negation
否定の hitei no *(adj.)* negative
ビデオ bideo *(n.)* video
ビデオカセット bideokasetto *(n.)* videocassette
ビデオテープ bideotēpu *(n.)* videotape
人 hito *(n.)* person
非道徳的 hi dōtoku teki *(adj.)* amoral
非同盟 hi dōmei *(n.)* non-alignment
一泳ぎ hito oyogi *(n.)* swim
人がいる hito ga iru *(adj.)* occupied
一組 hito kumi *(n.)* set
人のような hito no yōna *(adj.)* manlike
一針 hito hari *(n.)* stitch
酷い hidoi *(adj.)* terrible
ひどい扱い hidoi atsukai *(n.)* maltreatment
微動だにする bidō dani suru *(v.)* budge
一嗅ぎ hitokagi *(n.)* sniff
一切れ hitokire *(n.)* piece
ひどく hidoku *(adv.)* badly
美徳 bitoku *(n.)* virtue
ひどく傷つける hidoku kizutsukeru *(v.)* mutilate
ひどく不快な hidoku fukaina *(adj.)* repulsive
一口 hitokuchi *(n.)* mouthful
一口飲む hitokuchi nomu *(v.)* sip
人殺し hitogoroshi *(n.)* murderer
人差し指 hitosashiyubi *(n.)* forefinger
人里離れた hitozato hanareta *(adj.)* secluded
人騒がせ hitosawagase *(n.)* alarmist

等しい hitoshī *(v. adj.)* equal
等しい hitoshī *(adj.)* tantamount
等しくする hitoshiku suru *(v.)* level
人質 hitojichi *(n.)* hostage
人だかり hitodakari *(n.)* throng
一つ hitotsu *(n.)* single
一つにつき hitotsu nitsuki *(adv.)* each
一つの hitotsu no *(art.)* a
人でなし hitodenashi *(n.)* brute
一握り hitonigiri *(n.)* handful
人々 hitobito *(n.)* people
一吹き hitofuki *(n.)* puff
瞳 hitomi *(n.)* pupil
人目を引く hitome o hiku *(adj.)* eye-catching
一人で hitoride *(adj.)* alone
ひな段式にする hina danshiki ni suru *(v.)* terrace
ヒナギク hinagiku *(n.)* daisy
ひな鳥 hinadori *(n.)* nestling
避難 hinan *(n.)* evacuation
非難 hinan *(n.)* condemnation
避難港 hinan kō *(n.)* safe harbour
避難する hinan suru *(v.)* evacuate
非難する hinan suru *(v.)* denounce
避難所 hinanjo *(n.)* refuge
皮肉 hiniku *(n.)* irony
皮肉な hinikuna *(adj.)* ironic
皮肉屋 hinikuya *(n.)* cynic
否認 hinin *(n.)* repudiation
避妊 hinin *(n.)* contraception
否認する hinin suru *(v.)* disclaim
避妊用具 hinin yōgu *(n.)* contraceptive

日に焼ける hi ni yakeru *(adj.)* tan
ひねくれた hinekureta *(adj.)* perverse
火の hi no *(adj.)* fiery
非の打ち所がない hino uchidokoro ga nai *(adj.)* impeccable
日の出 hinode *(n.)* sunrise
火花 hibana *(n.)* scintillation
火花 hibana *(n.)* spark
火花を出す hibana o dasu *(v.)* spark
火花を放つ hibana o hanatsu *(v.)* scintillate
ひばり hibari *(n.)* lark
批判 hihan *(n.)* criticism
批判する hihan suru *(v.)* criticize
批判的 hihan teki *(adj.)* critical
批判的な hihan tekina *(adj.)* censorious
ヒヒ hihi *(n.)* baboon
日々 hibi *(adj. & adv.)* daily
微々たる bibitaru *(adj.)* paltry
批評 hihyō *(n.)* review
皮膚 hifu *(n.)* skin
皮膚科 hifuka *(n.)* dermatology
非武装化した hi busō ka shita *(adj.)* demilitarized
非武装の hi busō no *(adj.)* unarmed
非物質化 hi busshitsu ka *(n.)* dematerialisation
非物質化する hi busshitsu ka suru *(v.)* dematerialize
皮膚剥離 hifu hakuri *(n.)* dermabrasion
尾部の bibuno *(adj.)* caudal
碑文 hibun *(n.)* epitaph
被保証人 hi hoshōnin *(n.)* warrantee
日干しれんが hiboshi renga *(n.)* adobe

ヒマシ hima shi (n.) castor
暇をつぶす hima o tsubusu (v.) while
ヒマシ油 himashi abura (n.) castor oil
肥満 himan (n.) obesity
肥満な himanna (adj.) obese
秘密 himitsu (n.) secret
秘密厳守 himitsu genshu (n.) secrecy
秘密の himitsu no (adj.) secret
秘密を打ち明ける himitsu o uchiakeru (v.) confide
微妙 bimyō (n.) subtlety
悲鳴 himei (n.) scream
悲鳴を上げる himei o ageru (v.) shriek
秘めた himeta (adj.) ulterior
紐 himo (n.) string
紐に通す himo ni tōsu (v.) string
日持ちのしない himochi no shinai (adj.) perishable
冷やかし hiyakashi (n.) taunt
冷やかす hiyakasu (v.) taunt
百 hyaku (n.) hundred
百歳以上の人 hyaku sai ijō no hito (n.) centenarian
百年祭 hyaku nensai (n.) centenary
白檀材 byakudanzai (n.) sandalwood
百倍の hyaku bai no (adj.) centuple
百万 hyaku man (n.) million
百万長者 hyakumanchōja (n.) millionaire
日焼け hiyake (v. n.) tan
百科事典 hyakka jiten (n.) encyclopedia
日雇労働者 hiyatoi rōdōsha (n.) peon
比喩 hiyu (n.) analogy
比喩的な hiyu tekina (adj.) figurative

ヒューズ hyūzu (n.) fuse
ビュッフェ byuffe (n.) buffet
ヒョウ hyō (n.) leopard
費用 hiyō (v.) cost
びょう byō (n.) tack
びょうで留める byō de tomeru (v.) tack
表にした hyō ni shita (adj.) tabular
表にする hyō ni suru (v.) tabulate
美容の biyō no (adj.) cosmetic
病院 byōin (n.) hospital
病院の薬局 byōin no yakkyoku (n.) dispensary
病院の用務員 byōin no yōmuin (adj.) orderly
評価 hyōka (n.) assessment
氷河 hyōga (n.) glacier
評価する hyōka suru (v.) appraise
氷冠 hyōkan (n.) icecap
病気 byōki (n.) sickness
病気の byōki no (adj.) ill
評議員 hyōgīn (n.) councillor
病気の byōkino (adj.) sick
表記法 hyōkihō (n.) notation
ひょうきんな hyōkinna (adj.) sportive
ひょうきん者 hyōkinmono (n.) zany
評決 hyōketsu (n.) verdict
表現 hyōgen (n.) expression
表現する hyōgen suru (v.) express
病原体 byōgentai (n.) bioagent
標語 hyōgo (n.) motto
病後の byōgo no (adj.) convalescent
表作成 hyōsakusei (n.) tabulation
氷山 hyōzan (n.) iceberg

表紙 hyōshi (n.) front page
表示 hyōji (n.) display
病室 byōshitsu (n.) sickbay
描写 byōsha (n.) depiction
描写 byōsha (n.) portrayal
描写する byōsha suru (v.) portray
病弱な byōjakuna (adj.) sickly
標準 hyōjun (n.) standard
標準化 hyōjun ka (n.) standardization
標準化する hyōjun ka suru (v.) standardize
標準の hyōjun no (adj.) standard
表彰 hyōshō (n.) commendation
表情 hyōjō (n.) countenance
病床 byōshō (n.) sickbed
表情が豊かな hyōjō ga yutakana (adj.) expressive
表彰状 hyōshōjō (n.) testimonial
表彰台 hyōshōdai (n.) podium
表彰台に上がる hyōshōdai ni agaru (v.) podium
評する hyōsuru (v.) repute
標題 hyōdai (n.) rubric
表題 hyōdai (n.) heading
表題をつける hyōdai o tsukeru (v.) title
ひょうたん hyōtan (n.) gourd
病的な byōtekina (adj.) morbid
病棟 byōtō (n.) ward
平等 byōdō (n.) equality
病人にする byōnin ni suru (n.) invalid
漂白した麦わら hyōhaku shita mugiwara (n.) leghorn
漂白する hyōhaku suru (v.) bleach
評判 hyōban (n.) reputation
評判を落とす hyōban o otosu (v.) discredit
病弊 byōhei (n.) malady
標本 hyōhon (n.) specimen
標本抽出 hyōhon chūshutsu (n.) sampling
標本を抽出する hyōhon o chūshutsu suru (v.) sample
表面 hyōmen (n.) surface
表面を焦がす hyōmen o kogasu (v.) singe
秒読み byōyomi (n.) countdown
病理学 byōrigaku (n.) pathology
漂流している hyōryū shiteiru (adj.) adrift
漂流する hyōryū suru (v.) drift
評論 hyōron (n.) critique
評論家 hyōronka (n.) critic
肥沃な hiyokuna (adj.) fecund
ひよこ hiyoko (n.) chick
ヒヨコマメ hiyoko mame (n.) chickpea
ピヨピヨ鳴く piyopiyo naku (v.) cheep
日和見主義 hiyorimi shugi (n.) opportunism
ビラ bira (n.) handbill
開いた hiraita (adj.) open
開く hiraku (v.) open
平底の荷船 hirazoko no nibune (n.) barge
平台 hiradai (n.) flatbed
平手打ち hirateuchi (n.) slap
平手打ちする hirateuchi suru (v.) smack
ひらめき hirameki (n.) epiphany
ピリッと辛い piritto karai (adj.) piquant
ピリッとする味 piritto suru aji (n.) tang
ヒリヒリする hirihiri suru (adj.) sore

ビリヤード biriyādo *(n.)* billiards
ビリヤード台 biriyādodai *(n.)* billiard table
肥料 hiryō *(n.)* fertilizer
肥料をやる hiryō o yaru *(v.)* fertilize
肥料をやる hiryō o yaru *(v.)* manure
蛭 hiru *(n.)* leech
比類ない hirui nai *(adj.)* peerless
昼寝 hirune *(n.)* nap
昼寝する hirune suru *(v.)* nap
ひるむ hirumu *(v.)* wince
ひれ hire *(n.)* fin
比例する hirei suru *(adj.)* proportional
ひれ伏させる hirefusaseru *(v.)* prostrate
ひれ伏した hirefushita *(n.)* prostration
尋 hiro *(n.)* fathom
広い面積 hiroi menseki *(n.)* tract
ヒロイン hiroin *(n.)* heroine
疲労させる hirō saseru *(v.)* fatigue
広がり hirogari *(n.)* spread
広がる hirogaru *(v.)* spread
広く行きわたった hiroku ikiwatatta *(adj.)* widespread
広く知られた hiroku shirareta *(adj.)* well-known
広げる hirogeru *(v.)* expand
広場恐怖症 hiroba kyōfushō *(n.)* agoraphobia
広々とした hirobiro to shita *(adj.)* spacious
非論理的 hi ronri teki *(adj.)* illogical
卑猥 hiwai *(n.)* obscenity
ひわいな hiwaina *(adj.)* obscene
火を付ける hi o tsukeru *(v.)* kindle

瓶 bin *(n.)* jar
ピン pin *(n.)* pin
ピンで留める pin de tomeru *(v.)* pin
ピンと張って pin to hatte *(adv.)* tautly
ピンと張られた pin to harareta *(adj.)* taut
品のない hin no nai *(adj.)* vulgar
品位を下げる hin i o sageru *(v.)* debase
敏感な binkanna *(adj.)* sensitive
ピンク色 pinkuiro *(n.)* pink
ピンク色の pinkuiro no *(adj.)* pink
貧血 hinketsu *(n.)* anaemia
ビンゴ bingo *(n.)* bingo
貧困 hinkon *(n.)* poverty
貧困者 hinkonsha *(n.)* pauper
瀕死の hinshi no *(adj.)* moribund
品質 hinshitsu *(n.)* quality
品質証明 hinshitsu shōmei *(n.)* hallmark
ヒント hinto *(n.)* hint
頻繁に hinpan ni *(adv.)* often

無愛想な buaisōna *(adj.)* disagreeable
ファイル fairu *(n.)* file
ファストフード fasutofūdo *(n.)* fast food
ファスナー fasunā *(n.)* zip
ファスナーを閉める fasunā o shimeru *(v.)* zip
ファックス fakkusu *(n.)* fax
ファックスを送る fakkusu o okuru *(v.)* fax

ファッション fasshon (n.) fashion
不安 fuan (n.) anxiety
不安に fuan ni (adv.) anxiously
不安にする fuan ni suru (v.) unsettle
ファンタジー fantajī (n.) fantasy
不安定 fuantei (n.) instability
不安定化 fuantei ka (n.) destabilization
不安定にする fuantei ni suru (v.) destabilize
不安な fuanna (adj.) anxious
不安な fuanna (adj.) uneasy
ブイ bui (n.) buoy
ふいご fui go (n.) bellows
不意に fui ni (adv.) unawares
不意を打たれる fui o utareru (adv.) aback
フィクション fikushon (n.) fiction
不一致 fuicchi (n.) discrepancy
フィットネス・トレーニング fittonesu torēningu (n.) fitness training
フィットネストラッカー fittonesutorakkā (n.) fitness tracker
フィナーレ fināre (n.) finale
フィラメンテーション firamentēshon (n.) filamentation
フィルター firutā (n.) filter
フィンガーペイント fingā peinto (n.) fingerpaint
封 fū (n.) seal
風変わりな fūgawarina (adj.) eccentric
風景 fūkei (n.) scenery
風刺 fūshi (n.) satire
風刺作品 fūshi sakuhin (n.) lampoon
風刺作家 fūshi sakka (n.) satirist
風刺する fūshi suru (v.) satirize

風刺で攻撃する fūshi de kōgeki suru (v.) lampoon
風刺の fūshi no (adj.) satirical
封止剤 fūshizai (n.) sealant
風習 fūshū (adj.) customary
風水 fūsui (n.) fengshui
風船 fūsen (n.) balloon
風船ガム fūsen gamu (n.) bubblegum
風速計 fūsokukei (n.) anemometer
ブーツ būtsu (n.) boot
フード fūdo (n.) hood
封筒 fūtō (n.) envelope
風土性の fūdosei no (adj.) endemic
夫婦の fūfu no (adj.) conjugal
ブーブー鳴く būbū naku (v.) oink
風味 fūmi (n.) savour
ブーム būmu (n.) boom
風流な fūryūna (adj.) tasteful
フールスキャップ fūrusukyappu (n.) foolscap
不運 fūn (n.) mischance
不運な fūnna (adj.) unfortunate
フェア fea (n.) fair
不易な fuekina (adj.) futile
フェチ fechi (n.) fetish
フェミニスト feminisuto (n.) feminist
フェミニストの feminisuto no (adj.) feminist
フェミニズム feminizumu (n.) feminism
フェリー ferī (n.) ferry
フェレット fe retto (n.) ferret
無塩の buen no (adj.) unsalted
フェンサー fensā (n.) fencer
フェンシング fenshingu (n.) fencing

フェンネル fenneru (n.) fennel
フォーラム fōramu (n.) forum
フォルダー forudā (n.) folder
フォンダン fon dan (n.) fondant
部下 buka (n.) subordinate
不快 fukai (n.) discomfort
深い fukai (adj.) deep
不快感 fukaikan (n.) malaise
部外者 bugaisha (n.) outsider
不快な fukaina (adj.) repellent
不可解な fukakaina (adj.) inexplicable
不可解なもの fukakaina mono (n.) enigma
深く fukaku (adv.) deeply
深く切る fukaku kiru (v.) gash
不確実な fu kakujitsuna (adj.) uncertain
不確定の fu kakutei no (adj.) indefinite
不可欠の fukaketsu no (adj.) integral
不可欠な fukaketsuna (adj.) essential
不可欠な fukaketsuna (adj.) indispensable
深さ fuka sa (n.) depth
孵化する fuka suru (v.) hatch
孵化する fuka suru (v.) incubate
付加税 fuka zei (n.) surtax
不可知論 fukachiron (n.) agnosticsm
不可知論者 fukachironsha (n.) agnostic
不格好な bukakkōna (adj.) gawky
不活性化剤 fu kassei kazai (n.) deactivator
不活性の fu kassei no (adj.) inert
深鍋 fuka nabe (n.) pot
不可能 fukanō (n.) impossibility
不可能な fukanōna (adj.) impossible

深みのない fukami no nai (adj.) facile
深める fukameru (v.) deepen
不完全 fukanzen (n.) imperfection
不完全な fukanzenna (adj.) imperfect
不寛容 fu kan yō (n.) intolerance
不寛容な fu kan yōna (adj.) intolerant
武器 buki (n.) weapon
吹きかける fukikakeru (v.) spray
吹き消す fuki kesu (n.) blowout
不機嫌な fukigenna (adj.) moody
不機嫌な表情 fukigenna hyōjō (n.) frown
不機嫌にする fu kigen ni suru (v.) displease
武器庫 bukiko (n.) armoury
吹き込む fukikomu (v.) instil
不規則 fukisoku (n.) irregularity
吹き出す fukidasu (v.) spout
不吉な fukitsuna (adj.) ominous
不気味な bukimina (adj.) creepy
普及する fukyū suru (v.) popularize
不朽の fukyū no (adj.) monumental
不況 fukyō (n.) recession
不器用な bukiyōna (adj.) clumsy
不器用な人 bukiyōna hito (n.) dub
ふきわら fuki wara (n.) thatch
付近 fukin (n.) vicinity
不謹慎 fukinshin (n.) immodesty
不均衡 fu kinkō (n.) imbalance
吹く fuku (v.) blow
拭く fuku (v.) wipe
服 fuku (n.) clothes
復員 fukuin (n.) demobilization
福音 fukuin (n.) gospel

復員させる fukuin saseru *(v.)* demobilize
副院長 fuku inchō *(n.)* prioress
福音派の fukuinha no *(adj.)* evangelical
副王 fuku ō *(n.)* viceroy
副業 fukugyō *(n.)* sideline
復元 fukugen *(n.)* restoration
復元する fukugen suru *(v.)* restore
複合企業 fukugō kigyō *(n.)* conglomerate
複合的な fukugō tekina *(adj.)* composite
複合の fukugō no *(adj.)* multiplex
複雑な fukuzatsuna *(adj.)* complex
複雑な問題 fukuzatsuna mondai *(n.)* complication
複雑にする fukuzatsu ni suru *(v.)* complicate
副産物 fukusanbutsu *(n.)* by-product
副詞 fukushi *(n.)* adverb
福祉 fukushi *(n.)* welfare
副詞の fukushi no *(adj.)* adverbial
複写器 fukushaki *(n.)* copier
復習 fukushū *(n.)* revision
復讐 fukushū *(n.)* revenge
服従 fukujū *(n.)* deference
復習する fukushū suru *(v.)* revise
復讐する fukushū suru *(v.)* revenge
復職 fukushoku *(n.)* reinstatement
復職させる fukushoku saseru *(v.)* reinstate
副署する fukush suru *(v.)* countersign
副腎の fukujin no *(adj.)* adrenal
複数 fukusū *(n.)* multiple
複数の fukusū no *(adj.)* multiple

複製 fukusei *(n.)* replica
服装 fukusō *(n.)* outfit
不屈の fukutsu no *(adj.)* indomitable
腹部 fukubu *(n.)* abdomen
腹部の fukubu no *(adj.)* abdominal
含む fukumu *(v.)* comprise
含める fukumeru *(v.)* include
ふくらみ fukurami *(n.)* swell
膨らみ fukurami *(n.)* bulge
副流 fukuryū *(n.)* side-stream
ふくれる fukureru *(v.)* swell
袋 fukuro *(n.)* sack
袋に入れる fukuro ni ireru *(v.)* bag
梟 fukurō *(n.)* owl
腹話術 fukuwajutsu *(n.)* ventriloquism
腹話術師 fukuwajutsushi *(n.)* ventriloquist
腹話術師の fukuwajutsushi no *(adj.)* ventriloquistic
腹話術で話す fukuwajutsu de hanasu *(v.)* ventriloquize
フケ fuke *(n.)* dandruff
不敬なことを言う fukeina koto o iu *(v.)* blaspheme
不潔さ fuketsu sa *(n.)* squalor
ふける fukeru *(v.)* indulge
不健康な fu kenkōna *(adj.)* unhealthy
不健全 fukenzen *(n.)* morbidity
不幸 fukō *(n.)* misery
符号 fugō *(n.)* code
符号化 fugō ka *(n.)* coding
富豪家 fugōka *(n.)* affluential
不合格 fu gōkaku *(n.)* fail
不幸な fukōna *(adj.)* unhappy

不公平な fukōheina *(adj.)* unfair
不合理 fu gōri *(n.)* absurdity
布告 fukoku *(n.)* edict
布告する fukoku suru *(v.)* decree
ブザー buzā *(n.)* buzzer
負債 fusai *(n.)* liability
不在 fuzai *(n.)* absence
不在者 fuzaisha *(n.)* absentee
不在の fuzai no *(adj.)* absent
塞ぎ込む fusagikomu *(v.)* mope
塞ぐ fusagu *(v.)* occlude
ふざけた行動 fuzaketa kōdō *(n.)* antics
ふざける fuzakeru *(v.)* goof
無作法な busahōna *(adj.)* discourteous
ふさふさした fusafusa shita *(adj.)* bushy
ぶざまな bu zamana *(adj.)* ungainly
ふさわしい fusawashī *(v.)* befit
不死 fushi *(n.)* immortality
不思議な fushigina *(adj.)* mysterious
不思議に思う fushigi ni omou *(v.)* wonder
フジツボ fuji tsubo *(n.)* barnacle
不始末 fu shimatsu *(n.)* mismanagement
浮腫 fushu *(n.)* edema
不十分な fujūbunna *(adj.)* insufficient
プシュケー pushukē *(n.)* psyche
不純 fujun *(n.)* impurity
不純な fujunna *(adj.)* impure
不純物の混入 fujunbutsu no konnyū *(n.)* adulteration
不純物を混ぜる fujunbutsu o mazeru *(v.)* adulterate

浮上する fujō suru *(v.)* surface
無精ひげ bushō hige *(n.)* stubble
不正直 fushōjiki *(n.)* dishonesty
不正直な fushōjikina *(adj.)* dishonest
不精な bushōna *(n.)* slothful
侮辱 bujoku *(n.)* insult
侮辱する bujoku suru *(v.)* insult
侮辱的な bujoku tekina *(adj.)* offensive
腐食動物 fushoku dōbutsu *(n.)* scavenger
腐食性の fushokusei no *(adj.)* corrosive
不信 fushin *(n.)* distrust
婦人帽子類 fujin bōshirui *(n.)* millinery
不信心の fushinjin no *(adj.)* sacrilegious
不親切な fushinsetsuna *(adj.)* unaccommodating
婦人用帽子屋 fujinyō bōshiya *(n.)* milliner
不正 fusei *(n.)* impropriety
不正確な fu seikakuna *(adj.)* inaccurate
不正行為 fusei kōi *(n.)* misbehaviour
不成功 fu seikō no *(adv.)* abortive
不精巧な fu seikōna *(adj.)* blundering
不正侵入する fusei shinnyū suru *(v.)* hack
不正を行う fusei o okonau *(v.)* misbehave
不誠実 fuseijitsu *(n.)* insincerity
不誠実な fuseijitsuna *(adj.)* insincere
防ぐ fusegu *(v.)* prevent
付箋 fusen *(n.)* sticky
武装 busō *(n.)* armament
武装解除 busō kaijo *(n.)* disarmament
武装強盗団による強奪 busō gōtōdan niyoru gōdatsu *(n.)* dacoity

武装強盗団員 busō gōtōdan in (n.) dacoit
武装した busō shita (adj.) armed
武装を解除する busō o kaijo suru (v.) disarm
不足 fusoku (n.) lack
部族 buzoku (n.) tribe
不足している fusoku shiteiru (v.) lack
付属的 fuzoku teki (adj.) ancillary
部族の buzoku no (adj.) tribal
付属物 fuzokubutsu (n.) appendage
蓋 futa (n.) lid
豚 buta (n.) pig
豚小屋 buta goya (n.) sty
ブタの鳴き声 buta no nakigoe (n.) oink
蓋をつける futa o tsukeru (v.) cap
舞台 butai (n.) stage
部隊 butai (n.) troop
舞台裏 butaiura (adv.) backstage
双子 futago (n.) twins
双子座 futagoza (n.) Gemini
双子の futago no (adj.) twin
不確かな futashikana (adj.) dicey
再び現れる futatabi arawareru (v.) reappear
再び訪れる futatabi otozureru (v.) revisit
再び活性化する futatabi kassei ka suru (v.) reactivate
再び合併する futatabi gappei suru (v.) reconsolidate
再び凝結させる futatabi gyōketsu saseru (v.) recondense
再び加わる futatabi kuwawaru (v.) rejoin
再び取り付ける futatabi toritsukeru (v.) reattach
再び引き受ける futatabi hikiukeru (v.) reassume
再び併合する futatabi heigō suru (v.) reannex
二つの futatsu no (n.) couple
二つ一組にする futatsu hito kumi ni suru (v.) pair
二つ折り futatsuori (n.) folio
豚肉 butaniku (n.) pork
二またに分かれる futamata ni wakareru (v.) bifurcate
二人だけの会話 futari dake no kaiwa (n.) tete-a-tete
負担となる futan to naru (adj.) burdensome
普段は fudan wa (adv.) usually
縁 fuchi (n.) brim
不治の fuchi no (adj.) incurable
縁取る fuchidoru (v.) fringe
付着 fuchaku (n.) adhesion
不注意な fuchūina (adj.) inattentive
不忠実な fu chūjitsuna (adj.) disloyal
普通の futsū no (adj.) normal
普通でない futsūdenai (adj.) atypic
復活 fukkatsu (n.) revival
ぶつかる butsukaru (v.) jostle
復帰 fukki (n.) resurgence
復帰の fukki no (adj.) resurgent
ぶっきらぼう bukkirabō (adj.) brusque
ぶっきらぼうに bukkirabō ni (adv.) bluntly
フック fukku (n.) hook
物質 busshitsu (n.) substance

物質化する busshitsu ka suru (v.) materialize
物質的な busshitsu tekina (adj.) material
物資の空中投下 busshi no kūchū tōka (n.) airdrop
ぶったたく buttataku (v.) whack
仏塔 buttō (n.) pagoda
フットボール futtobōru (n.) football
フットワーク futtowāku (n.) footwork
物品税 buppin zei (n.) excise
ブツブツ言う butsubutsu iu (v.) mutter
物々交換する butsubutsukōkan suru (v.) barter
物理 butsuri (n.) physics
不釣り合いな結婚 fu tsuriaina kekkon (n.) misalliance
物理学者 butsuri gakusha (n.) physicist
物理的な butsuri tekina (adj.) physical
筆 fude (n.) brush
不定期な futeikina (adj.) irregular
不定形の fu teikei no (adj.) amorphous
ブティック butikku (n.) boutique
不適応者 fu tekiōsha (n.) misfit
不適合な futekigōna (adj.) unadapted
不適切な futekisetsuna (adj.) improper
不適切に futekisetsu ni (adv.) ill
葡萄 budō (n.) grape
不凍液 futōeki (n.) antifreeze
不動産 fudōsan (n.) realty
不動産業者 fudōsan gyōsha (n.) estate agent
ブドウ糖 budōtō (n.) glucose
不道徳 fudōtoku (n.) immorality
不道徳な fudōtokuna (adj.) immoral

不当な futōna (adj.) unjust
不当に扱う futō ni atsukau (v.) wrong
不当に苦しめる futō ni kurushimeru (v.) victimize
不当に評価する futō ni hyōka suru (v.) misjudge
不動の fudō no (adj.) immovable
ぶどうの木 budō no ki (n.) vine
武闘派 butōha (n.) militant
不当表示 futō hyōji (n.) misrepresentation
不透明度 futōmeido (n.) opacity
不透明な futōmeina (adj.) opaque
太ってる futotteru (adj.) fat
太腿 futomomo (n.) thigh
太りすぎの futorisugino (adj.) overweight
ブナ buna (n.) beech
船乗り funanori (n.) sailor
不妊症 funinshō (n.) sterility
不妊の funin no (adj.) infertile
船 fune (n.) boat
船 fune (n.) ship
プネウマ puneuma (n.) pneuma
船の停泊地 fune no teihakuchi (n.) anchorage
船をさおで進める fune o saode susumeru (v.) pole
船を乗っ取る fune o nottoru (v.) seajack
腐敗 fuhai (n.) decay
腐敗させる fuhai saseru (v.) decompose
腐敗する fuhai suru (v.) decay
不発に終わる fuhatsu ni owaru (v.) misfire

不必要な fu hitsuyōna *(adj.)* unnecessary
不品行 fuhinkō *(n.)* misdemeanour
不服従 fu fukujū *(n.)* insubordination
部分 bubun *(n.)* part
部分的な bubun tekina *(adj.)* partial
不平 fuhei *(n.)* grievance
普遍性 fuhensei *(n.)* universality
普遍的な fuhen tekina *(adj.)* universal
不変の fuhen no *(adj.)* constant
不便な fubenna *(adj.)* inconvenient
不法とする fuhō to suru *(v.)* outlaw
不法の fuhō no *(adj.)* illicit
踏まえると fumaeruto *(prep.)* considering
不真面目な fu majimena *(adj.)* blithe
不満 fuman *(n.)* dissatisfaction
不満そうな fuman sōna *(adj.)* unamused
不満な fumanna *(adj.)* disgruntled
不満にさせる fuman ni saseru *(v.)* dissatisfy
踏み車 fumiguruma *(n.)* treadwheel
踏み鋤 fumi suki *(n.)* spade
踏み鋤で掘る fumi suki de horu *(v.)* spade
踏みつぶす fumitsubusu *(v.)* trample
踏む fumu *(v.)* step
不名誉 fumeiyo *(n.)* dishonour
不明瞭 fumeiryō *(n.)* obscurity
不明瞭な fumeiryōna *(adj.)* obscure
不滅の fumetsu no *(adj.)* immortal
不毛な fumōna *(adj.)* barren
部門 bumon *(n.)* department

部門化 bumon ka *(n.)* departmentalization
冬 fuyu *(n.)* winter
冬のように寒い fuyu no yō ni samui *(adj.)* wintry
冬を過ごす fuyu o sugosu *(v.)* winter
富裕 fuyū *(n.)* opulence
浮遊性の fuyūsei no *(adj.)* natant
富裕な fuyūna *(adj.)* opulent
不愉快 fuyukai *(n.)* displeasure
不愉快な fuyukaina *(adj.)* odious
付与 fuyo *(n.)* grant
付与する fuyo suru *(v.)* grant
扶養家族 fuyō kazoku *(n.)* dependent
不用な fuyōna *(adj.)* waste
不要な fuyōna *(adj.)* unwanted
扶養料 fuyōryō *(n.)* alimony
フラシ天 fura shi ten *(n.)* plush
フラシ天の fura shi ten no *(adj.)* plush
ブライズメイド buraizumeido *(n.)* bridesmaid
フライト furaito *(n.)* flight
プライバシー puraibashī *(n.)* privacy
ブラウザ burauza *(n.)* browser
ブラウス burausu *(n.)* blouse
プラカード purakādo *(n.)* placard
フラグメンテーションを解消する furagumentēshon o kaishō suru *(v.)* defragment
ぶら下がった burasagatta *(adj.)* dangling
ぶら下げる burasageru *(v.)* dangle
プラシーボ purashībo *(n.)* placebo
ブラジャー burajā *(n.)* bra
プラス purasu *(n.)* plus

フラスコ furasuko *(n.)* flask
プラスチック purasuchikku *(n.)* plastic
プラスチックの purasuchikku no *(adj.)* plastic
プラスの purasu no *(adj.)* plus
プラチナ purachina *(n.)* platinum
プラチナの purachina no *(adj.)* platinum
ぶらつく buratsuku *(v.)* loiter
ぶらつく buratsuku *(v.)* wander
ブラックリスト burakkurisuto *(n.)* blacklist
ブラッシャー burasshā *(n.)* blusher
ブラッスリー burassurī *(n.)* brasserie
フラットスクリーン furatto sukurīn *(n.)* flat screen
フラットブレッド furattobureddo *(n.)* flatbread
フラッパー furappā *(n.)* flapper
フラメンコ furamenko *(n.)* flamenco
ブランコ buranko *(n.)* swing
フランス語 furansugo *(n.)* French
フランスの furansu no *(adj.)* French
フランスの城 furansu no shiro *(n.)* chateau
ブランチ buranchi *(n.)* brunch
フランチャイズ furanchaizu *(n.)* franchise
ブランディング burandingu *(n.)* branding
ブランデー burandē *(n.)* brandy
ブランド burando *(n.)* brand
フランネル furanneru *(n.)* flannel
フランベ furanbe *(n.)* flambé
フランベする furanbe suru *(v.)* flambé
ふり furi *(n.)* guise

ブリケット buri ketto *(n.)* briquet
振り付ける furi tsukeru *(v.)* choreograph
ふりをする furi o suru *(v.)* pretend
フリース furīsu *(n.)* fleece
ブリーフケース burīfu kēsu *(n.)* briefcase
ブリーフィング burīfingu *(n.)* briefing
フリーランサー furīransā *(n.)* freelancer
不利益 furieki *(n.)* disadvantage
振り返る furikaeru *(n.)* retrospect
降りかかる furikakaru *(v.)* befall
振りかける furikakeru *(v.)* sprinkle
振り子 furiko *(n.)* pendulum
不履行 furikō *(n.)* inaction
振り付け furitsuke *(n.)* choreography
不利な furina *(adj.)* adverse
振り回す furimawasu *(v.)* brandish
不良 furyō *(n.)* delinquent
浮力のある furyoku no aru *(adj.)* buoyant
不慮の出来事 furyo no dekigoto *(n.)* contingency
フリル furiru *(n.)* frill
フリル furiru *(n.)* ruffle
プリン purin *(n.)* pudding
不倫相手 furin aite *(n.)* paramour
不倫する furin suru *(v.)* philander
プリンター purintā *(n.)* printer
プリント purinto *(n.)* printout
振る furu *(v.)* shake
降る furu *(v.)* rain
振ること furu koto *(n.)* shake
ブルートゥース burūtūsu *(n.)* bluetooth

ふるい furui (n.) sieve
古い furui (adj.) old
ふるいにかける furui ni kakeru (v.) sieve
ふるいにかける furui ni kakeru (v.) sift
フルート furūto (n.) flute
プルーン purūn (v.) prune
震える furueru (v.) shiver
プルオーバー puruōbā (n.) pullover
古くなる furuku naru (v.) stale
ブルジョワな burujowa na (adj.) bourgeois
ブルジョワジー burujowajī (n.) bourgeoise
ブルドーザー burudōzā (n.) bulldozer
ブルドッグ burudoggu (n.) bulldog
プルトニウム purutoniumu (n.) plutonium
ブルネット burunetto (n.) brunette
ふるまい furumai (n.) bearing
振る舞い furumai (n.) poise
振る舞う furumau (v.) behave
古めかしい furumekashī (adj.) archaic
無礼な bureina (adj.) impolite
プレイヤー pureiyā (n.) gameplayer
ブレインストーミング bureinsutōmingu (n.) brainstorm
ブレーキ burēki (n.) brake
ブレーキを掛ける burēki o kakeru (v.) brake
フレーク furēku (n.) flake
プレーヤー purēyā (n.) player
ブレザー burezā (n.) blazer
ブレスレット buresuretto (n.) bracelet
プレゼンテーション purezentēshon (n.) presentation
プレゼント purezento (n.) present
プロの puro no (adj.) professional
ブローカー burōkā (n.) broker
ブローチ burōchi (n.) brooch
フローチャート furōchāto (n.) flow chart
ブロードバンド burōdo bando (n.) broadband
ブロードウェイ burōdowei (n.) broadway
ブロガー burogā (n.) blogger
付録 furoku (n.) appendix
ブログ burogu (n.) blog
ブログを書く burogu o kaku (v.) blogging
プログラム puroguramu (n.) programme
プログラムを作る puroguramu o tsukuru (v.) programme
プロジェクター purojekutā (n.) projector
プロジェクト purojekuto (n.) project
フロスティング furosutingu (n.) frosting
プロセッサ purosessa (n.) processor
ブロック burokku (n.) bloc
ブロッコリ burokkori (n.) broccoli
プロパガンダ puropaganda (n.) propaganda
プロフィール purofīru (n.) profile
プロローグ purorōgu (n.) prologue
フロント furonto (n.) reception
フロントガラス furonto garasu (n.) windscreen
プロンプター puronputā (n.) prompter
不和 fuwa (n.) discord
分 fun (n.) minute
糞 fun (n.) feces

文 bun (n.) sentence
雰囲気 fun iki (n.) atmosphere
噴火 funka (n.) eruption
文化 bunka (n.) culture
噴火する funka suru (v.) erupt
文化的な bunka tekina (adj.) cultural
憤慨 fungai (n.) outrage
憤慨させる fungai saseru (v.) outrage
分解される bunkai sareru (v.) fibrillate
分解修理する bunkai shūri suru (v.) overhaul
文学 bungaku (n.) literature
分割する bunkatsu suru (v.) segment
分割できない bunkatsu dekinai (adj.) indivisible
分岐 bunki (n.) bifurcation
分岐合流点 bunki gōryūten (n.) junction
憤激 fungeki (n.) rage
文献学 bunkengaku (n.) philology
文献学者 bunken gakusha (n.) philologist
文献学の bunkengaku no (adj.) philological
文語の bungo no (adj.) literary
分散させる bunsan saseru (v.) decentralize
分散する bunsan suru (v.) disperse
分子 bunshi (n.) molecule
分子 bunshi (n.) numerator
分子の bunshi no (adj.) molecular
噴出 funshutsu (n.) outburst
噴出する funshutsu suru (v.) spurt
文書誹毀罪 bunsho hikizai (n.) libel
文章 bunshō (n.) text

文章の要約 bunshō no yōyaku (n.) abridgement
文章を要約する bunshō o yōyaku suru (v.) abridge
文人 bunjin (n.) litterateur
噴水 funsui (n.) fountain
分数 bunsū (n.) fraction
分析 bunseki (n.) analysis
分析する bunseki suru (v.) analyse
分析的な bunseki tekina (adj.) analytic
分隊 buntai (n.) squad
文通者 buntsūsha (n.) correspondent
分点 bunten (n.) equinox
糞の fun no (adj.) fecal
分派 bunpa (n.) offshoot
分配 bunpai (n.) allotment
分配 bunpai (n.) distribution
分配する bunpai suru (v.) distribute
分配する bunpai suru (v.) dole
分泌 bunpitsu (n.) secretion
分泌する bunpitsu suru (v.) secrete
ブンブンいう bunbun iu (v.) bumble
ブンブンという音 bunbun toiu oto (n.) buzz
分別のある funbetsu no aru (adj.) sensible
文法 bunpō (n.) grammar
文法学者 bunpō gakusha (n.) grammarian
文房具 bunbōgu (n.) stationery
文房具店 bunbōguten (n.) stationer
粉末 funmatsu (n.) powder
粉末にする funmatsu ni suru (v.) powder
文脈 bunmyaku (n.) context

文明 bunmei (n.) civilization
文明化する bunmei ka suru (v.) civilize
分離 bunri (n.) detachment
分離した bunri shita (adj.) factious
分離できる bunri dekiru (adj.) separable
分離独立論者 bunri dokuritsuronsha (n.) secessionist
分類 bunrui (n.) classification
分類する bunrui suru (v.) classify
分類する bunrui suru (v.) sort
分裂 bunretsu (n.) split

ヘアブラシ hea burashi (n.) hairbrush
塀 hei (n.) fence
塀で囲う hei de kakō (v.) fence
閉会にする heikai ni suru (v.) prorogue
兵器庫 heikiko (n.) arsenal
平均 heikin (n.) average
平原 heigen (n.) plain
平行 heikō (n.) parallelism
併合 heigō (n.) annexation
並行して heikō shite (adv.) abreast
併合する heigō suru (v.) annex
平行四辺形 heikōshihenkei (n.) parallelogram
平行な heikōna (adj.) parallel
閉鎖 heisa (n.) closure
兵士 heishi (n.) soldier
兵士として勤める heishi toshite tsutomeru (v.) soldier

兵舎 heisha (n.) barrack
閉所恐怖症 heisho kyōfushō (n.) claustrophobia
平静 heisei (n.) composure
閉塞する heisoku suru (adj.) occlusive
平坦地 heitanchi (n.) flatland
平凡な heibonna (adj.) mediocre
平面 heimen (n.) plane
平面のある heimen no aru (adj.) flatbed
並列 heiretsu (n.) juxtaposition
並列された heiretsu sareta (adj.) juxtaposed
並列する heiretsu suru (v.) juxtapose
平和 heiwa (n.) peace
平和主義 heiwa shugi (n.) pacifism
平和主義者 heiwa shugisha (n.) pacifist
平和をもたらす heiwa o motarasu (adj.) pacific
ベーグル bēguru (n.) bagel
ベーコン bēkon (n.) bacon
ページ pēji (n.) page
ページをめくる pēji o mekuru (v.) page
ベース bēsu (n.) bass
ペーストリー pēsu torī (n.) pastry
ペースメーカー pēsu mēkā (n.) pacemaker
ベータの bēta no (adj.) beta
ベール bēru (n.) veil
ベールで覆う bēru de ōu (v.) veil
壁画 hekiga (n.) mural
劈開 hekikai (n.) cleavage
壁面の hekimen no (adj.) mural
ベクトル bekutoru (n.) vector
ベクトルの bekutoru no (adj.) vectorial

ベジタリアン bejitarian (adj.) vegetarian
ベスト besuto (n.) vest
ペスト pesuto (n.) pestilence
ベストセラー besutoserā (n.) bestseller
下手にやる heta ni yaru (v.) botch
ペダル pedaru (n.) pedal
ペダルを踏む pedaru o fumu (v.) pedal
ペチコート pechikōto (n.) petticoat
ぺちゃくちゃ喋る pechakucha shaberu (v.) chatter
別の betsu no (adj.) another
別の選択肢 betsu no sentakushi (adj.) alternative
別の人 betsu no hito (pron.) other
別荘 bessō (n.) villa
べったりした bettari shita (adj.) clingy
ベッド beddo (n.) bed
ペット petto (n.) pet
ベッドカバー beddo kabā (n.) bedcover
ヘッドライト heddoraito (n.) headlight
別々の betsubetsu no (adj.) separate
別名 betsumei (adv.) alias
ぺてん peten (n.) trickery
ぺてん師 petenshi (n.) trickster
ペドフィリア pedofiria (n.) paedophilia
ベトベトしたもの betobeto shita mono (n.) goo
ヘドロ hedoro (n.) slime
ペニー penī (n.) penny
ベニヤ板 beniyaita (n.) plywood
ヘビ hebi (n.) snake
蛇 hebi (n.) serpent
ベビーカー bebīkā (n.) buggy
ベビーコーン bebī kōn (n.) baby corn
ベビーベッド bebībeddo (n.) crib
ヘビに似た hebi ni nita (n.) serpentine
へぼ詩人 hebo shijin (n.) rhymester
へま hema (n.) bungle
ヘモグロビン hemogurobin (n.) haemoglobin
部屋 heya (n.) room
ベラベラ喋る bera bera shaberu (v.) blab
ヘラクレスのような herakuresu no yōna (adj.) herculean
ヘラジカ herajika (n.) elk
減らす herasu (v.) reduce
ベランダ beranda (n.) veranda
屁理屈 herikutsu (n.) quibble
屁理屈を言う herikutsu o iu (v.) quibble
ヘリコプター herikoputā (n.) chopper
減る heru (v.) diminish
ベルト beruto (n.) belt
ヘルニア herunia (n.) hernia
ベルベット berubetto (n.) velvet
ヘルメット herumetto (n.) helmet
ペン pen (n.) pen
変化 henka (n.) transformation
変化する henka suru (v.) transform
弁解の余地のない benkai no yochi no nai (adj.) indefensible
変換 henkan (n.) conversion
変換する henkan suru (v.) convert
ペンキ penki (n.) paint
ペンキを塗る penki o nuru (v.) paint
偏狭 henkyō (n.) insularity
勉強 benkyō (n.) study
勉強する benkyō suru (v.) study

返金 henkin (n.) refund
返金する henkin suru (v.) refund
偏屈 henkutsu (n.) bigotry
偏屈者 henkutsusha (n.) bigot
変形 henkei (n.) deformity
変形する henkei suru (v.) deform
偏見 henken (n.) prejudice
偏向 henkō (n.) deflection
変更 henkō (n.) alteration
偏光させる henkō saseru (adj.) polarizing
偏光させる henkō saseru (v.) polarize
偏向させる henkō saseru (v.) deflect
弁護士 bengoshi (n.) lawyer
偏差 hensa (n.) deviation
返済 hensai (n.) reimbursement
遍在 henzai (n.) omnipresence
遍在する henzai suru (adj.) omnipresent
ペン先 pensaki (n.) nib
編集 henshū (n.) compilation
編集者 henshūsha (n.) editor
編集する henshū suru (v.) edit
弁償 benshō (n.) recompense
変色させる henshoku saseru (v.) discolour
変人 henjin (n.) nutcase
偏頭痛 henzutsū (n.) migraine
変遷 hensen (n.) vicissitude
ベンゼン benzen (n.) benzene
変装する hensō suru (v.) disguise
変態 hentai (n.) metamorphosis
ベンチ benchi (n.) bench
ペンチ penchi (n.) pliers

ベンチャー benchā (n.) venture
便通を促進する bentsū o sokushin suru (adj.) laxative
扁桃 hentō (n.) tonsil
返答 hentō (n.) rejoinder
変動 hendō (n.) variation
扁桃炎 hentō en (n.) angina
変動する hendō suru (v.) fluctuate
ペントハウス pentohausu (n.) penthouse
変な henna (adj.) weird
弁難 bennan (n.) denunciation
便秘 benpi (n.) constipation
扁平足 henpeisoku (n.) flatfoot
変貌 henbō (n.) transfiguration
変貌する henbō suru (v.) transfigure
弁明 benmei (n.) vindication
弁明する benmei suru (v.) vindicate
便利 benri (n.) convenience
便利な benrina (adj.) convenient

ほ

帆 ho (n.) sail
ボア boa (n.) boa
保育園 hoikuen (n.) nursery
ボイコットする boikotto suru (v.) boycott
ボイス boisu (n.) voice
ホイップする hoippu suru (v.) whip
ボイラー boirā (n.) boiler
拇印 boin (n.) thumbprint

母音 boin (n.) vowel
棒 bō (n.) stick
包囲 hōi (n.) envelopment
ボーイ bōi (n.) porter
包囲攻撃 hōi kōgeki (n.) siege
包囲攻撃する hōi kōgeki suru (v.) siege
包囲された hōi sareta (adj.) beleaguered
包囲する hōi suru (v.) besiege
暴飲暴食 bōin bōshoku (n.) gluttony
防衛 bōei (n.) defence
放映する hōei suru (v.) televise
貿易禁止 bōeki kinshi (n.) embargo
望遠鏡 bōenkyō (n.) telescope
望遠鏡の bōenkyō no (adj.) telescopic
法王 hōō (n.) pope
砲尾 hō o (n.) breech
防音の bōon no (adj.) soundproof
放火 hōka (n.) arson
ポーカー pōkā (n.) poker
崩壊 hōkai (v.) collapse
妨害 bōgai (n.) obstruction
妨害行為 bōgai kōi (n.) sabotage
妨害する bōgai suru (v.) obstruct
妨害的な bōgai tekina (adj.) obstructive
法学 hōgaku (n.) jurisprudence
法学者 hōgakusha (n.) jurist
包括的な hōkatsu tekina (adj.) comprehensive
防火服 bōkafuku (n.) firesuit
ボーカル担当者 bōkaru tantōsha (n.) vocalist
暴漢 bōkan (n.) ruffian
傍観者 bōkansha (n.) on-looker

包含的な hōgan tekina (adj.) inclusive
ホウキ hōki (n.) broom
放棄 hōki (n.) renunciation
放棄する hōki suru (v.) renounce
放棄する hōki suru (v.) waive
放棄すること hōki suru koto (n.) abnegation
忘却 bōkyaku (n.) oblivion
俸給 hōkyū (n.) stipend
暴挙 bōkyo (n.) lunacy
防空用の bōkūyō no (adj.) anti-aircraft
暴君 bōkun (n.) tyrant
砲撃 hōgeki (n.) bombardment
砲撃する hōgeki suru (v.) bombard
方言 hōgen (n.) dialect
剖検 bōken (n.) autopsy
冒険 bōken (n.) adventure
冒険好きな bōken zukina (adj.) adventurous
封建制度 hōken seido (n.) feudalism
封建の hōken no (adj.) feudal
方向 hōkō (n.) direction
膀胱 bōkō (n.) bladder
暴行する bōkō suru (n.) assault
方向を合わせる hōkō o awaseru (v.) orient
報告 hōkoku (n.) report
報告する hōkoku suru (v.) report
報告を受ける hōkoku o ukeru (v.) debrief
防護服 bōgofuku (n.) armour
防塞 bōsai (n.) barricade
放散する hōsan suru (v.) dissipate
帽子 bōshi (n.) hat

防止 bōshi (n.) prevention
奉仕する hōshi suru (adj.) ministrant
放射 hōsha (n.) emission
放射子 hōshako (n.) radion
放射性降下物 hōshasei kōkabutsu (n.) fallout
放射線 hōshasen (n.) radiation
放射線学 hōshasengaku (n.) radiology
放射線免疫学 hōshasen men ekigaku (n.) radioimmunology
放射線を当てる hōshasen o ateru (v.) irradiate
放射能のある hōshanō no aru (adj.) radioactive
傍受 bōju (n.) interception
報酬 hōshū (n.) remuneration
傍受する bōju suru (v.) intercept
放出する hōshutsu suru (v.) radiate
幇助する hōjo suru (v.) abet
報奨金 hōshōkin (n.) bounty
法人化された hōjin ka sareta (adj.) incorporate
ホース hōsu (n.) hose
ポーズをとる pōzu o toru (v.) pose
紡錘 bōsui (n.) spindle
防水 bōsui (n.) waterproof
防水加工した bōsui kakō shita (adj.) waterproof
防水加工する bōsui kakō suru (v.) waterproof
防水の bōsui no (adj.) showerproof
放水路 hōsuiro (n.) drain
法性 hōsei (n.) modality
宝石 hōseki (n.) jewel
宝石学 hōsekigaku (n.) gemmology

宝石商 hōsekishō (n.) jeweller
宝石で飾る hōseki de kazaru (v.) jewel
呆然とさせる bōzen to saseru (v.) daze
呆然とした bōzen to shita (adj.) dazed
包装 hōsō (n.) casing
暴走 bōsō (n.) stampede
包装紙 hōsōshi (n.) wrap
放送する hōsō suru (v.) broadcast
暴走する bōsō suru (v.) stampede
暴走族 bōsōzoku (n.) biker
包帯 hōtai (n.) bandage
膨大な bōdaina (adj.) voluminous
方立 houdate (n.) mullion
ポータブルな pōtaburuna (adj.) portable
ポータル pōtaru (n.) portal
防弾の bōdan no (adj.) bulletproof
放置 hōchi (n.) neglect
ポーチ pōchi (n.) porch
放置する hōchi suru (v.) neglect
棒付きキャンディー bōtsuki kyandī (n.) lollipop
法廷に召喚する hōtei ni shōkan suru (v.) arraign
方程式 hōteishiki (n.) equation
法定の hōtei no (adj.) statutory
法廷弁護士 hōtei bengoshi (n.) barrister
法的措置 hōteki sochi (n.) legal action
法的な hōtekina (adj.) legal
暴徒 bōto (n.) mob
ボードゲーム bōdo gēmu (n.) board game
放蕩 hōtō (n.) profligacy
暴動 bōdō (n.) riot
暴動の bōdō no (adj.) mutinous

暴動を起こす bōdō o okosu (v.) riot
放蕩な hōtōna (adj.) prodigal
放蕩な hōtōna (adj.) profligate
冒涜 bōtoku (n.) blasphemy
冒涜する bōtoku suru (v. adj.) profane
ポートフォリオ pōtoforio (n.) portfolio
ボーナス bōnasu (n.) bonus
法に従う hō ni shitagau (n.) compliance
奉納 hōnō (n.) oblation
褒美 hōbi (n.) reward
褒美を与える hōbi o ataeru (v.) reward
豊富 hōfu (n.) abundance
防腐 bōfu (n.) embalming
防腐効果のある bōfu kōka no aru (adj.) preservative
防腐剤 bōfuzai (n.) preservative
防腐処置を施す bōfu shochi o hodokosu (v.) embalm
豊富な hōfuna (adj.) aplenty
方へ hō e (prep.) towards
砲兵 hōhei (n.) artillery
防壁 bōheki (n.) bulwark
方法 hōhō (n.) method
放牧場 hōbokujō (n.) ranch
放牧する hōboku suru (v.) pasture
ホーム hōmu (n.) platform
ホームシックの hōmushikku no (adj.) homesick
ホームページ hōmupēji (n.) web page
葬る hōmuru (v.) entomb
ホームレス保護施設 hōmuresu hogo shisetsu (n.) night shelter
亡命 bōmei (n.) exile
訪問 hōmon (n.) visit

訪問者 hōmonsha (n.) visitor
訪問する hōmon suru (v.) visit
抱擁 hōyō (n.) embrace
暴利を貪る bōri o musaboru (v.) profiteer
暴利を貪る人 bōri o musaboru hito (n.) profiteer
法律 hōritsu (n.) law
法律を制定する hōritsu o seitei suru (v.) legislate
謀略 bōryaku (n.) machination
暴力 bōryoku (n.) violence
暴力化する bōryoku ka suru (v.) brutify
暴力的な bōryoku tekina (adj.) violent
暴力団員 bōryokudanin (n.) gangster
ボール bōru (n.) ball
ポール pōru (n.) pole
ポールウェポン pōruwepon (n.) polearm
ポールダンサー pōru dansā (n.) pole dancer
法令 hōrei (n.) statute
ほうれん草 hōrensō (n.) spinach
放浪者 hōrōsha (n.) rover
放浪的な hōrō tekina (adj.) bohemian
棒を支えにして跳ぶ bō o sasae ni shite tobu (v.) vault
吠え声 hoegoe (n.) roar
吠えたてる hoeta teru (v.) yap
吠える hoeru (v.) roar
吠える hoeru (n.) bark
吠える hoeru (v.) ululate
他の hoka no (adj.) other
捕獲 hokaku (n.) capture
ぼかす bokasu (v.) blur

保管 hokan (n.) safekeeping
保管所 hokansho (n.) depository
簿記係 bokigakari (n.) book-keeper
北欧の hokuō no (adj.) Nordic
ボクサー bokusā (n) boxer
牧師 bokushi (adj.) reverend
ボクシング bokushingu (n.) boxing
牧草地 bokusōchi (n.) pasture
牧夫 bokufu (n.) herdsman
撲滅 bokumetsu (n.) eradication
撲滅する bokumetsu suru (v.) eradicate
補欠選挙 hoketsu senkyo (n.) by-election
ポケット poketto (n.) pocket
ポケットに入れる poketto ni ireru (v.) pocket
保険 hoken (n.) insurance
保険を掛ける hoken o kakeru (v.) insure
保険料 hokenryō (n.) premium
保護 hogo (n.) protection
歩行者 hokōsha (n.) pedestrian
保護区 hogo ku (n.) haven
ほこ先 hokosaki (n.) brunt
保護施設 hogo shisetsu (n.) asylum
保護者 hogosha (n.) guardian
保護所 hogosho (n.) shelter
保護する hogo suru (v.) shelter
保護するもの hogo suru mono (n.) protector
保護用の hogoyō no (adj.) protective
ほこり hokori (n.) dust
誇り hokori (n.) pride
誇りに思う hokori ni omō (v.) pride
ほこりを払う hokori o harau (v.) dust

誇りを持った hokori o motta (adj.) proud
星 hoshi (n.) star
保持 hoji (n.) retention
欲しい hoshī (v.) want
欲しいもの hoshī mono (n.) want
ポシェした poshe shita (adj.) poached
ポシェする poshe suru (v.) poach
干し草 hoshikusa (n.) hay
星群 hoshigun (n.) asterism
星印 hoshi jirushi (n.) asterisk
保持する hoji suru (v.) retain
墓室 boshitsu (n.) sepulchre
星の hoshi no (adj.) stellar
星の多い hoshi no ōi (adj.) starry
星のような hoshi no yōna (adj.) astral
保釈金 hoshakukin (n.) bail
保釈できる hoshaku dekiru (adj.) bailable
保守的な hoshu tekina (adj.) conservative
補充する hojū suru (v.) replenish
補修を行う hoshū o okonau (v.) service
補助的な hojo tekina (adj.) auxiliary
保証 hoshō (n.) warranty
保証 hoshō (n.) guarantee
歩哨 hoshō (n.) sentinel
補償 hoshō (n.) compensation
保証金 hoshōkin (n.) deposit
保証する hoshō suru (v.) guarantee
補償する hoshō suru (v.) compensate
保証人 hoshōnin (n.) warrantor
補助金 hojokin (n.) subsidy

補助金を支給する hojokin o shikyū suru (v.) subsidize
捕食者 hoshokusha (n.) predator
捕食する hoshoku suru (v.) prey
保持力のある hojiryoku no aru (adj.) retentive
ボス bosu (n.) boss
ポスター posutā (n.) poster
ホステル hosuteru (n.) hostel
補正 hosei (n.) correction
母性 bosei (n.) maternity
母性 bosei (adj.) motherly
細い hosoi (v.) slim
細い糸状の hosoi itojō no (adj.) filamented
細いろうそく hosoi rōsoku (n.) taper
舗装する hosō suru (v.) pave
補装具の hosōgu no (adj.) prosthetic
補足 hosoku (n.) supplement
補足記事 hosoku kiji (n.) sidebar
補足する hosoku suru (v.) supplement
補足的な hosoku tekina (adj.) complementary
補足の hosoku no (adj.) supplementary
補足物 hosokubutsu (n.) complement
保存 hozon (n.) preservation
保存する hozon suru (v.) preserve
ボタン botan (n.) button
ホチキスで留める hochikisu de tomeru (v.) staple
歩調 hochō (n.) pace
勃起 bokki (n.) erection
勃起性の bokkisei no (adj.) erectile
北極星 hokkyokusei (n.) loadstar

北極の hokkyoku no (adj.) Arctic
ホッケー hokkē (n.) hockey
発作 hossa (n.) bout
発作的な hossa tekina (adj.) spasmodic
没収 bosshū (n.) forfeiture
没収される bosshū sareru (v.) forfeit
発疹チフス hosshinchifusu (n.) typhus
欲する hossuru (v.) crave
発端 hottan (n.) outset
没頭 bottō (n.) preoccupation
ポッドキャスター poddokyasutā (n.) podcaster
ポッドキャスト poddokyasuto (n.) podcast
ポッドキャストする poddokyasuto suru (v.) podcast
勃発 boppatsu (n.) outbreak
没落 botsuraku (n.) downfall
ボディーガード bodīgādo (n.) bodyguard
ボディス bodisu (n.) bodice
ホテル hoteru (n.) hotel
歩道 hodō (n.) sidewalk
施し物 hodokoshimono (n.) alms
ほとばしり hotobashiri (n.) spurt
ボトル botoru (n.) bottle
ほとんど hotondo (adv.) almost
ほとんどない hotondo nai (adv.) scarcely
ポニー ponī (n.) pony
母乳で育てる bonyū de sodateru (v.) breastfeed
哺乳類 honyūrui (n.) mammal
骨 hone (n.) bone

骨が折れる hone ga oreru (adj.) painstaking
骨なしの hone nashino (adj.) boneless
骨の折れる hone no oreru (adj.) laborious
骨張った honebatta (adj.) scraggy
炎 honō (n.) blaze
ほのかな honokana (adj.) faint
ほのかな香り honokana kaori (n.) whiff
仄めかし honomekashi (n.) allusion
仄めかした honomekashita (adj.) allusive
ほのめかす honomekasu (v.) imply
仄めかす honomekasu (v.) allude
歩幅 hohaba (n.) stride
母斑 bohan (n.) birthmark
ポプラ popura (n.) poplar
ポプリン popurin (n.) poplin
歩兵 hohei (n.) infantry
頬 hoho (n.) cheek
帆耳 ho mimi (n.) clew
ホメオパシー homeopashī (n.) homeopathy
ホメオパシー医 homeopashīi (n.) homeopath
褒める homeru (v.) commend
ホモ homo (n.) queer
ボラード borādo (n.) bollard
ポラロイド poraroido (n.) polaroid
ボランティア borantia (n.) volunteer
ボランティア活動する borantia katsudō suru (v.) volunteer
堀 hori (n.) moat
ポリアセチレン pori asechiren (n.) polyacetylene
ポリエン pori en (n.) polyene
ポリカーボネート porikābonēto (n.) polycarbonate
掘り下げる horisageru (v.) delve
ポリタンパク質 pori tanpakushitsu (n.) polyprotein
堀で取り囲む hori de torikakomu (v.) moat
ポリフォーム pori fōmu (n.) polyform
ポリブチレン poribuchiren (n.) polybutylene
ポリブテン poributen (n.) polybutene
ポリプロピレン poripuropiren (n.) polypropylene
ポリマー porimā (n.) polymer
ポリメチレン porimechiren (n.) polymethylene
ポリメチン porimechin (n.) polymethine
保留の horyū no (adj.) pending
捕虜 horyo (n.) captive
捕虜になる horyo ni naru (adj.) captive
彫る horu (v.) carve
掘る horu (v.) dig
ボルト boruto (n.) volt
ボレーで打つ borē de utsu (v.) volley
ボレロ borero (n.) bolero
ポレンタ porenta (n.) polenta
ぼろ boro (n.) rag
ポロ poro (n.) polo
ぼろ切れ borogire (n.) tatter
ホロコースト horokōsuto (n.) holocaust
滅びる horobiru (v.) perish
ぼろぼろの boroboro no (adj.) shabby
ほろ酔いの horoyoi no (adj.) tipsy
本 hon (n.) book

本しゅす hon shusu (n.) satin
本しゅすの hon shusuno (adj.) satin
ポンという音 pon toiu oto (n.) pop
ポンと音を立てる pon to oto o tateru (v.) pop
本の虫 hon no mushi (n.) bookworm
本の露店 hon no roten (n.) bookstall
本管 honkan (n.) main
本国行きの hongoku iki no (adj.) inbound
本質 honshitsu (n.) essence
本質的な honshitsu tekina (adj.) intrinsic
ポンド pondo (n.) pound
本堂 hondō (n.) nave
本当に hontōni (adv.) really
本当の hontō no (adj.) true
ボンネット bonnetto (n.) bonnet
本能 honnō (n.) instinct
本能的な honnō tekina (adj.) instinctive
本部 honbu (n.) headquarters
ポンプ ponpu (n.) pump
ポンプで送り込む ponpu de okurikomu (v.) pump
本文の honbun no (adj.) textual
本物の honmono no (adj.) authentic
本屋 hon ya (n.) bookshop
翻訳 hon yaku (n.) translation
ぼんやりと bon yari to (adv.) dimly
凡庸 bonyō (n.) mediocrity

ま

マーカー mākā (n.) marker
マーガリン māgarin (n.) margarine
マーセル加工する māseru kakō suru (v.) mercerise
まあまあの mā mā no (adj.) middling
マーマレード māmarēdo (n.) marmalade
舞い上がる maiagaru (v.) soar
マイク maiku (n.) microphone
マイクロプリント maikuro purinto (n.) microprint
マイクロ波 maikuroha (n.) microwave
マイクロフィルム maikurofirumu (n.) microfilm
マイクロプロセッサ maikuropurosessa (n.) microprocessor
マイクロメートル maikurométoru (n.) micrometer
毎週の maishū no (adj.) weekly
埋積作用 mai seki sayō (n.) aggradation
埋葬 maisō (n.) burial
埋葬 maisō (n.) sepulture
毎月 maitsuki (adv.) monthly
毎月の maitsuki no (adj.) monthly
毎年の maitoshi no (adj.) annual
マイナス mainasu (n.) minus
マイナスの mainasu no (adj.) minus
毎日 mainichi (adj.) everyday
毎晩 maiban (adv.) nightly
マイム maimu (n.) mime

マイムで演じる maimu de enjiru (v.) mime
マイル mairu (n.) mile
マイレージ mairēji (n.) mileage
前 mae (prep. &adv.) before
前書き maegaki (n.) introduction
前髪 maegami (n.) forelock
前側 maegawa (adj.) frontside
前に mae ni (adv.) ago
前に付ける mae ni tsukeru (v.) prefix
前の mae no (adj.) previous
前触れとなる maebure to naru (v.) prelude
前触れをする maebure o suru (v.) herald
前へ mae e (adv.) forward
前もって決める maemotte kimeru (v.) predetermine
負かす makasu (v.) worst
マカダミア makadamia (n.) macadamia
曲がりくねった magarikunetta (adj.) sinuous
曲がりくねる magarikuneru (v.) meander
曲がる magaru (v.) curve
マカロン makaron (n.) macaroon
巻き取る maki toru (v.) reel
巻きひげ maki hige (n.) tendril
巻き貝 makigai (n.) conch
巻き毛 makige (n.) ringlet
巻き毛の makige no (adj.) curly
巻き込む makikomu (v.) involve
巻き取り機 makitoriki (n.) winder
巻物 makimono (n.) scroll
紛らす magirasu (v.) mask

巻き枠 makiwaku (n.) reel
巻く maku (v.) furl
膜 maku (n.) membrane
蒔く maku (v.) seed
蒔く maku (v.) sow
マグカップ magukappu (n.) mug
まぐさ ma gusa (n.) lintel
枕 makura (v.) pillow
マクロ makuro (n.) macro
マクロな makurona (adj.) macro
マクロビオティックの makurobiotikku no (adj.) macrobiotic
負けそうな人 make sōna hito (n.) underdog
負けず嫌い makezugirai (adj.) competitive
曲げる mageru (v.) bend
まさか masaka (int.) really
正しく masashiku (adv.) properly
まさしくその masashiku sono (adj.) very
摩擦 masatsu (n.) friction
勝る masaru (v.) outdo
勝る masaru (v.) top
真下に mashita ni (prep.) under
まじめな majimena (adj.) earnest
まじめな majimena (adj.) staid
魔術 majutsu (n.) sorcery
魔術 majutsu (n.) witchcraft
魔術師 majutsushi (n.) wizard
魔女 majo (n.) witch
交じり合う majiriau (v.) intermingle
交わり majiwari (n.) communion
交わる majiwaru (v.) mingle

マスケット銃 masu ketto jū (n.) musket
マスケット銃兵 masu ketto jūhei (n.) musketeer
麻酔 masui (n.) anaesthesia
麻酔薬 masuiyaku (n.) anaesthetic
マスク masuku (n.) mask
マスコット masukotto (n.) mascot
マスコミ masukomi (n.) press
貧しい mazushī (adj.) destitute
貧しくする mazushiku suru (v.) impoverish
マスタード masutādo (n.) mustard
マスタング masutangu (n.) mustang
マスト masuto (n.) mast
混ぜ合わせる mazeawaseru (v.) blend
混ぜる mazeru (v.) mix
また mata (adv.) again
股 mata (n.) crotch
まだ mada (adv.) yet
また貸しする mata gashi suru (v.) sublet
またがって matagatte (prep.& adv.) astride
またがる matagaru (v.) bestride
マタドール matadōru (n.) matador
まだらにする madara ni suru (v.) dapple
町 machi (n.) town
待ち合わせ machiawase (n.) rendezvous
間違い machigai (n.) error
間違える machigaeru (v.) mistake
間違った machigatta (adj.) wrong
間違って解釈する machigatte kaishaku suru (v.) misconstrue

間違って指導する machigatte shidō suru (v.) misguide
待ちこがれる machikogareru (v.) long
待ち時間 machijikan (n.) wait
マチネー machinē (n.) matinee
待ち伏せ machibuse (n.) ambush
待ち伏せる machibuseru (v.) waylay
マツ matsu (n.) pine
待つ matsu (v.) wait
待つ間 matsu aida (prep.) pending
末期の makki no (adj.) terminal
まつ毛 matsuge (n.) eyelash
マッサージ massāji (n.) massage
マッサージ師 massājishi (n.) masseur
マッサージする massāji suru (v.) massage
真っ最中 massaichū (n.) thick
真っ最中に massaichū ni (prep.) amid
抹殺 massatsu (n.) rasure
抹消 masshō (n.) obliteration
真っ直ぐに massugu ni (adv.) straight
真っ直ぐにする massugu ni suru (v.) straighten
真っ直ぐな massuguna (adj.) straight
全く mattaku (adv.) wholly
全くの mattaku no (adj.) sheer
マッチ macchi (n.) match
マット matto (n.) mat
マットレス mattoresu (n.) mattress
松葉杖 matsubazue (n.) crutch
祭騒ぎ matsuri sawagi (n.) festivity
まで made (prep.) until
窓 mado (n.) window
窓ガラス mado garasu (n.) pane

的を外す mato o hazusu *(v.)* miss
窓口係 madoguchigakari *(n.)* teller
まとまりのない matomari no nai *(adj.)* shapeless
まとめる matomeru *(v.)* lump
まともな matomona *(adj.)* decent
惑わす madowasu *(v.)* bewilder
マトン maton *(n.)* mutton
マナ mana *(n.)* manna
マナーのない manā no nai *(adj.)* unmannerly
真夏 manatsu *(n.)* midsummer
学ぶ manabu *(v.)* learn
マニア mania *(n.)* maniac
マニキュア manikyua *(n.)* manicure
マニュアル manyuaru *(n.)* manual
免れる manugareru *(adj.)* scot-free
まぬけ ma nuke *(n.)* blockhead
間ぬけ manuke *(n.)* dumbo
まぬけな ma nukena *(adj.)* daft
間抜けな manukena *(adj.)* goofy
マネージャー manējā *(n.)* manager
招く maneku *(v.)* beckon
招く maneku *(v.)* incur
マネキン manekin *(n.)* mannequin
まねしてばかにする mane shite baka ni suru *(v.)* mimic
まねできない manedekinai *(adj.)* inimitable
まねをする人 mane o suru hito *(n.)* mimic
瞬きする mabataki suru *(v.)* blink
まばゆい mabayui *(adj.)* resplendent
まばらな mabarana *(adj.)* sparse

麻痺 mahi *(n.)* paralysis
麻痺させる mahi saseru *(v.)* stupefy
麻痺した mahi shita *(adj.)* paralytic
麻痺する mahi suru *(v.)* paralyse
マフィア mafia *(n.)* mafia
眩しい mabushī *(adj.)* dazzling
まぶしい光 mabushī hikari *(n.)* glare
まぶた mabuta *(n.)* eyelid
マフラー mafurā *(n.)* muffler
魔法 mahō *(n.)* magic
魔法使い mahōtsukai *(n.)* magician
魔法の杖 mahō no tsue *(n.)* wand
魔法のような mahō no yōna *(adj.)* magical
マホガニー mahoganī *(n.)* mahogany
幻の maboroshi no *(adj.)* phantasmal
ママ mama *(n.)* mamma
豆 mame *(n.)* bean
まもなく mamonaku *(adv.)* shortly
間もなく mamonaku *(adv.)* presently
守る mamoru *(v.)* protect
麻薬 mayaku *(n.)* narcotic
麻薬中毒者 mayaku chūdokusha *(n.)* drug addict
麻薬を飲まされた mayaku o nomasareta *(adj.)* doped
麻薬を飲ませる mayaku o nomaseru *(v.)* dope
繭 mayu *(n.)* cocoon
眉毛 mayuge *(n.)* eyebrow
迷い出た mayoi deta *(adj.)* stray
真夜中 mayonaka *(n.)* midnight
マラソン marason *(n.)* marathon
マラリア mararia *(n.)* malaria

マリーゴールド marīgōrudo (n.) marigold
マリオネット marionetto (n.) marionette
丸暗記 maru anki (n.) rote
丸い marui (adj.) round
丸石 maruishi (n.) boulder
丸いパン marui pan (n.) bun
丸くする maruku suru (v.) round
丸太 maruta (n.) log
マルチリンガル maruchiringaru (adj.) multilingual
マルムジー marumujī (n.) malmsey
周りに mawari ni (adv.&prep.) around
回るおもちゃ mawaru omocha (n.) whirligig
満員の man in no (adj.) jam-packed
まん延した man en shita (adj.) rampant
漫画 manga (n.) comic
漫画家 mangaka (n.) cartoonist
マンガン mangan (n.) manganese
マングース mangūsu (n.) mongoose
万華鏡 mangekyō (n.) kaleidoscope
満月 mangetsu (n.) full moon
マンゴー mangō (n.) mango
満場一致 manjōicchi (n.) unanimity
満場一致の manjōicchi no (adj.) unanimous
慢性的な mansei tekina (adj.) chronic
満足 manzoku (n.) satisfaction
満足させられる manzoku saserareru (adj.) satiable
満足させる manzoku saseru (v.) satisfy
満足げに manzokuge ni (adv.) gloatingly
満足げに眺める manzokuge ni nagameru (v.) gloat
満足げに眺めること manzokuge ni nagameru koto (n.) gloat
満足な manzokuna (adj.) satisfactory
マント manto (n.) mantle
真ん中 mannaka (n.) midst
万引する manbiki suru (v.) shoplift
万引き犯 manbikihan (n.) shoplifter
満腹 manpuku (n.) satiety
満腹感 manpukukan (n.) fullness
マンホール manhōru (n.) manhole
マンモス manmosu (n.) mammoth

ミイラ mīra (n.) mummy
見えっぱりな miepparina (adj.) shanty
見落とす miotosu (v.) overlook
見劣りさせる miotori saseru (v.) overshadow
未解決な問題 mikaiketsuna mondai (n.) loose end
未開拓分野 mi kaitaku bunya (n.) frontier
磨く migaku (v.) polish
見かけ mikake (n.) facade
三日月 mikazuki (n.) crescent
身が締まった mi ga shimatta (adj.) firm
味方 mikata (n.) ally
味方する mikata suru (v.) side
幹 miki (n.) stem
右 migi (n.) right

右に migi ni *(adv.)* right
右の migi no *(adj.)* right
ミキサー mikisā *(n.)* blender
見下すような mikudasu yōna *(v.)* patronizing
見苦しい migurushī *(adj.)* seamy
見事な migotona *(adj.)* brilliant
未経験 mi keiken *(n.)* inexperience
未経験の mi keiken no *(adj.)* callow
見込み mikomi *(n.)* prospect
見込みがある mikomi ga aru *(adj.)* potential
未婚の mikon no *(adj.)* maiden
ミサイル misairu *(n.)* missile
岬 misaki *(n.)* cape
短い mijikai *(adj.)* short
短く mijikaku *(adv.)* short
短くする mijikaku suru *(v.)* shorten
短めの mijikame no *(adj.)* shortish
惨めな mijimena *(adj.)* miserable
未熟さ mijuku sa *(n.)* immaturity
未熟な mijukuna *(adj.)* immature
見知らぬ mishiranu *(adj.)* unacquainted
ミス misu *(n.)* mistake
水 mizu *(n.)* water
水入れ mizuire *(n.)* jug
水で濡らす mizu de nurasu *(v.)* puddle
水ぶくれ mizu bukure *(n.)* blister
水雪 mizu yuki *(n.)* slush
水を掛ける mizu o kakeru *(v.)* water
水を引く mizu o hiku *(v.)* irrigate
湖 mizūmi *(n.)* lake
水瓶座 mizugameza *(n.)* aquarius

自らに課した mizukara ni kashita *(adj.)* self-imposed
水たまり mizutamari *(n.)* puddle
水っぽい mizuppoi *(adj.)* watery
見捨てられた misuterareta *(adj.)* abandoned
見捨てる misuteru *(v.)* abandon
水浸しの mizubitashi no *(adj.)* soggy
魅する misuru *(v.)* bewitch
店 mise *(n.)* store
未成年 miseinen *(n.)* minor
見せかけ misekake *(n.)* pretence
見せ掛け misekake *(n.)* ostensibility
見せ掛けの misekake no *(adj.)* sham
見せかける misekakeru *(v.)* feign
見せびらかし misebirakashi *(n.)* ostentation
見せびらかす misebirakasu *(v.)* flaunt
見せる miseru *(v.)* show
未然に防ぐ mizen ni fusegu *(v.)* forestall
溝 mizo *(n.)* ditch
溝を彫る mizo o horu *(v.)* groove
溝を掘る mizo o horu *(v.)* trench
ミソサザイ misosazai *(n.)* wren
見出し midashi *(n.)* headline
満たす mitasu *(v.)* fulfil
乱す midasu *(v.)* disorganize
みだらな midarana *(adj.)* indecent
みだらな midarana *(adj.)* lewd
道 michi *(n.)* path
道しるべ michishirube *(n.)* milestone
道に迷った michi ni mayotta *(adj.)* lost
未知の michi no *(adj.)* unknown

ミチバシリ michibashiri (n.) roadrunner
導く michibiku (v.) conduce
未調整の mi chōsei no (adj.) unadjusted
満ちる michiru (v.) teem
三つ組みの mitsu gumi no (adj.) triple
三日ごとに起こる mikkagoto ni okoru (adj.) tertian
三日熱 mikkanetsu (n.) tertian
見つける mitsukeru (v.) find
密告する mikkoku suru (v.) tip-off
密告者 mikkokusha (n.) informer
密使 misshi (n.) emissary
密集軍 misshūgun (n.) phalanx
密度 mitsudo (n.) density
密度が高い mitsudo ga takai (adj.) dense
ミッドオフ middōfu (n.) mid-off
ミッドオン middo on (n.) mid-on
密売品 mitsubaihin (n.) contraband
密封された mippū sareta (adj.) sealed
密封する mippū suru (v.) seal
密閉性 mippeisei (n.) sealability
見つめる mitsumeru (v.) gaze
見積もり mitsumori (n.) estimate
見積もりの mitsumori no (adj.) estimative
見積もる mitsumoru (v.) estimate
密輸業者 mitsuyu gyōsha (n.) smuggler
密輸する mitsuyu suru (v.) smuggle
密猟者 mitsuryōsha (n.) poacher
密林 mitsurin (n.) jungle
未定の mitei no (adj.) undecided
見通し mitōshi (n.) outlook
未読の midoku no (adj.) unread

認める mitomeru (v.) acknowledge
緑 midori (n.) green
緑豊かな midori yutaka na (adj.) leafy
緑の midori no (adj.) green
見とれる mitoreru (v.) gawk
ミトン miton (n.) mitten
見なす minasu (v.) regard
港 minato (n.) harbour
南 minami (n.) south
南に minami ni (adv.) south
南の minami no (adj.) south
南の minami no (adj.) southerly
源 minamoto (n.) source
見習い minarai (n.) apprentice
見習い minarai (n.) probationer
見習う minarau (v.) emulate
醜い minikui (adj.) ugly
醜い老婆 minikui rōba (n.) crone
醜くする minikuku suru (v.) uglify
醜さ miniku sa (n.) ugliness
ミニチュア minichua (n.) miniature
身に付ける mi ni tsukeru (v.) sport
身に着ける mi ni tsukeru (v.) garb
ミネラル mineraru (n.) mineral
ミネラル入りの mineraru iri no (adj.) mineral
身代金 minoshirokin (n.) ransom
見晴らしの良い miharashi no yoi (adj.) sightly
見張る miharu (v.) watch
身震い miburui (n.) shudder
身震いする miburui suru (v.) shudder
身分 mibun (n.) standing

身分証明書 mibun shōmeisho (n.) identity card
未亡人 mibōjin (n.) widow
未亡人にする mibōjin ni suru (v.) widow
見本市会場 mihon ichi kaijō (n.) fairground
耳 mimi (n.) ear
耳垢 mimi aka (n.) cerumen
耳に心地良い mimi ni kokochi yoi (adj.) melodious
耳の不自由な mimi no fujiyūna (adj.) deaf
耳を聞こえなくする mimi o kikoenaku suru (v.) deafen
耳を聞こえなくするような mimi o kikoenaku suru yōna (adj.) deafening
耳障りな mimizawarina (adj.) raspy
耳障りな mimizawarina (adj.) strident
耳状の mimijō no (adj.) auriform
耳たぶ mimitabu (n.) lobe
身元 mimoto (n.) identity
脈 myaku (n.) pulse
脈打つ myakūtsu (v.) pulse
脈拍 myakuhaku (n.) pulsation
ミヤマガラス miyama garasu (n.) rook
見よ miyo (v.) behold
名字 myōji (n.) surname
味蕾 mirai (n.) taste bud
未来 mirai (n.) future
未来学 miraigaku (n.) futurology
未来型 miraigata (adj.) futuristic
魅了する miryō suru (v.) mesmerize
魅力 miryoku (n.) charm
魅力的 miryoku teki (adj.) attractive
魅力的な miryoku tekina (adj.) charming
魅力のない miryoku no nai (adj.) unappealing
見る miru (v.) look
魅惑 miwaku (n.) fascination
魅惑する miwaku suru (v.) fascinate
魅惑的な miwaku tekina (adj.) seductive
見分ける miwakeru (v.) distinguish
見渡す miwatasu (v.) survey
見渡すこと miwatasu koto (n.) scan
身をかわす事 mi o kawasu koto (n.) dodge
民営化する min ei ka suru (v.) denationalize
ミンク minku (n.) mink
民事上 minji jō (adj.) civil
民主主義 minshu shugi (n.) democracy
民主的な minshu tekina (adj.) democratic
民衆 minshū (n.) populace
民衆扇動 minshū sendō (n.) demagogy
民主党員 minshutōin (n.) democrat
民俗の minzoku no (adj.) folk
民族の minzoku no (adj.) folklore
民族性 minzokusei (n.) ethnicity
ミンチにする minchi ni suru (v.) mince
ミント minto (n.) mint
皆 minna (pron.) everybody
民話の minwa no (adj.) folkloric

無 mu (n.) nothing
無意識の muishiki no (adj.) insensible
無意味 mu imi (n.) insignificance
無意味な muimina (adj.) insignificant
無意味な言葉 muimina kotoba (n.) gibberish
無害な mugaina (adj.) harmless
ムカデ mukade (n.) centipede
無感覚 mukankaku (n.) insensibility
無感覚な mukankakuna (adj.) numb
無関係な mukankeina (adj.) irrelevant
無関心 mu kanshin (n.) indifference
無関心な mukanshinna (adj.) indifferent
ムキになる mukininaru (adj.) defensive
無気力な mukiryokuna (adj.) nerveless
無菌の mukin no (adj.) aseptic
無規律 mu kiritsu (n.) indiscipline
剥く muku (v.) peel
報いる mukuiru (v.) remunerate
むくませる mukumaseru (v.) bloat
無計画の mu keikaku no (adj.) haphazard
無形の mukei no (adj.) intangible
無限に長い期間 mugen ni nagai kikan (n.) aeon
無限の mugen no (adj.) infinite
無限大 mugendai (n.) infinity
無効 mukō (adj.) invalid
無効化 mukō ka (n.) nullification
無効にする mukō ni suru (v.) annul
無効の mukō no (adj.) ineffective
向こう側に mukōgawa ni (prep.) across
無呼吸 mu kokyū (n.) apnoea
無言劇 mugon geki (n.) mummer
無罪 muzai (n.) innocence
無細胞 mu saibō (adj.) acellular
無罪放免 muzai hōmen (n.) acquittal
無罪を宣言する muzai o sengen suru (v.) acquit
無差別の mu sabetsu no (adj.) indiscriminate
むさぼり食う musabori kū (v.) devour
虫 mushi (n.) bug
無指向性 mu shikōsei (n.) omnidirectionality
無指向性の mu shikōsei no (adj.) omnidirectional
無視する mushi suru (v.) ignore
蒸し煮する mushi ni suru (v.) braise
蒸し暑い mushiatsui (adj.) humid
蒸し器 mushiki (n.) steamer
ムシクイ mushikui (n.) warbler
無実の mujitsu no (adj.) innocent
無慈悲な mujihina (adj.) pitiless
無邪気 mujaki (n.) naivety
ムシャムシャ食べる mushamusha taberu (v.) munch
無宗派の mu shūha no (adj.) ecumenical
矛盾 mujun (n.) contradiction
矛盾する mujun suru (v.) belie
矛盾なく mujun naku (adj.) compatible
無色 mushoku (adj.) achromatic
無職の mushoku no (adj.) jobless
虫よけ mushiyoke (n.) repellent

むしろ mushiro *(adv.)* rather
無人操縦の mujin sōjū no *(adj.)* unmanned
無神経な mushinkeina *(adj.)* insensitive
無神論 mushinron *(n.)* atheism
無神論者 mushinronsha *(n.)* atheist
蒸す musu *(v.)* steam
無数 musū *(n.)* gazillion
無数の musū no *(adj.)* innumerable
無数の musū no *(adj.)* myriad
難しい muzukashī *(adj.)* difficult
息子 musuko *(n.)* son
結び付ける musubitsukeru *(v.)* associate
結び目 musubime *(n.)* knot
結ぶ musubu *(v.)* tie
娘 musume *(n.)* daughter
無性の musei no *(adj.)* asexual
無制限の mu seigen no *(adj.)* limitless
無政府主義 mu seifu shugi *(n.)* anarchism
無政府主義者 mu seifu shugisha *(n.)* anarchist
無政府状態 mu seifu jōtai *(n.)* anarchy
無生物の mu seibutsu no *(adj.)* inanimate
無責任な musekininna *(adj.)* irresponsible
無節操な mu sessōna *(adj.)* unprincipled
無線電信 musen denshin *(n.)* radiotelegraphy
無線電信機 musen denshinki *(n.)* wireless
無線電報 musen denpō *(n.)* radiogram
無線電話 musen denwa *(n.)* radiophone

無線の musen no *(adj.)* wireless
無線誘導する musen yūdō suru *(v.)* vector
無線連絡する musen renraku suru *(v.)* radio
夢想 musō *(n.)* reverie
夢想家 musōka *(n.)* dreamer
無駄 muda *(n.)* futility
無駄に muda ni *(adv.)* vainly
無駄にする muda ni suru *(v.)* waste
むだ話 mudabanashi *(n.)* prattle
むだ話をする mudabanashi o suru *(v.)* prattle
無断の mudan no *(adj.)* unauthorized
無知 muchi *(n.)* ignorance
無知 muchi *(n.)* nescience
むちで打つ muchi de utsu *(n.)* whip
むち縄 muchi nawa *(n.)* whipcord
無知の muchi no *(adj.)* ignorant
無知の muchi no *(adj.)* uneducated
むち打ち muchiuchi *(n.)* lash
むち打つ muchiutsu *(v.)* lash
無秩序 muchitsujo *(n.)* disorder
夢中 muchū *(n.)* infatuation
夢中にさせる muchū ni saseru *(v.)* infatuate
夢中になった muchū ni natta *(adj.)* besotted
夢中になっている muchū ni natteiru *(adj.)* enamoured
夢中になる muchū ni naru *(v.)* geek
むっつりした muttsuri shita *(adj.)* sullen
むっとして mutto shite *(adj.)* miffed
ムッラ murra *(n.)* mullah
霧堤 mutei *(n.)* fogbank

無定位の mu teī no *(adj.)* astatic
無敵の muteki no *(adj.)* invincible
無鉄砲 muteppō *(n.)* temerity
無鉄砲な人 muteppōna hito *(n.)* daredevil
無頓着 mutonchaku *(n.)* nonchalance
無動症 mu dōshō *(n.)* akinesia
無頓着な mutonchakuna *(adj.)* nonchalant
むなしい munashī *(adj.)* meaningless
胸 mune *(n.)* breast
胸 mune *(n.)* chest
無能な munōna *(adj.)* incompetent
無敗の muhai no *(adj.)* unbeaten
無比の muhi no *(adj.)* matchless
無比の人 muhi no hito *(n.)* nonpareil
無分別 mu funbetsu *(n.)* indiscretion
無法状態 muhō jōtai *(n.)* misrule
無法者 muhōmono *(n.)* outlaw
無謀な mubōna *(adj.)* reckless
無防備の mu bōbi no *(adj.)* defenceless
夢遊病 muyūbyō *(n.)* somnambulism
無用の muyō no *(adj.)* needless
村 mura *(n.)* village
ムラート murāto *(n.)* mulatto
群がる muragaru *(v.)* flock
紫 murasaki *(n.)* purple
ムラサキウマゴヤシ murasaki umagoyashi *(n.)* lucerne
むらのある mura no aru *(adj.)* uneven
村人 murabito *(n.)* villager
無理やり押し込む muriyari oshikomu *(v.)* wedge
無料で muryō de *(adv.)* gratis

無料の muryō no *(adj.)* complimentary
無力 muryoku *(n.)* inability
無力な muryokuna *(adj.)* helpless
群れ mure *(n.)* flock

目 me *(n.)* eye
芽 me *(n.)* sprout
姪 mei *(n.)* niece
名演技 meiengi *(n.)* showstopper
明快 meikai *(n.)* lucidity
明確な meikakuna *(adj.)* unambiguous
メイク meiku *(n.)* make-up
明言する meigen suru *(v.)* avow
名刺 meishi *(n.)* business card
名詞 meishi *(n.)* noun
明示する meiji suru *(v.)* manifest
明示的な meiji tekina *(adj.)* explicit
迷信 meishin *(n.)* superstition
迷信の meishin no *(adj.)* superstitious
メイス meisu *(n.)* mace
名声 meisei *(n.)* prestige
瞑想 meisō *(n.)* meditation
迷走神経の meisō shinkei no *(adj.)* pneumogastric
瞑想する meisō suru *(v.)* meditate
瞑想的な meisō tekina *(adj.)* meditative
命中点 meichūten *(n.)* bull's eye
メイド meido *(n.)* maid
明白な meihakuna *(adj.)* apparent

明敏な meibinna *(adj.)* perceptive
迷夢を覚ます meimu o samasu *(v.)* disillusion
命名する meimei suru *(v.)* denominate
明滅する炎 meimetsu suru honō *(v.)* flicker
名誉 meiyo *(n.)* honour
名誉毀損 meiyo kison *(n.)* slander
名誉上の meiyo jō no *(adj.)* honorary
名誉を与える meiyo o ataeru *(v.)* grace
明瞭さ meiryō sa *(n.)* clarity
明瞭に発音する meiryō ni hatsuon suru *(v.)* enunciate
命令する meirei suru *(v.)* command
迷路 meiro *(n.)* maze
迷惑 meiwaku *(n.)* nuisance
迷惑な meiwakuna *(adj.)* annoying
迷惑をかける meiwaku o kakeru *(v.)* bother
迷惑を掛ける meiwaku o kakeru *(v.)* trouble
雌馬 meuma *(n.)* mare
メーカー mēkā *(n.)* manufacturer
メーと鳴く mē to naku *(v.)* bleat
メートル mētoru *(n.)* metre
メートル法の mētoruhō no *(adj.)* metric
目が覚めている me ga sameteiru *(v.)* awake
目が覚める me ga sameru *(v.)* wake
目隠し mekakushi *(n.)* blindfold
メガネ megane *(n.)* eyeglasses
眼鏡 megane *(n.)* glasses
眼鏡屋 meganeya *(n.)* optician
メガホン megahon *(n.)* megaphone
女神 megami *(n.)* goddess

目利き mekiki *(n.)* connoisseur
雌ギツネ me gitsune *(n.)* vixen
目指す mezasu *(v.)* aspire
目ざめ mezame *(n.)* awakening
目覚めさせる mezamesaseru *(v.)* rouse
召し使い meshi tsukai *(n.)* domestic
召使い meshitsukai *(n.)* lackey
雌 mesu *(n.)* female
雌犬 mesu inu *(n.)* bitch
雌クジャク mesu kujaku *(n.)* peahen
雌ジカ mesu jika *(n.)* doe
雌ジカの皮 mesu jika no kawa *(n.)* doeskin
雌虎 mesu tora *(n.)* tigress
雌の mesu no *(adj.)* female
雌豚 mesu buta *(n.)* sow
雌ライオン mesu raion *(n.)* lioness
メスメリズム mesumerizumu *(n.)* mesmerism
珍しい mezurashī *(adj.)* rare
珍しさ mezurashi sa *(n.)* rarity
目出し帽 medashibō *(n.)* balaclava
目立たない medatanai *(adj.)* discreet
目立つ medatsu *(adj.)* prominent
目立つこと medatsu koto *(n.)* prominence
目立った medatta *(adj.)* salient
メダリスト medarisuto *(n.)* medallist
メダル medaru *(n.)* medal
めちゃくちゃ mechakucha *(adv.)* mad
めっきをする mekki o suru *(v.)* plate
メッシュ messhu *(n.)* mesh
メッセージ messēji *(n.)* message
滅多に mettani *(adv.)* seldom

めったにしない metta ni shinai (adv.) rarely
目に余る me ni amaru (adj.) flagrant
目に入る me ni hairu (v.) sight
目に見えない me ni mienai (adj.) invisible
目に見える me ni mieru (adj.) visible
メニュー menyū (n.) menu
瑪瑙 menō (n.) agate
目の me no (adj.) optic
眼の me no (adj.) ophthalmic
目の不自由な me no fujiyūna (adj.) blind
メバル mebaru (n.) rockfish
雌羊 mehitsuji (n.) ewe
目まいがする memai ga suru (adj.) giddy
女々しい memeshī (adj.) effeminate
メモ memo (n.) note
目もくらむほど me mo kuramu hodo (adv.) dazzlingly
メモする memo suru (v.) jot
目盛り memori (n.) calibration
目盛りを調節する memori o chōsetsu suru (v.) calibrate
メリーゴーラウンド merīgōraundo (n.) carousel
メロディー merodī (n.) melody
メロドラマ merodorama (n.) melodrama
メロン meron (n.) melon
目をくらます me o kuramasu (v.) dazzle
芽を出しかけた me o dashikaketa (adj.) budding
芽を出す me o dasu (v.) germinate

目を細くして見る me o hosoku shite miru (v.) squint
綿 men (n.) cotton
免疫 men eki (n.) immunity
免疫性の men ekisei no (adj.) immune
綿球 menkyū (n.) swab
免許 menkyo (n.) licence
免除されている menjo sareteiru (adj.) exempt
免除する menjo suru (v.) exempt
面する ni mensuru (v.) front
免税の menzei no (adj.) duty-free
面接 mensetsu (n.) interview
面接する mensetsu suru (v.) interview
メンター mentā (n.) mentor
メンテナンス mentenansu (n.) maintenance
面倒な mendōna (adj.) onerous
めんどり mendori (n.) hen
メンバー menbā (n.) member
メンバーシップ menbāshippu (n.) membership
面目をつぶす menboku o tsubusu (v.) demean
綿密に menmitsu ni (adv.) scrupulously
綿密な menmitsuna (adj.) searching
麺類 menrui (n.) noodles

モーテル mō teru (n.) motel
モーと鳴く mō to naku (v.) low
モーと鳴く mō to naku (v.) moo

儲かる mōkaru *(adj.)* lucrative
儲ける mōkeru *(v.)* profit
毛細気管 mōsaikikan *(n.)* tracheole
毛細血管 mōsaikekkan *(n.)* capillary
申し立て mōshitate *(n.)* allegation
申し立てる mōshitateru *(v.)* allege
盲信 mōshin *(n.)* credulity
もうすぐ mōsugu *(adv.)* soon
妄想 mōsō *(n.)* delusion
妄想的な mōsō tekina *(adj.)* delusional
モーター mōtā *(n.)* motor
猛毒の mōdoku no *(adj.)* virulent
毛布 mōfu *(n.)* blanket
モーフィングした画像 mōfingu shita gazō *(n.)* morph
モーフィングする mōfingu suru *(v.)* morph
猛吹雪 mō fubuki *(n.)* blizzard
網膜 mōmaku *(n.)* retina
盲目 mōmoku *(n.)* blindness
モールス信号 mōrusu shingō *(n.)* morse
猛烈さ mōretsu sa *(n.)* vehemence
猛烈な mōretsuna *(adj.)* fierce
猛烈に攻撃する mōretsu ni kōgeki suru *(v.)* savage
燃えやすい moe yasui *(adj.)* inflammable
燃え上がる moeagaru *(v.)* flame
燃えたって moetatte *(adv.)* aflame
燃えている moeteiru *(adj.)* burning
燃える moeru *(adj.)* blazing
もがく mogaku *(v.)* writhe
模擬の mogi no *(adj.)* mock
目撃する mokugeki suru *(v.)* witness

木材 mokuzai *(n.)* wood
黙従する mokujū suru *(v.)* acquiesce
木星 mokusei *(n.)* jupiter
木製の mokusei no *(adj.)* wooden
モクセイ科の mokuseika no *(adj.)* oleaceous
目的 mokuteki *(n.)* purpose
目的とする mokuteki to suru *(v.)* purpose
目的のない mokuteki no nai *(adj.)* aimless
目的地 mokutekichi *(n.)* destination
目的論 mokutekiron *(n.)* teleology
目的論者 mokutekironsha *(n.)* teleologist
目的論の mokutekiron no *(adj.)* teleological
黙認 mokunin *(n.)* connivance
黙認する mokunin suru *(v.)* connive
目標 mokuhyō *(n.)* target
木曜日 mokuyōbi *(n.)* Thursday
沐浴 mokuyoku *(n.)* ablution
モグラ mogura *(n.)* mole
潜る moguru *(v.)* dive
目論見書 mokuromisho *(n.)* prospectus
模型 mokei *(n.)* model
モザイク mozaiku *(n.)* mosaic
もし moshi *(conj.)* if
文字 moji *(n.)* letter
文字起こし moji okoshi *(n.)* transcription
文字多重放送 moji tajū hōsō *(n.)* teletext
文字どおりの mojidōri no *(adj.)* literal
文字に起こす moji ni okosu *(v.)* transcribe

文字盤 mojiban (n.) dial
モジュール mojūru (n.) module
モジュール式の mojūrushiki no (adj.) modular
モスク mosuku (n.) mosque
モスリン mosurin (n.) muslin
模造の mozō no (adj.) mimic
模造品 mozōhin (n.) imitation
持ち送り mochi okuri (n.) corbel
持ち上げる mochiageru (v.) lift
持ち上げること mochiageru koto (n.) uplift
モチーフ mochīfu (n.) motif
持ち帰り用の mochikaeriyō no (adj.) takeaway
持ち帰り用の食物 mochikaeriyō no tabemono (n.) takeaway
持ち物 mochimono (n.) belongings
もちろん mochiron (adv.) certainly
持つ motsu (v.) have
もったいない mottainai (adj.) wasteful
もったいぶった mottaibutta (adj.) pompous
もったいぶって歩く mottaibutte aruku (v.) strut
持っていく motteiku (v.) bring
もっと motto (adv.) more
最も mottomo (adv.) most
最も多くの mottomo ōku no (adj.) most
最も奥の mottomo oku no (adj.) innermost
最も少なく mottomo sukunaku (adv.) least
モップ moppu (n.) mop
没薬 motsuyaku (n.) myrrh

もつれ motsure (n.) tangle
もつれる motsureru (v.) entangle
もてあそぶ moteasobu (v.) toy
元へ戻す moto e modosu (v.) undo
元に戻す moto ni modosu (v.) revert
求める motomeru (v.) seek
モニター monitā (n.) monitor
喪に服す mo ni fukusu (v.) mourn
物 mono (n.) object
物 mono (pron.) one
物憂げな monōgena (adj.) listless
物思いにふけった mono omoi ni fuketta (adj.) pensive
物語 monogatari (n.) story
物語風の monogatarifū no (adj.) narrative
モノグラム monoguramu (n.) monogram
ものすごく monosugoku (adv.) dreadfully
物の考え方 mono no kangaekata (n.) mentality
物の見方 mono no mikata (n.) mindset
もの欲しそうな mono hoshi sōna (adj.) wishful
ものまね mono mane (n.) mimicry
物まねをする monomane o suru (v.) imitate
モノリス mono risu (n.) monolith
モノレール monorēru (n.) monorail
模範 mohan (n.) exemplar
模倣者 mohōsha (n.) imitator
モミ momi (n.) fir
もみあげ momiage (n.) sideburn

もみ殻を吹き分ける momigara o fukiwakeru (v.) winnow
桃 momo (n.) peach
もや moya (n.) haze
靄 moya (n.) mist
燃やす moyasu (v.) burn
模様 moyō (n.) pattern
もらう morau (v.) get
漏らす morasu (v.) divulge
森 mori (n.) forest
森を切り払う mori o kiriharau (v.) deforest
モルタル morutaru (v.) mortar
モルヒネ moruhine (n.) morphine
漏れ more (n.) leakage
漏れる moreru (v.) leak
脆い moroi (adj.) fragile
門 mon (n.) gate
文句を言う monku o iu (v.) complain
門限 mongen (n.) curfew
モンスーン monsūn (n.) monsoon
問題 mondai (n.) problem
問題のある mondai no aru (adj.) problematic
門柱 monchū (n.) gatepost
門番 monban (n.) gatekeeper
門番小屋 monban goya (n.) gatehouse

ヤード yādo (n.) yard
野営地 yaeichi (n.) camp

やかん yakan (n.) kettle
山羊 yagi (n.) goat
山羊座 yagiza (n.) capricorn
野牛 yagyū (n.) bison
冶金 yakin (n.) metallurgy
ヤク yaku (n.) yak
焼く yaku (v.) bake
焼く yaku (v.) sear
約 yaku (adv.) approximately
役員 yakuin (n.) executive
薬剤 yakuzai (n.) medicament
薬剤師 yakuzaishi (n.) druggist
訳す yakusu (v.) translate
約束 yakusoku (n.) promise
約束する yakusoku suru (v.) promise
約束の yakusoku no (adj.) promissory
役立たず yakutatazu (n.) idler
役立つ yakudatsu (v.) avail
役立つ yakudatsu (adj.) helpful
役人 yakunin (n.) official
薬品 yakuhin (n.) chemical
役割 yakuwari (n.) role
焼けつくような yake tsuku yōna (adj.) torrid
焼け焦げ yakekoge (n.) scorch
夜行性の yakōsei no (adj.) nocturnal
野菜 yasai (n.) vegetable
野菜の yasai no (adj.) vegetable
優しい yasashī (adj.) kind
優しく yasashiku (adv.) tenderly
優しさ yasashi sa (n.) tenderness
屋敷 yashiki (n.) mansion
養う yashinau (v.) nourish

矢印 yajirushi (n.) arrow
野心 yashin (n.) ambition
野心的な yashin tekina (adj.) ambitious
安い yasui (adj.) cheap
安くする yasuku suru (v.) cheapen
安っぽい yasuppoi (adj.) cheesy
ヤスデ yasude (n.) millipede
休ませる yasumaseru (v.) fallow
休む yasumu (v.) rest
安らぎ yasuragi (n.) repose
やすりをかける ya suri o kakeru (v.) rasp
痩せ衰える yase otoroeru (v.) pine
痩せ細った yase hosotta (adj.) lank
野生の yasei no (adj.) wild
痩せこけた yasekoketa (adj.) gaunt
痩せる yaseru (adj.) slim
屋台店 yataimise (n.) booth
野鳥観察 yachō kansatsu (n.) ornithoscopy
家賃 yachin (n.) rent
やっかいな yakkaina (adj.) troublesome
厄介な yakkaina (adj.) irksome
薬局 yakkyoku (n.) pharmacy
薬効のある yakkō no aru (adj.) medicinal
矢筒 yazutsu (n.) quiver
八つ一組 yattsu ichi kumi (n.) octuplicate
やってみる yattemiru (v.) try
やつれさせる yatsuresaseru (v.) emaciate
やつれた yatsureta (adj.) emaciated
やつれる yatsureru (v.) languish

宿 yado (n.) inn
雇う yatou (v.) hire
ヤドリギ yadorigi (n.) mistletoe
柳 yanagi (n.) willow
屋根 yane (n.) roof
屋根を付ける yane o tsukeru (v.) roof
屋根裏 yaneura (n.) attic
野蛮 yaban (n.) barbarism
野蛮人 yabanjin (n.) barbarian
野蛮な yabanna (adj.) uncivilized
破く yabuku (v.) rip
山 yama (n.) mountain
山火事 yama kaji (n.) wildfire
山小屋 yamagoya (n.) lodge
山積み yamazumi (n.) heap
山の多い yama no ōi (adj.) mountainous
やめる yameru (v.) quit
やや yaya (adv.) somewhat
やや赤い yaya akai (adj.) reddish
槍 yari (n.) spear
槍で突く yari de tsuku (v.) lance
槍の穂先 yari no hosaki (n.) spearhead
やり取り yaritori (n.) interchange
槍投げ yarinage (n.) javelin
やる気 yaruki (n.) motivation
やる気 yaruki (n.) motive
柔らかい yawarakai (adj.) soft
柔らかくする yawarakaku suru (v.) soften
和らげる yawarageru (v.) alleviate
和らげること yawarageru koto (n.) alleviation
病んでいる yandeiru (adj.) ailing

湯垢を取る yuaka o toru (v.) descale
唯一の yuītsu no (adj.) sole
唯一無二の yuītsu muni no (adj.) unique
遺言 yuigon (n.) testament
遺言で譲る yuigon de yuzuru (v.) bequeath
唯美主義者 yuibi shugisha (n.) aesthete
唯物論 yuibutsuron (n.) materialism
友愛的な yūai tekina (adj.) platonic
優位 yūi (n.) advantage
有意義な yūigina (adj.) meaningful
優位である yūidearu (v.) predominate
誘因となる yūin to naru (v.) occasion
憂鬱 yūutsu (n.) gloom
憂鬱な yūutsuna (adj.) gloomy
有益な yūekina (adj.) beneficial
優越 yūetsu (n.) superiority
優越性 yūetsusei (n.) supremacy
優雅 yūga (n.) elegance
誘拐者 yūkaisha (n.) abductor
有害な yūgaina (adj.) harmful
誘拐犯 yūkaihan (v.) kidnap
優雅さ yūga sa (n.) grace
夕方 yūgata (n.) evening
優雅な yūgana (adj.) elegant
ユーカリ yūkari (n.) eucalypt
勇敢さ yūkan sa (n.) heroism
勇敢な yūkanna (adj.) heroic
勇気 yūki (n.) courage

勇気のある yūki no aru (adj.) courageous
夕暮れ yūgure (n.) dusk
有形の yūkei no (adj.) tangible
有限の yūgen no (adj.) finite
友好 yūkō (n.) amity
融合 yūgō (n.) fusion
有効期限 yūkō kigen (n.) expiry
有効期限が切れる yūkō kigen ga kireru (v.) expire
友好的な yūkō tekina (adj.) amicable
有効にする yūkō ni suru (v.) enable
有効な yūkōna (adj.) valid
有罪 yūzai (n.) guilt
有罪と宣告する yūzai to senkoku suru (v.) convict
有罪にする yūzai ni suru (v.) incriminate
有罪の yūzai no (adj.) guilty
融資する yūshi suru (v.) finance
有刺鉄線 yūshitessen (n.) barbed wire
勇者 yūsha (adj.) brave
優秀 yūshū (n.) excellence
優秀な yūshūna (adj.) excellent
優柔不断 yūjūfudan (n.) indecision
優柔不断 yūjūfudan (n.) shilly-shally
宥恕 yūjo (n.) condonation
優勝者 yūshōsha (n.) champion
夕食 yūshoku (n.) dinner
夕食 yūshoku (n.) supper
友人 yūjin (n.) buddy
友人 yūjin (n.) friend
有神論 yūshinron (n.) theism
有神論者 yūshinronsha (n.) theist
優勢 yūsei (n.) preponderance

優勢である yūseidearu (v.) preponderate
優勢な yūseina (adj.) predominant
優先的な yūsen tekina (adj.) preferential
優先度 yūsendo (n.) priority
郵送する yūsō suru (v.) mail
雄大さ yūdai sa (n.) grandeur
有袋類 yūtairui (n.) marsupial
ユーチューブ yūchūbu (n.) You Tube
誘導 yūdō (n.) inducement
有毒な yūdokuna (adj.) toxic
ユートピア yūtopia (n.) utopia
ユートピアの yūtopia no (adj.) utopian
雄の yū no (adj.) male
有能な yūnōna (adj.) competent
誘発する yūhatsu suru (v.) provoke
有病割合 yūbyō wariai (n.) prevalence
郵便局長 yūbin kyokuchō (n.) postmaster
郵便の yūbin no (adj.) postal
郵便配達員 yūbin haitatsuin (n.) postman
郵便局 yūbinkyoku (n.) post-office
郵便物 yūbinbutsu (n.) mail
裕福 yūfuku (n.) affluence
裕福な yūfukuna (adj.) affluent
雄弁 yūben (n.) eloquence
雄弁術 yūbenjutsu (n.) oratory
雄弁な yūbenna (adj.) eloquent
UFO yūfō (n.) ufo
UFO 研究 yūfō kenkyū (n.) ufology
UFO 研究家 yūfōkenkyūka (n.) ufologist
有望な yūbōna (adj.) promising

遊牧する yūboku suru (adj.) nomadic
遊牧民 yūbokumin (n.) nomad
有名 yūmei (n.) renown
有名人 yūmeijin (n.) celebrity
有名な yūmeina (adj.) famous
有名にする yūmei ni suru (v.) eternalize
ユーモア yūmoa (n.) humour
ユーモア作家 yūmoa sakka (n.) humorist
釉薬 yūyaku (n.) glaze
釉薬をかける yūyaku o kakeru (v.) glaze
有利な yūrina (adj.) advantageous
有力者 yūryokusha (n.) magnate
幽霊 yūrei (n.) ghost
誘惑 yūwaku (n.) temptation
誘惑者 yūwakusha (n.) tempter
誘惑する yūwaku suru (v.) tempt
床 yuka (n.) floor
床を張る yuka o haru (v.) floor
愉快な yukaina (adj.) pleasant
歪める yugameru (v.) distort
歪んだ yuganda (adj.) crooked
雪 yuki (n.) snow
雪が解ける yuki ga tokeru (v.) thaw
雪が降る yuki ga furu (v.) snow
雪の多い yuki no ōi (adj.) snowy
雪解け yukidoke (n.) thaw
雪解けの yukidoke no (adj.) slushy
行方 yukue (n.) whereabouts
行方不明の yukue fumei no (adj.) missing
油脂化学の yushi kagaku no (n.) oleochemical

輸出 yushutsu (n.) export
輸出する yushutsu suru (v.) export
ゆすぐ yusugu (v.) rinse
ゆすり yusuri (n.) extortion
譲受人 yuzuriukenin (n.) assignee
譲る yuzuru (v.) cede
油性の yusei no (adj.) oleaginous
輸送する yusō suru (v.) transport
豊か yutaka (adj.) abundant
豊かさ yutaka sa (n.) luxuriance
豊かな yutakana (adj.) bountiful
豊かに yutaka ni (adv.) abundantly
委ねる yudaneru (v.) entrust
ユダヤ人 yudayajin (n.) jew
油断のない yudan no nai (adj.) alert
油断のないこと yudan no nai koto (n.) alertness
ゆっくり yukkuri (adv.) slowly
ゆっくり歩く yukkuri aruku (v.) pace
ゆったりと yuttari to (adv.) leisurely
輸入する yunyū suru (v.) import
輸入品 yunyūhin (n.) import
指 yubi (n.) finger
指関節 yubi kansetsu (n.) knuckle
指で触れる yubi de fureru (v.) finger
指のふしでこする yubi no fushi de kosuru (v.) knuckle
指の骨 yubi no hone (n.) phalange
指先穿刺 yubisaki senshi (n.) fingerstick
指ぬき yubinuki (n.) thimble
指輪 yubiwa (n.) ring
弓 yumi (n.) bow
夢 yume (n.) dream

夢の世界 yume no sekai (n.) dreamworld
夢のような yume no yōna (adj.) dreamy
夢を見る yume o miru (v.) dream
由来する yurai suru (v.) originate
由来する yurai suru (v.) stem
揺らめく光 yurameku hikari (n.) flicker
ユリ yuri (n.) lily
揺り椅子 yurīsu (n.) rocker
揺りかご yurikago (n.) cradle
緩い yurui (adj.) lax
緩い yurui (adj.) loose
緩い yurui (adj.) slack
許さない yurusanai (v.) disapprove
許されない yurusarenai (adj.) unacceptable
許される yurusareru (adj.) pardonable
許す yurusu (v.) allow
赦す yurusu (v.) forgive
緩む yurumu (v.) loosen
緩む yurumu (v.) slacken
緩やかな yuruyakana (adj.) gradual
揺れ yure (n.) sway
揺れ動く yureugoku (v.) rock
揺れる yureru (v.) sway

夜明け yoake (n.) dawn
ように yō ni (adv.) as
ように見える yō ni mieru (v.) seem
用意ができた yōi ga dekita (adj.) ready

用意する yōi suru (v.) prime
容易に yōi ni (adv.) readily
養育する yōiku suru (v.) nurture
要因 yōin (n.) factor
要員を配置する yōin o haichi suru (v.) man
ヨーガ行者 yōga gyōja (n.) yogi
溶解できる yōkai dekiru (adj.) soluble
溶解力がある yōkairyoku ga aru (adj.) solvent
溶岩 yōgan (n.) lava
容器 yōki (n.) container
陽気 yōki (n.) gaiety
陽気さ yōki sa (n.) merriment
容疑者 yōgisha (n.) suspect
陽気な yōkina (adj.) cheerful
要求する yōkyū suru (n.) demand
ヨーグルト yōguruto (n.) yoghurt
葉形飾りの yōkeikazari no (adj.) foliate
要件 yōken (n.) requirement
用語 yōgo (n.) terminology
用語索引 yōgo sakuin (n.) concordance
養護施設 yōgo shisetsu (n.) foster care
用語上の yōgo jō no (adj.) terminological
用語集 yōgoshū (n.) glossary
要塞 yōsai (n.) stronghold
容姿 yōshi (n.) look
幼児 yōji (n.) infant
養子縁組 yōshi engumi (n.) adoption
養子縁組した yōshi engumi shita (adj.) adoptive
幼児殺害 yōji satsugai (n.) infanticide
幼児食 yōjishoku (n.) baby food

養子にする yōshi ni suru (v.) adopt
幼児の yōji no (adj.) infantile
容赦する yōsha suru (v.) condone
容赦ない yōshanai (adj.) relentless
葉状構造 yōjō kōzō (n.) foliation
葉状にする yōjō ni suru (v.) foliate
葉状の yōjō no (adj.) folic
幼少期 yōshōki (n.) childhood
用心 yōjin (n.) precaution
要人 yōjin (n.) dignitary
用心する yōjin suru (v.) beware
用心深い yōjin bukai (adj.) vigilant
用心深い yōjin bukai (adj.) wary
用心棒 yōjinbō (n.) bouncer
妖精 yōsei (n.) elf
妖精 yōsei (n.) fairy
溶接 yōsetsu (n.) weld
溶接する yōsetsu suru (v.) weld
要素 yōso (adj.) component
幼稚園 yōchien (n.) kindergarten
幼稚な yōchina (adj.) puerile
ヨーデル yōderu (n.) yodel
ヨーデル調で歌う yōderuchō de utau (v.) yodel
要点を述べる yōten o noberu (v.) outline
容認された yōnin sareta (adj.) accepted
容認できる yōnin dekiru (adj.) acceptable
幼年期 yōnenki (n.) infancy
溶媒 yōbai (n.) solvent
養蜂 yōhō (n.) apiculture
養蜂家 yōhōka (n.) beekeeper
養蜂場 yōhōjō (n.) apiary

要約 yōyaku (n.) precis
要約した yōyaku shita (adj.) summary
要約する yōyaku suru (v.) summarize
溶融した yōyū shita (adj.) molten
容量 yōryō (n.) capacity
用量 yōryō (n.) dose
容量の大きい yōryō no ōkī (adj.) capacious
ヨーロッパケナガイタチ yōroppakenagaitachi (n.) polecat
ヨガ yoga (n.) yoga
予感 yokan (n.) premonition
余興 yokyō (n.) sideshow
よく yoku (adv.) well
よく勉強する yoku benkyō suru (adj.) studious
抑圧 yokuatsu (n.) oppression
翼型 yokugata (n) aerofoil
抑止 yokushi (n.) inhibition
抑制する yokusei suru (n.) containment
欲張り yokubari (adj.) acquisitive
欲望 yokubō (n.) desire
抑揚 yokuyō (n.) cadence
予言 yogen (n.) prophecy
予言者 yogensha (n.) prophet
予言する yogen suru (v.) prophesy
予言的な yogen tekina (adj.) prophetic
横 yoko (prep.) beside
横 yoko (n.) side
横泳ぎ yoko oyogi (n.) sidestroke
横鞍 yoko kura (n.) side-saddle
汚す yogosu (v.) soil
横に yoko ni (adv.) sideways
横滑り yokosuberi (n.) skid

横乗りに yokonori ni (adv.) side-saddle
ヨコバイガラガラヘビ yokobai garagarahebi (n.) sidewinder
汚れ yogore (n.) filth
汚れのない yogore no nai (adj.) spotless
汚れた yogoreta (adj.) dirty
予算 yosan (n.) budget
四次元超立方体 yojigen chō rippōtai (n.) tesseract
よじ登る yojinoboru (v.) scale
余剰の yojō no (adj.) redundant
余剰性 yojōsei (n.) redundancy
世捨て人 yosutebito (n.) hermit
世捨て人 yosutebito (n.) recluse
寄せ集め yose atsume (n.) miscellany
寄せ集め yose atsume (n.) welter
寄せ集める yose atsumeru (v.) amass
予想される yosō sareru (adj.) prospective
予想する yosō suru (v.) anticipate
装い yosōi (n.) semblance
予測 yosoku (n.) prediction
予測する yosoku suru (v.) predict
予測できない変化 yosoku dekinai henka (n.) vagary
よそよそしい yosoyososhī (adv.) aloof
預託する yotaku suru (v.) escrow
よたよたと歩く yotayota to aruku (v.) waddle
ヨダレ yodare (n) drool
ヨダレかけ yodare kake (n.) bib
ヨダレを垂らす yodare o tarasu (v.) drool
余談 yodan (n.) digression

予知 yochi (n.) foreknowledge
予知する yochi suru (v.) foresee
四つ足の yotsu ashi no (adj.) quadruped
酔ったお祭り騒ぎ yotta omatsurisawagi (n.) bacchanal
ヨット yotto (n.) yacht
ヨットに乗る yotto ni noru (v.) yacht
酔っ払い yopparai (n.) drunkard
酔っ払った yopparatta (adj.) drunk
予定 yotei (n.) schedule
予定説 yoteisetsu (n.) predestination
予定を入れる yotei o ireru (v.) schedule
予定を変更する yotei o henkō suru (v.) reschedule
夜通しで yodōshi de (adv.) overnight
夜通しの yodōshi no (adj.) overnight
淀んだ yodonda (adj.) stagnant
世の終わり yo no owari (n.) doomsday
余波 yoha (n.) aftermath
余白 yohaku (n.) margin
予備 yobi (n.) preliminary
呼び集める yobi atsumeru (v.) rally
呼び違える yobi chigaeru (v.) miscall
予備の yobi no (adj.) spare
呼び起こす yobiokosu (v.) evoke
呼び出す yobidasu (v.) invoke
呼ぶ yobu (v.) call
余分 yobun (n.) superfluity
余分に yobun ni (adv.) extra
余分の yobun no (adj.) excess
予報 yohō (n.) forecast
予謀 yobō (n.) premeditation
予報する yohō suru (v.) forecast

予防接種 yobō sesshu (n.) vaccination
予防接種をする yobō sesshu o suru (v.) vaccinate
予防の yobō no (adj.) precautionary
予防の yobō no (adj.) preventive
読み書きができる yomikaki ga dekiru (adj.) literate
読み書きのできない yomikaki no dekinai (adj.) illiterate
読みにくい yomi nikui (adj.) illegible
読みにくさ yomi niku sa (n.) illegibility
読みやすい yomi yasui (adj.) legible
読みやすく yomi yasuku (adv.) legibly
読む yomu (v.) read
ヨモギ yomogi (n.) wormwood
予約 yoyaku (n.) reservation
予約する yoyaku suru (v.) reserve
予約の要らない yoyaku no iranai (adj.) drop-in
より大きくなる yori ōkiku naru (v.) outgrow
より多くの yori ōku no (adj.) more
より重い yori omoi (v.) outweigh
より少数 yori shōsū (n.) less
より少ない yori sukunai (adj.) less
より少なく yori sukunaku (adv.) less
より小さい yori chīsai (adj.) lesser
より長生きする yori nagaiki suru (v.) outlive
より光が強い yori hikari ga tsuyoi (v.) outshine
よりも高く値をつける yori mo takaku ne o tsukeru (v.) outbid
より良い yori yoi (adj.) better
寄り掛かる yorikakaru (v.) lean

夜 yoru (n.) night
鎧 yoroi (n.) stirrup
喜ばせる yorokobaseru (v.) elate
喜び yorokobi (n.) joy
喜ぶ yorokobu (v.) delight
喜んで yorokonde (adv.) gladly
よろめき yoromeki (n.) stagger
よろめく yoromeku (v.) stagger
ヨロヨロ歩く yoroyoro aruku (v.) shamble
弱い yowai (adj.) weak
弱くする yowaku suru (v.) emasculate
酔わせる yowaseru (v.) intoxicate
酔わせるもの yowaseru mono (n.) intoxicant
弱まる yowamaru (v.) abate
弱虫 yowamushi (n.) weakling
弱める yowameru (v.) weaken
弱々しい yowayowashī (adj.) feeble
弱り衰える yowari otoroeru (v.) dwindle
四 yon (n.) four
四十 yon jū (n.) forty
四等分する yon tōbun suru (v.) quarter
四倍にする yon bai ni suru (v.) quadruple
四倍の yon bai no (adj.) quadruple
四分の一 yon bunno ichi (n.) quarter

ラード rādo (n.) lard
雷雨 raiu (n.) thunderstorm

ライオン raion (n.) lion
ライオンのような raion no yōna (adj.) leonine
来世 raise (n.) otherworld
ライター raitā (n.) lighter
ライバル raibaru (n.) rival
ライフスタイル raifusutairu (n.) lifestyle
ライフル銃 raifuru jū (n.) rifle
ライ麦 raimugi (n.) rye
ライラック rairakku (n.) lilac
ラウンジ raunji (n.) lounge
ラグーン ragūn (n.) lagoon
楽園 rakuen (n.) paradise
落書き rakugaki (v.) graffiti
落石 rakuseki (n.) rockfall
らくだ rakuda (n.) camel
落胆 rakutan (n.) dejection
落胆した rakutan shita (adj.) despondent
落胆させる rakutan saseru (v.) discourage
楽天家 rakutenka (n.) optimist
楽な rakuna (adj.) effortless
ラグマット ragumatto (n.) rug
ラケット raketto (n.) racket
ラジウム rajiumu (n.) radium
ラジオ rajio (n.) radio
羅針盤 rashinban (n.) compass
ラスタファリ主義者 rasutafari shugisha (n.) rasta
ラズベリー razuberī (n.) raspberry
ラズベリーの razuberī no (adj.) raspberry
螺旋 rasen (n.) spiral

螺旋状の rasenjō no *(adj.)* spiral
裸体 ratai *(n.)* nude
拉致 rachi *(n.)* abduction
拉致する rachi suru *(v.)* abduct
拉致被害者 rachi higaisha *(n.)* abductee
楽観主義 rakkan shugi *(n.)* optimism
楽観的な rakkan tekina *(adj.)* optimistic
ラック rakku *(n.)* ruck
ラックに参加する rakku ni sanka suru *(v.)* ruck
ラット ratto *(n.)* rat
らっぱ rappa *(n.)* bugle
乱用する ranyō suru *(v.)* abuse
ラバ raba *(n.)* mule
ラビ rabi *(n.)* rabbi
ラベル raberu *(n.)* label
ラベルを付ける raberu o tsukeru *(v.)* label
ラベンダー rabendā *(n.)* lavender
ラマ rama *(n.)* lama
ラミー ramī *(n.)* rummy
ラミネートする raminēto suru *(v.)* laminate
ラム酒 ramushu *(n.)* rum
ラメ rame *(n.)* glitter
ランウェイ ran wei *(n.)* catwalk
乱気流 rankiryū *(n.)* turbulence
ランクを付ける ranku o tsukeru *(v.)* rank
乱雑な ranzatsuna *(adj.)* shambolic
乱視 ranshi *(n.)* astigmatism
卵子 ranshi *(n.)* ovum
卵子の ranshi no *(adj.)* ovular
卵巣 ransō *(n.)* ovary

ランダム化する randamu ka suru *(v.)* randomise
ランダムな randamuna *(adj.)* random
ランドマーク rando māku *(n.)* landmark
乱闘 rantō *(n.)* dogfight
ランナー rannā *(n.)* runner
ランニングマシン ranningu mashin *(n.)* treadmill
卵白 ranpaku *(n.)* albumen
ランプ ranpu *(n.)* lamp
乱暴に扱う ranbō ni atsukau *(v.)* manhandle

リーダーシップ rīdāshippu *(n.)* leadership
リーマー rīmā *(n.)* reamer
リウマチ riumachi *(n.)* rheumatism
リウマチの riumachi no *(adj.)* rheumatic
利益 rieki *(n.)* profit
利益が生じる rieki ga shōjiru *(v.)* accrue
利益のある rieki no aru *(adj.)* remunerative
理解 rikai *(n.)* comprehension
理解しにくい rikai shi nikui *(adj.)* elusive
理解しやすい rikai shi yasui *(adj.)* intelligible
理解する rikai suru *(v.)* comprehend
力学 rikigaku *(n.)* dynamics
力学 rikigaku *(n.)* mechanics
陸へ riku e *(adv.)* shoreward
陸への riku e no *(adj.)* shoreward

陸にあげる riku ni ageru (v.) shore
陸路輸送 rikuro yusō (n.) portage
利己的な riko tekina (adj.) selfish
利口な rikōna (adj.) smart
離婚 rikon (n.) divorce
離婚する rikon suru (v.) divorce
リサイクルする risaikuru suru (v.) recycle
リサイタル risaitaru (n.) recital
理神論 rishinron (n.) deism
理神論者 rishinronsha (n.) deist
リス risu (n.) squirrel
リスク risuku (n.) risk
リスクのある risuku no aru (adj.) risky
リスト risuto (n.) list
リストアップする risutoappu suru (v.) list
リズミカルな rizumikaruna (adj.) rhythmic
リズム rizumu (n.) rhythm
理想 risō (n.) ideal
理想主義 risō shugi (n.) idealism
理想主義者 risō shugisha (n.) idealist
理想主義的な risō shugi tekina (adj.) idealistic
理想的な risō tekina (adj.) ideal
リゾート rizōto (n.) resort
利他主義 rita shugi (n.) altruism
利他主義者 rita shugisha (n.) altruist
利他的な rita tekina (adj.) altruistic
利他的な rita tekina (adj.) selfless
立証する risshō suru (v.) validate
リットル rittoru (n.) litre
立派な rippana (adj.) admirable

立法 rippō (n.) legislation
立法者 rippōsha (n.) legislator
立法の rippō no (adj.) legislative
立方体 rippōtai (n.) cube
立方体の rippōtai no (adj.) cubical
利得 ritoku (n.) gain
理にかなった ri ni kanatta (adj.) justified
離乳 rinyū (n.) ablactation
離乳させる rinyū saseru (v.) wean
リハーサル rihāsaru (n.) rehearsal
リハーサルをする rihāsaru o suru (v.) rehearse
リバーシブルの ribāshiburu no (adj.) reversible
リハビリ rihabiri (n.) rehabilitation
リハビリする rihabiri suru (v.) rehabilitate
理不尽な rifujinna (adj.) wanton
リフレッシュする rifuresshu suru (v.) refresh
リベット ribetto (n.) rivet
リベットで留める ribetto de tomeru (v.) rivet
リベラルな riberaruna (adj.) liberal
リボルバー riborubā (n.) revolver
リボン ribon (n.) ribbon
リマインダー rimaindā (n.) reminder
略奪 ryakudatsu (n.) plunder
略奪者 ryakudatsusha (n.) marauder
略奪する ryakudatsu suru (v.) plunder
理由 riyū (n.) reason
竜 ryū (n.) dragon
流血 ryūketsu (n.) bloodshed
流行 ryūkō (n.) vogue

流行遅れの ryūkō okure no (adj.) outmoded
流行している ryūkō shiteiru (adj.) prevalent
流産 ryūzan (n.) miscarriage
流産する ryūzan suru (v.) miscarry
榴散弾 ryūsandan (n.) shrapnel
粒子 ryūshi (n.) particle
流砂 ryūsha (n.) quicksand
流星 ryūsei (n.) meteor
流星の ryūsei no (adj.) meteoric
流暢な ryūchōna (adj.) fluent
リュート ryūto (n.) lute
流動的な ryūdōtekina (adj.) fluid
流入 ryūnyū (n.) influx
リュックサック ryukkusakku (n.) rucksack
利用 riyō (n.) utilization
寮 ryō (n.) dormitory
量 ryō (n.) amount
領域 ryōiki (n.) realm
両意に取れる ryō i ni toreru (adj.) equivocal
両切り葉巻きたばこ ryōgiri ha makitabako (n.) cheroot
料金 ryōkin (n.) charge
猟犬 ryōken (n.) hound
漁師 ryōshi (n.) fisherman
猟師 ryōshi (n.) hunter
猟師 ryōshi (n.) huntsman
量子 ryōshi (n.) quantum
領事 ryōji (n.) consul
領事館 ryōjikan (n.) consulate
領事の ryōji no (adj.) consular

領収書 ryōshūsho (n.) receipt
良心 ryōshin (n.) conscience
利用する riyō suru (v.) utilize
両性具有の ryōsei guyū no (adj.) epicene
両性愛の ryō seiai no (adj.) bisexual
良性の ryōsei no (adj.) benign
寮制の学校 ryōsei no gakkō (n.) boarding school
両生類 ryōseirui (n.) amphibian
領地 ryōchi (n.) dominion
両手利きの人 ryō tekiki no hito (n.) ambidexter
量的な ryōtekina (adj.) quantitative
利用できる riyō dekiru (adj.) available
寮母 ryōbo (n.) matron
療法 ryōhō (n.) therapy
療法士 ryōhōshi (n.) therapist
両眼の ryō me no (adj.) binocular
療養 ryōyō (n.) convalescence
療養所 ryōyōsho (n.) sanatorium
療養する ryōyō suru (v.) convalesce
料理 ryōri (n.) cuisine
料理する ryōri suru (v.) cook
料理人 ryōrinin (n.) cook
料理の ryōri no (adj.) culinary
緑内障 ryokunaishō (n.) glaucoma
旅行 ryokō (n.) travel
旅行者 ryokōsha (n.) traveller
旅行する ryokō suru (v.) travel
旅程 ryotei (n.) itinerary
リラ rira (n.) lyre
リラックスする rirakkusu suru (v.) relax
離陸 ririku (n.) take-off

離陸させない ririku sasenai (v.) ground
リレー rirē (n.) relay
履歴書 rirekisho (n.) resume
理路整然 riro seizen (adj.) articulate
理論 riron (n.) theory
理論的な riron tekina (adj.) theoretical
理論を立てる riron o tateru (v.) theorize
理論家 rironka (n.) theorist
リン rin (n.) phosphorus
輪郭 rinkaku (n.) contour
リン酸塩 rin san en (n.) phosphate
林業 ringyō (n.) forestry
りんご ringo (n.) apple
臨床の rinshō no (adj.) clinical
隣人 rinjin (n.) neighbour
隣接した rinsetsu shita (adj.) adjacent
隣接する rinsetsu suru (v.) adjoin
隣接する rinsetsu suru (v.) abut
隣接する rinsetsu suru (adj.) contiguous
リンネル rinneru (n.) linen
倫理 rinri (n.) ethics
倫理学者 rinri gakusha (n.) moralist
倫理的な rinri tekina (adj.) ethical
リンリンと鳴る rinrin to naru (v.) jingle

ルアー ruā (n.) lure
類義語 ruigigo (n.) synonym
類似 ruiji (n.) similarity
類似の ruiji no (adj.) akin
類似した ruiji shita (adj.) analogous
類人猿 ruijin en (n.) ape
類人の ruijin no (adj.) anthropoid
累積的な ruiseki tekina (adj.) cumulative
ルーブル rūburu (n.) rouble
ルームメイト rūmumeito (n.) roommate
ルール rūru (n.) rule
ルーン文字 rūn moji (n.) rune
留守番電話 rusuban denwa (n.) answering machine
ルネサンス runesansu (n.) renaissance
ルビー rubī (n.) ruby
ルピー rupī (n.) rupee

例 rei (n.) example
霊 rei (n.) spirit
例外 reigai (n.) exception
例外的な reigai tekina (adj.) exceptional
礼儀 reigi (n.) courtesy
礼儀作法 reigi sahō (n.) etiquette
礼儀正しい reigi tadashī (adj.) polite
礼儀正しさ reigi tadashi sa (n.) decorum
礼儀にかなった reigi ni kanatta (adj.) seemly
冷却剤 reikyakuzai (n.) coolant
冷酷な reikokuna (adj.) inhuman
冷酷な reikokuna (adj.) ruthless

冷笑 reishō (n.) scoff
令状 reijō (n.) warrant
令状 reijō (n.) writ
冷笑する reishō suru (v.) sneer
冷笑的な reishō tekina (adj.) sardonic
霊性 reisei (n.) spirituality
冷蔵 reizō (n.) refrigeration
冷蔵庫 reizōko (n.) refrigerator
冷蔵する reizō suru (v.) refrigerate
冷淡な reitanna (adj.) callous
霊的な reitekina (adj.) spiritual
礼拝 reihai (n.) worship
礼拝者 reihaisha (n.) worshipper
礼拝する reihai suru (v.) worship
礼拝堂 reihaidō (n.) chapel
レイピア reipia (n.) rapier
霊廟 reibyō (n.) mausoleum
レイプ reipu (n.) rape
レイプする reipu suru (v.) rape
羚羊 reiyou (n.) antelope
レース rēsu (n.) lace
レースで作った rēsu de tsukutta (adj.) lacy
レーズン rēzun (n.) raisin
レール rēru (n.) rail
歴史 rekishi (n.) history
歴史家 rekishika (n.) historian
歴史的な rekishi tekina (adj.) historic
歴史の rekishi no (adj.) historical
鎮魂曲 rekuiemu (n.) requiem
レジ reji (n.) cashier
レジ reji (n.) till
レシピ reshipi (n.) recipe

レストラン resutoran (n.) restaurant
レスラー resurā (n.) wrestler
レターヘッド retā heddo (n.) letterhead
レディ redi (n.) lady
列 retsu (n.) queue
列に並ぶ retsu ni narabu (v.) queue
レッカー車 rekkāsha (n.) wrecker
裂孔 rekkō (n.) lacuna
列聖する ressei suru (v.) canonize
劣等感 rettōkan (n.) inferiority
劣等生 rettōsei (n.) dunce
列福 reppuku (n.) beatification
レパートリー repātorī (n.) repertoire
レベル reberu (n.) level
レモネード remonēdo (n.) lemonade
レモン remon (n.) lemon
連 ren (n.) ream
恋愛の ren ai no (adj.) amatory
煉瓦 renga (n.) brick
錬金術 renkinjutsu (n.) alchemy
錬金術師 renkinjutsushi (n.) alchemist
連句 renku (n.) couplet
連結する renketsu suru (v.) couple
連合 rengō (n.) coalition
連合する rengō suru (v.) cohere
煉獄 rengoku (n.) purgatory
連載読み物 rensai yomimono (n.) serial
練習 renshū (n.) practice
練習する renshū suru (v.) practise
レンズ renzu (n.) lens
レンズ豆 renzu mame (n.) lentil
連想させる rensō saseru (adj.) reminiscent

連続 renzoku (n.) succession
連続した renzoku shita (adj.) continuous
連続したもの renzoku shita mono (n.) continuum
連続する renzoku suru (adj.) successive
連続的な renzoku tekina (adj.) consecutive
連続の renzoku no (adj.) serial
連続砲撃 renzoku hōgeki (v.) cannonade
連打する renda suru (v.) beat
連隊 rentai (n.) regiment
連隊に編入する rentai ni hennyū suru (v.) regiment
レンチ renchi (n.) wrench
連邦 renpō (n.) federation
連邦の renpō no (adj.) federal
連絡係 renrakugakari (n.) liaison
連絡可能な renraku kanōna (adj.) reachable
連絡先 renrakusaki (n.) contact

炉 ro (n.) firepit
ろう rō (n.) wax
ローション rō shon (n.) lotion
廊下 rōka (n.) corridor
労苦 rōku (n.) toil
労苦する rōku suru (v.) toil
瘻孔 rōkō (n.) fistula
漏出 rōshutsu (n.) leak

老人 rōjin (adj.) aged
老衰 rōsui (n.) senility
老衰した rōsui shita (adj.) senile
ロースト rōsuto (n.) roast
ローストした rōsuto shita (adj.) roast
ローストする rōsuto suru (v.) roast
鑞接する rōsetsu suru (v.) braze
ろうそく rōsoku (n.) candle
ろうそくの明かり rōsoku no akari (n.) candlelight
ロードスター rōdo sutā (n.) roadster
ロード・レース rōdo rēsu (n.) road race
労働 rōdō (n.) labour
労働組合員 rōdō kumiaīn (n.) unionist
労働者 rōdōsha (n.) labourer
労働する rōdō suru (v.) labour
朗読 rōdoku (n.) recitation
ロードショー rōdoshō (n.) roadshow
浪費 rōhi (n.) extravagance
浪費家 rōhika (n.) spendthrift
浪費する rōhi suru (v.) squander
ローブ rōbu (n.) robe
ロープで結ぶ rōpu de musubu (v.) rope
ローブを着せる rōbu o kiseru (v.) robe
ローマ教皇 rōma kyōkō (n.) papacy
ローマ教皇の rōma kyōkō no (adj.) papal
ローラー rōrā (n.) roller
ロールモデル rōrumoderu (n.) role model
老齢 rōrei (n.) old age
ローン rōn (n.) loan
六 roku (n.) six
ログアウト roguauto (n.) logout

録音する rokuon suru (v.) tape
録音機 rokuonki (n.) recorder
録画する rokuga suru (v.) video
六十 roku jū (n., adj.) sixty
六十番目の roku jū banme no (adj.) sixtieth
六番目の roku banme no (adj.) sixth
ろくろ師 rokuroshi (n.) turner
ロケット roketto (n.) rocket
ロケット科学者 roketto kagakusha (n.) rocket scientist
ロケット技師 roketto gishi (n.) rocketeer
露骨な rokotsuna (adj.) blatant
ロザリオ rozario (n.) rosary
路地 roji (n.) alley
露出した roshutsu shita (adj.) bare
路上の rojō no (adj.) on-road
炉棚 rodana (n.) mantel
ロッカー rokkā (n.) locker
ロック rokku (n.) lock
ロック・クライマー rokku kuraimā (n.) rock climber
肋骨 rokkotsu (n.) rib
露店 roten (n.) stall
ロバ roba (n.) donkey
ロバの鳴き声 roba no nakigoe (n.) bray
ロビー robī (n.) lobby
ロブスター robusutā (n.) lobster
ロフト rofuto (n.) loft
ロボット robotto (n.) robot
ロマンス romansu (n.) romance
ロマンチックな romanchikkuna (adj.) romantic

路面電車 romen densha (n.) tram
論議 rongi (n.) controversy
論議を呼ぶ rongi o yobu (adj.) controversial
論証 ronshō (n.) demonstration
論証する ronshō suru (v.) demonstrate
論説 ronsetsu (n.) treatise
論争 ronsō (n.) debate
論争する ronsō suru (v.) dispute
論争の ronsō no (adj.) polemic
論点 ronten (n.) contention
論理 ronri (n.) logic
論理学者 ronri gakusha (n.) logician
論理的な ronri tekina (adj.) logical

輪 wa (n.) loop
ワークショップ wākushoppu (n.) workshop
矮小な waishōna (adj.) scrubby
わいせつ waisetsu (n.) indecency
わいせつな waisetsuna (adj.) licentious
賄賂 wairo (v.) bribe
ワイン wain (n.) wine
和解 wakai (n.) reconciliation
若い wakai (adj.) young
和解できない wakai dekinai (adj.) irreconcilable
若い人たち wakai hitotachi (n.) young
若枝 wakae (n.) shoot

若返らせる wakagaeraseru *(v.)* rejuvenate
若返り wakagaeri *(n.)* rejuvenation
わかった！ wakatta *(int.)* eureka
分かっている wakatteiru *(adj.)* aware
若者 wakamono *(n.)* youth
わかり始める wakarihajimeru *(v.)* dawn
分かれる wakareru *(v.)* part
別れる wakareru *(n.)* breakup
若々しい wakawakashī *(adj.)* youthful
脇へよける waki e yokeru *(v.)* shunt
沸き出る waki deru *(v.)* well
わき返る wakikaeru *(v.)* seethe
脇の下 wakinoshita *(n.)* armpit
脇腹 wakibara *(n.)* flank
脇道 wakimichi *(n.)* sideway
枠 waku *(n.)* frame
枠組み wakugumi *(n.)* framework
惑星 wakusei *(n.)* planet
惑星の wakusei no *(adj.)* planetary
ワクチン wakuchin *(n.)* vaccine
わくわくさせる wakuwaku saseru *(v.)* thrill
訳の分からないことを言う wake no wakaranai koto o iu *(v.)* gibber
分け与える wakeataeru *(v.)* mete
分け前 wakemae *(n.)* portion
分ける wakeru *(v.)* separate
分けること wakeru koto *(n.)* division
鷲 washi *(n.)* eagle
わずかな wazukana *(adj.)* slight
わずかな差 wazukana sa *(n.)* nicety
わずかな手当 wazukana teate *(n.)* pittance

忘れっぽい wasureppoi *(adj.)* forgetful
忘れる wasureru *(v.)* forget
ワセリン waserin *(n.)* vaseline
話題の wadai no *(adj.)* topical
私 watashi *(pron.)* I
私に watashi ni *(pron.)* me
私の watashi no *(adj.)* my
私のもの watashi no mono *(pron.)* mine
私達の watashitachi no *(pron.)* our
渡って watatte *(adv.)* over
ワックス脱毛 wakkusu datsumō *(v.)* wax
ワット watto *(n.)* watt
罠 wana *(n.)* trap
罠にかかること wana ni kakaru koto *(n.)* entrapment
罠に掛ける wana ni kakeru *(v.)* trap
ワニ wani *(n.)* crocodile
ワニス wanisu *(n.)* varnish
ワニスを塗る wanisu o nuru *(v.)* varnish
和平会談 wahei kaidan *(n.)* parley
和平会談をする wahei kaidan o suru *(v.)* parley
喚く wameku *(v.)* bawl
ワラの山 wara no yama *(n.)* rick
笑い warai *(n.)* laugh
笑い声 waraigoe *(n.)* laughter
笑う warau *(v.)* laugh
笑う warau *(v.)* smile
ワラビ warabi *(n.)* bracken
割合 wariai *(n.)* proportion
割り当て wariate *(n.)* allocation
割り当てる wariateru *(v.)* assign
割り込む warikomu *(v.)* interrupt

割引 waribiki *(n.)* discount
割引券 waribikiken *(n.)* voucher
悪い warui *(adj.)* bad
悪賢い warugashikoi *(adj.)* crafty
悪口を言う waruguchi o iu *(v.)* malign
悪者扱いする warumono atsukai suru *(v.)* demonize
割れ目 wareme *(n.)* crack
割る wareru *(v.)* crack
ワン wan *(n.)* woof
湾 wan *(n.)* bay
湾 wan *(n.)* gulf
わんぱく小僧 wan paku kozō *(n.)* rascal
湾岸近くの wangan chikaku no *(adj.)* bayside
湾曲部 wankyokubu *(n.)* bight
腕尺 wanshaku *(n.)* cubit
腕力 wanryoku *(n.)* brawn